Treffpunkt
Deutsch

Library of Congress Cataloging-in-Publication Data

Widmaier, E. Rosemarie (date)
Treffpunkt Deutsch : Grundstufe / E. Rosemarie Widmaier, Fritz T.
Widmaier. — 2nd ed.
p. cm.
"... available for purchase with or without two sixty-minute
cassettes"—Pref.
Includes index.
ISBN 0-13-106691-9
1. German language—Grammar.   2. German language—Textbooks for
foreign speakers—English.   I. Widmaier, Fritz T. (date).
II. Title.
PF3112.W5   1995
438.2'421—dc20   94–24506
                                                                CIP

Editor-in-Chief: *Steve Debow*
Director of Development: *Marian Wassner*
Assistant Editor: *María García*
Editorial Assistant: *Brian Wheel*

Managing Editor: *Deborah Brennan*
Project Manager: *Frank Hubert*
Cover Director: *Christine Gehring Wolf*
Cover Design: *The Strategic Design Group, Inc.*
Photo Editor: *Lorinda Morris-Nantz*
Photo Researcher: *Dallas Chang*
Cover Photo: *Charlotte Kahler*
Page Layout and Realia Design: *Siren Design*
Text Design and Graphics: *Kenny Beck*
Illustrations: *Michael Widmaier*
Manufacturing Buyer: *Tricia Kenny*

 © 1995 by Prentice Hall, Inc.
A Simon & Schuster Company
Englewood Cliffs, New Jersey 07632

10   9   8   7   6   5   4   3   2   1   0

Text: ISBN 0-13-106691-9
Text with Cassettes: ISBN 0-13-433657-7
Annotated Instructor's Edition: ISBN 0-13-127051-6

Prentice Hall International (UK) Limited, *London*
Prentice Hall of Australia Pty. Limited, *Sydney*
Prentice Hall Canada, Inc., *Toronto*
Prentice Hall Hispanoamericana, S. A., *Mexico*
Prentice Hall of India Private Limited, *New Delhi*
Prentice Hall of Japan, Inc., *Tokyo*
Simon & Schuster Asia Pte. Ltd, *Singapore*
Editora Prentice Hall do Brasil, Ltda., *Rio de Janeiro*

SECOND EDITION

Treffpunkt Deutsch

• GRUNDSTUFE •

E. Rosemarie Widmaier
McMaster University

Fritz T. Widmaier
McMaster University

PRENTICE HALL
Englewood Cliffs, New Jersey 07632

SCOPE & SEQUENCE

SCOPE & SEQUENCE

Wort, Sinn und Klang	Kultur

SCOPE & SEQUENCE

Wort, Sinn und Klang

Kultur

SCOPE & SEQUENCE

SCOPE & SEQUENCE

	Hör-und Sprechsituationen	Funktionen und Formen

PREFACE

We hope you enjoy the *Second Edition* of **Treffpunkt Deutsch**! The first edition was published just ten weeks after the reunification of Germany and has been adopted at hundreds of colleges and universities in Canada and the United States. We delight in the numerous letters and comments we have received and continue to receive from instructors and students. The many kudos are uplifting and the constructive criticism shows the commitment and interest of users to our program. Many suggestions have been incorporated into this new edition and we are happy to share it with you. Some changes also came about as a result of insights gained as we work on **Treffpunkt Deutsch: Mittelstufe**, scheduled for publication soon.

Treffpunkt Deutsch: Grundstufe is designed to transform your classroom into a meeting place where your students will encounter not only the German language, but also the history and culture of the German-speaking countries.

Student-centered, communicative learning is the foundation upon which **Treffpunkt Deutsch** is built. All language models, grammatical examples, and communicative activities use good colloquial German in natural settings. The material has been carefully designed to encourage your students to interact spontaneously and meaningfully in German. Language skills are developed through skill-chaining, i.e., through cyclical practice in listening, speaking, reading, and writing. At the end of the course, students will be in command of the basic elements of German language and culture and should be able to function with relative ease in the German-speaking countries of Europe.

Students will get to know many characters of various ethnic backgrounds as they progress through **Treffpunkt Deutsch**, however, they will become acquainted with two sets of characters better than with others.

First, there are four friends who are all studying at the university in München. As the book progresses Claudia and Martin, and Stephanie and Peter become *special* friends.

Second, students will meet the Zieglers from Göttingen: Klaus and Brigitte, their sixteen-year-old daughter Nina, and their fourteen-year-old son Robert. Sibling rivalry plays a role in this family protrait.

Highlights of the *Second Edition*

Although the basic organization of **Treffpunkt Deutsch** has not changed, input from users and reviewers and our own experiences in teaching with the program have resulted in the following changes:

- The *Second Edition* features a complete ten-hour audio program with accompanying oral/aural exercises in the new *Hörverständnis* section of the *Arbeitsbuch*.
- *Video-Treffpunkt* consists of authentic clips taken from a variety of sources in the German-speaking countries.
- The student text has been shortened by two chapters. The final chapter, **Ausklang**, contains a grammar synthesis and review.
- The grammar sequence has been adjusted based on the comments of users of the first edition. The program now moves more quickly at the beginning; the present tense is introduced in *Kapitel 1*, and adjective endings are included with the introduction of each new case, so that students get used to them early on, and are not confronted with them in one fell swoop. Because students try to use dependent clauses very early, they are first introduced in *Kapitel 3*. Beginning in *Kapitel 4*, direction lines for activities and exercises are exclusively in German.
- There is an increased emphasis on the development of reading skills in the *Second Edition*. Beginning in *Kapitel 4*, all culture readings are in German. Many activities based on authentic materials require students to negotiate with unglossed ads and clippings from German newspapers and magazines as well as statistical charts and graphs. The final four chapters present authentic texts in various genres by German and Austrian writers. Pre-reading strategies and post-reading activities culminate in partner and group discussion on the themes presented in the readings. Glossing has been reduced to an absolute minimum.
- **Leute**, a new section in each chapter, presents information in German about interesting people in the German-speaking countries, ranging from Nicolas Hayek, the inventor of the Swatch, to Margarete Steiff of Teddy-bear fame.
- There is an increased number of creative writing activities in each chapter of the text and *Arbeitsbuch*.
- Optional translation exercises for each chapter can be found in the **Anhang**.

Organization of the *Second Edition*

Treffpunkt Deutsch consists of an introduction entitled *Erste Kontakte*, and twelve *Kapitel*. *Erste Kontakte* is the warm-up for the course. Its short exchanges present the basics needed to get students started in German and give them the opportunity to practice greetings, introductions and farewells. Each subsequent chapter is structured consistently and moves from topic to topic, activity to activity, as follows:

Kommunikationsziele. Chapter objectives are clearly displayed at the beginning of each opening spread, drawing students' attention to the communicative, structural, and cultural goals of each chapter.

Vorschau. The chapter-opening **Vorschau** introduces vocabulary and structures taught in the chapter in natural, idiomatic German through and array of language models, many new to the *Second Edition:* dialogues, letters and brief narratives, illustrations, cultural readings, and realia pieces. Follow-up activities expand on the texts and visuals, and set the stage for meaningful communication among students. The activities that follow the language models range from recognition and comprehension exercises to more open-ended, communicative activities that touch on the students' own lives. **Zum Hören**, a new activities-on-cassette feature, has been added to the *Second Edition.*

Since **Vorschau** language models are no longer glossed, full, idiomatic translations for the first eight *Kapitel* are provided in the **Anhang**.

In-text Audio Program. One of two audio programs, the in-text audio program is incorporated into the body of the text, a feature that facilitates cohesive four skills development. The cassettes that accompany the text contain audio material for the **Vorschau, Zwischenspiel, Zusammenschau,** and **Zur Aussprache** sections of each chapter.

Wörter im Kontext. The development of a rich active and passive lexicon is one of the central goals of **Treffpunkt Deutsch**. Each chapter offers two active vocabulary lists: **Wörter im Kontext 1** and **Wörter im Kontext 2**. To facilitate mastery of the vocabulary, each list is followed by activities that provide students with the opportunity to practice the words in a variety of contexts.

Funktionen and Formen. The grammar sections retain their focus on basic structures essential to communication. Many grammar explanations in the *Second Edition* have been revised and streamlined, or have been made even more clear and concise; they continue to contrast English and German usage wherever possible. Structures like the Subjunctive of Indirect Discourse and Extended Participial Modifiers have been moved to **Mittelstufe**.

The exercises that directly follow each grammar presentation move from contextualized practice to open-ended, creative expression. Many of the exercises are in the form of mini-conversations best done by pairs of students. They are designed to foster active, involved production of meaningful language rather than rote pattern practice: students must understand what they are saying to complete these activities. Picture-cued exercises continue to enhance **Treffpunkt Deutsch**. The open-ended, interactive activities that follow the controlled practice give students the opportunity to use structures in real-life, personal situations. The illustrations, photographs, and realia pieces that appear in every chapter of the *Second Edition,* add variety and authenticity to exercises and activities.

Zwischenspiel and Zusammenschau. The mid-chapter **Zwischenspiel** and end-of-chapter **Zusammenschau** sections provide focused skill development and synthesize in a non-grammatical fashion the vocabulary and structures learned in the chapter and in previous chapters. Central to these sections is audio material for which there is no in-text script. This material is included in the cassettes that accompany the text. A variety of processing activities guide students from a global (*Globalverstehen*) to a more detailed (*Detailverstehen*) understanding of the listening texts, and give them the opportunity to interact meaningfully on the topics at hand. A greater emphasis on writing skill development is an added feature in these sections of the *Second Edition*.

Kultur. Cultural references are included throughout the text, as well as in specific cultural readings. New to the *Second Edition* are the all-German readings that begin in *Kapitel 4.* Included is a wide range of historical and contemporary social and cultural topics.

Written entirely in German and new to the *Second Edition* are the **Leute** readings, which spotlight people from the German-speaking countries.

Sprachnotizen. Scattered throughout the text, the **Sprachnotizen** briefly discuss idiomatic features of colloquial German. They also present discourse strategies that will help students to express themselves in German.

Wort, Sinn und Klang. The **Wort, Sinn und Klang** section takes a closer look at words by discussing cognates, word families, compound words, suffixes that signal gender, and idiomatic expressions. Each chapter concludes with a **Zur Aussprache** section that discusses and practices German sounds that may present problems for speakers of English. The **Zur Aussprache** section is included on the audio program accompanying the text.

Components of the *Treffpunkt Deutsch* Program

Student Text or Student Text/Cassette Package. **Treffpunkt Deutsch** is available for purchase with or without two sixty-minute cassettes that contain recordings of the **Vorschau** language models and the in-text **Zum Hören** sections, and **Zur Aussprache** sections. A copy of these recordings is also available to language labs free of charge.

Because each version of the text has its own ISBN, please be sure to request the correct number when ordering through your campus bookstore.

Student Text with cassettes:	0-13-433657-7
Student Text without cassettes:	0-13-106691-9

Marginal annotations in the *Annotated Instructors' Edition* were written with the novice instructor in mind and include warm-up activities, resource notes, cultural information, and suggestions for using and expanding the materials and activities in the student text. They also include the scripts and answer keys for the **Zum Hören** sections, as well as the scripts for the narration series that appear from time to time. The annotations are based on the experiences of the authors and their teaching assistants over many years of class testing.

Customized Components. Each of the following print components can be custom published to your individual specifications. The *Prentice Hall Customized Components Program* assists departments by adding course syllabi, readings, activities, and other printed materials to existing **Treffpunkt Deutsch** components.

Arbeitsbuch. At the request of users, the *Second Edition* of the *Arbeitsbuch* contains spin-offs of the **Vorschau**, **Zwischenspiel**, and **Zusammenschau** dialogues, with accompanying activities on cassette. The ten-hour lab program also offers vocabulary practice as well as pattern-type drills that involve listening and responding in writing or in speaking. Finally it contains additional pronunciation practice.

Each chapter of the *Arbeitsbuch* features a variety of exercises including sentence building and completion exercises, fill-ins, matching exercises, and realia-based and picture-cued activities. They have been designed to enhance and reinforce the vocabulary, structures, and themes in the corresponding chapters of the student text.

Testing Program. The *Testing Program* consists of alternate versions of hour-long chapter tests for each chapter as well as quarter and mid-term exams and sample final examinations. Each test uses a variety of techniques to address the skill areas of listening, reading, writing, speaking, and culture. Instructors are encouraged to make use of the creative oral testing materials available with the new edition.

Deutsch-on-a-disk Software. Completely integrated with **Treffpunkt Deutsch**, *Deutsch-on-a-disk* is designed for students with little or no computer experience. This full-color software program includes tutorial and practice screens, and is supported by detailed hints, two sets of "flash-card" reference files, and a German-English dictionary containing all the vocabulary used in the program. Please speak with your service representative for further details.

Instructor's Resource Manual. The *Instructor's Resource Manual* includes course syllabi, suggestions for lesson plans, a full *Tapescript* for the *Lab Program*, answer keys, tips for using video successfully in and out of the foreign language classroom, and a bibliography of sources for additional cultural information. Coordinators are encouraged to take advantage of the *Prentice Hall Customized Components Program* to add to the instructional materials made available with **Treffpunkt Deutsch**.

Video-Treffpunkt. A new sixty minute video is available to departments adopting **Treffpunkt Deutsch**. Video clips are supported by an array of pre- and post-viewing activities, which are contained in the *Instructor's Resource Manual*.

Transparencies. A list of transparencies for **Treffpunkt Deutsch** is available from your local representative.

Acknowledgments. We would like to express our gratitude to the many instructors and coordinators who took time from their busy schedules to assist us with comments and suggestions over the course of the development of both editions of **Treffpunkt Deutsch**. We also extend our deepest thanks to the colleagues across North America who have used or reviewed the first edition and provided invaluable input. We appreciate their participation and candor.

Keith Anderson
St. Olaf College

Reinhard Andress
St. Louis University

William Anthony
Northwestern University

John Austin
Georgia State University

Thomas Bacon
Texas Tech University

Lida Daves Baldwin
Washington College

John M. Brawner
University of California, Irvine

Johannes Breustle
Grossmont College

Helga Bister-Broosen
University of North Carolina

Esther Enns-Connolly
University of Calgary

Heidi Crabbes
Fullerton College

Rudolph Debernitz
Golden West College

Sharon M. DiFino
University of Florida

Christopher Dolmetsch
Marshall University

Catherine C. Fraser
Indiana University

Juergen Froehlich
Pomona College

Harold P. Fry
Kent State University

Henry Fullenwider
University of Kansas

Christian Hallstein
Carnegie Mellon University

Barbara Harding
Georgetown University

Frauke A. Harvey
Baylor University

Elizabeth Hasler
University of Cincinnati

Robert G. Hoeing
SUNY Buffalo

Charles James
University of Wisconsin

William Keel
University of Kansas

George Koenig
SUNY Oswego

Arndt A. Krüger
Trent University

John A. Lalande II
University of Illinois

Robert Mollenauer
University of Texas

Kamaksh P. Murti
University of Arizona

Margaret Peischle
Virginia Commonwealth University

Manfred Prokop
University of Alberta

Richard C. Reinholdt
Orange Coast College

Veronica Richel
University of Vermont

Beverly Harris-Schenz
University of Pittsburgh

Gerd Schneider
Syracuse University

Carolyn Wolf Spanier
Mt. San Antonio College

Gerhard Strasser
Pennsylvania State University

Michael L. Thompson
University of Pennsylvania

Suzanne Toliver
University of Cincinnati

Helga Van Iten
Iowa State University

Janet Van Valkenburg
University of Michigan

Wilfried Voge
University of California, Los Angeles

Morris Vos
Western Illinois University

We are greatly indebted to the many people at Prentice Hall who participated in the development of the *Second Edition* of **Treffpunkt Deutsch**. First and foremost, our thanks goes to our Editor, Steve Debow, whose energy, enthusiasm, and understanding were our greatest source of inspiration. His expertise in all aspects of the production process and his willingness to spend the time to explain that process, helped us immensely in our writing. Steve is not just an editor, he's a good friend. As Director of Development, Marian Wassner was instrumental in refining the chapter organization. We are deeply indebted to her for her close reading of the manuscript; the addition of the **Leute** section was her idea. Our Supplements Editor Maria Garcia has again proven to be a pillar of calm and serenity. She has the gift of bringing out the best in us. We were absolutely delighted when we heard that Frank Hubert had again agreed to take on the task of Project Coordination. He is unflappable, and his meticulous work and eagle eye made him invaluable to the project. As Production Manager, Debbie Brennan has done a marvelous job of keeping production on schedule. Kenny Beck's design has received nothing but kudos wherever it has been seen. We also thank Tünde Dewey, who was given the unenviable task of computerizing the second draft of the manuscript, with all its shifted paragraphs, deletions and additions.

Finally, our deepest appreciation again goes to our sons, Michael and Peter. Michael, who is now no longer a student of architecture, but a full-fledged architect in Berlin, worked meticulously to produce the superb new line drawings that grace the pages of the *Second Edition*. Our thanks to Peter for putting up with us in the past months. We're sure it hasn't been easy. His support and above all his interest, have been most gratifying.

ERSTE KONTAKTE

The format of Erste Kontakte is quite different from the other chapters. The main purpose of this introductory unit is to help students get acquainted and to introduce the numbers and alphabet.

Beim Studentenwerk

Christian Lohner and Asha Singh meet at the student center at the Ludwig-Maximilians-Universität in München. They are checking the bulletin board for rooms.

— Hallo, ich heiße Christian, Christian Lohner.
— Und ich bin Asha Singh. Woher kommst du, Christian?
— Ich komme aus Freiburg. Und du, woher bist du?
— Ich bin aus Bombay.

Closed book warm-up (CBWU): Using appropriate body language, introduce yourself with **Ich heiße** . . . Elicit students' names with **Wie heißt du?** Since the aim is student-to-student communication, it is better to use **du**, even if you are not a TA (**Sie** will be introduced on p. 3). Expand with **Ich komme aus** . . . and **Woher kommst du? (Kommst du auch aus . . .?)**

Open books (OB): Point out that **ich heiße** and **ich bin** are equivalents, as are **ich komme aus** and **ich bin aus**. Ask students to find unfamiliar letters and sounds (**heiße, ich**), and letters that differ markedly in pronunciation from English (e.g., **woher**).

Closed books (CB): Practice chorally, using backward build-up (**Christian Lohner/ich heiße Christian Lohner/Hallo, ich heiße Christian Lohner**); then divide class into "choral partners" and continue practicing.

Complete translations of conversations are in the appendix. Point out that translations are not always literal. Starting with Kapitel 2, new vocabulary is indicated in the annotations under New words.

E-1 Wir lernen einander kennen. *(Getting to know each other)* Walk around the classroom and get to know as many of your classmates as possible. In the German-speaking countries, it is customary to shake hands when greeting someone.

Student 1: Hallo, ich heiße _____. Wie heißt du?	*Student 2:* Ich heiße _____.
Student 1: Ich komme aus _____. Woher kommst du?	*Student 2:* Ich komme aus _____. (Ich komme auch aus _____.)

Student to student communication is indicated by either a group activity icon or a partner activity icon. Model this exchange before having students introduce themselves to each other.

New word: **auch**

Im Studentenheim

Heike Fischer has already settled into her room in the dorm. Yvonne Harris, her new roommate, has just arrived.

— Entschuldigung, bist du Heike Fischer?
— Ja. Und du, wie heißt du?
— Ich bin Yvonne Harris aus Pittsburgh.
— Oh, meine Zimmerkollegin! Grüß dich, Yvonne! Wie geht's?
— Danke, gut.

E-2 Wir lernen einander kennen. Now walk around the classroom again, and see how many of your classmates' names you remember.

S1: Entschuldigung, bist du _____?

S2: Ja, ich bin _____. (Nein, ich bin _____.) Und du, heißt du _____?

S1: Ja, ich heiße _____. (Nein, ich heiße _____.)

S2: Oh, grüß dich, _____! Wie geht's?

S1: Danke, gut.

Studying at a German university

In Germany, the percentage of young people attending university is much smaller than in North America. In order to be considered for university admission, students must successfully complete the **Abitur**, a series of exams given in the last year of a **Gymnasium**, a college preparatory high school. Students pay no tuition. If neither they nor their parents are able to pay for living expenses, the state helps with a loan. Parents are obligated to pay for their children's education if they can afford it and can be sued by their children for not doing so. The government subsidizes meals and also dormitories, making them very inexpensive.

Bei Zieglers

Nina and Robert Ziegler are running late and have no time for breakfast.

MUTTER: Guten Morgen, ihr zwei.
NINA: Guten Morgen, Mutti.
MUTTER: Macht schnell! Das Frühstück ist fertig.
ROBERT: Keine Zeit! Der Bus kommt gleich.
VATER: Oh, ihr zwei! Na, dann tschüs!
NINA: Tschüs, Vati!
ROBERT: Tschüs, Mutti!

Work through *Bei Zieglers* as through previous dialogues. In this family situation, students are introduced to the pronoun **ihr**, the family names for **Mutter** and **Vater**, and the farewell **tschüs**. Have students find further examples of capitalization of nouns.

> **Sprachnotiz:** Distinctive features of written German

- In German, all nouns are capitalized: **Zimmerkollegin, Frühstück, Bus.**
- In addition to the letter **s**, German uses **ß** (called **Eszett**) to represent the **s**-sound: **Grüß dich!**
- The letter **ä** in **Universität** is called **a-Umlaut.** The letters **o** and **u** can also be umlauted: **Göttingen, tschüs.**
- German verbs have endings that change, depending on the subject, e.g., **ich komme, du kommst, der Bus kommt.**

A recap of what students have already noted in the first three dialogues.

Point out that **Zimmerkollegin** is the feminine form of **Zimmerkollege.** Ask students for the feminine forms of **Student** and **Professor.**

The **Eßzett** is not used in Swiss German. The use of **ß** and **ss** is discussed in Kapitel 9.

Have students repeat **Bäcker/Universität, Göttingen/schön, tschüs/grün.**

Im Büro

Brigitte Ziegler is an executive in an electronics firm. She has been expecting Jürgen Meyer, a sales representative from Bonn.

— Guten Tag. Mein Name ist Meyer.
— Wie bitte? Wie heißen Sie?
— Ich heiße Meyer.
— Oh, Sie sind Herr Meyer aus Bonn. Ich bin Brigitte Ziegler. Wie geht es Ihnen, Herr Meyer?
— Danke, gut.

CBWU: Ask students' names and how they are with **Wie heißen Sie?** and **Wie geht es Ihnen?**

It is probably not advisable to explain the form **Ihnen** in detail at this point.

E-3 Wir lernen einander kennen. You are meeting a German businessperson for the first time. Introduce yourself, using your last name. Address your partner with **Frau** or **Herr** and don't forget to shake hands!

S1: Guten Tag. Mein Name ist ____. *S2:* Und ich heiße ____.
S1: Wie geht es Ihnen, Frau/Herr ____? *S2:* Danke, gut.

The pronouns **du** and **Sie** can also imply social distinctions in the working world. For example, workers on a construction site address each other with **du** and in this way express working class solidarity. The engineer on the construction site usually addresses the workers with **Sie**. It is, however, possible for an engineer and his workers to become such a tightly knit group that they switch to **du**.

Unlike North Americans, Germans use first names only with close friends. Even neighbors who have lived side by side for many years are likely to address each other as **Herr** or **Frau**. **Frau** (*Mrs.* or *Ms.*) is used to address married or single women over the age of sixteen. The term **Fräulein** (*Miss*) is on its way out, although some older people still use this term to address young, unmarried women.

German has more than one way of saying *you*. The familiar **du** is used to address members of the family, close friends, children, and teenagers up to about age sixteen. It is also used among students even if they are not close friends. The plural form of **du** is **ihr**.

When addressing adults who are not close friends, the equivalent of *you* is **Sie**. **Sie** is always capitalized and does not change in the plural.

	SINGULAR	PLURAL
FAMILIAR	du	ihr
FORMAL	Sie	Sie

If you are in a German-speaking country and are unsure about which form of address to use, it is better to err on the side of caution and use **Sie**.

Greetings and farewells

In the German-speaking countries, there are various ways of saying hello and good-bye.

The short form **'n Abend** is pronounced as one word: **Nabend**.

	FORMAL	LESS FORMAL	
GREETINGS	**Guten Tag!**	**Tag!**	*Hello!*
	Guten Morgen!	**Morgen!**	*Good morning!*
	Guten Abend!	**'n Abend!**	*Good evening!*
		Hallo!	*Hello! Hi!*
		Grüß dich!	*Hello! Hi!*
		Grüß Gott! (S. German)	*Hello! Hi!*
		Grüezi! (Swiss)	*Hello! Hi!*
		Servus! (Austrian)	*Hello! Hi!*
FAREWELLS	**Auf Wiedersehen!**	**Wiedersehen!**	*Good-bye!*
		Tschüs!	*Good-bye! So long!*
		Servus! (Austrian)	*Good-bye! So long!*
	Gute Nacht!		*Good night!*

In North America it is customary for people to shake hands when they first meet each other. In German-speaking countries, people usually shake hands whenever they meet or say good-bye.

E-4 Grußformeln. Find greetings that are used in the German-speaking countries. If you recognize any other non-English greetings, identify them and say them for your classmates.

E-5 Grüß dich! How would you greet and bid farewell to the following people at 10 a.m., 3 p.m., and 8 p.m.?

1. your professor
2. your roommate
3. your roommate's father
4. your roommate's sister
5. a salesperson at a department store

Counting and spelling

The numbers from 1 to 1000

0 null			
1 ein**s**	11 elf	21 ei**nu**ndzwanzig	10 zehn
2 zwei	12 zwölf	22 zweiundzwanzig	20 zwanzig
3 drei	13 dreizehn	23 dreiundzwanzig	30 drei**ß**ig
4 vier	14 vierzehn	24 vierundzwanzig	40 vierzig
5 fünf	15 fünfzehn	25 fünfundzwanzig	50 fünfzig
6 sech**s**	16 se**chz**ehn	26 sechsundzwanzig	60 se**chz**ig
7 sieb**en**	17 sie**bz**ehn	27 sieb**en**undzwanzig	70 sie**bz**ig
8 acht	18 achtzehn	28 achtundzwanzig	80 achtzig
9 neun	19 neunzehn	29 neunundzwanzig	90 neunzig
10 zehn	20 zwanzig	30 dreißig	100 hundert

101 (ein)hunderteins   200 zweihundert   1000 (ein)tausend
102 (ein)hundertzwei   300 dreihundert
usw.   usw.

Note the following:

1. The **-s** in **eins** is dropped in combination with **zwanzig, dreißig**, etc: **einundzwanzig, einunddreißig**, etc.
2. The numbers from the twenties through the nineties are "turned around": **vierundzwanzig** (*four and twenty*), **achtundsechzig** (*eight and sixty*), etc.
3. **Dreißig** is the only one of the tens that ends in **-ßig** instead of **-zig**.
4. The final **s** in **sechs** is dropped in **sechzehn** and **sechzig**.
5. The **-en** of **sieben** is dropped in **siebzehn** and **siebzig**.

E-6 Ohne Taschenrechner, bitte! (*Without a calculator, please!*)

$2 + 2$

S1: Wieviel (Was) ist zwei plus zwei? *S2:* Zwei plus zwei ist vier.

$2 - 2$

S1: Wieviel (Was) ist zwei minus zwei? *S2:* Zwei minus zwei ist null.

1. $10 - 4$
2. $11 + 5$
3. $99 - 22$
4. $50 - 5$
5. $44 + 11$
6. $71 - 10$
7. $9 + 3$
8. $14 + 3$

E-7 Celsius und Fahrenheit. For an American traveling in Europe, it is important to be familiar with the Celsius scale. With a partner, work on converting Celsius to Fahrenheit.

S1: Was (Wieviel) ist zwanzig Grad Celsius in Fahrenheit?

S2: Zwanzig Grad Celsius ist ungefähr achtundsechzig Grad Fahrenheit.

Making phone calls and addressing letters

Most German telephone numbers are in pairs of digits (e.g., 86 68 22). The area code is called **die Vorwahl**.

Telephone etiquette requires that the person answering the phone, as well as the caller, give her/his name. To say good-bye on the phone, many Germans use the phrase **auf Wiederhören**, a variant of a**uf Wiedersehen.**

In the German-speaking countries, letters are addressed a bit differently than in North America. The house number follows the name of the street (e.g., Lindenstraße 29). The postal code (**die Postleitzahl**) in Germany consists of five digits and precedes the name of the city.

Student pairs working consecutively = maximum teacher control.

Student pairs working simultaneously = maximum student talk.

When students work simultaneously in pairs, they must clearly understand what they are expected to do. Before pair work begins, have two students do the model plus one or two examples of the exercise. Then, as students work in pairs, move about the classroom listening in on and helping individual students.

Activity: Bingo! Have students make up their own Bingo cards (5 rows across and 5 columns down of blank squares). They put their own numbers in the squares. Read out numbers at random. First student to get continuous string of numbers across, down, or diagonally (Bingo!) wins. To shorten playing time, call game **Hier!** (4 columns) or **Ich!** (3 columns).

German-speaking countries use the Celsius scale, devised by the 18th century Swedish astronomer A. Celsius. New word: **ungefähr**

E-8 Ein Brief von Vati. Peter Ackermann has just received a letter from his father.

1. Was ist die Hausnummer von Peters Vater?
2. Was ist Peters Postleitzahl?

E-9 Schon wieder die falsche Nummer! It's just not your day. You keep dialing wrong numbers.

The name and number of the party you reach:
Hartmann, 91 08 12
The number you think you dialed:
91 08 13

Draw attention to the way **08** is read in German: **null acht**.

S1: Hier Hartmann.

S2: Hartmann? Ist da nicht einundneunzig null acht dreizehn?

S1: Nein, hier ist einundneunzig null acht zwölf.

S2: Oh, Entschuldigung. Auf Wiederhören.

PARTY YOU REACH:	NUMBER YOU THINK YOU DIALED:
1. Kurz, 58 44 23	58 44 32
2. Huber, 63 37 11	63 36 11
3. Strauß, 42 34 16	41 34 16
4. Yützel, 78 48 24	48 78 24
5. Fischer, 33 06 18	33 06 17

The names of the vowels **a**, **e**, **i**, **o**, and **u** are identical to the sounds they represent. Most of the other letter names *contain* the sounds they represent, e.g., **g**eh, **h**ah, **j**ott, **v**eh, **ü**ppsilon, **t**sett.

The alphabet

The name of almost every letter in the German alphabet contains the sound represented by that letter. Learning the alphabet is therefore useful not only for purposes of spelling, but also for your pronunciation. Listen carefully to the cassette and to your instructor. Repeat what you hear.

Germans saying the alphabet do not include the three umlauted vowels **ä**, **ö**, **ü**, and the **Eszett (ß)**.

Have students repeat three letters at a time.

E-10 Hören Sie gut zu und wiederholen Sie! *(Listen carefully and repeat!)*

a	ah	**g**	geh	**m**	emm	**s**	ess	**y**	üppsilon
b	beh	**h**	hah	**n**	enn	**t**	teh	**z**	tsett
c	tseh	**i**	ee	**o**	oh	**u**	oo		
d	deh	**j**	yott	**p**	peh	**v**	fow		
e	eh	**k**	kah	**q**	coo	**w**	veh		
f	eff	**l**	ell	**r**	airr	**x**	iks		

E-11 Lesen Sie! *(Read!)*

VW   Volkswagen
BMW   Bayerische Motorenwerke
DZT   Deutsche Zentrale für Tourismus
BRD   Bundesrepublik Deutschland
USA   Vereinigte Staaten von Amerika

Germans use the English abbreviation USA.

E-12 Beim Auslandsamt. You are the secretary at the foreign students' office who is responsible for making up a list of foreign students. Have the students spell their names and give their addresses and phone numbers.

Lisa Fawcett
Helmstraße 13, 10827 Berlin
Tel. 6 33 25 17

New word: **Ihr**.

Ask students why the **Sie**-form is used here.

S1: Ihr Name, bitte?
S1: Fawcett. Wie buchstabieren Sie das?
S1: Und die Adresse bitte, Frau Fawcett?
S1: Haben Sie Telefon?

S2: Lisa Fawcett.
S2: F–a–w–c–e–t–t.

S2: Helmstraße 13, 10827 Berlin.

S2: Ja, meine Nummer ist 6 33 25 17.

1. Josef Jaworsky
   Lessingstraße 25, 12169 Berlin
   Tel. 3 65 28 04
2. Sandra Ghanem
   Lindenstraße 95, 10969 Berlin
   Tel. 3 92 49 13
3. Roberto Vizzari
   Winterstraße 11, 13409 Berlin
   Tel. 7 91 79 38
4. Hoy Yip Quan
   Schillerstraße 30, 12207 Berlin
   Tel. 4 18 17 37

E-13 Wir lernen einander kennen. Use the model in the previous exercise to find out the last names, addresses, and telephone numbers of two of your classmates. Then report your findings to the class as in the following example.

Ask students to continue using the **Sie**-form.

> Lindas Familienname ist Hall. H–a–l–l.
> Lindas Adresse ist 89 Oakstraße, Somerville.
> Lindas Telefonnummer ist 589-4106.

E-14 Aus dem Telefonbuch. Look at the entries from a telephone book and answer the questions.

1. What types of businesses are listed here?
2. What does **str.** in **Silberburgstr.** stand for?
3. What is the **Vorwahl** for **München**?
4. What number would you call if you wanted to call the owner of **Schuh-Dorn** after hours?

München (089)	
Schuh-Center	**80 29 19**
Dr. F. Werner	
(K-M) SchwieberdingerStr. 120	
Schuh-Dorn	**62 43 84**
1 Rotebühlpl. 37	
Priv. 1 Rosen-	**42 51 17**
gartenstr. 87	
Schuh-Fischer	**62 49 39**
1 Silberburgstr. 93	
Schuh-Graf	
Julius Graf 50 Seelbergstr. 21	
Fil.	**33 47 00**
60 Widdersteinstr. 10	
Schuh-Grau	
Gustav Grau 1 Hirschstr. 14	

▣ Wörter im Kontext

● Informelle Situationen

Grüß dich!	Hi!
Hallo!	Hi!
Tschüs!	So long!
Entschuldigung!	Excuse me!
Wie heißt du?	What's your name?
Ich heiße . . .	My name is . . .
Ich bin . . .	I'm . . .
Woher kommst	
(bist) du?	Where are you from?
Ich komme	
(bin) aus . . .	I'm from . . .
Wie geht's?	How are you?
Danke, gut.	Fine, thanks.
ja	yes
nein	no

● Formelle Situationen

Guten Tag!	Hello!
Guten Morgen!	Good morning!
Guten Abend!	Good evening!
Auf Wiedersehen!	Good-bye!
Auf Wiederhören!	Good-bye! (on the phone)
Wie heißen Sie?	What is your name?
Ich heiße . . .	My name is . . .
Mein Name ist . . .	My name is . . .
Woher kommen	
(sind) Sie?	Where are you from?
Wie geht es Ihnen?	How are you?
Wie bitte?	Pardon?
Frau	Mrs., Ms.
Herr	Mr.

KAPITEL 1

Jahreszeiten

● **Kommunikationsziele**

Talking about the weather
Discussing one's studies
Talking about leisure time activities

● **Strukturen**

Gender and number of nouns
Ein and **kein**
Personal pronouns
Present tense of **sein**
The verb: infinitive and present tense

Word order:
Position of the verb in questions and
statements
Expressions of time and place
Position of **nicht** (1)

● **Kultur**

Aspects of German university life
Landscapes and climate of the German-
speaking countries
The Angles and the Saxons

Leute: Eine Schweizerin, ein Österreicher,
und eine deutsche Familie

VORSCHAU

Badewetter

Claudia und Martin sind gute Freunde, und auch Stephanie und Peter unternehmen viel zusammen.

MARTIN: Mensch, das ist ja heiß!

PETER: Ja, fast dreißig Grad! – Sag mal, geht ihr schwimmen?

MARTIN: Klar, gleich nach Claudias Vorlesung.

PETER: Wann ist das? Um eins?

MARTIN: Ja. Kommt ihr mit?

PETER: Wir gehen gleich jetzt. Stephanie kommt in fünf Minuten.

MARTIN: Na, dann bis heute nachmittag.

Herbstwetter

Klaus Ziegler liegt noch im Bett. Brigitte Ziegler steht am °Fenster und schaut hinaus.

KLAUS: Wie ist das Wetter?

BRIGITTE: Gar nicht schön. Der Himmel ist grau und es regnet.

KLAUS: Ist es kalt?

BRIGITTE: Das Thermometer zeigt zehn Grad.

KLAUS: Nur zehn Grad! Was für ein Hundewetter!

Semesteranfang

Stephanie und Claudia sitzen zusammen beim Frühstück.

CLAUDIA: Gehst du jetzt in die Vorlesung, Stephanie?

STEPHANIE: Ja, und nachher dann zum Auslandsamt.

CLAUDIA: Meine Vorlesungen beginnen erst morgen.

STEPHANIE: Was machst du dann heute?

CLAUDIA: Nicht viel. Zuerst schreibe ich ein paar Karten, und heute nachmittag gehe ich in die Buchhandlung und kaufe meine Bücher.

STEPHANIE: Also dann, bis später.

CLAUDIA: Tschüs, Stephanie.

Zum Hören. Statements:
Badewetter: 1. Claudia, Martin, Stephanie und Peter gehen heute schwimmen. (Richtig); 2. Stephanie und Peter gehen gleich nach Claudias Vorlesung schwimmen. (Falsch. Stephanie und Peter gehen gleich jetzt.); 3. Claudias Vorlesung ist in fünf Minuten zu Ende. (Falsch. Claudias Vorlesung ist um eins zu Ende.) **Herbstwetter:** 1. Heute ist das Wetter gar nicht schön. (Richtig); 2. Das Thermometer zeigt fünfzehn Grad. (Falsch. Das Thermometer zeigt nur zehn Grad.); 3. Das ist Badewetter. (Falsch. Das ist ein Hundewetter.) **Semesteranfang:** 1. Claudia geht jetzt in die Vorlesung. (Falsch. Claudias Vorlesungen beginnen erst morgen.); 2. Stephanie geht heute zum Auslandsamt. (Richtig); 3. Claudia geht heute nachmittag in die Buchhandlung. (Richtig)

 ZUM HÖREN

1-1 Richtig oder falsch? You will hear the conversations on page 11. Indicate whether the statements that follow each conversation are **richtig** or **falsch**.

	Badewetter		Herbstwetter		Semesteranfang	
	R	F	R	F	R	F
1.	✓		✓			✓
2.		✓		✓	✓	
3.		✓		✓	✓	

> **Sprachnotizen:** German **also** and the flavoring particle **ja**

German **also** does not mean *also* in English. It is a filler word, frequently used to introduce farewells such as the following:

| **Also,** bis morgen! | *Well then, see you tomorrow!* |
| **Also** dann, bis später! | *Well then, see you later!* |

Speakers of German often use flavoring particles to add spice to what they are saying. When **ja** is used as a flavoring particle, it can add emphasis to an exclamation.

Mensch, das ist **ja** heiß!
Das ist **ja** Badewetter!

1-2 Was paßt zusammen? *(What goes together?)* Working with a partner, find the five sentences that describe each illustration.

Heute ist es gar nicht schön.	Der Himmel ist blau.
Heute ist es schön.	Es ist windig.
Die Sonne scheint.	Es ist windstill.
Es regnet.	Das ist Badewetter!
Der Himmel ist grau.	Was für ein Hundewetter!

1-3 Wie ist das Wetter? Working with a partner, read through the following situations. Complete the conversations with appropriate questions and answers from the box.

Give time for practice. Have pairs present their exchanges to the entire class.

New word: **toll**

Ist es noch so schön?   Regnet es noch?
Toll, das ist ja Badewetter!   Was für ein Hundewetter!
Nein, gar nicht. Der Himmel ist grau, und es regnet.
Nein, jetzt ist es schön. Die Sonne scheint, und der Himmel ist blau.

SITUATION A

When your friend went to the library this morning, it was pouring rain. When you come to pick her/him up for lunch, your friend wants to know whether it is still raining. You tell her/him that it's nice out now. Your friend responds appropriately.

S1: Hallo, _____. Bist du fertig?
S2: Ja, gleich. – Sag mal, wie ist das Wetter? . . . ?
S1: . . .
S2: . . .

SITUATION B

When your friend went to the library this morning, the sun was shining. When you come to pick her/him up for lunch, your friend wants to know whether it's still so nice outside. You tell her/him that it's raining now. Your friend responds appropriately.

S1: Hallo, _____. Bist du fertig?
S2: Ja, gleich. – Sag mal, wie ist das Wetter? . . . ?
S1: . . .
S2: . . .

Aspects of German university life

Students at universities in the German-speaking countries receive much less guidance than students at North American universities and colleges. Attendance at lectures is not mandatory and there are no semester finals. The first exams (**Zwischenprüfungen**) are taken after the fourth semester. Students must pass them in order to continue their studies.

The **Wintersemester** begins in mid-October and ends in mid-February, and the **Sommersemester,** which begins in mid-April, ends in mid-July. German students talk about where they are in their studies according to semesters. (**Ich bin im vierten Semester.** *I am in my sophomore year.*)

The German-speaking countries are approximately one-fortieth the size of the United States and Canada. And yet, the topography and climate of the German-speaking countries are enormously varied.

It is about a day's journey from the coast of the **Nordsee** to the peaks of the German, Swiss, and Austrian Alps in the south. The Lowlands of Northern Germany extend from the Dutch border in the west to the border of Poland in the east. Just south of the **Lüneburger Heide**, where you can hike through thousands of acres of purple heather, the Lowlands give way to the mountain ranges of Central Germany. The most famous of these are the Harz mountains. To the southwest lies the **Rheintal**, and following the Rhine south, you reach the densely forested mountains of the **Schwarzwald**. From its highest point, you can see the snow-covered peaks of the Swiss Alps to the southwest.

It also takes about a day to drive from Freiburg, at the western edge of Southern Germany, to the eastern border of Austria. You can follow the **Donau**, as it flows through a succession of culturally significant towns like Regensburg, Passau, and Linz, until you reach **Wien**, the capital of Austria.

The German-speaking countries show considerable climatic variation. In the north, the weather is influenced by the cool air currents off the **Nordsee** and the **Ostsee**. The summers are only moderately warm and the winters are mild, but often stormy and very wet.

In the central region, between the Northern Lowlands and the Alps in the south, the summers are usually much warmer and the winters much colder than in the north. The highest summer temperatures occur in the protected valleys of the **Rhein** and **Mosel** rivers, providing perfect growing conditions for the thousands of acres of

Am Nordseestrand ist es immer windig und kühl.

Die Donau mit Kloster Melk

Winter im Schwarzwald

Der Rhein bei Bingen

Die Schweizer Alpen

vineyards that produce the famous white wines of Germany.

To the south, the climate of the Swiss and Austrian **Alpen** is characterized by high precipitation, shorter summers, and longer winters. But even in these small countries the variation in climate from one area to the next is quite striking. In Switzerland, which is about half the size of the state of Maine, the climate is so varied that a sports enthusiast can go windsurfing and skiing in the space of one summer's day!

1-4 Ein bißchen Geographie. Unscramble the following geographical names and check the appropriate category.

		REGION	CITY	RIVER OR SEA
1. ondua	Donau	—	—	✓
2. wachzwarlds	Schwarwald	✓	—	—
3. enwi	Wien	—	✓	—
4. plane	Alpen	✓	—	—
5. sneredo	Nordsee	—	—	✓
6. atlherin	Rheintal	✓	—	—
7. tesoes	Ostsee	—	—	✓
8. psasau	Passau	—	✓	—
9. olems	Mosel	—	—	✓
10. wizechs	Schweiz	✓	—	—

Wörter im Kontext 1

● Nomen (Nouns)

Plural forms, if any, are given in full in this listing only. Plural forms are presented on p. 19 in this chapter.

der Himmel	sky
die Sonne	sun
das Wetter	weather
das Buch, die Bücher	book
der Freund, die Freunde	friend; boyfriend
die Freundin, die Freundinnen	friend; girlfriend
das Semester, die Semester	semester
der Student, die Studenten	student (male)
die Studentin, die Studentinnen	student (female)
die Universität, die Universitäten	university
die Vorlesung, die Vorlesungen	lecture

Point out that in German there is no formal distinction between a close friend and one to whom one is romantically attached.

Point out that **Freundin** is formed by adding the suffix **-in** to the masculine noun **Freund.** Have students form the feminine equivalents of **der Student, der Amerikaner, der Tourist.**

● Verben

beginnen	to begin
gehen	to go
kaufen	to buy
kommen	to come
machen	to do, to make
regnen	to rain
scheinen	to shine
studieren	to study

● Konjunktionen

und	and
aber	but; however
oder	or
denn	because
sondern	but, but rather

Be careful to distinguish between **aber** (but, however) and **sondern** (but, but rather). Note that **sondern** is always preceded by a negative statement.

● Ausdrücke (Expressions)

Das Thermometer zeigt dreißig Grad.	The thermometer reads thirty degrees.
Peter kommt erst um zehn.	Peter isn't coming until ten o'clock.
Kommst du mit?	Are you coming along?
Klar!	Of course!
Mensch!	Wow!
Toll!	Fantastic!
usw. (und so weiter)	etc., and so on

● Andere Wörter (Other words)

fertig	ready; finished
schön	nice; beautiful
warm	warm
dann	then
gleich	right away
heute	today
morgen	tomorrow
heute morgen	this morning
heute nachmittag	this afternoon
heute abend	this evening
jetzt	now
oft	often
auch	also
fast	almost
nicht	not
gar nicht	not at all
noch	still
nur	only
sehr	very

● Die Farben (The colors)

blau	blue
braun	brown
gelb	yellow
grau	gray
grün	green
violett	purple
rosarot	pink
rot	red
schwarz	black
weiß	white

● Das Gegenteil (The opposite)

der Mann – die Frau	man; husband – woman; wife
alt – jung	old – young
bitte – danke	please – thank you
heiß – kalt	hot – cold
windig – windstill	windy – calm

Treffpunkt Deutsch puts great emphasis on vocabulary acquisition. The exercises in *Wörter im Kontext* are designed to help students internalize the words in the vocabulary lists and should be done in tandem with vocabulary learning assignments. To save class time, these exercises can be assigned as self-tests.

● Ländernamen

die Bundesrepublik Deutschland (die BRD)	the Federal Republic of Germany (the FRG)
Österreich	Austria
die Schweiz	Switzerland
die Vereinigten Staaten (die USA)	the United States (the USA)
Kanada	Canada

● Die Nationalität

Er ist Amerikaner.	He's an American.
Sie ist Amerikanerin.	She's an American.
Er ist Deutscher.	He's a German.
Sie ist Deutsche.	She's a German.
Er ist Kanadier.	He's a Canadian.
Sie ist Kanadierin.	She's a Canadian.
Er ist Österreicher.	He's an Austrian.
Sie ist Österreicherin.	She's an Austrian.
Er ist Schweizer.	He's Swiss.
Sie ist Schweizerin.	She's Swiss.

Re: Deutsche: Point out that here the feminine noun is not formed by adding **-in.** It is not advisable to discuss adjectival nouns at this point.

1-5 Was paßt zusammen? Match each question on the left with a response on the right.

1. Woher kommst du?
2. Wie alt ist Peter? Zwanzig?
3. Was studierst du?
4. Gehst du in die Cafeteria?
5. Wann beginnt die Vorlesung? Um neun?
6. Bist du fertig?
7. Was machst du heute abend?
8. Ich gehe nicht oft in die Disco.

a. Nein, in die Vorlesung.
b. Gleich.
c. Nein, erst um zehn.
d. Aus Frankfurt.
e. Biologie und Chemie.
f. Nein, fast zweiundzwanzig.
g. Ich auch nicht.
h. Ich gehe in die Disco.

Stars represent the 12 founding members of the European Community: Belgium, Denmark, France, Germany, Great Britain, Greece, Ireland, Italy, Luxemburg, the Netherlands, Portugal, and Spain.

1-6 Was sind die Farben?

1. Schokolade ist _____.
2. Gras ist _____.
3. Butter ist _____.
4. Milch ist _____.
5. Kohle ist _____.
6. Blut ist _____.
7. Die Sonne scheint, und der Himmel ist _____.
8. Der Himmel ist _____, und es regnet.

1-7 Konjunktionen, bitte!

1. Claudia _____ Stephanie studieren in München.
2. Kommt Martin aus Berlin _____ aus Mannheim?
3. Martin ist nicht aus Berlin, _____ aus Mannheim.
4. Ist es kalt?
   Ja, _____ nicht sehr.
5. Heute kaufe ich meine Bücher, _____ morgen beginnen die Vorlesungen.

1-8 Die Nationalität, bitte!

1. Frau Bürgli ist aus Zürich. Sie ist _____.
2. Herr Karlhuber kommt aus Innsbruck. Er ist _____.
3. Frau Kröger ist aus Hamburg. Sie ist _____.
4. Herr Chang ist aus San Franzisko. Er ist _____.
5. Frau Bouchard kommt aus Montreal. Sie ist _____.

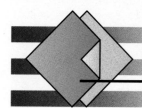

FUNKTIONEN UND FORMEN 1

● 1 Identifying persons and things

Nouns: gender and definite articles

Nouns are used to name persons and things. In English all nouns have the definite article *the*. In German every noun has *grammatical gender*, i.e., it is either masculine, neuter, or feminine. Nouns that are masculine have the definite article **der**, nouns that are neuter have the definite article **das**, and nouns that are feminine have the definite article **die**.

MASCULINE	NEUTER	FEMININE
der	das	die

Although nouns referring to males are usually masculine (*der* **Mann,** *der* **Vater**) and nouns referring to females are usually feminine (*die* **Frau,** *die* **Mutter**), the gender of German nouns is not always logical:

Some reliable indicators of gender will be discussed in later chapters.

der Winter	**das** Wetter	**die** Sonne
der Himmel	**das** Thermometer	**die** Kamera

You should learn each noun with its definite article *as one unit*.

1-9 Wer ist das? Identify the members of the Ziegler family.

1. Das ist . . .

2. Das ist . . .

3. Das ist . . .

4. Das ist . . .

die Mutter	der Vater	die Tochter	der Sohn

1-10 Was paßt zusammen? Name the objects in the illustrations with nouns from the list below.

Begin by having students repeat chorally the article-noun units from the list. Meanings should be obvious.

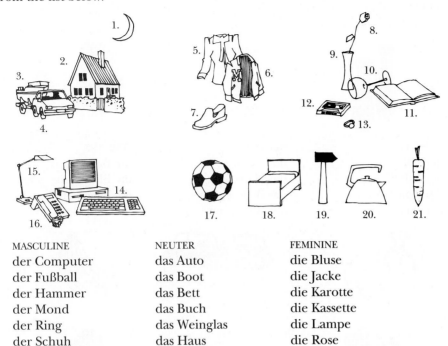

MASCULINE	NEUTER	FEMININE
der Computer	das Auto	die Bluse
der Fußball	das Boot	die Jacke
der Hammer	das Bett	die Karotte
der Mond	das Buch	die Kassette
der Ring	das Weinglas	die Lampe
der Schuh	das Haus	die Rose
der Teekessel	das Telefon	die Vase

Point out that most (but not all) nouns that end in -e are feminine.

Plural forms of nouns

Although a few English nouns have irregular plural forms (e.g., woman, women; child, children; mouse, mice) the majority of English nouns forms the plural by adding -s or -es (e.g., student, students; class, classes).

German has a greater variety of plural forms than English, and you must therefore learn each noun not only with its definite article, but also with its plural form. In vocabulary lists, plurals of nouns are given in abbreviated form.

The definite articles (**der, das, die**) have only *one* plural form: **die**.

Re **Vase:** Point out that this word comes from French and retains French (and English!) pronunciation of initial letter **V**. Other examples: **November, Villa.**

ABBREVIATION	LISTING	PLURAL FORM
-	der Amerikaner, -	die Amerikaner
¨	die Mutter, ¨	die **Mütter**
-e	der Freund, -e	die Freund**e**
¨e	die Maus, ¨e	die **Mäuse**
-n	die Lampe, -n	die Lampe**n**
-en	die Frau, -en	die Frau**en**
-er	das Kind, -er	die Kind**er**
¨er	das Buch, ¨er	die **Büch**er
-s	das Auto, -s	die Auto**s**
-nen	die Freundin, -nen	die Freundin**nen**

All nouns with the plural ending **-nen** are derived from masculine nouns, e.g., **der Student, die Student***in***; der Amerikaner, die Amerikaner***in*.**

Exp.: For subgroups that add umlaut, write following cognates on the board and have students give plural forms: **der Vater,** ¨; **der Bruder,** ¨; **der Garten,** ¨ / **die Laus,** ¨e; **die Hand,** ¨e; **der Sohn,** ¨e / **das Haus,** ¨er; **das Wort,** ¨er; **das Buch,** ¨er.

Point out that the pronunciation of **äu** is just like the **eu** in **heute**, and that it is always the **a** that is umlauted. Such vowel combinations are called diphthongs. Pronunciation of diphthongs is discussed in *Zur Aussprache,* Kapitel 5. New word: **das Kind, -er.**

1-11 Wer weiß die Farben? The plural forms below are listed as you would find them in a dictionary. Using the plural forms, say what colors the objects or animals are.

Die Vasen sind blau.

MASCULINE
der Ball, ˝e
der Schuh, -e
der Apfel, ˝
der Pullover, -

NEUTER
das Auto, -s
das Haus, ˝er
das Bett, -en
das Buch, ˝er

FEMININE
die Banane, -n
die Blume, -n
die Katze, -n
die Maus, ˝e

1.

2.

3.

4.

5.

6.

7.

8.

9.

10.

11.

12.

The indefinite articles *ein* and *kein*

The forms of the indefinite article that correspond to **der, das,** and **die** are **ein, ein,** and **eine** (English: *a, an*).

	DEFINITE	INDEFINITE
MASCULINE	**der** Student	**ein** Student
NEUTER	**das** Buch	**ein** Buch
FEMININE	**die** Studentin	**eine** Studentin

If the numeral *one* (**eins**) precedes a noun, German uses the indefinite article instead:

Ist da nur **ein** Badezimmer im Haus?   *Is there only **one** bathroom in the house?*

The negative form of the indefinite article is **kein** (English: *not a, not (any), no*).

MASCULINE	NEUTER	FEMININE	PLURAL
ein	ein	eine	
kein	**kein**	**keine**	**keine**

Note that **kein** has a plural form:

Das ist **kein** Bett, das ist eine Couch.   *That's not a bed, that's a couch.*
Das sind **keine** Orangen, das sind   *Those aren't oranges, they're mandarins.*
Mandarinen.

1-12 Was für dumme Fragen! Match the illustrations with the words in the box.

Glas (n)
S1: Ist das ein Glas?

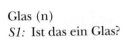

S2: Nein, das ist kein Glas. Das ist eine Vase.

Lilien (pl)
S1: Sind das Lilien?

S2: Nein, das sind keine Lilien. Das sind Tulpen.

1. Weingläser (pl)

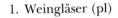

4. Pullover (m)

7. Mikroskop (n)

2. Kaffeekanne (f)

5. Barometer (n)

8. Disketten (pl)

3. Jacke (f)

6. Mäuse (pl)

Sweatshirt (n) / Ratten (pl) / Teekanne (f) / Teleskop (n)
Bluse (f) / Thermometer (n) / Kassetten (pl) / Kognakgläser (pl)

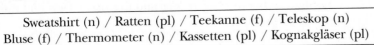

Kapitel 1   Jahreszeiten

● 2 Word order: Position of the verb in questions

Yes/no questions

In yes/no questions the verb is always the *first element*.

Regnet es noch?   *Is it still **raining**?*
Scheint die Sonne?   *Is the sun **shining**?*

Information questions

In information questions the verb immediately follows a question word or an interrogative expression.

Wie **ist** das Wetter heute?   *How **is** the weather today?*
Was **zeigt** das Thermometer?   *What **does** the thermometer **read**?*
Wie kalt **ist** es heute?   *How cold **is** it today?*

Was zeigt das
Thermometer?

In German all question words begin with the letter **w** (pronounced like English *v*):

wann?	*when?*
warum?	*why?*
was?	*what?*
wer?	*who?*
wie?	*how?*
wieviel?	*how much?*
wie viele?	*how many?*
wo?	*where? (in what place?)*
woher?	*where? (from what place?)*
wohin?	*where? (to what place?)*

Note that German uses three words for the word *where,* according to whether it means *in what place, from what place,* or *to what place.*

Wo ist Graz?   ***Where** is Graz?*
Graz ist in Österreich.   *Graz is in Austria.*

Woher ist Martin?   ***Where** is Martin from?*
Ich glaube, er ist aus Mannheim.   *I think he is from Mannheim.*

Wohin gehst du heute abend?   ***Where** are you going tonight?*
Heute abend gehe ich ins Kino.   *Tonight I'm going to the movies.*

Be careful to distinguish between **wo** *(where)* and **wer** *(who)*. Don't let the English equivalents confuse you.

1-13 Weißt du das? *(Do you know this?)* Complete the following questions with **ist** or a question word. Your partner should know the answers.

_____ Steffi Graf aus Österreich?

S1: Ist Steffi Graf aus Österreich? *S2:* Nein, Steffi Graf ist aus Deutschland.

1. _____ kommt Wayne Gretzky, aus Polen oder aus Kanada?
2. _____ ist Innsbruck, in Deutschland oder in Österreich?
3. _____ Innsbruck in Deutschland?
4. _____ singt besser, Michael Jackson oder Mick Jagger?
5. _____ Sekunden hat eine Minute?
6. _____ ist das Wetter heute?
7. _____ beginnt das Sommersemester in Deutschland?
8. _____ ist einunddreißig plus sechs?
9. _____ sind so viele Deutsche im Winter in Florida?
10. _____ Arnold Schwarzenegger aus Österreich?

Wayne Gretzky is a famous hockey player, and presently plays for the Los Angeles Kings. He was born in Canada.

Position of the verb in statements

In English statements the verb follows the subject. In German statements the verb is *always the second element.* This basic difference is one of the most common sources of error for English-speaking students of German.

Der Himmel **ist** blau.	*The sky **is** blue.*
Heute **ist** der Himmel blau.	*Today the sky **is** blue.*
Die Sonne **scheint.**	*The sun **is shining.***
Heute **scheint** die Sonne.	*Today the sun **is shining.***

Ja, nein, and the conjunctions **und** *(and),* **aber** *(but),* **oder** *(or),* **denn** *(because),* and **sondern** *(but rather)* do not count as elements in a sentence.

Regnet es noch?   *Is it still raining?*

Nein, jetzt **scheint** die Sonne, **und** der Himmel **ist** blau, **aber** es **ist** immer noch sehr windig.

No, now the sun is shining and the sky is blue, but it's still very windy.

Note that the three forms of the English present tense have only one equivalent in German, i.e., forms like *it is raining* and *it does rain* do not exist.

Stress the simplicity of German verb forms.

it rains	
it is raining	**es regnet**
it does rain	

*How often **does** it **rain** in Hamburg?*   *In Hamburg it **rains** very often.*
                                                  *It's **raining** today.*

Wie oft **regnet** es in Hamburg?   In Hamburg **regnet** es sehr oft.
                                      Es **regnet** heute.

1-14 Auf englisch, bitte!

1. Woher kommt Peter?
   Peter kommt aus Berlin.
2. Kommt Stephanie heute?
   Nein, Stephanie kommt nicht.
3. Beginnen die Vorlesungen morgen?
   Nein, die Vorlesungen beginnen heute.

1-15 Wie ist das Wetter? Answer your partner's questions according to the illustration.

> S1: Ist der Himmel blau oder grau?
> S2: Der Himmel ist blau.

1. Regnet es, oder scheint die Sonne?
2. Ist es heiß oder kalt?
3. Ist es windig oder windstill?
4. Zeigt das Thermometer zwanzig Grad oder dreißig Grad?
5. Ist das Regenwetter oder Badewetter?

1-16 Wie ist das Wetter heute? Again, answer your partner's questions according to the illustration. Begin each answer with **heute.**

> S1: Ist der Himmel heute grau   S2: Heute ist der Himmel blau.
>   oder blau?

1. Ist es heute kalt oder heiß?
2. Zeigt das Thermometer heute zwanzig Grad oder dreißig Grad?
3. Ist es heute windig oder windstill?
4. Scheint heute die Sonne, oder regnet es?

1-17 Das Wetter. Look out the window and write a few lines describing what the weather is like today. Read your description to your classmates.

Expressions of time and place

In German, expressions of time precede expressions of place. In English it is the reverse.

> PETER: Gehst du **jetzt in die Bibliothek?**   *Are you going to the library now?*
> MARTIN: Nein, ich gehe **jetzt in die Kneipe.**   *No, I'm going to the pub now.*

GERMAN:	time before place
ENGLISH:	place before time

1-18 Wohin gehst du jetzt? Your partner isn't going where you expect her/him to go. Use the expressions of place from the box below.

jetzt

S1: Gehst du jetzt in die Bibliothek?   *S2:* Nein, ich gehe jetzt in die Kneipe.

   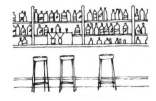

1. jetzt

   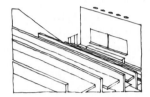

2. heute abend

3. morgen abend

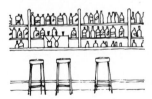   

4. am Sonntag abend

   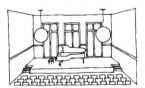

---

ins Theater / in die Cafeteria / in die Kneipe / ins Bett
in die Disco / in die Bibliothek / ins Konzert / in die Vorlesung

---

Kapitel 1   Jahreszeiten

1-19 Was machst du heute abend? Move about the class, tell your classmates what you are doing tonight, and ask what they are doing.

S1: Ich gehe heute abend . . .   Was machst du heute abend?
S2: Ich gehe heute abend . . .
    . . .

The position of **nicht** will be reviewed and expanded upon in Kapitel 2, p. 71, after the direct object has been introduced.

How to negate with *nicht*

Place **nicht** before . . .

- expressions of place
  Ich gehe nicht **ins Kino**.

- specific words you want to negate
  Heute ist es nicht kalt.
  Heute ist es nicht **sehr** kalt.
  Ich gehe nicht **oft** ins Kino.
  Das Rockkonzert ist nicht **heute**, sondern morgen.

Place **nicht** after . . .

- the verb, if you want to negate the verb
  Stephanie kommt **nicht**.

See above for two examples where expressions of time are specifically negated:
Ich gehe nicht *oft* ins Kino.
Das Rockkonzert ist nicht *heute*, sondern morgen.

- expressions of time (unless they are specifically negated)
  Stephanie kommt **heute abend** nicht.

NOTE: Always use **kein** to negate a noun preceded by the indefinite article **ein** or by no article.

Ist das eine Maus?	*Is that **a** mouse?*
Nein, das ist **keine** Maus, das ist eine Ratte.	*No, that's **not a** mouse, that's a rat.*
Sind das Mäuse?	*Are those mice?*
Nein das sind **keine** Mäuse, das sind Ratten.	*No, those are **not** mice, those are rats.*

Draw attention to this *Sprachnotiz* before they listen to the *Zwischenspiel* on page 28.

> **Sprachnotiz:** Discourse strategies

If a speaker uses certain words or phrases to influence the direction a conversation is taking, she/he is employing a *discourse strategy*.

When you want to change the subject, you can use a question introduced by **sag mal.**

MARTIN: Hallo, Claudia. Bist du fertig?
CLAUDIA: Ja, gleich. – **Sag mal,** regnet es noch?

When you talk to your classmates in German, you can often use **du** to verbally nudge them.

CLAUDIA: **Du** Martin, was machst du heute abend?

1-20 Total negativ! Using **nicht** or **kein**, give a negative response to each of your partner's questions.

S1: Ist das Wetter schön? *S2:* Nein, das Wetter ist nicht schön.

1. Ist es heiß?
2. Scheint die Sonne?
3. Ist es sehr windig?
4. Regnet es?
5. Ist Peter aus Hamburg?

6. Kommt Stephanie gleich?
7. Ist das eine Disco?
8. Geht Martin oft in die Disco?
9. Ist die Rockgruppe gut?
10. Hat Bettina eine Zimmerkollegin?

1-21 Was zeigt die Wetterkarte? Look at the weather map with a partner. Using the description of the weather in Warschau as a model, make up weather reports for Hamburg and Madrid. Read your reports to the class.

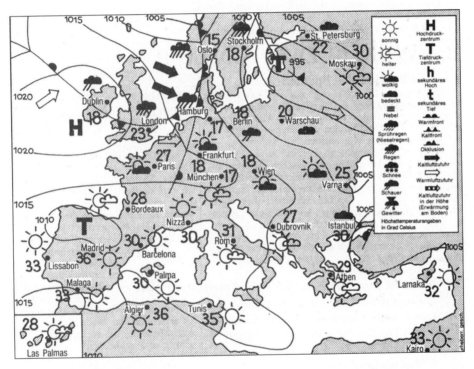

Das Wetter in Warschau.
In Warschau ist das Wetter heute nicht sehr schön.
Der Himmel ist grau, aber es regnet nicht.
Das Thermometer zeigt 20 Grad.
Das ist nicht kalt, aber es ist auch nicht sehr warm.

1-22 Hauptstadtwetter. The electronic billboard on the **Kurfürstendamm** in Berlin shows the temperatures and weather conditions of four European **Hauptstädte**.

1. What do you think the word **Hauptstadt** means?
2. Referring to the key in the weather map above, describe in English the weather for each city on the billboard. (Note: **bewölkt = bedeckt**).

ZWISCHENSPIEL

The *Zwischenspiel* sections appear at mid-point in each chapter. Through skill chaining, i.e., combining all four language skills, these sections synthesize functions and forms previously introduced.

Zwischenspiel. (Characters: Claudia, Tom, Stephanie, Martin)

CLAUDIA: Hallo! Ich bin Claudia Berger. Ich komme aus Hamburg. Wie heißt du, und woher bist du? TOM: Ich heiße Tom, Tom Aiken, und ich komme aus Kanada. CLAUDIA: Was, du bist Kanadier? TOM: Ja, aus Toronto. CLAUDIA: Meine Zimmerkollegin ist auch aus Nordamerika. Sie heißt Stephanie Braun und kommt aus Chicago. Du, dort ist sie. Stephanie, komm doch mal her! Stephanie: Was ist denn, Claudia? CLAUDIA: Stephanie, das ist Tom. Er ist Kanadier. Stephanie: Tag, Tom. Woher in Kanada kommst du? TOM: Ich bin aus Toronto. Und du bist Amerikanerin? Stephanie: Ja, aus Chicago. Ich studiere hier Physik. Was studierst du, Tom? TOM: Ich studiere Biologie. Stephanie: Da kommt Martin. Martin: Grüß dich, Stephanie. Tag, Claudia. CLAUDIA: Martin, das ist Tom. Er ist aus Toronto. MARTIN: Hallo, Tom, wie geht's hier in München? TOM: Danke, gut. CLAUDIA: Sag mal, Tom, was machst du heute abend? TOM: Ich? Nicht viel. Warum? CLAUDIA: Wir gehen heute abend ins Kino und dann in die Kneipe. Kommst du mit? TOM: Klar! Wann geht ihr? CLAUDIA: Um acht. TOM: Also dann, bis später. CLAUDIA: Tschüs, Tom.

🔊 ZUM HÖREN

Beim Auslandsamt

1-23 Globalverstehen. Listen to the conversation of a group of students at a reception organized by the **Auslandsamt** of the **Ludwig-Maximilians-Universität.** Answer the following questions.

1. How many people are speaking?
   1   2   3   <u>4</u>   5
2. Which names do you hear?
   <u>Tom</u>   <u>Martin</u>   <u>Stephanie</u>   <u>Claudia</u>   Peter
3. Which of the following cities are mentioned in the conversation?
   <u>Hamburg</u>   Frankfurt   <u>Toronto</u>   <u>München</u>   <u>Chicago</u>   Vancouver
4. How many Americans are among the speakers?
   0   <u>1</u>   2   3   4
5. How many Canadians are among the speakers?
   0   <u>1</u>   2   3   4

1-24 Detailverstehen. Listen to the conversation again. Then write the answers to the following questions in German. Note the German spellings of physics and biology: **Physik, Biologie.**

1. Woher kommt Claudia?
2. Was ist Toms Nationalität? Ist er Amerikaner? *Nein, er ist . . .*
3. Kommt Tom aus Vancouver? *Nein, er . . .*
4. Wie heißt Claudias Zimmerkollegin, und woher kommt sie?
5. Ist Claudias Zimmerkollegin Kanadierin? *Nein, sie . . .*
6. Was studiert Stephanie?
7. Was studiert Tom?
8. Was machen Claudia, Stephanie und Martin heute abend? *Sie gehen . . .*
9. Wann gehen Claudia, Stephanie und Martin ins Kino?
10. Was macht Tom heute abend um acht?

Wir lernen einander kennen: Have students look up the word for their major field of study (listed in the reference section) before they do the activity.

1-25 Wir lernen einander kennen You are a student at a reception organized by the **Auslandsamt.** Walk around and . . .

1. introduce yourself to other students and ask what their names are.
2. ask where they come from and say what nationality you are.
3. say what you are majoring in (**Ich studiere . . .**). Ask what their major is (**Was studierst du?**).
4. use **Du, . . .** to nudge them, say that you and your friends are going to the disco tonight (**Du, wir gehen heute abend . . .**), and ask whether they are coming along (**Kommst du mit?**)

FUNKTIONEN UND FORMEN 2

● 3 Talking about persons and things without naming them

Personal pronouns: subject forms

If you want to talk about persons without repeating their names, you use personal pronouns. The personal pronouns are categorized under three "persons":

1ST PERSON:	I / we *(to talk about oneself)*
2ND PERSON:	you / you *(to talk to a second party)*
3RD PERSON:	he / it / she / they *(to talk about a third party)*

	SINGULAR		PLURAL	
1ST PERSON	**ich**	*I*	**wir**	*we*
2ND PERSON	**du**	*you (familiar)*	**ihr**	*you (familiar)*
	Sie	*you (formal)*	**Sie**	*you (formal)*
	er	*he*		
3RD PERSON	**es**	*it*		
	sie	*she*	**sie**	*they*

Review appropriate use of **du, Sie, ihr**. See p. 4.

Point out the similarity between **der/er, das/es, die/sie,** and **die/sie** (plural).

German nouns are either masculine, feminine, or neuter, and the pronouns in the 3rd person singular (**er, es, sie**) are chosen according to the principle of *grammatical gender,* i.e., **er** for all nouns with the article **der, es** for all nouns with the article **das,** and **sie** for all nouns with the article **die:**

Ist **der** Student intelligent?	Ja, **er** ist sehr intelligent.
Ist **der** Film lang?	Ja, **er** ist sehr lang.
Ist **das** Baby süß? New word: **süß**	Ja, **es** ist sehr süß.
Ist **das** Wetter schön?	Ja, **es** ist sehr schön.
Ist **die** Professorin gut?	Ja, **sie** ist sehr gut.
Ist **die** Suppe heiß?	Ja, **sie** ist sehr heiß.

In the 3rd person plural, the personal pronoun for all three genders is **sie:**

Sind **die** Studenten intelligent?	Ja, **sie** sind sehr intelligent.
Sind **die** Tomaten süß?	Ja, **sie** sind sehr süß.

Explain that 00 always points to washroom facilities and is often found in German restaurants and hotels. This designation originated in hotels to distinguish the washroom from guests' rooms. Other designations are **Herren, Damen; Toiletten; WC** *(water closet).*

What facility does this sign point to?

Ex. 1-26: Note that some nouns in this exercise are plural, and therefore require a plural verb form. The exercise also reviews the negation of specific sentence elements.

1-26 Ja oder nein?

die Rockgruppe / gut
S1: Ist die Rockgruppe gut?   *S2:* Ja, sie ist sehr gut.
                                          Nein, sie ist nicht sehr gut.

1. die Musik / laut	Ja, …
2. der Kaffee / heiß	Nein, …
3 die Bananen *(pl)* / süß	Ja, …
4. der Apfel / sauer	Ja, …
5. der Wein / gut	Nein, …
6. die Butter / frisch	Ja, …
7. der Pullover / warm	Nein, …
8. der Wind / kalt	Nein, …
9. die Vorlesungen *(pl)* / interessant	Ja, …
10. die Professorin / fair	Ja, …
11. das Buch / interessant	Nein, …
12. der Film / lang	Nein, …

1-27 Welche Farbe hat Lisas Bluse? Your instructor will ask you the colors of your classmates' clothes. Sometimes you may want to add **hell** or **dunkel** to the basic color, e.g., **hellblau** *(light blue)*, **dunkelblau** *(dark blue)*.

LEHRER(IN): Welche Farbe hat   STUDENT(IN): Lisas Bluse?
            Lisas Bluse?   Sie ist rot.

1. die Jacke	3. die Bluse	5. die Hose	7. das Kleid

Point out that for light sweaters **der Pulli** is more appropriate.

2. der Pullover	4. das Hemd	6. der Rock	8. die Jeans

● 4 Expressing states and actions

The present tense of *sein*

The present tense forms of **sein** *(to be)* are as frequently used and as irregular as their English counterparts. They should be carefully learned.

Explain to students that because the **Sie**-form is singular and plural, it is generally placed at the bottom of a chart, between the singular and plural forms.

SINGULAR		PLURAL	
ich bin	*I am*	wir sind	*we are*
du bist	*you are*	ihr seid	*you are*
er/es/sie ist	*he/it/she is*	sie sind	*they are*
	Sie sind *you are*		

1-28 Ergänzen Sie! *(Complete!)* Read the following conversations, using the proper forms of **sein**.

In **Ex. 1-28**, pronoun subjects are given. **Ex. 1-29** requires students to supply subjects and verbs.

1. Hallo!

MARTIN: Hallo! Ich _____ Martin, und das _____ Peter.

HELGA: _____ ihr Brüder?

MARTIN: Nein, wir _____ Freunde.

HELGA: Woher _____ ihr?

MARTIN: Ich _____ aus Mannheim, und Peter _____ aus Berlin.

New word: **Brüder**

2. Woher sind Stephanie und Tom?

DAVID: _____ Stephanie Amerikanerin?

MARTIN: Ja, sie _____ aus Chicago.

DAVID: Und woher _____ Tom?

MARTIN: Ich glaube, er _____ aus Kanada.

3. Wo sind Herr und Frau Ziegler?

FRAU HOLZ: Entschuldigung, _____ Sie Herr und Frau Ziegler aus Göttingen?

FRAU NAGLER: Nein, wir _____ nicht Herr und Frau Ziegler.

FRAU HOLZ: Sie _____ nicht Herr und Frau Ziegler?

FRAU NAGLER: Nein, und wir _____ auch nicht aus Göttingen.

FRAU HOLZ: Aber wer_____ Sie dann?

FRAU NAGLER: Ich _____ Beate Nagler aus Kassel, und das _____ Herr Müger aus Frankfurt.

FRAU HOLZ: Und wo _____ Herr und Frau Ziegler?

FRAU NAGLER: Ich glaube, sie _____ noch im Hotel.

1-29 Kleine Gespräche. Supply the correct forms of **sein** and/or the correct personal pronouns.

1. Das sind Stephanie und Peter.

_____ _____ gute Freunde.

Wie alt _____ Stephanie?

_____ _____ neunzehn.

Und wie alt _____ Peter?

_____ _____ einundzwanzig.

Peter   Stephanie
21 J.   19 J.

2. Wie alt _____ _____, Brigitte?

_____ _____ fünf.

Und du, Holger, wie alt _____ _____?

_____ _____ drei.

Und woher _____ _____ zwei?

_____ _____ aus Stuttgart.

Holger Brigitte

In examples 2 and 3, students must choose the correct form for *you*.

3. _____ _____ Amerikaner, Herr Smith?

Nein, _____ _____ Kanadier.

Und Sie, Frau Jones, _____ _____ auch Kanadierin?

Nein, _____ _____ Amerikanerin.

Frau Jones

Herr Smith

The verb: infinitive and present tense

The infinitive

In English the infinitive form of the verb is usually signaled by *to: to come, to learn, to do*. German infinitives consist of a *verb stem* plus the ending **-en** or **-n**:

INFINITIVE	STEM	ENDING
lernen	**lern**	-en
finden	**find**	-en
heißen	**heiß**	-en
tun	**tu**	-n

Sein is an exception.

The present tense

In English only the 3rd person singular has an ending in the present tense: he learn*s*, she do*es*, it work*s*. In German *all* the forms of the present tense have endings. These endings are attached to the verb stem:

SINGULAR	PLURAL
ich lern**e**	wir lern**en**
du lern**st**	ihr lern**t**
er/es/sie lern**t**	sie lern**en**
Sie lern**en**	

SINGULAR	PLURAL
ich find**e**	wir find**en**
du find**est**	ihr find**et**
er/es/sie find**et**	sie find**en**
Sie find**en**	

SINGULAR	PLURAL
ich heiß**e**	wir heiß**en**
du heiß**t**	ihr heiß**t**
er/es/sie heiß**t**	sie heiß**en**
Sie heiß**en**	

Point out that without the **-e-**, it would not be possible to hear the ending **-t**.

Point out that without the **-e-**, it would be very difficult to pronounce the ending **-t-**. Some other common verbs with consonant clusters: **rechnen, zeichnen, öffnen, ordnen.**

Other common verbs with **s**-like stem endings: **rasen, passen, kratzen, faulenzen.**

- If a verb stem ends in **d** or **t** (**find-en, arbeit-en**) or in certain consonant combinations like the **gn** in **regnen**, an **e** is inserted before the personal endings **-st** and **-t**.

- If a verb stem ends in **s, ß,** or **z**, the personal ending in the 2nd person singular is not an **-st** but only a **-t**: du heiß**t**, du reis**t**, du tanz**t**.

- Verbs with the infinitive ending **-n** also have the ending **-n** in the 1st and 3rd person plural and in the **Sie**-form: wir tu**n**, sie tu**n**, Sie tu**n**.

1-30 Jahreszeiten. Complete the following conversations.

Point out that the names of the seasons and the months are all masculine. Have students repeat names of seasons and months after you.

Frühling im Garten

FRAU ZIEGLER: Du, Robert, warum sitz__ du hier und tu__ nichts?

ROBERT: Die Sonne schein__ so warm.

FRAU ZIEGLER: Vati und ich arbeit__ im Garten.

ROBERT: Ich glaub__, ihr arbeit__ zu viel.

FRAU ZIEGLER: Und du, du arbeit__ zu wenig.

New words: **sitzen, arbeiten, schneien, wie verrückt, reisen, zu wenig**

Rockfest im Sommer

SABINE: Ich heiß__ Sabine. Wie heiß__ du?

THOMAS: Ich heiß__ Thomas. Wie find__ du die Musik?

SABINE: Toll. Tanz__ du?

THOMAS: Klar. Komm, wir tanz__.

Schulbeginn im Herbst

HERR ZIEGLER: Morgen beginn__ die Schule.

NINA: Ja. Heute nachmittag geh__ ich in die Buchhandlung und kauf__ meine Bücher.

HERR ZIEGLER: Und was kost__ das?

NINA: Viel. Bücher kost__ viel.

HERR ZIEGLER: Ja. Bücher und Kinder kost__ viel zu viel!

Ein kalter Winter

FRAU ZIEGLER: Tag, Frau Berg. Das schnei__ ja wie verrückt!

FRAU BERG: Ja. Und das Thermometer zeig__ minus zehn!

FRAU ZIEGLER: Wann reis__ Sie nach Spanien, Ende Dezember?

FRAU BERG: Nein, wir reis__ erst im Januar, da kost__ es nicht so viel.

Ex. **1-31** gives cultural info in preparation of Ex. **1-32** and **1-33**. New Words: **Karneval feiern; die Messe; am Strand sitzen.**

The present tense to express future time

German uses the present tense to express future time more frequently than English. However, the context must show clearly that one is referring to the future.

Nächstes Jahr **fliege** ich nach München.
Next year I'm flying to Munich.
Next year I'll be flying to Munich.

Was **machst** du dort?
*What **will you be doing** there?*
*What **are** you **going to do** there?*

Ich **arbeite** im Hotel Vier Jahreszeiten.
I'll be working at the Four Seasons Hotel.
I'm going to be working at the Four Seasons Hotel.

1-31 Klischees. With a partner, match the cities and activities according to the map.

Berlin	segeln gehen
Innsbruck	Karneval feiern
Kiel	auf die Messe gehen
Köln	Walzer tanzen
Leipzig	viel Geld investieren
München	ins Daimler-Benz-Museum gehen
Norderney	Ski laufen
Stuttgart	in die Philharmonie gehen
Wien	aufs Oktoberfest gehen
Zürich	am Strand sitzen

Ex. **1-32** and **1-33** practice the present tense with future connotation and review the names of the months of the year.

Alternate spelling **Schi**. Both **Ski** and **Schi** are pronounced *Schi*.

1-32 Reisepläne (1). Jennifer and her friends are traveling in the German-speaking countries. What do they do in the cities they visit?

Januar	Innsbruck / Ski laufen
S1: Wo seid ihr im Januar?	S2: Da sind wir in Innsbruck.
S1: Was macht ihr dort?	S2: Dort laufen wir Ski.

1. Februar   Köln / Karneval feiern
2. März   Leipzig / auf die Messe gehen
3. April   Zürich / viel Geld investieren
4. Mai   Stuttgart / ins Daimler-Benz-Museum gehen

1-33 Reisepläne (2). From June to October Jennifer travels by herself.

Students should be acquainted with the world-famous Berlin Philharmonic.

Juni	Berlin / in die Philharmonie gehen
S1: Wo bist du im Juni?	S2: Da bin ich in Berlin.
S1: Was machst du dort?	S2: Dort gehe ich in die Philharmonie.

1. Juli   Kiel / segeln gehen
2. August   Norderney / am Strand sitzen
3. September   München / aufs Oktoberfest gehen
4. Oktober   Wien / Walzer tanzen

ZUSAMMENSCHAU

ZUM HÖREN

Semesteranfang in München

NEUE VOKABELN

bezahlen	*to pay*
nett	*nice*
weit	*far*
Wir fahren Rad.	*We go cycling.*
im Englischen Garten	*in the English garden*
Wir gehen wandern.	*We go hiking.*
das Wochenende	*weekend*

1-34 Globalverstehen. Listen to the telephone conversation and answer the questions below.

1. Who is speaking in this conversation?
   Martin Keller / <u>Peter Ackermann</u> / <u>Peter Ackermanns Mutter</u>
2. Between which two cities does this call take place?
   <u>München</u> / Mannheim / <u>Berlin</u>
3. In which season of the year does this conversation take place?
   spring / summer / <u>fall</u> / winter
4. What do Peter and Martin do in the afternoons?
   they go sailing / <u>they go cycling</u> / <u>they go hiking</u> / <u>they play tennis</u>
5. When will Peter be seeing his family again?
   in mid-October / <u>in mid-November</u> / at the end of November

1-35 Detailverstehen. Listen to the conversation again. Then write the answers to these questions in German.

1. Wer ist Frau Ackermann?
2. Wo in Deutschland ist Frau Ackermann?
3. Wo in Deutschland ist Peter?
4. Wieviel bezahlt Peter für das Zimmer?
5. Was ist Peters Adresse?
6. Wie weit ist es von Peters Zimmer zur Uni?
7. Was findet Peter in München so toll? *In München sind . . .*
8. Was machen Martin und Peter am Nachmittag?
9. Was machen sie am Wochenende?
10. Wo arbeitet Frau Ackermann?

Zusammenschau. (Characters: Peter Ackermann and his mother)

(*Telephone rings*) MUTTER: Hier Ackermann. PETER: Hallo, Mutti. Ich bin's, Peter. MUTTER: Oh, grüß dich, Peter. Wie geht's? PETER: Danke, gut.—Du Mutti, ich habe jetzt endlich ein Zimmer! MUTTER: Oh, gut. Wieviel kostet es? PETER: Sechshundert Mark im Monat. MUTTER: Das ist viel. PETER: Ja, aber Martin bezahlt dreihundert. MUTTER: Wer ist Martin? PETER: Mein Zimmerkollege, Martin Keller. Er ist aus Mannheim. MUTTER: Ist er nett? PETER: Ja, sehr. MUTTER: Was ist deine Adresse, Peter? PETER: Zennerstraße 16, 81679 München. MUTTER: (*repeats slowly and writes*) Zennerstraße 16, 81679 München. Gut. Ist das weit zur Uni, Peter? PETER: Nein, gar nicht, nur zehn Minuten. MUTTER: Und wie ist München? PETER: Toll, viele Kneipen und Discos. MUTTER: Und die Vorlesungen? Gehst du auch in die Vorlesungen? PETER: Klar! Und am Nachmittag spiele ich mit Martin Tennis, oder wir fahren Rad im Englischen Garten. Wir gehen auch wandern und segeln, aber natürlich nur am Wochenende. Das Wetter ist jetzt im Herbst so schön! MUTTER: Gehst du auch in die Bibliothek und lernst? PETER: Klar! Aber nicht am Wochenende.—Sag mal, wie geht's Vati? MUTTER: Danke, gut, nur... er arbeitet immer zu viel. PETER: Und du, arbeitest du noch im Supermarkt? MUTTER: Ja, natürlich. Ihr kostet ja so viel, ihr Kinder.—Übrigens, wann kommst du mal wieder nach Berlin? PETER: Im November. Mitte November. MUTTER: Mitte November, das ist schön. PETER: Also, tschüs, Mutti. MUTTER: Wiederhören, Peter. Mach's gut!

1-36 Ein Interview: Was für Sport machst du? Find out what types of outdoor sports your classmates do in summer and in winter. Move about the class and interview three classmates.

S1: Was für Sport machst du im Sommer?

S1: Und im Winter?

S2: Im Sommer …

S2: Im Winter …

IM SOMMER
ich gehe schwimmen
ich gehe surfen
ich gehe segeln
ich gehe wandern
ich spiele Tennis
ich spiele Fußball

IM WINTER
ich laufe Ski
ich laufe Schlittschuh
ich spiele Eishockey

New word: **Schlittschuh laufen**

1-37 Ein bißchen Statistik. As a class find out how many of you do the sports listed above and have a classmate with a calculator express the result as a percentage. Follow the example below.

Wie viele gehen schwimmen?
Wieviel ist das in Prozent?

Zwanzig von fünfundzwanzig.
Das sind 80 Prozent.

New Words:
Buchhalterin; Arzt; jeden; Oma; Spaß.

LEUTE

Eine Schweizerin, ein Österreicher, und eine deutsche Familie

Kathrin Spyri ist Schweizerin. Sie kommt aus Bern und studiert in Zürich Architektur. Sie ist im zehnten Semester, und nächsten Herbst macht sie ihr Diplom. Kathrin jobbt oft für ein Züricher Architekturbüro, denn ihr Vater und ihre Mutter haben nicht viel Geld. Kathrin ist nicht sehr sportlich, aber sie spielt gern Federball und im Sommer geht sie oft in die Alpen und wandert dort.

Arnold Karlhuber ist aus Innsbruck. Er ist Automechaniker, aber im Winter arbeitet er als Skilehrer in Kitzbühel. Arnolds Vater hat in Innsbruck eine Autofirma, und Arnold arbeitet dort von Ende April bis Mitte November. Arnolds Frau heißt Christa. Sie ist Buchhalterin, und sie arbeitet

Kathrin Spyri

Arnold Karlhuber

auch für Arnolds Vater. Christa ist aus München, sie ist aber jetzt Österreicherin. Arnold und Christa haben noch keine Kinder.

Das sind Sybille Schürer-Haag und Stefan Schürer aus Dresden. Sie haben zwei Kinder: Caroline und Moritz. Stefan ist Arzt, und er hat sehr viele Patienten. Sybille ist Programmiererin, aber sie arbeitet nur morgens, denn Moritz ist nur morgens von acht bis zwölf im Kindergarten. Jeden Winter gehen Sybille und Stefan vierzehn Tage zum Skilaufen in die Schweiz, und die Kinder sind solange bei Oma Haag in Zwickau. Im Sommer gehen Stefan, Sybille und die Kinder alle zusammen drei oder vier Wochen nach Österreich. Sie wandern, schwimmen, surfen und segeln, und sie haben alle viel Spaß.

1-38 Ergänzen Sie! Fill in the missing information from the biographical sketches above. You should be able to guess the meanings of **Wohnort, Beruf** und **Schülerin.**

Familie Schürer

NAME	WOHNORT	BERUF	NATIONALITÄT
Kathrin Spyri	Zürich	Architektin	Schweizerin
Sybille Schürer-Haag	Dresden	Programmiererin	Deutsche
Caroline Schürer	Dresden	Schülerin	Deutsche
Oma Haag	Zwickau		Deutsche
Stefan Schürer	Dresden	Arzt	Deutscher
Christa Karlhuber	Innsbruck	Buchhalterin	Österreicherin

▨ Wörter im Kontext 2

● Nomen

der Tag, -e	day
die Woche, -n	week
der Monat, -e	month
das Jahr, -e	year
die Jahreszeit, -en	season
der Anfang	beginning
die Mitte	middle
das Ende	end
das Zimmer, -	room
der Zimmerkollege, -n	roommate
die Zimmerkollegin, -nen	roommate

Stress the difference between **studieren** and **lernen. Thomas studiert Germanistik.** *Thomas is studying German language and literature (as a major).* **Andrea lernt Deutsch.** *Andrea is learning German (she is learning the language, taking a language course).* **Andrea lernt für das Quiz.** *Andrea is studying for the quiz.*

● Verben

arbeiten	to work
bezahlen	to pay
finden	to find
fliegen	to fly
kosten	to cost
lernen	to learn, to study
reisen	to travel
sitzen	to sit
spielen	to play
studieren	to study
tanzen	to dance
tun	to do

● Andere Wörter

gut	good
interessant	interesting
nett	nice; pleasant
sportlich	athletic
weit	far
ein bißchen	a bit
nach	after; to
natürlich	of course
nichts	nothing
übrigens	by the way
von . . . bis	from . . . to

Point out the origin of **bißchen: Bissen** *(bite)* plus the diminutive suffix **-chen.**

Alert students to the difference between **nicht** and **nichts.**

● Das Gegenteil

hell – dunkel	light – dark
hier – dort	here – there
süß – sauer	sweet – sour
viel – wenig	much – little

● Ausdrücke

Anfang Januar	(At the) beginning of January.
Es schneit wie verrückt!	It's snowing like mad.
Ist es weit zur Uni?	Is it far to the university?

● Die Wochentage

der Montag	Monday
der Dienstag	Tuesday
der Mittwoch	Wednesday
der Donnerstag	Thursday
der Freitag	Friday
der Samstag	Saturday
der Sonntag	Sunday

In German, the names of the days of the week, the months of the year, and the seasons are all masculine.

● Wohin gehst du?

in die Bibliothek	to the library
in die Cafeteria	to the cafeteria
in die Disco	to the disco
in die Kneipe	to the pub
in die Vorlesung	to the lecture
ins Bett	to bed
ins Kino	to the movies
ins Konzert	to a concert
ins Theater	to the theater

On what day of the week was this ticket purchased?

1-39 Was paßt zusammen? Match each question on the left with a response on the right.

1. Wann beginnt das Wintersemester?
2. Wohin fliegen viele Deutsche im Winter?

3. Sind sie lange in Florida, Frau Berger?
4. Schneit es?
5. Spielt ihr heute Eishockey?
6. Was tust du heute abend?

a. Nach Florida.
b. Ja, gleich nach Peters Vorlesung.
c. Nichts.
d. Ja, wie toll.
e. Im Herbst.
f. Ja, von Anfang Dezember bis Mitte Januar.

1-40 Was paßt zusammen? Match each question on the left with a response on the right.

1. Wie findest du Claudias Zimmerkollegin?
2. Wieviel bezahlen Peter und Martin für das Zimmer?
3. Wie weit ist es von Peters Zimmer zur Uni?
4. Wo arbeitet Peters Mutter?
5. Geht ihr heute abend auch in die Disco?
6. Wie tanzt Stephanie?

a. Ja, natürlich.
b. Im Supermarkt.
c. Sehr nett.
d. Sechshundert Mark.
e. Sehr gut.
f. Zehn Minuten.

1-41 Was paßt nicht? Which word doesn't belong? Cross it out.

1. der Tag	der Monat	die Kneipe	die Woche	das Jahr
2. interessant	sportlich	nett	lernen	gut
3. sitzen	nichts	tun	reisen	kosten

1-42 Ergänzen Sie!

1. Heute ist Montag, und morgen ist _____.
2. Gestern war Samstag, und heute ist _____.
3. Heute ist Donnerstag, und gestern war _____.
4. Heute ist Sonntag, und morgen ist _____.
5. Gestern war Donnerstag, und morgen ist _____.

New word: **war**

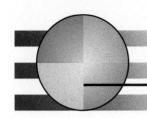

WORT, SINN UND KLANG

Cognates

You may want to talk about words that are identical or almost identical in form, but different in meaning, so-called "false friends": **arm** *poor;* **also** *so;* **fast** *almost;* **bekommen** *to receive.*

In reading the dialogues in **Erste Kontakte** and this chapter you have seen that German and English are closely related languages. Many words are so close in sound and spelling to their English equivalents that you can easily guess their meanings. Words in different languages that are identical or similar in form and meaning are called *cognates.*

Why German and English are similar: The Angles and Saxons

Many of the similarities between English and German can be traced back 1600 years to the time when the Angles and Saxons, Germanic tribes from what is today northern Germany, invaded Britain and settled there. Around 200 A.D. the Roman Empire encompassed not only the countries around the Mediterranean, but also included present-day Austria, Switzerland, Southern Germany, France, and most of the British Isles. Beginning about the fourth century A.D., shiploads of warriors from these tribes crossed the North Sea to England and attacked the increasingly vulnerable defenses of the Roman Empire. When the Romans finally retreated from Britain in the fifth century, the Angles and Saxons remained and settled the country. It was the Germanic languages of these tribes that became the foundation for present-day English.

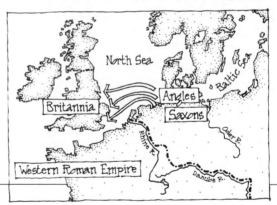

1-43 Leicht zu verstehen. Give the English cognates of the following German words.

1. die Mutter, der Vater, der Sohn, die Tochter, der Bruder, die Schwester
2. das Haar, die Nase, die Lippe, die Schulter, der Arm, der Ellbogen, die Hand, der Finger, der Fingernagel, das Knie, der Fuß
3. rot, grün, blau, grau, braun, weiß, jung, alt, neu, hart, lang, laut, voll, frisch, sauer, dumm, gut, reich
4. der Fisch, die Ratte, die Maus, die Katze, die Laus, der Wurm, der Fuchs, der Bulle, die Kuh
5. die Butter, das Brot, der Käse, der Apfel, das Salz, der Pfeffer, das Wasser, das Bier, der Wein, die Milch

1-44 Wie heißt das Restaurant? In the German-speaking countries, many restaurants and hotels have ornate wrought-iron signs. Look at the sampling below and match them with the names in the box.

der Ochse	die Krone	die Sonne	das Lamm	das Einhorn
	der Schwan	das Kreuz	die drei Könige	

Zur Aussprache

Some sounds and letters that are not found in the English language are discussed here. Listen carefully and imitate the sounds that you hear.

The umlauted vowels ä, ö, and ü.

The sounds represented by the letter **ä** are close to the sound represented by the letter *e* in English *let*.

    der Bäcker   der Gärtner   der Käse   die Universität

The sounds represented by the letter **ö** have no equivalents in English.

    Köln   Göttingen   schön   hören

The sounds represented by the letter **ü** also have no equivalents in English.

    fünf   Tschüs!   Grüß dich!   grün

The Eszett.

The letter **ß,** which is called **Eszett,** is pronounced like an *s*.

    heiß   heißen   dreißig

German ch.

After **a, o,** and **u** the sound represented by **ch** resembles a gentle gargling.

    noch   acht

After **i** and **e** the sound represented by **ch** is pronounced like a loudly whispered *h* in *huge*.

    ich   nicht   gleich

    The suffix **-ig** is pronounced as if it were spelled **-ich.**

    windig   zwanzig   dreißig

In **Bäcker** and **Gärtner**, the **ä** is short [ɜ]. In **Käse** and **Universität**, the **ä** is long [ɜ:]. Exaggerate shortness and length so that students can clearly hear the difference.

The open **ö** in **Köln** and **Göttingen** is short [œ]. The closed **ö** in **schön** and **hören** is long [ø:]. Again exaggerate shortness and length. At this stage, students will probably not be able to hear the difference between the open and closed variants.

In **fünf** and **tschüs**, the **ü** is short [y]. In **Grüß dich!** and **grün**, the **ü** is long [y:]. Again, exaggerate shortness and length.

For a detailed description of how to produce the two sounds represented by **ch**, see *Zur Aussprache*, Kapitel 6.

Familie und Freunde

● **Kommunikationsziele**

Expressing likes, dislikes, and preferences
Describing family and friends
Talking about hobbies, clothing, and
   possessions

● **Strukturen**

Verb + **gern** or **lieber**
Present tense of **haben**
Verbs with stem changes in the present
   tense
Nominative and accusative case:
   • **der**-words and **ein**-words
   • adjective endings after **der**- and **ein**-
     words

Word order: More on the position of **nicht**

● **Kultur**

Family life in the German-speaking
   countries
Ethnic diversity in Germany

Leute: Fatma Yützel

VORSCHAU

Meinungen

Oma Ziegler sagt: Das ist meine Tochter Bettina. Sie ist nicht verheiratet und hat keine Kinder, aber sie ist eine sehr gute Physiotherapeutin. Bettina kauft gern teure Kleider, hat einen viel zu teuren Wagen, und sie fährt auch oft zu schnell. Und warum reist Bettina denn immer so viel?

Nina sagt: Tante Bettina ist meine Lieblingstante. Sie hat ein tolles Leben: sie hat viel Geld und schicke Kleider, sie macht große Reisen (auch nach Nordamerika, denn sie spricht sehr gut Englisch), und sie fährt ein rotes Sportcoupé.

Frau Ziegler sagt: Das ist Beverly Harper. Sie ist Journalistin und meine beste Freundin. Sie arbeitet für amerikanische Zeitungen und schreibt Artikel über die politische Szene in Europa. Beverly ist nicht nur sehr intelligent, sondern auch sehr sportlich, und wir spielen oft Tennis miteinander.

Herr Ziegler sagt: Beverly schreibt sehr interessante Artikel, und wir haben oft lange Diskussionen miteinander. Aber ich spiele nicht gern Tennis mit Beverly, denn sie spielt viel besser als ich.

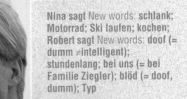

Nina sagt: Das ist mein Freund Alexander. Er ist groß und schlank, tanzt sehr gut und fährt ein tolles Motorrad. Alex hat viele Hobbys: er schwimmt gern, läuft gut Ski, spielt sehr gut Gitarre, und er kocht und bäckt auch gern und gut.

Robert sagt: Ich finde Alexander doof. Er telefoniert oft stundenlang mit Nina, und er ist auch viel zu oft bei uns und spielt seine blöde Gitarre. Warum findet meine Schwester diesen Typ so toll? Ich finde nur sein Motorrad toll!

Herr Ziegler sagt: Das ist mein Bruder Alfred. Er ist Bankdirektor, verdient viel Geld und fährt einen großen, grauen Mercedes. Er ißt gern gut, trinkt teure Weine und trägt sehr teure, graue Anzüge.

Robert sagt: Onkel Alfred ist nicht mein Lieblingsonkel. Er lacht fast nie, und seine Anzüge sind so grau und so langweilig wie sein dicker, grauer Mercedes. Und warum liest er denn immer diese blöden Börsenberichte?

Refer to the first annotation in Kapitel 1 for ways to present new vocabulary. The annotations below are intended to alert you to new words that appear. Wherever possible, synonyms and antonyms known to the student are included. Obvious cognates are not listed.

Oma Ziegler sagt New words: nicht verheiratet (= hat keinen Mann); kaufen; teuer (= viel kosten); Kleider; Wagen (= Auto); fahren; schnell; **Nina Sagt** New words: Tante (≠ Onkel); Lieblingstante; Leben; Geld; schick (= elegant); groß; sprechen

Frau Ziegler sagt New words: Zeitung; schreiben **Herr Ziegler sagt** New words: miteinander; gern

Nina sagt New words: schlank; Motorrad; Ski laufen; kochen; **Robert sagt** New words: doof (= dumm ≠ intelligent); stundenlang; bei uns (= bei Familie Ziegler); blöd (= doof, dumm); Typ

Herr Ziegler sagt New words: verdienen (= machen); essen; tragen; Anzug **Robert sagt** New words: lachen; langweilig (≠ interessant); dick (= fett); lesen; Börsenbericht

> **Sprachnotiz:** The flavoring particle **denn**

The flavoring particle **denn** is frequently added to questions. It may express curiosity and interest, but also irritation. It does not change the basic meaning of the question. **Denn** usually follows the subject of the question.

Wohin reist du **denn** dieses Jahr, Bettina?	*Where are you traveling this year, Bettina?*
Warum reist Bettina **denn** immer so viel?	*Why does Bettina always travel so much?*

▣ ZUM HÖREN

2-1 Richtig oder Falsch? Indicate whether the statements about **Bettina Ziegler, Beverly Harper, Alexander,** and **Onkel Alfred** are **richtig** or **falsch.**

Bettina Ziegler

	Richtig	Falsch		Richtig	Falsch		Richtig	Falsch
1.		✓	2.	✓		3.		✓

Beverly Harper

	Richtig	Falsch		Richtig	Falsch		Richtig	Falsch
1.		✓	2.	✓		3.		✓

Alexander

	Richtig	Falsch		Richtig	Falsch		Richtig	Falsch
1.	✓		2.		✓	3.	✓	

Onkel Alfred

	Richtig	Falsch		Richtig	Falsch		Richtig	Falsch
1.		✓	2.	✓		3.	✓	

2-2 Anders gesagt. With a partner, read *Meinungen* again, and find equivalents for the following statements.

Oma Ziegler ist Bettinas Mutter = Bettina ist Oma Zieglers Tochter.

1. Bettina hat keinen Mann.
2. Bettina macht zu viele Reisen.
3. Beverly Harper schreibt Zeitungsartikel.
4. Beverly Harper macht viel Sport.
5. Onkel Alfred arbeitet bei der Bank.
6. Onkel Alfred hat keinen Humor.
7. Alexander ist sehr musikalisch.
8. Alexander ist ein moderner Mann.

2-3 Meine beste Freundin/mein bester Freund. Answer your partner's questions about your best friend.

S1: Wie heißt deine beste Freundin/ dein bester Freund?

S2: Sie/er heißt . . .

S1: Wie alt ist sie/er?

S2: Sie/er ist . . .

S1: Wie ist deine Freundin/dein Freund?

S2: Sie/er ist . . .

groß
klein
schlank
mollig
sehr nett
sehr intelligent
sehr praktisch / nicht sehr praktisch
sehr sportlich / nicht sehr sportlich
sehr musikalisch / nicht sehr musikalisch
. . .

New words: **klein, mollig**

2-4 Hobbys. Now answer questions about your friends' hobbies.

S1: Was für Hobbys hat deine Freundin/dein Freund?

S2: Sie/er . . . sehr gern.

liest
kocht
bäckt
tanzt
fotografiert
. . .

> **Sprachnotiz:** Expressing *favorite*

The noun **Liebling** means *darling* or *favorite*. With the addition of an **s** (**Lieblings-**), it can be prefixed to many nouns to express that someone or something is one's favorite:

Tante Bettina ist meine **Lieblings**tante.

*Aunt Bettina is my **favorite** aunt.*

Was ist deine **Lieblings**farbe?

*What's your **favorite** color?*

Ask students to create additional combinations with **Lieblings-,** e.g., **Lieblingskleid, Lieblingsalbum, Lieblingsmusik.**

Auch auf Ihr Lieblingsbrot: die neue Rama

Rama

mit verbessertem Geschmack

▣ Wörter im Kontext 1

● Nomen

die Bank, -en	bank
das Geld	money
die Hausfrau, -en	housewife
der Hausmann, ⸚er	house husband
das Leben	life
die Reise, -n	trip
die Schule, -n	school
der Typ, -en	guy

● Verben

fotografieren	to photograph
haben	to have
kochen	to cook
lachen	to laugh
telefonieren (mit)	to talk on the phone (with)
trinken	to drink
verdienen	to earn

● Andere Wörter

blöd ⎫	
doof ⎬	stupid
dumm ⎭	
musikalisch	musical
praktisch	practical
schick	chic
schnell	quick, fast
stundenlang	for hours
teuer	expensive
so . . . wie	as . . . as

● Ausdrücke

bei Zieglers, bei uns	at the Zieglers, at our house
zu viel	too much
viel zu viel	far too much
Was für Musik hörst du gern?	What type of music do you like to listen to?
Was für ein Hund ist das?	What kind of a dog is that?

● Das Gegenteil

dick – dünn	thick, fat – thin
groß – klein	big, tall — little, short
immer – nie	always – never
interessant – langweilig	interesting – boring
mollig – schlank	plump – slim
richtig – falsch	right, true – wrong, false

● Die Familie

die Eltern (pl)	parents
der Vater, ⸚	father
der Stiefvater, ⸚	stepfather
die Mutter, ⸚	mother
die Stiefmutter, ⸚	stepmother
das Kind, -er	child
die Tochter, ⸚	daughter
der Sohn, ⸚e	son
die Geschwister (pl)	sisters and brothers, siblings
die Schwester, -n	sister
der Bruder, ⸚	brother
der/die Verwandte, -n	relative
die Großeltern (pl)	grandparents
die Großmutter, ⸚	grandmother
die Oma, -s	grandma
der Großvater, ⸚	grandfather
der Opa, -s	grandpa
das Enkelkind, -er	grandchild
die Tante, -n	aunt
der Onkel, -	uncle
die Kusine, -n	(female) cousin
der Vetter, -n	(male) cousin
die Katze, -n	cat
der Hund, -e	dog

Although adjective endings in the nominative and accusative are presented in this chapter, it is probably best not to mention that **Verwandte** has adjective endings.

● Fahrzeuge

New word: **Fahrzeuge**

das Auto, -s	car
das Fahrrad, ⸚er	bicycle
das Rad, ⸚er	bike
das Motorrad, ⸚er	motorcycle
der Wagen, -	car

● Sport

schwimmen	to swim
segeln	to sail
Ski laufen	to go skiing
Tennis spielen	to play tennis
Golf spielen	to play golf
wandern	to hike
Windsurfing gehen	to go windsurfing

● Getränke

New word: **Getränke**

das Bier, -e	beer
die Cola	cola
der Kaffee	coffee
die Milch	milk
der Tee	tea
das Wasser	water
der Wein, -e	wine

Was machen diese Leute?

2-5 Was für Getränke passen hier?

1. In _____ und in _____ ist Koffein.
2. Babys trinken _____.
3. In _____ und _____ ist Alkohol.
4. In allen Getränken ist sehr viel _____.

2-6 Was paßt? Some of the words are used twice.

---
immer / nie / teuer / schlank / groß / klein
---

1. Elefanten sind _____, und Mäuse sind _____.
2. Ballettänzerinnen sind _____ mollig.
3. Fotomodelle sind _____ sehr schlank und schick.
4. Basketballspieler sind _____ und _____.
5. Jockeys sind _____.
6. Gold und Diamanten sind sehr _____.

2-7 Die Familie. What are the male or female counterparts?

1. die Kusine
2. die Schwester
3. die Großmutter
4. die Tochter

5. der Onkel
6. der Opa
7. der Vater
8. der Verwandte

Family life in the German-speaking countries is much like that in North America. In many families both parents work outside the home, single-parent families are increasing, and, as in all highly industrialized nations, the birthrate is declining. In Germany, for instance, nine million out of twenty-seven million marriages are childless, and the number of marriages with only one or two children is increasing steadily. This fact is a cause of concern to the government, and it has therefore passed legislation to make it easier for couples to establish a family and have more children. Some highlights of German family legislation:

- Expectant mothers working outside the home need not work for six weeks prior to delivery and are prohibited from working for eight weeks after delivery (**Mutterschutz**). They receive full pay during this time.
- Child-rearing leaves of absence (**Erziehungsurlaub**) are granted to either parent for three years after the birth of a child. During this time the parent is protected from dismissal at her/his place of employment. Also, child-rearing leaves are factored into years of service for pension claims.

- Parents receive 600 DM a month for each newborn child for a period of 2 years (**Erziehungsgeld**).
- The government further supports families with **Kindergeld.** This financial aid lasts until the child reaches age 16 and under certain circumstances even age 27.

2-8 Wer bekommt wieviel Kindergeld? The following chart shows how **Kindergeld** is distributed to German families. Study the information to answer the questions below.

1. What is the minimum amount that the government pays per month to help families with children?
2. How much does a family with two children receive if the family income after taxes is 50 000 DM?
3. How much does a family with four children receive if the family income after taxes is 75 000 DM?
4. What percentage of families with four children receives 660 DM per month from the government?

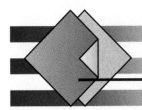

FUNKTIONEN UND FORMEN 1

● 1 Expressing likes, dislikes, and preferences

Verb + *gern* **or** *lieber*

In German the most common way of saying that you like to do something is to use a verb with **gern.** To say that you don't like to do something, use a verb with **nicht gern.**

Alexander kocht **gern.**　　　　　*Alexander **likes to** cook.*
Helga spielt **gern** Golf.　　　　*Helga **likes to** play golf.*
Nina geht **gern** tanzen.　　　　*Nina **likes to** go dancing.*
Robert lernt **nicht gern.**　　　　*Robert doesn't **like** studying.*

To express a preference, use a verb plus **lieber.**

Was spielst du **lieber,** Schach oder Dame?

*What do you **prefer to** play, chess or checkers?*
*What **would** you **rather play,** chess or checkers?*

2-9 Ich mache das gern. Working with a partner, tell each other what you like or don't like to do. Follow the model.

spielen: Golf / Tennis / Fußball

S1: Ich spiele gern Golf.　　　　*S2:* Ich auch.
　　　　　　　　　　　　　　　　Ich nicht, ich spiele lieber Tennis.

Point out that **Fußball** is not *football* but *soccer*, and that it is by far the most popular spectator sport in the German-speaking countries.

1. trinken: Kaffee / Tee / Milch
2. gehen: ins Konzert / ins Theater / in die Disco
3. hören: Rock / Jazz / Beethoven
4. trinken: Wein / Bier / Cola
5. spielen: Schach / Karten / Dame
6. gehen: schwimmen / Windsurfing / wandern

Ich gehe gern in die Oper.

2-10 Was machst du nicht gern? Find out what types of sports and games your partner likes to play, and what type of music she/he likes to listen to. Also find out one or two things that your partner doesn't like to do.

S1: Was für Sport machst du gern? *S2:* Ich gehe gern . . . , und ich
 spiele gern . . .

Was für Musik hörst du gern? Ich höre gern . . .
Was für Spiele spielst du gern? Ich spiele gern . . .
Was machst du nicht gern? Ich . . . nicht gern . . .

Point out that Germans also say **Ping-Pong** for **Tischtennis**. Germans use the term **Badminton** if the game is played competitively, and **Federball** if it is played for pleasure and recreation.

- Sport gehen: schwimmen, Windsurfing, wandern, Ski laufen . . .
  spielen: Golf, Tennis, Fußball, Tischtennis, Baseball, Basketball, Volleyball, Federball . . .

- Musik hören: Rock, Jazz, Beethoven, Mozart, Country and Western . . .

- Spiele: Karten, Schach, Dame, Monopoly, Scrabble . . .

Report to the class what you have found out about your partner.

Sport: _____ *[name of partner]* geht gern . . . , und sie/er spielt gern.

Musik: Sie/er hört gern . . .

Spiele: Sie/er spielt gern . . .
 Sie/er . . . nicht gern . . .

Even though most North Americans no longer use the form *whom,* it helps students understand the direct object.

● 2 Answering *who, whom,* or *what*

Subject and direct object

A simple sentence consists of a noun or pronoun *subject* and a *predicate.* The predicate expresses what is said about the subject and consists of a verb or a verb plus other parts of speech.

One of the "other parts of speech" is often a noun or pronoun that answers the question *whom?* or *what?* This noun or pronoun is called the *direct object* of the verb.

The boldfaced words in the following examples are the direct objects of the verbs.

SUBJECT	PREDICATE VERB	OTHER PARTS OF SPEECH	
Stephanie	is studying	in Munich this year.	
She	is having	**a wonderful time.**	(*What is she having?*)
She	meets	**Peter** there.	(*Whom does she meet?*)
Peter	calls	**her** every day.	(*Whom does he call?*)
Stephanie and Peter	study	together in the library.	
They	play	**tennis** together.	(*What do they play?*)
They	go	to the disco together.	
They	like	**each other** a lot.	(*Whom do they like?*)

2-11 Onkel Alfred. Find the subjects and direct objects. Not every sentence has a direct object.

Mein Bruder Alfred verdient viel Geld.

SUBJECT — DIRECT OBJECT

Herr Ziegler sagt:
1. Er fährt einen großen Mercedes.
2. Er trägt sehr teure Anzüge.
3. Er ißt gern gut und trinkt sehr teure Weine.
4. Aber warum lacht mein Bruder fast nie?

Robert sagt:
1. Onkel Alfred hat keine Familie und keine Freunde.
2. Er liest immer nur Börsenberichte.
3. Er macht keinen Sport und keine Reisen.
4. Ich finde Onkel Alfred doof und sein Leben stinklangweilig.

Nominative and accusative case

In German, the masculine form of both the definite article (**der**) and the indefinite article (**ein**) change depending on whether the nouns they precede are the subject or the direct object of the verb.

SUBJECT FORMS	DIRECT OBJECT FORMS
Der Pullover ist schön.	Ich kaufe **den** Pullover.
Ein Pullover ist teuer.	Ich brauche **einen** Pullover.

New word: **brauchen**

The neuter and the feminine forms of the definite article (**das, die**) and of the indefinite article (**ein, eine**) remain unchanged, regardless of whether the nouns they precede are subjects or direct objects.

Das Sweatshirt ist schön.   Ich kaufe **das** Sweatshirt.
Ein Sweatshirt ist teuer.   Ich brauche **ein** Sweatshirt.
Die Jacke ist schön.   Ich kaufe **die** Jacke.
Eine Jacke ist teuer.   Ich brauche **eine** Jacke.

The plural form of the definite article (**die**) also remains unchanged.

Die Schuhe sind schön.   Ich kaufe **die** Schuhe.

Remember that there are no plural forms for **ein, ein,** and **eine** just as there are no plural forms for English *a, an.*

In German grammar the subject forms are said to be in the *nominative case* and the direct object forms in the *accusative case.*

nominative case = subject
accusative case = direct object

	MASCULINE	NEUTER	FEMININE	PLURAL
NOMINATIVE	der / ein } Rock	das / ein } Kleid	die / eine } Jacke	die Schuhe
ACCUSATIVE	d**en** / ein**en** } Rock	das / ein } Kleid	die / eine } Jacke	die Schuhe

The negative form of the indefinite article is **kein**. It has the same nominative and accusative forms as **ein.** Note, however, that **kein** does have plural forms.

	MASCULINE	NEUTER	FEMININE	PLURAL
NOMINATIVE	kein	kein	keine	keine
ACCUSATIVE	kein**en**	kein	keine	keine

2-12 practices the accusative forms of **ein** and **kein**.

2-12 Brauchst du das?

S1: Brauchst du einen Pullover?   *S2:* Ja, ich brauche einen Pullover.
Nein, ich brauche keinen Pullover.

1.

3.

5.

2.

4.

6.

Hemd (n) / Gürtel (m) / Jogging-Anzug (m) / Kleid (n)
Schuhe (pl) / Bluse (f)

7.

9.

11.

8.

10.

12.

Jacke (f) / Rock (m) / Jeans (pl) / Socken (pl)
Sweatshirt (n) / Lippenstift (m)

2-13 Was kauft Claudia bei Karstadt, und was kauft sie bei Hertie? Claudia needs the items listed, but she doesn't have much money. Find out where she can buy her clothes more inexpensively.

Karstadt and Hertie are two large department store chains in Germany.

2-13 practices both the nominative and accusative forms of the definite article.

der Mantel

S1: Was kostet der Mantel bei Karstadt?

S2: Bei Karstadt kostet der Mantel 550 Mark.

S1: Was kostet der Mantel bei Hertie?

S2: Bei Hertie kostet der Mantel 475 Mark.

S1: Wo kauft Claudia den Mantel?

S2: Sie kauft den Mantel bei Hertie.

1. der Rock
2. die Bluse
3. das Kleid
4. die Schuhe

5. das Sweatshirt
6. der Gürtel
7. die Socken
8. die Jacke

The interrogative pronouns *wer, wen,* and *was*

The interrogative pronouns **wer, wen,** and **was** are the equivalents of English *who, whom,* and *what.* **Wer** is the nominative form:

Wer kommt heute abend zu Besuch?   ***Who** is coming to visit tonight?*

Wen is the accusative form:

Wen besuchst du heute abend?   ***Whom** are you going to visit tonight?*

Was is either nominative or accusative:

Was ist heute abend los auf dem Campus?   ***What**'s happening on campus tonight?*

Was macht ihr heute abend?   ***What** are you doing tonight?*

Point out that *whom* is the correct usage, although most people say *Who are you going to visit tonight?*

Note the close correspondence between the definite article forms **der, den,** and **das** and the interrogative pronouns **wer, wen,** and **was:**

	DEFINITE ARTICLE	INTERROGATIVE PRONOUN	DEFINITE ARTICLE	INTERROGATIVE PRONOUN
NOMINATIVE	der	wer	das	was
ACCUSATIVE	den	wen	das	was

2-14 Bei Zieglers. Ask questions with **wer** or **was**.

schön singen   meine Schwester Nina

S1: Wer singt denn da so schön?   *S2:* Ich glaube, das ist meine
                                                                       Schwester Nina.

New Words: bellen, riechen, schrecklich

1. laut bellen   Roberts Hund
2. gut riechen   Muttis Parfüm
3. toll Gitarre spielen   Ninas Freund Alexander
4. laut lachen   meine Tante Bettina
5. schrecklich stinken   Onkel Alfreds Zigarre

2-15 Freunde. Complete each question with **wen** or **was**. Your partner responds appropriately.

S1:   *S2:*

1. _____ machst du am Wochenende?   Einen alten Freund.
   _____ besuchst du da?   Da fliege ich nach Leipzig.
   _____? Klaus Schürer?   Er studiert dort Geographie.
   _____ macht Klaus in Leipzig?   Ja, meinen Freund Klaus.
2. _____ machst du jetzt?   Nein, Philosophie.
   _____ für eine Vorlesung? Biologie?   Den alten Professor Seidlmeyer.
   Und _____ hast du für Philosophie?   Ich habe jetzt eine Vorlesung.

Der-words: *der, dieser, jeder, welcher*

The endings of words like **dieser** *(this)*, **jeder** *(each, every)*, and **welcher** *(which)* correspond closely to the forms of the definite article. For this reason these words, along with the definite article, are called **der**-words.

Jeder Mantel hier ist schön.   *Every coat here is beautiful.*
Welchen Mantel kaufst du?   *Which coat are you going to buy?*
Ich glaube, ich kaufe **diesen**   *I think I'm going to buy this red coat.*
    roten Mantel.

	MASCULINE	NEUTER	FEMININE	PLURAL
NOMINATIVE	dies**er**	dies**es**	dies**e**	dies**e**
	(d**er**)	(d**as**)	(d**ie**)	(d**ie**)
ACCUSATIVE	dies**en**	dies**es**	dies**e**	dies**e**
	(d**en**)	(d**as**)	(d**ie**)	(d**ie**)

Sonntags Zeitung

Jeden Sonntag:
■ Alles über Sport
■ Die aktuellen News
■ Report und Szene
  mit Format
In diesem Automaten!

2-16 Dieser, jeder, welcher?

1. _____ Monat hat nur achtundzwanzig Tage?
2. Nicht _____ amerikanische Studentin spricht so gut Deutsch wie Stephanie.
3. Ist hier _____ Winter so kalt wie _____ Winter?
4. _____ Rockgruppe hörst du lieber, die Rolling Stones oder die Grateful Dead?
5. MARTIN: _____ Kleid kaufst du jetzt, Claudia?
   CLAUDIA: Ich glaube, ich kaufe _____ blaue Kleid hier.
6. HERR ZIEGLER: _____ Wein trinken wir heute, _____ Rotwein oder _____ Weißwein?
   FRAU ZIEGLER: _____ Rotwein ist sehr gut, aber zu Fisch trinke ich lieber _____ Weißwein.
7. TOURIST: Entschuldigung, _____ Bus fährt nach Hohenheim?
   POLIZIST: Nach Hohenheim fährt die Linie 274, das ist _____ Bus hier.
8. MARTIN: _____ Wagen kaufst du, Bernd, den VW oder den Ford?
   BERND: Den VW natürlich. _____ Ford ist viel zu alt.

Ein-words: *ein, kein* and the possessive adjectives

Both **ein** and **kein** belong to a group of words called **ein**-words. Also included in this group are the possessive adjectives, which are used to indicate possession or relationships, e.g., *my* book, *my* friend. The chart below shows the personal pronouns with their corresponding possessive adjectives.

	PERSONAL PRONOUNS		POSSESSIVE ADJECTIVES	
SINGULAR	**ich**	*I*	**mein**	*my*
	du	*you*	**dein**	*your*
	er	*he*	**sein**	*his*
	es	*it*	**sein**	*its*
	sie	*she*	**ihr**	*her*
PLURAL	**wir**	*we*	**unser**	*our*
	ihr	*you*	**euer**	*your*
	sie	*they*	**ihr**	*their*
FORMAL	**Sie**	*you*	**Ihr**	*your*

Note that just like the formal **Sie,** the formal **Ihr** is always capitalized.

The possessive adjectives are called **ein**-words because they take the same case endings as **ein** and **kein.**

Warum verkaufst du **deinen** Wagen, Ralf?	*Why are you selling **your** car, Ralf?*
Ich brauche **keinen** Wagen mehr, ich nehme jetzt den Bus.	*I don't need **a** car any more, I'm taking the bus now.*

In the following chart the possessive adjective **mein** is used to show the nominative and accusative forms of all possessive adjectives.

	MASCULINE	NEUTER	FEMININE	PLURAL
NOMINATIVE	mein Freund	mein Auto	mein**e** Freundin	mein**e** Eltern
ACCUSATIVE	mein**en** Freund	mein Auto	mein**e** Freundin	mein**e** Eltern

Note that when an ending is added to **euer** *(your)*, the **e** before the **r** is dropped: **eure, euren.**

Ist **eure** Cafeteria gut?   *Is **your** cafeteria good?*

2-17 Ich und meine Familie. Complete Sylvia's description with the proper forms of **mein.**

New Words: **beide, deshalb, sehe, leider**

Ich heiße Sylvia, bin zwanzig Jahre alt und studiere hier in Leipzig Physik. _____ Eltern leben auch hier in Leipzig, und sie arbeiten beide. _____ Vater ist Polizist, und _____ Mutter ist Sozialarbeiterin. _____ Schwestern heißen Franziska und Melanie. Sie sind fünfzehn und siebzehn, und sie gehen beide noch in die Schule. _____ Bruder heißt Stefan. Er ist zweiundzwanzig und studiert in Hamburg Biochemie. _____ Freund heißt Andreas. Er ist so alt wie _____ Bruder. Andreas studiert auch hier in Leipzig, und deshalb sehe ich _____ Freund fast jeden Tag. _____ Bruder sehe ich leider nicht sehr oft.

2-18 Besuche. Complete the sentences with the correct forms of **sein, ihr,** or **unser.**

Before doing exercise **2-18,** review with students the use of **am** with days of the week and **Wochenende,** and **im** with months of the year.

Beginning the responses of S2 with **Da...** is not only good colloquial style, but reinforces the German rule of **Verb zweites Element.**

Claudia am Wochenende	sie _____ Schwester
S1: Was macht Claudia am Wochenende?	*S2:* Da besucht sie ihre Schwester.

1. Nina heute abend   sie _____ Lieblingstante
2. Robert morgen nachmittag   er _____ langweiligen Onkel Alfred
3. Oma Ziegler am Wochenende   sie _____ Sohn Klaus
4. Alexander heute abend   er _____ Freundin Nina
5. Kellers nächstes Wochenende   sie _____ Sohn Martin in München
6. ihr am Sonntag   wir _____ Großmutter
7. Krügers im August   sie _____ Freunde Helga und Markus
8. ihr im Sommer   wir _____ Onkel Karl

2-19 Wen besuchst du? Ask whether your partner is planning to visit someone.

New words: **jemand, niemand**

S1: Besuchst du jemand heute abend?	*S2:* Ja, da besuche ich mein_____ ... (Nein, da besuche ich niemand.) Und du? Besuchst du jemand ... ?

---
am Wochenende / an Thanksgiving

2-20 Warum denn? Why are these people selling the things mentioned? Complete the questions with the proper forms of **dein, euer,** or **Ihr** and respond appropriately.

New word: **Benzin**

S1:	*S2:*
1. Warum verkaufen Sie denn _____ Kamera (f)?	Ich spiele viel lieber Gitarre.
2. Warum verkauft ihr denn _____ Fahrräder (pl)?	Ich habe jetzt einen CD-Spieler.
3. Warum verkaufst du denn _____ Keyboard (n)?	Wir haben jetzt einen Wagen.
4. Warum verkaufen Sie denn _____ großen Wagen (m)?	Er braucht zu viel Benzin.
5. Warum verkauft ihr denn _____ Haus (n)?	Ich mache jetzt nur noch Videos.
6. Warum verkaufst du denn _____ Kassettenrecorder (m)?	Es ist viel zu klein für unsere große Familie.

2-21 Ist das Ihr Hund? Your partner takes the roles of the people indicated. Ask whether she/he owns the items shown.

Ist das . . . ? FRAU MEYER: Ja, das . . .

S1: Ist das Ihr Hund? FRAU MEYER: Ja, das ist mein Hund.

1. Sind das . . . ? MARTIN: Ja, das . . .

Ex.2-21, #1, 3, 5, 7: Point out that **das** after the plural form **sind** is correct German usage, even though English would use a plural form here. Make sure students switch between **Du** and **Sie**, depending on the dialog partner.

2. Ist das . . . ?  ALEXANDER: Nein, das . . .

3. Sind das . . . ?  RALF UND BERND: Nein, das . . .

4. Ist das . . . ? HERR UND FRAU MÜLLER: Ja, das . . .

5. Sind das . . . ? PETER: Nein, das . . .

6. Ist das . . . ? HERR ZIEGLER: Nein, das . . .

7. Sind das . . . ? STEPHANIE UND CLAUDIA: Ja, das . . .

Gitarre (f) / Fahrräder (pl) / CDs (pl) / Katze (f) / Jacken (pl)
Haus (n) / Socken (pl)

Kapitel 2   Familie und Freunde

Haben versus *sein*

> Müllers haben **einen** Esel.   *The Müllers have a donkey.*

In the example above, the noun **Esel** answers the question *What do the Müllers have?* **Esel** is the direct object and is therefore in the accusative case. The verb **haben** always takes an accusative object.

In the present tense of **haben**, the **b** of the verb stem is dropped in the 2nd and 3rd person singular.

SINGULAR		PLURAL	
ich	habe	wir	haben
du	**hast**	ihr	habt
er/es/sie	**hat**	sie	haben
	Sie haben		

Names of animals frequently serve to characterize people. Among family and friends, **Esel** is often used as a gentler alternative to **Idiot.**

> Günter ist **ein** Esel.   *Günter is an idiot.*

In this example, **Esel** also answers the question *what?* But here **Esel** is used with the linking verb **sein** to *describe what the subject is.* It therefore appears in the same case as the subject, i.e., the nominative. You learned the present tense of **sein** in Kapitel 1 (p. 30).

Ex. 2-22 reviews the nominative and accusative forms of **ein** and **kein.**

2-22 Immer negativ.

> haben / du / Wagen (m)

S1: Hast du einen Wagen?   *S2:* Nein, ich habe keinen Wagen.

1. sein / Daniel / guter Student (m)
2. haben / Monika / Freund (m)
3. sein / Daniel / Dummkopf (m)
4. haben / Müllers / Kinder (pl)
5. sein / Herr Müller / guter Automechaniker (m)
6. haben / Müllers / Mercedes (m)
7. sein / Frau Müller / gute Architektin (f)
8. haben / du / Motorrad (n)
9. sein / Müllers Hund / Foxterrier (m)
10. haben / ihr / Hund (m)

Ex. 2-22, #6: Point out that in German the names of all cars are masculine. The only exception is **die Ente,** the nickname of the Citroën 2CV, the odd-looking little car that many German students drive.

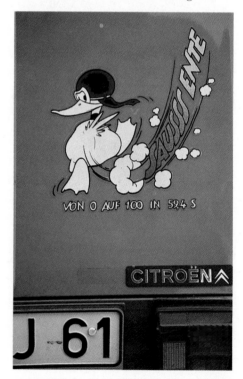

2-23 Was hast du alles? Working with a partner, ask and answer questions as in the example.

S1: Hast du einen Wagen?

S1: Was für einen Wagen hast du?
S1: Hast du ein Motorrad (ein Fahrrad, einen Hund, eine Katze)?
. . .

S2: Ja, ich habe einen Wagen.
    Nein, ich habe keinen Wagen.
S2: Ich habe einen . . .

The accusative in **Was für einen Wagen hast du?** is *not* the effect of the preposition **für**. **Wagen** is the direct object of the verb **haben**.

▷ **Sprachnotizen:** Omission of the articles

Omission of the indefinite article. When stating someone's membership in a specific group (e.g., nationality, place of residence, occupation, or religious affiliation), German does not use the indefinite article.

Ich bin **Berliner**.	*I am **a** Berliner.*
Meine Freundin ist **Österreicherin**.	*My girlfriend is **an** Austrian.*
Kurt ist **Koch**.	*Kurt is **a** cook.*
Melanie ist **Methodistin**.	*Melanie is **a** Methodist.*

For males, nationality or place of residence can be expressed by adding **-er** to the name of the country or city: **Schweizer, Hamburger.**

For females, the suffix **-in** is added to the masculine form: **Schweizerin, Hamburgerin.**

Omission of the definite article. When naming a musical instrument after **spielen**, German does not use the definite article before the name of the instrument:

Lutz spielt **Gitarre**.	*Lutz plays **the** guitar.*
Spielen Sie **Klavier**?	*Do you play **the** piano?*

The indefinite article must be used if the noun is preceded by an adjective: **Kurt ist ein guter Koch.**

To state membership in the **Evangelische Kirche** (the only Protestant Church in Germany; approximately equivalent to the North American Lutheran Church) and the **Katholische Kirche**, Germans would say **Melanie ist evangelisch** or **Melanie ist katholisch.**

An exception to the rule of adding **-in** to the masculine form: **die Deutsche.** This is the only female designation of nationality that is not formed with **-in**. Ask students what grammatical error President Kennedy made when he said **Ich bin ein Berliner.**

Point out that the family tree is to be seen from the perspective of Daniel, the father. The names of Daniel's parents are not mentioned in the poem. Have students give the family relationship for some of the names mentioned in the family tree, e.g., **Susanna ist Daniels Tante.**

2-24 Eine Familie. The following children's rhyme describes one family. Read the poem. Then study the family tree and answer the questions.

Ein Stammbaum

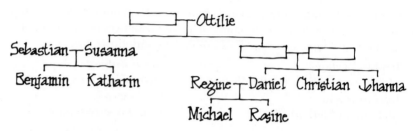

A synonym of **Vetter** is **der Cousin** (French pronunciation). **Die Kusine** (from French **la cousine**) has been Germanized. New word: **kennst**

Der Vater, der heißt Daniel,
der kleine Sohn heißt Michael,
die Mutter heißt Regine,
die Tochter heißt Rosine,
der Bruder, der heißt Christian,
der Onkel heißt Sebastian,

die Schwester heißt Johanna,
die Tante heißt Susanna,
der Vetter, der heißt Benjamin,
die Kusine, die heißt Katharin,
die Oma heißt Ottilie —
jetzt kennst du die Familie.

Exp: You might have students draw their own family tree, and discuss it with a partner. The terms **Schwager** and **Schwägerin** (brother- and sister-in-law) might be introduced.

1. Wie heißen Johannas Brüder?
2. Wie heißen Susannas Kinder?
3. Wie heißt Michaels Schwester?
4. Wie heißen Daniels Geschwister?
5. Wie heißen Katharins Vettern?

6. Wie heißt Ottilies Tochter?
7. Wie heißt Benjamins Kusine?
8. Wie heißt Rosines Tante?
9. Wie heißt Johannas Großmutter?
10. Wie heißen Katharins Eltern?

 **ZUM HÖREN**

Jennifer Winklers Familie

Jennifer Winkler is an American student studying in Linz, Austria. She is interviewed by a student reporter for the newsletter published by the **Auslandsamt** of the university. Here are some new words you'll hear.

Neue Vokabeln

die Stadt	*town*
echt	*really*
seit 1970	*since 1970*
mütterlicherseits	*on my mother's side*
wohnen	*to live*
die Wohnung	*apartment*
Er ist Koch von Beruf.	*He is a cook by trade.*
Er wird Koch.	*He is going to be a cook.*

Leben and **wohnen:** Point out that **leben** is usually used in connection with the place (country, city) of residence. **Wohnen** is used in connection with a building, street, or family (e.g., **Meine Eltern leben in East Lansing. Ich wohne bei meiner Tante Christel.**)

2-25 Globalverstehen. Listen to the interview and choose the correct response.

1. Which names are mentioned?
   <u>Karl</u> / Oliver / <u>Kurt</u> / <u>Jennifer</u> / <u>Thomas</u> / Claudia / <u>Christel</u>
2. What cities are mentioned?
   <u>Salzburg</u> / Wien / <u>Linz</u> / <u>East Lansing</u> / Innsbruck
3. Which of the following words describing family relationships do you hear?
   <u>Eltern</u> / <u>Mutter</u> / <u>Vater</u> / <u>Großmutter</u> / <u>Großvater</u> / Geschwister / Schwester / <u>Bruder</u> / <u>Tante</u> / <u>Onkel</u> / Kusine / Vetter
4. What types of living accomodations are mentioned?
   Studentenheim / Zimmer / Wohnung / Haus
5. How many grandparents does Jennifer still have?
   1   <u>2</u>   3   4
6. How many children do Jennifer's parents have?
   1   <u>2</u>   3   4

2-26 Detailverstehen. Write the answers to the following questions about Jennifer's interview.

1. Warum studiert Jennifer in Linz?
2. Woher kommt Jennifers Mutter?
3. Warum kommt Jennifer gern nach Österreich?
4. Wo wohnt Jennifer in Linz?
5. Wie weit ist es von Tante Christels Haus zur Uni?
6. Wo leben Jennifers Eltern, und was machen sie dort?
7. Wer sind die vier Köche in Jennifers Familie?
8. Was macht Jennifers Bruder Thomas?

Zwischenspiel. (Characters: Jennifer Winkler, a reporter for the university newsletter.)

REPORTER: Jennifer, du bist Amerikanerin und studierst dieses Jahr hier in Linz. Warum denn gerade in Linz? JENNIFER: Mein Vater ist aus Linz, und ich finde die Stadt und das Studentenleben hier echt toll. REPORTER: Das hören wir Linzer gern. JENNIFER: Meine Mutter kommt übrigens auch aus Österreich, aus Salzburg. Meine Eltern leben aber schon viele Jahre in East Lansing, Michigan. REPORTER: Hast du noch Verwandte hier in Österreich? JENNIFER: Klar. Meine Großeltern mütterlicherseits leben beide noch, und ich habe auch viele Tanten, Onkel, Kusinen und Vettern in Österreich. Deshalb komme ich sehr gern hierher. REPORTER: Wo wohnst du hier in Linz? Im Studentenheim, oder hast du eine Wohnung? JENNIFER: Ich wohne bei meiner Tante Christel. Sie ist meine Lieblingstante, und sie hat ein schönes Haus hier in Linz. Von dort sind es nur zehn Minuten zur Uni. REPORTER: Sag mal, wie ist das Leben in East Lansing? Seit wann sind deine Eltern schon dort? JENNIFER: Seit 1970. East Lansing ist eine schöne, kleine Universitätsstadt. Mein Vater ist Koch von Beruf, und meine Eltern haben ein Restaurant dort. Mein Großvater in Salzburg und mein Onkel Karl hier in Linz sind übrigens auch Köche. REPORTER: Toll! Drei Köche in einer Familie! Das ist ja eine richtige Familientradition! JENNIFER: Ja, und mein Bruder Kurt wird auch Koch. Er lernt hier in Linz bei Onkel Karl. REPORTER: Also vier Köche in der Familie! Sag mal, Jennifer, hast du noch mehr Geschwister? JENNIFER: Ja, noch einen Bruder. REPORTER: Und ist er auch Koch? JENNIFER: Nein, Thomas ist erst sechzehn und geht noch in die Schule.

2-27 Ich und meine Familie. Write a paragraph about yourself and your family, using the following headings as a guide. You may want to refer to the list of study majors, professions and hobbies in the reference section in the appendix.

Ich

- Studium:
  Was ist dein Hauptfach?

- Wohnen:
  Wo wohnst du? Im Studentenheim oder zu Hause, oder hast du ein Zimmer oder eine Wohnung?

- Hobbys:
  Spielst du ein Instrument? Klavier, Gitarre, Saxophon, Klarinette, Trompete, Keyboard, Schlagzeug?
  Was für Musik hörst du gern? Rock? Jazz? klassische Musik? Country und Western?
  Was für Sport machst du gern?

Meine Familie

- Eltern:
  Wie heißen deine Eltern?
  Wie alt sind sie?
  Was sind sie von Beruf?

- Geschwister:
  Wie viele Geschwister hast du?
  Wie heißen sie?
  Wie alt sind sie?
  Was machen sie?

2-28 Du und deine Familie. Using the questions from the previous activity, find out about your partner and her/his family. Write the information in the charts and report your findings to the class.

Meine Partnerin/mein Partner					
NAME	HAUPTFACH	WOHNEN	HOBBYS	LIEBLINGSMUSIK	SPORT

Ihre/seine Eltern und Geschwister		
NAME	ALTER	BERUF
Vater		
Mutter		
Schwestern		
Brüder		

2-29 In welches Beisel gehen wir heute? Of the many pubs (**Beisel**) in Linz, Jennifer and her friends particularly favor four. Study the advertising of these pubs and answer the questions below.

1. At what pub in the old part of Linz can Jennifer sit outdoors? To what age group does this pub cater?
2. Where would Jennifer and her friends cap an evening at the theater? In which style is this pub decorated?
3. At which pub can Jennifer and her friends join in with the musicians? In which part of town is this pub located?
4. Jennifer is a jazz fan. Where can she hear live jazz performances? Where in the building is this pub located? What does the name of the pub have to do with its address?

PUBS BEISEL

Nestroy

Traditionslokal seit 33 Jahren, im Herzen von Urfahr, gute Parkmöglichkeiten.
So-Fr 9-24 Uhr
Nestroystr. 4, Tel. 23 22 38 [B6]

Gin Gin

Sehr schön gelegenes Cafe-Pub am Alten Markt in der Altstadt, schöner Gastgarten, beliebter Treffpunkt für jede Altersgruppe
Hahnengasse 7, Tel. 77 41 20 [C11]

S'Kistl

25 verschiedene Biersorten, davon 6 vom Faß, 15 offene Weinspezialitäten, täglich Menüs und Vollwertküche.
Mo-Sa 10-2, So 18-2 Uhr
Altstadt 17, Tel. 78 45 45 [C12]

Musikcafe Cello

Das Musikcafé in zentraler Lage—machen Sie selbst Musik!
Mo-Sa 10-4, So 15-24 Uhr
Graben 17, Tel. 77 32 18 [D11]

PUBS BEISEL

1. Akt

Bar-Restauration in Theaternähe, schöne Bar im Stil der 30er Jahre, reiche Auswahl an erlesenen Getränken und pikanten Speisen.
So-Fr 17-2 Uhr
Klammstr. 20, Tel. 77 53 31 [B12]

Casino-Treff

Ein Casino-Treffpunkt beim Schillerpark! Angenehme, diskrete Atmosphäre, nette Bedienung, Spiel-Spaß-Unterhaltung durch aktuelle Spielautomaten, lange Öffnungszeiten, für Jugendliche unter 18 Jahren verboten!
Mo-Sa 10-24 Uhr, So ab 16 Uhr
Rainerstr. 12, Tel. 66 24 83 [D15/16]

17er Keller

Gepflegte Drinks, Jazz-Music, Live-Konzerte.
Mo-So 19-2 Uhr
Hauptplatz 17, Tel. 77 90 00 [C11]

Restauration is an Austrian word for **Restaurant**. Ask students to draw a parallel between the word **Restauration** and what happens in a restaurant.

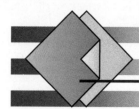

FUNKTIONEN UND FORMEN 2

● 3 Expressing actions in the present and future

Verbs with vowel changes

Some German verbs have a stem vowel change in the **du**-form and in the **er/es/sie**-form of the present tense. Note that the stem vowel change occurs *only* in the **du**-form and in the **er/es/sie**-form.

e -> i		e -> ie		a -> ä		au -> äu	
sprechen		**lesen**		**fahren**		**laufen**	
ich	spreche	ich	lese	ich	fahre	ich	laufe
du	sprichst	du	liest	du	fährst	du	läufst
er/es/sie	spricht	er/es/sie	liest	er/es/sie	fährt	er/es/sie	läuft
wir	sprechen	wir	lesen	wir	fahren	wir	laufen
ihr	sprecht	ihr	lest	ihr	fahrt	ihr	lauft
sie/Sie	sprechen	sie/Sie	lesen	sie/Sie	fahren	sie/Sie	laufen

Most verbs with a stem vowel change fall into one of the two groups below.

Mention the variant **fressen** that is used for animals (and sometimes for people who overindulge).

Stem vowel change from e to i or ie

essen	*to eat*	ich esse	du **ißt**	er **ißt**
geben	*to give*	ich gebe	du **gibst**	er **gibt**
lesen	*to read*	ich lese	du **liest**	er **liest**
nehmen	*to take*	ich nehme	du **nimmst**	er **nimmt**
sehen	*to see*	ich sehe	du **siehst**	er **sieht**
sprechen	*to speak*	ich spreche	du **sprichst**	er **spricht**
werden	*to get;*	ich werde	du **wirst**	er **wird**
	to become			

Stem vowel change from a to ä or from au to äu

backen	*to bake*	ich backe	du **bäckst**	er **bäckt**
fahren	*to drive*	ich fahre	du **fährst**	er **fährt**
lassen	*to let;*	ich lasse	du **läßt**	er **läßt**
	to leave			
schlafen	*to sleep*	ich schlafe	du **schläfst**	er **schläft**
tragen	*to wear*	ich trage	du **trägst**	er **trägt**
waschen	*to wash*	ich wasche	du **wäschst**	er **wäscht**
laufen	*to run*	ich laufe	du **läufst**	er **läuft**

Verbs with these stem vowel changes are usually listed as follows:

> sprechen (spricht) *to speak*
> fahren (fährt) *to drive*
> usw.

The expression *es gibt*

From the verb **geben** comes the expression **es gibt.** Its English equivalent is *there is* or *there are.* **Es gibt** always has an accusative object.

Heute **gibt es** Kuchen zum Nachtisch.

*Today **there is** cake for dessert.*

Wie viele McDonald's **gibt es** in München?

*How many McDonald's **are there** in Munich?*

If students ask, point out that one uses **es gibt** to speak of people or things in a general way, e.g., **In Deutschland gibt es viele Ausländer.** If one speaks about the physical presence of persons or things in a specific way, one does not use **es gibt**, e.g., **Da sind zwei große Hunde im Garten!**

2-30 Ein Samstagnachmittag bei Zieglers. Complete the sentences with appropriate verbs from the list.

> fährt / wäscht / wird / schläft / liest / bäckt

1. Nina _____ ein Buch.
2. Oma Ziegler _____ einen Kuchen, denn Nina _____ morgen siebzehn.
3. Herr Ziegler ist müde. Er liegt im Bett und _____.
4. Frau Ziegler _____ gleich in die Stadt, und Robert _____ deshalb ihren Wagen.

New word:**müde**

2-31 Herr Ziegler kritisiert heute alles!

> sprichst / läuft / gibt / läßt / trägst / nimmst

1. Warum _____ du denn so viel Fleisch, Robert?
2. Warum _____ du denn nicht ein bißchen lauter, Brigitte?
3. Warum _____ es heute keinen Nachtisch?
4. Warum _____ denn das Wasser im Badezimmer?
5. Warum _____ du denn immer dieses blöde T-Shirt, Nina?
6. Warum _____ du mitten im Winter dein Fenster offen, Robert?

New word:**Fleisch**

2-32 Wo essen wir heute? Complete with the proper forms of **essen.**

1. Heute _____ wir bei McDonald's.
2. _____ ihr gern bei McDonald's?
3. Ich _____ lieber bei Wendy's.
4. _____ du immer so viel, Robert?
5. _____ Nina auch so viel wie ihr Bruder?
6. Zieglers _____ nicht oft bei McDonald's.
7. _____ Sie gern bei McDonald's, Frau Ziegler?

S1: Wo _____ du gern?
S2: Ich _____ gern bei . . .

Drill the conjugation of **essen** before doing the exercise.

Exp., **Ex. 2-32** In the communicative phase of this activity, have a third student rephrase the response of S2 in the 3rd person (**Sie/er ißt gern bei . . .**)

2-33 Wer fährt was? Complete with the proper forms of **fahren.**

1. Herr Ziegler _____ einen Audi.
2. Was für einen Wagen _____ Sie, Frau Ziegler?
3. Müllers _____ einen Ford.
4. Was für ein Motorrad _____ du, Alexander?
5. Ich _____ eine Honda.
6. _____ ihr immer noch diesen alten VW?
7. Nein, wir _____ jetzt zwei brandneue Mountainbikes.

2-34 Was fährst du?

S1: Was für einen Wagen _____ dein Vater/deine Mutter?
S2: Mein Vater/meine Mutter _____ . . .
S1: Und was für ein Fahrzeug _____ du?
S2: Ich _____ . . ./Ich habe kein Fahrzeug.

2-35 Was machen diese Leute?

S1: Was macht Sylvia?   *S2:* Sie ißt ein Stück Kuchen.

1. Was macht Herr Lukasik?

. . . seinen Wagen.

2. Was macht Helga?

. . . ein Bad.

3. Was macht Ralf?

. . . sein Motorrad.

4. Was macht Frau Schneider?

. . . ein Buch.

5. Was macht Charlyce?

. . . mit Bernd.

6. Was macht Bettina?

. . . einen Kuchen.

7. Was macht Günter?

... alles doppelt.

8. Was macht Tanja?

... Ski.

9. Was macht Tina?

... einen Apfel.

10. Was macht Monika?

...

● 4 Describing people, places, and things

Adjective endings after *der*-words

An adjective takes an ending when it is directly followed by the noun it describes. If the adjective is preceded by a **der**-word it will take the ending **-e** or **-en.**

Für jedes Projekt das richtige Licht

GENERAL ELECTRIC DEUTSCHLAND, Kelsterbach, Telefon 06107/61011-6

ALEXANDRA: Wieviel kosten diese beid**en** Röcke?

VERKÄUFERIN: Der blau**e** Rock kostet neunzig Mark und der rot**e** hundertfünfunddreißig.

How much do these two skirts cost?

The blue skirt costs ninety marks and the red one costs a hundred and thirty-five.

Note that **rot** has the same adjective ending as **blau** because the noun **Rock** is clearly understood.

	MASCULINE	NEUTER	FEMININE	PLURAL
NOMINATIVE	der rot**e** Rock	das blau**e** Hemd	die weiß**e** Bluse	die braun**en** Schuhe
ACCUSATIVE	den rot**en** Rock	das blau**e** Hemd	die weiß**e** Bluse	die braun**en** Schuhe

If more than one adjective precedes a noun, they all have the same ending.

Diese elegant**en** schwarz**en** Schuhe kosten nur hundert Mark.

These elegant black shoes cost only one hundred marks.

Ex. **2-36**: Students may also use **hell-** and **dunkel-** to express shades of colour.

2-36 Im Kleidergeschäft. You need a few new items in your wardrobe, but you don't have a lot of money.

der Rock, die Röcke

S1: Wieviel kosten diese beiden Röcke?

S2: Der blaue Rock kostet neunzig Mark und der rote hundertfünfunddreißig.

S1: Ja, dann nehme ich den blauen.

1. das Kleid, die Kleider

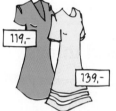

2. die Jacke, die Jacken

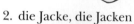

3. der Mantel, die Mäntel

4. das Sweatshirt, die Sweatshirts

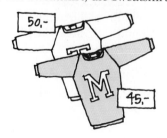

5. die Bluse, die Blusen

6. der Pullover, die Pullover

7. das Hemd, die Hemden

8. die Hose, die Hosen

Adjective endings after *ein*-words

As you know, **ein**-words have no endings in three instances:

	MASCULINE	NEUTER
NOMINATIVE	ein	ein
ACCUSATIVE		ein

In these three instances the adjective takes the appropriate **der**-word ending.

	MASCULINE	NEUTER	FEMININE	PLURAL
NOMINATIVE	ein rot**er** Rock	ein blau**es** Hemd	eine weiß**e** Bluse	meine braun**en** Schuhe
ACCUSATIVE	ein**en** rot**en** Rock	ein blau**es** Hemd	eine weiß**e** Bluse	meine braun**en** Schuhe

VERKÄUFERIN: Hier ist **ein** sehr schick**er** blau**er** Rock.	*Here is a very stylish blue skirt.*
ALEXANDRA: Aber ich möchte **keinen** blau**en** Rock, ich möchte ein**en** rot**en.**	*But I don't want a blue skirt, I want a red one.*

2-37 Im Kleidergeschäft. You are in a department store and the salesperson shows you the wrong things.

der Rock, blau   blau, rot
S1: Hier ist ein sehr schicker, *S2:* Aber ich möchte keinen blauen
blauer Rock.   Rock, ich möchte einen roten.

1. das Kleid, grün	grün, schwarz
2. die Jacke, braun	braun, grau
3. der Mantel, rot	rot, blau
4. das Hemd, blau	blau, weiß
5. die Bluse, weiß	weiß, rosarot
6. der Pullover, schwarz	schwarz, grau
7. das Sweatshirt, grün	grün, violett
8. die Hose, braun	braun, schwarz

Endings of unpreceded adjectives

Adjectives that are not preceded by a **der**-word or an **ein**-word take the appropriate **der**-word ending.

RALF: Dieser Kaffee ist ja schrecklich teuer!	*This coffee is awfully expensive!*
HELGA: Gut**er** Kaffee ist immer teuer.	*Good coffee is always expensive.*
RALF: Und du kaufst diesen Kaffee?!	*And you are going to buy this coffee?!*
HELGA: Klar! Ich kaufe nur gut**en** Kaffee.	*Of course! I buy only good coffee.*

	MASCULINE	NEUTER	FEMININE	PLURAL
NOMINATIVE	gut**er** Kaffee	gut**es** Bier	gut**e** Salami	gut**e** Oliven
ACCUSATIVE	gut**en** Kaffee	gut**es** Bier	gut**e** Salami	gut**e** Oliven

Ex. 2-38: This exercise demonstrates that the endings of **der**-words and of unpreceded adjectives are identical.

2-38 Im Delikatessengeschäft.

S1: Dieser Wein ist ja schrecklich teuer!

S2: Guter Wein ist immer teuer.

S1: Und du kaufst diesen Wein?!

S2: Klar! Ich kaufe nur guten Wein.

1. die Salami
2. das Bier
3. die Oliven (pl)
4. der Kaviar
5. der Lachs
6. die Pralinen (pl)
7. der Kognak
8. die Schokolade
9. die Pistazien (pl)
10. das Olivenöl

> **Sprachnotiz:** Expressing time with the accusative case

To express definite points in time, German often uses time phrases in the accusative case. Note that adjectives in these expressions are unpreceded and have **der**-word endings.

Ich gehe **jeden Morgen** schwimmen. — *I go swimming every morning.*

Nächstes Jahr reisen wir nach Kanada. — *Next year we'll travel to Canada.*

Nächste Woche fahren wir nach Berlin. — *Next week we're driving to Berlin.*

● 5 Word order: More on the position of *nicht*

In this chapter you have learned about the direct object. Note that **nicht** usually *follows* the direct object.

Ich kaufe den Wagen **nicht**.   *I'm **not** going to buy the car.*

The rules for the position of **nicht** that you have learned thus far can now be summarized as follows:

Nicht precedes

- expressions of place   Warum geht Peter nicht **in die Disco?**
- specific words you want   Peter tanzt nicht **gern.**
  to negate   Peter tanzt nicht **oft.**

Nicht follows:

- the verb (to negate   Peter **tanzt** nicht.
  the entire sentence)

- expressions of time   Warum tanzt Peter **heute abend** nicht?
  (unless specifically negated)

  See above for an expression of time that is specifically negated. **Peter tanzt nicht** *oft.*

- the direct object   Ich glaube, Peter kennt **diesen Tanz** nicht.

2-39 Immer negativ!

S1: Besuchst du deine Freundin jedes Wochenende?

S2: Nein, ich besuche meine Freundin nicht jedes Wochenende.

1. Ist das Hemd teuer?
2. Kaufst du das Hemd?
3. Wohnst du im Studentenheim?
4. Kochst du gern?
5. Kochst du heute?
6. Gehst du heute abend ins Kino?
7. Gehst du jeden Samstag ins Kino?
8. Kennst du den Film?
9. Bist du immer so müde?
10. Schläfst du?

Kaufst du das Hemd?

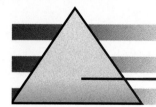
 ZUM HÖREN

Wie erkennen wir einander?

Before Stephanie arrives in München in mid-October, she'll spend two weeks visiting relatives in Köln. In the conversation you are about to hear, she is calling from Chicago to make arrangements to have her cousins Michael and Martina, whom she has never met, pick her up at the international airport in Düsseldorf. Here are some new words you'll hear.

Neue Vokabeln

übermorgen	*the day after tomorrow*
Übersee	*overseas*
der Flughafen	*airport*
die Flugnummer	*flight number*
gerade	*just, at the moment*
der Koffer, -	*suitcase*
erkennen	*to recognize*

2-40 Globalverstehen. Listen to the conversation and choose the correct response(s).

1. How many different codes does Stephanie dial?
   1 / 2 / <u>3</u> / 4 / 5
2. Who is speaking?
   Martina / <u>Michael</u> / <u>Stephanie</u>
3. When does the farewell party for Stephanie take place?
   <u>today</u> / tomorrow / the day after tomorrow
4. What is the number 735?
   an area code / Michael's house number / <u>Stephanie's flight number</u>
5. Where does a second party take place?
   in Köln / in Düsseldorf / <u>in Chicago</u>
6. What hair colors are mentioned?
   braun / brünett / rot / <u>schwarz</u> / <u>blond</u>
7. What colors of clothing are mentioned?
   <u>weiß</u> / grün / <u>blau</u> / braun / <u>schwarz</u>

2-41 Detailverstehen. Listen to the telephone conversation again. Then write the answers to the following questions.

1. Was ist die Vorwahl für Köln?
2. Was ist Michaels Telefonnummer?
3. Was ist Michaels Familienname?
4. Wann fahren Stephanie und ihr Vater zum Flughafen?
5. Was macht Stephanie gerade?
6. Wie kommen Michael und Martina zum Flughafen in Düsseldorf?
7. Wo ist die Party übermorgen abend?
8. Wer hat blonde Haare, und wer ist brünett?
9. Wer hat ganz kurze Haare, und wer hat lange Haare?
10. Wer kommt übermorgen in Blau, wer in Weiß und wer in Schwarz?

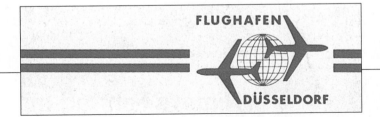

FLUGHAFEN DÜSSELDORF

Zusammenschau. (Characters: Stephanie, Michael—a telephone conversation)

STEPHANIE: Na, wo hab' ich denn Michaels Telefonnummer?…. Ah, da ist sie. Ganz schön lang, diese Nummer! Also zuerst mal die Vorwahl für Übersee: 011, dann die Vorwahl für Deutschland: 49, dann die Vorwahl für Köln: 221, und jetzt die Nummer von MICHAEL: 6 47 61 23.(Telephone rings) MICHAEL: Fischer hier. STEPHANIE: Bist du das, Michael? MICHAEL: Ja? STEPHANIE: Hier spricht deine Kusine Stephanie aus Chicago. MICHAEL: Oh, grüß dich, Stephanie! Wie geht's? STEPHANIE: Super! Morgen nachmittag fährt Vati mich zum Flughafen. Aber bis dahin habe ich noch so viel zu tun! Jetzt packe ich gerade meine Koffer, und heute abend geben meine Freunde noch eine Farewell-Party für mich. MICHAEL: Und übermorgen bist du hier in Deutschland! Mit Lufthansa? Oder? STEPHANIE: Ja, Flugnummer 735. Ihr seid doch da? MICHAEL: Klar! Martina und ich. Wir kommen mit Muttis Wagen. Und am Abend gibt's dann auch bei uns eine Party. Mit unseren Freunden. STEPHANIE: Toll!—Du, Michael, hast du immer noch die langen, blonden Haare wie auf dem alten Familienfoto? MICHAEL: Nein, meine Haare sind jetzt *kurz* und blond. STEPHANIE: Und Martinas Haare sind ganz kurz und schwarz? MICHAEL: Nein, meine Schwester ist jetzt brünett und hat *lange* Haare. STEPHANIE: Ja, aber wie erkennen wir einander dann bloß?—Sag mal, was für Kleider tragt ihr übermorgen? MICHAEL: Na, ich trage schwarze Jeans und ein schwarzes Sweatshirt. STEPHANIE: Und Martina, was trägt sie? MICHAEL: Moment mal! [*to Martina*] Martina! Was trägst du übermorgen? Deinen weißen Rock und deinen neuen, weißen Pullover, ja? [*to Stephanie*] Ja, Martina kommt ganz in Weiß. STEPHANIE: Gut, du in Schwarz, Martina in Weiß, und ich komme dann in Blau: blaue Jeans und eine blaue Jacke. MICHAEL: Na, dann tschüs bis übermorgen, Stephanie, und gute Reise. STEPHANIE: Tschüs, Michael. Und viele Grüße an Martina.

2-42 Wer ist das? Describe one of your classmates. Write a few words about the style and color of her/his hair and clothing. Use the descriptive words and the colors given below and attach appropriate adjective endings. Then read your description aloud and see if the class can guess who it is.

BEISPIEL: Sie hat lange, blonde Haare. Sie trägt ein schönes, gelbes T-shirt, einen langen, dunkelblauen Rock, weiße Socken und weiße Tennisschuhe. Wer ist das?

Sie/er hat ___e, ___e Haare.

New words: **glatt**, **lockig**

    Stil: lang, kurz, glatt, lockig
    Farbe: blond, brünett, rot, schwarz

Sie/er trägt einen ___en Pullover (Rock, Mantel, Gürtel)
                   ein ___es Kleid (Hemd, T-Shirt, Sweatshirt)
              eine ___e Bluse (Hose, Jogging-Hose, Jacke)
           ___e Jeans (Shorts, Socken, Schuhe, Tennisschuhe, Sandalen)

    Stil: lang, kurz, schick, schön, toll
    Farbe: blau, braun, gelb, grün, rot, rosarot, schwarz, violett, weiß, hellblau, dunkelblau . . .

2-43 Eine Personenbeschreibung. Write a paragraph describing a family member or a friend. Use as many adjectives as possible to describe his/her physical appearance and what she/he likes to wear.

LEUTE

Familie und Freunde: Fatma Yützel erzählt[1]

Ich heiße Fatma Yützel und bin fünfzehn Jahre alt. Meine Eltern kommen aus der Türkei. Sie leben seit 1975 in Berlin, und mein kleiner Bruder Orhan und ich sind hier in Berlin geboren.

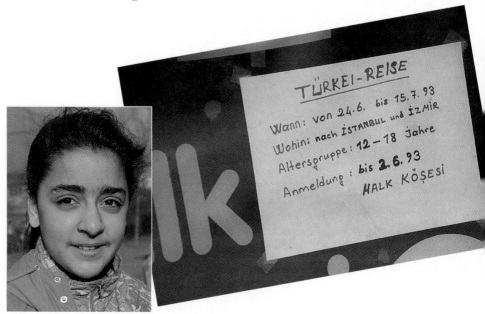

[1]tells her story

Wir wohnen in einem großen Mietshaus[2] in Berlin-Schöneberg. Das Haus hat viele Wohnungen, und wir haben deshalb viele Nachbarn, Türken und Deutsche. Meine Eltern arbeiten beide, und sie gehen schon morgens um sechs zur Arbeit. Am Abend und am Wochenende besuchen wir oft unsere türkischen Nachbarn, oder die Nachbarn besuchen uns, denn unsere Nachbarn sind für uns fast wie Freunde. Unsere deutschen Nachbarn besuchen wir nie, und die Deutschen besuchen ihre deutschen Nachbarn auch fast nie. Meine Eltern und mein Bruder denken[3] deshalb, die Deutschen sind kalt und haben keine Freunde. Aber meine Freundin Melanie sagt, das ist gar nicht so. Melanie ist Deutsche, und sie ist meine Schulfreundin. Sie sagt, ihre Eltern haben sehr gute Freunde, aber diese Freunde sind nicht ihre Nachbarn, sondern Freunde aus der Schulzeit, aus der Studienzeit oder auch Arbeitskollegen. Die Deutschen sind also gar nicht kalt, sondern nur anders[4] als wir Türken.

Meine Eltern sprechen fast kein Deutsch, und sie haben auch deshalb nur sehr wenig Kontakt mit Deutschen. Orhan spricht besser Deutsch als meine Eltern, denn er geht hier in die Schule. Er ist aber kein sehr guter Schüler, und er hat auch nur türkische Freunde. Ich spreche und schreibe sehr gut Deutsch, und ich lese sehr gern deutsche Bücher. Melanie liest auch viel und gern, und ich lese dann immer ihre Bücher. Ich bin oft bei Melanie, denn ich finde nicht nur sie, sondern auch ihren Bruder David sehr nett. Aber das sage ich zu Hause natürlich nicht, denn in der Türkei hat ein ordentliches[5] Mädchen keinen Freund, und die Eltern finden den Mann für ihre Tochter.

Meine Eltern sagen jedes Jahr, sie fahren »nächstes Jahr« in die Türkei zurück,[6] aber sie fahren nie. Sie sind beide in der Türkei geboren, und ich glaube, sie haben Heimweh.[7] Aber ich bin hier in Deutschland geboren, und ich spreche besser Deutsch als Türkisch. Ich war schon zweimal in der Türkei, aber ich habe kein Heimweh. Ich glaube, ich bin mehr[8] Deutsche als Türkin, und vielleicht[9] heirate ich mal einen Deutschen.

[2]apartment building   [3]think   [4]different   [5]decent
[6]back   [7]are homesick   [8]more   [9]perhaps

2-44 Richtig oder falsch? Your instructor will read ten statements based on *Fatma Yützel erzählt.* Decide whether these statements are **richtig** or **falsch.** Try to correct the statements that are **falsch.**

	Richtig	Falsch			Richtig	Falsch
1.	_____	_____		6.	_____	_____
2.	_____	_____		7.	_____	_____
3.	_____	_____		8.	_____	_____
4.	_____	_____		9.	_____	_____
5.	_____	_____		10.	_____	_____

Ex. 2-44 Statements: 1. Yützels haben in Berlin-Schöneberg nur türkische Nachbarn. (Falsch. Sie haben auch deutsche Nachbarn.) 2. Für Türken sind Nachbarn fast wie Freunde. (Richtig) 3. Fatma denkt, die Deutschen sind kalt und haben keine Freunde. (Falsch. Ihre Eltern und ihr Bruder denken das.) 4. Fatmas Eltern sprechen sehr gut Deutsch, und sie haben deshalb viel Kontakt mit Deutschen. (Falsch. Sie sprechen fast kein Deutsch und haben sehr wenig Kontakt mit Deutschen.) 5. Fatma findet Melanies Bruder David sehr nett. (Richtig) 6. Fatma erzählt zu Hause oft und viel von David. (Falsch. Sie erzählt zu Hause nichts von David.) 7. In der Türkei finden die Eltern den Mann für ihre Tochter. (Richtig) 8. Fatmas Eltern fahren nächstes Jahr in die Türkei zurück. (Falsch. Sie sagen das jedes Jahr, aber sie fahren nie.) 9. Fatma glaubt, sie ist mehr Türkin als Deutsche. (Richtig) 10. Fatma denkt, sie heiratet vielleicht mal einen Deutschen. (Richtig)

Most of Berlin's Turkish population is concentrated in Berlin-Wedding and Berlin-Kreuzberg. However there are also many Turks in Berlin-Schöneberg.

▣ Wörter im Kontext 2

● Nomen

der Anzug, ⸚e	(men's) suit
die Bluse, -n	blouse
der Gürtel, -	belt
der Handschuh, -e	glove
das Hemd, -en	shirt
die Hose, -n	pants
die Jacke, -n	jacket
die Jeans (pl)	jeans
das Kleid, -er	dress
die Kleider (pl)	clothes
der Mantel, ⸚	coat
der Pullover, -	sweater
der Rock, ⸚e	skirt
der Schuh, -e	shoe
die Socken (pl)	socks
der Stiefel, -	boot
das Sweatshirt, -s	sweatshirt

> **Jeans** is either feminine or plural. To avoid confusion, this text uses the plural form.

das Haus, ⸚er	house
die Stadt, ⸚e	city, town
das Studentenheim, -e	student residence, dorm
die Wohnung, -en	apartment
der Besuch, -e	visit
das Wochenende, -n	weekend

● Verben

besuchen	to visit
brauchen	to need
erzählen	to tell (a story)
kennen	to know
leben	to live (in a country or city)
wohnen	to live (in a building or a street)
backen (bäckt)	to bake
fahren (fährt)	to drive
lassen (läßt)	to let; to leave
laufen (läuft)	to run
schlafen (schläft)	to sleep
tragen (trägt)	to wear
waschen (wäscht)	to wash
essen (ißt)	to eat
geben (gibt)	to give
lesen (liest)	to read
nehmen (nimmt)	to take
sehen (siehst)	to see
sprechen (spricht)	to speak
werden (wird)	to get; to become

● Andere Wörter

beide	both
deshalb	therefore, for that reason, that's why
leider	unfortunately
müde	tired
schrecklich	awful, terrible

● Ausdrücke

es gibt (+ acc.)	there is, there are
ganz kurz	very short
ganz in Schwarz	all in black
seit 1970	since 1970
Was sind Sie von Beruf?	What is your occupation?

● Das Gegenteil

jemand – niemand	somebody – nobody
lang – kurz	long – short

2-45 Was paßt nicht?

2-45, #2: There are two possibilities: **der Rock** as the only masculine, or **die Bluse** as the only article of clothing worn above the waist.

1. das Hemd   die Hose   die Bluse   der Pullover
2. die Jeans   der Rock   die Hose   die Bluse
3. die Jacke   der Gürtel   der Mantel   das Kleid
4. der Anzug   die Jeans   das Sweatshirt   der Jogging-Anzug

2-46 *Leben* oder *wohnen?*

1. Stephanie und Claudia _____ im Studentenheim.
2. Stephanies Eltern _____ in Chicago.
3. Jennnifer studiert in Linz und _____ dort bei Verwandten.
4. Jennifers Eltern sind beide aus Österreich, aber sie _____ seit 1970 in East Lansing, Michigan.

2-47 Was paßt?

von Beruf / es gibt / niemand / müde / deshalb /
leider nächstes Jahr / besucht

1. Jennifers Vater und ihr Bruder Kurt sind beide Koch _____.
2. Jennifers Eltern haben ein Restaurant in East Lansing, und _____ dort viele österreichische Spezialitäten.
3. Am Montag arbeiten die Eltern nicht, denn am Montag ißt fast _____ im Restaurant.
4. Am Sonntag abend sind sie immer schrecklich _____, und sie schlafen _____ am Montag oft bis elf oder zwölf.
5. Jennifers Eltern kommen _____ nicht oft nach Österreich.
6. Aber _____ fliegt Jennifers Mutter nach Österreich und _____ dort ihre Tochter und ihre Verwandten.

2-48 Was paßt? For each sentence in the first column, find the most appropriate statement in the second column and complete it with a suitable verb from the following list.

essen / tragen / schlafen / waschen / sehen / fahren / lesen

1. Er ist Polizist.
2. Sie ist Studentin.
3. Er ist Bankdirektor.
4. Er ist ein Gourmet.
5. Das ist ein Bär.
6. Das ist eine Katze.
7. Er ist Hausmann.

a. Er kocht und bäckt und _____.
b. Er _____ fast den ganzen Winter.
c. Sie _____ jeden Morgen zur Uni.
d. Er _____ eine Uniform.
e. Er _____ oft Börsenberichte.
f. Er _____ gern Kaviar.
g. Sie _____ auch bei Nacht sehr gut.

Ethnic diversity in Germany

During the 1950s and 1960s, the period of reconstruction after World War II, West Germany experienced a period of remarkable economic growth. To ease severe labor shortages, workers were recruited from Italy, Yugoslavia, Greece, Spain, and Turkey. Currently they and their families number between 6 and 7 million, the largest group being from Turkey.

Most Germans recognize the economic and cultural contribution that the **Ausländer** have made and continue to make to German society, and they want them to be integrated. But a small and sometimes violent minority of right-wing fanatics still believes the myth that to be German means to have »pure« German ancestry, completely denying the fact that Germany has been a melting-pot throughout its past. Because of the recent rise in Neo-Nazi violence against the **Ausländer**, more and more Germans are showing their sympathy and support by mass demonstrations against right-wing violence and by speaking out against the lack of decisive action by the authorities.

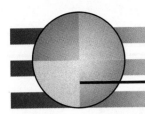

WORT, SINN UND KLANG

More on cognates

In **Kapitel 1** you saw that for cognates the use of a dictionary is unnecessary. If you know the "code," you will be able to add many German words to your vocabulary simply by recognizing the patterns they follow. You should have no trouble guessing the meaning of the German words in each category below. Words followed by *(v)* are the infinitive forms of verbs.

- German **f** or **ff** is English *p*
  der A**ff**e
  schar**f**
  die Har**f**e
  rei**f**
  das Schi**ff**
  hel**f**en *(v)*
  o**ff**en
  ho**ff**en *(v)*

- German **b** is English *v* or *f*
  ha**b**en *(v)*
  das Gra**b**
  hal**b**
  das Kal**b**
  une**b**en
  das Fie**b**er

- German **d, t,** or **tt** is English *th*
  das Ba**d**
  danken *(v)*
  das **D**ing
  dick
  dünn
  tausend
  der Bru**d**er
  der Va**t**er
  die Mu**t**er
  die Fe**d**er
  das Le**d**er
  das We**tt**er

Zur Aussprache

German *ei* and *ie*

2-49 Hören Sie gut zu und wiederholen Sie!

W**ei**n	W**ie**n
n**ei**n	n**ie**
s**ei**n	s**ie**
b**ei**	B**ie**r

Distinguish between **ei** and **ie** by reading the following sentences aloud.

1. W**ie**viel ist dr**ei** und v**ie**r?
   Dr**ei** und v**ie**r ist s**ie**ben.
2. W**ie** h**ei**ßen S**ie**?
   Ich h**ei**ße Z**ie**gler.
3. Das ist nicht m**ei**n B**ie**r.
4. D**ie** Schw**ei**z ist **ei**ne Demokrat**ie**.
5. Ist D**ie**ter auch so kl**ei**n w**ie** Stephan**ie**?

Because of the inconsistencies of English spelling and pronunciation (e.g., Neither of my friends received a piece of pie), English-speaking students of German often confuse the pronunciation and spelling of the German ie and ei (e.g., **Die Sonne scheint**). When the two vowels appear together, use the second vowel as an indication of how the word is pronounced. To help students keep these two vowel combinations straight, they can also think of "Frankenstein is a fiend".

#3: This expression is frequently used in colloquial German to mean *That's not my problem!*

KAPITEL 3

Lebensgewohnheiten

● **Kommunikationsziele**

Talking about daily routines
Talking about abilities, necessities, and
  obligations
Expressing permission, wishes, and likes
Telling time
Telling someone what to do
Giving reasons and conditions

● **Strukturen**

Present tense of modal verbs
Separable-prefix verbs
The imperative

Word order: Position of the verb after **weil**
  and **wenn**

● **Kultur**

Soccer
Railways in the German-speaking
  countries
Switzerland

Leute: Nicolas Hayek and the Swatch

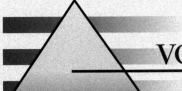

VORSCHAU

So bin ich eben

The material presented in the *Vorschau* contains samples of all structures introduced in this chapter except for word order after **weil** and **wenn**.

Point out that the flavoring particle **eben** suggests that nothing can be done about the fact stated. The title of the exchange is best rendered in English as *That's the way I am.*

MARTIN: *(steht auf und gähnt)* Was?! Du bist schon auf? Wie spät ist es denn?

PETER: Fast acht Uhr. Ich muß mein Referat für Professor Weber fertigschreiben. Das Seminar fängt schon um elf an.

MARTIN: *(lacht)* Ja, ja, du und deine Referate: viel Streß, viel Kaffee, kein Frühstück. Iß doch wenigstens eine Scheibe Brot. Hier ist auch Butter, Wurst und Käse.

PETER: Ich kann nicht, ich muß schreiben.

MARTIN: Du bist echt doof, Peter. Warum fängst du immer so spät an?

PETER: Ich brauche den Streß, Martin. So bin ich eben.

So bin ich New words: **auf•stehen; gähnen; spät; Uhr; fertig** (as verb prefix); **anfangen** (= **beginnen**); **wenigstens; eine Scheibe Brot; Wurst; Käse**

Morgen, morgen, nur nicht heute . . .

You might give students the conclusion to this German proverb: **Morgen, morgen, nur nicht heute, sagen alle faulen Leute**.

Morgen, morgen New words: **aus•sehen; Schweinestall; auf•räumen; diesmal; es stimmt** (= **es ist richtig); Vormittag; zu Hause; früh** (≠ **spät**)

STEPHANIE: Unser Zimmer sieht ja wie ein Schweinestall aus! Kannst du nicht mal ein bißchen aufräumen, Claudia?

CLAUDIA: Klar! Nur nicht heute. Heute habe ich viel zu viel zu tun.

STEPHANIE: Das sagst du immer, und dann muß ich aufräumen.

CLAUDIA: Das mußt du gar nicht. Morgen habe ich viel Zeit.

STEPHANIE: Das sagst du auch immer.

CLAUDIA: Ja, aber diesmal stimmt's. Ich bin morgen den ganzen Vormittag zu Hause, stehe früh auf, und um zwölf ist hier alles tipptopp.

STEPHANIE: Na ja, mal sehen.

Stephanie schreibt New words:
nach Hause; lieb; vor allem;
Gericht; Gemüse; Fleisch; mag
(= ißt gern); man; meistens;
genau; manchmal; an•rufen (=
telefonieren)

Stephanie schreibt nach Hause

Liebe Eltern:
Ich bin jetzt fast zwei Monate hier in
München, und alles ist immer noch echt
super: die Uni, die Stadt und vor allem meine
neuen Freunde. Claudia ist immer noch meine
beste Freundin. Übrigens kocht sie sehr
gern und mit viel Phantasie, und sie macht
ganz tolle Gerichte mit viel Gemüse und Salat
und wenig Fleisch (Fleisch ist hier sehr
teuer). Sie mag aber auch meine gute
Tomatensoße mit Nudeln oder Spaghetti. Zum
Frühstück ißt man hier übrigens oft Wurst
und Käse. Ich esse aber meistens eine
Schüssel Cornflakes, genau wie zu Hause,
und manchmal mache ich auch mein
Lieblingsfrühstück, meine pancakes. Peter,
ein Freund von Claudias Freund Martin,
findet sie echt toll. Peter ist übrigens sehr
nett. Er ist oft bei uns, und er ruft auch
oft an . . .

Point out that since World War II,
many of the North American
breakfast cereals have become
widely available in Germany,
Austria and Switzerland, and that
they often retain their English
names. Stephanie writes home
about her *pancakes*. Point out that
German **Pfannkuchen** are usually
quite thin and closer to the French
crêpe.

Ex. 3-1 Statements: **So bin ich
eben.** 1. Peters Seminar fängt um
acht an. (Falsch. Es fängt um elf
an.) 2. Peter kann heute nicht
frühstücken, er muß schreiben.
(Richtig) 3. Peter braucht den
Streß. (Richtig)

**Morgen, morgen, nur nicht
heute.** 1. Claudia räumt nicht gern
auf. (Richtig) 2. Claudia hat heute
nicht viel zu tun. (Falsch. Sie hat
heute viel zu viel zu tun.) 3.
Claudia ist morgen vormittag
nicht zu Hause. (Falsch. Sie ist
morgen den ganzen Vormittag zu
Hause.)

Stephanie schreibt nach Hause.
1. Stephanie findet ihre neuen
Freunde echt super. (Richtig) 2.
Stephanie ißt zum Frühstück
immer Wurst und Käse. (Falsch.
Sie ißt meistens Cornflakes.) 3.
Stephanies Lieblingsfrühstück
sind Cornflakes. (Falsch. Ihr
Lieblingsfrühstück sind
pancakes.)

ZUM HÖREN

3-1 Richtig oder falsch. You will hear the conversations and the letter on
pp. 81 and 82. Indicate whether the statements that follow each
conversation and the letter are **richtig** or **falsch**.

So bin ich eben

	Richtig	Falsch		Richtig	Falsch		Richtig	Falsch
1.		✓	2.	✓		3.	✓	

Morgen, morgen, nur nicht heute

	Richtig	Falsch		Richtig	Falsch		Richtig	Falsch
1.	✓		2.		✓	3.		✓

Stephanie schreibt nach Hause

	Richtig	Falsch		Richtig	Falsch		Richtig	Falsch
1.	✓		2.		✓	3.		✓

3-2 Was paßt zusammen?

1. Warum gähnt Martin?
2. Warum ist Peter schon so früh auf?
3. Warum fängt Peter immer so spät an?
4. Wo sieht es wie im Schweinestall aus?
5. Warum kann Claudia heute nicht aufräumen?
6. Wer mag Stephanies Tomatensoße?

7. Wer mag Stephanies *pancakes?*
8. Wer ruft Stephanie so oft an?

a. Claudia.
b. Sie hat zu viel zu tun.
c. Peter.
d. Sein Referat muß um elf fertig sein.

e. Peter.
f. Es ist früh morgens, und er ist noch müde.
g. Er kann unter Streß besser arbeiten.
h. Bei Stephanie und Claudia.

3-3 Wann stehst du auf und was ißt du zum Frühstück?

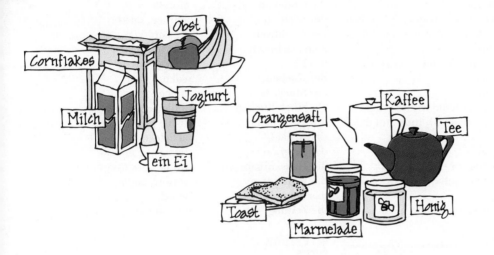

S1: Wann stehst du an Wochentagen auf?
S2: An Wochentagen stehe ich meistens um _____ auf.

S1: Und wann stehst du am Wochenende auf?
S2: Am Wochenende stehe ich meistens erst um _____ auf.

S1: Was ißt und trinkst du zum Frühstück?
S2: Ich esse … und ich trinke …

Record what you find out and report your findings to the rest of the class.

An Wochentagen steht [Name] meistens um _____ auf, und am Wochenende steht sie/er meistens um _____ auf.

Zum Frühstück ißt sie/er…., und sie/er trinkt …

Wörter im Kontext 1

● Nomen

das Frühstück	breakfast
zum Frühstück	for breakfast
das Brot	bread, sandwich
die Scheibe, -n	slice
eine Scheibe Brot	a slice of bread
das Brötchen, -	roll
die Butter	butter
das Ei, -er	egg
der Honig	honey
der Joghurt	yogurt
der Becher, -	carton
ein Becher Joghurt	a carton of yogurt
der Kaffee	coffee
die Tasse, -n	cup
eine Tasse Kaffee	a cup of coffee
der Käse	cheese
die Marmelade	jam
das Müsli	muesli (cold whole grain cereal with nuts and dried fruit)
die Schüssel, -n	bowl
eine Schüssel Müsli	a bowl of muesli
der Orangensaft	orange juice
das Glas, ⁼er	glass
ein Glas Orangensaft	a glass of orange juice

*Have students think about the literal meaning of **Frühstück** and* breakfast.

*Point out that **Brötchen** is the diminutive form of **Brot** (cf. English* piglet *and* pig, starlet *and* star).

der Toast	toast
die Wurst	sausage, cold cuts
der Zucker	sugar
das Mittagessen	noon meal, lunch
zum Mittagessen	for lunch
das Abendessen	evening meal
zum Abendessen	for supper, for dinner
der Fisch, -e	fish
das Fleisch	meat
das Gemüse (sing)	vegetables
die Kartoffel, -n	potato
die Pommes frites	French fries
die Nudel, -n	noodle
der Salat, -e	lettuce, salad
der Nachtisch	dessert
zum Nachtisch	for dessert
das Eis	ice cream
der Kuchen, -	cake
das Stück, -e	piece
ein Stück Kuchen	a piece of cake
das Obst (sing)	fruit
der Artikel, -	article
der Brief, -e	letter
die Hausaufgabe, -n	homework assignment
das Referat, -e	report, paper
das Wort, ⁼er	word
die Zeitung, -en	newspaper

Mittagessen: *Point out that many Germans eat their main meal at noon.*

*Point out that **Gemüse** and **Obst** are always singular.*

*Point out the literal meaning of **Nachtisch**.*

*When **Glas** or **Stück** are used as units of measurement, they usually remain singular:* **zwei** *Glas* **Milch** *(two* glasses *of milk),* **drei** *Stück* **Kuchen** *(three* pieces *of cake).*

● Verben

an•fangen (fängt an)	to begin
an•rufen	to call
auf•räumen	to tidy up
auf•stehen	to get up
aus•sehen (sieht aus)	to look, appear
denken	to think
frühstücken	to have breakfast
sagen	to say, to tell
schreiben	to write

In vocabulary lists, a raised dot indicates a separable-prefix verb. The use of the dot is not *a German practice.*

● Andere Wörter

anders	different, differently
bald	soon
diesmal	this time
genau	exact, exactly
manchmal	sometimes
meistens	usually
schon	already
wenigstens	at least
wieder	again

…und zum Nachtisch ein Stück Kuchen.

● Ausdrücke

Ich esse um eins zu Mittag. — I have lunch at one.

Ich esse um sechs zu Abend. — I have supper at six.

Es ist acht Uhr. — It's eight o'clock.

So bin ich eben. — That's just the way I am.

Was für ein Schweinestall! — What a pigsty!

Ich fahre morgen nach Hause. — I'm driving home tomorrow.

Ich bin morgen zu Hause. — I'll be at home tomorrow.

Wie macht man das? — How does one do that? How do you do that?

vor allem — above all

das stimmt — that's right

● Das Gegenteil

früh–spät — early–late

alt–neu — old–new

3-5 Was paßt nicht?

1. das Fleisch	der Orangensaft	der Käse	die Wurst
2. das Frühstück	der Artikel	das Referat	der Brief
3. das Stück Kuchen	das Eis	die Kartoffel	das Obst
4. der Becher	die Scheibe	das Glas	die Tasse

3-6 Was paßt wo?

1. Wann kommt Stephanie heute abend _____.
2. Ist Claudia immer noch nicht _____?
3. Geht ihr heute abend aus, oder eßt ihr _____?
4. Fährst du am Wochenende _____?
5. Wohnt Stefan immer noch _____?
6. Ich muß jetzt _____.
7. Ich muß um sieben _____ sein.

Point out why students often get confused about the meaning of **zu Hause**: **zu** is a cognate of *to* and therefore seems to convey the exact opposite of the meaning *at home*. If students are aware of this and of the meaning of **nach** in expressions like **nach Deutschland**, they will use **zu Hause** and **nach Hause** correctly.

Zieglers fahren nach Hause

Zieglers sind zu Hause

nach Hause / zu Hause

3-7 Was paßt wo?

diesmal / manchmal / meistens

1. Müllers essen sonntags oft im Restaurant. Sie essen sehr gern italienisch und gehen deshalb _____ ins Ristorante Napoli. _____ essen Sie aber auch ganz gern chinesisch. Heute ist wieder Sonntag, aber _____ will Frau Müller nicht italienisch und auch nicht chinesisch essen, sondern türkisch.

zum Mittagessen / zum Frühstück / zum Nachtisch

2. _____ esse ich Obst oder Eis.
   _____ esse ich Brötchen oder eine Schüssel Müsli.
   _____ esse ich Fleisch und Gemüse.

Joghurt / Pommes frites / Käse Kartoffelchips / Butter

3. _____, _____ und _____ macht man aus Milch.
   _____ und _____ macht man aus Kartoffeln.

eine Scheibe / eine Tasse / einen Becher / ein Glas / ein Stück

4. Ich trinke zum Frühstück meistens _____ Orangensaft und _____ Kaffee und esse _____ Toast dazu. Abends esse ich zum Nachtisch oft _____ Fruchtjoghurt oder _____ Kuchen.

Meadowlands: Juli 1994

The history of **Fußball** goes back to the turn of the century. The game was originally imported from England, and in the early years it was considered to be a rather boorish pastime. Before World War II, Germany had only a lackluster national team, especially compared to its successful competitors in Austria, Hungary, and England. It was not until 1954, when the German national team won its first World Cup in Bern, Switzerland, that **Fußball** really came into its own in Germany. Nine years after the end of World War II, the German team's unexpected win over Hungary went a long way to giving Germans the feeling that they were once again a part of the world community. Since then Germany has won the World Cup twice more, in 1974 and 1990.

Today **Fußball** is a booming, multi-million mark business. Every weekend during the soccer season, an average of 27,000 fans flock to each of nine stadiums to cheer on their favorite teams in the **Bundesliga** (Federal League) and an additional 6 or 7 million follow the games on television. Now that commercial TV has arrived in Germany, sponsorships of televised games run into the millions of marks in advertising revenue. Top players enjoy tremendous popularity and draw huge salaries, and in playoff games each member of the winning team is paid a premium amounting to several hundred thousand marks. Once considered a working-class sport, **Fußball** has become a national passion.

Fußball is not just a spectator sport in the German-speaking countries. The game is played by young and old, males and females, mostly as a leisure time activity. Just about every village in Germany has a soccer team and each team belongs to the **Deutscher Fußball-Bund**. With 5.2 million members, this umbrella organization is the largest sporting association in the country.

Some rules of the game:
- the playing field is 76.5 yards (70 meters) wide and 114.8 yards (105 meters) long
- games are 90 minutes long with a half-time break of 15 minutes
- 11 players make up a team
- the ball is leather and weighs approximately 1 pound (450 grams)
- the ball can be played with all body parts except the hands and arms
- only the goal keeper can use her/his arms inside the goal area

3-4 Was paßt zusammen? Study the logos of these soccer clubs and match them to the names given.

Erster Fußballclub Köln

Erster Fußballclub Nürnberg

Fußballclub Bayern München

Fußballclub Schalke 04

Erster Fußballclub Dynamo Dresden

Re: Schalke 04

This team of coal miners, founded in 1904, was one of the few famous clubs that existed in Germany before Word War II.

FUNKTIONEN UND FORMEN 1

● 1 Modifying the meaning of verbs: modal verbs

Meaning and position

Modal verbs are a small group of verbs (six in German) that modify the meaning of other verbs. The verbs modified by the modals appear in the infinitive form at the very end of the sentence.

Ich **muß** bessere Zensuren bekommen.	*I have to get better grades.*
Ich **will** bessere Zensuren bekommen.	*I want to get better grades.*
Ich **kann** bessere Zensuren bekommen.	*I can get better grades.*

The modals *können, müssen,* and *wollen*

At the end of a word or before a consonant ss is replaced by **ß**.

Below are the present tense forms of **können** (*to be able to, know how to, can*), **müssen** (*to have to, must*), and **wollen** (*to want to*).

	können		müssen		wollen
ich	kann	ich	muß	ich	will
du	kannst	du	mußt	du	willst
er/es/sie	kann	er/es/sie	muß	er/es/sie	will
wir	können	wir	müssen	wir	wollen
ihr	könnt	ihr	müßt	ihr	wollt
sie/Sie	können	sie/Sie	müssen	sie/Sie	wollen

NOTE:

- These modals have a stem vowel change in the **ich-, du-,** and **er/es/sie**-forms.

- Modals have no personal endings in the ich-form and the **er/es/sie**-form.

When **können** is used to express mastery of a foreign language, it is not followed by an infinitive.

Können Sie Deutsch?   *Can you speak German?*

3-8 Wer kann was?

1. Herr und Frau Ziegler _____ sehr gut Spanisch.
2. Nina _____ sehr gut Klavier spielen.
3. Robert _____ sehr gut kochen.

LEHRER/IN: Und Sie? Was können Sie?
STUDENT/IN: Ich _____ sehr gut ...

Ex. 3-8: Before doing the communicative portion of the activity, have students brainstorm a list of talents and abilities. Write the list on the board. Assist by giving categories such as sports, music, languages, games.

3-9 Was müssen Zieglers alles tun?

1. Herr und Frau Ziegler _____ beide arbeiten und Geld verdienen.
2. Nina und Robert _____ jeden Morgen in die Schule, und jeden Abend _____ sie ihre Hausaufgaben machen.
3. Herr Ziegler _____ jeden Morgen das Frühstück machen und jeden Samstag das Haus putzen.
4. Frau Ziegler_____ jeden Abend kochen und jeden Samstag waschen.

LEHRERIN: Und Sie? Was müssen Sie alles tun?
STUDENT/IN: Ich_____ …

3-10 Was wollen Zieglers alles nicht tun?

1. Herr Ziegler _____ heute nicht putzen.
2. Frau Ziegler _____ nicht jeden Sommer campen gehen.
3. Nina und Robert _____ nicht jeden Sonntag Verwandte besuchen.

LEHRER/IN: Und Sie? Was wollen Sie alles nicht tun?
STUDENT/IN: Ich _____ nicht …

New word: **putzen** = *clean*

Ex. 3-9: Before doing the communicative part of the activity, brainstorm a list of duties and necessities on the board. Give areas such as household chores, doing homework, etc. Have students tell at least three things that they have to do.

Ex. 3-10: Before doing the communicative portion of the activity, have students brainstorm a list of things they *don't* want to do.

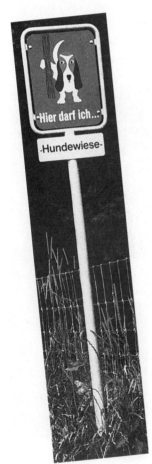

The modals *dürfen, sollen,* and *mögen*

Below are the present tense forms of **dürfen** (*to be allowed to, permitted to, may*), **sollen** (*to be supposed to, should*), and **mögen** (*to like*).

dürfen		sollen		mögen	
ich	darf	ich	soll	ich	mag
du	darfst	du	sollst	du	magst
er/es/sie	darf	er/es/sie	soll	er/es/sie	mag
wir	dürfen	wir	sollen	wir	mögen
ihr	dürft	ihr	sollt	ihr	mögt
sie/Sie	dürfen	sie/Sie	sollen	sie/Sie	mögen

NOTE: **Sollen** is the only modal that does not have a stem vowel change in the **ich-, du-,** and **er/es/sie**-forms.

Mögen is usually used without an infinitive.

Ich **mag** keinen Spinat. *I don't **like** spinach.*
Warum **mögt** ihr Dieter nicht? *Why don't you **like** Dieter?*

3-11 Was dürfen Zieglers alles nicht tun?

1. Herr und Frau Ziegler _____ keinen Kaffee trinken.
2. Ihre Tochter Nina ist erst sechzehn und _____ noch nicht Auto fahren.
3. Ihr Sohn Robert ist vierzehn und _____ nicht nach Mitternacht nach Hause kommen.

LEHRER/IN: Und Sie? Was dürfen Sie alles nicht tun?
STUDENT/IN: Ich _____ nicht …

Ex. 3-11, #2: Students might ask why **nicht** precedes the direct object **Auto**. This will be discussed later in this chapter under *Nouns that function like separable prefixes.*
New word: **erst**

3-12 Was sollen Zieglers nächsten Samstag alles tun?

1. Frau Ziegler und Nina _____ nächsten Samstag Oma Ziegler besuchen.
2. Robert _____ nächsten Samstag Vatis Wagen waschen.
3. Herr Ziegler _____ nächsten Samstag die Waschmaschine reparieren.

LEHRER/IN: Und Sie? Was sollen Sie nächsten Samstag alles tun?
STUDENT/IN: Ich _____ nächsten Samstag …

Ex. 3-12: **Sollen** is very close in meaning to **müssen**. Students can recycle items from the list generated in the previous activity. They can add obligations similar to the ones mentioned for the Ziegler family.

3-13 Was mögen Zieglers alles nicht?

1. Herr Ziegler _____ keine Kartoffeln und keine Nudeln.
2. Die beiden Teenager _____ kein Gemüse und keinen Salat.
3. Frau Ziegler _____ kein Fleisch.

LEHRER/IN: Und Sie? Was mögen Sie alles nicht?
STUDENT/IN: Ich _____ kein_____ …

Ex. 3-13: Be prepared to help students with the names of food items that they don't like to eat.

Möchte versus *mögen*

Although the modal **möchte** is derived from **mögen**, it is not used to express what one likes or dislikes, but what one *would* like to have or to do. **Ich möchte** is therefore a more polite way of saying **ich will**.

| Ich **mag** Käsekuchen. | *I **like** cheesecake.* |
| Ich **möchte** ein Stück Käsekuchen. | *I **would like** a piece of cheesecake.* |

It would be impolite to say:

| Ich **will** ein Stück Käsekuchen. | *I **want** a piece of cheesecake.* |

Since most students don't know what the subjunctive is, it is probably not advisable to point out that **möchte** is a subjunctive form.

Note the different conjugation of **möchte**:

ich	**möchte**	wir	**möchten**
du	**möchtest**	ihr	**möchtet**
er/es/sie	**möchte**	sie	**möchten**
	Sie **möchten**		

3-14 Wer möchte was?

1. Frau Ziegler _____ eine Weltreise machen.
2. Herr Ziegler _____ einen Porsche.
3. Robert _____ ein Motorboot.
4. Nina _____ ein Jahr in Amerika studieren.

LEHRER/IN: Und Sie? Was möchten Sie?
STUDENT/IN: Ich _____ …

Ex. 3-14: Be prepared to help students with German equivalents of things that they would like to have or do.

New word: **die Welt**

3-15 Was paßt?

1. Warum _____ du denn schon gehen? (mögen / müssen)
2. _____ Sie Ihren Kaffee mit oder ohne Milch und Zucker, Frau Meyer? (möcht- / müssen)
3. Warum _____ ihr Tanja nicht? (sollen / mögen)
4. Wann _____ ihr morgen frühstücken? (dürfen / wollen)
5. _____ ich jetzt gehen? (möcht- / dürfen)
6. Du _____ doch nicht so viel trinken, Günter! (sollen / möcht-)
7. _____ ihr uns nächstes Wochenende besuchen? (können / sollen)
8. Was _____ du lieber, Fisch oder Fleisch? (mögen / können)
9. Studenten _____ viel zu viel lernen. (dürfen / müssen)
10. _____ ich den Wagen kaufen? (sollen / mögen)

3-16 Kleine Gespräche. Was paßt wo?

---
dürfen / können / mögen / müssen
---

1.   KURT: Warum machst du denn dein tolles Chili con carne nie mehr, Bettina? Ich _____ es doch so gern.
   BRIGITTE: Mein Chili con carne? Das braucht viel zu viel Zeit. Aber du _____ es gern selbst kochen.
   KURT: Ich? Ich _____ doch nicht kochen.
   BETTINA: Dann _____ du es eben lernen.

---
dürfen / wollen / mögen
---

2.   LAURA: Warum _____ du denn deine Zimmerkollegin nicht, Brigitte?
   BETTINA: Sie _____ immer nur lernen, und ich _____ deshalb nie laute Musik hören.

---
möcht- / sollen
---

3.   TOBIAS: Was _____ wir heute abend machen? _____ wir in die Kneipe gehen oder ins Kino?
   DANIEL: Ich _____ heute lieber mal früh ins Bett.

Omission of the infinitive after modal verbs

Können, **mögen**, and **möchte** are not the only modals that can be used without an infinitive.

If the meaning of a sentence containing a modal is clear without an infinitive, the infinitive is often omitted.

   Ich muß jetzt nach Hause.   *I have to **go** home now.*

Ex. 3-17: Point out that these sentences sound more natural without the infinitives. **Gehen** and **essen** are used once. If necessary point out that **gehen** is an unlikely choice for #7, since **gehen** implies the use of one's feet, unlike English *to go*.

3-17 Welcher Infinitiv paßt?

---
trinken / gehen / essen / fliegen / sprechen
---

1. Wir müssen jetzt in die Vorlesung.
2. Können deine Eltern Deutsch?
3. Ich muß noch schnell in die Bibliothek.
4. Warum willst du denn nicht ins Kino?

5. Wollt ihr lieber Bier oder Wein?
6. Magst du Sauerkraut?
7. Möchtest du auch nach Deutschland?
8. Darf deine kleine Schwester immer noch nicht in die Disco?

Position of *nicht* in sentences with modal verbs

The rules you learned about the position of **nicht** still apply (see pages 26 and 71). However, if the entire sentence containing a modal is negated, **nicht** precedes the infinitive.

Warum kommt ihr **nicht**?	*Why aren't you coming?*
Warum könnt ihr **nicht** kommen?	*Why can't you come?*

3-18 Immer negativ.

S1: Möchte dein Bruder studieren?	*S2:* Nein, er möchte nicht studieren.

1. Möchte dein Bruder in München studieren?	Nein, er möchte …
2. Wollt ihr fliegen?	Nein, wir wollen …
3. Wollt ihr mit Swissair fliegen?	Nein, wir wollen …
4. Müßt ihr morgen arbeiten?	Nein, wir müssen …
5. Müßt ihr jeden Samstag arbeiten?	Nein, wir müssen …
6. Könnt ihr heute abend kommen?	Nein, wir können …
7. Können deine Eltern gut Deutsch?	Nein, sie können …
8. Dürfen wir den Apfelkuchen essen?	Nein, ihr dürft …
9. Dürfen wir ins Kino?	Nein, ihr dürft …
10. Mögt ihr die Suppe?	Nein, wir mögen …

● 2 Modifying the meaning of verbs: prefixes

Meaning of separable-prefix verbs

The meaning of certain English verbs can be modified or changed by adding a preposition or an adverb. In German the same effect is achieved by adding a prefix to the verb.

ausgehen	*to go out*	**an**probieren	*to try on*
weggehen	*to go away*	**aus**probieren	*to try out*
zurückkommen	*to come back*	**auf**stehen	*to get up*
heimkommen	*to come home*		

Separable-prefix verbs are not usually as similar to their English equivalents as the examples given above:

abfahren	*to depart, to leave*	**kennen**lernen	*to get to know*
ankommen	*to arrive*	**vor**haben	*to plan, to have planned*
anfangen	*to begin, to start*		
aufhören	*to end*	**spazieren**gehen	*to go for a walk*
anrufen	*to call (on the telephone)*	**fern**sehen	*to watch TV*

Students have been using verbs with inseparable prefixes since Kapitel 1, e.g., **beginnen**, **besuchen**, **verkaufen**. These verbs do not show anything out of the ordinary until the perfect participle is introduced (*Kapitel 5*), and will be presented as a separate verb category at that time.

Ask what kind of word the prefix in **kennenlernen** is. Point out that **spazierengehen** is the same kind of combination, but that **spazieren** by itself is archaic.

> **Sprachnotiz:** More about separable prefixes

By combining prefixes with verbs, German creates a host of new verbs. In each set, look at the first example and its English equivalent, and you will know the meaning of the other verbs.

fertiglesen *to finish reading*: fertigessen, fertigkochen, fertigputzen, fertigschreiben

mitkommen *to come along*: mitbringen, mitgehen, mitlesen, mitnehmen, mitsingen

weggehen *to go away*: wegfahren, wegbleiben, wegnehmen, wegschwimmen

weiterlesen *to continue reading*: weiterarbeiten, weiteressen, weiterfahren, weiterschlafen, weiterschreiben, weiterstudieren

zurückrufen *to call back*: zurückbringen, zurückfahren, zurückgehen, zurückkommen, zurücknehmen

Position of the separable prefix

In the infinitive form, the prefix is attached to the front of the verb. In the present tense, the prefix is separated from the verb and is placed at the end of the sentence:

Gehst du heute abend **aus**?	*Are you **going out** tonight?*
Warum **kommst** du immer so spät **heim**?	*Why **do** you always **come home** so late?*

If an entire sentence is negated, **nicht** precedes the separable prefix:

Ich gehe **nicht** aus.	*I'm **not** going out.*

Point out that the other rules for the position of **nicht** still apply (see pp. 26 and 71).

When used with a modal, the separable-prefix verb appears in its infinitive form at the end of the sentence:

Wann **mußt** du morgen früh **aufstehen**?	*When **do** you **have to get up** tomorrow morning?*

Note that separable prefixes are always stressed in pronunciation.

So that students have to understand what they are saying, the verbs given are in random sequence.

3-19 Kleine Gespräche. Was paßt wo?

spazierengehen / vorhaben
Was _____ ihr heute nachmittag _____?
Ich glaube, wir _____ _____.

S1: Was habt ihr heute nachmittag vor? *S2:* Ich glaube, wir gehen spazieren.

1. ausgehen / fertigschreiben
_____ du heute abend mit uns _____?
Nein, heute abend muß ich den Brief an meine Eltern _____.

2. anrufen / aufstehen
Warum _____ du denn so früh _____?
Ich muß meine Kusine in Deutschland _____.

3. ausprobieren / anhören
Möchtest du mein neues Album _____?
Nein, ich _____ lieber deinen neuen Computer _____.

4. vorhaben / anprobieren
Was _____ du morgen nachmittag _____?
Morgen nachmittag gehe ich zu Karstadt und _____ Kleider _____.

3-20 Was machst du heute nachmittag?

Ex. 3-20: Have students repeat after you the activities listed in the boxes before they do the exercise. Insist that S2 begin her/his responses with **Da. . .** so that students practice inverted word order *and* good German colloquial style.

du heute nachmittag

S1: Was macht du heute nachmittag?

mein neues Album anhören

S2: Da höre ich mein neues Album an.

1. du am Samstag morgen

3. du morgen abend

2. du am Samstag abend

4. ihr am Sonntag nachmittag

---

im Park spazierengehen
erst um elf aufstehen müssen

mit Claudia ausgehen
mein Referat fertigschreiben

---

5. du heute abend

7. du am Starnberger See

New word: **Starnberger See** (a lake south of Munich)

6. ihr bei Karstadt

8. ihr am Freitag abend

noch nichts vorhaben   mein Surfbrett ausprobieren
wollen ein paar Kleider anprobieren sollen   meine Eltern anrufen

---

3-21 Was machst du den ganzen Tag?

S1: Wann stehst du morgens auf?	*S2:* Ich _____ meistens um … _____.
S1: Wann fangen deine Vorlesungen an?	*S2:* Meine Vorlesung _____ meistens um … _____.
S1: Wann kommst du nachmittags heim?	*S2:* Ich _____ nachmittags meistens um … _____.
S1: Gehst du abends oft aus?	*S2:* Ja, ich _____ oft _____. / Nein, ich _____ nur sehr selten _____.
S1: Warum gehst du so oft/ selten aus?	*S2:* Ich …
S1: Was hast du heute abend vor?	*S2:* Heute abend …

Verb-noun combinations

Some verbs are so closely associated with a noun that they function like separable-prefix verbs. This happens most frequently with the verbs **spielen**, **laufen**, and **fahren**.

Im Sommer **spielt** David fast jeden Nachmittag **Fußball**.	*In summer David plays soccer almost every afternoon.*
Im Winter **läuft** er fast jedes Wochenende **Schi**.	*In winter he skis almost every weekend.*

If a modal is present, these verb-noun combinations again function like separable-prefix verbs: the noun precedes the infinitive at the end of the sentence.

Kann dein Großvater noch **Auto fahren**?	*Can your grandfather still drive?*

Nicht precedes the entire verb-noun combination.

Veronika kann **nicht Tennis** spielen.	*Veronica can't play tennis.*

Ask students where they would put **nicht** to negate the sentence **Veronika kann gut Tennis spielen**.

3-22 Tanja, Dieter und Laura. Use the data in the chart to complete the statements.

Was Tanja, Dieter und Laura können oder nicht können			
	TANJA	DIETER	LAURA
Motorrad fahren	sehr gut	nein	nein
Gitarre spielen	nein	sehr gut	nein

1. Tanja fährt _____, aber sie kann _____.
2. Dieter spielt _____, aber er kann _____.
3. Laura spielt _____, und sie kann auch _____.

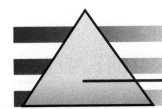

ZWISCHENSPIEL

ZUM HÖREN

Du mußt dein Leben ändern

Petra Becker mag das gar nicht: Samstag nachmittag, Fußballmatch
Bayern München – Eintracht Frankfurt, und ihr Mann sieht fern. Hören
Sie was Petra und Kurt miteinander sprechen!

NEUE VOKABELN

ändern	*to change*	**bestimmt**	*really, for sure*
weniger	*less*	**es ist zu Ende**	*it is over*
da hast recht	*you are right*		

3-23 Globalverstehen. In welcher Reihenfolge hören Sie das?

New words:
**Reihenfolge,
Satz**

<u>2</u>   Da muß ich ja gesund sein, so wie du kochst.
<u>4</u>   Ich bin nervös, und ich bin nicht sehr fit.
<u>3</u>   Kaffee, Kaffee, und dann dieser stressige Beruf!
<u>1</u>   Du wirst noch krank, so wie du lebst.
<u>5</u>   Und noch heute abend gehen wir spazieren, Petra, du und ich.
<u>6</u>   Aber ich brauche mein Bier, nach so viel Streß im Büro!

3-24 Detailverstehen. Hören Sie das Gespräch noch einmal an, und
schreiben Sie die Antworten zu den die folgenden Fragen!

1. Was macht Kurt jeden Samstag und jeden Sonntag?
2. Was bekommt Kurt zu Hause zu essen?
3. Warum hat Kurt keine Zeit für ein gutes, gesundes Frühstück?
4. Warum ist Kurt abends so nervös?
5. Was macht Kurt abends zu Hause?
6. Was macht Kurt nachts von zehn bis zwölf oder eins?
7. Kurt soll sein Leben ändern. Was soll er weniger / tun? mehr
8. Was will Kurt von Montag ab jeden Morgen tun?

3-25 Ich will mein Leben ändern. Erzählen Sie Ihren Mitstudenten, welche
drei Dinge Sie in Ihrem Leben ändern wollen.

Ich will nicht mehr   so viel …   Ich will mehr …
                      so oft …
                      so spät …
                      so lange …

Give students a few minutes to
think about resolutions.

lernen
Junkfood essen   spazierengehen
Kaffee trinken   Bier trinken   fernsehen
      ausgehen   Gemüse essen   aufstehen
Milch trinken   rauchen   in die Kneipe gehen
Hausaufgaben machen   Sport machen   schlafen
      in die Vorlesungen gehen

FUNKTIONEN UND FORMEN 2

• 3 Telling time

In German there are two ways of telling time. The one used in everyday conversation is similar to the English system. The other system counts the day from 0 to 24 hours and is used for scheduling anything official such as train schedules, radio announcements, and TV guides. Because Germans see and hear this way of telling time every day of their lives, it is common to use these official forms in colloquial German as well.

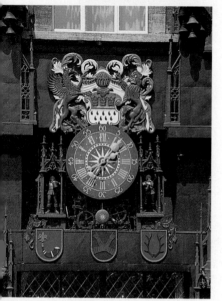

Wieviel Uhr ist es? Es ist 14.07 Uhr.

A large cardboard clock with movable hands is an excellent aid in teaching clock times.

Mention how official time between midnight and 1 a.m. is written and read: *12:15 a.m.* = **0.15 Uhr (null Uhr fünfzehn)**.

	OFFICIAL		COLLOQUIAL
	13.00 Uhr	dreizehn Uhr	eins (ein Uhr)
	13.05 Uhr	dreizehn Uhr fünf	fünf nach eins
	13.15 Uhr	dreizehn Uhr fünfzehn	Viertel nach eins
	13.20 Uhr	dreizehn Uhr zwanzig	zwanzig nach eins
	13.25 Uhr	dreizehn Uhr fünfundzwanzig	fünf vor halb zwei
	13.30 Uhr	dreizehn Uhr dreißig	halb zwei
	13.35 Uhr	dreizehn Uhr fünfunddreißig	fünf nach halb zwei
	13.40 Uhr	dreizehn Uhr vierzig	zwanzig vor zwei
	13.45 Uhr	dreizehn Uhr fünfundvierzig	Viertel vor zwei
	13.55 Uhr	dreizehn Uhr fünfundfünfzig	fünf vor zwei
	14.00 Uhr	vierzehn Uhr	zwei (zwei Uhr)

3-26 Wie spät ist es?

1. 13.45 Uhr
2. 20.40 Uhr
3. 18.05 Uhr
4. 12.25 Uhr
5. 6.45 Uhr
6. 17.23 Uhr

Expressions of time referring to parts of the day

German has no equivalents for the terms *a.m.* and *p.m.* In colloquial German the following adverbs of time are used to refer to specific periods of the day. Note that all these adverbs of time end in **-s!**

morgens	*in the morning*
vormittags	*in the morning*
mittags	*(at) noon*
nachmittags	*in the afternoon*
abends	*in the evening*
nachts	*at night*

3-27 Wieviel Uhr ist es?

 (abends)

S1: Wieviel Uhr ist es?
S1: Wie bitte? Wie spät ist es?

S2: Es ist fünf vor neun.
S2: Es ist einundzwanzig Uhr fünfundfünfzig.

1. (nachmittags)
2. (vormittags)
3. (nachts)
4. (morgens)
5. (abends)
6. (vormittags)
7. (nachmittags)
8. (nachts)
9. (nachmittags)

Point out that even though both **morgens** and **vormittags** mean *in the morning*, Germans would not use **vormittags** for the very early hours in the morning. However, **morgens** can be used right up to 12 noon. The borderline between **abends** and **nachts** depends to a certain degree on personal lifestyle.

Expressions of time referring to parts of specific day

When referring to a part of a specific day, you must first specify the day (e.g., **gestern**, **heute**, **Sonntag**) and then mention the part of the day (this time without an **-s**).

gestern mittag	*yesterday noon*
gestern nacht	*last night*
heute morgen	*this morning*
morgen früh	*tomorrow morning*
(am) Montag nachmittag	*(on) Monday afternoon*
(am) Dienstag abend	*(on) Tuesday evening*

There is a difference between time expressions such as **nachmittags** and **nachmittag**.

Ich gehe **nachmittags** immer schwimmen.

I always go swimming in the afternoon.

To avoid the awkwardness of **morgen morgen**, Germans substitute **früh**.

In combination with words like **heute** and **morgen,** the adverb **nachmittag** is used to describe a single event on a particular day:

Ich gehe heute **nachmittag** schwimmen.   *I'm going swimming this afternoon.*

The same distinction is made with days of the week.

am Freitag   *on Friday, this Friday*   **freitags**   *every Friday, on Fridays*

3-28 Immer ganz genau. Student 2 ist sehr pünktlich.

 Um wieviel Uhr fährt unser Bus heute morgen ab, um … ?

S1: Um wieviel Uhr fährt unser Bus heute morgen ab, um halb zehn?
S2: Ja, Punkt neun Uhr dreißig.

1. Um wieviel Uhr fängt unsere erste Vorlesung heute vormittag an, um … ?

New words: **bei Geschäftspartnern, durch, bummeln**

2. Um wieviel Uhr essen wir heute zu Mittag, um … ?

3. Um wieviel Uhr beginnt das Konzert am Sonntag abend, um … ?

4. Um wieviel Uhr frühstücken wir morgen früh, um … ?

5. Um wieviel Uhr fährt unser Zug morgen nacht, um … ?

6. Um wieviel Uhr fliegt unser Flugzeug heute nachmittag, um … ?

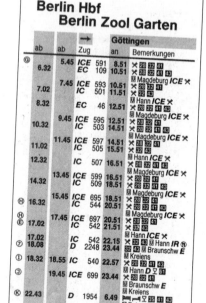

3-29 Brigitte Ziegler studiert den Fahrplan. Brigitte Ziegler war zwei Tage bei Geschäftspartnern in Berlin. Sie sitzt jetzt im Hotel Kempinski und studiert den Fahrplan. Es ist 13 Uhr, und um 20 Uhr will sie mit Klaus ins Göttinger Junge Theater. Sie will aber auch noch ein bißchen durch Berlin bummeln und eine schicke Jacke für Nina und ein Sweatshirt für Robert kaufen. Welchen Zug soll sie nehmen, und wo fährt er ab?

1. Wie viele Züge fahren nach 13 Uhr vom Hauptbahnhof und vom Bahnhof Zoologischer Garten ab und kommen vor 20 Uhr in Göttingen an?
2. Wann fährt der ICE 599 von Berlin ab, und wann kommt er in Göttingen an?
3. Wann fährt der IC 509 von Berlin ab, und wann kommt er in Göttingen an?
4. Wann fährt der ICE 695 von Berlin ab, und wann kommt er in Göttingen an?
5. Fährt Brigitte vom Hauptbahnhof oder vom Bahnhof Zoologischer Garten nach Göttingen zurück, und welchen Zug nimmt sie?

Die Deutsche Bahn

The German railway system (**Die Deutsche Bahn**) provides excellent passenger service with many different types of trains from which to choose:

- The **ICE** (**InterCityExpress**) which runs between major cities in Germany at speeds up to 250 km/h. Trains depart every hour and sometimes every half hour.
- The **IC/EC** (**InterCity/EuroCity**) which runs not only between all major cities in Germany, but across national boundaries to over 200 European cities. Service attendants on these trains often speak several languages.
- The **InterRegio** which is much like the **ICE** but also serves smaller cities.
- The **S-Bahn** (**Schnellbahn**), a rapid transit train for commuters traveling short distances.

EC 64 Mozart

Wien Westbf - Salzburg - München - Stuttgart - Karlsruhe - Kehl - Strasbourg - Paris-Est

✕ Wien—Paris

Mozart — Wolfgang Amadeus, geb. 1756 in Salzburg, gest. 1791 in Wien. Komponist, Repräsentant der Wiener Klassik.

Exp., **Ex. 3-30** Have students write out and discuss their own timetables.

New words: **anschauen**, **Übung** (*seminar*, *lab*)

3-30 Günter Schlumbergers Stundenplan. Schauen Sie den Stundenplan an, und beantworten Sie die Fragen!

	Mo	Di	Mi	Do	Fr	Sa	So
8.00	Zoologie II			Bio-chemie	Genetik I	Bei Helga	Bei Tina
9.00			Mikrobiologie I				
10.00		Botanik II	Mikrobiologie I				
11.00			Tennis mit Helga		Mathe Übung		
12.00			Tennis mit Helga		Tennis mit Tina		
13.00			Mathematik II				
14.00							
15.00	Genetik I			Botanik II Übung			
16.00	Übung			Botanik II Übung			
17.00							

1. Was hat Günter montags von acht bis zehn?
2. Wann hat Günter Genetik I?
3. Wann ist Günters Übung in Genetik?
4. Was macht Günter mittwochs von elf bis eins?
5. Was macht Günter freitags von zwölf bis zwei?
6. Wo ist Günter am Samstag und am Sonntag?
7. Wie viele Freundinnen hat Günter?

● 4 Expressing commands and requests

Imperatives

The imperative is a form of the verb used to express commands and requests. Since English has only one form of address (*you*), it has only one imperative form. German has three forms of address (**du**, **ihr**, **Sie**) and consequently it has three imperative forms. In written German, imperative sentences usually end with an exclamation mark.

> **Komm!**
> **Kommt!** } *Come!*
> **Kommen Sie!**

The *du*-imperative

The **du**-imperative is simply the stem of the verb.

Komm schnell, Martin! Das Konzert fängt in fünf Minuten an. *Come quickly, Martin! The concert starts in five minutes.*

Sei doch nicht immer so unordentlich, Peter! *Don't always be so messy, Peter!*

Fahr vorsichtig

Schulkinder

Verbs that have a stem vowel change from **e** to **i** or **ie** in the 2nd and 3rd person singular of the present tense (e.g., **ich spreche, du sprichst, er spricht**) use the changed stem in the **du**-imperative.

Nimm doch nicht so viel Fleisch, Robert! — *Don't take so much meat, Robert!*

Iß ja nicht wieder den ganzen Kuchen! — *Don't eat all the cake again!*

Verbs that have a stem vowel change from **a** to **ä** (e.g., **ich fahre, du fährst, er fährt**) do *not* use the changed stem.

Fahr doch bitte nicht so schnell! — *Please don't drive so fast!*

Verbs with a stem ending in a consonant cluster such as **ordnen** (*to put in order*) and **öffnen** (*to open*) add an **-e** in the **du**-imperative. The same is true of verbs with a stem ending in **-d** or **-t**.

Öffne sofort die Tür! — *Open the door immediately!*

Antworte bitte so bald wie möglich! — *Please answer as soon as possible.*

The prefix of separable verbs appears at the end of the imperative sentence:

Komm ja nicht wieder so spät **heim**! — *Don't come home so late again!*

> **Sprachnotiz:** Flavoring particles in imperative sentences

Imperative sentences frequently contain flavoring particles. The particles **doch** and **mal** soften the command somewhat. The particle **ja**, strongly stressed, has the opposite effect. It gives the command an almost threatening note as if you were adding the words *or else*! The addition of **bitte** to an imperative sentence introduces a friendly note and transforms a command into a request.

Point out that commands and requests frequently contain both **doch** and **mal** (e.g., **Sei doch endlich mal still! Komm doch bitte mal her!**).

3-31 Mach bitte, was ich sage! Sagen Sie Ihrem kleinen Bruder, was er tun oder nicht tun soll.

1. _____ doch endlich _____! (aufstehen)
2. _____ doch nicht so langsam! (essen)
3. _____ doch endlich mal dein Zimmer _____! (aufräumen)
4. _____ deine Freundin bitte nicht schon wieder _____! (anrufen)
5. _____ bitte gleich meinen Wagen! (waschen)
6. _____ *ja* nur *ein* Stück Kuchen! (nehmen)
7. _____ doch nicht immer nur vor dem Fernseher! (sitzen)
8. _____ jetzt bitte deine Hausaufgaben! (machen)
9. _____ doch nicht immer nur mit Jens und Tobias _____! (ausgehen)
10. _____ *ja* vor Mitternacht zu Hause! (sein)

Encourage students to think of their actual family and friends. Give them a few minutes to write three commands. Ask to mention the person for whom the commands are intended. (**Das ist für meinen Bruder, usw**).

New words: **vor dem Fernseher, schnarchen**

3-32 Du nervst mich! Wer in Ihrer Familie oder von Ihren Freunden nervt Sie? Sagen Sie, was sie/er nicht tun soll!

doch nicht so schnell/langsam fahren

doch nicht so laut singen

doch nicht immer nur Junk-food essen

doch nicht immer so lang telefonieren

doch nicht immer so spät nach Hause kommen

…

doch nicht so schnell/langsam sprechen

doch nicht so schnell/langsam essen

doch nicht immer nur deine doofen Comics lesen

doch nicht immer nur vor dem Fernseher sitzen

doch nicht immer so laut schnarchen

The *ihr*-imperative

The **ihr**-imperative is identical to the **ihr**-form of the present tense, but without the pronoun:

Kommt, Kinder! Wir gehen schwimmen.

Nehmt eure Badeanzüge **mit**!

Seid doch bitte nicht so laut!

Come on, children! We are going swimming.

Take your bathing suits along.

Please don't be so loud.

3-33 Sie machen ein Picknick. Ihre Freunde sind so vergeßlich!

New words: **vergeßlich, genug**

1. _____ genug Bier _____! (mitnehmen)
2. _____ bitte nicht zu viel! (trinken)
3. _____ genug Brote _____! (einpacken)
4. _____ das Frisbee nicht! (vergessen)
5. _____ auch eure Badeanzüge _____! (mitnehmen)
6. _____ genug Sonnencreme _____! (einpacken)
7. _____ auch ein paar schöne Fotos! (machen)
8. _____ bitte nicht zu schnell! (fahren)
9. _____ bitte vor neun wieder zurück! (sein)
10. _____ doch endlich _____! (abfahren)

KOMMT ALLE ZUM

KINDERGARTENFEST

am DONNERSTAG, 4.JUNI 1992 ab 16.30 Uhr

* Die Kinder spielen und singen
* Segnung des Klettergerätes durch Hr.Stadtpfarrer
* Wir bieten an: ° Grillwürstl
  ° Bier vom Faß
  ° Getränke
  ° Kuchen
  ° Kaffee

Der Reinerlös kommt dem Kindergarten zugute.

The *Sie*-imperative

PACKEN SIE IHRE KOFFER. JETZT KOMMT EUROCITY DAS INTERNATIONALE REISEMAGAZIN. ALLE ZWEI MONATE NEU.

The **Sie**-imperative is the infinitive of the verb followed directly by the pronoun **Sie**:

Wiederholen Sie bitte, was ich sage!   *Please repeat what I say!*
Hören Sie bitte gut **zu**!   *Please listen carefully.*

The verb **sein** is slightly irregular in the **Sie**-imperative:

Seien Sie doch nicht so nervös!   *Don't be so nervous.*

3-34 In Professor Kuhls Deutschklasse.

1. _____ dieses Wort, bitte, Kevin! (buchstabieren)
2. _____ es jetzt bitte an die Tafel! (schreiben)
3. _____ bitte _____, Andrea! (weiter•lesen)
4. _____ doch bitte ein bißchen lauter! (sprechen)
5. _____ doch nicht so nervös! (sein)
6. _____ jetzt bitte gut _____! (zu•hören)
7. _____ diese Übung bitte schriftlich! (machen)
8. _____ bitte _____, Michael! (auf•wachen)
9. _____ diesen Dialog bis morgen genau _____! (durch•lesen)
10. Michael! _____ doch nicht schon wieder _____! (ein•schlafen)

Ex. 3-34: In this text, first names generally indicate that **du**-forms or **ihr**-forms are to be used. However, this exercise refers to a North American setting, where the professor would address her/his students with first name and **Sie**.

New words: **schriftlich, einschlafen**

3-35 Entscheidungen! Beginnen Sie die Fragen mit **was**, **wen**, **wann** oder **wo**.

HERR UND FRAU BERG: _____ sollen wir kaufen, einen VW oder einen Opel? (einen Opel)

S1: Was sollen wir kaufen, einen   S2: Kaufen Sie lieber einen Opel.
VW oder einen Opel?

1. FRAU SPOHN: _____ soll ich anrufen, die Polizei oder einen Arzt? (einen Arzt)
2. EVA UND TANJA: _____ sollen wir studieren, in Freiburg oder in Berlin? (in Freiburg)
3. FRAU BRAUN: _____ soll ich fliegen, am Donnerstag oder am Freitag? (am Freitag)
4. BERND: _____ soll ich lesen, ein Buch oder die Zeitung? (ein Buch)
5. KLAUS UND SILKE: _____ sollen wir kommen, um zwei oder um drei? (schon um zwei)
6. TOURIST: _____ soll ich essen, im Wienerwald oder bei McDonald's? (im Wienerwald)
7. RALF: _____ soll ich trinken, Bier oder Wein? (ein Glas Wein)
8. KURT UND JAN: _____ sollen wir morgen aufstehen, um sieben oder um acht? (schon um sieben)

Ex. 3-35: The persons at the beginning of each example (e.g., **Frau Spohn**, **Eva** und **Tanja**) indicate to students which of the three imperative forms they must use in their responses. This exercise also reviews modal verbs.

New words: **Entscheidungen**, … **Sie lieber** (=*you'd better be off*)

A restaurant chain specializing in chicken.

• 5 Word order: Position of the verb after the conjunctions *weil* and *wenn*.

When someone asks you a question beginning with the question word *why*, you can respond in one of two ways:

Why are you learning German? **I'm going to study** in Germany next year.
[I'm learning German] **because I'm going to study** in Germany next year.

In German the same question and responses look like this:

Warum lernen Sie Deutsch? Ich **studiere** nächstes Jahr in Deutschland.
[Ich lerne Deutsch,] **weil** ich nächstes Jahr in Deutschland studiere.

Ask students which other word they have learned for *because*. Point out that **denn** can never be used to begin a response. It can only act as a connecting word between two main clauses: **Ich treibe viel Sport, denn ich will fit bleiben.**

Note that in English the position of the verb is not influenced by the conjunction *because*. In German, however, the verb is at the end of the clause when a conjunction such as *weil* is used.

The conjunction **wenn** (*when, if*) has the same effect on the position of the verb.

Kannst du meine Hausaufgaben durchlesen? | *Can you read through my homework?*
Wenn du meinen Wagen **wäschst**. | *If you wash my car.*
Wann kaufst du den Computer? | *When are you going to buy the computer?*
Wenn ich genug Geld **habe**. | *When I have enough money.*

In clauses introduced by **weil** or **wenn**, separable-prefix verbs are not separated.

Wann kommt Jens uns besuchen? | *When is Jens coming to visit us?*
Wenn er aus Europa **zurückkommt**. | *When he comes back from Europe.*

Modal verbs also appear at the end of the clause beginning with a conjunction.

Warum rufst du Auto-Volker an? | *Why are you calling Auto-Volker?*
Weil ich einen neuen Wagen **kaufen will**. | *Because I want to buy a new car.*

3-36 *Weil* oder *wenn?*

Warum schläfst du denn immer so lange? | Ich gehe erst nach Mitternacht ins Bett.
S1: Warum schläfst du denn immer so lange? | *S2:* Weil ich erst nach Mitternacht ins Bett gehe.

1. Stehst du jetzt dann auf? | Du machst Kaffee.
2. Warum brauchst du denn immer so viel Kaffee? | Ich bin morgens sehr müde.
3. Warum ißt du denn so schnell? | Meine Vorlesung fängt in fünf Minuten an.
4. Wann rufst du Monika an? | Ich komme wieder nach Hause.
5. Gehst du heute abend mit uns tanzen? | Ich muß nicht zu viel lernen.
6. Machen wir am Samstag ein Picknick? | Das Wetter bleibt schön.
7. Warum treibst du denn so viel Sport? | Ich will fit bleiben.
8. Warum nimmst du so viel Vitamine? | Ich will gesund bleiben.
9. Warum rauchst du nicht mehr? | Ich will nicht krank werden.
10. Wann heiratest du deinen Freund/ deine Freundin? | Ich habe einen guten Job und verdiene viel Geld.

3-37 Lebst du gesund oder ungesund?

S1: Trinkst du Kaffee?

S2: Nein, ich trinke keinen Kaffee. /
Ja, ich trinke Kaffee.

S1: Warum nicht? / Warum?

S2: Weil …

S1:

1. Trinkst du Kaffee?
2. Trinkst du Alkohol?
3. Rauchst du?
4. Trinkst du viel Milch?
5. Frühstückst du jeden Morgen?
6. Ißt du jeden Tag drei Mahlzeiten?
7. Ißt du viel Fleisch?
8. Nimmst du Vitamine?
9. Treibst du Sport?

S2:

Ich will fit bleiben.
Ich bin sowieso viel zu nervös.
Ich bin zu faul.
Mein Arzt sagt, ich darf nicht.
Ich will nicht ewig leben.
Ich will nicht krank werden.
Ich kann dann besser denken.
Ich habe keine Zeit.
Ich kann ohne Kaffee/Zigaretten
   nicht leben.
Ich will gesund bleiben.
…

New words: **Mahlzeiten, ewig, sowieso**

Dependent clause preceding main clause

Because a clause introduced by **weil** or **wenn** depends on a main clause to complete its meaning, it is called a dependent clause. If the dependent clause precedes the main clause, the entire dependent clause becomes the *first element* in the sentence. The main clause then begins with the conjugated verb (i.e., the verb with personal endings). The conjugated verbs of both clauses thus appear side by side, separated by a comma.

DEPENDENT CLAUSE	MAIN CLAUSE
Weil meine Schwester Ärztin werden **will**,	**arbeitet** sie im Sommer immer im Krankenhaus.
Because my sister wants to become a doctor,	*she always works at the hospital in the summer.*
Wenn ich morgens keinen Kaffee **trinke,**	**kann** ich den ganzen Tag nicht klar denken.
If I don't drink coffee in the morning,	*I can't think clearly all day.*

Ask students whether they remember the basic rule for the position of the verb in a German statement. What does this basic rule have to do with the position of the verb when a main clause follows a dependent clause?

3-38 Was paßt zusammen? Kombinieren Sie die passenden Neben- und Hauptsätze!

1. Wenn du immer so viel rauchst,
   Wenn du Sport treibst,
2. Weil ich fit bleiben will,
   Weil ich nicht gern früh aufstehe,
3. Wenn Lisa abends heimkommt,
   Wenn Lisa morgens aufsteht,
4. Wenn das Wetter schön ist,
   Wenn das Wetter nicht schön ist,
5. Weil ich Vegetarier bin,
   Weil ich sowieso sehr nervös bin,

Du bleibst fit.
Du kannst sehr krank werden.
Ich gehe jeden Morgen joggen.
Ich kann morgens nicht joggen gehen.
Sie ist oft noch sehr müde.
Sie kocht meistens ein gutes
   Abendessen.
Wir bleiben zu Hause.
Wir gehen heute nachmittag
   schwimmen.
Ich esse oft Fisch.
Ich trinke keinen Kaffee.

Ex. 3-38: By having to match dependent and main clauses according to meaning, students have to *understand* what they are saying. New words: **Nebensatz, Hauptsatz**.

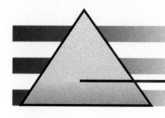

ZUSAMMENSCHAU

Weil ich fit bleiben will, stehe ich jeden Morgen Punkt halb sieben auf, gehe eine halbe Stunde joggen und dann schnell unter die Dusche. Zum Frühstück esse ich meistens eine Schüssel Müsli und trinke ein Glas Milch dazu, denn das ist gesund und braucht nicht viel Zeit. Viertel vor acht fährt mein Bus, und meine erste Vorlesung fängt schon um Viertel nach acht an. Die Vorlesung ist lang, eineinhalb Stunden, und ich muß sehr aufpassen und viel mitschreiben. Weil ich dann sehr hungrig bin, gehe ich nach dieser Vorlesung immer in die Cafeteria, esse einen Apfel und ein Brötchen mit Butter und Käse und trinke ein Glas Milch dazu. Und weil ich fit bleiben will, gehe ich um halb elf eine Stunde lang schwimmen. Um halb zwölf gehe ich in die Bibliothek, lese und lerne dort bis halb zwei, und erst dann esse ich zu Mittag. Nachmittags von halb drei bis halb fünf habe ich wieder Vorlesungen, und wenn ich um fünf endlich nach Hause komme, muß ich meistens noch stundenlang Hausaufgaben machen. Weil ich dann aber sehr hungrig bin und weil ich gern koche, mache ich zuerst ein gutes Abendessen.

ZUM HÖREN

Ein typischer Tag in Lisas Leben

Hören Sie, was Lisa erzählt.

NEUE VOKABELN

bleiben	*to stay*
die Dusche	*shower*
auf•passen	*to pay attention*
eineinhalb	*one and a half*
endlich	*finally*

3-39 Globalverstehen. Haken Sie in den Kategorien *Essen und Trinken* und *Tageszeiten* alles ab, was Sie hören!   New word: **abhaken**

ESSEN UND TRINKEN

___ Gemüse	✓ Müsli	
✓ Käse	___ Brot	
___ Joghurt	✓ Apfel	
✓ Brötchen	___ Orangensaft	
___ Kuchen	✓ Milch	
✓ Butter	___ Kaffee	

TAGESZEITEN

___ halb zwei	___ halb vier
✓ halb zwölf	✓ halb drei
___ halb sieben	✓ fünf
___ halb acht	___ Viertel nach acht
✓ halb elf	___ Viertel nach zwölf
✓ halb fünf	✓ Viertel vor acht

3-40 Detailverstehen. Hören Sie Lisas Erzählung noch einmal an, und schreiben Sie die Antworten zu den folgenden Fragen!

1. Warum geht Lisa jeden Morgen um halb sieben joggen? *Weil …*
2. Was ißt und trinkt Lisa zum Frühstück?
3. Wann fährt Lisas Bus?
4. Wann fängt Lisas erste Vorlesung an?
5. Warum geht Lisa nach dieser Vorlesung immer in die Cafeteria? *Weil …*
6. Was macht Lisa um halb elf?
7. Was macht sie um halb zwölf?
8. Um wieviel Uhr ißt Lisa zu Mittag?
9. Von wann bis wann hat sie nachmittags Vorlesungen?
10. Warum macht Lisa nicht zuerst ihre Hausaufgaben, wenn sie nach Hause kommt? *Weil …*

3-41 Ein Interview. Sie und Ihre Partnerin sind ein Interviewer und Lisa. Die Illustrationen zeigen Lisa, wie sie antworten soll.

New word: **zeigen**

1. Wann stehst du morgens auf, Lisa, und was machst du dann zuerst?

2. Joggen, das macht hungrig. Was ißt und trinkst du zum Frühstück?

3. Wann beginnt deine erste Vorlesung, und wann ist sie zu Ende?

4. Was machst du dann?

5. Was ißt und trinkst du dort?

6. Hast du dann wieder eine Vorlesung?

7. Joggen um halb sieben, Schwimmen um halb elf. Warum machst du denn so viel Sport?

8. Gehst du dann zum Mittagessen?

9. Von wann bis wann hast du nachmittags Vorlesungen?

10. Um wieviel Uhr kommst du nach Hause?

3-42 Das ist mein Tag. Schreiben Sie einen Paragraphen über Ihren Tag. Schreiben Sie, wann Sie aufstehen müssen, was Sie zum Frühstück essen, wann Sie zur Uni gehen müssen, was für Vorlesungen Sie haben, was Sie zu Mittag und zu Abend essen, was für Sport sie machen und warum usw.

Give some examples of how students can use modals in this composition: **Ich muß um neun in die Vorlesung. Ich kann erst um halb zwei zu Mittag essen. Ich will fit bleiben.** Have a few students read their compositions to the class.

Nicolas Hayek's latest project is the Swatchmobil, a revolutionary super compact car that will be produced by Mercedes-Benz. The Swatchmobil is scheduled to hit world markets in 1997.

LEUTE

Nicolas Hayek und die Swatch

Präzision und Schweizer Uhren sind praktisch Synonyme. Aber im Jahr 1974 beginnt für die Schweizer Uhrenindustrie die große Krise. Japanische Arbeiter können billiger[1] produzieren als ihre Schweizer Kollegen, und von 1974 bis 1983 sinkt das Exportvolumen der[2] Schweizer Uhrenindustrie von 91 Millionen auf 43 Millionen, und der Anteil[3] am Weltmarkt von 43 Prozent auf unter 15 Prozent. Neun Jahre später jedoch[4] ist der Schweizer Anteil am Weltuhrenmarkt wieder 53 Prozent und allein die Firma SMH (Société de Microéléctronique et Horlogerie) produziert 100 Millionen Uhren. Dieses spektakuläre Comeback ist das Werk von Nicolas Hayek, Chef der SMH und Vater der Swatch (= Swiss watch).

Nicolas Hayek ist in Beirut geboren, sein Vater ist Amerikaner und seine Mutter Libanesin. Nicolas studiert in Frankreich Physik und Mathematik, heiratet eine Schweizerin, und in den frühen achtziger Jahren startet er bei SMH die große Revolution der Schweizer Uhrenindustrie. Seine Idee: Uhren sind »emotionale« Produkte, und eine gute Uhr ist nicht nur ein Präzisionsinstrument, sondern auch ein Symbol für einen modernen, jugendlichen[5] Lebensstil. An seinen immer neuen Swatches arbeiten deshalb nicht nur Ingenieure, sondern auch Designers, und jedes Jahr kommen von 500 neuen Swatch-Designs die besten 70 auf den Markt. Frech, fröhlich[6] und modisch sollen sie sein und nicht mehr als 50 Franken kosten, denn Swatch-Fans brauchen zu jedem Kleid oder Anzug eine andere Swatch, und sie kaufen jedes Jahr die neuesten Modelle.

Nicolas Hayek produziert alle seine Swatches in der Schweiz. Er will damit demonstrieren, daß Massenprodukte von hoher[7] Qualität auch aus einem Land mit hohen Löhnen[8] kommen können. Seit[9] 1993 exportiert SMH seine Billiguhren auch nach China, wo Nicolas Hayek bald jedes Jahr 15 Millionen Swatches verkaufen will.

[1]cheaper   [2]of the
[3]share   [4]however
[5]youthful   [6]cheerful
[7]high   [8]wages
[9]since

3-43 Richtig oder falsch? Sie hören acht Aussagen zu *Nicolas Hayek und die Swatch*. Entscheiden Sie, ob diese Aussagen **richtig** oder **falsch** sind. Korrigieren Sie die falschen Aussagen.

	Richtig	Falsch		Richtig	Falsch
1.		✓	5.	✓	
2.	✓		6.		✓
3.		✓	7.		✓
4.	✓		8.	✓	

Ex. 3-43 Statements: 1. Nicolas Hayek ist in der Schweiz geboren. (Falsch. Er ist in Beirut geboren.) 2. Das Comeback der Schweizer Uhrenindustrie ist das Werk von Nicolas Hayek. (Richtig) 3. Für Nicolas Hayek sind Uhren nur Präzisionsinstrumente. (Falsch. Für Nicolas Hayek sind Uhren auch emotionale Produkte.) 4. Die Swatch ist ein Symbol für einen modernen, jugendlichen Lebensstil. (Richtig) 5. Swatch-Fans brauchen zu jedem Kleid oder Anzug eine andere Swatch. (Richtig) 6. Jedes Jahr kommen 500 neue Swatch-Designs auf den Markt. (Falsch. Von 500 neuen Swatch-Designs kommen nur die besten 70 auf den Markt.) 7. Nicolas Hayek produziert alle seine Swatches in China. (Falsch. Er produziert alle seine Swatches in der Schweiz.) 8. Nicolas Hayek will demonstrieren, daß Massenprodukte von hoher Qualität auch aus einem Land mit hohen Löhnen kommen können. (Richtig)

German is spoken by 65% of the population, French by 18%, Italian by 10% and Rhaeto-Romanic by 1%.

Switzerland

Switzerland is a country of four distinct cultures and it has four official languages. Over 70 per cent of this tiny country consists of rugged mountains, and apart from hydro-electric power it has no natural resources. In order to survive, the Swiss have had to be very inventive. They have built a prosperous food industry on milk, the only product that mountain pastures have enabled them to produce in large quantities. Swiss cheeses, milk chocolate, and baby foods are famous the world over. Switzerland also has a highly sophisticated machine industry that produces everything from enormous diesel engines to watches and other precision instruments. The Swiss are also leaders in chemicals and high-fashion textiles. Add to this a flourishing tourist trade and the world-wide services of Swiss banking and insurance industries, and the common cliché that Switzerland is a country of cows, mountains, banks, and watches takes on a whole new meaning.

Wörter im Kontext 2

Nomen

Point out that *tele-* is derived from Greek and means *far* in English and **fern** in German. Have students guess the meanings of **Fernsprecher**, **Fernglas**, **Fernost**.

der Arzt, ⸚e die Ärztin, -nen }	doctor, physician
der Zahnarzt, ⸚e die Zahnärztin, -nen }	dentist
der Fernseher, -	television set
die Hausaufgabe, -n	homework assignment
die Tafel, -n	blackboard
die Maschine, -n	machine
der Mensch, -en	human being, person; (pl) people
die Stunde, -n	hour
die Uhr, -en	clock
die Zeit, -en	time
der Bus, -se	bus
die Straßenbahn, -en	street car
die Haltestelle, -n	bus stop, street car stop
die U-Bahn, -en	subway
der Zug, ⸚e	train
der Fahrplan, ⸚e	train schedule
der Bahnhof	train station
der Hauptbahnhof	main railway station
das Flugzeug, -e	airplane
der Flughafen, ⸚	airport

Austrians use the word **Schularbeiten** for **Hausaufgaben**.

Verben

Point out that **Haupt-** prefixed to a noun indicates *main* or *major*. Ask for the meanings of **Hauptfach**, **Hauptstraße**, **Hauptstadt**, **Hauptreisezeit**.

bekommen	to get, to receive
bleiben	to stay
putzen	to clean
rauchen	to smoke
vergessen (vergißt)	to forget
ab•fahren (fährt ab)	to leave, to depart
an•kommen	to arrive
an•hören	to listen to
an•probieren	to try on
aus•probieren	to try out
aus•gehen	to go out
fern•sehen (sieht fern)	to watch TV
heim•kommen	to come home
kennen•lernen	to get to know
rad•fahren (fährt Rad)	to ride a bike, to go cycling
spazieren•gehen	to go for a walk
vor•haben	to plan, to have planned
weg•gehen	to go away
zurück•kommen	to come back

Andere Wörter

bestimmt	definitely, for sure	
endlich	finally, at last	
erst	first; only; not until	
nervös	nervous	The various meanings of **erst** are discussed later in the chapter.
vergeßlich	forgetful	
wirklich	really	
zuerst, erst	first	

Ausdrücke

du hast recht	you're right
einen Spaziergang machen	to go for a walk
nicht mehr	no longer, not any more
vor dem Fernseher	in front of the TV
zu Ende sein	to be over
am Montag	on Monday
um elf	at eleven
Punkt elf	eleven on the dot
Wie spät ist es?	What time is it?
Wieviel Uhr ist es?	What time is it?

Das Gegenteil

faul – fleißig	lazy – hard-working
gesund – krank	healthy – sick
gesund – ungesund	healthy – unhealthy
oft – selten	often – seldom
ordentlich – unordentlich	neat – messy
schnell – langsam	fast – slow

A quirk in German orthography: the prefix **rad** is capitalized as soon as it is separated from the verb.

3-44 Was paßt wo?

---
an / fertig / ab / aus / mit / vor
---

1. a. Wann fährt der Zug in Frankfurt _____, und wann kommt er in Hannover
      _____?
   b. Heute abend gehen wir alle _____. Kommst du _____?
   c. Was hast du heute nachmittag _____? Schreibst du dein Referat _____?

---
fern / aus / heim / weiter / weg / an
---

2. a. Wann gehst du morgens _____, und wann kommst du abends _____?
   b. Warum probieren Sie die Jacke denn nicht _____?
   c. Warum studiert Bernd denn nicht _____?
   d. Seht ihr immer so viel _____?
   e. Wann probierst du denn dein neues Surfbrett _____?

---
zuerst / wirklich / zu Ende / endlich
---

3. a. Hast du _____ gar kein Geld mehr?
   b. Wann bist du denn _____ fertig?
   c. Was sollen wir _____ machen, essen oder fernsehen?
   d. Wann ist der Film _____?

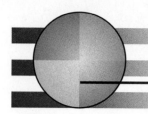

WORT, SINN UND KLANG

Students can work in small groups to figure out the English equivalents. This activity can be done as a competition, to see who finishes first.

More cognates

In **Kapitel 2** you saw that it is often quite simple to "decode" the English meanings of certain cognates. Below is another list with the "codes" that will help you figure out the English meanings. In some cases, it helps to say the German words out loud. Words followed by (v) are verbs in their infinitive form.

Point out that there is no difference between the s-sounds in these words. For use of ß, see *Sprachnotizen*, Kapitel 9.

- German **s, ss,** or **ß** is English *t* or *tt*

das Wasser	vergessen (v)
hassen (v)	weiß
rasseln (v)	der Fuß
besser	die Nuß
der Kessel	was

Point out that there is no difference in pronunciation between **tz** and **z**. They both sound like English *ts*.

- German **z** or **tz** is English *t* or *tt*

setzen (v)	die Hitze
sitzen (v)	die Katze
der Sitz	das Salz
glitzern (v)	das Netz
zehn	grunzen (v)
zwölf	die Warze
die Zunge	zu

- German **pf** is English *p* or *pp*

  der Apfel
  der Krampf
  die Pfanne
  der Pfad (**d** *th*!)
  die Pfeife (**f** *p*!)
  der Pfennig
  die Pflanze (**z** *t*!)
  der Pfosten
  das Pfund
  der Pfeffer (**f** *p*!)

Words as chameleons: *erst*

Just as a chameleon changes its color according to its environment, certain words change their meaning according to their context. One of these is **erst**.

- As an adverb, **erst** means *first, only* or *not until*:

  David trinkt **erst** eine Cola, und dann macht er seine Hausaufgaben.
  First David drinks a cola and then he does his homework.

  Es ist **erst** zehn Uhr.
  It's only ten o'clock.

  Heute kommt David **erst** um elf nach Hause.
  Today David isn't coming home until eleven.

- As an adjective, **erst** always means *first*:

  Wann fährt der **erste** Bus?
  When does the first bus leave?

New word: **bedeuten**

3-45 Was bedeutet *erst*?

1. Sonntags frühstücken wir **erst** um elf oder halb zwölf.
   not until / first
2. Thomas ist **erst** siebzehn.
   only / first
3. Anita geht morgens **erst** joggen und dann nimmt sie ein Bad.
   not until / first
4. Ich kann **erst** um zehn kommen.
   first / not until
5. Freitags beginnt meine **erste** Vorlesung schon um acht.
   not until / first

Exp: After doing the exercise, point out that in the first example under a. (**Kurt trinkt *erst* eine Cola, . . .**), **erst** is a synonym of **zuerst**. Then ask students to find out in which of the sentences in the exercise **erst** can be replaced by **zuerst**.

Zur Aussprache

In English the spelling of a word does not always indicate how it's pronounced, and its pronunciation does not always indicate how it's spelled (e.g., pl*ough*, thr*ough*, thor*ough*, en*ough*; b*e*, s*ee*, bel*ie*ve, rec*ei*ve; etc.). This is not the case in German.

How the vowels *a, e, i, o,* and *u* indicate pronunciation

In a stressed syllable each of these five vowels is either long or short. Listen carefully to the pronunciation of the following words and sentences and at the same time note the spelling. You will see that certain orthographic markers indicate quite reliably whether a vowel in a stressed syllable is long or short.

Exaggerate long and short vowels to help students hear the difference. If you ask students to do likewise, they are more likely to approximate the pronunciation of native speakers.

- A doubled vowel is always long: **Haar, Tee, Boot.**
- A vowel followed by an **h** is long: **Jahr, es geht, Sohn, Uhr.** Note that **h** is used as a length marker only and is therefore silent.
- **i** followed by **e** or **eh** is long: **Bier, sieben, er stiehlt.**
- A vowel followed by a consonant plus another vowel is long: **Nase, wenig, Monat, Minute.**
- A vowel followed by a doubled consonant is always short: **Wasser, Wetter, Lippe, Sommer, Suppe.**
- Usually, a vowel followed by two or more consonants is short: **landen, Mensch, trinken, Tochter, Stunde.**

3-46 Hören Sie gut zu und wiederholen Sie!

a (lang)	**a** (kurz)
Haar	hart
lahm	Lamm
Kater	Katze
Mein Name ist Beate Mahler.	Tanja tanzt gern Tango.
Mein Vater ist aus Saalfeld.	Walter tanzt lieber Walzer.

New words: **lahm, Kate**r. Mention that **Ich habe einen Kates.** means *I have a hangover.* Other new words: **Liebe, schief, Schiff, Ofen, Dorf, Stuhl.**

e (lang)	**e** (kurz)
Schnee	schnell
gehen	gestern
Esel	essen
Peter geht im Regen segeln.	Ein Student hat selten Geld.
Peter ist ein Esel.	

i (lang)	**i** (kurz)
Liebe	Lippe
Miete	Mitte
schief	Schiff
Verdienen Sie viel, Herr Schmied?	Fischers Fritz fischt frische Fische.

Part of a well-known German **Zungenbrecher: Fischers Fritz fischt frische Fische. Frische Fische fischt Fischers Fritz.**

o (lang)	**o** (kurz)
Sohn	Sonne
Ofen	offen
doof	Dorf
Warum ist Thomas so doof?	Am Sonntag kommt Onkel Otto.

u (lang)	**u** (kurz)
Schule	Schulter
Stuhl	Stunde
super	Suppe
Utes Pudel frißt nur Nudeln.	In Ulm und um Ulm und um Ulm herum.

In Ulm . . .: Another well-known German **Zungenbrecher.** Point out that **Ulm** is a city in Southern Germany, famous for its Gothic cathedral. Also point out that **um** and **um . . . herum** both mean *around.*

KAPITEL 4

Freizeit — Ferienzeit

● **Kommunikationsziele**

Making plans for a day off
Planning a vacation
Expressing personal opinions and tastes
Comparing qualities and characteristics
Talking about whom and what you know
Talking about events in the past

● **Strukturen**

More on the accusative: personal
  pronouns and prepositions
The comparative and superlative
wissen and **kennen**
Simple past tense of **haben**, **sein**, and the
  modals

  Word order: Position of the verb in object
  clauses

● **Kultur**

Der Bodensee
Youth hostels in the German-speaking
  countries
Leute: Ludwig II. von Bayern

VORSCHAU

Ein freier Tag

Claudia und Martin sind gute Freunde, aber sie haben nicht immer die gleichen Interessen.

Im Englischen Garten.

Ein freier Tag New words: **gleich; abholen; schleppen; denkste (= denkst du); genug; Bild; arm**

Re cultural references in **Ein freier Tag: Das Deutsche Museum** is the largest technical museum in the world. It is a ten-mile walk to view all the exhibits. **Weißwürste** are a Bavarian specialty made from veal and spices. The **Donisl** is a famous restaurant in the **Marienplatz.** The **Marienplatz** with its **Glockenspiel** on the **Rathausturm** is a major tourist attraction. The **Alte Pinakothek**, one of many art galleries, houses an impressive collection of art from the 14th to 18th centuries including a good collection of Rembrandts. The **Englischer Garten** is a 925-acre park in the middle of Munich. The park is a favorite meeting place for students. The **Eisbach** flows through the **Englischer Garten.** Its water stays cold for a long time because it springs from the glaciers in the Alps south of Munich. **Mövenpick** is a Swiss restaurant chain.

STEPHANIE:	Was machst du morgen, Claudia?
CLAUDIA:	Erst schlafe ich mal bis elf oder halb zwölf, und dann rufe ich Martin an.
STEPHANIE:	Und er holt dich ab und schleppt dich wieder ins Deutsche Museum.
CLAUDIA:	Ja denkste! Dort waren wir jetzt oft genug. Heute machen wir mal, was ich will.
STEPHANIE:	Und das ist?
CLAUDIA:	Erst gehen wir Weißwürste essen beim Donisl am Marienplatz…
STEPHANIE:	Mmm, die sind echt gut dort.
CLAUDIA:	Dann gehen wir in die Alte Pinakothek und schauen Bilder von Rembrandt an.
STEPHANIE:	Armer Martin!
CLAUDIA:	Und dann fahren wir zum Englischen Garten.
STEPHANIE:	Geht ihr dort schwimmen?
CLAUDIA:	Nein, wir gehen spazieren. Der Eisbach ist noch viel zu kalt.
STEPHANIE:	Und wo eßt ihr zu Abend?
CLAUDIA:	Morgen geben wir mal viel Geld aus und gehen ins Mövenpick.

Ferienpläne New words: **Ferien**; **Lösung** (≠ **Problem**); **Platz**; **Regen**; **naß**; **Zelt**; **Kocherei** (see note below); **wissen**; **billig** (≠ **teuer**); **See**; **angeln**

The **Grundlsee**, situated in Austria's lake-dotted **Salzkammergut**, is approximately 50 kilometers (30 miles) southeast of Salzburg.

Re **Kocherei**: Point out that the ending **-erei** can give a word a negative connotation, e.g., **Schweinerei**, **Sauerei**, **Esserei**, **Trinkerei**. Mention that such words are always feminine.

Point out that the flavoring particle **nämlich** is best rendered in English as *you see*.

The use of **mal** in commands was discussed in Kapitel 3.

Ferienpläne

Frau Ziegler will nicht, was ihre Kinder wollen, aber Herr Ziegler findet eine gute Lösung.

NINA: Mitte Juli beginnen die Sommerferien, Vati. Fahren wir wieder zum Grundlsee? Der Campingplatz dort war echt toll.

VATER: Aber du weißt doch, daß Mutti nicht mehr campen gehen will. Sie wollte schon letztes Jahr nicht mehr.

ROBERT: Es war doch so schön letztes Jahr.

MUTTER: Schön? Fast jeden Tag Regen und alles naß im Zelt. Und diese primitive Kocherei! Weißt du, Robert, das sind keine Ferien für mich.

NINA: Aber wir hatten so gute Freunde, Robert und ich. Sie sind dieses Jahr bestimmt wieder dort.

MUTTER: Ich weiß, ich weiß, aber ich brauche endlich auch mal Ferien. Deshalb möchte ich diesen Sommer mal in ein Hotel, und bitte nicht in das billigste, Klaus.

VATER: Auch am Grundlsee?

MUTTER: Wenn es schön ist, auch am Grundlsee.

VATER: Ich weiß da nämlich ein kleines aber sehr komfortables Hotel, gar nicht weit vom Campingplatz. Dann haben die Kinder ihre Freunde, ich kann zum See und angeln gehen . . .

MUTTER: Und ich habe endlich auch mal nichts zu tun.

> **Sprachnotiz:** The flavoring particle *mal*

Mal is the shortened form of **einmal**, and it is often used in colloquial German to make a statement or question sound more casual. This usage has no equivalent in English.

Wann besuchst du uns **mal** wieder?   *When are you going to visit us again?*

Mal can also mean *for a change* or *for once*.

Heute machen wir **mal**, was ich will.   *Today we're doing what I want **for a change**.*

🖭 ZUM HÖREN

4-1 Richtig oder falsch? Sie hören die Gespräche von Seite 117 und 118 und nach jedem Gespräch ein paar Aussagen. Entscheiden Sie, ob diese Aussagen **richtig** oder **falsch** sind.

Zum Hören. Statements: **Ein freier Tag.** 1. Claudia will morgen sehr früh aufstehen. (Falsch. Sie will bis elf oder halb zwölf schlafen.) 2. Martin geht gern ins Deutsche Museum. (Richtig) 3. Claudia möchte morgen Bilder von Rembrandt anschauen. (Richtig) 4. Im Englischen Garten will Claudia schwimmen gehen. (Falsch. Sie will dort spazierengehen.)

Ferienpläne. 1. Nina und Robert möchten diesen Sommer mal in ein gutes Hotel. (Falsch. Sie möchten wieder campen gehen.) 2. Frau Ziegler wollte schon letztes Jahr nicht mehr campen gehen. (Richtig) 3. Nina und Robert hatten auf dem Campingplatz am Grundlsee gar keine Freunde. (Falsch. Sie hatten dort sehr gute Freunde.) 4. Herr Ziegler geht gern angeln. (Richtig)

Ein freier Tag			Ferienpläne		
	Richtig	Falsch		Richtig	Falsch
1.		✓	1.		✓
2.	✓		2.	✓	
3.	✓		3.		✓
4.		✓	4.	✓	

4-2 Was paßt zusammen?

1. Warum will Claudia beim Donisl zu Mittag essen?
2. Warum will sie nicht ins Deutsche Museum?
3. Warum will Claudia in die Alte Pinakothek?
4. Warum will sie nicht schwimmen gehen?

Weil sie schon viel zu oft dort war.
Sie schaut gern schöne Bilder an.
Das Wasser ist noch viel zu kalt.
Weil die Weißwürste dort so gut sind.

4-3 Eine Umfrage. Stellen Sie drei oder vier Mitstudenten die folgenden Fragen. Füllen Sie die Tabelle aus, und berichten Sie.

New words: **Umfrage; eine Frage stellen** (point out difference between **eine Person fragen** and **eine Frage stellen**); **berichten**

S1: Wann machst du am liebsten Ferien?

Wo machst du am liebsten Ferien?

Warum machst du dort am liebsten Ferien?

S2: Ich mache am liebsten _____ Ferien.

Ich mache am liebsten _____ Ferien.

Weil ich …

Students were introduced to **gern** and **lieber** in Kapitel 2. Here the superlative form, which is introduced later in the chapter, is used. Point out that as with **gern** and **lieber**, the meaning of **am liebsten** can only be given in context.

PERSON	WANN?	WO?	WARUM?
Lisa	im Winter	in Whistler, B.C.	Sie läuft gern Ski.
___	___	___	___
___	___	___	___
___	___	___	___

New words: **Rad (=Fahrrad); suchen; Lücke; abhaken; Karte.**

KULTUR Mit wenig Geld viel erleben[1]

Wenn man mit dem Zug oder mit dem Fahrrad durch die deutschsprachigen Länder reisen und billig übernachten[2] will, gibt es zwei Möglichkeiten: man übernachtet in Jugendherbergen,[3] oder man nimmt ein Zelt mit und geht campen. In Deutschland, in Österreich und in der Schweiz gibt es über 1000 Jugendherbergen. Man übernachtet dort meistens in Mehrbettzimmern, und es ist nicht ganz so komfortabel, aber viel billiger als im Hotel. Die Jugendherbergen sind meistens an Orten,[4] wo es viel zu sehen gibt, und man lernt dort interessante Leute aus aller Welt kennen. Campingplätze gibt es Tausende. Genau wie in Nordamerika sind sie meistens dort, wo man besonders gut wandern und schwimmen kann, und es gibt mehr oder weniger spartanische Campingplätze aber auch Campingplätze mit allem Komfort.

[1]to experience [2]spend the night
[3]youth hostels [4]places

4-4 Camping mit allem Komfort.
Lisa und Ralf wollen im Sommer zwei Wochen lang campen gehen und studieren deshalb eine Broschüre. Sie gehen beide gern schwimmen und sie möchten auch ein paar kleine Radtouren machen. Ralf ist ein Fitneßfreak und denkt, daß er auch beim Campen ohne Fitneßcenter und ohne Sauna nicht leben kann. Lisas Lieblingssport ist Segeln, und am Abend möchte sie gern mal einen guten Film sehen. Und weil Lisa und Ralf passionierte Angler sind, brauchen sie einen Campingplatz, wo sie auch angeln gehen können.

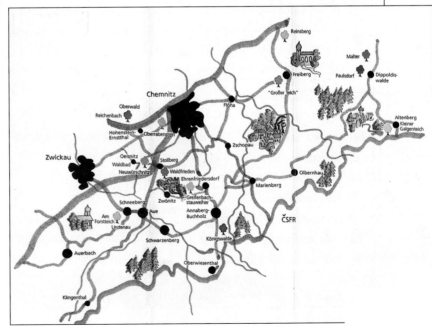

Finden Sie den idealen Campingplatz für Lisa und Ralf!

- Suchen Sie zuerst die vier Campingplätze, wo die beiden angeln gehen können, und schreiben Sie die Namen von diesen Campingplätzen in die vier ersten Lücken.

- Haken Sie dann ab, welche von diesen vier Campingplätzen auch Schwimmen, Fahrradverleih, Fitneßcenter, Sauna, Freilichtkino und Segeln haben.

- Schauen Sie die Karte auf Seite 117 an, und suchen Sie diesen Campingplatz!

Angeln	_____	_____	_____	_____
Schwimmen	_____	_____	_____	_____
Fahrradverleih	_____	_____	_____	_____
Fitneßcenter	_____	_____	_____	_____
Sauna	_____	_____	_____	_____
Freilichtkino	_____	_____	_____	_____
Segeln	_____	_____	_____	_____

	Camping	Bade	Küche	Tank	Bügel	Einkauf	GAS	P	Fahrrad	Boot	Haustier	Verbot Boote	Freilichtkino	Gaststätte	Segeln	Wasch	Bungalow	CH	FKK	Fitneß	Sauna	Duschen	Kinder	Angeln	Behinderte
Altenberg	●	●		●		●	●	●			●		●		●	●	●	●	●	●		●	●	●	
Ehrenfriedersdorf	●	●	●	●		●	●	●	●	●	●	●	●		●							●	●	●	●
Freiberg	●	●		●		●			●				●				●	●		●	●	●	●		
Königswalde	●			●		●			●			●									●	●			
Lindenau	●	●	●	●	●	●	●		●													●	●		
Malter	●	●	●			●		●		●	●	●		●	●	●	●	●	●	●	●	●	●	●	●
Neuwürschnitz	●	●		●		●	●	●	●			●	●	●								●	●		
Oberrabenstein	●	●	●	●	●	●	●		●	●	●	●			●			●		●		●	●		
Paulsdorf	●	●	●		●	●	●		●							●						●	●	●	●
Reichenbach	●	●	●	●	●	●	●	●	●	●	●			●		●					●	●	●	●	●
Reinsberg	●	●		●			●		●				●									●			
Stollberg	●	●		●	●		●	●	●	●			●		●		●					●	●	●	

🔶	Camping/Caravan		➰	Bootsverleih		FKK	FKK		
🔷	Bademöglichkeit		🛏	Haustiere möglich		↔	Fitneßcenter		
◻	Selbstkochküche		🚤	Verbot für Boote mit Verbrennungsmotor		SAUNA	Sauna		
▢	Tankstelle		📽	Freilichtkino			Duschen, Waschraum, WC		
⬧	Bügelstube		🍴	Gaststätte			Kinderspielplatz		
🛒	Einkaufsmöglichkeit		⚓	Surfen/Segeln			Angeln		
GAS	Propangasabfüllstelle		🔄	Wasch-, Trockenautomat			Einrichtungen für Behinderte		
P	bewachter Parkplatz		🏠	Mietwohnwagen/Bungalow					
🚲	Sportgeräteausleih/Fahrradverleih		CH	Wohnmobilentsorgung					

Work through the words beside the pictograms. Students should be able to figure out the meanings via the pictograms, except for CH, which refers to a holding tank for wastes from mobile homes, and FKK **(Freikörperkultur),** which designates a beach for nude swimming and sunbathing. The words Fahrradverleih and Freilichtkino are important for the activity that follows.

Wörter im Kontext 1

● Nomen

das Bild, -er	picture
die Broschüre, -n	brochure
der Campingplatz, ¨e	campsite
die Ferien (pl)	vacation (generally of students)
der Urlaub	vacation (generally of people in the work force)
der Urlauber, -	vacationer
die Freizeit	leisure time
das Interesse, -n	interest
die Liebe, -n	love
die Lösung, -en	solution
der Plan, ¨e	plan
die Radtour, -en	bicycle trip
die Radwanderung, -en	bicycle trip
der Regen	rain
der Roman, -e	novel
die Straße, -n	street
das Zelt, -e	tent

● Verben

ab•holen	to pick up
angeln	to fish
an•schauen	to look at
auf•wecken	to wake (someone) up
campen	to camp
lieben	to love
schleppen	to drag
suchen	to look for

● Andere Wörter

etwas	something
frei	free
genug	enough
vielleicht	perhaps

● Ausdrücke

eine Frage stellen	to ask a question
Geld aus•geben	to spend money
letztes Jahr	last year
Das ist echt toll.	That's really fantastic.

● Das Gegenteil

billig – teuer	inexpensive – expensive
geschmackvoll – geschmacklos	tasteful – tasteless
gleich – verschieden	same – different
glücklich – unglücklich	happy – unhappy
leicht – schwer	light – heavy
naß – trocken	wet – dry
richtig – falsch	right, true – wrong, false

Point out that many words form their opposites in meaning by adding the suffix -voll or -los, e.g., **liebevoll, lieblos; humorvoll, humorlos; taktvoll, taktlos; respektvoll, respektlos.**

Point out that many words form their opposites by adding the prefix **un**- e.g., **freundlich, unfreundlich; genau, ungenau; gesund, ungesund; klar, unklar; musikalisch, unmusikalisch.** Model pronunciation of these pairs, to show that stress is on the **un**-.

4-5 Was paßt in jeder Gruppe zusammen?

1. Bilder
2. Romane
3. Fragen
4. Geld
5. Pläne
6. Langschläfer
7. Fische
8. Lösungen

a. stellt man.
b. gibt man aus.
c. schaut man an.
d. liest man.
e. sucht man.
f. angelt man.
g. weckt man auf.
h. macht man.

4-6 Gegenteile. Ergänzen Sie passende Gegenteile!

1. Was viel Geld kostet, ist _____, und was wenig Geld kostet, ist _____.
2. Wenn es regnet, werden die Straßen _____, und wenn die Sonne scheint werden sie wieder _____.
3. Wenn ich ein Quiz schreibe und fast alles _____ habe, bekomme ich ein A, und wenn ich fast alles _____ habe, bekomme ich ein D.
4. Wenn ich ein A bekomme, bin ich _____, und wenn ich ein D bekomme, bin ich _____.
5. Wenn ich etwas schön finde, sage ich, es ist _____, und wenn ich etwas nicht schön finde, sage ich, es ist _____.
6. Sommermäntel sind _____, und Wintermäntel sind _____.
7. Mein Freund und ich sind _____ alt und _____ groß, aber unsere Interessen sind sehr _____.

FUNKTIONEN UND FORMEN 1

● 1 Talking about persons or things without naming them

Personal pronouns in the accusative case

In English the object forms of the personal pronouns are often different from the subject forms, e.g., *I don't like **him**. He doesn't like **me** either.*

Similarly, in German the accusative forms of the personal pronouns are often different from the nominative forms:

Ich kenne **ihn**, aber er kennt **mich** nicht.

*I know **him** but he doesn't know **me**.*

Warum liest du **den Roman** nicht?

*Why don't you read **the novel**?*

Ich finde **ihn** langweilig.

*I find **it** boring.*

Personal Pronouns							
NOMINATIVE				ACCUSATIVE			
ich	*I*	**wir**	*we*	**mich**	*me*	**uns**	*us*
du	*you*	**ihr**	*you*	**dich**	*you*	**euch**	*you*
er	*he, it*			**ihn**	*him, it*		
es	*it*	**sie**	*they*	**es**	*it*	**sie**	*them*
sie	*she, it*			**sie**	*her, it*		
		Sie	*you*			**Sie**	*you*

*Point out that in the context of the mini-dialogues in **Ex. 4-7 lieben** means to love and **mögen** means to like.*

4-7 Unglückliche Liebe. Ergänzen Sie die Personalpronomen!

1. PHILIPP: Ich liebe _____, Vanessa, liebst du _____ auch?
   VANESSA: Ich mag _____, Philipp, aber ich liebe _____ nicht.
2. SARAH: Liebst du Vanessa?
   PHILIPP: Ja, ich liebe _____, ich liebe _____ sehr.
   SARAH: Und Vanessa? Liebt sie _____ auch?
   PHILIPP: Sie sagt, sie mag _____, aber sie liebt _____ nicht.
3. SARAH: Liebst du Kurt?
   VANESSA: Ich mag _____, aber ich liebe _____ nicht.
   SARAH: Und Philipp? Liebt er _____?
   VANESSA: Er sagt, er liebt _____ sehr.

4-8 Meinungen. Ergänzen Sie die Personalpronomen!

1. SABINE: Wie findest du Sylvias Freund?
   MONIKA: Ich finde _____ ein bißchen arrogant.
2. SABINE: Wie findest du diesen Artikel?
   MONIKA: Ich finde _____ sehr interessant.
3. MARTIN: Wie findest du unsere Biologieprofessorin?
   CLAUDIA: Ich finde _____ sehr gut.
4. STEPHANIE: Wie findest du meine Tomatensoße?
   CLAUDIA: Ich finde _____ sehr gut.

New word: Witze

5. PETER: Wie findest du Bernds Witze?
   STEPHANIE: Ich finde _____ echt doof.

4-9 Die Geschmäcker sind verschieden. Schauen Sie Ihre Mitstudenten an. Wie finden Sie ihre Kleider, Schuhe usw?

Encourage students to use additional vocabulary to express their opinions (e.g., **zu lang, zu kurz**). New word: **Geschmäcker**.

S1: Wie findest du Lisas Pulli?   *S2:* Ich finde ihn sehr schick.
Ich finde ihn nicht sehr schön.

geschmackvoll (sehr, nicht sehr)   schick (sehr, nicht sehr)
schön (sehr, nicht sehr)   todschick
elegant (sehr, nicht sehr)   echt toll
ziemlich verrückt

die Jacke

die Jeans

der Schnurrbart

der Pullover

die Hose

der Ring, -e

die Bluse

die Schuhe

der Ohrring, -e

das Hemd

die Frisur

das Armband, ¨er

das Kleid

der Haarschnitt

die Halskette

der Rock

der Bart   die Brille

● 2 Phrases expressing direction, destination, time, manner, place, etc.

Accusative prepositions

A preposition is a word that combines with a noun or pronoun to form a phrase:

Are these roses *for Sarah* or *for me?*

The noun or pronoun in the prepositional phrase is called the object of the preposition. After the following German prepositions the noun or pronoun object appears in the accusative case:

Have students guess the meaning of boldfaced phrases.

durch	*through*	Diese Straße geht mitten **durch den Park.**
für	*for*	**Für wen** sind diese Rosen? **Für uns?**
gegen	*against*	Was hast du **gegen ihn?**
	around	Ich bin **gegen sechs** wieder zurück.
ohne	*without*	Warum fliegt Frau Müller immer **ohne ihren Mann** nach Italien?
um	*at*	Morgen stehe ich **um sieben** auf.
	around	Ich jogge jeden Morgen zweimal **um den Stadtpark.**

In the example sentences there are two German equivalents for *around:*

| gegen | *around* in a temporal sense | **gegen** sechs Uhr |
| um | *around* in a local sense | **um** den Stadtpark |

In colloquial German the prepositions **durch, für,** and **um** are often contracted with the article **das: durchs, fürs, ums.**

Da läuft eine Maus **durchs** Zimmer!	*There's a mouse running through the room!*
Fürs Auto hast du immer Geld.	*You always have money for the car.*
Warum pflanzt ihr keine Bäume **ums** Haus?	*Why don't you plant any trees around the house?*

4-10 Durch, für, gegen, ohne, um? Ergänzen Sie die passenden Präpositionen!

1. _____ dich gehen wir nicht tanzen.
2. Sind Sie _____ oder _____ den Kapitalismus?
3. Warum trinkst du deinen Kaffee _____ Milch und Zucker?
4. _____ wen machst du den Toast? _____ mich?
5. Wie willst du denn in Deutschland Arbeit finden?
   _____ meinen Onkel natürlich.
6. Hier ist ein Brief _____ dich.
7. Wo wohnt Bernd?
   Gleich _____ die nächste Ecke.
8. Die neue Straße soll mitten _____ den Park gehen.

9. Spielen die Kanadier morgen _____ die Amerikaner oder _____ die Schweden?
10. Heute müßt ihr _____ mich schwimmen gehen.
11. Fährt der Zug nach München _____ 17.35 Uhr oder _____ 18.35 Uhr?
12. _____ sieben ist nicht Punkt sieben. Es ist ein bißchen vor oder nach sieben.

4-11 Kleine Gespräche. Beginnen Sie Ihre Fragen mit **durch, für** und **gegen!**

> für / kaufst du den Wein / dein Vater
> mein Onkel

S1: Für wen kaufst du den Wein? Für deinen Vater?
S2: Nein, für meinen Onkel.

1. durch / bekommt ihr die Theaterkarten / die Sekretärin
   unser Professor
2. für / bäckst du den Kuchen / dein Freund
   unsere Deutschlehrerin
3. gegen / spielt Deutschland am Samstag / Italien
   Brasilien
4. durch / bekommst du den Ferienjob / dein Freund
   mein Vetter
5. für / kaufst du das Buch / deine Freundin
   mein Bruder

• 3 Making comparisons

The comparative of adjectives and adverbs

The comparative forms of adjectives and adverbs are used to compare characteristics and qualities. In contrast to English, German has only one way of forming the comparative: by adding **-er** to the adjective or adverb. Note that the German equivalent of *than* is **als**.

> Die Sommerferien sind viel **länger** als die Weihnachtsferien.
> *The summer holidays are much **longer** than the Christmas holidays.*

> Robert und Nina finden einen Campingplatz **interessanter** als ein Hotel.
> *Robert and Nina find a campsite **more interesting** than a hotel.*

> In Hamburg regnet es **öfter** als in München.
> *In Hamburg it rains **more often** than in München.*

Most German one-syllable adjectives or adverbs with the vowels **a**, **o**, or **u** are umlauted in the comparative:

warm – w**ä**rmer
groß – gr**ö**ßer
jung – j**ü**nger

Remind students that the meanings of **gern** and **lieber** can only be given in a context (Kapitel 2,)

As in English, a few adjectives and adverbs have irregular comparative forms:

gut – **besser**
viel – **mehr**
hoch – **höher**
gern – **lieber**

Another adjective that ends in -er: **sauer**. Other adjectives that end in -el: **flexibel, akzeptabel, komfortabel**.

Adjectives that end in **-er** or **-el** drop the **e** in the comparative:

> teuer — **teurer**
>
> dunkel — **dunkler**

When adjectives in the comparative precede a noun, they take adjective endings.

> Das Hotel Excelsior hat viel komfortable**re** Zimmer als das Hotel Metropol.
> *The Hotel Excelsior has much more comfortable rooms than the Hotel Metropol.*

> **Sprachnotiz: Immer** and the comparative
>
> **Immer** is used with the comparative form of adjectives and adverbs to express ideas like *more and more, better and better, faster and faster.*
>
> | | |
> |---|---|
> | Meine Zensuren werden **immer besser.** | *My grades are getting **better and better**.* |
> | Ich lerne **immer mehr** Deutsch. | *I'm learning **more and more** German.* |

Ex. **4-12** and **4-13**: Note that Ex. **4-12** practices comparative adjectives without endings and Ex. **4-13** reviews adjective endings after **der**-words.

Have students find the **Rhein** and the **Donau** on the map inside the front cover.

4-12 Weißt du das?

> lang
> Ist der Rhein . . . die Donau?
>
> *S1:* Ist der Rhein länger als die Donau?

> kurz
> Nein, der Rhein ist . . . die Donau.
>
> *S2:* Nein, der Rhein ist kürzer als die Donau.

1. klein
   Ist Österreich . . . die Schweiz?

   groß
   Nein, Österreich ist . . . die Schweiz.

2. wenig
   Regnet es in Hamburg . . . in München?

   viel
   Nein, in Hamburg regnet es . . . in München.

3. kalt
   Ist der Winter in Holland . . . in Schweden?

   warm
   Nein, in Holland ist der Winter . . . in Schweden.

4. teuer
   Ist Silber . . . Gold?

   billig
   Nein, Silber ist . . . Gold.

5. lang
   Sind Makkaroni . . . Spaghetti?

   kurz
   Nein, Makkaroni sind . . . Spaghetti.

6. süß
   Sind Grapefruits . . . Orangen?

   sauer
   Nein, Grapefruits sind . . . Orangen.

New word: **Erdnüsse**

7. billig
   Sind Pistazien . . . Erdnüsse?

   teuer
   Nein, Pistazien sind . . . Erdnüsse.

8. alt
   Ist Michael Jackson . . . Mick Jagger?

   jung
   Nein, Michael Jackson ist . . . Mick Jagger.

9. viel
   Verdient Steffi Graf . . . Wayne Gretzky?

   wenig
   Nein, Steffi Graf verdient . . . Wayne Gretzky.

4-13 Entscheidungen.

Stück Kuchen (n) / möcht- / kleiner — größer

S1: Welches Stück Kuchen möchtest du, das kleinere oder das größere?

S2: Ich möchte { das kleinere.
{ das größere.

1. Fahrrad (n) / kaufen / teurer — billiger
2. Halskette (f) / möcht- / länger — kürzer
3. Wanderstiefel (pl) / nehmen / leichter – schwerer
4. Wagen (m) / kaufen / älter — neuer
5. Wohnung (f) / nehmen / größer — kleiner
6. Mantel (m) / kaufen / länger — kürzer
7. Ohrringe (pl) / möcht- / leichter – schwerer
8. Computer (m) / nehmen / schneller — langsamer
9. Wurst (f) / möcht- / dicker — dünner
10. Apfel (m) / möcht- / größer — kleiner

4-14 Wie heißt die Stadt? Denken Sie an eine größere amerikanische oder kanadische Stadt. Ihre Partnerin/Ihr Partner stellt die folgenden Fragen und findet heraus, welche Stadt es ist. Die Adjektive müssen immer im Komparativ sein.

1. Ist die Stadt in Amerika oder in Kanada?
2. Ist der Staat/die Provinz _____ oder _____ als dieser Staat/diese Provinz hier? (groß, klein)
3. Ist der Sommer dort _____ oder _____ als hier? (heiß, kühl)
4. Ist der Winter dort _____ oder _____ als hier? (kalt, warm)
5. Regnet es dort _____ oder _____ als hier? (viel, wenig)
6. Schneit es dort _____ oder _____ als hier? (viel, wenig)
7. Heißt der Staat/die Provinz _____?
8. Ist die Stadt _____ oder _____ als diese Stadt hier? (groß, klein)
9. Heißt die Stadt _____?

The superlative

The superlative of adjectives and adverbs is used to compare the qualities and characteristics of more than two persons or things. In German there is only one way of forming the superlative: by adding the ending **-(e)st**. Adjectives in the superlative that precede nouns take adjective endings.

Liechtenstein ist das **kleinste** deutschsprachige Land.
*Liechtenstein is the **smallest** German-speaking country.*

Das Deutsche Museum in München ist das **berühmteste** technische Museum in ganz Deutschland.
*The Deutsche Museum in Munich is the **most famous** technical museum in all of Germany.*

Ex. 4-13: This exercise reviews adjective endings in the accusative case after **der**-words. To help students, you might write the endings on the board:

m	n	f	pl
en	e	e	en

Point out that in each exchange the noun is mentioned at the beginning of each question, and therefore need not be repeated in the response. However, the adjective takes endings as if the noun were there.

New word: **Wanderstiefel**

Ask students to think only of well-known cities. Model the exercise with one student before partner work begins.

Stress that German uses the ending **-(e)st** to form the superlative of all adjectives, regardless of their length.

The superlative of adverbs is formed by using the pattern **am -(e)sten**.

Können Sie mir sagen, wie ich **am schnellsten** nach München komme?
*Can you tell me the **fastest** way to get to Munich?*

Da nehmen Sie **am besten** den Intercity.
*You're **best** to take the Intercity. (The **best way** is to take the Intercity)*

Note that the **e** before **st** is added if the adjective or adverb ends in **d**, **t**, an **s**-sound or a *vowel* (e.g., **der kälteste Tag**, **am heißesten**, **am neuesten**). Most one-syllable adjectives or adverbs with the stem vowels **a, o,** or **u** are umlauted in the superlative (e.g., **der wärmste Tag**, **am jüngsten**).

A few adjectives and adverbs have irregular superlative forms.

gut	besser	**best**
viel	mehr	**meist**
groß	größer	**größt**
gern	lieber	**liebst**
hoch	höher	**höchst**

Ask students what the irregularity in **größt-** is.

Ask a number of students what they have found out about their partners: e.g., **Welches von ihren Fächern findet Lisa am interessantesten?** Expect full-sentence answers: e.g., **Sie findet Deutsch am interessantesten.**

New word: **Fach**

4-15 Ein paar persönliche Fragen. Verwenden Sie Superlative in allen Fragen!

Welche Sprache sprichst du am _____ ? (gut)

S1: Welche Sprache sprichst du am besten?   *S2:* Deutsch.

1. Welches Fach findest du am _____? (interessant)
2. Für welches Fach mußt du am _____ lernen? (viel)   Für _____
3. Was für einen Wagen möchtest du am _____? (gern)
4. Was ißt du am _____? (gern)
5. Was trinkst du am _____? (gern)
6. Was für Musik findest du am _____? (schön)
7. Wohin möchtest du am _____ reisen? (gern)   Nach _____

Möchtest du gern nach Liechtenstein reisen?

4-16 Superlative. Ergänzen Sie!

klein

Welche Vase findest du am _____? (schön)

Die _____.

S1: Welche Vase findest du am schönsten?

S2: Die kleinste.

Point out that each question requires the pattern **am -(e)sten**, and each response requires a superlative adjective in the accusative after **der, das** or **die**. As was the case in **Ex. 4-14** above, the adjective in the response must agree with the noun of the question, even though that noun is not expressed.

1. Welcher Wein kostet am _____? (viel)

Der _____.

2. Welchen Sessel findest du am _____? (komfortabel)

Den _____.

3. Welches Hemd findest du am _____? (schick)

Das _____.

4. Welches Messer ist am _____? (scharf)

Das _____.

5. Welche Wurst möchtest du am _____? (gern)

Die _____.

---

groß / dick / klein / teuer / alt

---

6. Welcher Junge ist am _____? (nett)

Der _____.

7. Welche Sängerin singt am _____? (schön)

Die _____.

8. Welche Jacke ist am _____? (warm)

Die _____.

9. Welchen Wagen möchtest du am _____? (gern)

Den _____.

10. Welche Katze hast du schon am _____? (lang)

Die _____.

---

dünn / dick / billig / jung / modern

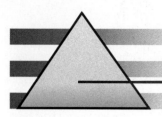

ZWISCHENSPIEL

Zwischenspiel. (Characters: Martin, Peter)

PETER: Du Martin, was machst du morgen den ganzen Tag? MARTIN: Na, erst schlafe ich mal bis zehn oder halb elf. Dann rufe ich Claudia an, und so gegen zwölf hole ich sie ab. PETER: Eßt doch mal wieder beim Donisl! Claudia mag doch Weißwürste so gern, und dort sind sie am besten. MARTIN: So viel Zeit haben wir heute nicht. Wir essen beim Schnellimbiß eine Knackwurst und gehen dann gleich ins Deutsche Museum. PETER: Arme Claudia! Glaubst du, daß sie die alten Maschinen dort sehr interessant findet? MARTIN: Bestimmt nicht, aber wir bleiben ja auch nur bis vier oder halb fünf. Dann fahren wir zum Englischen Garten und gehen schwimmen. PETER: Du bist verrückt! Der Eisbach ist doch noch viel zu kalt. MARTIN: Nicht für mich, und Claudia sitzt gern solange im Gras. PETER: Wo eßt ihr zu Abend? Claudia geht bestimmt gern ins Mövenpick. MARTIN: Zu Hause ist es billiger, Peter. Wir machen uns hier etwas zu essen. PETER: Und dann will Claudia bestimmt noch tanzen gehen. MARTIN: Klar. Aber heute machen wir mal, was ich will, und gehen ins Kino.

🎞 ZUM HÖREN

Auch Martin macht Pläne

Martin hat ganz andere Pläne für den freien Tag als Claudia. Hören Sie was Martin und Peter miteinander sprechen!

4-17 Globalverstehen. In welcher Reihenfolge hören Sie die folgenden Aussagen?

<u>6</u> Der Eisbach ist doch noch viel zu kalt.
<u>1</u> Was machst du morgen den ganzen Tag?
<u>4</u> Glaubst du, daß sie die alten Maschinen dort sehr interessant findet?
<u>5</u> Dann fahren wir zum Englischen Garten und gehen schwimmen.
<u>8</u> Und dann will Claudia bestimmt noch tanzen gehen.
<u>2</u> Eßt doch mal wieder beim Donisl!
<u>7</u> Claudia geht bestimmt gern ins Mövenpick.
<u>3</u> Wir essen beim Schnellimbiß eine Knackwurst und gehen dann gleich ins Deutsche Museum.

4-18 Detailverstehen. Hören Sie Martins Gespräch mit Peter noch einmal, und schreiben Sie die Antworten zu den folgenden Fragen!

1. Wie lange will Martin heute schlafen?
2. Warum will er nicht beim Donisl zu Mittag essen?
3. Wo will er mit Claudia eine Knackwurst essen?
4. Warum geht Claudia nicht gern ins Deutsche Museum?
5. Warum will Martin mit Claudia zum Englischen Garten fahren?
6. Warum denkt Peter, daß Martin verrückt ist?
7. Wo will Martin zu Abend essen? Warum?
8. Was hat er für den Abend vor?

Mention the origin of the name **Knackwurst:** when you bite into its firm skin, it makes the cracking sound **Knack!**

 4-19 Heute habe ich frei. Was machen Sie, wenn Sie einen freien Tag haben?

bis _____ Uhr schlafen
ein gutes Buch lesen
meine Lieblings-CDs (Lieblingskassetten) anhören
Briefe schreiben
fernsehen (Meine Lieblingsprogramme sind . . .)
Seifenopern anschauen
mein Rad putzen (reparieren)
Tennis (Fußball, Squash usw.) spielen
Freunde besuchen
einen Stadtbummel machen
einkaufen gehen
ins Kino (ins Konzert usw.) gehen

New phrases: **Seifenopern; einen Stadtbummel machen; einkaufen gehen**

Students should present their **Freizeitpläne** without notes.

 4-20 Freizeitpläne. Erzählen Sie Ihre Pläne für einen freien Tag.

If you want to find out more about the plans of the person you are talking to, the question **Und dann?** will encourage her/him to give more information. You can use it by itself or as an introduction to a more exact question.

Und dann? Was machst du **dann?**
Und dann? Wohin geht ihr **dann?**

4-21 Morgen machen wir mal, was ich will. Schauen Sie die Bilder an, und erzählen Sie, was Claudia und Martin morgen beiden vorhaben.

Claudias Pläne

Martins Pläne

Model a few frames of **Claudias Pläne** to get students started. Divide the class into groups of two and have students take turns describing Claudia's and Martin's plans according to the illustrations. Have some students present these plans to the class.

Claudias Pläne: 1. Claudia will bis elf oder halb zwölf schlafen. **2.** Dann will sie Martin anrufen. **3.** Zum Mittagessen will Claudia beim Donisl Weißwürste essen. **4.** Dann will Claudia in die Alte Pinakothek. **5.** Sie will dort Bilder von Rembrandt anschauen. **6.** Dann will sie zum Englischen Garten fahren. **7.** Dort will sie mit Martin spazierengehen. **8.** Zum Abendessen will sie ins Mövenpick. **9.** Am Abend will Claudia dann noch tanzen gehen.

Martins Pläne: 1. Martin will bis zehn oder halb elf schlafen. **2.** Dann will er Claudia anrufen. **3.** Zum Mittagessen will er beim Schnellimbiß Knackwürste essen. **4.** Dann will Martin ins Deutsche Museum. **5.** Er will dort alte Maschinen anschauen. **6.** Von dort will Martin zum Englischen Garten fahren. **7.** Dort will er schwimmen gehen. Claudia soll solange im Gras sitzen. **8.** Martin will zu Hause zu Abend essen. **9.** Zum Schluß will er dann noch ins Kino.

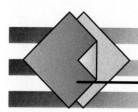

FUNKTIONEN UND FORMEN 2

● 4 Word order

Point out that just as direct objects answer the question **was?** (**Lisa schreibt** *einen Brief. Was* **schreibt Lisa?**), object clauses also answer the question **was?** (**Lisa schreibt,** *daß sie Geld* *braucht. Was* **schreibt Lisa?**).

Review word order after **weil** and **wenn**.

Object clauses introduced by *daß*

The object of a verb is often not a noun or a pronoun, but a clause.

> Ich hoffe, **du findest bald einen guten Job**.
> *I hope you find a good job soon.*

If an object clause is introduced by the conjunction **daß**, it is a dependent clause and the conjugated verb appears at the end of the clause.

> Ich hoffe, **daß du bald einen guten Job findest**.
> *I hope that you find a good job soon.*

Ex. 4-22: In addition to practicing object clauses, this exercise also reviews the **du**-imperative.

4-22 Meine kritische Freundin.

Ich komme immer zu spät.	sein / ein bißchen pünktlicher
S1: Meine Freundin mag es gar nicht, daß ich immer zu spät komme.	S2: Dann sei doch mal ein bißchen pünktlicher!

New words: **sparsamer, rieche, Friseur**

1. Ich gebe so viel Geld aus.	sein / doch mal ein bißchen sparsamer
2. Ich bin so dünn.	essen / doch mal ein bißchen mehr
3. Ich rieche so nach Tabak.	rauchen / doch mal ein bißchen weniger
4. Ich bin immer so müde.	gehen / doch mal ein bißchen früher ins Bett
5. Ich habe so lange Haare.	gehen / doch mal zum Friseur
6. Ich kann nicht kochen.	nehmen / doch mal einen Kochkurs
7. Ich bin immer so nervös.	trinken / doch mal ein bißchen weniger Kaffee
8. Ich habe nie Zeit für sie.	arbeiten / doch mal ein bißchen weniger

Questions as object clauses

It is best not to point out either the subjunctive form **könnten** or the dative form **mir**. Simply tell students that the phrase **Könnten Sie mir bitte sagen ...** is a polite way to introduce questions when asking for directions, etc. Remind students that questions introduced by this phrase are also object clauses answering the question **was?**

Questions are often introduced by polite phrases like **Könnten Sie mir bitte sagen,...** (*Could you please tell me . . .*).

> Wieviel **müssen** wir bis morgen lesen?
> *How much do we have to read for tomorrow?*

> **Könnten Sie mir bitte sagen**, wieviel wir bis morgen lesen **müssen**?
> *Could you please tell me how much we have to read for tomorrow?*

Note that an introduced question is a dependent clause and that the conjugated verb appears at the end of the clause.

If a yes/no question is the object of an introductory phrase, it will begin with the conjunction **ob** (*whether*) and the conjugated verb will again appear at the end of the clause.

> **Schreiben** wir morgen ein Quiz?
> *Are we going to take a quiz tomorrow?*

> **Könnten Sie uns bitte sagen**, *ob* wir morgen ein Quiz **schreiben**?
> *Could you please tell us **whether** we are going to take a quiz tomorrow?*

4-23 Höfliche Fragen.

Fährt dieser Bus zum
Hauptbahnhof?

Nein, er fährt . . .

S1: Könnten Sie mir bitte sagen,
ob dieser Bus zum
Hauptbahnhof fährt?

S2: Nein, er fährt zum
Englischen Garten.

1. Wohin fährt dieser Bus?

Er fährt …

2. Was für ein Gebäude ist das?

Das ist …

New words: **höfliche, Gebäude, Gleis**

3. Ist das das Deutsche Museum?

Nein, das ist …

4. Wann fängt das Konzert heute
abend an?

Ich glaube, es beginnt …

5. Wohin fährt dieser Zug?

Das ist der Intercity …

6. Wann fährt der Intercity nach
Hannover ab?

Punkt …

7. Ist der Intercity nach Hannover
schon weg?

Nein, es ist doch erst …

8. Von wo fährt der Intercity nach
Hannover ab?

Ich glaube, von Gleis …

Ex. 4-23: Point out to students
that they will find the responses
for #6, 7, and 8 by examining the
illustration of #5.

● 5 Talking about what and whom you know

The verb *wissen*

The present tense of **wissen** *(to know)* is irregular in the singular:

SINGULAR		PLURAL	
ich	weiß	wir	wissen
du	weißt	ihr	wißt
er/es/sie	weiß	sie	wissen
	Sie wissen		

Wissen can be followed either by a direct object or by an object clause.

Weißt du Ralfs Telefonnummer?   *Do you know Ralf's telephone number?*
Nein, aber ich weiß, wo er wohnt.   *No, but I know where he lives.*

4-24 Wer weiß was? Ergänzen Sie passende Formen von **wissen**!

New word: **Zensuren**

1.   KURT: _____ deine Eltern, wie schlecht deine Zensuren sind?
    GÜNTER: Meine Mutter _____ es, aber mein Vater _____ es noch nicht.
2. TOURISTIN: Entschuldigung, _____ Sie vielleicht, wohin dieser Bus fährt?
    TOURIST: Nein, das _____ ich leider auch nicht.
3. THOMAS: _____ du Stefans Adresse?
    BRIGITTE: Nein, seine Adresse _____ ich nicht, aber ich _____ seine Telefonnummer.
4. BERND: _____ ihr, wo Peter ist?
    MARTIN: Nein, das _____ wir auch nicht.
    CLAUDIA: Frag doch Stephanie! Sie _____ es bestimmt.
5. FRAU KOHL: Warum _____ du denn nicht, wie man Sauerkraut kocht?
    HERR KUHN: Ich kann doch nicht alles _____.

Ex 4-24, #3: In this example **kennen** would also be acceptable, but here students are not required to make a choice between **wissen** and **kennen**. All the choices in **Ex. 4-25** avoid the gray areas in the usage of these two verbs.

Wissen versus *kennen*

Whereas **wissen** means *to know something as a fact*, **kennen** means *to know* in the sense of *to be acquainted with someone or to be familiar with something*. **Kennen** is always followed by a direct object. It cannot be followed by an object clause.

Kennst du Bernds neue Freundin?   *Do you **know** Bernd's new girlfriend?*
Ja, ich **kenne** sie sehr gut.   *Yes, I **know** her very well.*
Weißt du, wie alt sie ist?   *Do you **know**, how old she is?*
Nein, das **weiß** ich nicht.   *No, I don't **know** that.*

4-25 *Wissen* oder *kennen*?

Before doing **Ex.4-25**, stress that **kennen** is always used when the object is a person or a pronoun that refers to a person, i.e. **sie** or **ihn**. **Wissen** is used when the object is a clause or a pronoun that refers to a clause, i.e., **es** (#2, 8, 9) or **das** (#3, 4, 7).

1. FRAU LANG: _____ Sie Frau Ziegler?
    FRAU KURZ: Ja, ich _____ sie sehr gut.
2. FRAU HOFER: _____ Sie vielleicht, wieviel Uhr es ist?
    FRAU LANG: Genau _____ ich es nicht, aber ich glaube, es ist fast fünf.

3.   GÜNTER: _____ du Monika?

        PETRA: Ja, natürlich _____ ich sie.

    GÜNTER: Und _____ du, wo sie wohnt?

        PETRA: Nein, das _____ ich nicht.

4.   TOURISTIN: _____ Sie Berlin?

  FRAU GÜRLÜK: Ja, ich _____ es sehr gut.

     TOURISTIN: Dann _____ Sie doch sicher, wo die Grimmstraße ist.

  FRAU GÜRLÜK: Nein, das _____ ich leider nicht.

5.   DAVID: _____ du den Mann dort?

         TOM: Ja, ich _____ ihn, aber ich _____ nicht, wie er heißt.

6.   HOLGER: _____ du diese Oper?

    THOMAS: Ich glaube, sie ist von Mozart, aber ich _____ nicht, wie sie heißt.

7.   SYLVIA: _____ ihr, wo Günter ist?

    MARKUS: Ich glaube, er ist bei Eva.

     SYLVIA: Bei Eva?! Ja, woher _____ er sie denn?

    THOMAS: Das _____ wir auch nicht.

8.   FRAU BERG: _____ du, wie schlecht Franks Zensuren sind?

   HERR BERG: Nein, ich _____ es nicht, und ich will es auch nicht _____.

9.   FRAU VOGEL: Sind Ihre neuen Nachbarn nett, Frau Foutris?

 FRAU FOUTRIS: Wir _____ es nicht. Wir _____ sie noch nicht.

Ex. 4-25, #4: Point out that you can be very familiar with a city. But, as with a person, you cannot know it as a fact.

Ex. 4-25, #6: Wissen is only appropriate if someone knows the opera by heart: **Sie/er weiß (kann) diese Oper auswendig.**

New word: **Nachbarn**

● 6 Talking about events in the past

The simple past of *sein, haben,* and the modals

In conversational situations, German refers to events in the past by using the perfect tense. You will learn how to use this tense in the next chapter.

    Gestern nachmittag **habe** ich mit Lisa Tennis **gespielt**.
    *Yesterday afternoon I **played** tennis with Lisa.*

However, with the verbs **sein, haben,** and the modals, most Germans use the simple past tense.

    Warum **warst** du gestern abend nicht auf Lisas Party?
    *Why **weren't** you at Lisas party last night?*

    Ich **hatte** keine Zeit. Ich **mußte** mein Referat fertigschreiben.
    *I **didn't have** time. I **had to** finish my report.*

The simple past of *sein*

The simple past stem of sein is **war**. Note that there are no personal endings in the 1st and 3rd person singular.

Remind students that they have used this set of personal endings before. Ask them with which verbs.

	SINGULAR		PLURAL
ich	war	wir	waren
du	warst	ihr	wart
er/es/sie	war	sie	waren
	Sie waren		

4-26 Kleine Gespräche.

du gestern abend

im Kino der Film gut
Nein,…viel zu sentimental.

S1: Wo warst du gestern abend?
War der Film gut?

S2: Da war ich im Kino.
Nein, er war viel zu sentimental.

1. ihr letztes Wochenende
das Wasser warm

Nein, . . . noch ziemlich kalt.

2. Sie letzten Sommer
es heiß

Ja, . . . sehr heiß.

3. du am Sonntag nachmittag
es interessant

Ja, . . . sehr interessant.

4. ihr am Samstag nachmittag
das Bier gut

Ja, . . . sehr gut.

New word: **der Geiger**

5. du am Sonntag abend
der Geiger

Ja, . . . ganz fabelhaft.

6. ihr letzten Sommer
das Wetter schön

Ja, . . . fast immer warm und schön.

---

im Biergarten / in Österreich / im Konzert / am Starnberger See /
im Deutschen Museum / in Italien

The simple past of *haben*

The simple past stem of **haben** is **hatt-**.

Remind students that they have used this set of personal endings before. Ask them with which verbs.

	SINGULAR		PLURAL
ich	hatte	wir	hatten
du	hattest	ihr	hattet
er/es/sie	hatte	sie	hatten
	Sie hatten		

4-27 Warum?

Exp. **Ex. 4-27:** To practice dependent clause word order, have student do the exercise again, this time beginning each response with **weil.**

ihr nicht auf Lisas Party   wir / zu viel zu tun

S1: Warum wart ihr nicht auf   *S2:* Wir hatten zu viel zu tun.
Lisas Party?

1. du gestern nachmittag nicht zu Hause   ich / Vorlesungen
2. Meyers letzten Sommer nicht in Italien   sie / kein Geld
3. Stephanie nicht mit euch am Starnberger See   sie / eine Erkältung
4. ihr gestern nachmittag nicht im Biergarten   wir / keinen Durst
5. Martin nicht beim Mittagessen   er / keinen Hunger
6. ihr am Samstag nicht beim Fußballspiel   wir / zu viel Hausaufgaben
7. Stephanie und Peter gestern abend nicht im   sie / keine Karten
   Konzert

The simple past of modal verbs

The modals form the simple past by adding the past tense marker **-t-** to the verb stem. For the modals **dürfen**, **können**, **mögen**, and **müssen**, the umlaut of the infinitive form is dropped in the simple past. Note that the **g** of **mögen** becomes **ch**.

dürfen	**können**	**mögen**	**müssen**	**sollen**	**wollen**
ich d**u**rfte	ich k**o**nnte	ich m**och**te	ich m**u**ßte	ich sollte	ich wollte

	SINGULAR		PLURAL
ich	konnte	wir	konnten
du	konntest	ihr	konntet
er/es/sie	konnte	sie	konnten
	Sie konnten		

4-28 Ich wollte, aber ich konnte (oder durfte) nicht.

> ich / letzten Sommer nach Europa / können
> arbeiten und Geld verdienen

S1: Ich wollte letzten Sommer nach Europa, aber ich konnte nicht.
S2: Und warum konntest du nicht?
S1: Ich mußte arbeiten und Geld verdienen.

1. wir / gestern abend in die Disco / können

   deutsche Vokabeln lernen

2. meine kleine Schwester / gestern abend tanzen gehen / dürfen

   zuerst ihr Zimmer aufräumen und dann ihre Hausaufgaben machen

3. wir / letztes Wochenende zum Starnberger See / können

   unser Projekt für Biologie fertigmachen

4. mein kleiner Bruder / letzten Samstag Fußball spielen / dürfen

   im Garten arbeiten

5. Peter / gestern abend mit uns ins Kino / können

   ein paar wichtige Briefe schreiben

6. ich / gestern nachmittag mit Martin schwimmen gehen / können

   meine Wäsche waschen

Ask students what they have found out about their partner, e.g., **Was wollte Lisa als Kind werden? Was mochte Lisa nicht und mußte es trotzdem essen?**

4-29 Weißt du das noch? Stellen Sie einander die folgenden Fragen!

1. wollen:	Weißt du noch, was du als Kind werden _____?
2. wollen/dürfen:	Weißt du noch, was du als Kind gern tun _____ und nicht _____?
3. können:	Weißt du noch, was du als Kind besser _____ als andere Kinder?
4. mögen/müssen:	Weißt du noch, was du gar nicht _____ und trotzdem essen _____?
5. haben/wollen:	Weißt du noch, was andere Kinder _____ und was du auch haben _____?

Der Bodensee

Der Bodensee liegt zwischen[1] drei Ländern: im Norden ist Deutschland, im Süden die Schweiz und im Südosten Österreich. Die größte und wichtigste Stadt am Bodensee ist Konstanz, und auf englisch heißt der Bodensee deshalb *Lake Constance*. Weil die Landschaft hier besonders schön ist und weil es hier so viele alte Städte, Schlösser und Kirchen[2] gibt, ist der Bodensee ein Mekka für Urlauber und Touristen. Passagierschiffe verbinden alle größeren Städte am Bodensee, und zwischen Meersburg und Konstanz, Friedrichshafen und Romanshorn bringen Fähren jeden Tag Tausende von Autos über den See.

[1]between   [2]churches

The meaning of Passagierschiffe, verbinden, Fähren can be guessed from context. Wasserburg is between Lindau and Langenargen. Q: Welche Städte Bodensee liegen in Deutschland, welche in Österreich und welche in der Schweiz?

Wasserburg am Bodensee

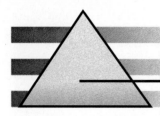

ZUSAMMENSCHAU

Zusammenschau. (Characters: Günter, Monika, Patrick)

FIRST TELEPHONE CONVERSATION

GÜNTER: Monika, wo habe ich denn Monikas Nummer? Ah, hier: 42 63 17. [*dials*] vier, zwei, sechs, drei, eins, sieben. MONIKA: Pohl hier. GÜNTER: Grüß dich, Monika. Ich bin's, Günter. MONIKA: Oh, Günter, wie geht's? GÜNTER: Danke, gut.—Du, sag mal, Monika, was machst du morgen abend? Da läuft ein toller Film im Odeon, und… MONIKA: Oh ja, Der Himmel über Berlin. Den Film wollte ich schon lange sehen. Aber morgen abend kann ich nicht. Ich habe doch Chorprobe. GÜNTER: Ach ja, Montag abend is Chorprobe. Dann gehen wir doch übermorgen abend, ja? MONIKA: Nein, Günter. Ich habe am Mittwoch früh einen Test in Physik. Da kann ich doch am Abend vorher nicht ins Kino gehen. GÜNTER: Ja, da mußt du wohl lernen. Wie ist es mit Mittwoch? Hast du am Mittwoch abend Zeit? MONIKA: Nein, am Mittwoch abend spiele ich Tennis. GÜNTER: Mit David?

MONIKA: Nein, mit Sylvia. GÜNTER: Und am Donnerstag habe ich Jazzband. MONIKA: Zum dummen, denn für Donnerstag habe ich nichts vor. GÜNTER: Und was ist mit Freitag? MONIKA: Da fahre ich nach Hause. GÜNTER: Und nächste Woche? Hast du da mehr Zeit? Der Film läuft nur noch nächste Woche. MONIKA: Ich rufe dich nächste Woche an. Und jetzt tschüs, Günter. Sylvia kommt gleich und holt mich ab.

SECOND TELEPHONE CONVERSATION:

PATRICK: [*dials*] vier, zwei, sechs, drei, eins, sieben. MONIKA: Pohl hier. PATRICK: Hallo, Monika. MONIKA: Hallo, Patrick. Wie geht's? PATRICK: Danke, gut.—Du, Monika, wir fahren morgen zum Bodensee. Fährst du mit? MONIKA: Wer ist wir? PATRICK: Na, ich und Ingrid und Thomas. MONIKA: Wollt ihr segeln gehen? PATRICK: Ja klar. Monika: Aber warum denn am Montag? Hattet ihr heute keine Zeit? PATRICK: Ja, eigentlich wollten wir heute gehen, aber heute war fast kein Wind.—Also, hast du Lust? MONIKA: Lust schon, aber keine Zeit. PATRICK: Warum denn nicht? MONIKA: Ich habe am Dienstag einen Test in Physik. PATRICK: Aber Monika, du bist doch so gut in Physik, und du kannst auch morgen abend noch lernen. Wir sind schon gegen sechs wieder zurück. MONIKA: Ich habe doch Chorprobe morgen abend.

ZUM HÖREN

Zwei Telefongespräche

Günter möchte gern mit Monika ausgehen, aber Monika hat immer Ausreden. Heute ist Sonntag. Günter möchte morgen abend mit Monika den Film *Himmel über Berlin* anschauen und ruft sie an. Ein paar Minuten später ruft Patrick bei Monika an. Er geht morgen mit Vanessa und Daniel segeln und möchte, daß Monika mitgeht.

Hören Sie die beiden Telefongespräche.

NEUE VOKABELN

die Ausrede	*excuse*
die Wahrheit	*truth*
das Blatt	*page*
die Chorprobe	*choir practice*
der Bodensee	*Lake Constance*
eigentlich	*actually*
Hast du Lust?	*Do you feel like coming along?*

4-30 Globalverstehen. Hören Sie das erste Telefongespräch! Schauen Sie das Blatt aus Monikas Kalender an, und entscheiden Sie, ob das, was Monika sagt, die Wahrheit oder eine Ausrede ist.

WAHRHEIT	AUSREDE	
✓		M
	✓	Di
✓		Mi
	✓	Do
	✓	Fr

Juli   196. - 202. Tag   29. Woche

15 Montag   *19.30*   *Chorprobe*

16 Dienstag   *9.30*   *H 303*
Test in Physik

17 Mittwoch   *19.00*   *Tennis mit Sylvia*

18 Donnerstag   *20.00*   *Kino mit David*
„Himmel über Berlin"

19 Freitag   *21.30*   *Disco mit David*

20 Samstag   *nach Hause fahren*

21 Sonntag

4-31 Detailverstehen. Hören Sie das zweite Telefongespräch, und schreiben Sie die Antworten zu den folgenden Fragen!

1. Wohin fahren Patrick und seine Freunde?
2. Warum ruft Patrick Monika an? *Er möchte, daß …*
3. Warum fahren Patrick und seine Freunde zum Bodensee? *Weil sie dort …*
4. Patrick und seine Freunde wollten eigentlich heute segeln gehen. Warum gehen Sie am Montag? *Weil heute …*
5. Warum hat Monika keine Zeit? *Weil sie …*
6. Wann will Patrick morgen abend wieder zurück sein?
7. Warum kann Monika morgen abend nicht lernen? *Weil sie …*
8. Wann soll Monika am Dienstag früh aufstehen?
9. Warum soll Monika am Dienstag so früh aufstehen? *Weil sie dann …*

4-32 Gehst du mit? Studieren Sie zuerst Ihre Rollen und machen Sie dann ein Rollenspiel.

STUDENT 1:

- Du gehst heute abend mit ein paar Freunden ins Kino und später noch in eine Kneipe, und du möchtest, daß deine Zimmerkollegin/dein Zimmerkollege mitkommt.

- Du findest, daß sie/er nicht immer nur lernen soll.

- Du fragst, was sie/er alles zu tun hat.

- Du versuchst, sie/ihn zu überreden.

STUDENT 2:

- Deine Zimmerkollegin/dein Zimmerkollege geht heute abend mit ein paar Freunden ins Kino und später noch in eine Kneipe, und sie/er möchte, daß du mitkommst.

- Du möchtest sehr gern mal ausgehen, und du fragst deshalb,

  wer alles mitgeht,

  welcher Film heute abend spielt,

  in welche Kneipe sie/er gehen wollen.

- Du sagst, was du alles zu tun hast, und daß du deshalb nicht mitgehen kannst.

4-33 Mein Kalender. Schreiben Sie auf ein Kalenderblatt, was Sie in einer typischen Woche alles tun!

Before dividing students into pairs, read through the two scenarios with them. Make sure that they understand their assigned roles. Encourage them to improvise.

New words: **versuchst, überreden**

Ludwig II. von Bayern: ein Märchenkönig und seine Schlösser

Die größte Touristenattraktion in Bayern sind die Schlösser Neuschwanstein, Linderhof und Herrenchiemsee. Sie sind das Lebenswerk von König Ludwig II. von Bayern (1845-1886), und jedes Jahr kommen Tausende von Touristen aus aller Welt, marschieren in Gruppen durch eine phantastische Märchenwelt und hören von Ludwigs extravagantem Lebensstil und von seinem mysteriösen Tod im Starnberger See.

Ludwigs wahre Heimat[1] ist nicht die bayerische Hauptstadt München, sondern das Schloß Hohenschwangau in den bayerischen Bergen.[2] Dort verbringt[3] er fast seine ganze Kindheit und seine Jugend, wandert durch die wundervolle Bergwelt, liest Märchen und Sagen[4] und hört wenig von Politik. Er liebt die Natur und die einfachen[5] Leute, er liebt Kunst[6] und Literatur, aber von Finanzen und Politik weiß er so gut wie nichts.

Im Jahr 1864 stirbt Ludwigs Vater, und der 18jährige Ludwig wird König. Er hat große Pläne für seine Hauptstadt: München soll wie Wien ein Zentrum für Kunst und Musik werden, und weil er die Opern von Richard Wagner liebt, läßt er den großen Komponisten nach München kommen.

Richard Wagners romantische Opern erzählen von alten Zeiten, und seine Welt ist auch Ludwigs Welt. Aber für Ludwigs konservative Minister ist ein Komponist nicht die richtige Gesellschaft[7] für einen jungen König. Wagner muß München verlassen,[8] und Ludwig ist so verbittert, daß er immer weniger in München ist und immer mehr in in seinen geliebten bayerischen Bergen. Wenn er aus München keine Märchenstadt machen darf, so will er jetzt hier eine Märchenwelt bauen: die Schlösser Neuschwanstein, Linderhof und Herrenchiemsee. München und die Regierungsgeschäfte[9] interessieren ihn nicht mehr. Ludwig baut jetzt Schlösser.

Schlösser kosten Geld, viel Geld, und im Jahr 1886 ist der König so verschuldet,[10] daß die Regierung in München etwas tun muß. Ärzte und Psychiater erklären den König für verrückt, und am 12. Juni 1886 bringt man ihn nach Schloß Berg am Starnberger See. Dort machen Ludwig und ein Arzt am nächsten Abend einen Spaziergang, und sie ertrinken[11] beide auf mysteriöse Weise[12] im Starnberger See.

[1]home	[2]mountains	[3]spends	[4]legends	[5]simple	[6]art	[7]company
[8]leave	[9]business of government		[10]in debt	[11]drown	[12]in a mysterious way	

4-34 Was ist die richtige Antwort? Sie hören sechs Fragen zu *Ludwig II. von Bayern*. Haken Sie die richtigen Antworten ab!

1. ____ Mysteriös.
   ✓ Extravagant.
2. ✓ Auf Schloß Hohenschwangau.
   ____ In München.
3. ✓ Von Finanzen und von Politik.
   ____ Von Kunst und von Literatur.

4. ____ Romantisch.
   ✓ Konservativ.
5. ✓ In den bayerischen Bergen.
   ____ In München.
6. ____ Die Minister.
   ✓ Die Ärzte und die Psychiater.

Ex. 4-34 Questions: 1. Wie ist König Ludwigs Lebensstil? 2. Wo verbringt Ludwig fast seine ganze Kindheit und Jugend? 3. Wovon weiß der junge König so gut wie nichts? 4. Wie sind Ludwigs Minister? 5. Wo baut Ludwig seine Märchenwelt? 6. Wer erklärt den König für verrückt?

Wörter im Kontext 2

● Nomen

der Berg, -e	mountain
die Erkältung, -en	cold
der Kalender, -	calendar
die Karte, -n	card; ticket; map
das Land, ̈er	country
die Landschaft, -en	landscape
das Meer, -e	sea; ocean
der See, -n	lake
der Strand, ̈e	beach
die Wahrheit, -en	truth
die Welt, -en	world
das Ziel, -e	goal; destination
das Reiseziel, -e	travel destination
das Fach, ̈er	field of study, subject
das Hauptfach, ̈er	major (field of study)
die Zensur, -en	grade
die Adresse, -n	address
die Telefonnummer, -n	telephone number
die Kindheit	childhood
die Jugend	youth
der König, -e	king
das Märchen, -	fairy tale
das Schloß, Schlösser	castle
die Ecke, -n	corner
das Gebäude, -	building
der Schnellimbiß, Schnellimbisse	fast food stand

> Mention that within Germany and Austria, the states are also called **Länder.** In Switzerland they are called **Kantone.**

● Verben

bauen	to build
ein•kaufen	to shop
liegen	to lie; to be situated
träumen	to dream
verbringen	to spend (time)
wissen (weiß)	to know
zeigen	to show

● Andere Wörter

besonders	especially
eigentlich	actually
fabelhaft	fabulous
hoch	high
pünktlich	punctual, on time
trotzdem	anyway, nevertheless
wahr	true
wichtig	important
ziemlich	quite, rather

● Konjunktionen

damit	so that
daß	that
ob	whether

● Akkusativpräpositionen

durch	through
für	for
gegen	against; around
ohne	without
um	at; around

● Ausdrücke

als Kind	as a child
einen Stadtbummel machen	to stroll through town
Hast du Lust?	Do you feel like (coming, going, etc.)?

● Das Gegenteil

die Frage, -n – die Antwort, -en	question – answer
fragen – antworten	to ask – to answer
höflich – unhöflich	polite – impolite

4-35 Was paßt in jeder Gruppe zusammen?

1. der Schlaf	a. baden	9. der Urlaub	i. der König
2. der Supermarkt	b. studieren	10. das Schloß	j. das Reiseziel
3. das Meer	c. träumen	11. die Frage	k. die Zensur
4. die Karte	d. einkaufen	12. das Quiz	l. die Antwort

5. die Kindheit	e. essen	13. die Erkältung	m. sandig
6. das Märchen	f. bauen	14. der Berg	n. krank
7. das Gebäude	g. erzählen	15. der Strand	o. interessant
8. der Schnellimbiß	h. spielen	16. das Fach	p. hoch

4-36 Was paßt?

---

trotzdem / Stadtbummel / eigentlich / zum Schluß / wahr / fabelhaft / pünktlich / besonders / unhöflich

---

1. Meine Freundin heißt _____ nicht Nikki, sondern Nicole.
2. Nikki trägt oft ziemlich verrückte Kleider, _____ wenn sie auf Partys geht.
3. Nikki findet es sehr wichtig, daß ich immer ganz _____ bin, wenn ich sie abhole.
4. Sie findet es sehr _____, wenn ich mal zu spät komme.
5. Gestern wollte ich mit Nikki ins Kino. Der Film war ganz _____, aber sie hatte _____ keine Lust.
6. Wenn ich mit Nikki zusammen einen _____ mache, möchte sie _____ immer ein Glas Bier.
7. Ist das auch alles _____, was du da von Nikki erzählst?

WORT, SINN UND KLANG

Denn versus *dann*

The words **denn** and **dann** occur very frequently in German. Because these words are so similar in sound and appearance and because **denn** has two very different meanings, they deserve a closer look.

- The flavoring particle **denn** occurs only in questions. It expresses curiosity and interest, and sometimes irritation. It usually follows the subject.

  Wann stehst du **denn** endlich auf?   *When are you **finally** going to get up?*

- The conjunction **denn** introduces a clause that states the reason for something. Its English equivalents are *because* and *for*. Remember that like **und, oder, aber**, and **sondern**, this **denn** does not count as an element in the clause it introduces; it therefore does not affect word order.

  Frau Berger fährt oft nach   *Mrs. Berger often goes to Leipzig,*
  Leipzig, **denn** sie hat dort viele   ***because** she has many friends*
  Freunde und Verwandte.   *and relatives there.*

- The adverb **dann** is an equivalent of English *then*. It expresses that a certain thing or action follows another thing or action. **Dann** does count as an element in the sentence and therefore affects the position of the verb.

  Zuerst sind wir ein paar Tage   *First we'll be in Paris for a few*
  in Paris, und **dann** fliegen   *days, and **then** we're flying*
  wir nach Berlin.   *to Berlin.*

4-37 *Denn* or *dann?*

1.   HEIKE: Was schreibst du _____ da?
      SYLVIA: Einen Brief an meine Eltern.
      HEIKE: Und _____? Was machst du _____?
      SYLVIA: _____ rufe ich Holger an, _____ er soll mich Punkt fünf hier abholen.
2.   MARTIN: Was möchtest du _____ essen, Claudia?
      CLAUDIA: Weißwürste. Hier beim Donisl esse ich immer Weißwürste, _____ hier sind sie am besten.
3.   SONJA: Wann rufst du _____ endlich deine Eltern an?
      LAURA: Erst heute abend, _____ _____ sind sie bestimmt zu Hause.

The adjective suffixes *-ig, -lich,* and *-isch*

German and English create many adjectives by adding suffixes to other words. The German adjectives with the suffixes **-ig**, **-lich**, and **-isch** often have English equivalents with the suffixes *-y*, *-ly*, and *-ish*.

4-38 What are the English equivalents?

-ig (-y)		-lich (ly)	-isch (-ish)
sonnig	lausig	freundlich	kindisch
schattig	wurmig	mütterlich	höllisch
eisig	haarig	väterlich	dänisch
wässerig	fettig	täglich	irisch
salzig	stinkig	wöchentlich	polnisch
rostig	sandig	monatlich	türkisch
schleimig	buschig	jährlich	schwedisch
schlüpfrig	schläfrig	kränklich	spanisch

Zur Aussprache

The vowels *ä*, *ö*, and *ü*

The vowels **a**, **o**, and **u**, can be umlauted: **ä**, **ö**, and **ü**. These umlauted vowels can also be long or short. Listen carefully and you will hear the difference between **a**, **o**, **u**, and their umlauted equivalents.

4-39 Hören Sie gut zu und wiederholen Sie!

a (lang)	ä (lang)	a (kurz)	ä (kurz)
Glas	Gläser	alt	älter
Rad	Räder	kalt	kälter
Vater	Väter	lang	länger

o (lang)	ö (lang)	o (kurz)	ö (kurz)
Ton	Töne	oft	öfter
Sohn	Söhne	Tochter	Töchter
groß	größer	Wort	Wörter

If you have trouble producing the sound **ö**, round your lips to say a German **o** (as in **O**ma), hold your lips in that position and try to say a German **e** (as in **E**sel).

u (lang)	ü (lang)	u (kurz)	ü (kurz)
Buch	Bücher	Mutter	Mütter
Bruder	Brüder	jung	jünger
Fuß	Füße	dumm	dümmer

If you have trouble producing the sound **ü**, round your lips to say a German **u** (as in **Bru**der), hold your lips in that position and try to say a German **i** (as in d**ie**).

4-40 Das Rübenziehen. Hören Sie gut zu!

Das Rübenziehen. Hören Sie gut zu und wiederholen Sie!

Väterchen hat Rüben gesät. Er will eine dicke Rübe herausziehen; er packt sie beim Schopf, er zieht und zieht und kann sie nicht herausziehen. Väterchen ruft Mütterchen: Müterchen zieht Väterchen, Väterchen zieht die Rübe, sie ziehen und ziehen und können sie nicht herausziehen.

Kommt das Söhnchen: Söhnchen zieht Mütterchen, Mütterchen zieht Väterchen, Väterchen zieht die Rübe, sie ziehen und ziehen und können sie nicht herausziehen.

Kommt das Hündchen: Hündchen zieht Söhnchen, Söhnchen zieht Mütterchen, Mütterchen zieht Väterchen, Väterchen zieht die Rübe, sie ziehen und ziehen und können sie nicht herausziehen.

Kommt das Hühnchen: Hühnchen zieht Hündchen, Hündchen zieht Söhnchen, Söhnchen zieht Mütterchen, Mütterchen zieht Väterchen, Väterchen zieht die Rübe, sie ziehen und ziehen und können sie nicht herausziehen.

The difference between the two ä-sounds is purely quantitative. Insist that students distinguish clearly between the long and short variant.

The letter ö can represent two different sound qualities: the short open [œ] as in **Wörter,** and the long closed [ø:] as in **schön.** Few students will be able to even hear the *qualitative* difference. Students can, however, achieve perfection in the *length* of the two sounds.

The difference between the two ü-sounds is purely quantitative. Insist that students distinguish clearly between the long and short variant.

KAPITEL 5

Unsere Vorfahren

● **Kommunikationsziele**

Talking about events in the past
Talking about ancestry and heritage
Describing one's training and skills
Writing a personal letter

● **Strukturen**

Ordinal numbers
The perfect tense
hin and **her**

Word order: The perfect tense in
dependent clauses

● **Kultur**

Immigration to North America
The apprenticeship system

Leute: Christian Köchling

VORSCHAU

Ein deutscher Auswanderer

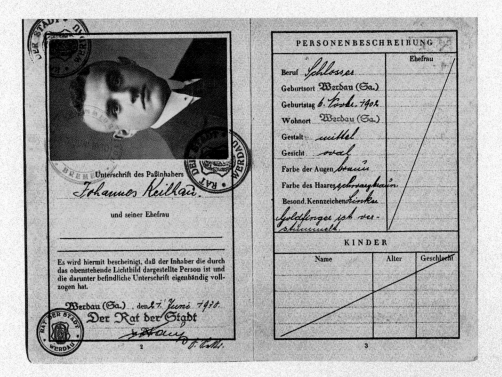

Hans Keilhau ist im Sommer 1930 nach Amerika ausgewandert und hat kurz vorher diesen Paß bekommen. Schauen Sie den Paß genau an.

Wann hat Herr Keilhau diesen Paß bekommen? Was war Hans Keilhau von Beruf? Wo ist er geboren? Wann ist er geboren? Wo in Deutschland hat Herr Keilhau im Juni 1930 gewohnt? Ist er groß, klein oder mittelgroß? Welche Form hat sein Gesicht? Welche Farbe haben seine Augen? Welche Farbe hat sein Haar? Wie heißt der Ringfinger in Hans Keilhaus Paß?

New words: **vorher; Paß; Gesicht; Auge; Haar**

Re **Schlosser:** Explain that a **Schlosser** was originally a locksmith. Nowadays it refers to a metalworker.

Re **Sa:** Abbreviation of **Sachsen**, one of the **Neue Bundesländer.**

The birthdate reads **6. Novbr. 1902.**

Re **braun, schwarzbraun:** Writing an **U-Bogen** over a **u** is now outdated. It was used in handwriting to distinguish a **u** from an **n**. The practice stems from old German script where the **n** and **u** would have been identical without the **U-Bogen:** (= **nur**).

The entry after **Besond. Kennzeichen** reads **Linker Goldfinger ist verstümmelt.**

Before students answer the questions, have them look at the passport and guess the meanings of words like **Unterschrift, Paßinhaber, Ehefrau, Personenbeschreibung.**

Re **21. Juni 1930:** When handwritten, the German numeral 7 is easily confused with a 1. The clerk who filled in the dates of this old passport dotted the 1 to avoid confusion. Modern Germans no longer do this. Instead they place a short horizontal line through the downstroke of the 7.

So that students will say them correctly, point out that in dates ordinal numbers are used. After **am**, ordinals are formed by adding **-ten** to numbers up to 19 and **-sten** to numbers over 20. Also point out that ordinal numbers are signaled by a period immediately after the number.

New words: **Geschichte**; noch nicht; **Koffer**; auspacken (≠ packen); **Quatsch**; auswandern (≠einwandern); damals (≠jetzt); **arbeitslos**.

Ein bißchen Familiengeschichte

Es ist Anfang Oktober, Stephanie ist gestern in München angekommen, und Claudia möchte wissen, warum ihre amerikanische Zimmerkollegin einen deutschen Namen hat.

CLAUDIA: *(schreibt und liest)* »... Brief folgt bald. Liebe Grüße, Eure Claudia«– So! Fertig ist die Postkarte! – Sag mal, Stephanie, hast du schon nach Hause geschrieben?

STEPHANIE: Aber Claudia, ich habe ja noch nicht mal meine Koffer ausgepackt!

CLAUDIA: Eine Postkarte mit »Bin gut angekommen, Brief folgt bald« braucht doch keine fünf Minuten.

STEPHANIE: Meine Eltern wollen keine Postkarte, sondern einen langen Brief. Sie wollen wissen, wo und wie ich wohne, wie meine Zimmerkollegin heißt, und wie alt, woher und wie sie ist. Und das weiß ich ja alles noch gar nicht.

CLAUDIA: Kein Problem, Stephanie. Du weißt, ich heiße Claudia, Claudia Maria Berger. Ich bin aus Hamburg und bin sehr, sehr nett. – Weißt du, du bist eigentlich viel interessanter, Stephanie: Amerikanerin aus Chicago, jung, schön, schlank ...

STEPHANIE: Ach Quatsch!

CLAUDIA: Und dann dieser Name, »Stephanie Braun«! So exotisch, so typisch amerikanisch! – Sag mal, ist dein Vater Deutscher? Ist er ausgewandert?

STEPHANIE: Nein, mein Vater ist in Amerika geboren. Aber mein Großvater ist aus Deutschland und ist 1930 nach Amerika ausgewandert. Damals hat es in Deutschland viele Millionen Arbeitslose gegeben. Mein Großvater war auch arbeitslos, und deshalb ist er dann nach Amerika gekommen.

Stephanies Stammbaum

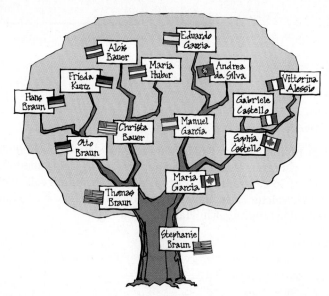

Wo ist Stephanies Mutter geboren? Wie heißt Stephanies Großvater mütterlicherseits? Wo ist er geboren? Wie heißt Stephanies Großmutter mütterlicherseits? Woher kommen Sophia Castellos Eltern? Wie heißt Stephanies Großmutter väterlicherseits? Woher sind Christa Bauers Eltern?

ZUM HÖREN

5-1 Richtig oder falsch? Sie hören das Gespräch zwischen Stephanie und Claudia und dann ein paar Aussagen. Entscheiden Sie, ob diese Aussagen **richtig** oder **falsch** sind.

	Richtig	Falsch		Richtig	Falsch
1.	___	✓	4.	___	✓
2.	___	✓	5.	___	✓
3.	✓	___	6.	✓	___

 5-2 Meine Vorfahren. Zeichnen Sie Ihren Stammbaum, und schreiben Sie unter die Namen von Ihren Vorfahren, woher sie kommen.

5-3 Woher sind deine Vorfahren? Ihre Partnerin/Ihr Partner schaut ihren/seinen Stammbaum an und beantwortet Ihre Fragen.

1. Wo sind deine Eltern geboren?
2. Woher kommen deine Großeltern mütterlicherseits?
3. Woher kommen deine Großeltern väterlicherseits?
4. Woher sind deine beiden Urgroßväter mütterlicherseits?
5. Woher sind deine beiden Urgroßmütter mütterlicherseits?
. . .

5-4 Warum ich so aussehe, wie ich aussehe. Denken Sie an Ihr Gesicht. Was haben Sie von Ihren Eltern oder Großeltern?

das Auge
die Nase
der Mund
das Ohr
die Haare

das Gesicht

Ich habe das gleiche lange, schmale Gesicht wie meine Großmutter väterlicherseits und die gleichen roten Haare wie meine Mutter.

Have students work in pairs, asking each other about their family trees. Then ask some students to tell the class about their ancestors.

Zum Hören Statements.: Ein bißchen Familiengeschichte.

1. Claudia hat gerade einen langen Brief nach Hause geschrieben. (Falsch. Sie hat nur eine Postkarte geschrieben.) 2. Stephanie hat ihre Koffer schon gestern ausgepackt. (Falsch. Sie hat ihre Koffer noch nicht ausgepackt.) 3. Stephanie denkt, daß ihre Eltern keine Postkarte wollen, sondern einen langen Brief. (Richtig) 4. Claudia sagt Stephanie, wie alt sie ist. (Falsch. Sie sagt nur, daß sie aus Hamburg kommt und daß sie sehr nett ist.) 5. Stephanies Vater ist 1930 nach Amerika ausgewandert. (Falsch. Nicht Stephanies Vater, sondern ihr Großvater ist nach Amerika ausgewandert.) 6. Stephanies Großvater ist nach Amerika ausgewandert, weil er in Deutschland keine Arbeit finden konnte. (Richtig)

1. das gleiche _____ Gesicht (oval / rund / lang / schmal)
2. die gleiche _____ Nase (lang / kurz / klein / groß)
3. den gleichen _____ Mund (groß / klein / schmal)
4. die gleichen _____ Haare (blond / braun / schwarz / rot)
5. die gleichen _____ Augen (braun / schwarz / blau / grau / grün)
6. die gleichen _____ Ohren (groß / klein)

Re **gleiche:** Point out to students that the adjective ending on **gleiche** models the proper ending for all adjectives in this activity.

In Nordamerika gibt es über tausend Orte mit deutschen Namen. Ortsnamen wie Baden, Berlin, Frankfort, Hamburg, Hanover, Heidelberg, Hamburg, Saltsburg, Zurich usw. zeigen, daß Einwanderer aus deutschsprachigen Ländern diese Orte gegründet[1] haben.

Die ersten deutschen Einwanderer kommen im Jahr 1683 nach Amerika. Es sind dreizehn Quäker-Familien. Sie suchen Freiheit für ihre Religion, und sie gehen nach Pennsylvanien, wo der Quäker William Penn eine Kolonie und die Stadt Philadelphia gegründet hat. Nicht weit von Philadelphia bauen sie ihre Häuser und nennen den Ort Germantown. Hundert Jahre später leben in Pennsylvanien über 250 000 deutsche Einwanderer, und nicht nur Quäker, sondern auch Mennoniten, Lutheraner und andere religiöse Gruppen.

Mitte neunzehntes Jahrhundert gibt es in Irland und in Deutschland katastrophale Mißernten,[2] und so kommen z.B. im Jahr 1854 allein aus Deutschland über 220 000 Menschen in die USA. In den achtziger Jahren bringt eine Wirtschaftskrise[3] dann den absoluten Einwanderungsrekord:

eineinhalb Millionen Deutsche kommen in diesem Jahrzehnt nach Amerika.

Im zwanzigsten Jahrhundert kommen viel weniger Einwanderer in die USA, weil es jetzt Quoten gibt. In der großen Weltwirtschaftskrise in den dreißiger Jahren kommen nur noch 120 000 deutschsprachige Einwanderer nach Amerika, aber nicht nur Arbeitslose, sondern auch viele Intellektuelle, Wissenschaftler,[4] Autoren und Künstler[5]. Sie fliehen vor[6] Adolf Hitlers totalitärem und antisemitischem Regime. Unter ihnen[7] sind der Physiker Albert Einstein, die Autoren Thomas Mann und Bertolt Brecht, die Komponisten Arnold Schoenberg und Paul Hindemith und die Architekten Walter Gropius (Pan Am Building in New York) und Mies van der Rohe (Chicago Federal Center, Toronto Dominion Center).

Die schlimmen[8] Jahre nach dem zweiten Weltkrieg bringen die letzten großen Einwanderungszahlen: zwischen 1945 und 1960 kommen noch einmal 786 000 Deutsche über den Atlantik. Dann aber gibt es durch das Wirtschaftswunder[9] so viel Arbeit in Deutschland, daß nur noch sehr wenige Menschen auswandern.

[1]founded   [2]crop failures   [3]economic crisis   [4]scientists   [5]artists   [6]from   [7]among them   [8]bad   [9]economic miracle

Immigranten in den USA 1850 – 1980

The graph shows, by nationality, the percentage of immigrants to America in a given year.

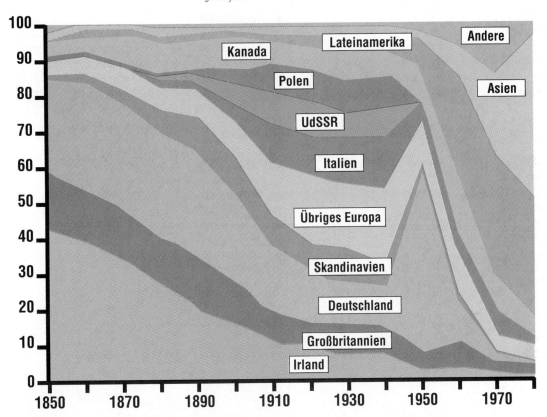

5-5 Einwanderung in die USA von 1850 bis 1980.

1. Aus welchen zwei Ländern kommen im Jahr 1850 die meisten Einwanderer?

2. Warum kommen 1850 so viele Einwanderer aus diesen zwei Ländern?

3. Woher kommen zwischen 1945 und 1960 die meisten Einwanderer?

4. Warum kommen in diesen 15 Jahren so viele deutsche Einwanderer nach Amerika?

5. Von welchen zwei Kontinenten kommen im Jahr 1980 die meisten Einwanderer?

6. Warum kommen im Jahr 1980 nur noch wenige deutsche Einwanderer?

● Nomen

der/die Arbeitslose, -n	unemployed person
der Auswanderer, -	emigrant
der Einwanderer, -	immigrant
die Freiheit	freedom
der Geburtsort, -e	place of birth
der Geburtstag, -e	birthday
die Geschichte, -n	story; history
das Jahrhundert, -e	century
das Jahrzehnt, -e	decade
der Koffer, -	suitcase
der Komponist, -en	composer
der Krieg -e	war
der Künstler, -	artist
der Ort, -e	place
der Paß, Pässe	passport
der Stammbaum, ¨e	family tree
die Vorfahren	ancestors
die Wirtschaft, -en	economy
der Wohnort, -e	place of residence
der Wissenschaftler, -	scientist
das Auge, -n	eye
das Gesicht, -er	face
das Haar, -e	hair
der Mund, ¨er	mouth
die Nase, -n	nose
das Ohr, -en	ear

Point out that in compound nouns, the last component takes the plural ending and the umlaut if any. The umlauted form of **au** is **äu**.

● Verben

aus•packen	to unpack
aus•wandern	to emigrate
ein•wandern	to immigrate
fliehen	to flee
folgen	to follow
nennen	to call, to name
packen	to pack
zeichnen	to draw

Point out that **aus-** and **einwandern** are constructed just like their Latin-based English equivalents: prefixes *ex-* and *in-* plus the verb *to migrate.*

● Andere Wörter

arbeitslos	unemployed
damals	then, at that time
mütterlicherseits	maternal
schlimm	bad
väterlicherseits	paternal
vorher	before

Ask students to give English equivalents of other words with the suffix **-los,** e.g., **endlos, farblos, fleischlos, harmlos.**

● Ausdrücke

Wo ist dein Großvater geboren?	Where was your grandfather born?
Quatsch!	Nonsense!

Point out that **Quatsch!** is a colloquial synonym of **Unsinn!**

● Leicht zu verstehen

der Atlantik
der Architekt, -en
der Autor, -en
die Form, -en
die Gruppe, -n
der/die Intellektuelle, -n
die Krise, -n
die Postkarte, -n
das Problem, -e
die Quote, -n
die Religion, -en

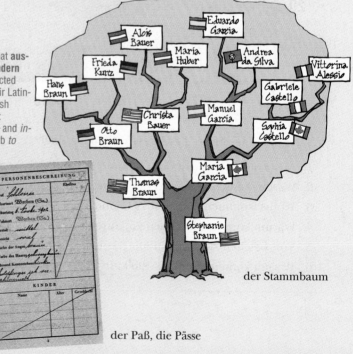

der Stammbaum

der Paß, die Pässe

5-6 Wenn ich . . . Was paßt wo?

Geburtstag / Koffer / arbeitslos / Geburtsort / Freiheit / Paß / Wohnort

1. Wenn ich keine Arbeit finden kann, bin ich _____.
2. Wenn ich nicht tun kann, was ich will, habe ich keine _____.
3. Wenn ich eine Reise machen und viele Kleider mitnehmen will, brauche ich einen _____.
4. Wenn ich in Boston geboren bin, dann ist Boston mein _____.
5. Wenn ich am sechsten April geboren bin, dann ist dieser Tag mein _____.
6. Wenn ich in Hamburg lebe und wohne, dann ist diese Stadt mein _____.
7. Wenn ich Amerikaner bin und nach Japan reisen will, brauche ich einen _____.

5-7 Berufe. Was paßt wo?

Komponisten / Autoren / Wissenschaftler / Künstler

1. Physiker, Chemiker und Astronomen sind _____.
2. Bach, Mozart und Beethoven waren _____.
3. Filmstars, Rockstars und Pianisten sind _____.
4. Shakespeare, Mark Twain und Thomas Mann waren _____.

5-8 Sylvias Vorfahren.

eingewandert / Stammbaum / Jahrhundert / Familiengeschichte

Sylvia schreibt ihre _____, und als Illustration zeichnet sie einen großen, schönen _____. Ihre Vorfahren mütterlicherseits kommen aus Deutschland, und ihre Vorfahren sind im neunzehnten _____ aus Polen nach Amerika _____.

5-9 Deutschland in den dreißiger Jahren.

schlimme / Weltwirtschaftskrise / fliehen / Intellektuelle

Im Jahr 1929 beginnt die große _____, und im nächsten Jahrzehnt folgen noch viele _____ Jahre. Viele Deutsche werden arbeitslos und wandern deshalb nach Nordamerika aus. Aber viele Auswanderer sind keine Arbeitlosen, sondern _____. Sie _____ nach Nordamerika, weil sie nicht unter Hitler und seinen Nazis leben können.

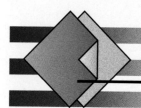

FUNKTIONEN UND FORMEN 1

● 1 Ranking people and things

Ordinal numbers

Ordinal numbers are used to indicate the position of people and things in a sequence (e.g., the first, the second, etc.). For the numbers 1 through 19, the ordinal numbers are formed by adding **-t-** and adjective endings to the cardinal number.

You might review adjective endings for feminine and neuter forms as well as the accusative forms using ordinals.

der **erste**	der **siebte**	der dreizehnte
der zweite	der achte	der vierzehnte
der **dritte**	der neunte	der fünfzehnte
der vierte	der zehnte	der sechzehnte
der fünfte	der elfte	der siebzehnte
der sechste	der zwölfte	der achtzehnte
		der neunzehnte

From the number 20 on, the ordinal numbers are formed by adding **-st-** to the cardinal numbers.

der zwanzigste
der einundzwanzigste
der zweiundzwanzigste
der dreißigste
usw.

Dates

Ask students what word is understood when asking for and giving dates.

The following expressions are used to ask for and give the date:

Der wievielte ist heute?
Den wievielten haben wir heute? *What's the date today?*

Heute ist der fünfzehnte.
Heute haben wir den fünfzehnten. *Today is the fifteenth.*

When written as a number, an ordinal number is indicated by a period. Note that the day always precedes the month.

Heute ist der 23. (der dreiundzwanzigste) Mai.

The month is also frequently written as an ordinal number.

Lisa ist am 23. 5. (dreiundzwanzigsten fünften) 1974 geboren.

When saying the year, the word *hundred* is frequently omitted in English. In German the word **hundert** must be expressed.

1999   neunzehnhundertneunundneunzig
          nineteen (hundred and) ninety-nine

5-10 Daten. Stellen Sie Ihrer Gesprächspartnerin/Ihrem Gesprächspartner die folgenden Fragen!

Ex 5-10, #7 (Exp.): Ask for some additional dates: George Washingtons Geburtstag, Hallowe'en, St. Patrick's Day, Valentine's Day. For Canada: Königin Victorias Geburtstag, Canada Day.

S1:

1. Den wievielten haben wir heute?
2. Der wievielte ist morgen?
3. Der wievielte ist nächsten Sonntag?
4. Den wievielten hatten wir letzten Sonntag?
5. Am wievielten ist unsere nächste Deutschstunde?
6. Am wievielten war unsere letzte Deutschstunde?
7. Wann ist Neujahr?

S2:

Heute haben wir den _____.
Morgen ist der _____.
Nächsten Sonntag ist der _____.
Letzten Sonntag hatten wir den _____.

Unsere nächste Deutschstunde ist _____.
Unsere letzte Deutschstunde war _____.

Neujahr ist _____.

5-11 Persönliche Daten. Sagen Sie, wann Sie Geburtstag haben.

S1: Ich habe am zehnten siebten Geburtstag.
S2: Mein Geburtstag ist am einundzwanzigsten fünften.
S3: Ich habe…

● 2 Talking about events in the past

The perfect tense

In German the perfect tense is used to talk about past events in conversational situations. In English we normally use the simple past for this purpose.

Was **hast** du gestern nachmittag **gemacht?**	*What **did** you **do** yesterday afternoon?*
Ich **habe** mit Peter Tennis **gespielt.**	*I **played** tennis with Peter.*

The perfect tense consists of an *auxiliary verb* (usually **haben**) that takes personal endings, and a *past participle* that remains unchanged.

	SINGULAR		PLURAL	
ich	habe gespielt	wir	haben gespielt
du	hast gespielt	ihr	habt gespielt
er/es/sie	hat gespielt	sie	haben gespielt
		Sie haben gespielt		

The German perfect tense can correspond to the following English verb forms:

ich habe gespielt
    { *I played*
    I have played
    I have been playing
    I was playing
    I did play

For the regular position of the verb in information questions, yes/no questions, and statements, refer students to pp. 22–23.

Word order: Position of auxiliary verb and past participle

In a main clause, the auxiliary verb takes the regular position of the verb (i.e., second position). The past participle is at the end of the clause.

> Gestern **hat** Robert den ganzen Nachmittag Fußball **gespielt.**
> *Yesterday Robert **played** soccer all afternoon.*

In a dependent clause the auxiliary verb appears at the end of the clause, and the past participle precedes it.

> Weil Robert so lang Fußball **gespielt hat,** hat er seine Hausaufgaben erst spät abends gemacht.
> *Because Robert **played** soccer so long, he didn't do his homework until late at night.*

The past participle of regular verbs

Point out that most English verbs form the past participle in a similar way: by adding -ed to the verb stem (e.g., learn*ed*, work*ed*, play*ed*, clean*ed*, cook*ed*, repair*ed*.)

Most German verbs form the past participle by adding the prefix **ge-** and the ending **-t** or **-et** to the verb stem. The ending **-et** is used if the verb stem ends in **d, t,** or certain consonant combinations.

	PREFIX	VERB STEM	ENDING
machen	ge	mach	t
arbeiten	ge	arbeit	et
baden	ge	bad	et
regnen	ge	regn	et

gearbeitet: Point out that this is the same principle as in the present tense: without the -**e**- it would not be possible to hear the ending -**t** .

Past participles of verbs ending in **-ieren** do not have the prefix **ge-**.

	PREFIX	VERB STEM	ENDING
reparieren		reparier	t

geregnet: Again, the same principle as in the present tense: without the -**e**- it would be very difficult to pronounce the ending -**t**.

5-12 Was haben Zieglers gestern gemacht?

1. Gestern früh hatte Brigitte Ziegler nur sehr wenig Zeit, und sie _____ deshalb nicht _____, sondern nur _____. (baden, duschen)
2. Um halb acht _____ sie schnell _____ und ihre Post _____. (frühstücken, öffnen)
3. Um neun war Brigitte dann im Büro und _____ wichtige Briefe _____. (diktieren)
4. Klaus Ziegler war gestern nicht im Büro und _____ deshalb zu Hause _____. (arbeiten)
5. Er _____ die Betten _____, den Toaster _____ und das Mittagessen _____. (machen, reparieren, kochen)
6. Nachmittags _____ er zuerst den Rasenmäher _____ und dann den Rasen _____. (reparieren, mähen)   New words: **Rasenmäher, üben**
7. Robert _____ gestern nachmittag stundenlang Fußball _____, und am Abend _____ er sein Fahrrad _____. (spielen, putzen)
8. Robert _____ seine Hausaufgaben erst spät abends _____. (machen)
9. Nina _____ am Nachmittag Klavier _____ und ihre englischen Vokabeln _____. (üben, lernen)
10. Am Abend _____ Nina dann stundenlang mit Alexander _____. (telefonieren)

Ex. 5-12: Explaining the literal meaning of **Hilfsverb** may help students understand its function.

Review the present tense of **haben** before doing the exercise.

#1: Remind students that **baden** means *to bathe* and *to swim.*

#1: Point out that if a verb in the perfect tense is negated, **nicht** precedes the past participle, but that all other rules for the position of **nicht** still apply.

#1, 2: Point out that an auxiliary is sometimes followed by more than one past participle.

5-13 Morgen, morgen, nur nicht heute …

Complete this common German proverb for students: **Morgen, morgen, nur nicht heute, sagen alle faulen Leute.** Ask students for an equivalent English proverb (e.g., *Don't do today what you can put off until tomorrow*).

deine deutschen Vokabeln lernen

Tennis spielen

S1: Hast du deine deutschen
Vokabeln gelernt?

Ja, was hast du denn gemacht?

S2: Nein, noch nicht.

Ich habe Tennis gespielt.

1.

2.

3.

Klavier üben / Gitarre spielen / den Rasen mähen / Fußball spielen
dein Fahrrad reparieren / mit Monika telefonieren

Give synonym for **Rasen: das Gras.**

4.

5.

6.

---

deinen Koffer packen / Karten spielen / die Fenster putzen / frühstücken
den Hund füttern / Radio hören

Ex. 5-14: This exercise reviews the position of **nicht** as well as position of the verb in dependent clauses.

5-14 Warum Zieglers so vieles nicht gemacht haben.

MUTTI: Warum hast du das Frühstück noch nicht _____? (machen)
Warum hast du das Frühstück noch nicht gemacht?
VATI: Du hast mich zu spät geweckt.
Weil du mich zu spät geweckt hast.

1. ROBERT: Warum hast du gestern nicht Tennis _____? (spielen)
   NINA: Es hat den ganzen Tag geregnet.

2. MUTTI: Warum hast du den Rasen nicht _____? (mähen)
   ROBERT: Vati hat den Rasenmäher nicht repariert.

3. VATI: Warum hast du deine Hausaufgaben nicht _____? (machen)
   NINA: Ich habe mit Alexander telefoniert.

4. VATI: Warum hast du heute kein Abendessen _____? (kochen)
   MUTTI: Ich habe genau wie du den ganzen Tag gearbeitet.

5. MUTTI: Warum hast du den Hund nicht _____? (füttern)
   NINA: Ihr habt kein Hundefutter gekauft.

6. VATI: Warum hat Nina heute nicht Klavier _____? (üben)
   MUTTI: Sie und ich haben heute alle Fenster geputzt.

The perfect tense of irregular verbs

Point out that the past participles of English irregular verbs are usually also characterized by a vowel change, and that they sometimes have the ending -en (e.g., find – found, speak – spoken, forget – forgotten.).

Irregular verbs are a small but frequently used group of verbs. Past participles of these verbs end in **-en**. The verb stem often undergoes a vowel change and sometimes a consonant change as well.

	PREFIX	VERB STEM	ENDING
finden	ge	**fund**	en
nehmen	ge	**nomm**	en
schlafen	ge	schlaf	en

Ask students which of these verbs also have a vowel change in the 2nd and 3rd person singular of the present tense.

New words: **gießen; schneiden; streichen**

The list below shows the past participles of some common irregular verbs.

backen	**gebacken**	schneiden	**geschnitten**
essen	**gegessen**	schreiben	**geschrieben**
finden	**gefunden**	singen	**gesungen**
gießen	**gegossen**	sitzen	**gesessen**
lesen	**gelesen**	sprechen	**gesprochen**
liegen	**gelegen**	streichen	**gestrichen**
nehmen	**genommen**	trinken	**getrunken**
schlafen	**geschlafen**	waschen	**gewaschen**

5-15 Was Eva gestern alles gemacht hat. Hören Sie, was die folgende Bildgeschichte zeigt, und erzählen Sie die Geschichte dann selbst!

Ex. 5-15: Model this **Bildgeschichte** for students before having them produce it. The beginning of each sentence is given so that students do not begin each sentence with **Dann** . . . Students can work in pairs, taking turns narrating the story depicted by the illustrations.

1. **Um halb sieben hat Eva noch im Bett gelegen und geschlafen.** 2. **Um Viertel vor sieben hat sie dann ein Bad genommen.** 3. **Um sieben hat sie eine Tasse Kaffee getrunken und die Zeitung gelesen.** 4. **Dann hat sie ihre Zimmerpflanzen gegossen.** 5. **Später hat sie ein Referat geschrieben.** 6. **Um halb zwölf hat Eva mit Professor Müller gesprochen.** 7. **Um zwölf hat sie mit Kurt zu Mittag gegessen.** 8. **Am Nachmittag hat Eva ihre Wäsche gewaschen.** 9. **Dann hat sie eine Pizza gebacken.** 10. **Später ist sie ein bißchen vor dem Fernseher gesessen.** 11. **Und am Abend hat Eva im Studentenchor gesungen.**

1. Um …	6. Um …
2. Um …	7. Um …
3. Um …	8. Am Nachmittag …
4. Dann …	9. Dann …
5. Später …	10. Später …
	11. Und am Abend …

Ex. 5-16: This exercise contrasts the past participles of regular verbs (**gemacht**) and irregular verbs.

5-16 Morgen, morgen, nur nicht heute . . .

die Blumen gießen

ein Buch lesen

S1: Hast du die Blumen gegossen?   *S2:* Nein, noch nicht.
Ja, was hast du denn gemacht?   Ich habe ein Buch gelesen.

1.

2.

3.

dein Referat schreiben / mit Lisa eine Tasse Kaffee trinken
mit Professor Müller sprechen / ein Stück Kuchen essen
deinen Wagen waschen / die Zeitung lesen

4.

5.

6.

den Zaun streichen / ein Bad nehmen / die Hecke schneiden / vor dem
Fernseher sitzen / einen Kuchen backen / ein bißchen schlafen

The verb *sein* as auxiliary in the perfect tense

Point out that verbs that express a change of location can be regular or irregular.

English always uses the verb *to have* as the auxiliary in the perfect tense. German usually uses **haben**, but for verbs that express a change of location or a change of condition the auxiliary is **sein**.

CHANGE OF LOCATION: **Ist** Sabine schon nach Hause **gegangen**?
Has Sabine gone home already?

Some common verbs that express a change of location:

fahren	**ist gefahren**	kommen	**ist gekommen**
fliegen	**ist geflogen**	reisen	**ist gereist**
gehen	**ist gegangen**		

SINGULAR		PLURAL	
ich	bin gekommen	wir	sind gekommen
du	bist gekommen	ihr	seid gekommen
er/es/sie	ist gekommen	sie	sind gekommen
	Sie sind gekommen		

CHANGE OF CONDITION: Mozart **ist** schon mit fünfunddreißig **gestorben**.
Mozart died at the age of thirty-five.

Was **ist** denn **passiert**?
What happened?

Some common verbs that express a change of condition:

passieren	**ist passiert**	*to happen*
sterben	**ist gestorben**	*to die*
werden	**ist geworden**	*to become*

Two very common verbs use **sein** as an auxiliary although they express neither a change of location nor a change of state:

bleiben, ist geblieben   Warum **ist** Sylvia zu Hause **geblieben**?
Why did Sylvia stay at home?

sein, ist gewesen   **Wo bist** du **gewesen**, Sylvia?
Where have you been, Sylvia?

> **Sprachnotiz:** Past events in conversational situations

To talk about past events in conversational situations, the perfect tense of **sein** is used frequently in Austria, Southern Germany, and Switzerland. In Northern Germany, the simple past (**Wo *warst* du, Sylvia?**) is more common.

Have students do this short conversation in groups of two.

5-17 Opa Ziegler ist gestorben. Brigitte Ziegler ruft ihre Freundin Helga an und erzählt, warum sie und Klaus heute abend nicht zum Essen kommen können. Ergänzen Sie das Telefongespräch mit den folgenden Perfektformen.

---

ist passiert / ist geworden / ist gefahren (2x) /
ist gestorben / ist gekommen

New word: **plötzlich**

BRIGITTE: Du Helga, wir können heute leider nicht zum Abendessen kommen. Klaus _____ gestern spät abends nach Hamburg _____.

HELGA: Seine Eltern leben dort. _____ etwas _____?

BRIGITTE: Opa Ziegler _____ vorgestern ganz plötzlich sehr krank _____.

HELGA: Ist er im Krankenhaus?

BRIGITTE: Ja, und dort _____ er letzte Nacht um zwei _____.

HELGA: Klaus _____ doch hoffentlich nicht zu spät _____?

BRIGITTE: Zum Glück nicht. Er _____ vom Bahnhof direkt ins Krankenhaus _____ und konnte noch ein paar Worte mit Opa sprechen.

Ex. 5-18: Past participles are in boldface because students will have to read them before deciding which auxiliary verb to use.

5-18 Eine Urlaubsreise nach Spanien. Klaus und Brigitte Ziegler waren letzten Sommer in Spanien. Lesen Sie, was Brigitte erzählt, und ergänzen Sie die richtigen Formen von **haben** oder **sein!**

1. Letzten Sommer _____ Klaus und ich mal nicht campen **gegangen,** sondern _____ ohne Kinder nach Spanien **gereist.**

2. Weil wir nur zwei Wochen Urlaub hatten, _____ wir nicht **gefahren,** sondern mit Iberia nach Madrid **geflogen.**

3. Wir _____ zwei Tage in Madrid **geblieben,** und wir _____ dort sehr viel **gesehen.**

New word: **gemietet**

4. Dann _____ wir einen Wagen **gemietet** und _____ an die Costa Dorada **gefahren.**

5. Dort _____ wir jeden Tag zwei- oder dreimal schwimmen **gegangen,** _____ viel Tennis **gespielt** und gut **gegessen.**

6. Nachmittags _____ es oft sehr heiß **geworden,** und wir _____ dann im Hotel **geblieben** und _____ ein paar Stunden **geschlafen.**

7. Abends _____ wir fast immer tanzen **gegangen,** und wir _____ oft sehr spät zu Bett **gegangen.**

8. Morgens _____ wir immer lang **geschlafen** und _____ dann viel und gut **gefrühstückt.**

9. Nach zwei wunderbaren Wochen _____ wir mit Iberia Air wieder nach Frankfurt **geflogen.**

10. Dort _____ wir schnell mit Nina und Robert **telefoniert** und _____ dann den Intercity nach Göttingen **genommen.**

5-19 »Claudias Mittwoch« oder »Das Studentenleben ist schwer!« Hören Sie, was die folgende Bildgeschichte zeigt, und erzählen Sie die Geschichte dann selbst!

Am Mittwoch hat Claudia bis neun geschlafen. Dann . . .

1. Dann . . .
2. Ein bißchen später . . .
3. Dann . . .
4. Dann . . .
5. Von . . . bis . . .
6. Um . . .
7. Dann . . .
8. Um . . .
9. Um . . .
10. Dann . . . . . .
11. Später . . .
12. Dann . . .
13. Zu Hause . . .
14. Um . . .

Ex 5-19: Model this **Bildgeschichte** for students before having them narrate it. Beginnings of sentences are given for more variety of expression.

1. **Dann hat sie ein Bad genommen.** 2. **Ein bißchen später hat sie gefrühstückt.** 3. **Dann hat sie Martin angerufen.** 4. **Dann Claudia zur Uni gefahren.** 5. **Von Viertel nach zehn bis Viertel vor zwölf hatte sie eine Vorlesung.** 6. **Um zwölf hat sie mit Martin zu Mittag gegessen.** 7. **Dann haben Claudia und Martin Tennis gespielt.** 8. **Um vier ist Claudia in die Bibliothek gegangen und hat gelernt.** 9. **Um sechs ist sie mit Martin in eine Pizzeria gegangen.** 10. **Dann sind sie zusammen ins Kino gegangen.** 11. **Später sind sie noch in die Disco gegangen und haben getanzt.** 12. **Dann sind sie nach Hause gefahren.** 13. **Zu Hause ist Claudia ins Bett gegangen und hat noch von eins bis zwei gelesen.** 14. **Um Viertel nach zwei hat Claudia dann wieder fest geschlafen.**

Ask students for the
American/Canadian equivalent of
Bundesland. Sachsen, like
Bayern, is a **Freistaat.** You might
give students some information
about the cities on the map.
Dresden: capital of Sachsen, the
"pearl of Baroque architecture"
before 1945, when it was
completely destroyed by Allied
bombs. **Leipzig:** famous for its
industrial fair (**Mustermesse**), the
city was the center of non-violent
resistance to the Communist
Regime in the former GDR.
Chemnitz: back to its original
name after having the designation
Karl-Marx-Stadt during the
period of the GDR, Chemnitz is a
center for industrial research and
microelectronics. **Zwickau:** the
infamous "Trabi" used to be
produced here; now it's the VW
Polo. Zwickau is also the
birthplace of Robert Schumann.
Meißen: the porcelain produced
here continuously since 1710 is
world famous.

New word: **Lehre.**

ZUM HÖREN

Ein deutscher Einwanderer sucht Arbeit

Hans Keilhau ist 1902 geboren. Von 1909 bis 1917 geht er in die Schule,
und dann macht er eine Lehre. Drei Jahre später ist er fertiger Schlosser
und findet auch gleich Arbeit. Aber dann kommt die große
Wirtschaftskrise, und im Frühjahr 1929 wird Hans arbeitslos. Weil er hört,
daß es in Amerika besser ist, wandert er im Sommer 1930 aus. In
Trenton, New Jersey, findet er Arbeit, aber leider zuerst nicht als
Schlosser. Er lernt dort auch Paul Richter kennen, und die beiden
werden bald gute Freunde. Paul ist auch Schlosser, und er kommt auch
aus Deutschland. Er ist schon fünf Jahre in Trenton und arbeitet bei
Hutton Machine and Tool. Anfang Oktober hört Hans von Paul, daß die
Firma Hutton einen Schlosser sucht. Er geht deshalb gleich zu Huttons
Personalbüro. Der Personalchef ist vor vielen Jahren aus Österreich in
die USA eingewandert und spricht deshalb deutsch. Hören Sie was der
Personalchef und Hans Keilhau miteinander sprechen.

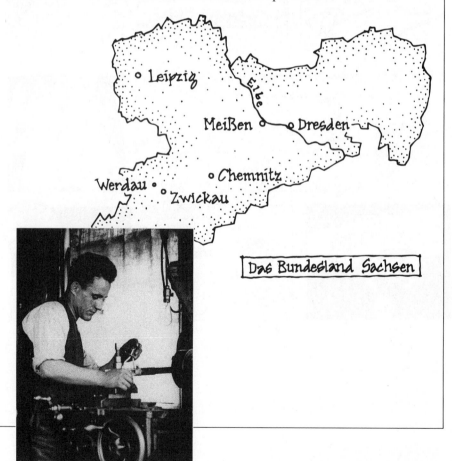

Das Bundesland Sachsen

HANS KEILHAU: Guten Tag.
PERSONALCHEF: Guten Tag. Sie sind Herr Keilhau? HANS KEILHAU: Ja.
PERSONALCHEF: Und Sie sind Schlosser? HANS KEILHAU: Ja, ich habe in Deutschland Schlosser gelernt, und ich habe dann sieben Jahre als Schlosser gearbeitet. PERSONALCHEF: Wo haben Sie gearbeitet? HANS KEILHAU: Zuerst drei Jahre bei Weishart und Co., das ist eine kleine Maschinenfabrik in Werdau…. PERSONALCHEF: In Werdau? Wo ist Werdau? HANS KEILHAU: Etwa siebzig Kilometer südlich von Leipzig.
PERSONALCHEF: Also in Sachsen. Sind Sie Sachse? HANS KEILHAU: Ja, ich bin in Werdau geboren.
PERSONALCHEF: Und dann, wo haben Sie dann gearbeitet? HANS KEILHAU: Dann war ich vier Jahre bei Escher in Leipzig.
PERSONALCHEF: Bei Escher in Leipzig, das ist eine gute Firma. Warum sind Sie dort nicht geblieben? HANS KEILHAU: Escher hatte immer weniger Aufträge, und im Frühjahr 1929 bin ich arbeitslos geworden. Ich habe über ein Jahr lang Arbeit gesucht, aber ich habe nichts gefunden. Deshalb bin ich dann letzten Sommer nach Amerika ausgewandert. PERSONALCHEF: Haben Sie hier Arbeit gefunden? HANS KEILHAU: Ja, aber nicht als Schlosser. Zuerst habe ich ein paar Monate für einen Farmer gearbeitet, und jetzt arbeite ich hier bei Garden State Nurseries als Gärtner. PERSONALCHEF: Warum sind Sie Schlosser geworden, Herr Keilhau? HANS KEILHAU: Mein Großvater war Schlosser, mein Vater war Schlosser, und deshalb habe auch ich Schlosser gelernt. PERSONALCHEF: Ah, Familientradition. Sagen Sie, wer hat Sie zu Hutton Machine and Tool geschickt? HANS KEILHAU: Paul Richter. Er arbeitet hier als Schlosser. Paul ist mein Freund. PERSONALCHEF: Paul Richter ist Ihr Freund? Er ist ein sehr guter Schlosser. Wenn er Sie geschickt hat, sind Sie bestimmt auch gut. Sie können morgen anfangen.

NEUE VOKABELN

Aufträge — *orders*
der Gärtner — *gardener*
schicken — *to send*

5-20 Globalverstehen. In welcher Reihenfolge hören Sie die folgenden Fragen?
New word: **Reihenfolge**

___2___ 1. Wo ist Werdau?
___5___ 2. Haben Sie hier Arbeit gefunden?
___3___ 3. Sind Sie Sachse?
___7___ 4. Sagen Sie, wer hat Sie zu Hutton Machine and Tool geschickt?
___1___ 5. Und Sie sind Schlosser?
___6___ 6. Warum sind Sie Schlosser geworden, Herr Keilhau?
___4___ 7. Warum sind Sie nicht dort geblieben?

5-21 Detailverstehen. Hören Sie das Gespräch im Personalbüro von *Hutton Machine and Tool* noch einmal an, und schreiben Sie die Antworten zu den folgenden Fragen!

1. Wie lange hat Hans Keilhau bei Weishart und Co. gearbeitet?
2. Wo ist diese Firma, und was baut sie?
3. Wie weit ist es von Werdau nach Leipzig?
4. In welchem deutschen Bundesland ist Werdau?
5. Wie lange hat Hans bei Escher in Leipzig gearbeitet?
6. Warum ist er nicht bei Escher geblieben?
7. Was für Jobs hatte Hans in Amerika, bevor sein Freund Paul ihn zu Hutton Machine und Tool geschickt hat?
8. Warum ist Hans Schlosser geworden?
9. Warum denkt der Personalchef, daß Hans ein guter Schlosser ist?
10. Wann kann Hans bei Hutton Machine and Tool anfangen?

Wie man Meister wird

In den deutschsprachigen Ländern muß man für die meisten praktischen Berufe eine Lehre machen. Die Lehrlinge oder Azubis (Auszubildende) bekommen ihre praktische Ausbildung direkt am Arbeitsplatz und gehen für die theoretische Ausbildung ein- oder zweimal in der Woche zur Berufsschule. Nach drei Jahren machen Sie ihre Gesellenprüfung und arbeiten dann in ihrem Beruf. Wenn sie ein paar Jahre lang praktisch gearbeitet und noch mehr Berufsschulkurse genommen haben, können sie die Meisterprüfung machen. Der Titel Meister hat in den deutschsprachigen Ländern viel Prestige, und nur wer Meister ist, darf Lehrlinge ausbilden.
New words: **Ausbildung; Gesellenprüfung**

Point out that up until the late sixties, all unmarried women, regardless of age, received the designation **Fräulein.** However, many women have found this term (literally *little woman*) demeaning, and it has been replaced by the designation **Frau** *(Ms., Mrs.)* for all women over the age of sixteen. Because this role play takes place in the thirties, students will use the term **Fräulein** for historical authenticity.

5-22 Das erste Gespräch. Sie und Ihre Partnerin/Ihr Partner spielen die Rollen von Erna Beck und Hans Keilhau.

Erna Beck ist schon fünf Jahre lang Sekretärin im Personalbüro von *Hutton Machine and Tool.* Ihre Eltern sind 1905 aus Österreich in die USA eingewandert. Erna ist hier in Trenton geboren, sie wohnt noch zu Hause, und sie und ihre Eltern sprechen immer nur deutsch.

Heute war Hans Keilhaus erster Arbeitstag bei *Hutton Machine and Tool.* Als er nach der Arbeit zur Bushaltestelle kommt, steht dort Erna. Er weiß, daß sie Deutsch kann, denn er hat gestern gehört, wie sie am Telefon mit jemand deutsch gesprochen hat. Die beiden grüßen einander und beginnen, miteinander zu sprechen. Sie sagen natürlich »Sie« zueinander und »Fräulein Beck« und »Herr Keilhau«.

Erna Beck möchte wissen,

- wie Hans Keilhaus erster Arbeitstag bei Hutton war.
- woher er ist.
- wo Werdau ist.
- warum er ausgewandert ist.
- wo und wie er wohnt.
- …

Hans Keilhau möchte wissen,

- ob Erna Beck schon lang im Personalbüro arbeitet.
- woher sie so gut Deutsch kann und ob sie in Deutschland geboren ist.
- ob sie noch zu Hause wohnt.
- was sie am Wochenende macht.
- …

5-23 Uni kontra Lehre. Schauen Sie das Schaubild »Uni kontra Lehre« an. Warum haben deutsche Arbeitgeber heutzutage viel mehr Probleme genug Lehrlinge zu finden als im Jahr 1985?

5-24 Zwei Anzeigen. Wenn deutsche Arbeitgeber heutzutage Lehrlinge finden wollen, müssen sie oft sehr viel bieten. Schauen Sie die beiden Anzeigen an, und finden Sie heraus, wer was bietet. Schreiben Sie »Z« für die Zahnärzte und »H« für das Hotel.

New word: **bieten**

_____ freies Essen und Wohnen
_____ viel Urlaub
_____ ein Zimmer für jeden Lehrling
_____ freie Abende und Wochenenden
_____ eine kleine Wohnung
_____ sehr gute Bezahlung
_____ zwei freie Tage pro Woche

Junges Zahnarztteam sucht ab sofort:

Auszubildende zur Zahnarzthelferin

Wir bieten: geregelte Arbeitszeit, großzügige Urlaubsregelung, 1-Zi.-Wohnung in Praxisnähe. Senden Sie Ihre Bewerbung an:

ZÄ E. Fladda / Dr. Duckwitz Stuttgarter Str. 107 W-7000 Stuttgart 30

Gasthof Traube,
6361 Hopfgarten / Tirol, sucht ab Mitte Mai

Zahlkellnerin (Kellner)
auch zum Anlernen

Jungkoch Koch-Kellnerlehrlinge
Kost und Logis frei, Einzelzimmer, sehr gute Entlohnung, 5-Tage-Woche.

Wir freuen uns auf Ihren Anruf ab Montag, 4. 5. 1992 unter

Tel. 0 53 35 / 22 08,
Fam. Salvenmoser.

FUNKTIONEN UND FORMEN 2

Students already know how to form past participles of regular and irregular verbs. Point out that the separable prefix is simply affixed to the front of the participle of the base verb.

Ask students which of these verbs is regular, which is irregular, and why. What is different about the past participle of **ausprobieren** and why?

● 3 More on the past

Verbs with separable prefixes in the perfect tense

Separable-prefix verbs can be regular or irregular. The prefix is not separated in the past participle. It is affixed to the past participle of the base verb.

INFINITIVE	PAST PARTICIPLE
anhören	**an**gehört
ausprobieren	**aus**probiert
aufstehen	**auf**gestanden

5-25 Was hast du letzte Woche gemacht?

	du am Samstag		mein neues Surfbrett ausprobieren
S1:	Was hast du am Samstag gemacht?	*S2:*	Da habe ich mein neues Surfbrett ausprobiert.

1. du am Sonntag vormittag

3. ihr am Sonntag abend

2. ihr am Sonntag nachmittag

4. du am Montag früh

---

bis nachts um eins fernsehen / schnell mein Referat fertigschreiben /
erst um elf aufstehen / im Englischen Garten spazierengehen

---

5. ihr am Dienstag abend

6. ihr am Mittwoch nachmittag

7. du am Donnerstag abend

8. ihr am Freitag abend

---

alle zusammen ausgehen / im Studentenchor mitsingen
bei Karstadt Kleider anprobieren / Radio anhören

The perfect tense of verbs with inseparable prefixes

Many regular and irregular verbs have inseparable prefixes. The three most common inseparable prefixes are **be-**, **er-**, and **ver-**. The past participle of verbs with inseparable prefixes does not add **ge-**.

INFINITIVE	PERFECT TENSE	
bekommen	**hat bekommen**	*to get, to receive*
besuchen	**hat besucht**	*to visit*
bezahlen	**hat bezahlt**	*to pay*
erklären	**hat erklärt**	*to explain*
ertrinken	**ist ertrunken**	*to drown*
erzählen	**hat erzählt**	*to tell (a story)*
verdienen	**hat verdient**	*to earn*
verkaufen	**hat verkauft**	*to sell*
verstehen	**hat verstanden**	*to understand*

5-26 Ein interessanter Sommer. Was paßt wo?

---

erzählt / verkauft / bekommen / ertrunken /
verdient / besucht / bezahlt / verstanden

Letzten Januar habe ich von meiner Kusine Kathrin in Düsseldorf einen langen
Brief _____. Sie wollte, daß ich endlich mal nach Deutschland komme, und so
bin ich dann Ende Mai nach Düsseldorf geflogen und habe sie _____. Kathrin
hat eine Jeans-Boutique, und im Juni und Juli haben wir dort zusammen
Designer-Jeans _____. Ich habe in diesen zwei Monaten fast viertausend Mark
_____, denn Kathrin hat mich sehr gut _____. Im August haben wir dann
zusammen in Bayern Urlaub gemacht. In Neuschwanstein sind wir mit einer
Gruppe von Touristen durch das Schloß gewandert. Unser Führer hat uns viel
von Ludwigs Leben _____, und wie der verrückte König auf mysteriöse Weise
im Starnberger See _____ ist. Ich habe übrigens fast jedes Wort _____, denn ich
habe mit Kathrin natürlich immer nur Deutsch gesprochen.

Mixed verbs

There is a small group of verbs that have characteristics of both the regular and
the irregular verbs. The past participle of these mixed verbs has a stem change
like an irregular verb, and it ends in **-t** like a regular verb. Six common verbs in
this group are:

INFINITIVE	PERFECT TENSE	
bringen	**hat gebracht**	*to bring*
denken	**hat gedacht**	*to think*
kennen	**hat gekannt**	*to know (be acquainted with)*
nennen	**hat genannt**	*to name, to call*
rennen	**ist gerannt**	*to run*
wissen	**hat gewußt**	*to know (a fact)*

Note that **gedacht** and **gerannt**
are used twice.

5-27 Der falsche Monat. Was paßt wo?

---

gedacht / gekannt / gebracht/ gerannt / gewußt

Tina und ich haben einander schon als Kinder _____, und wir haben noch nie
vergessen, einander zum Geburtstag zu gratulieren.

Heute morgen habe ich beim Frühstück meinen Kalender angeschaut und
gesehen, daß es der fünfzehnte ist. »Der fünfzehnte?!« habe ich _____, »das ist
doch Tinas Geburtstag!«, und ich bin schnell zum nächsten Blumengeschäft
_____. Dort habe ich einundzwanzig rote Rosen gekauft, denn ich habe
natürlich genau _____, daß Tina dieses Jahr einundzwanzig wird. Vom
Blumengeschäft bin ich dann direkt zum Studentenheim _____. Dort hat Tina
meine einundzwanzig Rosen verwundert angeschaut und hat gefragt: »Warum
hast du denn einundzwanzig rote Rosen _____? Hast du _____, daß ich heute
einundzwanzig werde?« »Klar«, habe ich gesagt, »heute ist doch der
fünfzehnte.« »Da hast du recht«, hat Tina gelacht, »der Tag ist richtig, aber der
Monat ist falsch. Mein Geburtstag ist nämlich nicht im Juni, sondern im Juli.«

5-28 Was hast du letzten Samstag gemacht? Fragen Sie einander, was Sie letzten Samstag gemacht haben. Erzählen Sie dann, was Sie herausgefunden haben.

> *S1:* Was hast du letzten Samstag gemacht?
> *S2:* Letzten Samstag bin ich um _____ aufgestanden.
> *S1:* Und dann?
> *S2:* ...

• 4 Indicating direction away from and toward

Hin and *her* as directional suffixes and prefixes

You already know that **hin** and **her** are used as suffixes with the question word **wo**.

Wo bist du?	*Where are you?*
Wohin gehst du?	*Where are you going (to)?*
Woher kommst du?	*Where are you coming from?*

Hin indicates motion or direction away from the speaker.

Her indicates motion or direction toward the speaker.

The question words **wohin** and **woher** are often split. The question then begins with **wo** and ends with **hin** or **her**.

> **Wo** gehst du **hin**?
> **Wo** kommst du **her**?

Hin and **her** are also used as separable prefixes of verbs, or may be combined with other separable prefixes.

LISA:	Nimmst du ein Taxi zum Flughafen?	*Are you taking a taxi to the airport?*
TINA:	Nein, Ralf **fährt** mich **hin.**	*No, Ralf **is driving** me **(there)***
GABI:	Wie bist du denn so schnell **heimgekommen?**	*How did you **get home** so fast?*
ANNA:	David hat mich hergefahren.	*David **drove** me **(here).***
KURT:	Sollen wir **hineingehen?**	*Should we go in?*
EVA:	Nein, wir warten lieber, bis Dieter **herauskommt.**	*No, we'd better wait until Dieter **comes out.***

5-29 Was sagen diese Leute?

herunterfallen

Passen Sie auf, daß Sie nicht _____!
Passen Sie auf, daß Sie nicht herunterfallen!

1.

Passen Sie auf, daß Sie nicht _____!

3.

Warum _____ Sie denn nicht _____?

2.

Keine Angst! Wir _____ Sie gleich _____.

4.

Warum _____ Sie denn nicht _____?

heraufziehen / herüberspringen / hinüberspringen / hinunterfallen

5.

_____ Sie sofort _____!

7.

Sollen wir _____?

6.

_____ Sie doch _____, bitte!

8.

_____ Sie sofort _____!

herauskommen / hereinkommen / hineingehen / hinausgehen

In colloquial German, the prefixes **hinaus-, herein-, hinauf-, herunter-,** etc. are (somewhat illogically) abbreviated to **raus-, rein-, rauf-, runter-,** etc.

Sollen wir **hineingehen,** oder sollen wir warten, bis Dieter herauskommt?

Sollen wir **reingehen,** oder sollen wir warten, bis Dieter **rauskommt?**

● 5 Writing personal letters

There are certain conventions in writing letters. In German, dates are written as follows: **München, den 5. Oktober 1994.** Note that the article appears in the accusative case and that there is no comma between the month and the year.

All personal pronouns and possessive adjectives that refer to the person or persons addressed in the letter are capitalized (*Du, Ihr, Dein, Euer*).

Writing a personal letter is considered a conversational situation. The writer can therefore use the perfect tense to relate past events. (But remember that modals and **haben** and **sein** are typically used in the simple past tense.)

5-30 Stephanie schreibt nach Hause. Ergänzen Sie Stephanies Brief! Verwenden Sie Partizipien und die korrekten Formen von **haben, sein, können, und müssen!**

München, den 5. Oktober 1994

Liebe Eltern und lieber Opa,

heute früh kurz vor acht ist mein Flugzeug in München _____ (landen). Ich _____ (müssen) nur wenige Minuten auf meine Koffer warten, aber weil ich nicht gleich ein Taxi bekommen _____ (können) _____ (sein) ich erst kurz nach zehn im Studentenheim. Meine Zimmerkollegin heißt Claudia. Sie ist vier Jahre älter als ich, kommt aus Hamburg und ist sehr nett. Sie hat viel _____ (fragen), und ich habe meine Koffer _____ (auspacken), und _____ (erzählen). Um eins _____ (haben) wir beide Hunger und sind in die Stadt _____ (gehen). Wir haben gut zu Mittag _____ (essen) haben dann noch einen Stadtbummel _____ (machen) und sind erst spät nachmittags wieder ins Studentenheim _____ (zurückkommen) München ist eine tolle Stadt, und es gibt schon jetzt so viel zu erzählen. Aber ich habe letzte Nacht im Flugzeug keine Sekunde _____ (schlafen) und bin deshalb todmüde. Weil wir noch gar nichts _____ (einkaufen) haben, müssen wir jetzt noch schnell zum Abendessen in die Cafeteria, und dann gehe ich sofort ins Bett. Morgen oder übermorgen bekommt Ihr einen viel längeren Brief, und Du, Mutti, bekommst einen Extrabrief auf englisch.

Viele liebe Grüße
Eure   Stephanie

Point out that the writer always signs off with Dein (e), Ihr (e) or Eur (e) before his or her name.

ZUSAMMENSCHAU

Zusammenschau. (Characters: Martin, Mrs. Borg)

MARTIN: [*Knocks*] FRAU BORG: Herein! MARTIN: Guten Tag. FRAU BORG: Guten Tag. Bitte schön? MARTIN: Mein Name ist Keller. Ich suche einen Ferienjob. FRAU BORG: Einen Ferienjob. Für wie lange? MARTIN: Ja, so von jetzt bis Mitte Oktober. FRAU BORG: Drei Monate also. MARTIN: Ja. FRAU BORG: Ja, Herr Keller, warum sind Sie denn da nicht früher gekommen? MARTIN: Ich habe heute vormittag noch meine letzte Prüfung geschrieben. - Sie haben nichts mehr? Gar nichts? FRAU BORG: Im Moment nicht, nein. MARTIN: Auch keine Tagesjobs? Ich habe kein Geld mehr, wissen Sie, und arbeite auch gern tageweise. FRAU BORG: Tagesjobs? Doch, ja. Zum Beispiel hier: morgen und übermorgen, also Donnerstag und Freitag, von morgens neun bis nachmittags um fünf oder sechs. Gartenarbeit: den Rasen mähen, den Zaun streichen, die Hecke schneiden. Fünfzehn Mark die Stunde. Interessiert Sie das? MARTIN: Ja, sicher. FRAU BORG: Hier ist die Adresse: Frau Barbara Fischer, Panoramastraße 23. Telefon: 98 67 43. MARTIN: Gut, danke. Ich rufe gleich dort an. FRAU BORG: Sagen Sie mal, Herr Keller, was für Arbeitserfahrung haben Sie? MARTIN: Mein Vater ist Maler, und ich habe schon oft für ihn gearbeitet. FRAU BORG: Sie haben als Maler gearbeitet? Das ist gut. Für einen Maler gibt es immer Arbeit. Vielleicht können Sie mich dann jeden Tag kurz anrufen, ja? MARTIN: Ja, natürlich, ja. Und vielen Dank auch. FRAU BORG: Bitte schön.

 ## ZUM HÖREN

Martin sucht einen Ferienjob

Es ist Mitte Juli, Martin hat heute vormittag seine letzte Prüfung geschrieben, und weil er Geld braucht, sucht er einen Ferienjob. Weil Claudia in München einen Ferienjob gefunden hat, möchte Martin diesen Sommer in München bleiben. Er geht deshalb zum Studentenwerk.

NEUE VOKABELN

tageweise	*by the day*
zum Beispiel	*for example*
den Zaun streichen	*painting the fence*
die Hecke schneiden	*clipping the hedge*
die Arbeitserfahrung	*work experience*
der Maler	*painter*

5-31 Globalverstehen. In welcher Reihenfolge hören Sie das?

_2_	Warum sind Sie denn da nicht früher gekommen?
_8_	Ja, natürlich, ja. Und vielen Dank auch.
_5_	Interessiert Sie das?
_3_	Sie haben nichts mehr? Gar nichts?
_7_	Für einen Maler gibt es immer Arbeit.
_1_	Einen Ferienjob? Für wie lange?
_6_	Was für Arbeitserfahrung haben Sie?
_4_	Auch keine Tagesjobs?

5-32 Detailverstehen. Hören Sie das Gespräch zwischen Frau Borg und Martin noch einmal, und beantworten Sie die folgenden Fragen!

1. Von wann bis wann will Martin arbeiten?
2. Warum ist Martin nicht früher zum Studentenwerk gegangen?
3. Warum arbeitet Martin auch gern tageweise?
4. Was für Arbeit hat Frau Borg für Martin am Donnerstag und Freitag? Was muß er da zum Beispiel tun?
5. Von wann bis wann soll Martin an diesen Tagen arbeiten?
6. Wieviel kann er da pro Stunde verdienen?
7. Wen will Martin gleich anrufen, und was ist die Telefonnummer?
8. Was für Arbeitserfahrung hat Martin?
9. Warum findet Frau Borg das so gut?
10. Was soll Martin von jetzt ab jeden Tag tun?

5-33 Ich suche einen Ferienjob.

Personen: Frau/Herr Borg vom Studentenwerk

Alexandra/Alexander Schneider, Studentin/Student

Ask students what form of address would be used in this situation. Work through the two role descriptions with students before having them do the role play.

ROLLE 1: Frau/Herr Borg

Sie arbeiten schon viele Jahre beim Studentenwerk. Wenn Studenten kommen und einen Job suchen, wollen Sie immer zuerst wissen,

- wie sie heißen,
- wie alt sie sind,
- was ihre Telefonnummer ist,
- was für Arbeitserfahrung sie haben.

Erst dann schauen Sie Ihre Jobliste an. Für Alexandra/Alexander Schneider finden Sie dort die folgenden beiden Jobs:

ROLLE 2: Alexandra/Alexander Schneider.

Sie haben gestern Ihre letzte Prüfung geschrieben. Weil Sie fast kein Geld mehr haben, brauchen Sie so schnell wie möglich einen Ferienjob, und Sie gehen deshalb zum Studentenwerk. Ihre Arbeitserfahrung:

- Sie waren letzten Sommer in England und haben dort als Koch gearbeitet. Sie sprechen deshalb auch sehr gut Englisch.
- Sie spielen Gitarre und haben schon in ein paar Rockgruppen mitgespielt (Country Rock).
- Sie tippen sehr gut und haben Erfahrung mit IBM und mit Macintosh.
- Ihre Telefonnummer ist 75 89 34.

ARBEITGEBER: Rockgruppe »Rodeo Rock«	ARBEITGEBER: Heller Export & Import
ORT: München-Schwabing	ORT: München
JOB: Gitarrist	JOB: Bürohilfe (Computererfahrung, gute Englischkenntnisse)
ZEIT: Jedes Wochenende, Juli bis Oktober	ZEIT: August und September
BEZAHLUNG: DM 100,00 pro Abend	BEZAHLUNG: DM 20,00 die Stunde

5-34 Liebe Eltern, . . . Sie haben einen Ferienjob gefunden. Schreiben Sie einen kurzen Brief nach Hause, und erzählen Sie, wie Sie den Job gefunden haben, und was Sie alles tun müssen.

> **Sprachnotiz: The expression *Bitte schön*.**
>
> **Bitte schön?** is often used by salespersons, serving personnel, or receptionists to mean *May I help you?* or *What would you like?*
>
> Guten Tag. **Bitte schön?** *Hello. May I help you?*
>
> **Bitte schön!** or just **Bitte!** is also used as a response to **Danke!** or **Vielen Dank!** to mean *You're welcome!* or *Don't mention it!*
>
> Vielen Dank für Ihre Hilfe! *Thanks a lot for your help!*
> **Bitte schön!** *You're welcome!*

Aus Christian Köchlings Tagebuch

Christian Köchling hat in Dresden Goldschmiedearbeit gelernt und hat dann vier Jahre lang für einen Leipziger Goldschmied gearbeitet. 1929 ist er arbeitslos geworden, und im Sommer 1930 ist er nach Kanada ausgewandert. Die folgenden Auszüge[1] aus Christians Tagebuch zeigen, was für ein hartes Leben viele Auswanderer hatten.

An Bord der Karlsruhe,[2] den 4. 7. 30

Habe in Bremen mit Hunderten von Menschen in Lloyds Auswandererheim gewohnt. Sind am 1. Juli früh morgens nach Bremerhaven gefahren und dort sofort aufs Schiff gegangen. Zuerst wunderbares Wetter, aber im Englischen Kanal ist es stürmisch geworden, und wir waren alle seekrank.

Bremen, d. 28. 6. 1930

Nach langer, schöner Bahnfahrt[3] durch den Harz über Hannover endlich in Bremen angekommen. Ganz Europa ist hier vertreten,[4] doch die Mehrzahl[5] sind Deutsche —— Handwerker, Kaufleute, Ingenieure u. Landwirte.[6] Nicht alle reisen wie wir nach Canada.

Im Zug von Montreal nach Toronto, den 16. 7. 30

Sind am 11. 7. in Halifax angekommen und waren nach 29-stündiger Zugfahrt
endlich in Montreal. Die neue Welt hat uns nicht sehr freundlich empfangen.[7]
In Montreal haben wir überall gehört: »Was wollt ihr denn hier? Wir haben
doch selbst keine Arbeit.« Warum hat man uns das nicht gleich in Deutschland
gesagt? In Toronto soll es besser sein. Sind deshalb heute früh gleich
weitergefahren. Habe nur noch 25 Dollar, denn Montreal war sehr teuer: $1.-
für eine Übernachtung mit Frühstück! Hoffentlich brauchen sie in Toronto
einen guten Goldschmied.

Watford, den 7. 8. 30 (Sonntag), bei Farmer Robertson

Arbeite schon über eine Woche auf einer Farm bei Watford, denn in Toronto
war es auch nicht besser als in Montreal. War fast zwei Wochen in Toronto und
hatte nur noch 4 Dollar. Habe gehört, bei London braucht man im
Spätsommer viele Farmarbeiter. Bin deshalb nach London gefahren und habe
gleich Arbeit gefunden. Aber was für eine Arbeit für einen Goldschmied! Mist[8]
laden von morgens bis abends, und nur fürs Essen und ein schlechtes Bett! Bin
aber doch Gott dankbar[9], daß ich wenigstens nicht hungern muß.

Bei Kenora, den 15. 12. 1930

Im Winter gibt's bei Farmern keine Arbeit. Bin deshalb jetzt Holzfäller[10] hier im
kanadischen Norden. Es ist schon sehr kalt, und die Arbeit ist schwer, aber ich
bin Gott sei Dank jung und gesund. Verdiene endlich ein bißchen Geld und
arbeite oft auch abends, wenn meine Arbeitskollegen Karten spielen oder
schlafen: mache für sie die Äxte scharf oder wasche ihre Socken (10 Cent für
eine Axt oder ein Paar Socken). Bis nächstes Frühjahr kann ich vielleicht so viel
zusammensparen,[11] daß ich in Toronto eine kleine Werkstatt aufmachen und
wieder als Goldschmied arbeiten kann.

[1]excerpts   [2][name of the ship]   [3]train trip   [4]represented   [5]majority   [6]farmers
[7]didn't welcome   [8]manure   [9]thankful   [10]lumberjack   [11]save up

5-35 Was ist die richtige Antwort? Sie hören sieben Fragen zu *Aus Christian
Köchlings Tagebuch* Haken Sie die richtigen Antworten ab.

1. _____ Aus ganz Europa.
   ✓ Aus Deutschland.
2. ✓ Von Bremerhaven.
   _____ Von Karlsruhe.
3. ✓ Weil es so stürmisch war.
   _____ Weil das Wetter so wunderbar war.
4. _____ In Montreal.
   ✓ In Halifax.
5. ✓ Weil viele Kanadier selber keine Arbeit hatten.
   _____ Weil er kein guter Goldschmied war.
6. ✓ Nur das Essen und ein schlechtes Bett.
   _____ Nur vier Dollar pro Tag.
7. _____ Er hat Karten gespielt oder geschlafen.
   ✓ Er hat für seine Kollegen gearbeitet und Geld verdient.

1.Woher waren die meisten
Auswanderer? 2. Von wo ist
Christians Schiff nach Kanada
gefahren? 3. Warum sind die
Auswanderer auf dem Schiff alle
seekrank geworden? 4. Wo in
Kanada ist Christians Schiff
gelandet? 5. Warum hat Christian
in Toronto keine Arbeit gefunden?
6. Was hat Christian bei Farmer
Robertson für seine Arbeit
bekommen? 7. Im Winter hat
Christian im Norden von Kanada
als Holzfäller gearbeitet. Was hat
er da am Abend gemacht?

◼ Wörter im Kontext 2

● Nomen

der Arbeitgeber, -	employer
die Arbeitserfahrung, -en	work experience
die Ausbildung, -en	training; education
der/die Auszubildende, -n	apprentice
der/die Azubi, -s	apprentice
der Bäcker, -	baker
der Beruf, -e	occupation
die Bezahlung, -n	pay, wages
die Bushaltestelle, -n	bus stop
der Ferienjob, -s	summer job
der Fleischer, -	butcher
der Gärtner, -	gardener
das Geschäft, -e	store; business
das Handwerk, -e	trade; craft
die Lehre, -en	apprenticeship
der Lehrling, -e	apprentice
der Maler, -	painter
der Meister, -	master; master craftsman
der Personalchef, -s	personnel manager
die Prüfung, -en	exam
das Studentenwerk	student center
der Tagesjob, -s	job for a day
das Tagebuch, ̈er	diary
die Blume, -n	flower
die Hecke, -n	hedge
der Rasen, -	lawn
der Rasenmäher, -	lawnmower
der Zaun, ̈e	fence
die Zimmerpflanze, -n	house plant

Re **Zaun:** Remind students that a German **z** is often a *t* in the related English word: **zehn** – *ten,* **zwölf** – *twelve,* **Zunge** – *tongue.* Ask them to apply this principle to **Zaun** and then to figure out how *town* and **Zaun** are related in meaning.

Point out that people in the German-speaking countries like their privacy and that most yards are enclosed by fences or hedges.

● Verben

aus•bilden	to train
bringen, hat gebracht	to bring
erklären	to explain
füttern	to feed
gießen, hat gegossen	to water
mähen	to mow
mieten	to rent
öffnen	to open
passieren, ist passiert	to happen
rennen, ist gerannt	to run
schicken	to send
sterben, ist gestorben	to die
üben	to practice
verkaufen	to sell
verstehen, hat verstanden	to understand
warten auf + acc.	to wait
wecken	to wake (someone) up

Point out that in the vocabularies of this text the past participles of irregular verbs are listed with the auxiliary verb.

● Andere Wörter

einander	each other, one another
heutzutage	nowadays
hoffentlich	hopefully, I hope so
noch einmal, nochmal	(over) again, once more
plötzlich	suddenly
selbst, selber	myself, yourself, herself, etc.
sicher	certainly
sofort	immediately
tageweise	by the day
übermorgen	the day after tomorrow
vorgestern	the day before yesterday

● Ausdrücke

Bitte schön?	May I help you?
Bitte schön!	You're welcome.
zum Beispiel (z.B.)	for example (e.g.)
zum Glück	luckily

5-36 Was paßt zusammen?

1. Lehrlinge
2. Einen Rasen
3. Postkarten
4. Fenster
5. Zäune

6. Hunde und Katzen
7. Eine Wohnung
8. Prüfungen
9. Ein Handwerk
10. Hecken

a. mäht man.
b. öffnet man.
c. bildet man aus.
d. streicht man.
e. schickt man.

f. schreibt man.
g. füttert man.
h. schneidet man.
i. mietet man.
j. lernt man.

5-37 Lehre oder Studium?

Lehre / Azubis / Handwerk / Arbeitserfahrung / Lehrlinge

Im Jahr 1985 hat es in Deutschland 2,21 Millionen _____ und nur 1,47 Millionen Studenten gegeben, und heute gibt es in Deutschland mehr Studenten als _____. Viele Arbeitgeber brauchen aber mehr Frauen und Männer mit praktischer _____ als Leute mit Universitätsausbildung. Deshalb machen heutzutage immer mehr Studenten nach dem Studium auch noch eine _____ und lernen ein _____ oder einen anderen praktischen Beruf.

5-38 Markus muß jetzt den Bus nehmen.

---
geweckt / warten / gerannt / verkauft

Weil Markus Geld braucht, hat er vorgestern seinen Wagen _____. Gestern hat sein Vater ihn dann nicht um sieben, sondern schon um halb sieben _____, und um halb acht ist Markus zur Bushaltestelle _____. Aber leider war der Bus schon weg, und Markus mußte fast eine halbe Stunde auf den nächsten Bus _____.

5-39 Was ist hier identisch? Lesen Sie die folgenden Sätze laut, und finden Sie heraus, welche zwei Sätze in jeder Gruppe fast das gleiche sagen!

1. Ich finde das sehr interessant.
   Ich verstehe das nicht ganz.
   Erklär das doch bitte ein bißchen besser!
2. Bei Huber & Co. bekommen die Lehrlinge eine tolle Ausbildung.
   Bei Huber & Co. sind die Azubis besser als die Meister.
   Die Firma Huber & Co. bildet Ihre Lehrlinge sehr gut aus.
3. Wenn ich gut verdiene, nehme ich auch Tagesjobs.
   Wenn die Bezahlung gut ist, arbeite ich auch tageweise.
   Wenn es keinen besseren Job gibt, arbeite ich auch tageweise.

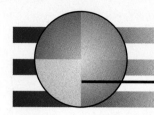

WORT, SINN UND KLANG

Predicting gender

The gender of many German nouns is indicated by their suffixes. Here are some examples.

- Nouns with the suffixes **-or** and **-ent** are masculine.

  der Profess**or**
  der Stud**ent**

Ask students for English examples of these so-called *agent nouns*, e.g., to work/worker, to wash/washer, to sell/seller.

- Nouns with the suffix **-er** that are derived from verbs are always masculine.

  arbeiten   **der** Arbeit**er**
  fernsehen   **der** Fernseh**er**

- Nouns with the suffix **-in** added to a masculine noun are feminine.

  die Professor**in**
  die Student**in**
  die Arbeiter**in**

- Nouns with the suffix **-ment** are almost always neuter.

  das Instru**ment**
  das Experi**ment**
  das Argu**ment**

- Nouns with the diminutive suffixes **-chen** and **-lein** are neuter. These two suffixes (compare English **-let** in starlet, booklet, and piglet) can be affixed to virtually every German noun to express smallness. This also explains why both **Mädchen** (*girl*) and **Fräulein** (*Miss, young lady*) are neuter.

  der Tisch   *table*   **das** Tisch**lein**   *little table*
  die Schwester   *sister*   **das** Schwester**chen**   *little sister*

The vowels **a**, **o**, **u**, and the diphthong **au** are umlauted when a diminutive suffix is added to the noun. Remember that with the diphthong **au** it is the **a** that is umlauted:

  der Bruder   *brother*   **das** Brüder**chen**   *little brother*
  das Haus   *house*   **das** Häus**chen**   *little house*

5-40 Der, das, oder die? Say the following nouns with their definite articles. If a noun has a corresponding feminine form, give that form and the corresponding article.

Re #5, Verkäufer: Point out that some agent nouns take an umlaut. Other examples: anfangen/Anfänger, backen/Bäcker, tanzen/Tänzer.

1. Präsident	6. Direktor	11. Kätzchen	16. Projektor
2. Element	7. Assistent	12. Besucher	17. Patient
3. Mäuschen	8. Fahrer	13. Dokument	18. Ornament
4. Motor	9. Kompliment	14. Agent	19. Inspektor
5. Verkäufer	10. Fischlein	15. Autor	20. Lautsprecher

Words as chameleons: *ganz*

The word **ganz** occurs very frequently, especially in conversational German. Depending on the context, it can have any one of the following meanings: *all, all of, whole, very, quite,* or *completely.*

5-41 What is the correct English equivalent of **ganz** in each of the sentences below?

1. Meine Eltern haben nur ein ganz kleines Haus. (*whole / very / all*)
2. Ich habe ganz vergessen, wann das Konzert beginnt. (*all of / very / completely*)
3. Letzten Sommer sind wir durch ganz Europa getrampt. (*all of / quite / very*)
4. Keinen Zucker, bitte, und nur ganz wenig Milch. (*completely / all / very*)
5. Bist du ganz allein durch Europa gereist? (*quite / all / whole*)
6. Ich glaube, du verstehst das nicht ganz. (*quite / very / whole*)
7. Ralf hat wieder den ganzen Kuchen gegessen. (*completely / whole / quite*)
8. Ralf spricht viel zu viel, aber sonst ist er ganz nett. (*all / quite / completely*)
9. Die Suppe ist schon ganz kalt. (*whole / all of / completely*)

Zur Aussprache

The diphthongs

A diphthong is a combination of two vowel sounds. There are three diphthongs in German. The diphthong **ei** (also spelled **ey, ai, ay**) is pronounced like the *i* in *mine.*

5-43 Hören Sie gut zu und wiederholen Sie!

e**i**ns	Herr M**ey**er
zw**ei**	Herr S**ai**ler
dr**ei**	Herr B**ay**er

H**ei**ke B**ay**er und H**ei**nz Fr**ey** h**ei**raten am zw**ei**ten M**ai**.

The diphthong **au** is pronounced like the *ou* in *house.*

l**au**fen	k**au**fen	s**au**fen
B**au**er	M**au**er	s**au**er
bl**au**	br**au**n	gr**au**

P**au**l, du bist zu l**au**t. Ich gl**au**be, du bist bl**au**.

Point out that "blau" means drunk.

The diphthong **eu** (also spelled **äu**) is pronounced like the *oy* in *boy.*

h**eu**te	t**eu**er	n**eu**
Fr**äu**lein	H**äu**schen	M**äu**schen

Wer ist Fr**äu**lein Z**eu**ners n**eu**er Fr**eu**nd?
Ein Verk**äu**fer aus Bayr**eu**th.

Re Bayreuth: Point out that Bayreuth is the home of the **Bayreuther Festspiele,** the annual Richard Wagner Opera

KAPITEL 6

Feste und Feiertage

● **Kommunikationsziele**

Talking about birthdays and holidays
Buying and giving gifts
Purchasing and returning merchandise
Expressing personal tastes

● **Strukturen**

The dative case

Word order: sequence of objects

● **Kultur**

Holidays and celebrations in the German-
speaking countries
Gifts and gift-giving

Leute: Margarete Steiff

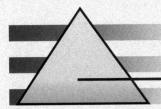

VORSCHAU

Das Geburtstagsgeschenk

NICOLE: Du, Maria, was kann man denn einem dreizehnjährigen Jungen zum Geburtstag schenken?

MARIA: Ah, deine Mutter hat dir geschrieben, daß dein Bruder Geburtstag hat. Schenk ihm doch eine Armbanduhr. Oder eine CD. Was hört er denn gern? Oder kauf ihm ein Computerspiel. Ja, einem Dreizehnjährigen schenkt man heutzutage Computerspiele!

NICOLE: Das hat David alles schon, und außerdem ist mir ein gutes Computerspiel viel zu teuer.

MARIA: Dann gehen wir doch zum KaDeWe! Wenn wir sehen, was es alles gibt, fällt uns bestimmt etwas ein.

Beim KaDeWe

Als Maria und Nicole zum KaDeWe kommen, hat dort gerade der Winterschlußverkauf begonnen, und über die Lautsprecheranlage hören Sie, daß die Preise in allen Abteilungen stark reduziert sind.

Die beiden Freundinnen gehen schnell in die Damenabteilung, und eine Stunde später hat Maria eine schicke warme Winterjacke, und Nicole hat fast ihr ganzes Geld für einen eleganten schwarzen Pulli ausgegeben.

»Wie soll ich mit den paar Mark meinem Bruder etwas zum Geburtstag kaufen?« sagt sie und schaut ein bißchen beschämt in ihre Geldtasche.

Aber Maria hat auch jetzt eine Lösung. »Kauf ihm doch eine lustige Geburtstagskarte«, sagt sie »und mit dieser Karte zusammen schickst du ihm einen Schuldschein mit den Worten: »Lieber David, ich schulde Dir ein Geburtstagsgeschenk. Du bekommst es in ein paar Wochen, wenn ich wieder Geld habe.«

🎞 ZUM HÖREN

6-1 Richtig oder falsch? Sie hören die beiden Texte auf Seite 185 und nach jedem Text ein paar Aussagen. Entscheiden Sie, ob diese Aussagen **richtig** oder **falsch** sind.

Das Geburtstagsgeschenk		**Beim KaDeWe**	
Richtig	Falsch	Richtig	Falsch
1. ✓		1. ✓	
2.	✓	2.	✓
3. ✓		3.	✓
4.	✓	4. ✓	

6-2 Nicoles Bruder hat Geburtstag. In welcher Reihenfolge passiert das?

_____ Maria hat ihre zweite gute Idee.

_____ Nicole kauft David eine lustige Geburtstagskarte.

_____ Nicole kauft einen eleganten, schwarzen Pulli.

_____ Nicole hat fast kein Geld mehr.

_____ Maria und Nicole gehen zusammen zum KaDeWe.

_____ Nicole ist ein bißchen beschämt.

_____ Nicole fragt Maria, was sie David zum Geburtstag schenken soll.

_____ Maria hat ihre erste gute Idee.

6-3 Was kann man dir zum Geburtstag schenken?

S1: Ich trinke viel Kaffee.

S2: Dann kann man dir eine Kaffeemaschine schenken.

1. Ich fahre immer mit dem Rad zur Uni.
2. Ich brauche viel Grün um mich.
3. Kein Mensch kann meine Handschrift lesen.
4. Ich möchte nächsten Sommer durch den Schwarzwald wandern.
5. Ich komme oft zu spät zur Vorlesung.
6. Ich kann nicht kochen.
7. Die UV-Strahlen machen meine Augen kaputt.
8. Ich möchte mein Deutsch verbessern.
9. Ich möchte fit werden.
10. Ich höre gern Musik.

der Heimtrainer · die Kaffeemaschine · die Zimmerpflanze · die Schreibmaschine · der Rucksack · DUDEN · das Wörterbuch · der Fahrradhelm · der CD-Spieler · das Kochbuch · der Wecker · die Sonnenbrille

6-4 Helfen statt Kaufen. Man kann für Verwandte oder Freunde auch etwas tun, statt ihnen etwas zu kaufen. Schauen Sie die Geburtstagskarte an, und beantworten Sie die Fragen!

1. Wer hat die Karte geschrieben?
2. Wer hat Geburtstag?
3. Wann hat Peter diese Karte geschrieben?
4. Wann will Peter seiner Mutter helfen?
5. Was will er alles für sie tun?

ZUM GEBURTSTAG eine ÜBERRASCHUNG

GUTSCHEIN
für meine Mutter:

Ich übernehme am ....3. 4.....

und am ..3.5... oder am ..8. 6....

⊗ Kochen
O Frühstück
O Tisch decken
⊗ Abwasch
O Schuhe putzen
O Großeinkauf
⊗ Betten machen
O Mülleimer leeren
⊗ Fenster putzen
O ....

Datum ....2. 4..........

Unterschrift .....*Peter*.........

6-5 Warum machen Sie's nicht mal wie Peter? Denken Sie an drei Personen aus Ihrer Familie und/oder aus Ihrem Freundeskreis! Fragen Sie einander, wer diese drei Personen sind, und was Sie zum Geburtstag für sie tun!

S1: Wer sind deine drei Personen?
S2: Meine Mutter, mein Bruder und meine Freundin.
S1: Was tust du für deine Mutter?
S2: Für meine Mutter putze ich die ganze Wohnung.
S1: Und was tust du für deinen Bruder?
...

1. eine Woche lang das Frühstück machen
2. eine Woche lang das Mittagessen (das Abendessen) kochen
3. eine Woche lang den Tisch decken
4. eine Woche lang den Abwasch (die Betten) machen
5. das ganze Haus (die ganze Wohnung, alle Fenster) putzen
6. die ganze Wäsche waschen
7. die Garage aufräumen

...

Christkindelsmarkt in Nürnberg

Refer to annotation on next page
before beginning this topic.

Obwohl[1] Deutschland, Österreich und die Schweiz durch die vielen neuen Mitbürger[2] aus aller Welt immer multikultureller werden, ist Weihnachten immer noch das größte und wichtigste Fest. Viele Kinder bekommen am 1. Dezember einen Adventskalender mit vierundzwanzig Fensterchen und Türchen. Sie dürfen jeden Tag eins davon öffnen, und wenn sie hinter dem Türchen vom 6. Dezember Sankt Nikolaus sehen, dann wissen sie, daß sie am Abend ihre Schuhe vor die Schlafzimmertür stellen dürfen, damit er sie mit Schokolade, Plätzchen[3] und Nüssen füllen kann. Das Türchen vom 24. Dezember ist das letzte und das größte, und das Bildchen dahinter zeigt das Christkind mit Maria und Joseph oder einen schön geschmückten Weihnachtsbaum. Auf diesen Tag haben die Kinder fast einen Monat lang gewartet, denn bei der Bescherung am Heiligen Abend finden sie dann ihre Geschenke unter dem Weihnachtsbaum.

Am 25. Dezember, dem ersten Weihnachtsfeiertag, steht bei vielen Familien eine schöne, fette Weihnachtsgans[4] auf dem festlich gedeckten Mittagstisch, und am zweiten Weihnachtsfeiertag besucht man oft Verwandte oder Freunde.

Am Silvesterabend sind überall Partys, und um Mitternacht trinkt man Champagner oder Sekt[5] und alle wünschen einander einen guten Rutsch ins neue Jahr.

Auch Ostern ist immer noch ein wichtiges Fest. Die Geschäfte sind nicht nur am Karfreitag geschlossen, sondern auch am Ostermontag. Am Ostersonntag bringt der Osterhase den Kindern Schokoladenhäschen und farbige Eier, und eine Woche vor und eine Woche nach Ostern ist schulfrei. Fünfzig Tage nach Ostern ist dann Pfingsten. Der Pfingstsonntag und der Pfingstmontag sind Feiertage, und die Woche nach Pfingsten ist schon wieder schulfrei.

Der 1. Mai ist wie in vielen anderen Ländern der Tag der Arbeit, und am zweiten Sonntag im Mai ist Muttertag. Und dann hat jedes von den drei Ländern noch seinen Nationalfeiertag: die Deutschen feiern am 3. Oktober den Tag der Deutschen Einheit, die Österreicher am 26.

Oktober den Tag der Fahne[6] und die Schweizer am 1. August die Konföderation der ersten drei Schweizer Kantone.

[1]although   [2]fellow citizens
[3]cookies   [4]die Gans=goose
[5]sparkling wine   [6]flag

Oster-Markt
...für schlaue Hasen!

6-6 Was sind Ihre Feste und Feiertage?

1. Feiern Sie auch Weihnachten? Wenn ja, wann packen Sie die Geschenke aus? Wenn nein, wie heißt Ihr wichtigster Feiertag?
2. Wann ist der Tag der Arbeit in Ihrem Land?
3. Haben Sie einen Nationalfeiertag? Wie heißt er, und wann ist er?

6-7 Familie Zillich. Herr und Frau Zillich, ihre Tochter Heike (9) und ihr Sohn Uwe (7) verbringen die beiden Pfingstfeiertage im Potsdamer Residence Hotel. Schauen Sie die Anzeige an, und beantworten Sie die drei Fragen!

1. Wieviel müssen Zillichs für das Familienbrunch am Pfingstsonntag bezahlen?
2. Heike hat schon zwei Jahre lang Flötenstunden. Was möchte sie deshalb hören? An welchem Tag, wo und um wieviel Uhr ist das?
3. Zillichs essen alle gern Kuchen, haben aber am Montagnachmittag einen Spaziergang nach Schloß Sanssouci geplant. Wann können sie trotzdem Kuchen essen, und woher wissen sie, daß es da viele verschiedene Kuchen gibt?

RESIDENCE HOTEL

Potsdam
Pfingsten ins Märkische

Zwei schöne Tage ohne Streß

Pfingstsonntag
* Musikalischer Familienfrühschoppen
* Familienbrunch – nur 24,50 DM p.P. – Kinder bis 10 Jahre frei
* Kindervergnügen auf der „Hopseburg"
    ab 10 Uhr – im Garten unseres Hauses

Pfingstmontag
* Flötenkonzert im Foyer des Hotels von 9 bis 11 Uhr
* an beiden Tagen Kaffeehausmusik mit leckerem Kuchenbuffet – ab 14 Uhr
* Festmenüs für den verwöhnten Gaumen.
    Reservieren Sie noch heute!

Tel.: 87 65 94, Fax: 87 65 12 / 87 20 06 · Otto-Grotewohl-Str. 60, O-1580 Potsdam

Feste und Feiertage.

Ask students of which English word the stem of the word **Bescherung (-scher-)** reminds them. What do the meanings of English *share* and German **Bescherung** have in common?

Give German equivalents of *Merry Christmas!*: **Frohe Weihnachten! Fröhliche Weihnachten! Frohes Fest!**

Point out that New Year's Eve is the name day of Saint Sylvester I, who was pope from 314-355 A.D.

Explain the meaning of **rutschen** so that students are aware of the aptness of this greeting.

re **Pfingsten:** Pentecost or Whitsun is a Christian festival celebrated on the seventh Sunday after Easter. It commemorates the descent of the Holy Ghost on Christ's apostles. Outside the Christian church Pentecost goes unnoticed in North America. In the German-speaking countries it is less a Christian festival than a spring festival, since it comes at a time of year when the whole countryside is in bloom.

On October 3, 1990, the FRG and the former DDR were officially united.

Since 1965, Austria has set aside Oct. 26 to commemorate the day in 1955 when the country became a neutral, non-aligned state.

The names of these three cantons: **Schwyz** (from whence comes the German word for Switzerland), **Uri, Unterwalden.** This alliance took place in 1291.

Wörter im Kontext 1

Nomen

die Abteilung, -en	department
die Damenabteilung	women's department
die Herrenabteilung	men's department
der Kunde, -n	customer
die Kundin, -nen	customer
der Verkäufer, -	salesperson
die Verkäuferin, -nen	salesperson
der Sommerschluß- verkauf, ¨e	summer sale
der Winterschluß- verkauf, ¨e	winter sale
die Bescherung	gift giving (at Christmas)
der Feiertag, -e	holiday
das Fest, -e	special day, holiday
das Geschenk, -e	present
Ostern	Easter
der Osterhase, -n	Easter bunny
das Plätzchen, -	cookie
der Sekt	sparkling wine
der Silvesterabend, -e	New Year's Eve
Weihnachten	Christmas
der Weihnachtsbaum, ¨e	Christmas tree
die Armbanduhr, -en	wrist watch
der Fahrradhelm, -e	cycling helmet
die Geldtasche, -n	wallet
der Gutschein, -e	voucher
die Handschrift	handwriting
der Heimtrainer, -	exercise bike
der Junge, -n	boy
das Mädchen, -	girl
der Mitbürger, -	fellow citizen
der Schuldschein, -e	I.O.U.
die Sonnenbrille	sunglasses
der Wecker, -	alarm clock

Weihnachten is rarely used with an article. In Christmas greetings it is generally regarded as a plural noun.

Point out the designations **Junge** and **Mädchen** are used up to age 16 or 17.

Verben

aus•geben (gibt aus), hat ausgegeben	to spend (money)
erinnern (an + acc)	to remind (of)
feiern	to celebrate
schauen	to look
schenken	to give (a gift)
schicken	to send
schmücken	to decorate
verbessern	to improve; to correct
verbringen, hat verbracht	to spend (time)
wünschen	to wish
schließen, hat geschlossen	to close

Andere Wörter

außerdem	besides
beschämt	embarrassed
echt	real, really
festlich	festive
gerade	just, just now
klug	smart, intelligent
leer	empty
lustig	funny, humorous; happy
zusammen	together

Ausdrücke

den Tisch decken	to set the table
den Abwasch machen	to do the dishes
Es ist alles in Ordnung.	Everything's O.K.
Fällt dir etwas ein?	Can you think of anything?
Einen guten Rutsch ins Neue Jahr!	Happy New Year!
Frohe Weihnachten!	Merry Christmas!
Herzlichen Glückwunsch zum Geburtstag!	Happy birthday!
stark reduziert	sharply reduced
zu Weihnachten	for Christmas
zum Geburtstag	for one's birthday

Leicht zu verstehen

der Computer, -
die Kaffeemaschine, -n
das Kochbuch, ¨er
die Mark, -
der Muttertag, -e
der Preis, -e
der Rucksack, ¨e
die Schokolade
das Wörterbuch, ¨er

6-8 Feiertage.

---

wünschen / Rutsch / farbige / Bescherung
Schokoladenhäschen / Geschenke / Feiertag

---

1. In Deutschland ist die _____ schon am 24. Dezember.
2. In Nordamerika packt man die _____ erst am 25. Dezember aus.
3. Am Ostersonntag bekommen die Kinder oft _____ und schöne _____ Eier.
4. In den deutschsprachigen Ländern ist auch der Ostermontag ein _____.
5. In der Silvesternacht _____ die Menschen einander einen guten _____ ins neue Jahr.

6-9 Was ist die richtige Reihenfolge?

__ das Essen kochen   __ den Abwasch machen   __ einkaufen

__ essen   __ den Tisch decken

6-10 Was paßt zusammen?

1. Wenn es dunkel ist,   a. braucht man keinen Wecker.
2. Wenn man morgens von selbst aufwacht,   b. braucht man keinen Fahrradhelm.
3. Wenn man fit ist,   c. braucht man kein Kochbuch.
4. Wenn man immer nur Auto fährt,   d. braucht man keine Sonnenbrille.
5. Wenn man immer in der Cafeteria ißt,   e. braucht man keinen Heimtrainer.

6-11 Was ich tue wenn . . .

1. Wenn meine Geldtasche leer ist,   a. gehe ich zum Sommerschlußverkauf.
2. Wenn ich nicht weiß, wie spät es ist,   b. bezahle ich mit meiner Kreditkarte.
3. Wenn alle Geschäfte geschlossen sind,   c. gehe ich in die Damenabteilung.
4. Wenn ich einen warmen Rock kaufen will   d. kann ich auch mit der Kreditkarte nichts kaufen.
5. Wenn ich einen Badeanzug kaufen, und nicht viel Geld ausgeben will,   e. schaue ich auf meine Armbanduhr.

6-12 Was brauche ich da? Beginnen Sie alle Antworten mit *Da brauche ich ...*

1. Ich möchte wandern gehen.   a. Wörterbuch
2. Ich muß das Frühstück machen.   b. Geschenk
3. Mir fällt nicht ein, wie man auf deutsch *Happy birthday!* sagt.   c. Computer.
4. Ich weiß nicht, wie man Wiener Schnitzel macht.   d. Sonnenbrille.
5. Ich muß mein Referat tippen.   e. Kaffeemaschine.
6. Meine beste Freundin hat Geburtstag.   f. Rucksack.
7. Ich verbringe meine Ferien in Australien.   g. Kochbuch.

6-13 Marias Geburtstag.

---

gerade / lustig / feiern

Wir _____ heute Marias Geburtstag, und weil wir _____ ein paar Flaschen Sekt
getrunken haben sind wir alle sehr _____.

---

echt / zusammen / Fest

Marias alte Großmutter ist auch zu diesem _____ gekommen, und sie hat mit Marias
Mutter _____ ein _____ tolles Festessen gekocht.

---

beschämt / Mark / außerdem

Von ihrem Vater hat Maria einen Computer und _____ noch fünfhundert _____
bekommen, und ich war fast ein bißchen _____, daß mein Geschenk so billig war.

FUNKTIONEN UND FORMEN 1

● 1 Indicating the person *to whom* or *for whom* something is done

The dative case: the indirect object

In **Kapitel 2** you learned that many verbs take direct objects, and that the direct object is signaled by the accusative case:

> Klaus Ziegler will fit bleiben und möchte deshalb **einen Heimtrainer**.
> *Klaus Ziegler wants to stay fit and would therefore like **an exercise bike**.*

Some verbs take not only a direct object, but also an *indirect object*. The indirect object indicates *to whom* or *for whom* something is done, and is therefore almost always a *person*. In German the indirect object is signaled by the *dative case*.

> Brigitte Ziegler kauft **ihrem Mann** einen Heimtrainer.
> *Brigitte Ziegler buys **her husband** an exercise bike.*
> *(Brigitte Ziegler buys an exercise bike **for her husband**.)*

> Sie schenkt **ihrem Mann** den Heimtrainer zu Weihnachten.
> *She gives **her husband** the exercise bike for Christmas.*
> *(She gives the exercise bike **to her husband** for Christmas.)*

It is important to remember that German signals the indirect object with the dative case, never with the preposition **zu** (*to*).

	MASCULINE	NEUTER	FEMININE	PLURAL
NOMINATIVE	der mein } Vater	das mein } Kind	die meine } Mutter	die meine } Kinder
ACCUSATIVE	den meinen } Vater	das mein } Kind	die meine } Mutter	die meine } Kinder
DATIVE	**dem** **meinem** } Vater	**dem** **meinem** } Kind	**der** **meiner** } Mutter	**den** **meinen** } Kind**ern**

In the dative plural all nouns take the ending **-n** unless the plural form already ends in **-n** (**die Freundinnen**, **den Freundinnen**) or if it ends in **-s** (**die Chefs**, **den Chefs**).

6-14 Ein bißchen Grammatik. Sagen Sie, welche von den fettgedruckten Wörtern Subjekte, direkte Objekte oder indirekte Objekte sind!

Ex. 6-14: Students may be puzzled by the clauses and sentences in this exercise that begin with an indirect object. Ask students to explain why this is possible in German. Point out that, depending on context, this word order is very natural.

Brigitte Ziegler schenkt **ihrem Mann einen Heimtrainer.**

Brigitte Ziegler ist das Subjekt.
Einen Heimtrainer ist das direkte Objekt.
Ihrem Mann ist das indirekte Objekt.

1. **Stephanie** feiert dieses Jahr **Weihnachten** nicht zu Hause in Chicago, sondern in München, und **sie** schickt deshalb **ihrer Familie ein großes Paket. Ihrem Großvater** schickt **sie ein gutes Buch, ihrem Vater einen Bierstein** und **ihrer Mutter einen Kalender mit Bildern von München.**

2. Und **was** schenkt **Stephanie ihren Freunden** in München? **Ihrem Freund Peter** kauft **sie ein Sweatshirt, Martin** bekommt **ein T-Shirt,** und **ihrer Zimmerkollegin Claudia** kauft **Stephanie ein Paar Ohrringe.**

▷ **Sprachnotiz:** *Ein Paar* and *ein paar*

Ein *Paar* means *a pair*, i.e., *two* of something.

  Stephanie hat ihrer Zimmerkollegin Claudia **ein Paar** Ohrringe
    gekauft.
  *Stephanie bought her roommate Claudia **a pair** of earrings.*

Ein *paar* means *a couple of* in the sense of *a few*.

  Ich muß noch **ein paar** Geschenke kaufen.
  *I still have to buy **a couple of** presents.*

The interrogative pronoun in the dative case

The dative form of the interrogative pronoun **wer** has the same ending as the dative form of the masculine definite article:

	INTERROGATIVE PRONOUN	DEFINITE ARTICLE
NOMINATIVE	wer	der
ACCUSATIVE	wen	den
DATIVE	**wem**	**dem**

Wer ist der Mann dort?	*Who is that man there?*
Der Briefträger.	*The mailman.*
Wen hat Müllers Hund gebissen?	*Whom did the Müllers' dog bite?*
Den Briefträger.	*The mailman.*
Wem schenken Müllers die Flasche Kognak?	***To whom** are the Müllers giving the bottle of cognac?*
Dem Briefträger.	***To the** mailman.*

6-15 Was paßt zusammen?

1. Wer hat dir den schönen Wecker geschenkt?
2. Wen besuchst du in den Weihnachtsferien?
3. Wem schenkst du dieses Buch?

Meiner Mutter.	Mein Vetter.	Meine Großeltern.
Mein Freund.	Meiner Freundin.	Meinem Vater.
Meinem Bruder.	Meine Eltern.	Meinen Freund.
Meine Kusine.	Meinem Freund.	Meinen Eltern.

6-16 Wem schenkst du das alles? Ihre Partnerin/Ihr Partner hat schon alle Weihnachtsgeschenke eingekauft. Fragen Sie, wem sie/er diese Dinge schenkt.

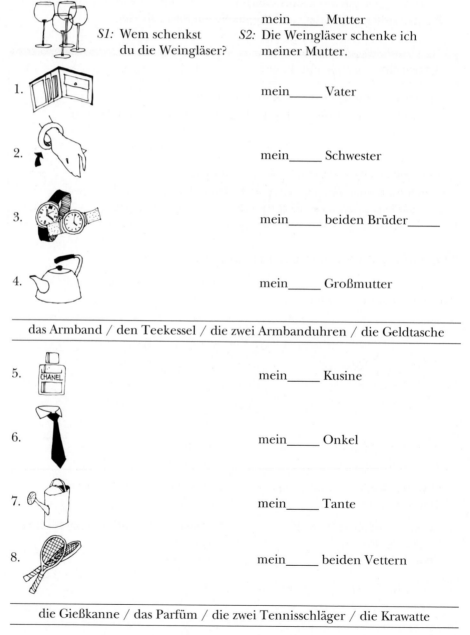

S1: Wem schenkst du die Weingläser?

mein_____ Mutter

S2: Die Weingläser schenke ich meiner Mutter.

1.　　mein_____ Vater

2.　　mein_____ Schwester

3.　　mein_____ beiden Brüder_____

4.　　mein_____ Großmutter

das Armband / den Teekessel / die zwei Armbanduhren / die Geldtasche

5.　　mein_____ Kusine

6.　　mein_____ Onkel

7.　　mein_____ Tante

8.　　mein_____ beiden Vettern

die Gießkanne / das Parfüm / die zwei Tennisschläger / die Krawatte

Personal pronouns in the dative case

Note that activity 6-17 on page 194 offers practice of personal pronouns in the dative case.

English personal pronouns have only one object form. This one form can function as a direct object and as an indirect object. German personal pronouns have two object forms: an *accusative form* for the *direct object*, and a *dative form* for the *indirect object*.

| Warum habt ihr **mich** nicht eingeladen? | *Why didn't you invite **me**?* |

| Kannst du **mir** deinen Kassettenrecorder leihen? | *Can you lend **me** your cassette recorder?* *(Can you lend your cassette recorder **to me**?)* |

| Kannst du **mir** eine Tasse Kaffee machen? | *Can you make **me** a cup of coffee?* *(Can you make a cup of coffee **for me**?)* |

NOMINATIVE	ACCUSATIVE	DATIVE
ich	mich	**mir**
du	dich	**dir**
er	ihn	**ihm**
es	es	**ihm**
sie	sie	**ihr**
wir	uns	**uns**
ihr	euch	**euch**
sie	sie	**ihnen**
Sie	Sie	**Ihnen**

Word order: sequence of objects

The following examples show the normal sequence of the direct and indirect object in German.

If both objects are *nouns*, the indirect object (the dative) precedes the direct object (the accusative):

| Peter schickt **seiner Mutter Rosen** zum Muttertag. | *Peter sends **his mother roses** for Mother's Day.* |

If both objects are pronouns, the direct object (the accusative) precedes the indirect object (the dative).

| Er schickt **sie ihr** durch Fleurop. | *He sends **them to her** via Fleurop.* |

If one object is a noun and the other a pronoun, the pronoun precedes the noun:

| Er schickt **ihr rote Rosen**. | *He sends **her red roses**.* |
| Er schickt **sie seiner Mutter**. | *He sends **them to his mother**.* |

Ex. 6-17: If the chart for Ex. 6-16 is still on the board, ask students for the dative forms of the personal pronoun and add them to the chart: 1. one female **(ihr)**; 2. one male **(ihm)**; 3. more than one person **(ihnen)**.

6-17 Was soll ich diesen Leuten schenken? Fragen Sie Ihre Partnerin/Ihren Partner, was Sie Ihren Verwandten und Ihren Freunden zu Weihnachten schenken sollen.

mein_____ Mutter

S1: Was soll ich meiner Mutter schenken?

S2: Schenk ihr doch ein Paar warme Hausschuhe.

1. mein_____ Vater

2. mein_____ Großeltern

3. mein_____ besten Freundin

4. mein_____ kleinen Bruder

einen Hockeyschläger / ein Paar Ohrringe / einen schönen Pullover / einen neuen Toaster

5. mein_____ besten Freund

6. mein_____ alten Klavierlehrerin

7. unser_____ Nachbarn

8. unser_____ Briefträger

ein paar Flaschen Wein / eine Flasche Kognak / ein Paar Handschuhe / einen schönen Kugelschreiber

6-18 Weihnachtsgeschenke. Fragen Sie Ihre Partnerin/Ihren Partner, was sie/er seiner Familie, seinen Freunden und Ihnen zu Weihnachten schenkt, und erzählen Sie dann Ihren Mitstudenten, was Sie herausgefunden haben.

6-19 Kleine Gespräche. Ergänzen Sie die Objekte!

1.	KIND:	Kaufst du _____ _____, Vati?	das Fahrrad	mir
	VATER:	Nein, ich kaufe _____ _____ nicht.	es	dir
2.	MUTTER:	Sollen wir _____ _____ kaufen?	diese Kamera	unserem Sohn
	VATER:	Ja, ich glaube, wir kaufen _____ _____.	sie	ihm
3.	CLAUDIA:	Ich kaufe _____ _____ zu Weihnachten.	ein Buch	Stephanie
	MARTIN:	Und ich schenke _____ _____.	eine CD	ihr
4.	BERND:	Kannst du _____ _____ leihen, Eva?	dein Chemiebuch	mir
	EVA:	Wenn du _____ _____ morgen früh zurückgibst.	es	mir
5.	MUTTER:	Hast du _____ _____ gezeigt?	deine Zensuren	Vati
	KIND:	Nein, ich zeige _____ _____ lieber erst morgen.	sie	ihm
6.	PETER:	Hat Bernd _____ _____ zurückgegeben?	die hundert Mark	dir
	MARTIN:	Nein, er schuldet _____ _____ immer noch.	mir	sie
7.	TOM:	Kannst du _____ _____ bitte nochmal erklären?	den Dativ	mir
	EVA:	Nein, jetzt habe ich _____ _____ oft genug erklärt.	ihn	dir

Students have been working with **schenken, geben, kaufen** in the context of direct-indirect objects. Point out the new verbs in this exercise: **leihen, schulden, erklären.**

Dative verbs

There are a few German verbs that take only a dative object.

antworten	Warum **antwortest** du **mir** nicht?	*Why don't you answer me?*
danken	Ich **danke dir** für deine Hilfe.	*I thank you for your help.*
gehören	**Gehört** dieser Wagen **dir**?	*Does this car belong to you?*
gratulieren	Ich **gratuliere Ihnen** zu Ihrem Erfolg!	*I congratulate you on your success!*
helfen	Kannst du **mir** bitte **helfen**?	*Can you help me please?*

Point out that **antworten** is *to answer* in the sense of *giving an answer to a person.* To answer a question is **eine Frage beantworten**.

If students with prior knowledge of German should ask about **gehören + zu** (e.g., **Meine Schwester gehört zu einer sehr netten Jugendgruppe.**), point out that we are talking about *ownership* here and not about *membership..*

HALT!
DER TIERPELZ GEHÖRT DEM TIER.

Noch werden mehr als 100 Mio.Tiere jährlich für die Mode umgebracht.

6-20 Kleine Gespräche. Ergänzen Sie passende Dativverben!

1. ALEXANDER: Wem _____ denn dieser tolle Wagen?
   SEBASTIAN: Meiner Freundin.
2. MARIA: Warum schreibst du denn deinem Bruder nie?
   NICOLE: Weil er mir ja doch nicht _____.
3. STEFAN: Warum kommst du nicht zu unserer Party?
   ROBERT: Weil ich meinem Vater _____ muß.
4. HELGA: Warum rufst du Claudia an?
   SABINE: Sie hat heute Geburtstag, und ich möchte ihr _____.
5. FRAU BERG: Aber Frau Borg! Warum bringen Sie mir denn diese teuren Blumen?
   FRAU BORG: Weil ich Ihnen für Ihre Hilfe _____ möchte.

6-21 Eine absurde Geschichte. Mir oder **mich**?

1. Heute früh hat meine verrückte Kusine Tina _____ besucht.
2. Sie hat _____ für die beiden Postkarten aus Europa gedankt und hat _____ gefragt, ob die Katze vor dem Haus _____ gehört.
3. Dann hat sie _____ zu meinem miserablen Examen gratuliert und _____ auf morgen abend zum Abwasch eingeladen.
4. Dann habe ich sie gefragt, ob sie _____ beim Hausputz helfen kann, aber sie hat _____ leider nicht klar geantwortet.
5. Sie hat nur noch gesagt, daß sie _____ morgen vormittag anruft, und dann ist sie wieder weggegangen.

The dative case with adjectives

The dative case is often used with adjectives in expressions like the following.

Das ist **meinem Vater** sehr wichtig.   *That's very important **to my father**.*
Ist **dir** das zu teuer?   *Is that too expensive **for you**?*

6-22 Warum? Stellen Sie Ihrer Partnerin/Ihrem Partner die folgenden Fragen. Sie/er antwortet mit passenden Adjektiven.

	Weil sie _____ zu laut ist.
S1: Warum mögen deine Eltern keine Rockmusik?	*S2:* Weil sie ihnen zu laut ist.
1. Warum liest du den Roman nicht fertig?	Weil er _____ zu langweilig ist.
2. Warum verkaufen Müllers ihr Haus?	Weil es _____ zu groß ist.
3. Warum trinkt Ingrid ihren Wein nicht?	Weil er _____ zu sauer ist.
4. Warum geht Robert nicht mit uns schwimmen?	Weil es _____ zu kalt ist.
5. Warum öffnet ihr denn alle Fenster?	Weil es _____ zu heiß ist.
6. Warum nimmt Maria die Wohnung nicht?	Weil sie _____ zu klein ist.
7. Warum kauft Peter den Wagen nicht?	Weil er _____ zu teuer ist.

6-23 Die Geschmäcker sind verschieden. Schauen Sie Ihre Mitstudenten an, und sagen Sie dann, was für ein Kleidungsstück Sie ihnen zu Weihnachten schenken wollen. Sagen Sie auch, warum Sie ihnen dieses Kleidungsstück schenken wollen.

> S1: Was schenkst du Lisa?
> S2: Lisa schenke ich ein Sweatshirt. Ihr Sweatshirt ist mir ein bißchen zu verrückt.

ein bißchen zu verrückt   ein bißchen zu knallig
ein bißchen zu konservativ   ein bißchen zu altmodisch
nicht sportlich genug   nicht flott genug

Die Geschmäcker . . . : This activity works best if the whole class is involved. Give students a few minutes to think about what they would give two or three of their classmates for Christmas.
New words: **knallig, flott, altmodisch.**

The dative case in idiomatic expressions

The dative case also appears in the following common expressions:

Wie geht es **Ihnen**?	*How are you?*
Es tut **mir** leid.	*I'm sorry.*
Das ist **mir** egal.	*I don't care.*
Mir fällt nichts ein.	*I can't think of anything.*
Wie gefällt **dir** mein Mantel?	*How do you like my coat?*
Dieses Hemd paßt **mir** nicht.	*This shirt doesn't fit me.*
Diese Frisur steht **dir** sehr gut.	*This hairdo suits you very well.*

A graphic presentation of a German sentence with the verb **gefallen** and an English translation using *to like* may help students to grasp the differences in syntax:

subj.	verb	obj.
Das Buch	gefällt	mir.
I	like	the book.

6-24 Was paßt zusammen?

1. Wie gefällt dir meine neue Jacke?
2. Warum schreibst du den Brief nicht fertig?
3. Ist Lisa immer noch so krank?
4. Kennst du die Frau dort?
5. Mir geht es heute gar nicht gut.
6. Weiß Ralf, daß du einen neuen Freund hast?
7. Die Jacke steht dir. Warum nimmst du sie nicht?
8. Dieser Mantel paßt mir nicht.

a. Ja, aber ihr Name fällt mir nicht ein.
b. Ja, aber ich glaube, es ist ihm egal.
c. Weil sie mir zu teuer ist.
d. Sie steht dir sehr gut.
e. Nein, es geht ihr schon wieder viel besser.
f. Weil mir nichts mehr einfällt.
g. Dann probieren Sie doch mal diesen an.
h. Das tut mir sehr leid.

6-25 Was gefällt Ihnen an Ihren Mitstudenten?

> S1: Was gefällt dir an Lisa?
>
> S2: An Lisa gefällt mir, daß sie so natürlich ist.

ernst	höflich	ordentlich	pünktlich
lustig	klug	unordentlich	sportlich
fleißig	lieb	praktisch	verrückt
freundlich	natürlich	unpraktisch	…

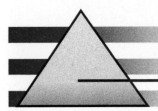

ZWISCHENSPIEL

Zwischenspiel. (Characters: Peter, saleswoman in the flower shop)

PETER: Guten Tag! VERKÄUFERIN: Guten Tag! Sie wünschen? PETER: Ich möchte meiner Freundin Blumen schenken. Sie hat morgen Geburtstag. VERKÄUFERIN: Dann schenken Sie ihr doch Rosen. Wir haben heute ganz besonders schöne frische Rosen, gelbe und rote. PETER: Rote Rosen. Ja, das ist gut. VERKÄUFERIN: Darf ich sie Ihnen zeigen? Bitte, kommen Sie! PETER: Oh, die sind wirklich schön. Was kosten sie denn? VERKÄUFERIN: Rote Rosen? Moment.—Sie kosten fünf Mark das Stück. PETER: Fünf Mark! Das ist teuer. VERKÄUFERIN: Ja, billig sind nicht, diese Rosen, aber schön. Wie viele darf ich Ihnen geben? Zehn? Fünfzehn? PETER: Nein, nein, so viel Geld habe ich nicht. Geben Sie mir mal—geben Sie mir mal—fünf. Diese zwei—und diese zwei—und diese hier. VERKÄUFERIN: Fünf rote Rosen. Darf ich sie Ihrer Freundin schicken? PETER: Nein nein, ich gebe sie ihr lieber selbst. Hier bitte, hier sind fünfundzwanzig Mark. VERKÄUFERIN: Dankeschön.—Aber Moment! Warten Sie! Ich will Ihnen die Rosen doch noch schön einschlagen. PETER: Ach ja, natürlich. Vielen Dank auch.

📼 ZUM HÖREN

Blumen zum Geburtstag

Stephanie hat morgen Geburtstag. Peter möchte ihr Blumen schenken und ist deshalb im Blumenhaus Dietrich.

NEUE VOKABELN

Sie wünschen?	*May I help you?*
besonders	*particularly*
fünf Mark das Stück	*five marks a piece*
ein•schlagen	*to wrap*

6-26 Globalverstehen. Hören Sie was Peter und die Verkäuferin miteinander sprechen. Haken Sie die richtigen Antworten ab!

1. Welche Farben hören Sie?

   ___ weiß   ___ rosarot   ✓ rot
   ✓ gelb   ___ blau   ___ violett

2. Welche Zahlen hören Sie?

   ✓ 2   ___ 4   ✓ 5   ✓ 10
   ✓ 15   ___ 20   ✓ 25   ___ 30

3. Welche Imperativformen hören Sie?

   ✓ Kommen Sie!   ✓ Geben Sie!   ✓ Schenken Sie!
   ___ Zeigen Sie!   ✓ Schicken Sie!   ✓ Warten Sie!

6-27 Detailverstehen. Hören Sie Peters Gespräch mit der Verkäuferin noch einmal an, und schreiben Sie dann die Antworten zu den folgenden Fragen!

1. Warum möchte Peter seiner Freundin Blumen schenken?
2. Warum sagt die Verkäuferin, Peter soll seiner Freundin Rosen schenken?
3. Was für Rosen will Peter seiner Freundin schenken?
4. Warum sagt die Verkäuferin: Bitte, kommen Sie?
5. Was kosten die Rosen?
6. Findet Peter das billig oder teuer?
7. Wie viele Rosen kauft Peter?
8. Warum schenkt er seiner Freundin nicht zehn oder fünfzehn Rosen?
9. Warum soll die Verkäuferin der Freundin die Rosen nicht schicken?
10. Warum soll Peter noch einen Moment warten?

6-28 Im Blumengeschäft. Sie möchten Ihrer Freundin (Ihrer Mutter) Blumen zum Geburtstag (zum Muttertag) schenken. Sie gehen deshalb in ein Blumengeschäft und sprechen dort mit der Verkäuferin.

ROLLE 1:   KUNDIN/KUNDE

- Sie grüßen die Verkäuferin/ den Verkäufer.

- Sie sagen, warum Sie gekommen sind, und was Sie möchten.

- Sie fragen, wieviel die verschiedenen Blumen kosten.

- Sie sagen, daß Sie das teuer (billig) finden und welche und wie viele Blumen Sie gern möchten.

- Sie diktieren der Verkäuferin die Adresse,
  oder

- Sie sagen, daß Sie Ihrer Freundin (Mutter) die Blumen selbst bringen möchten.

- Sie bezahlen, nehmen ihre Blumen und sagen auf Wiedersehen.

ROLLE 2:   VERKÄUFERIN/VERKÄUFER

- Sie grüßen zurück und fragen, was die Kundin/der Kunde wünscht.

- Sie sagen, daß heute die Tulpen, die Lilien und die Rosen besonders schön sind. Sie sagen auch, in welchen Farben Sie diese Blumen haben.

- Sie geben Stückpreise für die verschiedenen Blumen.

- Sie fragen, wohin Sie die Blumen schicken sollen.

- Sie schlagen die Blumen ein und sagen, was sie kosten.

- Sie danken der Kundin/dem Kunden und sagen auch auf Wiedersehen

---

Mitbringsel

Wenn Sie in Deutschland, Österreich oder in der Schweiz zu einer Party, zum Essen oder am Sonntagnachmittag zu Kaffee und Kuchen eingeladen sind, dürfen Sie ja ein Mitbringsel für Ihre Gastgeber[1] nicht vergessen. Gute Mitbringsel sind zum Beispiel eine Schachtel[2] Pralinen, eine Flasche Wein oder natürlich ein paar Blumen. Aber kaufen Sie bitte keine weißen Blumen, denn weiße Blumen bedeuten[3], daß jemand gestorben ist. Schenken Sie auch nie zwei, vier oder sechs Blumen, sondern eine ungerade Zahl wie drei, fünf oder sieben. Wenn Sie Geburtstag haben, so lange Sie in einem deutschsprachigen Land sind, müssen Sie Ihre Geburtstagsparty übrigens selbst organisieren. Ihre Freunde kommen bestimmt gern, aber die Party geben Sie.

[1]hosts   [2]box   [3]mean

Point out that it is still a custom in the German-speaking countries for families to hike on a Sunday afternoon and to follow this up with **Kaffee und Kuchen**, either at home or in a **Café** along the hiking route.

6-29 Aus der Zeitung. Suchen Sie in den Glückwunschanzeigen nach Antworten für die folgenden Fragen!

1. Wann wird die Mutter von Maja und Waltraut achtzig? Wann feiert die Familie ihren Geburtstag?
2. Wie nennt Jörg seine Freundin? Was findet er für ihr neues Lebensjahr am wichtigsten?
3. Wie viele Generationen feiern am 2. Juni Uropa Hermanns achtzigsten Geburtstag? Woher wissen wir, daß Hermann nur einen Urenkel hat?
4. Wie alt wird der Vater von Jojo und Babsi heute? Warum soll er in die Zeitung schauen?
5. Wer hat keinen Geburtstag und bekommt trotzdem Glückwünsche? Warum?

Lieber Marco!

Herzlichen Glückwunsch
zur bestandenen

Kfz-Meisterprüfung

wünschen Dir Papa, Mama,
Ralf, Jürgen, Heike, Florian
und Elena

Hallo, Häschen!

*Die besten Glückwünsche
zu Deinem Geburtstag
und alles Liebe, Gute,
vor allem Gesundheit
und viel, viel Glück
wünscht Dir von ganzem Herzen*

Jörg

Lieber Vati Wolfgang,
schau schnell hin,
Du stehst heut' in der Zeitung drin.

50 Jahre wirst Du heut',
wir wünschen Dir viel Glück und Freud'.
Bleib gesund und gönn' Dir was,
denn so macht das Leben Spaß.
Alles Liebe zum Geburtstag wünschen Dir

JoJo und Babsi

Liebe Leute, es ist wahr,
unsere Mutter wird heute

80 Jahr

Wir wünschen Dir zu diesem Feste,
Gesundheit, Glück und nur das
Beste. Und bleib uns noch lange
erhalten, Du zählst für uns nicht zu
den Alten. Am Sonntag trifft sich die
ganze Schar, um zu feiern mit dem
Jubilar. Es grüßen Dich ganz
herzlich

Maja + Waltraut

Du hast so viel für uns getan und nie an Dich gedacht,
mit Liebe, Güte und Elan so manches Opfer schon gebracht.
Wir danken Dir von ganzem Herzen und freuen uns, daß es Dich gibt.
Nimm diesen Vers statt 80 Kerzen von der Familie, die Dich liebt.

Unserem lieben Vater, Opa, Uropa Hermann

zum *80. Geburtstag*

alles Gute und viel Gesundheit

von Deinen Kindern, Enkelkindern und Urenkel

Oberode, den 2. Juni 1993

6-30 Für die Zeitung. Schreiben Sie jetzt selbst eine kleine Glückwunschanzeige für jemand aus Ihrer Familie oder für eine Freundin/einen Freund.

Sprachnotiz: Adjectives after *alles, etwas, nichts*

Adjectives following **alles**, **etwas** and **nichts** are capitalized and take endings.

Alles Gute zum Geburtstag!	*Happy Birthday!*
Ich muß dir **etwas Wichtiges** sagen.	*I have to tell you something important.*
Weißt du denn gar **nichts Neues**?	*Don't you know anything new at all?*

FUNKTIONEN UND FORMEN 2

● 2 Phrases expressing origin, destination, time, manner, place, etc.

The dative prepositions

In **Kapitel 4** you learned the prepositions that are followed by an object in the accusative case: **durch**, **für**, **gegen**, **ohne**, **um**. There are other prepositions that are always followed by an object in the *dative case*: **aus**, **außer**, **bei**, **mit**, **nach**, **seit**, **von**, **zu**.

aus and **von** meaning *from* are discussed on page 203

aus	*out of*	Nimm die Weihnachtsgans **aus dem Backofen**!
	from	Diese Schokolade ist **aus der Schweiz**.
außer	*except for*	**Außer meinem Bruder** ist heute die ganze Familie hier.
bei	*for*	Mein Bruder arbeitet **bei Telekom**.
	at the home of	Dieses Jahr feiern wir Weihnachten **bei meiner Schwester** in Potsdam.
	near	Potsdam ist **bei Berlin**.
mit	*with*	Meine Schwester schmückt ihren Weihnachtsbaum **mit echten Kerzen**.
	by	Dieses Jahr bin ich **mit dem Zug** nach Potsdam gefahren.
nach	*after*	**Nach der Bescherung** gehen wir immer in die Weihnachtsmesse.
	to	Am 27. Dezember fahre ich **nach Dortmund** zurück.
seit	*since*	Ich lebe **seit dem letzten Frühjahr** in Dortmund.
	for	Meine Schwester lebt **seit zehn Jahren** in Potsdam.
von	*from*	Ich habe **von meiner Schwester** ein Buch zu Weihnachten bekommen.
	of	Diesen Ring habe ich von einem Freund **von mir**.
zu	*to*	An Silvester kommen alle meine Freunde **zu mir**.
	for	Was hast du **zu Weihnachten** bekommen?

nach and **zu** meaning *to* are discussed on page 203

6-31 Reisepläne. Ergänzen Sie **mit, seit, von** und **zu** und Dativendungen.

1. STEPHANIE: _____ w__ hast du den tollen Pullover, Peter?
   PETER: Ich habe ihn _____ mein__ Eltern _____ Weihnachten bekommen. Hier ist übrigens ein Brief _____ ihnen.

2. STEPHANIE: Sind sie _____ ihr__ Reise nach Florida schon zurück?
   PETER: Ja, sie sind schon _____ ein__ Woche wieder zu Hause. Meine Mutter fragt, ob du nicht in den Semesterferien _____ mir zusammen _____ ihnen nach Berlin kommen möchtest.

3. STEPHANIE: Klar! Fahren wir _____ d__ Zug oder _____ d__ Wagen?
   PETER: Ich glaube, wir fahren _____ d__ Wagen. Wir können dann unterwegs auch noch Omar besuchen.

4. STEPHANIE: Omar? Wer ist das?
   PETER: Omar ist ein alter Freund _____ mir. Ich bin in Berlin vier Jahre lang _____ ihm in die Schule gegangen. Hier ist ein Foto _____ Omar _____ mir und ein paar Freunde__.

5. STEPHANIE: Wo lebt Omar?
   PETER: Er lebt _____ ein paar Jahr__ in Potsdam. _____ dort ist es dann gar nicht mehr weit _____ mein__ Eltern.

6-32 Ein Brief aus Hamburg. Ergänzen Sie **aus, außer, bei** oder **nach** und Dativendungen.

Hamburg, den 24. Dezember 1995

Liebe Eltern und lieber Opa,

herzliche Grüße _____ d__ Hansestadt Hamburg. Claudia und ich sind gestern hier _____ ihr__ Eltern angekommen. Bergers wollten, daß ich an Weihnachten zu ihnen _____ Hamburg komme, damit ich mal sehe, wie man _____ ein__ deutschen Familie Weihnachten feiert. _____ Claudias Schwester Maria ist die ganze Familie hier. Maria studiert zur Zeit in Berkeley und verbringt Weihnachten _____ Freunden in San Franzisko. _____ Bergers gibt es heute abend wie _____ d__ meisten deutschen Familien nur ein ganz einfaches Essen, und _____ d__ Essen ist dann gleich die Bescherung. Ich schenke Claudias Eltern einen Kalender _____ Amerika mit vielen schönen Farbfotos. _____ d__ Bescherung gehen wir dann alle zusammen in die Weihnachtsmesse. Ich habe Euch _____ München ein Paket geschickt und hoffe, daß es nicht erst _____ Weihnachten _____ Euch ankommt. Es sind übrigens _____ Geschenke__ auch ein paar Münchener Zeitungen für Opa im Paket. Euch allen einen guten Rutsch ins neue Jahr!

Eure   Stephanie

6-33 Meine Weihnachtsferien. Stellen Sie einander die folgenden Fragen!

S1: Bei wem verbringst du die Weihnachtsferien?

S1: Was machst du da?

S2: Bei wem. . .

S2: Bei. . .

S2: Da. . .

S3: . . .

Nach versus *zu*

Nach and **zu** can both mean *to.* **Nach** is used to indicate that the point of destination is a city or a country. **Zu** is used to indicate that the point of destination is a building, an institution, someone's business, or place of residence.

Remind students that the idiomatic expressions **nach Hause** and **zu Hause** which they learned in Kapitel 3 do not conform to these rules.

Remind students that **nach** is not used with the names of countries that have a definite article: **in die Schweiz, in den Libanon.**

6-34 Kleine Gespräche. Ergänzen Sie **nach** oder **zu** und Dativendungen!

1. HERR BERG: Wie weit ist es von hier _____ Ihr_____ Ferienhaus bei Salzburg?

   FRAU KOCH: Von hier _____ Salzburg sind es etwa 500 Kilometer und von dort _____ unser__ Häuschen fährt man noch eine halbe Stunde.

2. FRAU ROTH: Was soll ich denn tun, Frau Klein? Ich habe solche Zahnschmerzen, und unser Zahnarzt ist über Weihnachten _____ Spanien geflogen.

   FRAU KLEIN: Gehen Sie doch _____ unser_____ Zahnarzt.

3. FRAU WOLF: Warum fährt Herr Meyer denn so oft _____ Wien?

   FRAU KUNZ: Ich glaube, er geht dort _____ ein__ Psychiater.

4. CLAUDIA: Fährst du in den Semesterferien wieder _____ Köln _____ dein__ Onkel?

   STEPHANIE: Nein, diesmal fahre ich mit Peter _____ Berlin.

Aus versus *von*

Aus and **von** can both mean *from.* **Aus** is used to indicate that the point of origin is a city or a country. **Von** is used to indicate that the point of origin is a person, building, or an institution. **Von** is also used to indicate a point of departure as in from point A to point B.

6-35 Kleine Gespräche. Ergänzen Sie **aus** oder **von** und Dativendungen!

1. SEBASTIAN: Wer weiß, wie lange der Bus _____ New York nach San Franzisko braucht?

   PETER: Frag doch Stephanie. Sie ist _____ d__ USA, und weiß es bestimmt.

2. CLAUDIA: Hier ist ein Brief _____ Chicago, Stephanie.

   STEPHANIE: _____ mein__ Eltern?

   CLAUDIA: Nein, ich glaube, er kommt _____ dein__ College.

3. ANNETTE: _____ wem hast du diese Swatch?

   CHRISTINE: _____ mein__ Freund Christof. Er hat sie mir _____ d__ Schweiz mitgebracht.

The questions are formulated to review adjective endings after **der**-words in the accusative case.

New word: Schmuck

6-36 Von wem hast du das? Schauen Sie, welche von Ihren Mitstudenten besonders schönen Schmuck tragen, und fragen Sie sie, von wem sie ihn haben.

S1: Von wem hast du den schönen   *S2:*Von …
Ring?

die schöne Halskette?
das schöne Armband?
die schönen Ohrringe?

…

6-37 Wo? woher? wohin? Beginnen Sie die Fragen mit **wo**, **woher** oder **wohin**. Ihre Partnerin/ihr Partner beginnt ihre/seine Antworten dann mit **aus, bei, nach, von** oder **zu**.

Ex. 6-37: Woher, wo, and wohin were discussed in Kapitel 2. Review the difference in meaning of these words.

S1: Wohin fährt dieser Zug?   *S2:* Nach München.

1. _____ ist Stephanie?   _____ USA.
2. _____ fliegen Bergers nächsten   _____ Kanada.
   Sommer?
3. _____ verbringst du die   _____ mein__ Eltern.
   Weihnachtsfeiertage?
4. _____ geht ihr?   _____ Helga.
5. _____ ist Thomas?   _____ sein__ Freundin.
6. _____ hast du den schönen Pulli?   _____ mein__ Freund.
7. _____ reisen Sie diesen Winter,   _____ Israel.
   Frau Koch?
8. _____ kommt diese Schokolade?   _____ Schweiz.
9. _____ geht ihr jetzt?   _____ Professor Seidlmeyer.
10. _____ kommst du?   _____ Professor Seidlmeyer.

Realia: Point out that the **AE** in SITZPLAETZE is due to a lack of upper-case umlauts on the printers of the **Deutsche Bahn**.

6-38 Eine Platzreservierung. Zwei Studenten fahren nach den Pfingstferien in ihre Universitätsstadt zurück. Weil die Züge um diese Zeit oft sehr voll sind und weil sie sicher sein wollen, daß sie nicht stehen müssen, haben sie zwei Sitzplätze reserviert. Schauen Sie die Platzkarte mit Ihrer Partnerin/Ihrem Partner zusammen an, und beantworten Sie die Fragen auf Seite 205.

81 Serie C No 893120	Besondere Angaben Indications spéciales	EL

LINZ HBF
02.06.92/14.43
1073/17 -02401
Ausgabestempel

Zahlungsart
Mode de paiement
810037815830

Wir haben für Sie reserviert / Nous vous avons réservé
2 SITZPLAETZE MIT EC/IC-ZUSCHLAG / AVEC SUPPLEMENT
von / de LINZ HBF   nach / à STUTTGRT HBF

Abfahrt / Départ   30 04.06   10.46   64

Platznummern / Numéros des places
Abteil/ Compartiment   Kl.   MITTE
GROSSRAUMWAGEN   Cl.   MILIEU
2 NICHTRAUCHER   2   108   63 68

Ermäß. Reduct.	= %	= %	Grund Motif	VA/TA	OeS 100,00
	= %	= %			

1. In welcher Stadt beginnt die Reise?
2. Wann haben die beiden Studenten diese Platzkarte gekauft? Finden Sie das Datum und die Uhrzeit!
3. Wie viele Tage später fahren sie ab?
4. Fahren sie morgens, mittags oder abends ab?
5. Wohin fahren sie?
6. In welchem Wagen sind die reservierten Plätze? Finden Sie die Wagennummer!
7. Welches Wort zeigt, daß dieser Wagen keine Abteile hat?
8. Welche Plätze sind für die beiden Studenten reserviert?
9. Welches Wort zeigt, wo im Wagen diese beiden Plätze sind?
10. Welche drei Buchstaben zeigen, daß die Studenten diese Platzkarte in Österreich gekauft haben?

The preposition *seit*

When **seit** refers to a *point in time*, its English equivalent is *since;* when it refers to a period in time, its English equivalent is *for.*

Frau Stermann hat ihren BMW **seit** Montag.	*Mrs. Stermann has had her BMW **since** Monday.*
Herr Schwarz hat seinen Ford **seit** einem Jahr.	*Mr. Schwarz has had his Ford **for** a year.*

Point out the difference in tense between the German examples and their English translations. **Seit** and *since* are both used to talk about actions that have begun in the past and continue into the present. Whereas English uses a perfect tense in such contexts, German uses the present tense.

6-39 Seit wann?

haben / du dieses tolle Fahrrad	mein Geburtstag
S1: Seit wann hast du dieses tolle Fahrrad?	*S2:* Seit meinem Geburtstag.

1. sein / Sandra und Holger so gute Freunde   die Silvesterparty bei Sylvia
2. trinken / Stephanie so gern deutsches Bier   ihr Jahr in München
3. haben / du einen CD-Spieler   vierzehn Tage
4. spielen / du Saxophon   meine Schulzeit
5. sein / Karin und Kurt verheiratet   eine Woche

6-39 Additional items:

6. haben / du diesen Computer ein Vierteljahr
7. fahren / du mit dem Fahrrad zur Uni der Busstreik im September
8. arbeiten / Frau Kuhn bei Daimler-Benz zwanzig Jahre
9. sein / Frau Bauer im Krankenhaus ein Monat

6-40 Seit wann machst/hast du das?

Stellen Sie einander die folgenden Fragen, und berichten Sie dann, was Sie herausgefunden haben!

S1: Spielst du ein Instrument?	*S2:* Ja, ich spiele _____.
S1: Seit wann?	*S2:* Seit _____ Monaten/Jahren

New word: **berichten**

1. Hast du einen Job? Wo? Seit wann?
2. Hast du einen Freund/eine Freundin? Seit wann?
3. Hast du einen Computer? Was für einen? Seit wann?
4. Hast du einen Wagen? Was für einen? Seit wann?

Contractions

The following contractions of prepositions and definite articles are commonly used.

bei + dem	=	**beim**	Brigitte ist heute vormittag **beim** Zahnarzt.
von + dem	=	**vom**	Sind diese Eier wirklich **vom** Osterhasen?
zu + dem	=	**zum**	Fährt dieser Bus **zum** Bahnhof?
zu + der	=	**zur**	Seit wann fährst du denn mit dem Fahrrad **zur** Uni?

6-41 Wo? Woher? Wohin? Die Fragen beginnen mit **wo**, **woher** oder **wohin** und die Antworten mit den Kontraktionen **beim**, **vom**, **zum** oder **zur**.

_____ gehst du?

S1: Wohin gehst du?   *S2:* Zur Bäckerei.

1. _____ ist Brigitte?

5. _____ rennst du?

2. _____ kommst du?

6. _____ kommt ihr?

3. _____ fährst du?

7. _____ gehst du?

4. _____ ist Silke?

8. _____ sind Bernd und Sabine?

Zahnarzt (m) / Supermarkt (m) / Arzt (m) / Friseur (m)
Fleischerei (f) / Bus (m) / Baden (n) / Mittagessen (n)

> **Sprachnotiz:** Word order: time, manner, place
>
> You have already learned that expressions of time precede expressions of place.
>
> Claudia und Stephanie fahren **morgen nach Hamburg**.
>
> When an expression of manner is added, the order is *time, manner, place.*
>
> Claudia und Stephanie fahren **morgen mit dem Zug nach Hamburg**.

• 3 Describing people, places, and things

Dative endings of preceded adjectives

Adjectives that are preceded by a **der**-word or an **ein**-word in the dative case always take the ending **-en**.

Der Mann dort mit der schwarz**en** Brille und den lang**en** grau**en** Haaren ist mein Matheprofessor.
The man there with the black glasses and the long grey hair is my math professor.

	MASCULINE	NEUTER	FEMININE	PLURAL
DATIVE	dem einem jung**en** Mann	dem einem klein**en** Kind	der einem jung**en** Frau	den keinen klein**en** Kindern

6-42 Ein Familienbild. Fragen Sie Ihre Partnerin/Ihren Partner, wer diese Leute sind.

die Frau mit dem _____ Kleid und den _____ Haaren
S1: Wer ist die Frau mit dem grünen Kleid und den roten Haaren?

Das ist …
S2: Das ist meine Mutter.

1. der Mann mit der _____ Jacke und der _____ Krawatte
2. der Junge mit den _____ Haaren und dem _____ Hemd
3. die Frau mit der _____ Hose und der _____ Bluse
4. der Mann mit der _____ Brille und den _____ Haaren
5. das Mädchen mit _____ Kleid und den _____ Schuhen
6. die Frau mit dem _____ Hut und dem _____ Kleid

Dative endings of unpreceded adjectives

As you know, adjectives that are not preceded by a **der**-word or an **ein**-word take **der**-word endings. This also holds true for the dative case.

Russischer Kaviar ist sehr teuer. Aber an meinem Geburtstag gibt es immer russischen Kaviar mit echt**em** französisch**em** Champagner.
Russian caviar is very expensive. But on my birthday we always have Russian caviar with real French champagne.

This example sentence also reviews endings of unpreceded adjectives in the nominative and accusative cases.

	MASCULINE	NEUTER	FEMININE	PLURAL
NOMINATIVE	guter Kaffee	gutes Bier	gute Salami	gute Äpfel
ACCUSATIVE	guten Kaffee	gutes Bier	gute Salami	gute Äpfel
DATIVE	gut**em** Kaffee	gut**em** Bier	gut**er** Salami	gut**en** Äpfeln

6-43 Eine Feinschmeckerin. Beschreiben Sie den internationalen Geschmack von Frau Reich.

1. Zu deutsch__ Pumpernickel (m) ißt sie immer französisch__ Käse (m).
2. Zu italienisch__ Spaghetti (pl) trinkt sie immer griechisch__ Wein (m).
3. Zu polnisch__ Wurst (f) ißt sie immer französisch__ Senf (m).
4. Zu englisch__ Cheddar (m) ißt sie immer neuseeländisch__ Äpfel (pl).
5. Zu deutsch__ Schwarzbrot (n) ißt sie immer irisch__ Butter (f).
6. Zu italienisch__ Eis (n) trinkt sie immer türkisch__ Kaffee (m).
7. Zu belgisch__ Schokolade (f) ißt sie immer israelisch__ Mandarinen (pl).
8. Zu amerikanisch__ Kartoffelchips (pl) trinkt sie immer deutsch__ Bier (n).

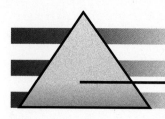

ZUSAMMENSCHAU

Zusammenschau. (Characters: Claudia, saleswoman)

Verkäuferin: Sie wünschen? CLAUDIA: Ich habe gestern nachmittag diesen Pullover gekauft. Heute morgen habe ich ihn dann zum erstenmal angezogen, und da habe ich…. Sehen Sie, hier!—Da habe ich dieses Loch gefunden. VERKÄUFERIN: Wirklich, ja, das ist ein Loch. Das tut mir aber leid. Wir haben diesen Pullover aber sicher nochmal. Oder wollen Sie lieber Ihr Geld zurück? CLAUDIA: Nein nein, der Pullover gefällt mir. Es ist nur dieses Loch. VERKÄUFERIN: Ja, dann will ich mal gleich schauen. Welche Größe war das doch wieder? CLAUDIA: Achtunddreißig, Größe achtunddreißig, und wieder in Schwarz bitte. VERKÄUFERIN: Ja, natürlich, in Schwarz. Also, vierunddreißig, sechsunddreißig, achtunddreißig. Da habe ich noch braun, rot, grün und grau—aber schwarz….? CLAUDIA: Nichts in Schwarz? VERKÄUFERIN: Nein, im Moment nicht. CLAUDIA: Aber ich brauche den Pullover doch. Kann man das Loch denn nicht flicken? VERKÄUFERIN: Wir flicken hier nicht bei Karstadt. CLAUDIA: Sie flicken nicht? VERKÄUFERIN: Nein. Aber da fällt mir gerade ein, wir haben ja Flickwolle. Sagen Sie, können Sie flicken? CLAUDIA: Ja, natürlich kann ich das. VERKÄUFERIN: Ja, dann gebe ich Ihnen doch ein bißchen Flickwolle. Hier, sehen Sie, das ist genau das gleiche Schwarz. Sie flicken Ihren Pullover selbst, und alles ist in Ordnung, nicht? CLAUDIA: Nein, nicht in Ordnung. VERKÄUFERIN: Nicht? CLAUDIA: Nein. VERKÄUFERIN: Ja, warum denn nicht? CLAUDIA: Na, hören Sie mal! Da muß ich zweimal hierherkommen, soll das Loch selber flicken und noch volle achtzig Mark bezahlen?! Da geben Sie mir den Pullover lieber mal ein ganz schönes bißchen billiger! VERKÄUFERIN: Na, ich kann ja fragen. Ich kann den Abteilungsleiter fragen. CLAUDIA: Ja, fragen Sie doch mal! VERKÄUFERIN: Also Moment dann! Ich bin gleich wieder zurück. [Salesperson goes away] CLAUDIA: Na, mal sehen, was er sagt, der Abteilungsleiter. [Salesperson comes back] VERKÄUFERIN: Sie haben aber mal Glück! CLAUDIA: Warum denn? Was

▶️ ZUM HÖREN

Im Kaufhaus ist der Kunde König

Claudia hat im Winterschlußverkauf bei Karstadt einen Pullover gekauft. Am nächsten Tag ist sie schon wieder bei Karstadt und spricht dort mit der Verkäuferin. Hören Sie warum Claudia zu Karstadt zurückgegangen ist.

NEUE VOKABELN

zum erstenmal	*for the first time*
anziehen, hat angezogen	*to put on*
das Loch	*hole*
die Größe	*size*
flicken	*to mend*
die Flickwolle	*mending yarn*
der Abteilungsleiter	*department manager*
Sie haben aber mal Glück!	*Are you ever lucky!*

6-44 Globalverstehen. In welcher Reihenfolge hören Sie die folgenden Fragen und Aussagen?

_7_ Na, ich kann ja fragen. Ich kann den Abteilungsleiter fragen.

_4_ Sagen Sie, können Sie flicken?

_8_ Sie haben aber mal Glück!

_2_ Nein, nein, der Pullover gefällt mir. Es ist nur dieses Loch.

_9_ Zwanzig Mark, das ist nicht schlecht!

_5_ Sie flicken Ihren Pullover selbst, und alles ist in Ordnung, nicht?

_1_ Das tut mir aber leid. Wir haben diesen Pullover aber sicher nochmal.

_3_ Aber ich brauche den Pullover doch. Kann man das Loch denn nicht flicken?

_6_ Da geben Sie mir den Pullover lieber mal ein ganz schönes bißchen billiger.

6-45 Detailverstehen. Hören Sie Claudias Gespräch mit der Verkäuferin noch einmal an, und beantworten Sie die folgenden Fragen!

1. Wann hat Claudia den Pullover gekauft, und wann hat sie ihn zum erstenmal angezogen?
2. Warum ist Claudia zu Karstadt zurückgegangen?
3. Was für eine Größe braucht Claudia?
4. In welchen Farben gibt es diesen Pullover noch?
5. Warum fragt die Verkäuferin, ob Claudia flicken kann?
6. Wieviel hat Claudia gestern für den Pullover bezahlt?
7. Warum denkt sie, daß sie den Pullover billiger bekommen sollte?
8. Was muß die Verkäuferin tun, bevor sie Claudia den Pullover billiger geben kann?
9. Wieviel billiger bekommt Claudia den Pullover?

hat er gesagt? VERKÄUFERIN: Sie bekommen den Pullover volle zwanzig Mark billiger! CLAUDIA: Zwanzig Mark, das ist nicht schlecht! VERKÄUFERIN: Nicht schlecht? Phantastisch ist das. So einen schönen Pullover für nur sechzig Mark!

6-46 Im Kaufhaus.

ROLLE 1: DIE KUNDIN/DER KUNDE

Sie haben etwas gekauft und herausgefunden, daß es defekt ist.

oder

Sie haben etwas geschenkt bekommen, was Ihnen nicht gefällt oder nicht paßt.

Bringen Sie dieses Etwas ins Kaufhaus zurück, und sagen Sie der Verkäuferin/dem Verkäufer, was Sie zurückbringen und warum.

WAS SIE ZURÜCKBRINGEN   WARUM SIE ES ZURÜCKBRINGEN

- einen Pullover   ER/ES/SIE   ist Ihnen zu groß (zu klein).
- eine Bluse   ist Ihnen zu konservativ (zu knallig, zu verrückt).
- ein Hemd   ist Ihnen nicht flott (sportlich) genug.
- …   …
- einen Computer   funktioniert nicht.
- eine Kamera   ist ganz zerkratzt.
- ein Fahrrad   ist schon ganz rostig.
- …   …

Sagen Sie auch, was Sie von der Verkäuferin/vom Verkäufer wollen.

Sie möchten
- Ihr Geld zurück.
- einen anderen (eine andere, ein anderes) _____.
- weniger bezahlen.
- …

ROLLE 2: DIE VERKÄUFERIN/DER VERKÄUFER

Sie wissen, daß der Kunde König ist, aber Sie glauben nicht immer alles, was die Kunden Ihnen erzählen. Sie können deshalb positiv oder negativ reagieren.

POSITIVE REAKTIONEN

- Das tut mir aber leid.
- Das können wir bestimmt reparieren.
- Ich gebe Ihnen gleich einen anderen (eine andere, ein anderes) _____.
- …

NEGATIVE REAKTIONEN

- Das kann doch gar nicht sein!
- Das ist doch unmöglich!
- Da muß ich erst mal mit dem Abteilungsleiter sprechen.
- …

6-47 Herzlichen Dank! Sie haben von Ihrer altmodischen Tante Luise ein Geburtstagsgeschenk bekommen. Das Geschenk gefällt Ihnen gar nicht, aber Sie müssen der Tante trotzdem einen lieben Dankensbrief schreiben.

Margarete Steiff und der Teddybär

Im Jahr 2003 wird der Teddybär hundert Jahre alt. Sein Geburtsort ist die kleine süddeutsche Stadt Giengen, und seine Vorfahren sind Tausende von Stofftieren[1] aus der Spielwarenfabrik[2] von Margarete Steiff.

Students can guess the meaning of the German word for polio *from the context.*

Margarete Steiff ist 1847 geboren, hat im Alter von achtzehn Monaten Kinderlähmung und muß ihr ganzes Leben im Rollstuhl verbringen. Sie lernt nähen[3], und als sie dreißig ist, hat sie im Haus von ihren Eltern ihr eigenes kleines Geschäft und beschäftigt[4] mehrere Arbeiterinnen. Margarete mag Kinder, sie näht am liebsten für Kinder, und im Jahr 1880 näht sie aus Filz[5] ihre ersten kleinen Stofftiere und schenkt sie ihren Nichten[6] und Neffen. Weil die kuscheligen Tierchen den Kindern so gut gefallen, beginnt Margarete, sie auch zu verkaufen, und neun Jahre später baut sie ihre erste kleine Filz-Spielwaren-Fabrik.

Re **Bär 55 BP:** *This coding means the bear is 55 centimeters tall, has movable arms and legs (***B = beweglich***), and is made of fur material (***P = Plüsch***).*

GmbH: *Gesellschaft mit beschränkter Haftung (limited company)*

In Margaretes Fabrik arbeitet auch ihr Neffe Richard, und der »Bär 55 BP« vom Jahr 1903 ist sein Werk. Dieser Bär ist nicht mehr aus Filz, sondern aus Plüsch, und er ist der erste Stoffbär mit beweglichen[7] Armen und Beinen. Die verbesserten Modelle vom Jahr 1905 werden dann zum großen Erfolg[8] und erobern[9] als Teddybären die ganze Welt. Allein im Jahr 1907 kommen aus der neuen und viel größeren Spielwarenfabrik Margarete Steiff GmbH 975 000 Bären, und die Frau im Rollstuhl ist jetzt Chefin von über 2000 Arbeiterinnen und Arbeitern.

Warum die kleinen deutschen Bären den Namen Teddy bekommen, ist eine interessante Geschichte, in der[10] der amerikanische Präsident Theodore Roosevelt und der Karikaturist Clifford Berryman die Hauptrollen spielen.

Margarete Steiffs erste Spielwarenfabrik.

Roosevelt war nicht nur ein populärer Präsident, sondern auch ein passionierter, aber humaner Jäger.[11] Im Jahr 1902 zeigt eine Karikatur in der Washington Post, wie Roosevelt es ablehnt[12], einen hilflosen kleinen Bären abzuschießen. Diese Karikatur gefällt den Lesern so gut, daß Berryman von jetzt ab alle seine Karikaturen von »Teddy« Roosevelt nicht nur mit seinem Namen, sondern auch mit einem kleinen Bären signiert. Und bald hat Berrymans Bär den Namen Teddybear und Berryman selbst den Spitznamen[13] Teddy Bear Man.

Der Name Teddybear hat also zunächst mit dem kleinen deutschen Stoffbären gar nichts zu tun. Als dann aber 1905 die ersten Importe von Margarete Steiffs Stoffbären in amerikanischen Spielwarengeschäften zu sehen sind, nennen die Leute sie sofort »Teddybears«. Ein Teddybär-Fieber erfaßt[14] die USA, und sogar der Präsident selbst soll wichtigen Gästen Steiffsche Teddybären geschenkt haben.

Als Margarete Steiff im Jahr 1909 im Alter von 62 Jahren stirbt, hinterläßt sie eine Weltfirma mit Arbeitsplätzen für Tausende von Menschen, und ihre Teddys haben Millionen von Kindern glücklich gemacht. Und vielleicht das Wichtigste: sie hat der Welt gezeigt, daß auch eine Frau im Rollstuhl Großes leisten[15] kann.

1 stuffed animals	2 toy factory	3 to sew	4 employs	5 felt
6 nieces	7 moving	8 success	9 to conquer	10 in which
11 hunter	12 refuses	13 nickname	14 captures	15 achieve

6-48 Was ist die richtige Antwort? Sie hören sieben Fragen zu Margarete Steiff und der Teddybär. Haken Sie die richtigen Antworten ab!

1. _____ Im Jahr 2003.
   __✓__ Im Jahr 1903.
2. __✓__ Aus Filz.
   _____ Aus Plüsch.

3. _____ Aus Filz.
   __✓__ Aus Plüsch.
4. __✓__ Filz-Spielwaren-Fabrik.
   _____ Spielwarenfabrik Margarete Steiff GmbH.

5. _____ Er war Jäger.
   __✓__ Er war Karikaturist.
6. __✓__ Weil Roosevelt ein humaner Jäger war.
   _____ Weil Roosevelt ein passionierter Jäger war.
7. _____ Richard Steiffs Plüschbär.
   __✓__ Clifford Berrymans Signaturbär.

Questions: 1. Wann ist Bär 55 PB geboren? 2. Aus was für einem Material waren Margarete Steiffs erste Stofftiere? 3. Aus was für Material war Richard Steiffs Bär 55 PB? 4. Was war der Name von Margarete Steiffs erster Fabrik? 5. Was war Clifford Berryman von Beruf? 6. Warum schießt Präsident Roosevelt in Berrymans Karikatur den kleinen Bären nicht ab? 7. Welcher Bär war der erste Teddybär?

Wörter im Kontext 2

● Nomen

die Anzeige, -n	newspaper ad
das Armband, ¨er	bracelet
der Briefträger, -	mailman
die Fabrik, -en	factory
die Flasche, -n	bottle
die Fleischerei, -en	butcher shop
der Friseur, -e	(male) hairdresser
die Friseuse, -n	(female) hairdresser
die Frisur, -en	hairdo
der Geschmack, ¨er	taste
die Gießkanne, -n	watering can
die Größe, -n	size
die Halskette, -n	necklace
der Hausschuh, -e	slipper
die Hilfe	help
der Hockeyschläger, -	hockey stick
das Kaufhaus, ¨er	department store
die Kerze, -n	candle
das Krankenhaus, ¨er	hospital
der Kugelschreiber, -	ballpoint pen
das Loch, ¨er	hole
der Mitstudent, -en/	classmate
die Mitstudentin, -nen	
der Neffe, -n	nephew
die Nichte, -n	niece
der Ohrring, -e	earring
die Platzkarte, -n	seat reservation
der Rollstuhl, ¨e	wheel chair
der Schmuck	jewelery
der Tennisschläger, -	tennis racquet
das Tier, -e	animal
die Zahnschmerzen	toothache

Point out that nouns ending in **-ei** are always feminine. Have students guess the meanings of **die Brauerei, die Gärtnerei, die Wäscherei, die Bücherei** (not a bookstore!), **die Schweinerei (!)**.

● Verben

an•ziehen, hat angezogen	to put on, to wear
danken (+ *dat*)	to thank
ein•laden (lädt ein), hat eingeladen	to invite
flicken	to mend
gehören (+ *dat*)	to belong to
gratulieren (+ *dat*)	to congratulate
helfen (hilft), hat geholfen (+ *dat*)	to help
leihen, hat geliehen	to lend
mit•bringen, hat mitgebracht	to bring along
schulden	to owe

● Andere Wörter

besonders	especially
eigen	own
einfach	simple
flott	stylish
knallig	loud (of clothes), flashy
unterwegs	on the way
zerkratzt	scratched

● Ausdrücke

Das ist mir egal.	I don't care.
Der Mantel paßt dir nicht.	That coat doesn't fit you.
Der Mantel steht dir nicht.	That coat doesn't suit you.
ein Paar	a pair, a couple
ein paar	a few, a couple of
Es tut mir leid.	I'm sorry.
Sie haben Glück!	You're lucky!
Sie wünschen?	May I help you?
Wie gefällt dir mein Mantel?	How do you like my coat?
zum erstenmal	for the first time

For the difference between **ein Paar** and **ein paar**, point students to *Sprachnotiz* on p. 192.

● Leicht zu verstehen

die Bäckerei, -en	das Paket, -e
der Bierstein, -e	das Parfüm, -s
der CD-Spieler, -	der Ring, -e
das Farbfoto, -s	die Rose, -n
die Krawatte, -n	der Teekessel, -

6-49 Was schenkst du diesen Leuten? Antworten Sie mit »Ich schenke ihr/ihm _____.«

1. Maria hat immer kalte Hände.
2. Stefan hat viele Zimmerpflanzen.
3. Kurt treibt viel Sport.
4. Melanie hat viele Brieffreunde.
5. Tobias hört gern Musik.

a. eine Gießkanne
b. einen CD-Spieler
c. ein Paar warme Handschuhe
d. einen Kugelschreiber
e. einen Tennisschläger und einen Hockeyschläger

6-50 Was paßt am besten?

1. Wenn Lisa Geburtstag hat,
2. Wenn Lisa zu viel zu tun hat,
3. Wenn Lisa etwas für mich getan hat,
4. Wenn Lisa bankrott ist,
5. Wenn Lisas Pullover ein Loch hat,
6. Wenn ich bei Lisa eingeladen bin,
7. Wenn Lisa Zahnschmerzen hat,

a. danke ich ihr.
b. leihe ich ihr Geld.
c. gratuliere ich ihr.
d. helfe ich ihr.
e. gebe ich ihr ein paar Aspirin.
f. flicke ich ihn für sie.
g. bringe ich meistens eine Flasche Wein mit.

6-51 Mit anderen Worten. Welche vier Satzpaare bedeuten das gleiche?

1. Diese Jacke gefällt mir.
2. Diese Jacke steht mir.
3. Diese Jacke ist mir zu klein.
4. Diese Jacke gehört nicht mir.

a. Diese Jacke paßt mir nicht.
b. Das ist nicht meine Jacke.
c. Ich finde diese Jacke schön.
d. In dieser Jacke sehe ich gut aus.

6-52 Was paßt?

_____

eine Platzkarte / eine Kerze / einen Rollstuhl / eine Anzeige

_____

1. Wenn man nicht gehen kann, braucht man _____.
2. Wenn man sicher sein will, daß man im Zug einen Sitzplatz bekommt, kauft man _____.
3. Wenn man etwas verkaufen will, setzt man am besten _____ in die Zeitung.
4. Wenn nachts das elektrische Licht ausgeht, braucht man _____.

6-53 Was sagen Sie in diesen Situationen?

Hilfe, ich ertrinke!
Das tut mir aber leid!
Das ist mir egal!

Du hast aber mal Glück!
Das ist nicht meine Größe.
Sie wünschen?

1. Ein Freund von Ihnen hat im Fußball-Lotto zehntausend Mark gewonnen.
2. Sie sind Verkäufer/in, und ein Kunde kommt zur Tür herein.
3. Ein Mitstudent erzählt Ihnen, daß seine Freundin im Krankenhaus ist.
4. Sie sind ins Wasser gefallen und können nicht schwimmen.
5. Sie sind im Kaufhaus und probieren eine Jacke an, aber Sie paßt Ihnen nicht.
6. Ein Freund erzählt Ihnen, daß ein Mitstudent Ihre neuen Ohrringe geschmacklos findet.

> **Sprachnotiz:** The flavoring word *aber*
>
> In colloquial German, **aber** is often used to add emphasis to a statement.
>
> Das tut mir **aber** leid!   *I'm **so** sorry.*
> Jetzt habe ich **aber** Hunger!   *I'm **really** hungry now.*

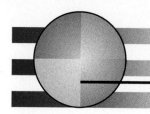

WORT, SINN UND KLANG

Giving language color

Like other languages, German has many colorful expressions to characterize people. Many of these expressions make use of the real or imagined qualities of animals.

Have students repeat the names of the animals and subsequent metaphors after you. Ask for the English cognate of **Pelz.** New word: **Schaf**

The expressions in the exercise below use the following animals:

der Bär	die Ratte	der Wolf
der Fuchs	der Wurm	das Schaf

6-54 Was paßt?

Bücherwurm / Leseratte / schwarze Schaf
schlauer Fuchs / Schlafratte / Schafskopf
Bärenhunger / Wasserratte / Wolf im Schafspelz

1. TINA ZU JENS: Hoffentlich hast du genug zu essen, Jens. Ich habe einen _____!
2. KURT ZU RALF: Du hast den Toaster nicht repariert, sondern ruiniert, du _____!
3. JENS ZU NINA: Mit meinen miserablen Zensuren bin ich leider das _____ in einer sehr intelligenten Familie.
4. EVA ZU LISA: Steh doch endlich auf, du _____! Es ist schon fast ein Uhr nachmittags.
5. SEBASTIAN: Bernd verdient 7000 Mark im Monat und zahlt dem Finanzamt keinen Pfennig.
   ALEXANDER: Was für ein _____!
6. CHRISTINE: Mein Bruder liest von morgens bis abends. Er ist ein richtiger _____.
   HOLGER: Genau wie meine Schwester! Die ist auch so eine _____.
7. MELANIE: Was?! Du willst mit Frank in die Disco?
   ANGELIKA: Warum denn nicht? Er ist doch ein netter Kerl.
   MELANIE: Ralf ein netter Kerl?! Ein _____ ist er!
8. SEBASTIAN: Verbringt deine Schwester immer den ganzen Tag im Swimmingpool?
   MATTHIAS: Ja, sie ist eine richtige _____.

#6: Although not a hard and fast rule, a German would tend to use **Bücherwurm** for males and **Leseratte** for females.

Predicting gender

Infinitive forms of verbs are often used as nouns. Such nouns are always neuter and they are, of course, capitalized. Their English equivalents usually end in *-ing*.

Wann gibst du endlich **das Rauchen** auf?
*When are you finally going to give up **smoking**?*

When the contraction **beim** is followed by such a noun, it often means *while*.

Gestern abend bin ich **beim Fernsehen** eingeschlafen.
*Last night I fell asleep **while watching TV**.*

6-55 Was paßt?

(das) Schwimmen / (das) Wissen / (das) Leben
(das) Einkaufen / (das) Trinken / (das) Schreiben

1. Dieses faule _____ gefällt mir.
2. Gestern haben wir beim _____ fast fünfhundert Mark ausgegeben.
3. Fang doch endlich mit deinem Referat an! Vielleicht fällt dir beim _____ etwas ein.
4. Das viele _____ hat diesen Mann krank gemacht.
5. Helga ist gestern abend ohne Günters _____ mit Holger ausgegangen.
6. _____ ist sehr gesund.

Zur Aussprache

German *ch*

German **ch** is one of the few consonant sounds that has no equivalent in English.

6-56 Hören Sie gut zu und wiederholen Sie!

- **ch** after **a**, **o**, **u**, and **au**

When **ch** follows the vowels **a**, **o**, **u**, or **au**, it resembles the sound of a gentle gargling.

> Frau Ba**ch** kommt Punkt a**ch**t.
> Am Wo**ch**enende ko**ch**t immer meine To**ch**ter.
> Warum su**ch**st du denn das Ko**ch**buch?
> Ich will versu**ch**en, einen Ku**ch**en zu backen.
> Hat Herr Rau**ch** au**ch** so einen Bierbau**ch** wie Herr Strau**ch**?

- **ch** after all other vowels and after consonants

The sound of **ch** after all other vowels and after consonants is similar to the sound of a loudly whispered *h* in *huge* or *Hugh*.

> Mi**ch**aels Kätz**ch**en möchte ein Teller**ch**en Mil**ch**.

The ending **-ig** is pronounced as if it were spelled **-ich**, unless it is followed by a vowel.

> Es ist sonn**ig**, aber sehr wind**ig**.

The two types of **ch** sounds are often found in the singular and plural forms of the same noun.

die Na**ch**t	die Nä**ch**te
die To**ch**ter	die Tö**ch**ter
das Bu**ch**	die Bü**ch**er
der Bierbau**ch**	die Bierbäu**ch**e

The combination **-chs** is pronounced like English *x*.

das Wa**chs**	se**chs**	der O**chs**e	der Fu**chs**

Students often pronounce the German [x] as [k]. Point out that the [x] is produced in the same area of the mouth as the [k], i.e., at the back of the mouth. In producing the [x], however, the speaker does not cut off the flow of air and therefore produces a gentle gargling sound. The word pair **Dock-doch** is excellent practice material: have students try to transform the sudden closing off of the airflow at the end of **Dock** into the slight gargling sound at the end of **doc**

Another way of producing the sound [ç]: say German **i** and without stopping the airflow continue voicing the sound.

Have students guess the English equivalents of **Wachs, Ochse,** and **Fuchs.**

KAPITEL 7

Andere Länder . . .

The complete proverb reads **Andere Länder, andere Sitten** and is the German equivalent of *Different strokes for different folks.*

● Kommunikationsziele

Ordering a meal in a German restaurant
Discussing cultural differences
Improving the environment
Discussing personal grooming habits
Expressing determination

● Strukturen

Relative pronouns and relative clauses
Reflexive pronouns and reflexive verbs
The future tense
More on conjunctions

Word order: Infinitive phrases

● Kultur

Environmental concerns
Restaurant customs and table etiquette
Fast-food in the German-speaking
   countries
Reformhaus, Drogerie* und *Apotheke

Leute: Ida Jobe

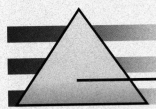

Im Gasthaus

Nina Ziegler und Shauna Harper stehen vor einem Gasthaus und studieren die Speisekarte, die außen in einem kleinen Kasten hängt.

Im Gasthaus New words:
**Speisekarte; außen; Kasten;
Schellfisch** (=cod); **einzig;
Ehepaar** (=Mann und Frau); **sich
setzen; sich etwas aussuchen;
Kellner** (see marginal note to
Kellner in the vocabulary listing)

Essen Sie gern international?

SHAUNA:	Ich habe Lust auf Fisch. Mal sehen, ob es das hier gibt. Ja, hier: Schellfisch gebacken mit Kartoffelsalat. Das esse ich.
NINA:	Gut, gehen wir hinein!
SHAUNA:	Du, das ist ganz voll. Da ist kein einziger Tisch mehr frei.
NINA:	Bei dem alten Ehepaar dort sind noch zwei freie Plätze.
SHAUNA:	Aber wir kennen die Leute doch gar nicht.
NINA:	Das macht doch nichts. Komm, sonst setzt sich jemand anders dorthin. – Entschuldigung, sind diese beiden Plätze noch frei?
HERR:	Ja, bitte, setzen Sie sich nur zu uns.
FRAU:	Hier ist auch gleich die Speisekarte. Dann können Sie sich schon etwas Gutes aussuchen, bis der Kellner kommt.

Explain that if all tables in a restaurant are occupied, it is common to approach a person at a table with empty places and ask if you may sit there.

Aktion im Supermarkt

Weil in Deutschland, Österreich und der Schweiz so viele Menschen so eng zusammen-leben, tut man dort sehr viel für die Umwelt. Robert Ziegler gehört zum Bund für Umwelt und Naturschutz Deutschland (BUND) und kommt gerade von einer Aktion nach Hause.

FRAU ZIEGLER: Grüß dich, Robert! Wie war die Aktion im Supermarkt?

ROBERT: Echt toll! Wir haben für fast zweihundert Mark eingekauft, Bernd, Oliver und ich. Dann sind wir zur Kasse gegangen, haben bezahlt und gleich angefangen, alles auszupacken und in unsere eigenen Tupperdosen und Glasflaschen umzufüllen. Als wir fertig waren, war da ein ganzer Berg von Schachteln, Tetrapacks, und Plastik- und Alufolie.

FRAU ZIEGLER: Was hat die Frau an der Kasse gesagt?

ROBERT: Sie hat von Recycling gesprochen, aber wir haben ihr erklärt, daß auch Recycling Energie verbraucht und daß all diese Verpackung ganz überflüssig ist.

FRAU ZIEGLER: Und die anderen Leute? Wie haben die reagiert?

ROBERT: Ein paar haben sich geärgert, daß sie ein bißchen warten mußten, aber die meisten haben gelacht, und ein paar haben sogar geklatscht.

Alu müllium

Wenn Sie wissen möchten, was Sie gegen Alu-Müll tun können,

schicken Sie uns bitte diese Anzeige.

BUND · Im Rheingarten 7 · 5300 Bonn 3

Bund für Umwelt und Naturschutz Deutschland e.V.

BUND

🎞 ZUM HÖREN

7-1 Richtig oder falsch? Sie hören die Gespräche auf Seite 217 und 218 und nach jedem Text ein paar Aussagen. Entscheiden Sie, ob diese Aussagen **richtig** oder **falsch** sind.

Im Gasthaus

	Richtig	Falsch		Richtig	Falsch
1.	✓		3.		✓
2.	✓		4.		✓

Aktion im Supermarkt

	Richtig	Falsch		Richtig	Falsch
1.	✓		3.	✓	
2.	✓		4.		✓

7-2 Zwei kleine Geschichten. Lesen Sie die Sätze in diesen zwei Geschichten in der richtigen Reihenfolge!

1. Im Gasthaus

___ Aber Nina hat zwei freie Plätze gesehen und gefragt, ob sie sich da hinsetzen dürfen.

___ Weil Shauna Lust auf Schellfisch und Kartoffelsalat hatte, sind Sie hineingegangen.

___ Bevor Nina und Shauna in das Gasthaus gegangen sind, haben sie sich außen die Speisekarte angeschaut.

___ Weil dort kein einziger Tisch frei war, wollte Shauna gleich wieder weggehen.

2. Aktion im Supermarkt

___ Sie haben für fast zweihundert Mark eingekauft, sind zur Kasse gegangen und haben bezahlt.

___ Als sie fertig waren, war da ein ganzer Berg von Verpackungsmaterial.

___ Robert, Bernd und Oliver haben heute im Supermarkt gegen überflüssige Verpackungen protestiert.

___ Die meisten anderen Kunden haben auf diese Aktion sehr positiv reagiert.

___ Dann haben sie alles ausgepackt und in Tupperdosen und Glasflaschen umgefüllt.

7-3 Andere Länder, andere Sitten. Finden Sie heraus, ob Ihre Partnerin/Ihr Partner aus einem anderen Land (einem anderen Staat, einer anderen Provinz) kommt, oder ob sie/er schon mal ein anderes Land (einen anderen Staat, eine andere Provinz) besucht hat. Stellen Sie ihr/ihm dann passende Fragen.

STUDENTEN, DIE NICHT VON HIER SIND

- Woher bist du?
- Seit wann bist du hier?
- Was ist hier anders als zu Hause?
- Was gefällt dir hier besonders gut?
- Was gefällt dir hier nicht so gut?
- Was hat dir zu Hause besser gefallen?

STUDENTEN, DIE EINE REISE GEMACHT HABEN

- Wo warst du?
- Wann war das?
- Wie lange warst du dort?
- Was war dort anders als hier?
- Was hat dir dort besonders gut gefallen?
- Was hat dir dort nicht so gut gefallen?

Deutschland, Österreich und die Schweiz sind zusammen nur wenig größer als Kalifornien, aber sie haben fast viermal so viel Einwohner. Man spricht und diskutiert deshalb in diesen Ländern viel mehr über Umweltprobleme als in Nordamerika. Ein enormes Problem ist z.B. der Hausmüll,[1] und weil er zu über 50 Prozent aus Verpackungsmaterialien besteht, versucht man, diese Materialien gar nicht erst zu den überfüllten Mülldeponien[2] kommen zu lassen. Zwei Organisationen mit sehr verschiedenen Lösungen für das Müllproblem sind Das Duale System Deutschland (DSD) und Der Bund für Umwelt und Naturschutz Deutschland (BUND).

Die DSD versucht, das Müllproblem durch Recycling zu lösen. Ihr Symbol ist der Grüne Punkt, den man heute auf der Verpackung von fast allen Waren in deutschen Geschäften und Supermärkten sieht. Die DSD sammelt[3] und sortiert alle Verpackungsmaterialien, die den Grünen Punkt tragen, und sie garantiert das Recycling. Überall in Deutschland sieht man heute die Container mit dem Grünen Punkt: braune, grüne und weiße Tonnen für Braunglas, Grünglas und Weißglas, blaue Tonnen für Papier und Kartons und gelbe Tonnen für Aluminium- und andere Metalldosen, für Plastikflaschen und viele andere Verpackungsmaterialien. Nur wiederverwertbare[4] Materialien dürfen den Grünen Punkt tragen, und die Verpackungsindustrie muß die DSD für dieses Privileg bezahlen.

Der BUND glaubt, daß die meisten Verpackungen vermeidbar[5] sind und daß man

The name **Duales System Deutschland** refers to the fact that there are two waste collection systems; the regular garbage pickup and garbage that is collected for recycling.

- unverpackt statt verpackt
- wiederverwerten statt wegwerfen
- Mehrweg statt Einweg

Weniger Müll tut gut!

For the BUND, recycling is not the answer to the problem of waste, and it therefore campaigns vigorously against the packaging industry. Since 1990 it represents the German section of Friends of the Earth International.

z.B. Bier und Cola nicht in Alu-Dosen, Milch nicht in Milchkartons und Orangensaft nicht in Tetrapacks verkaufen sollte, sondern in Glasflaschen, die man immer wieder neu füllen kann. Verpackungen wie diese »Mehrwegflaschen« sind für den BUND eine viel bessere Lösung für das Hausmüllproblem als das Recycling von »Einwegverpackungen«, denn auch Recycling verbraucht Energie. Der BUND glaubt, daß die DSD mit der Verpackungsindustrie unter einer Decke steckt,[6] weil diese Industrie nicht nur durch die Produktion von neuen Verpackungsmaterialien Millionen verdient, sondern auch durch das Recycling von Einwegverpackungen. Der Beweis[7]: Verpackungen wie die Mehrwegflasche bekommen von der DSD keinen Grünen Punkt. Zum Glück gibt es für Mehrwegflaschen und andere umweltfreundliche Verpackungen und Produkte aber auch ein Symbol: den Blauen Umweltengel vom Ministerium für Umwelt in Bonn.

[1]garbage   [2]garbage dumps   [3]collects   [4]recyclable
[5]avoidable   [6]is in cahoots with
[7]proof

7-4 Denk mal über Wasser nach! Suchen Sie die passenden Kommentare zu diesen Graphiken aus einer Berliner Umweltbroschüre!

___ Wenn es sehr heiß ist, trinkt man gern etwas Kaltes. Wenn wir aber alle unser Bier oder unsere Limonade mit Leitungswasser kühlen, haben wir bald kein Wasser mehr.

___ Mehr ist nicht besser! Verwenden Sie deshalb für den Abwasch nur wenig Waschmittel, denn es kostet Geld, die ganze Chemie wieder aus dem Wasser herauszufiltern.

___ Ein Vollbad braucht 120 Liter Wasser und eine Dusche nur 40 Liter. Sie sollten sich deshalb duschen, statt ein Bad zu nehmen.

___ Wenn ein Wasserhahn tropft, jede Sekunde ein Tropfen, dann sind das am Tag 17 Liter und im Jahr 6,000 Liter.

___ Waschen Sie erst dann, wenn Sie genug Wäsche haben, um die Waschmaschine ganz zu füllen.

7-5 Öko-Tips. Machen Sie mit Ihren Mitstudenten eine Liste von Ideen, wie wir unserer Umwelt helfen können.

1. Wir können mit Einkaufstaschen zum Supermarkt gehen, statt alles in Plastiktaschen nach Hause zu tragen.
2. Wir können mit dem Fahrrad zur Uni fahren.
3. …

Have students brainstorm ideas for protecting the environment.

Point out that people in the German-speaking countries regularly bring shopping bags from home when they shop. In supermarkets there is a 10 **Pfennig** charge for plastic shopping bags.

Wörter im Kontext 1

● Nomen

die Aktion, -en	campaign
die Dose, -n	can
die Einwegflasche, -n	non-returnable bottle
das Ehepaar, -e	married couple
die Einkaufstasche, -n	shopping bag
das Gasthaus, ¨er	restaurant
die Kasse, -n	checkout
der Kasten, ¨	box; case
der Kellner, -	server, waiter
die Kellnerin, -nen	server, waitress
das Klo, -s	toilet; bathroom
das Leitungswasser	tap water
die Mehrwegflasche, -n	returnable bottle
der Müll	garbage
die Mülldeponie, -n	garbage dump
die Plastiktasche, -n	plastic bag
der Platz, ¨e	place, seat
die Schachtel, -n	cardboard box
die Speisekarte, -n	menu
der Tropfen, -	drop
die Umwelt	environment
die Verpackung, -en	packaging
das Waschmittel, -	detergent
der Wasserhahn, ¨e	tap, faucet

● Verben

auf•machen	to open
zu•machen	to close
bestehen aus, hat bestanden	to consist of
füllen	to fill
halten (hält), hat gehalten	to hold; to keep
klatschen	to applaud
meinen	to think
reagieren	to react
sammeln	to collect
stecken	to stick, to put
tropfen	to drip
vermeiden, hat vermieden	to avoid
versuchen	to try

● Andere Wörter

allein	alone
außen	outside
einzig	single; only
komisch	strange
sonst	otherwise, or else, apart from that
überflüssig	superfluous
umweltfreundlich	environmentally friendly
wiederverwertbar	reusable; recyclable

● Ausdrücke

Ich habe Lust auf ein Glas Bier.	I feel like having a glass of beer.
Das macht doch nichts!	That doesn't matter!
Das macht Spaß.	That's fun.
einen Vortrag halten	to give a talk

● Leicht zu verstehen

die Alufolie, -n	das Produkt, -e
der Container, -	die Produktion, -en
die Energie	die Provinz, -en
die Industrie, -n	das Recycling
der Staat, -en	das Symbol, -e
das Material, -ien	das Zentrum, die Zentren
die Organisation, -en	
die Plastikfolie, -n	

Mention some other words for **Gasthaus**, e.g. **die Gaststätte, das Wirtshaus, das Restaurant, die Raststätte** (on the **Autobahn**). Originally, each **Wirsthaus** had its own **Weinkeller**. Among his other duties, the **Kellner** had to go to the **Keller** to get wine for his guests. Thus his name.

Point out that **Klo** is an abbreviation of **Klosett** (cf. *water closet*).

Point out that the form **Speisenkarte** is also very common.

The word **Wasserhahn** gets its name from the shape of an old-fashioned faucet, which resembles the head of a rooster.

7-6 Was brauche ich da? Beginnen Sie alle Antworten mit »Da brauche ich...«!

1. Ich bin im Gasthaus und möchte   a. eine Schachtel
    wissen, was es zu essen gibt.   b. eine Speisekarte
2. Ich möchte meine Wäsche waschen.   c. ein Waschmittel
3. Ich möchte im Supermarkt kein   d. meine eigenen Einkaufstaschen
    Geld für Plastiktaschen ausgeben.
4. Ich möchte meiner Freundin ein
    Paket schicken.

7-7 Was ist ist hier nicht umweltfreundlich?

___ tropfende Wasserhähne   ___ eigene Einkaufstaschen

___ Mehrwegflaschen   ___ überflüssige Verpackungen

___ Aluminiumdosen   ___ wiederverwertbare Verpackungen

7-8 Was paßt wo?

___

Kellner / allein / vermeidet / stecken / komischer /
Spaß / einzigen / sammelt / Gasthaus

___

Klaus Kaiser ist ein _____ Mensch, er hat keinen _____ Freund und ist fast
immer _____. Von Beruf ist er _____, und im _____ muß er natürlich mit den
Gästen sprechen. Aber sonst _____ er jeden Kontakt mit anderen Menschen.
Als Hobby _____ er Briefmarken, und es macht ihm großen _____, schöne
Briefmarken in ein Album zu _____.

7-9 Was ist hier identisch? Welche zwei Sätze in jeder Gruppe bedeuten
ungefähr dasselbe?

1. Das macht nichts.   3. Warum reagierst du nicht?
    Das tut mir leid.   Warum antwortest du nicht?
    Das ist egal.   Warum stellst du keine Fragen?
2. Was machst du jetzt?   4. Flaschen bestehen aus Glas oder aus Plastik.
    Was macht dir Spaß?   Glasflaschen sind umweltfreundlicher als
    Was machst du gern?   Plastikflaschen.
                              Flaschen sind aus Glas oder aus Plastik gemacht.

New words: **ungefähr,
dasselbe**

Point out that both parts
of **dasselbe** are declined:
**derselbe Mann, dieselbe
Frau, dasselbe Kind, in
derselben Straße.**

7-10 Mit anderen Worten. Was paßt zusammen?

1. ein Ehepaar   a. probieren
2. Leitungswasser   b. das Gegenteil von *aufmachen*
3. eine Einwegflasche   c. zu einer Gruppe von Menschen sprechen
4. eine Mülldeponie   d. Was denken Sie?
5. versuchen   e. ein Mann und eine Frau, die
                            verheiratet sind
6. klatschen   f. ein Platz für den ganzen Müll, den
                            wir produzieren
7. einen Vortrag halten   g. eine Flasche, die man nur einmal füllt
8. zumachen   h. Wasser aus dem Wasserhahn
9. Was meinen Sie?   i. applaudieren

FUNKTIONEN UND FORMEN 1

● 1 Word order: Infinitive phrases

In **Kapitel 4** you learned that modal verbs are completed by infinitives.

> Organisationen wie die DSD und der BUND wollen das Müllproblem **lösen**.

> *Organizations like the DSD and the BUND want to **solve** the garbage problem.*

However, there are many verbs and expressions that are completed by phrases in which the infinitive is preceded by **zu**.

> Organisationen wie die DSD und der BUND versuchen, das Müllproblem **zu lösen**.

> *Organizations like the DSD and the BUND are trying **to solve** the garbage problem.*

Note that German infinitive phrases are marked off by a comma and that the **zu**-infinitive appears at the end of the phrase.

With separable-prefix verbs, **zu** is inserted between the prefix and the verb.

> Vergessen Sie ja nicht, alle Lichter **auszumachen**, wenn Sie nach Hause gehen.

> *Don't forget **to turn off** all the lights when you go home.*

If there is more than one infinitive at the end of the phrase, **zu** precedes the last infinitive.

> Manchmal nervt es mich, immer an die Umwelt **denken zu müssen**.

> *Sometimes it gets on my nerves to constantly **have to think** about the environment.*

Re photo: Help students with vocabulary and then have them restate the rules, beginning each regulation with **Man darf . . .** Tell students to use the negative **kein** in all instances except **lagern**, e.g., **Man darf keine Pflanzen pflücken** but **Man darf nicht lagern.**

7-11 Kleine Gespräche. Ergänzen Sie!

1.   EVA: Hast du Lust, heute abend mit uns _____? (essen gehen)
       PAUL: Lust schon, aber ich habe leider viel zu viel _____. (tun)

2.   MARK: Warum möchtest du denn hier nicht _____? (essen)
       LISA: Weil es so voll ist und ich keine Lust habe, mit anderen Leuten an
              einem Tisch _____. (sitzen)

3. ROBERT: Hast du Lust, bei einer Aktion gegen überflüssige Verpackungen
              _____? (mitmachen)
      BERND: Klar! Was wollt ihr denn _____? (machen)
   ROBERT: Wir haben vor, im Supermarkt _____, an der Kasse alles _____ und
              die ganzen Verpackungen dort _____. (einkaufen, auspacken,
              liegenlassen)

4. STEFAN: Kannst du nicht auch mal was für unsere Umwelt _____, Günter?
              (tun)
   GÜNTER: Ich? Was soll ich denn _____? (tun)
    STEFAN: Versuch doch mal, dich morgens _____ statt ein Vollbad _____.
              (duschen, nehmen)

5.   TINA: Warum hat Helga vor, ihren Wagen _____? (verkaufen)
     HEIKE: Weil sie etwas für die Umwelt _____ möchte und weil es gesünder
           ist, zu Fuß zur Uni _____. (tun, gehen)

6.   JENS: Warum können Mehrwegflaschen den Grünen Punkt nicht _____?
             (bekommen)
    JULIA: Weil die Verpackungsindustrie versucht, so viel wie möglich _____.
           (verdienen)

7. NICOLE: Ist es nicht toll, Ferien _____, und keine Referate mehr _____?
             (haben, schreiben müssen)
     RALF: Ja, und bei mehr Aktionen _____ ist auch nicht schlecht.
           (mitmachen können)

8. JUTTA: Macht es dir Spaß, jeden Morgen drei Kilometer _____?
          (joggen)
   SYLVIA: Spaß nicht, aber es hilft mir, fit _____. (bleiben)

7-12 Ein paar persönliche Fragen.

S1: Was hast du heute abend vor?   *S2:* Heute abend habe ich vor,…
    Was hast du am Wochenende vor?   Am Wochenende habe ich vor,…
    Was macht dir am meisten Spaß?   Am meisten Spaß macht mir,…

Infinitive phrases introduced by *um*

An infinitive phrase introduced by **um** expresses purpose or intention. The English equivalent of **um … zu** is *in order to*. English often uses *to* instead of *in order to*. In German the word **um** is rarely omitted.

Warum war Silke hier?	*Why was Silke here?*
Um dir für die Blumen **zu danken**.	*(In order) to thank you for the flowers.*
Wozu brauchst du denn einen Hammer?	*What do you need a hammer for?*
Um diesen Nagel **einzuschlagen**.	*(In order) to drive in this nail.*

7-13 Wozu brauchst du denn das alles?

      eine Säge   diesen Baum absägen
S1: Wozu brauchst du denn eine   *S2:* Um diesen Baum abzusägen.
     Säge?

1. einen Dosenöffner

2. einen Korkenzieher

3. einen Staubsauger

*Students will enjoy the literal meaning of **Staubsauger**.*

4. einen Flaschenöffner

---

diese Bierflasche öffnen / diese Dose Thunfisch aufmachen /
meine Wohnung besser putzen können /
den Korken aus dieser Weinflasche herausziehen

---

5. ein Bügeleisen

6. eine Waschmaschine

7. eine Nähmaschine

8. eine Kaffeemaschine

---

nicht mehr zum Waschsalon gehen müssen /
immer heißen Kaffee haben / meine Hemden selbst bügeln können /
keine teuren Kleider mehr kaufen müssen

Infinitive phrases introduced by *ohne*

An infinitive phrase introduced by **ohne** expresses *without…-ing*.

Wie kannst du meinen Wagen
nehmen, ohne mich zu fragen?

*How can you take my car without
asking me?*

7-14 Diesmal haben sie alles gemacht.

Ex. 7-14: Before student pairs do
the exercise, point out that S1
uses the verb as a **zu**-infinitive
and S2 uses it in the perfect
tense.

die Zähne putzen
Ist Brigitte wieder ins Bett
gegangen, ohne…?

Nein, diesmal hat sie sie…

S1: Ist Brigitte wieder ins Bett
gegangen, ohne
die Zähne zu putzen?

S2: Nein, diesmal hat sie sie geputzt.

1. Ist Kathrin wieder weggefahren, ohne…?   Nein, diesmal hat sie…

2. Bist du wieder zur Uni gegangen, ohne…?   Nein, diesmal habe ich sie…

3. Seid ihr wieder spazierengegangen, ohne…?   Nein, diesmal haben wir ihn…

4. Ist Ralf wieder zu Besuch gekommen, ohne…? Nein, diesmal hat er mich
vorher…

5. Ist Uli wieder in die Klavierstunde gegangen,   Nein, diesmal hat er…
ohne…?

---

den Hund mitnehmen / üben / frühstücken /
die Katze füttern / euch vorher anrufen

Infinitive phrases introduced by *statt*

An infinitive phrase introduced by **statt** expresses *instead of...-ing.*

Von jetzt ab drehe ich alle Wasserhähne gut zu, **statt** sie Tag und Nacht **tropfen zu lassen.**	*From now on I'm going to turn all faucets off tightly **instead of letting** them **drip** day and night.*

7-15 Was ich von jetzt ab für die Umwelt tue.

Von jetzt ab drehe ich alle Wasserhähne gut zu, ...
sie Tag und Nacht tropfen lassen

Von jetzt ab drehe ich alle Wasserhähne gut zu, statt sie Tag und Nacht tropfen zu lassen.

1. Von jetzt ab gehe ich morgens unter die Dusche...
2. Von jetzt ab nehme ich den Bus zur Uni,...
3. Von jetzt ab warte ich, bis ich genug Wäsche für eine volle Maschine habe,...
4. Von jetzt ab gehe ich mit meinen eigenen Einkaufstaschen zum Supermarkt,...
5. Von jetzt ab kaufe ich meine Milch in Mehrwegflaschen,...
6. Von jetzt ab lasse ich überflüssige Verpackungen im Supermarkt...

---

sie nach Hause mitnehmen / dort Geld für Plastiktaschen ausgeben /
ein Vollbad nehmen / für teure Tetrapacks bezahlen /
mit meinem eigenen Wagen fahren /
die Waschmaschine halb leer laufen lassen

● 2 More on conjunctions

You already know the following about conjunctions:

- The five conjunctions **und**, **aber**, **oder**, **denn**, and **sondern** join main clauses and do not affect the position of the conjugated verb.

Ich **gehe** immer mit Einkaufstaschen zum Supermarkt, **denn** jede Plastiktüte **kostet** 10 Pfennig.	*I always **go** to the supermarket with shopping bags **because** every plastic bag **costs** 10 cents.*

- Conjunctions like **weil**, **wenn**, **daß**, and **ob** introduce dependent clauses, and the conjugated verb appears at the end of the dependent clause.

Ich **gehe** immer mit Einkaufstaschen zum Supermarkt, **weil** jede Plastiktüte 10 Pfennig **kostet.**	*I always **go** to the supermarket with shopping bags **because** every plastic bag **costs** 10 cents.*

- When a dependent clause precedes the main clause, the entire dependent clause is the first element in the sentence and the main clause begins with the conjugated verb.

Weil jede Plastiktüte 10 Pfennig **kostet, gehe** ich immer mit Einkaufstaschen zum Supermarkt.	***Because** every plastic bag **costs** 10 cents, I always **go** to the supermarket with shopping bags.*

Some other common conjunctions that introduce dependent clauses:

als	*when*
bevor	*before*
bis	*until*
damit	*so that*
obwohl	*although*
seitdem	*since*
sobald	*as soon as*
solange	*as long as*

The conjunction **als** will be discussed in greater detail in **Kapitel 9**.

Point out the clever play on words on the decal.

Im Gasthaus

In den deutschsprachigen Ländern ist die Gastronomie sehr international, und die Gasthäuser sind oft in den Händen von Italienern, Griechen, Türken und vielen anderen Nationalitäten. Bevor man in ein Gasthaus hineingeht, schaut man sich die Speisekarte an, die außen in einem kleinen Kasten hängt.

Eiswasser bekommt man im Gasthaus nie, und auch Limonade[1] trinkt man nie mit Eis. Wenn man Wasser trinken will, bestellt[2] man Mineralwasser, für das man natürlich bezahlen muß. Auch Brötchen und Butter muß man extra bestellen und bezahlen. Eine Tasse Kaffee kostet DM 3,50, und wenn sie leer ist, füllt der Kellner sie nicht nach. Zum Glück sind alle Preise inklusive Bedienungsgeld[3], und wenn man dann die Rechnung[4] bezahlt – übrigens direkt am Tisch –, rundet man nur noch ein bißchen auf.

Bevor man in den deutschsprachigen Ländern zu essen beginnt, sagt man meistens **Guten Appetit!** Beim Essen hält man das Messer immer in der rechten und die Gabel immer in der linken Hand, und es gilt[5] als unkultiviert, das Messer auf den Tisch und eine Hand in den Schoß[6] zu legen.

[1]soft drinks [2]orders
[3]service charge [4]bill
[5]is considered [6]lap

So hält man in Deutschland Messer und Gabel

Im Gasthaus: For more formal dining, it is customary to reserve a private table.

The server figures out the bill directly at the table, and one pays immediately upon receiving the bill. Tips to the server are paid by rounding up the bill; they are not left on the table.

Tischmanieren: People in the German-speaking countries keep both hands (but not arms) on the table when dining.

Most eating activities occur around a table, even **Kaffee und Kuchen.**

Ex. 7-16: This exercise reviews the cultural material present in **Im Gasthaus** on the preceeding page.

7-16 Was paßt zusammen?

1. Als Stephanie in Deutschland war,

a. muß man dann nur noch ein bißchen aufrunden.

2. Bevor man in ein Gasthaus hineingeht,

b. trinkt man Limonade nie mit Eis.

3. Wenn kein ganzer Tisch mehr frei ist,

c. füllt der Kellner sie nicht nach.

4. Wenn man Wasser trinken will,

d. bezahlt man die Rechnung direkt am Tisch.

5. Auch wenn es sehr heiß ist,

e. schaut man sich außen die Speisekarte an

6. Obwohl die Tasse Kaffee DM 3,50 kostet,

f. setzt man sich zu anderen Leuten an den Tisch.

7. Nachdem man gegessen und getrunken hat,

g. hat sie im Gasthaus vieles anders gefunden.

8. Weil alle Preise inklusive Bedienungsgeld sind,

h. muß man Mineralwasser bestellen.

7-17 Was Stephanie in Deutschland anders findet. Ergänzen Sie!

damit / daß / denn / seitdem / sobald / und

_____ ich hier in München bin, habe ich herausgefunden, _____ in Deutschland vieles ganz anders ist als bei uns in Amerika. So gibt es z.B. im Studentenheim fast keine Doppelzimmer, _____ ich wohne nur deshalb mit Claudia zusammen, _____ ich als Ausländerin gleich Kontakt mit einer Deutschen habe. Das ist auch gut so, _____ _____ meine Mitstudenten hier in ihrem Zimmer sind, machen sie die Tür zu.

aber / aber / bis / sondern / wenn

_____ das darf man nicht als unfreundliche Geste interpretieren, _____ es ist einfach so. Es braucht deshalb ein bißchen länger, _____ man seine Mitstudenten kennengelernt hat, _____ _____ man sie mal kennt, sind sie echt gute Freunde.

bis / daß / daß / daß / und / sondern / wenn

Typisch ist auch, _____ man hier nur dann »Wie geht's« sagt, _____ man wirklich wissen will, wie es jemand geht. Ich mußte ein paarmal lange Geschichten anhören, _____ ich das herausgefunden hatte, _____ ich habe deshalb schnell gelernt, _____ »Wie geht's« nicht einfach ein Gruß ist, _____ _____ diese Frage echtes Interesse zeigt.

● 3 Describing people, places, and things

Relative clauses and relative pronouns

Like adjectives, relative clauses are used to describe people, places, and things.

	ADJECTIVE	NOUN		
Your	*expensive*	*car*		is a gas guzzler.

	NOUN	RELATIVE CLAUSE	
The	*car*	*that cost you so much money*	is a gas guzzler.

Relative clauses are introduced by relative pronouns. The noun to which a relative pronoun refers is called its *antecedent*.

		RELATIVE CLAUSE	
ANTECEDENT	RELATIVE PRONOUN		
The friend	*whom*	I helped out with a loan	just bought a car.
The car	*that*	you bought	is a gas guzzler.

Most forms of the German relative pronoun are identical to those of the definite article.

		RELATIVE CLAUSE	
ANTECEDENT	RELATIVE PRONOUN		
Der Wagen,	**der**	dich so viel Geld gekostet hat,	ist ein Benzinfresser.
Der Wagen,	**den**	du gekauft hast,	ist ein Benzinfresser.
Der Freund,	**dem**	ich mit einem Darlehen ausgeholfen habe,	hat gerade einen großen Benzinfresser gekauft.
Autos,	**die**	viel Benzin fressen,	schaden der Umwelt.

The gender and number of the antecedent determine whether a relative pronoun is masculine, feminine, or neuter and whether it is singular or plural. The case of the relative pronoun reflects its function within the relative clause.

Der Wagen, **den** du gekauft hast, ist ein Benzinfresser.   *The car **that** you bought is a gas guzzler.*

The relative pronoun **den**, like its antecedent **Wagen**, is masculine and singular. It is in the accusative case because it is the direct object of the verb within the relative clause. Because relative clauses are dependent clauses, they are marked off by commas, and the conjugated verb appears at the end of the clause. In contrast to English, the German relative pronoun can never be omitted:

Der Wagen, **den** du gekauft hast, ist ein Benzinfresser.   *The car you bought is a gas guzzler.*

Forms of the Relative Pronoun			
	MASCULINE	NEUTER	FEMININE	PLURAL
NOMINATIVE	der	das	die	die
ACCUSATIVE	den	das	die	die
DATIVE	dem	dem	der	**denen**

Note the form **denen** in the dative plural.

Die Freunde, **denen** ich mit einem Darlehen ausgeholfen habe, haben gerade einen großen Benzinfresser gekauft.

*The friends **whom** I helped out with a loan just bought a big gas guzzler.*

Ex. 7-18: Each section of this exercise practices a different gender or the plural of the relative pronoun in the three cases learned thus far. Have students give the three forms of the pronoun before they do each section. Ask them to identify the function of the pronoun (subject, direct object, indirect object) in each sentence.

7-18 Kennst du den Typ? Ergänzen Sie die Relativpronomen!

1. Kennst du den Typ, _____ Tina die 500 Mark geliehen hat?
2. Kennst du den Typ, _____ gestern mit Tina bei der Aktion war?
3. Kennst du den Typ, _____ wir gestern mit Tina bei der Aktion gesehen haben?
4. Das Ehepaar, _____ dort sitzt, sieht sehr nett aus.
5. Das Ehepaar, _____ wir im Gasthaus kennengelernt haben, hat uns viele Fragen gestellt.
6. Das Ehepaar, _____ wir so viel erzählen mußten, hat uns das Essen bezahlt.
7. Wie heißt die Professorin, _____ morgen den Vortrag über Umweltprobleme hält?
8. Wie heißt die Professorin, _____ ihr zu unserer Aktion einladen wollt?
9. Wie heißt die Professorin, _____ du immer im Sprachlabor hilfst?
10. Die Touristen, _____ Schloß Neuschwanstein sehen wollen, kommen aus aller Welt.
11. Die Touristen, _____ ich von König Ludwig erzählen mußte, waren Amerikaner.
12. Die Touristen, _____ ich in Neuschwanstein kennengelernt habe, waren aus New Jersey.

7-19 Definitionen.

Ex. 7-19: The drawings, combined with the definition given by the relative clauses, give students the meaning of unknown

In Northern Germany a **Flaschner** is called a **Klempner**.

Ein Flaschner ist ein Handwerker (m),…

_____ man braucht, wenn das Klo kaputt ist.

Ein Flaschner ist ein Handwerker, den man braucht, wenn das Klo kaputt ist.

1. Ein Tausendfüßler ist ein Tier (n),…

5. Ein Staubsauger ist ein elektrischer Apparat (m),…

2. Hühner sind Tiere,…

6. Eine Schnecke ist ein Tier,…

3. Ein Psychiater ist ein Arzt,…

7. Ein Automechaniker ist ein Handwerker,…

4. Ein Hocker ist ein Stuhl,…

8. Eine Verkehrsampel ist eine Lampe,…

9. Kunden sind Leute,…

_____ Eier legen / _____ keine Lehne hat / _____ tausend Füße hat / _____ man alles erzählen kann / _____ man etwas verkauft / _____ immer zu Hause ist / _____ man braucht, wenn das Auto kaputt ist / _____ man zum Putzen braucht / _____ den Autofahrern zeigt, ob sie fahren dürfen oder warten müssen

---

7-20 Was ist das? Beschreiben Sie mit einem Relativsatz ein Tier oder einen Beruf! Ihre Partnerin/ Ihr Partner soll dann herausfinden, was für ein Tier oder was für ein Beruf das ist.

	Es hat einen enorm langen Hals.		eine Giraffe
S1:	Was ist das? Ein Tier, das einen ganz langen Hals hat?	*S2:*	Das ist eine Giraffe.
	Sie repariert Zähne.		eine Zahnärztin
S1:	Was ist das? Eine Frau, die Zähne repariert?	*S2:*	Das ist eine Zahnärztin.

TIERE

1. Es hat ein langes Horn auf der Nase.   ein Fisch
2. Es legt Eier.   eine Katze
3. Es lebt im Wasser.   ein Hund
4. Es schläft den ganzen Winter.   eine Kuh
5. Es sagt »wauwau«.   ein Nashorn
6. Es hat sehr lange Ohren.   ein Huhn
7. Es sagt »miau«.   ein Bär
8. Es sagt »muh« und gibt Milch.   ein Hase

…   …

BERUFE

1. Sie/er baut Häuser.   eine Apothekerin/ein Apotheker
2. Sie/er hält Vorlesungen.   eine Ärztin/ein Arzt
3. Sie/er verkauft Medikamente.   eine Architektin/ein Architekt
4. Sie/er macht Kranke wieder gesund.   eine Professorin/einProfessor
5. Sie/er serviert im Gasthaus das Essen.   eine Briefträgerin/ein Briefträger
6. Sie/er trägt die Post aus.   eine Autorin/ein Autor
7. Sie/er schreibt Bücher.   eine Kellnerin/ein Kellner

…   ….

ZWISCHENSPIEL

Zwischenspiel. (Characters: Peter, Martin, waiter)

PETER: Du, Martin, dort ist ein Gasthaus, das nicht ganz so teuer aussieht. MARTIN: Ja, komm, wir schauen uns mal die Speisekarte an. PETER: Das Tagesmenü kostet nur zwölf Mark. Gehen wir hinein? MARTIN: Ja, komm. Ich habe einen Bärenhunger. PETER: Ist das voll! Aber dort hinten ist noch ein Tisch frei. Komm schnell! MARTIN: Tut gut, mal wieder zu sitzen.— Herr Ober! OBER: Bitte, die Herren? PETER: Die Speisekarte, bitte. OBER: Bitte schön. PETER: Was geht denn besonders schnell? Wir haben nicht viel Zeit. OBER: Dann nehmen Sie doch das Tagesmenü, Kaßler Rippchen mit Kartoffeln und Sauerkraut. Das haben Sie in zehn Minuten. PETER: Kaßler. Gut, das nehme ich. MARTIN: Ich auch. OBER: Und zu trinken? PETER: Für mich ein Bier. Für dich auch, Martin? MARTIN: Nein, ich trinke lieber eine Cola. OBER: Also zweimal Kaßler, ein Bier und eine Cola. PETER: Ja, und bitte schnell. Wir haben noch viel vor. MARTIN: Du, was machen wir denn heute nachmittag? Fahren wir noch nach Innsbruck? PETER: Klar! Morgen habe ich keine Zeit. MARTIN: Warum denn nicht? PETER: Weil ich in München zurück sein will, bevor Stephanie zur Uni geht. Ich hab' ihr versprochen, das Referat durchzulesen, das sie morgen abgeben muß. OBER: Hier ist auch schon Ihr Kaßler, meine Herren. Und ein Bier und eine Cola. PETER: Das war echt schnell. OBER: Das Tagesmenü ist immer schon fertig, wissen Sie.—Guten Appetit. PETER: Danke schön.— Du, das ist gut, das Kaßler. MARTIN: Das Sauerkraut auch.— Aber die Kartoffeln sind nicht gar. Sollen wir etwas sagen? PETER: Lieber nicht. Wir müssen weiter. MARTIN: Rohe Kartoffeln,

das mag ich gar nicht. OBER: Alles in Ordnung, meine Herren? MARTIN: Die Kartoffeln sind nicht gar. OBER: Das tut mir leid. Möchten Sie vielleicht ein paar Knödel? PETER: Nein, lassen sie nur. Und können wir gleich bezahlen? OBER: Ja, sicher. Zusammen? Getrennt? PETER: Zusammen bitte, damit es schneller geht. OBER: Das war zweimal Kaßler—vierundzwanzig Mark, ein Bier—zwei dreißig, und eine Cola—zwei fünfzig. Das sind zusammen achtundzwanzig Mark achtzig. PETER: Machen Sie's dreißig Mark. OBER: Vielen Dank. - Und daß die Kartoffeln nicht gar waren, das tut mir echt leid. PETER: Schon gut. Wiedersehen.

🔊 ZUM HÖREN

Skilaufen macht hungrig

Nach einem Morgen auf den Skipisten von Garmisch haben Martin und Peter Hunger und suchen ein Gasthaus.

New word: Skipiste

NEUE VOKABELN

Herr Ober!	*Waiter!*
Kaßler Rippchen, Kaßler	*smoked pork chop*
versprechen	*to promise*
ab•geben	*to hand in*
Die Kartoffeln sind nicht gar.	*The potatoes are not done.*
rohe Kartoffeln	*raw potatoes*
Knödel	*dumplings*
getrennt	*separate*

7-21 Globalverstehen. In welcher Reihenfolge hören Sie die folgenden Aussagen und Fragen?

___ Rohe Kartoffeln. Das mag ich gar nicht.

___ Vielen Dank. – Und daß die Kartoffeln nicht gar waren, das tut mir echt leid.

___ Was geht denn besonders schnell? Wir haben nicht viel Zeit.

___ Also zweimal Kaßler, ein Bier und eine Cola.

___ Ja, komm. Ich habe einen Bärenhunger.

___ Kaßler. Gut, das nehme ich.

___ Das Tagesmenü ist immer schon fertig, wissen Sie.

___ Zusammen bitte, damit es schneller geht.

___ Ich hab' ihr versprochen, das Referat durchzulesen, das sie morgen abgeben muß.

7-22 Detailverstehen. Hören Sie das Gespräch jetzt noch einmal an, und schreiben Sie die Antworten zu den folgenden Fragen!

1. Was ist das Tagesmenü heute, und wieviel kostet es?
2. Was trinkt Martin?
3. Warum will Peter in München zurück sein, bevor Stephanie zur Uni geht?
4. Was ist mit dem Essen nicht in Ordnung?
5. Warum bezahlen Martin und Peter nicht getrennt?
6. Wieviel kostet alles zusammen, und auf wieviel rundet Peter auf?

7-23 Da ist ein Haar in der Suppe!

PERSONEN: zwei Gäste im Restaurant
eine Kellnerin/ein Kellner

Die beiden Gäste schauen die Speisekarte an. Dann rufen Sie den Kellner
(**Herr Ober!**) oder die Kellnerin (**Bedienung!**) und bestellen. Der Kellner
bringt das Essen, und die beiden Gäste beginnen zu essen und zu trinken. Sie
finden aber bald heraus, daß etwas nicht ganz in Ordnung ist. Sie rufen den
Kellner, und beschweren sich.

Ein paar Ausdrücke für die Gäste:

Da ist ein Haar in der Suppe.
Die Suppe (die Soße, das Gemüse) ist versalzen.
Das Steak ist noch halb roh (zäh wie Leder).
Der Schweinebraten (die Wurst) ist viel zu fett.
Das Gulasch ist viel zu scharf (nicht scharf genug).
Der Rotwein ist viel zu kalt.
Der Weißwein (das Bier) ist viel zu warm.
Der Kaffee (der Tee) ist ganz kalt.
…

Before dividing the class into
groups, go over the **Speisekarte**
below. Most of the items on the
menu are cognates.

Mention that one used to
summon a female server by
calling **Fräulein**. However, this
word has fallen into such disfavor
that the younger generation uses
Bedienung. New word: **sich
beschweren**.

SPEISEKARTE

TAGESMENÜ I	DM 10,80
Tagessuppe	
Wiener Schnitzel mit Kartoffelsalat	
Vanilleeis	
TAGESMENÜ II	DM 12,—
Tagessuppe	
Sauerbraten mit Kartoffelpüree und Salat	
Vanilleeis	
SUPPEN	
Tagessuppe	DM 3,—
Nudelsuppe	DM 3,30
HAUPTGERICHTE	
1. Bratwurst mit Sauerkraut und Bratkartoffeln	DM 8,—
2. Ungarisches Gulasch, Eiernudeln und gemischter Salat	DM 9,30
3. Schweinebraten mit Rotkraut und Salzkartoffeln	DM 10,50
4. Hühnchen mit Weinsoße, Reis und Tomatensalat	DM 12,40
5. Filetsteak gegrillt mit Champignons, Pommes frites und Gurkensalat	DM 18,40
ZUM NACHTISCH	
Schokoladenpudding	DM 2,80
Fruchtsalat mit frischen Früchten	DM 3,30
Apfelstrudel	DM 3,40
Schwarzwälder Kirschtorte	DM 4,—
GETRÄNKE	
Limonade	DM 3,50
Apfelsaft	DM 3,—
Kaffee, Tasse	DM 3,50
Kaffee, Kännchen	DM 5,—
Tee, Kännchen	DM 5,—
Bier, vom Faß (0,33 l)	DM 3,50
Weißwein, Mosel (0,2 l)	DM 3,—
Rotwein, Beaujolais (0,2 l)	DM 3,10

7-24 Essen Sie gern international? Was für ethnische Restaurants gibt es in Ihrer Stadt? Wo und was essen Sie besonders gern?

Explain that the very popular **Döner Kebab** is pita bread filled with meat roasted on a spit, lettuce, tomatoes and onions.

Beim Schnellimbiß

Für hungrige Leute, die keine Zeit haben, in ein Gasthaus zu gehen, gibt es in den Fußgängerzonen und beim Bahnhof verschiedene Möglichkeiten, schnell im Stehen etwas zu essen:

- Würstchenbuden oder Würstchenstände verkaufen Bockwurst, Knackwurst oder Currywurst mit Senf[1] und Brötchen,

- beim Schnellimbiß gibt es außer Wurst mit Brötchen auch noch Hamburger und heiße Gulaschsuppe,

- und beim Kebab-Stand kaufen nicht nur türkische Mitbürger[2] ihren Döner Kebab, sondern auch viele Deutsche.

Wer ein bißchen mehr Zeit hat und lieber sitzen möchte, kann in eine von den vielen Pizzerias gehen, oder in den größeren Städten auch zu McDonald's oder zu Wendy's.

[1]mustard   [2]fellow citizens

FUNKTIONEN UND FORMEN 2

● 4 Talking about actions one does to or for oneself

Reflexive pronouns

To express the idea that one does an action to oneself or for oneself, English and German use reflexive pronouns. In German the reflexive pronoun can appear in the accusative case or the dative case. If a sentence starts with the subject, the reflexive pronoun follows the conjugated verb directly.

ACCUSATIVE:	Ich habe **mich** geschnitten.	*I cut **myself**.*
DATIVE:	Ich hole **mir** ein Pflaster.	*I'm getting **myself** a Band-Aid.*

Reflexive pronouns in the accusative case

Ich habe **mich** geschnitten.   *I cut **myself**.*
Tina hat **sich** geschnitten.   ***Tina** cut **herself**.*
Haben **Sie sich** geschnitten?   *Did **you** cut **yourself**?*

The accusative reflexive pronoun is identical in form to the accusative personal pronoun, except in the 3rd person singular and plural and in the **Sie**-form, where it is **sich**. Note that in the **Sie**-form sich is not capitalized.

Personal Pronouns		Reflexive Pronouns
NOMINATIVE	ACCUSATIVE	ACCUSATIVE
ich	mich	**mich**
du	dich	**dich**
er	ihn	
es	es	*sich*
sie	sie	
wir	uns	**uns**
ihr	euch	**euch**
sie	sie	*sich*
Sie	Sie	*sich*

Reflexive pronouns are used much more frequently in German than in English. Compare the following examples, where the English equivalents do not use reflexive pronouns at all.

Ich habe **mich** noch nicht rasiert.   *I haven't shaved yet.*
Kurt muß **sich** noch duschen.   *Kurt still has to shower.*

In sentences and clauses that do not begin with the subject, the reflexive pronoun usually precedes noun subjects, but always follows pronoun subjects.

Warum hat **sich Holger** denn   *Why didn't Holger shave?*
  nicht rasiert?
Ich verstehe nicht, warum **er sich**   *I don't understand why he didn't shave.*
  nicht rasiert hat.

Although speakers of German often place the reflexive pronoun after the subject, the rule given here is kept simple to avoid confusion.

Below are some verbs that use reflexive pronouns in the accusative case. Note that the infinitive forms are preceded by **sich.**

Baden and **duschen** have been used earlier in this text without a reflexive pronoun. Point out that this was not wrong, but that these verbs are more commonly used with the reflexive pronoun. Also point out that **baden** in the sense of *to swim* is never reflexive.

sich waschen	to wash	**sich schminken**	to put on makeup
sich baden	to take a bath	**sich anziehen**	to get dressed
sich duschen	to take a shower	**sich ausziehen**	to get undressed
sich kämmen	to comb one's hair	**sich umziehen**	to change (one's clothes)
sich rasieren	to shave		

7-25 Kannst du nicht ein bißchen schneller machen?

FRANK: Warum duschst du dich denn nicht endlich?

BERND: Ich muß mich doch erst rasieren.

1.

2.

3.

4.

5.

7-26 Wir sind schneller als du denkst!

MUTTI: Warum wascht ihr euch denn nicht endlich?

KINDER: Wir haben uns schon längst gewaschen.

1.

4.

2.

5.

3.

6.

7-27 Im Studentenheim. Ergänzen Sie die Reflexivpronomen!

1. BERND: Dusch _____ schnell, Stefan! Ich muß _____ auch noch duschen.
   STEFAN: Du kannst _____ doch schon rasieren, solange ich _____ dusche.

2. NICOLE: Wenn Silke _____ nicht gleich anzieht, gehen wir ohne sie ins Kino.
   TINA: Wie kann sie _____ denn anziehen, wenn sie _____ noch nicht mal gebadet hat?

3. BERND: Warum bist du denn ins Bett gegangen, ohne _____ auszuziehen?
   STEFAN: Weil ich morgens um vier keine Lust mehr hatte, _____ auch noch auszuziehen.

4. EVA: Hat _____ Silke immer noch nicht gebadet?
   TINA: Doch, sie muß _____ nur noch schnell schminken.

5. FRAU KUHN: Warum schminken Sie _____ denn nicht, Frau Holz?
   FRAU HOLZ: Warum soll ich? Viele Frauen schminken _____ nicht.

7-28 Was ich alles mache, bevor ich zur Uni gehe. Erzählen Sie Ihrer Partnerin/Ihrem Partner, was Sie alles machen, bevor Sie morgens zur Uni gehen.

Ich stehe meistens um _____ auf. Dann…

joggen gehen	sich waschen
sich anziehen	sich rasieren
sich kämmen	mein Zimmer/meine Wohnung aufräumen
sich schminken	sich baden
Radio hören	frühstücken
mein Bett machen	meine Freundin/meinen Freund anrufen
ein bißchen lesen	meine Katze/meinen Hund füttern
sich duschen	…

Reflexive pronouns in the dative case

In the examples below, the reflexive pronouns are indirect objects and are therefore in the dative case. A reflexive pronoun in the dative case often indicates that a person is doing something in her/his own interest. English uses the equivalent construction only occasionally.

Ich kaufe **mir** einen Computer zum Geburtstag.	*I'm going to buy **myself** a computer for my birthday.*
Wann kaufst **du dir** einen Computer?	*When are you going to buy a computer?*

Note the difference in the way German and English refer to actions that involve one's own body.

Oliver wäscht **sich** jeden Tag **die** Haare.	***Oliver** washes **his** hair every day.*

Where English uses the possessive adjective (***his** hair*), German uses the dative reflexive pronoun and the definite article to express the same thing (**sich die Haare**).

The dative reflexive pronoun is identical in form to the dative personal pronoun except in the 3rd person singular and plural and in the **Sie**-form, where it is again **sich**.

Personal Pronouns		Reflexive Pronouns
NOMINATIVE	DATIVE	DATIVE
ich	mir	**mir**
du	dir	**dir**
er	ihm	
es	ihm	*sich*
sie	ihr	
wir	uns	**uns**
ihr	euch	**euch**
sie	ihnen	*sich*
Sie	Ihnen	*sich*

7-29 Kleine Gespräche. Ergänzen Sie die Reflexivpronomen!

1. CLAUDIA: Warum nimmst du _____ nicht ein Stück von meinem Kuchen, bevor du ins Bett gehst?

   STEPHANIE: Weil ich _____ die Zähne schon geputzt habe.

2. CLAUDIA: Warum sucht ihr _____ denn kein größeres Zimmer oder sogar eine kleine Wohnung?

   MARTIN: Weil wir _____ nichts mehr zu essen kaufen können, wenn wir noch mehr Miete zahlen müssen.

3. BERND: Wozu hat _____ Anita denn einen Walkman gekauft?

   GÜNTER: Damit sie _____ ihre Lieblingskassetten auch auf dem Weg zur Uni anhören kann.

4. HERR KOCH: Warum kaufen _____ Müllers denn keinen zweiten Wagen?

   FRAU KOCH: Ich glaube, sie wollen _____ zuerst ein Haus kaufen.

5. FRAU HAAG: Warum soll ich _____ denn einen Videorecorder kaufen?

   HERR MERZ: Weil Sie _____ dann Ihre Lieblingsfilme zu Hause anschauen können.

7-30 Was machen diese Leute?

Anita
sich die Haare bürsten

Anita bürstet sich die Haare.

1. Peter

5. Martin und Claudia

2. wir

6. ich

3. Jens

7. Stephanie

4. wir

8. ich

---

sich einen Film anschauen / sich die Haare waschen /
sich die Hände waschen / sich die Zähne putzen /
sich einen Korb Äpfel kaufen / sich eine Tasse Kaffee machen /
sich ein frisches Hemd anziehen / sich ein Stück Kuchen nehmen

---

It is better to use dollars in this activity because most students do not have a feeling for the value of foreign currencies. New word: **etwa** (=ungefähr).

7-31 Was kaufst du dir mit diesem Geld? Ihre Partnerin/Ihr Partner hat 500 Dollar gewonnen und soll sich mit diesem Geld drei Dinge kaufen. Fragen Sie sie/ihn, was die drei Dinge sind, und wieviel Geld sie/er für jedes ausgeben will. Berichten Sie dann der Klasse, was Sie herausgefunden haben.

S1: Was kaufst du _____ zuerst?

S2: Zuerst kaufe ich _____ für etwa _____ Dollar…

Was kaufst du _____ dann?

Dann kaufe ich _____ für etwa _____ Dollar…

Und was kaufst du _____ zuletzt?

Zuletzt kaufe ich _____ für etwa _____ Dollar…

S1: Zuerst kauft _____ Lisa/David für _____ Dollar…

Dann kauft sie/er _____ für _____ Dollar . . .

Und zuletzt kauft sie/er _____ für _____ Dollar…

Mention that this activity practices the reflexive pronoun in the accusative and the dative case.

7-32 Morgentoilette. Stellen Sie Ihrer Partnerin/Ihrem Partner ein paar Fragen über ihre/seine Morgentoilette. Berichten Sie dann Ihren Mitstudenten, was Sie herausgefunden haben.

1. Badest du dich morgens, oder duschst du dich lieber?
2. Wie oft wäschst du dir die Haare?
3. Mit was für einem Shampoo wäschst du dir die Haare?
4. Ziehst du dich vor oder nach dem Frühstück an?
5. Putzt du dir vor oder nach dem Frühstück die Zähne?
6. Mit was für einer Zahnpasta putzt du dir die Zähne?
7. Was machst du dir alles zum Frühstück?

Ask students what other word they learned to express *each other*. Point out that the reflexive pronoun is more commonly used to express *each other*.

Reflexive pronouns used to express *each other*

German commonly uses the plural reflexive pronoun as a reciprocal pronoun corresponding to English *each other*. Note that the pronoun is not always expressed in English.

Wie habt ihr **euch** kennengelernt?   *How did you get to know **each other**?*
Wo sollen wir **uns** treffen?   *Where should we meet?*

7-33 Was paßt zusammen? Ergänzen Sie die Reflexivpronomen in den Fragen, und beantworten Sie die Fragen! Ein paar Antworten passen mehrmals.

S1:
1. Wie oft schreibt ihr _____ ?
2. Wie lange kennen _____ Claudia und Martin schon?
3. Wie oft rufen _____ die beiden an?
4. Wann sehen wir _____ wieder?
5. Wo sollen wir _____ heute abend treffen?
6. Wann trefft ihr _____ heute abend?
7. Seit wann grüßen _____ Müllers und Maiers nicht mehr?
8. Wie haben Sie _____ kennengelernt?

S2:
Um acht.
Durch Freunde.
Seit einem halben Jahr.
Fast jeden Tag.
Hoffentlich sehr bald.
Am besten wieder bei mir.

Reflexive verbs

Many German verbs are always or almost always accompanied by a reflexive pronoun; however their English equivalents are rarely reflexive. Here are some important ones.

sich auf•regen	*to get excited; to get upset*
sich beeilen	*to hurry (up)*
sich benehmen	*to behave*
sich beschweren	*to complain*
sich entschuldigen	*to apologize*
sich erkälten	*to catch a cold*
sich setzen	*to sit down*
sich unterhalten	*to talk; to converse*
sich verspäten	*to be late*
sich wohl fühlen	*to feel well*

Point out that most of these verbs have inseparable prefixes (including **sich unterhalten!**). You might also ask which verbs are irregular and ask for the past participle of these two verbs (**benommen, unterhalten**).

7-34 Was paßt in die Sprechblasen?

1.

2.

3.

4.

Ich habe mich erkältet. / Reg dich doch nicht so auf! /
Sie haben sich verspätet. / Beeil dich doch ein bißchen!

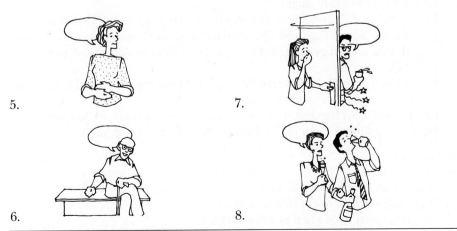

5.

6.

7.

8.

Komm, setz dich zu mir! / Du benimmst dich schlecht. /
Ich fühle mich nicht wohl. /
Können Sie sich nicht wenigstens entschuldigen?

7-35 Was paßt? Ihre Partnerin/Ihr Partner liest die folgenden fünf Situationen. Finden Sie nach jeder Situation die passende Reaktion!

SITUATIONEN

1. Laura hat Besuch von einer Schulfreundin. Am Abend wollen die beiden essen gehen und über ihre Schulzeit sprechen. Als sie in das erste Restaurant kommen, ist die Musik dort so laut, daß Laura sagt:
2. Martin und Peter essen im Gasthaus Kaßler mit Sauerkraut und Kartoffeln. Weil die Kartoffeln nicht ganz gar sind, sagt Peter zu Martin:
3. Monika geht heute abend aus, und weil sie schön aussehen möchte, zieht sie den neuen Pulli von ihrer Schwester an. Als sie weggehen will, kommt die Schwester nach Hause und sieht, daß Monika ihren neuen Pulli anhat. Monika sagt:
4. Anna ist mit Holger auf einer Party. Holger ißt und trinkt zuviel, steht dann plötzlich auf und will gehen. Als Anna ihn fragt, warum er denn schon gehen will, antwortet Holger:
5. Tina ist mit Günter auf einer Party. Günter trinkt zuviel und fängt an, ziemlich laut zu werden. Tina mag das gar nicht und sagt:

REAKTIONEN

a. Ich glaube, wir sollten uns beschweren.
b. Benimm dich doch nicht so schlecht!
c. Komm, wir gehen wieder! Hier können wir uns nicht unterhalten!
d. Bitte, reg dich nicht auf!
e. Weil ich mich nicht wohl fühle.

7-36 Was paßt? Ihre Partnerin/Ihr Partner liest die folgenden fünf Situationen. Finden Sie nach jeder Situation die passende Reaktion!

SITUATIONEN

1. Frau Gürlük geht auf die Bank, weil sie 15 000 Mark für einen neuen Wagen braucht. Als sie in das Büro des Direktors kommt, sagt er:
2. Morgen früh um 7.55 Uhr fahren Markus und Charlyce nach Berlin. Markus erklärt der Amerikanerin, daß die Züge in Deutschland sehr pünktlich sind, und bevor er weggeht, sagt er:
3. Es ist Anfang Mai, und David und Patrick waren gestern am Bodensee. Es war ein schöner Tag, und obwohl das Wasser noch eiskalt war, ist Patrick schwimmen gegangen. Heute morgen fühlt er sich gar nicht wohl und sagt:
4. Stefan hat seinen Fußball durch Schneiders Fenster gekickt, und fragt seinen Vater, was er jetzt tun soll. Der Vater antwortet:
5. Kemps gehen ins Konzert. Es beginnt um 20 Uhr, und um 19.35 Uhr ist Herr Kemp immer noch in der Dusche. Frau Kemp ruft deshalb:

REAKTIONEN

a. Bitte, sei Punkt halb acht fertig! Wir dürfen uns nicht verspäten.
b. Guten Tag! Bitte setzen Sie sich!
c. Beeil dich doch bitte ein bißchen, Dieter!
d. Ich glaube, ich habe mich gestern erkältet.
e. Als erstes gehst du mal zu Schneiders und entschuldigst dich.

7-37 Was paßt wo? Ergänzen Sie die passenden reflexiven Verben!

S1: Warum ladet ihr Günter nicht ein?

Weil er _____ immer so schlecht _____.

sich benehmen

S2: Weil er sich immer so schlecht benimmt.

1. Ich will mit Stefan nichts mehr zu tun haben.
   Auch nicht, wenn er _____ _____?
2. Warum war Stephanie heute nicht in der Vorlesung?
   Weil sie _____ _____ hat und mit hohem Fieber im Bett liegt.
3. Warum denkst du denn, daß Holger mich liebt?
   Weil er _____ in der Cafeteria immer zu dir an den Tisch _____.
4. Warum darf ich denn meinen Kaffee nicht austrinken?
   Weil wir _____ nicht _____ dürfen.

---

sich verspäten / sich entschuldigen / sich setzen / sich erkälten

---

5. Warum hast du Vater nichts von dieser schlechten Zensur gesagt?
   Weil er _____ immer so _____.
6. Warum habt ihr euch denn in diese Ecke gesetzt?
   Weil wir _____ hier besser _____ können.
7. Warum darf ich denn meinen Tee nicht austrinken?
   Weil wir _____ _____ müssen.
8. Warum willst du denn nicht mit uns tanzen gehen?
   Weil ich _____ nicht _____.

---

sich unterhalten / sich beeilen / sich aufregen / sich wohl fühlen

---

● 5 Expressing actions in the future

The future tense

In **Kapitel 1** you learned that future ideas are usually expressed with the present tense if the context clearly refers to future time.

Nächste Woche **besucht** Stephanie ihre Verwandten in Köln.

*Next week Stephanie **will be visiting** her relatives in Cologne.*

An early acquaintance with the future tense should prevent students from making the common error of using German **will** + infinitive to express future ideas.

„Erst wenn der letzte Baum gerodet, der letzte Fluss vergiftet, der letzte Fisch gefangen, werdet Ihr feststellen, daß man Geld nicht essen kann!"

GREENPEACE

Vorsetzen 53 · 2 Hamburg 11 · Telefon 040 / 311 86-0

German also has a future tense. It consists of the auxiliary verb **werden** and an infinitive.

ich	**werde**	kommen	wir	**werden**	kommen
du	**wirst**	kommen	ihr	**werdet**	kommen
er/es/sie	**wird**	kommen	sie	**werden**	kommen
		Sie **werden** kommen			

As with other German tenses, the future tense has more than one English equivalent.

er wird kommen
$\left\{ \begin{array}{l} \textit{he will come} \\ \textit{he will be coming} \\ \textit{he is going to come} \end{array} \right.$

The future tense is used to express a future event if the context does not clearly refer to future time.

PRESENT TIME: **Du siehst,** daß ich recht habe.   *You see that I'm right.*
FUTURE TIME: **Du wirst sehen,** daß ich recht habe. *You will see that I'm right.*

The future tense is also used to *emphasize* that something is going to happen in the future.

Von heute ab **werde** ich keine   *From today on I **will** not **smoke** another*
   einzige Zigarette mehr **rauchen.**   *cigarette.*

Note that the position of the auxiliary and the infinitive parallels the position of modals and infinitives that you learned in **Kapitel 3**.

7-38 Von morgen ab ... Osman wird morgen einundzwanzig und möchte ein ganz neues und viel besseres Leben beginnen. Was wird er von morgen ab alles tun oder nicht mehr tun?

der alte osman	der neue osman
Er steht morgens immer viel zu spät auf.	Von morgen ab wird er immer rechtzeitig aufstehen.
1. Er duscht sich viel zu lang.	...sich nie mehr so lang _____.
2. Er läßt immer alle Wasserhähne tropfen.	...keinen einzigen Wasserhahn mehr tropfen _____.
3. Er fährt immer mit dem Wagen zur Uni.	...nur noch mit dem Fahrrad zur Uni _____.
4. Er geht oft nicht in die Vorlesungen.	...in jede Vorlesung _____.
5. Er ißt zu viel Junk-food.	...nur noch Naturprodukte _____.
6. Er geht immer ohne Einkaufstaschen zum Supermarkt.	...nie mehr ohne Einkaufstaschen zum Supermarkt _____.
7. Er kauft seinen Orangensaft immer in Tetrapacks.	...seinen Orangensaft nur noch in Mehrwegflaschen _____.
8. Er treibt keinen Sport.	...jeden Tag Sport _____.
9. Er geht immer viel zu spät ins Bett.	...immer rechtzeitig _____.

Ex. 7-38, #5: Germans not only import junk food from North America, they also use the North American word for it, albeit capitalized and with a hyphen (see Duden **Fremdwörterbuch).**

Werden versus *wollen*

Do not confuse the auxiliary verb **werden** with the modal verb **wollen**, which expresses a desire or a wish.

Ralf **wird** mich nach Hause fahren.   *Ralf **will** drive me home.*
Ralf **will** mich nach Hause fahren.   *Ralf **wants to** drive me home.*

Remember also when it is not used as an auxiliary verb, the verb **werden** means *to get* or *to be in* sense of *to become*.

Im Winter **wird** es schon sehr   *In winter it **gets** dark very early.*
    früh dunkel.
Wie alt **wird** Bernd morgen?   *How old **is** Bernd **going to be** tomorrow?*

7-39 Tobias hat Geburtstag. Ergänzen Sie die passenden Formen von **werden** oder **wollen.**

Ex. 7-39: This exercise demonstrates the use of **werden** as a verb meaning *to get, to become,* and as auxiliary of the future tense. It also asks students to distinguish between **werden** and **wollen.** Point out that **bekommen** also means *to get,* but in the sense of *to receive.*

ANNA: Mein Bruder _____ morgen fünfzehn und _____ einen Computer zum Geburtstag.

TOM: So wie ich deinen Vater kenne, _____ er ihn auch bekommen.

ANNA: Klar! Vati denkt, Tobias soll Programmierer _____, denn als Programmierer _____ er bestimmt ganz gut verdienen.

TOM: Und was denkt deine Mutter?

ANNA: Sie meint, Tobias soll _____, was er _____, und nicht, was sein Vater _____. Aber den Computer _____ er natürlich bekommen.

7-40 Was willst du werden? Fragen Sie Ihre Partnerin/Ihren Partner, was sie/er werden will und warum, und berichten Sie Ihren Mitstudenten, was Sie herausgefunden haben. Eine Liste von Berufen finden Sie im Anhang.

Remind students not to use **ein(e)** before the profession they choose.

S1: Was willst du werden?   *S2:* Ich will . . . werden.
S1: Und warum willst du ...werden? *S2:* Ich . . .

        finde diesen Beruf sehr interessant.
        arbeite gern mit Menschen.
        mag Kinder.
        mag Tiere.
        will viel Geld verdienen.

        …

ZUSAMMENSCHAU

.HERR ZIEGLER: Aber Robert! Kannst du dich denn nicht kämmen, bevor du zum Frühstück kommst? ROBERT: Nicht, wenn sich Nina stundenlang schminkt und die Haare fönt und mich nicht ins Badezimmer läßt. FRAU ZIEGLER: Nina! Warum kommst du denn nicht zum Frühstück? Ich muß doch weg. NINA: Hier bin ich. ROBERT: Mit so viel Styling und Schminke, daß Alexander dich gar nicht mehr erkennen wird. NINA: Und du, du hast wohl vor, heute ungekämmt in die Schule zu gehen. HERR ZIEGLER: Hört auf, ihr zwei, und eßt euer Frühstück! FRAU ZIEGLER: Nina, hier ist die Einkaufsliste. Der Kühlschrank ist fast leer, und du mußt gleich nach der Schule zum Supermarkt, zum Bäcker und zum Fleischer. NINA: Kann heute nicht mal Robert gehen, Mutti? ROBERT: Ich hab' doch letzten Mittwoch eingekauft. FRAU ZIEGLER: Stimmt. Also, Nina, heute bist du dran. NINA: Aber ich muß doch mit Alexander in die Bibliothek. Wir brauchen Bücher für das Biologieprojekt, das wir nächsten Mittwoch abgeben müssen. HERR ZIEGLER: Das wißt ihr seit vier Wochen, Nina. Warum macht ihr immer alles im letzten Augenblick? NINA: Na, dann gib mir eben die Liste. - Tomaten, Kopfsalat, zwei Flaschen Milch, Leberwurst, Schinkenwurst, Schwarzbrot, Brezeln. — Heute kaufe ich aber alles im Supermarkt, das spart viel Zeit. FRAU ZIEGLER: Kommt gar nicht in Frage, Nina! Du machst es wie immer und kaufst das Brot und die Brezeln beim Bäcker und die Wurst beim Fleischer. NINA: Im Supermarkt ist doch alles genauso gut. HERR ZIEGLER: Aber nicht so frisch. ROBERT: Und außerdem solltest du an die Umwelt denken und kein Brot und keine Wurst kaufen, die in Plastik verpackt sind. NINA: Ach,

ZUM HÖREN

Einkaufsprobleme

Von Montag bis Freitag machen die Geschäfte um halb sieben zu, und am Samstag schliessen sie schon um eins. Weil Herr und Frau Ziegler erst um sechs von der Arbeit kommen, müssen deshalb auch Nina und Robert beim Einkaufen helfen.

Hören Sie was Zieglers am Mittwoch beim Frühstück miteinander sprechen.

NEUE VOKABELN

sich die Haare fönen	*to blow-dry one's hair*
erkennen	*to recognize*
der Kühlschrank	*refrigerator*
Heute bist du dran.	*Today it's your turn.*
im letzten Augenblick	*at the last moment*
sparen	*to save*
schmecken	*to taste*

Store hours are restricted by law: Mon. to Fri., 8:30-6:00 or 6:30 (Thur. til 8:30 **Langer Donnerstag**); Sat. 8:30-1:00. On the first Saturday in the month they are open until 4 or 6 p.m. **(Langer Samstag).** In small towns many shops are closed during the lunch hour.

7-41 Globalverstehen. Wer sagt das?

__FZ__ Warum kommst du denn nicht zum Frühstück? Ich muß doch weg.

__N__ Und du, du hast wohl vor, heute ungekämmt in die Schule zu gehen.

__HZ__ Hört auf, ihr zwei, und eßt euer Frühstück!

__R__ Ich hab' doch letzten Mittwoch eingekauft.

__HZ__ Warum macht ihr denn immer alles im letzten Augenblick?

__N__ Na, dann gib mir eben die Liste!

__FZ__ Kommt gar nicht in Frage!

__N__ Seit du bei der BUND-Jugend bist, bist du ganz unmöglich.

__R__ Wenn du mir morgen in Mathe hilfst, gehe ich für dich zum Bäcker.

__FZ__ Vergiß nicht, die Einkaufstaschen mitzunehmen!

7-42 Detailverstehen.

1. Warum kommt Robert ungekämmt zum Frühstück?
2. Warum meint Robert, daß Alexander Nina nicht erkennen wird?
3. Wohin soll Nina heute gleich nach der Schule?
4. Wann ist Robert einkaufen gegangen?
5. Warum müssen Nina und Alexander heute nachmittag in die Bibliothek?
6. Warum will Nina heute alles im Supermarkt kaufen?
7. Warum will Nina die Brezeln lieber selbst kaufen?

sei still, Robert! Seit du bei der BUND-Jugend bist, bist du ganz unmöglich! FRAU ZIEGLER: Robert hat recht, Nina! Und daß die Sachen vom Bäcker und vom Fleischer viel besser schmecken, das weißt du doch selbst. ROBERT: Nina, wenn du mir morgen in Mathe hilfst, gehe ich für dich zum Bäcker. NINA: Damit du die Brezeln auf dem Heimweg gleich essen kannst. Nee, Robert, da gehe ich lieber selbst. FRAU ZIEGLER: Ich muß weg. Vergiß nicht, die Einkaufstaschen mitzunehmen, Nina! Also, tschüs bis heute abend!

7-43 Freunde kommen zu Besuch. Planen Sie mit einer Partnerin/einem Partner ein Essen für acht Personen. Machen Sie eine Einkaufsliste für eine kleine Vorspeise (hors-d'oeuvres), ein Hauptgericht und einen guten Nachtisch. Vergessen Sie nicht, daß Sie auch Getränke kaufen müssen, und schreiben Sie genau auf, wieviel Gramm Scheiben, Flaschen, Dosen, Becher, Stück oder Packungen Sie bei Bolle kaufen wollen.

For students unfamiliar with the European system of weights and measures: **500 Gramm** = approx. 1.1 lb; **1 Liter** = approx. 1 quart. Cold cuts and cheese are often priced per **100 Gramm**.

7-44 Ich und meine Umwelt. Schreiben Sie was Sie für eine bessere Umwelt tun können.

Leute: This reading deals with the problems of the **Aussiedler**, the ethnic Germans who are resettling to Germany from the countries of Eastern Europe and the former Soviet Union.

Catherine II herself was German. In her colonization efforts she sent invitations to various courts in Europe, promising to settlers religious freedom, freedom from military service, and no taxation for 30 years. She attracted thousands of hard-working German settlers, who developed thriving colonies.

There are approximately 2 million ethnic Germans still living in the area of the former Soviet Union.

Traum und Wirklichkeit

Ida Jobe, eine Rußlanddeutsche aus Kasachstan, erzählt vom Kulturschock bei der Ankunft[1] in Deutschland.

Im Jahr 1763 hat die russische Zarin Katharina II. deutsche Kolonisten nach Rußland gerufen und ihnen dort fruchtbares[2] Land gegeben, und damals sind auch meine Vorfahren nach Rußland gekommen. Bei Odessa in der Ukraine haben sie fast 150 Jahre lang in einem deutschen Dorf mit einer deutschen Schule und einer deutschen Kirche gelebt, und es ist ihnen sehr gut gegangen. Aber unter Stalin haben sie wie alle Bauern[3] in der Sowjetunion ihr Land verloren und mußten auf einer Kolchose[4] arbeiten. Ihre Kinder mußten in russische Schulen gehen und haben bald kein Deutsch mehr gesprochen. 1941 sind dann die deutschen Armeen in die Sowjetunion einmarschiert, und meine Großeltern haben gehofft, ihr Land und ihre Schulen wieder zurückzubekommen. Aber Deutschland hat den Krieg verloren, und 1945 haben die Sowjets uns Deutsche Tausende von Kilometern weit nach Osten umgesiedelt. Ich bin deshalb nicht in der Ukraine geboren, sondern in der Sowjetrepublik Kasachstan. Meine Eltern haben mit mir immer nur russisch gesprochen, aber von meiner Großmutter habe ich ein bißchen Deutsch gelernt. Ich habe Mathematik studiert und bin Lehrerin geworden. Meine Eltern und ich haben aber nie vergessen, daß wir Deutsche sind. Wir haben von 1978 ab immer wieder versucht, die Erlaubnis zur Ausreise nach Deutschland zu bekommen, und als wir sie 1983 endlich bekommen haben, waren wir ganz glücklich.

Es ist nicht leicht für uns Rußlanddeutsche, hier in Deutschland erst Deutsch lernen und oft lange in Lagern[5] leben zu müssen, bevor wir endlich Arbeit und eine Wohnung finden können. Das größte Problem aber ist, daß unser Deutschlandbild und das moderne Deutschland sehr wenig miteinander gemein[6] haben. Für viele von uns war Deutschland noch das Land, das unsere Vorfahren vor 150 Jahren verlassen haben: ein Land mit romantischen alten Dörfern und Städten, wo die Menschen sonntags in die Kirche gehen, wo sie Volkslieder[7] singen und an Festtagen in Trachten[8] Volkstänze tanzen. Die Wirklichkeit kommt deshalb als ein ziemlicher Schock: ein hochindustrialisiertes Land, wo die Kirchen oft fast leer sind, wo die jungen Leute in Rockkonzerte gehen und in Blue Jeans in die Disco und wo Drogen und Aids uns Angst[9] machen um unsere Kinder.

Ich habe mich eingelebt, und ich habe Ende 1984 angefangen, noch einmal zu studieren. Ich habe immer gejobbt, um für dieses Studium zu bezahlen, und ich bin jetzt Lehrerin an einer Hauptschule in Ulm. Meine Klassen bestehen zu 80 Prozent aus Kindern von Ausländern, und ich glaube, daß ich ihre Probleme oft viel besser verstehe als die Kolleginnen und Kollegen, die in Deutschland geboren und groß geworden sind.

[1]arrival   [2]fertile   [3]farmers   [4]collective farm   [5]camps   [6]in common
[7]folksongs   [8]traditional costumes   [9]afraid

7-45 Richtig oder falsch? Sie hören acht Fragen zu Ida Jobe. Entscheiden Sie, ob diese Fragen **richtig** oder **falsch** sind.

	RICHTIG	FALSCH			RICHTIG	FALSCH
1.	✓			5.	✓	
2.	✓			6.	✓	
3.		✓		7.		✓
4.		✓		8.	✓	

1. Die russische Zarin Katharina II. (die Zweite) hat auch Ida Jobes Vorfahren nach Rußland gerufen. (Richtig) 2. Alle Bauern in der Sowjetunion haben unter Stalin ihr Land verloren. (Richtig) 3. Ida hat in Kasachstan Deutsch studiert. (Falsch. Sie hat Mathematik studiert.) 4. Die meisten Rußlanddeutschen, die nach Deutschland zurückkommen, sprechen sehr gut Deutsch. (Falsch. Die meisten Rußlanddeutschen müssen erst deutsch lernen, wenn sie nach Deutschland zurückkommen.) 5. In dem Deutschland, das Ida Jobes Vorfahren vor 150 Jahren verlassen haben, haben die Menschen noch Volkslieder gesungen und Trachten getragen. (Richtig) 6. Weil die Rußlanddeutschen so ein romantisiertes Deutschlandbild haben, ist die Wirklichkeit für sie ein ziemlicher Schock. (Richtig) 7. Weil Ida in Kasachstan Lehrerin war, hat sie in Deutschland sofort Arbeit als Lehrerin an einer Hauptschule gefunden. (Falsch. Ida mußte zuerst noch einmal studieren.) 8. Weil Ida weiß, was Kulturschock ist, versteht Sie die Probleme von Ausländerkindern oft besser als die Lehrer, die in Deutschland geboren sind. (Richtig)

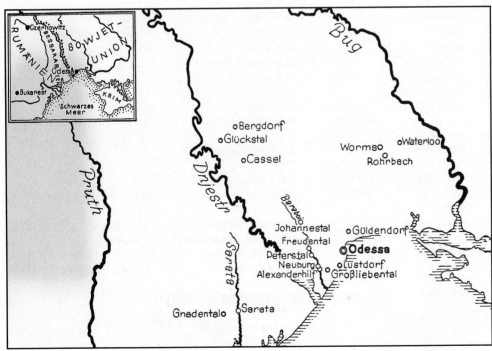

▣ Wörter im Kontext 2

● Nomen

der Arm, -e	arm
das Auge, -n	eye
der Bauch, ⸚e	stomach, belly
das Bein, -e	leg
die Brust, ⸚e	breast, chest
der Daumen, -	thumb
der Finger, -	finger
der Fuß, ⸚e	foot
das Haar, -e	hair
der Hals, ⸚e	neck
die Hand, ⸚e	hand
das Kinn, -e	chin
das Knie, -	knee
der Kopf, ⸚e	head
der Körper, -	body
der Mund, ⸚er	mouth
die Nase, -n	nose
das Ohr, -en	ear
der Rücken, -	back
die Schulter, -n	shoulder
die Stirn, -en	forehead
der Zahn, ⸚e	tooth
die Zehe, -n	toe
der Flaschenöffner, -	bottle opener
der Korkenzieher, -	corkscrew
die Gabel, -n	fork
der Löffel, -	spoon
das Messer, -	knife
der Kühlschrank, ⸚e	refrigerator
der Staubsauger, -	vacuum cleaner
die Apotheke, -n	pharmacy
der Ausländer, -/	
die Ausländerin, -nen	foreigner
die Drogerie, -n	drugstore
die Lebensmittel (*pl*)	food
die Limonade	soft drink
die Rechnung, -en	bill
die Sache, -n	thing
der Waschsalon, -s	laundromat
die Zahnpasta	toothpaste

Parents often admonish small children with **Messer, Gabel, Schere, Licht, sind für kleine Kinder nicht.**

● Andere Wörter

derselbe, dasselbe, dieselbe	the same
etwa	approximately
links	left, to the left
rechts	right, to the right
scharf	spicy
schlecht	bad
versalzen	oversalted

● Verben

bestellen	to order
schmecken	to taste
sparen	to save
treffen (trifft), hat getroffen	to meet
verlieren, hat verloren	to lose
versprechen (verspricht), hat versprochen	to promise
sich an•ziehen, hat sich angezogen	to dress
sich aus•ziehen, hat sich ausgezogen	to undress
sich um•ziehen, hat sich umgezogen	to change one's clothes
sich kämmen	to comb one's hair
sich rasieren	to shave
sich schminken	to put on make-up
sich ärgern	to get annoyed
sich auf•regen	to get excited; to get upset
sich beeilen	to hurry
sich benehmen (benimmt sich), hat sich benommen	to behave
sich beschweren	to complain
sich entschuldigen	to apologize
sich erkälten	to catch a cold
sich setzen	to sit down
sich unterhalten (unterhält sich), hat sich unterhalten	to talk; to converse
sich verspäten	to be late
sich wohl fühlen	to feel well

Point out the relationship between **schmecken** and English *to smack* in a sentence like *His promotion smacks of favoritism.*

● Ausdrücke

Das kommt gar nicht in Frage!	That's out of the question!
genauso gut	just as good
Ich habe Hunger.	I'm hungry.
im letzten Augenblick	at the last moment
Jetzt bist du dran.	Now it's your turn.
zu Fuß gehen	to go on foot, to walk

● Leicht zu verstehen

die Gastronomie
das Medikament, -e
das Schnitzel, -
das Steak, -s
das Shampoo

7-46 Was paßt zusammen?

1. Mit dem Kopf   a. sieht man.
2. Mit den Augen   b. denkt man.
3. Mit den Ohren   c. schreibt man.
4. Mit der Hand   d. hört man.
5. Mit den Beinen   e. spricht man.
6. Mit den Fingern   f. beißt man.
7. Mit dem Mund   g. geht man.
8. Mit den Zähnen   h. tippt man.

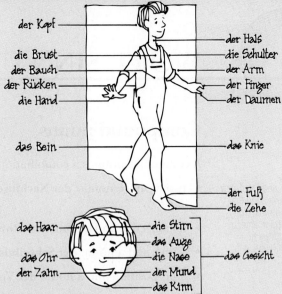

7-47 Was paßt?

Löffel / Staubsauger / Gabel / Zahnbürste / Flaschenöffner / Zahnpasta / Kühlschrank / Messer / Korkenzieher

1. Suppe ißt man mit einem _____ und Steak mit _____ und _____.
2. Weinflaschen macht man mit einem _____ auf und Bierflaschen mit einem _____.
3. Einen _____ braucht man, um Milch, Käse, Wurst und andere Lebensmittel frisch zu halten.
4. Wenn man sich die Zähne putzen will, braucht man _____ und eine _____.
5. Wenn man die Wohnung putzen will, braucht man einen _____.

7-48 Was paßt nicht? Nur zwei Sätze in jeder Gruppe bedeuten etwa dasselbe.

1. Das Essen schmeckt mir nicht.
   Ich mag das Essen nicht.
   Ich habe keinen Hunger.
2. Das darfst du nicht!
   Das kommt nicht in Frage!
   Das mußt du mir versprechen!
3. Ich fühle mich nicht wohl.
   Es tut mir leid.
   Mir geht es nicht gut.
4. Ich muß sparen.
   Ich kann nicht so viel Geld ausgeben.
   Ich muß meine Rechnungen bezahlen.

7-49 Was paßt?

sich beeilen / sich aufzuregen / sich entschuldigen / sich zu ärgern / sich erkälten / sich beschweren / sich setzen

1. Wenn man sich verspätet hat oder sich schlecht benommen hat, sollte man _____.
2. Wenn das Essen im Gasthaus versalzen oder zu scharf ist, sollte man _____, statt _____ und _____.
3. Wenn man morgens zu spät aufgestanden ist, sollte man _____.
4. Wenn man sich mit jemand längere Zeit unterhält, sollte man nicht stehen, sondern _____.
5. Wenn man im Winter mit nassen Haaren aus dem Haus geht, kann man _____.

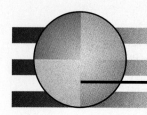

WORT, SINN UND KLANG

Compound nouns

Ask students for a noun that they have met much earlier and that looks and sounds almost like **Nachttisch**. Have them analyze and categorize **Nachtisch**. Demonstrate the difference in pronunciation.

A compound noun is a combination of . . .

- two or more nouns: **der Nachttisch** *night table*, **die Nachttischlampe** *bedside lamp;*
- an adjective and a noun: **der Rotwein** *red wine;*
- a verb and a noun: **der Schreibtisch** *desk;*
- a preposition and a noun: **der Vorname** *first name.*

In German these combinations are almost always written as one word. The last element of a compound noun is the base word and determines the gender of the compound noun. All preceding elements are modifiers that define the base word more closely.

> der Kaffee + **die** Tasse = **die** Kaffeetasse
> der Fuß + der Ball + **das** Spiel = **das** Fußballspiel

7-50 Was ist das? Supply the definite articles for the compound nouns and match the nouns with their English equivalents.

1. _____ Wochenendhaus
2. _____ Hausschuh
3. _____ Krankenhaus
4. _____ Hausmeister
5. _____ Hochhaus
6. _____ Hausarzt
7. _____ Reformhaus
8. _____ Hausmann
9. _____ Einfamilienhaus
10. _____ Kaufhaus

a. family doctor
b. house husband
c. cottage
d. single family dwelling
e. janitor
f. department store
g. hospital
h. slipper
i. high-rise
j. health food store

Giving language color

Point out that the expressions marked with an asterisk are approximately equivalent to saying *That's baloney!* instead of *That's nonsense!*

In **Kapitel 6** you saw how names of animals are used to characterize people. The names of common food items can also be used metaphorically as the idiomatic expressions below show. Expressions marked with an asterisk are quite colloquial and should not be used in more formal situations.

Es ist alles in Butter.*	*Everything is A-okay.*
Das ist mir Wurst.*	*I could care less.*
Er will immer eine Extrawurst.*	*He always wants special treatment.*
Das ist doch alles Käse.*	*That's all baloney!*
Der Apfel fällt nicht weit vom Stamm.	*Like father, like son.*
Er gleicht seinem Bruder wie ein Ei dem anderen.	*He and his brother are as alike as two peas in a pod.*

7-51 Was paßt zusammen?

1. Wie sieht Claudias Schwester aus?
2. Hast du immer noch Probleme mit deinem Freund?
3. Sollen wir ins Kino gehen oder in die Disco?
4. Günter sagt, daß du ihn liebst.
5. Alle anderen kommen zu Fuß, aber Lisa sollen wir mit dem Auto abholen.
6. Ralf ist wie sein Vater. Er fängt tausend Sachen an und macht nie etwas fertig.

a. Das ist doch alles Käse, was er sagt.
b. Das ist mir Wurst.
c. Sie will doch immer eine Extrawurst.
d. Der Apfel fällt nicht weit vom Stamm.
e. Sie gleicht ihr wie ein Ei dem anderen.
f. Nein, jetzt ist alles wieder in Butter.

Zur Aussprache

German *l*

In English the sound represented by the letter *l* varies according to the vowels and consonants surrounding it. (Compare the *l* sound in *leaf* and *feel*.) In German the sound represented by the letter l never varies and it is very close to the *l* in English *leaf*. Try to maintain the sound quality of the *l* in *leaf* throughout the exercise below.

7-52 Hören Sie gut zu, und wiederholen Sie!

Lilo lernt Latein.
Latein ist manchmal langweilig.
Lilo lernt Philipp kennen.
Philipp hilft Lilo Latein lernen.
Philipp bleibt lange bei Lilo.
Lilo lernt viel.
Lilo lernt Philipp lieben.

The approach suggested here is probably the most practical. Articulating the *l* like that in English *leaf* makes it less likely that students will produce the hollow-sounding American *l* that is so typical for a strong American accent in German. You could explain that the concave shape of the tongue in articulating the American *l* allows for a larger airspace between the back of the tongue and the roof of the mouth than the flat shape of the tongue in articulating the German l. This larger airspace produces the "hollow" sound. Sketch the oral cavity with the two positions of the tongue.

KAPITEL 8

Wohnen

● **Kommunikationsziele**

Talking about how and where you live
Negotiating with a landlady/landlord
Talking about possessions and
   relationships
Describing people, places and things

● **Strukturen**

Two-case prepositions
stellen/stehen; legen/liegen; hängen
The genitive case
Summary of adjective endings
N-nouns

● **Kultur**

Housing in the German-speaking
   countries
Student housing
Schrebergärten

Leute: Walter Gropius and the **Bauhaus**

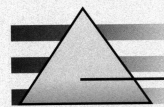

VORSCHAU

Die möblierte Wohnung

Martin und Peter sind gerade umgezogen, und Claudia kommt zu Besuch, um die neue Wohnung der beiden Freunde zu bewundern. Frau Wild, der diese Wohnung gehört, fliegt auf ein Jahr zu ihrem Sohn nach Texas, und gestern hat sie Peter noch die letzten Instruktionen gegeben.

MARTIN: Nun, Claudia, wie gefällt dir unsere neue Wohnung? Vollständig möbliert für nur 800 Mark im Monat!

CLAUDIA: Nicht schlecht, nur – die Möbel stehen alle am falschen Platz.

MARTIN: Tut mir leid, aber wir haben versprochen, kein einziges Möbelstück umzustellen.

CLAUDIA: Ist Frau Wild nicht schon abgeflogen?

PETER: Ja, heute morgen um halb acht.

CLAUDIA: Na, dann können wir ja anfangen. Ihr dürft nur nicht vergessen, wie alles gestanden hat.

PETER: Kein Problem, ich vergesse nie etwas.

CLAUDIA: Dann nimm doch mal die Stehlampe, Peter, und stell sie neben die Couch. Und du Martin, du nimmst den Teppich hier, und legst ihn vor die Couch! So, das sieht schon viel besser aus. Und die häßliche alte Uhr dort auf dem Büfett . . .

PETER: Sie ist Frau Wild sehr lieb, weil sie sie von ihren Eltern zur Hochzeit bekommen hat. Wir dürfen auch ja nicht vergessen, sie jeden Morgen aufzuziehen. Sonst geht sie kaputt.

CLAUDIA: Dann nimm sie doch in die Küche, Peter, und stell sie auf den Kühlschrank. Da seht ihr sie beim Frühstück und könnt sie nicht vergessen.

PETER: Da war doch noch etwas, was wir nicht vergessen dürfen. Ach ja, die Zimmerpflanzen. Wir sollen sie ja regelmäßig gießen, den riesigen, alten Kaktus hier alle zwei Tage und die Orchideen alle vierzehn Tage.

CLAUDIA: Gehört die Katze dort auf dem Balkon auch zur Wohnung?

PETER: Ja, das ist die alte Maunz. Sie bekommt morgens eine Dose Katzenfutter, und abends kriegt sie ein bißchen warme Milch. Sonst wird sie krank, sagt Frau Wild.

MARTIN: Geh doch mal raus auf unseren Balkon, Claudia!

CLAUDIA: Du, das sind aber tolle Geranien hier nebenan.

PETER: Sie gehören Pleikes. Das sind richtig nette Nachbarn, sagt Frau Wild, und wenn wir Probleme haben, sollen wir ja nur zu Pleikes gehen.

MARTIN: Du Peter, wer ist denn die Frau dort unten? Sie sieht fast wie Frau Wild aus.

PETER: Du, das gibt's doch nicht! Das *ist* Frau Wild, und sie kommt zu uns! Stellt schnell die Uhr wieder aufs Büfett und die Stehlampe in die Ecke! Ich lege solange den Teppich wieder . . .

Die möblierte Wohnung. New words: **möbliert**; **umziehen** (contrast to **sich umziehen**); **bewundern**; **vollständig**; **stellen**; **um**stellen (cf. **um**ziehen); **Stehlampe**; **Teppich**; **häßlich** (≠ **schön**); **Hochzeit**; **aufziehen**; **Küche**; **regelmäßig**; **kriegen** (= bekommen); **rausgehen** (= hinausgehen); **nebenan**; **solange** (= in the meantime).

Das sind aber tolle Geranien hier nebenan!

Wie Studenten wohnen

In some university towns, like Freiburg and Tübingen, it is very difficult to find any accommodation. It has happened that students have had to withdraw from their studies because they could not find a place to live.

In Deutschland, Österreich und in der Schweiz gibt es fast keine Campus-Universitäten, und Universitätsgebäude und Studentenwohnheime sind meistens über die ganze Stadt verstreut.[1] Plätze in den wenigen Wohnheimen sind schwierig[2] zu bekommen, und weil Studenten heutzutage nicht mehr gern Zimmer in Privathäusern mieten, sind Wohngemeinschaften sehr populär geworden. Wohngemeinschaften oder WGs sind Wohnungen, die mehrere Studenten miteinander mieten, und sie haben den Vorteil,[3] daß man dort selbst kochen und auf diese Weise viel Geld sparen kann.

[1]scattered   [2]difficult   [3]advantage

Biete Wohnung in Friedrichshain, 38 qm, 1 Zimmer und Küche, AWC, kein Bad, Gasheizung, DM 250,- kalt. Chiffre 11/236

Zimmer (20 qm) in FU-Nähe, Tel., Kabel, Garten, eig. WC, bei F (35) + K (7) + Katze. 500,- warm.

1 Zimmer Prenzl.Berg, 30 qm, Kü-Bad-Benutzung, hell u. ruhig, nur DM 150,- Aber: suche Amerikaner/in, von der/dem ich die Sprache aktiv lernen kann. Anna 279 20 43

WG in Wilmersdorf 3 Stud.(1 F, 2 M) + 1 K (2 J.) sucht nette Studentin für helles Zi., 12 qm, 450,- warm. Chiffre 11/377

F (30) ernst, depressiv, bietet ruhiger Studentin gr. Zimmer (ca. 20 qm), hell, m. Balkon, Kü-Benutz., Nähe TU, 400.- DM warm. Chiffre 11/79

WG Charlottenbg 4 nette TU-Stud. (2 F, 2 M) bieten Student/in kl, aber schönes Zi. + Benutzung von groß. gemeinschaftl. Arbeitsraum. DM 450.- warm. Tel. 788 34 09

LEGEN SIE WERT AUF FREIZEIT · ERHOLUNG ?

3 EIGENTUMS-WOHNUNGEN

Ein Studentenwohnheim

ZUM HÖREN

8-1 Richtig oder falsch? Sie hören das Gespräch zwischen Claudia, Martin und Peter und nach diesem Gespräch ein paar Aussagen. Entscheiden Sie, ob diese Aussagen **richtig** oder **falsch** sind.

	Richtig	Falsch			Richtig	Falsch
1.	✓			5.		✓
2.		✓		6.		✓
3.	✓			7.	✓	
4.	✓			8.		✓

8-2 Wie gut hat Peter aufgepaßt? Hören Sie, was Frau Wild gestern zu Peter gesagt hat, und schreiben Sie dann zu jeder von den folgenden Fragen zwei Antworten. Schreiben Sie:

    a. was Frau Wild gestern zu Peter gesagt hat.
    b. was Peter heute zu Martin und Claudia gesagt hat.

1. Von wem hat Frau Wild die Uhr?
2. Wie oft sollen Martin und Peter die Uhr aufziehen?
3. Wie oft sollen sie den Kaktus gießen, und wie oft brauchen die Orchideen Wasser?
4. Wie heißt Frau Wilds Katze?
5. Was bekommt die Katze morgens, und was kriegt sie abends?
6. Was für Leute sind Pleikes?
7. Zu wem sollen Martin und Peter gehen, wenn sie Probleme haben?
8. Wann fliegt Frau Wild weg?

Statements: 1. Martin und Peter können nur ein Jahr lang hier wohnen. (Richtig) 2. Sie müssen ihre eigenen Möbel mitbringen. (Falsch. Die Wohnung ist vollständig möbliert.) 3. Martin und Peter mußten versprechen, kein einziges Möbelstück umzustellen. (Richtig) 4. Claudia will, daß sie die Möbel trotzdem umstellen. (Richtig) 5. Peter sagt, daß er bestimmt vergessen wird, wie alles gestanden hat. (Falsch. Er sagt, daß er nie etwas vergißt.) 6. Claudia findet die alte Uhr auf dem Büfett sehr schön. (Falsch. Sie findet sie sehr häßlich.) 7. Die Katze auf dem Balkon gehört Frau Wild. (Richtig) 8. Frau Wild hat tolle Geranien auf ihrem Balkon. (Falsch. Die Geranien sind auf dem Balkon nebenan und gehören Pleikes.)

Remind students that each question is to be answered twice: the first time from the information in **Die möblierte Wohnung** on p. 257 and the second time from the information in the listening comprehension **Wie gut hat Peter aufgepaßt?**

8-3 Wo wohnst du? Stellen Sie Ihrer Partnerin/Ihrem Partner die folgenden Fragen, und berichten Sie, was Sie herausgefunden haben.

S1: Wo wohnst du?   *S2:* Ich wohne   im Studentenheim.

                                            mit ein paar anderen Studenten zusammen in einem Haus/ einer Wohngemeinschaft

                                            noch zu Hause

                        Ich habe   (mit einer Freundin/einem Freund zusammen) eine kleine Wohnung ein Zimmer in einem Privathaus

Gefällt es dir dort, wo du wohnst?   …
Warum? Warum nicht?

Point out that the term **Wohngemeinschaft** normally refers to an apartment rather than a whole house. Give the meaning of **gemein**, mention that **-schaft** is a noun suffix, and have students give the literal meaning of **Wohngemeinschaft**. The activity can be expanded into a survey of how many students live in the different types of living accommodations.

Einfamilienhaus in Kaisersbach bei Stuttgart

Schrebergärten bei Wien.

Obwohl in den deutschsprachigen Ländern fast 100 Millionen Menschen leben, gibt es dort noch viel schöne Natur, und strikte Vorschriften[1] versuchen, diese Natur zu erhalten. Baugrundstücke[2] sind deshalb sehr teuer, und weil man in diesen Ländern auch viel solider und teurer baut als in Nordamerika, bleibt der Traum vom eigenen Haus und Garten für die meisten Deutschen, Österreicher und Schweizer für immer ein Traum.

Nordamerikaner wundern sich oft, wie man so viel Geld ausgeben kann, um Häuser für kommende Generationen zu bauen. Aber Tradition ist Tradition, und in einem weniger soliden Haus fühlt sich der normale Deutsche nie ganz richtig wohl. Das ist nicht sehr rational, und ein schwäbischer Spruch[3] beschreibt diese Einstellung[4] mit den folgenden Worten: »Schaffe,[5] spare, Häusle baue — verrecke.«[6]

Viele Deutsche, Österreicher und Schweizer, die in der Stadt leben und dort keinen Garten haben, haben außerhalb[7] der Stadt kleine »Schrebergärten«, wo sie in der warmen Jahreszeit und bei schönem Wetter ihre Wochenenden verbringen und Blumen und Gemüse pflanzen. Diese Kleingartenkolonien tragen den Namen des Leipziger Arztes und Professors Daniel Schreber, der zur Zeit der industriellen Revolution gelebt hat. Dr. Schreber wollte, daß die Kinder aus den dunklen Industriestädten in der Sonne und in gesunder Luft[8] spielen konnten. Er legte[9] deshalb außerhalb von Leipzig Spielplätze an und um diese Spielplätze herum kleine Gärten, wo die Kinder mit ihren Eltern auch etwas pflanzen und ernten[10] konnten. Heute gibt es in den deutschprachigen Ländern Millionen von Schrebergärten, wo der Traum vom eigenen Haus wenigstens als selbstgebautes Gartenhäuschen zur Wirklichkeit wird.

[1]laws	[2]buildings lots	[3]Swabian saying	[4]attitude
[5]work	[6]croak	[7]outside of	[8]air
[9]established	[10]harvest		

8-4 Ein Neubau-Einfamilienhaus. Schauen Sie sich die Reklametafel für ein neues Einfamilienhaus genau an, und beantworten Sie die folgenden Fragen!

1. Wie groß ist dieses Haus in Quadratfuß? (1 m² = 10¾ ft²)

2. Weil die Grundstücke in Deutschland sehr teuer sind, sind auch sehr elegante Einfamilienhäuser oft Doppelhäuser. Obwohl das Bild ganz klar zeigt, daß dieses Haus kein Doppelhaus ist, sagt ein Wort auf dieser Reklametafel noch einmal dasselbe. Was ist dieses Wort?

3. Welches Wort sagt uns, daß das Wohnzimmer und das Eßzimmer ziemlich groß sind?

4. Welches Wort sagt uns, daß die Gartenterrasse auf der Südseite des Hauses ist?

5. Was ist zwischen dem Wohnhaus und der Garage?

6. Wie heißt der Architekt, der das Haus geplant und entworfen hat?

7. Wie heißt die Firma, die das Haus gebaut hat?

8. Welche Nummer rufen Sie an, wenn Sie wissen wollen, wo dieses Haus ist und wieviel es kostet?

9. Wie heißen die beiden Personen, die Ihre Fragen am besten beantworten können?

Wörter im Kontext 1

● Nomen

das Badezimmer (das Bad)	bathroom
der Flur, -e	hall
die Garderobe, -n	front hall closet
der Keller, -	basement
die Küche, -n	kitchen
das Schlafzimmer, -	bedroom
die Toilette, -n	lavatory
die Wohnung, -en	apartment
das Wohnzimmer, -	living room
das Dach, ¨er	roof
die Decke, -n	ceiling
das Fenster, -	window
der Fußboden, ¨	floor
die Treppe, -n	staircase
die Tür, -en	door
die Wand, ¨e	wall
die Badewanne, -n	bathtub
die Dusche, -n	shower
das Waschbecken, -	wash basin
der Herd, -e	stove
das Spülbecken, -	sink
das Bett, -en	bed
die Kommode, -n	dresser
der Kühlschrank, ¨e	refrigerator
der Nachttisch, -e	night table
der Schrank, ¨e	closet
das Bild, -er	picture
das Bücherregal, -e	bookcase
der Couchtisch, -e	coffee table
der Fernseher, -	television set
die Möbel (pl)	furniture
der Papierkorb, ¨e	wastepaper basket
der Sessel, -	armchair
der Schreibtisch, -e	desk
die Stehlampe, -n	floor lamp
die Stereoanlage, -n	stereo
der Stuhl, ¨e	chair
der Teppich, -e	carpet
der Tisch, -e	table

● Verben

aus•ziehen, ist ausgezogen	to move out
ein•ziehen	to move in
um•ziehen	to move
kriegen	to get, to receive
legen	to lay (down)
stellen	to stand, to put
um•stellen	to rearrange

Re **Badezimmer, Toilette, Klo:** Point out that in many German homes the tub, shower, and washbasin are in one room (**das Badezimmer**) and the toilet in another (**die Toilette**).

Ask students whether they remember the relationship between German **Zaun** and English *town*. Ask them to proceed similarly with the word **Zimmer**, i.e., to exchange the **z** with a *t*. Replace the second **m** with a *b* and ask whether anyone can see a connection between the meanings of German **Zimmer** and English *timber*. The German word **Zimmermann** is also interesting in this context.

Re **Fußboden:** Have students guess the English cognate of **Boden**. Assist by giving **bodenlos** = _____ *less* and **Meeresboden** = _____ *of the ocean*.

Point out the difference in meaning between **umziehen** and **sich umziehen**, which students learned in **Kapitel 7.**

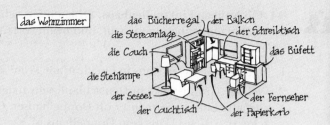

das Wohnzimmer — das Bücherregal — der Balkon — die Stereoanlage — der Schreibtisch — die Couch — das Büfett — die Stehlampe — der Sessel — der Fernseher — der Couchtisch — der Papierkorb

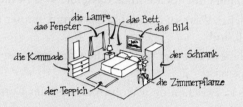

das Fenster — die Lampe — das Bett — das Bild — die Kommode — der Schrank — der Teppich — die Zimmerpflanze

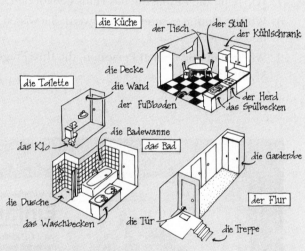

das Schlafzimmer — die Küche — der Tisch — der Stuhl — der Kühlschrank — die Decke — die Wand — die Toilette — der Fußboden — der Herd — das Spülbecken — das Klo — die Badewanne — das Bad — die Garderobe — die Dusche — die Tür — das Waschbecken — der Flur — die Treppe

● Andere Wörter

häßlich	ugly
möbliert	furnished
nebenan	next door
regelmäßig	regular
riesig	huge
alle vierzehn Tage	every two weeks
Das gibt's doch nicht!	That's impossible!
zu Besuch kommen	to visit

Mention that Germans somewhat illogically say **alle acht Tage** for *every week.*

● Leicht zu verstehen

der Balkon, -e	die Geranie, -n
das Büfett, -s	der Kaktus, die Kakteen
die Couch, -es	die Orchidee, -n
die Lampe, -n	

8-5 Wie heißen diese Räume?

1. Hier kocht und bäckt man.
2. Hier duscht, wäscht und badet man sich.
3. Hier schläft man.
4. Hier sitzt man am Abend und sieht fern.
5. Von hier aus geht man in alle anderen Zimmer.

8-6 Was paßt in jeder Gruppe zusammen?

1. die Küche   a. die Garderobe   3. der Fußboden   a. das Bild
   die Toilette   b. die Kommode   die Wand   b. der Teppich
   der Flur   c. der Herd   die Badewanne c. Jacken und Mäntel
   das Schlafzimmer   d. das Klo   die Garderobe d. das Wasser

2. der Stuhl   a. gießen   4. die Stereoanlage a. dunkel
   das Bett   b. kochen   die Lampe   b. kalt
   der Herd   c. schlafen   der Keller   c. laut
   die Zimmerpflanze d. sitzen   der Kühlschrank d. hell

8-7 Ausgezogen, eingezogen, umgezogen?

Martin und Peter haben im ersten Semester in einem Zimmer in der
Zennerstraße gewohnt. Dann haben sie eine sehr billige möblierte Wohnung in
der Silcherstraße gefunden, sind aus ihrem Zimmer _____ und in die
Silcherstraße _____. Sie sind gerade in die neue Wohnung _____, und sie sind
ganz glücklich, daß sie hier so viel Platz haben.

8-8 Was paßt wo?

die umziehen / das ich nicht schön finde /
die nebenan wohnen / die man umstellt /
die sehr reich sind / der mal schnell und mal langsam geht /
die ganz leer ist / die Geburtstag haben

1. Ein häßliches Bild ist ein Bild, _____.
2. Eine Wohnung, _____, ist keine möblierte Wohnung.
3. Ein Puls, _____, geht nicht regelmäßig.
4. Leute, _____, müssen alle ihre Sachen von der alten Wohnung in die neue
   transportieren.
5. Leute, _____, kriegen Geschenke.
6. Möbel, _____, stehen nachher an einem anderen Platz als vorher.
7. Leute, _____, nennt man Nachbarn.
8. Leute, _____, haben oft riesige Häuser.

FUNKTIONEN UND FORMEN 1

● 1 Talking about location and destination

Wo and *wohin*: a review

In **Kapitel 2** you learned that the English question word *where* has three equivalents in German: **wo** (*in what place*), **wohin** (*to what place*), and **woher** (*from what place*). Since **wo** and **wohin** will play an important role in subsequent sections of this chapter, you will have to fine-tune your feeling for the difference between them.

The use of **wo** or **wohin** is obvious in the following questions.

Wo ist mein Mantel?	*Where is my coat? (in what place?)*
Wohin gehst du?	*Where are you going? (to what place?)*
Wohin geht diese Straße?	*Where does this road go? (to what place?)*

For speakers of English it is less obvious whether to use **wo** or **wohin** in the following example.

Where should I hang my coat?   (*in* what place? or *to* what place?)

Here a speaker of German thinks in terms of moving the coat from point A to point B. The German equivalent for *where* is therefore **wohin**.

Wohin soll ich meinen Mantel hängen?	*Where (to what place) should I hang my coat?*

8-9 *Wo* oder *wohin*?

1. _____ gehst du?
2. _____ wohnst du?
3. _____ sind denn meine Handschuhe?
4. _____ habe ich denn meine Handschuhe gelegt?
5. _____ soll ich den Brief schicken?
6. _____ hast du das schöne Kleid gekauft?
7. _____ arbeitet Tina?
8. _____ geht diese Tür?
9. _____ soll ich meine Jacke hängen?
10. _____ fährt dieser Bus?

Two-case prepositions

You have already learned that there are accusative prepositions and dative prepositions.

ACCUSATIVE PREPOSITIONS		DATIVE PREPOSITIONS	
durch	ohne	aus	nach
für	um	außer	seit
gegen		bei	von
		mit	zu

A third group of prepositions may be followed by either the dative case or the accusative case.

an	at (*the side of*),	**hinter**	behind	**unter**	under, below
	to (*the side of*),	**in**	in, into, to	**vor**	in front of
	on (*a vertical surface*)	**neben**	beside	**zwischen**	between
auf	on (*a horizontal surface*)	**über**	over, above		

When these two-case prepositions signal *location*, they answer the question **wo?** and are followed by the dative case. When they signal *destination*, they answer the question **wohin?** and are followed by the accusative case.

LOCATION	**wo?**	preposition + dative
DESTINATION	**wohin?**	preposition + accusative

8-10 In der neuen Wohnung. Ergänzen Sie die Fragen mit **wo** oder **wohin** und die Antworten mit der passenden Präposition und mit Akkusativ oder Dativ!

_____ steht die Zimmerpflanze?　_____ _____ Bücherregal. (m)
S1: Wo steht die Zimmerpflanze?　*S2:* Auf dem Bücherregal.

1. _____ springt die Katze? _____ _____ Couch. (f)
2. _____ hängt Antje das Poster _____ _____ Küchentür. (f)
3. _____ steht der Herd? _____ _____ Küche. (f)
4. _____ geht die offene Tür? _____ _____ Küche.
5. _____ steht der Karton mit den Büchern? _____ _____ Bücherregal. (n)
6. _____ legt Kurt den Teppich? _____ _____ Couch. (f)
7. _____ steht die Stehlampe? _____ _____ Sessel. (m)
8. _____ huscht die Maus? _____ _____ Couch. (f)
9. _____ hängt Uli das Landschaftsbild? _____ _____ Schreibtisch. (m)
10. _____ hängt der Picasso? _____ _____ Couch. (f)
11. _____ liegt der Ball? _____ _____ Schreibtisch. (m)
12. _____ krabbelt das Baby? _____ _____ Schreibtisch.
13. _____ stellt Helga den Papierkorb? _____ _____ Schreibtisch.
14. _____ stellt Thomas die Vase? _____ _____ Zimmerpflanze (f) und ___ Radio. (n)
15. _____ hängt der Kalender? _____ _____ Picasso und ___ Landschaftsbild. (n)

New words: **huschen; krabbeln**

Genders of nouns are given so that students can concentrate on prepositions and cases. Point out that sometimes more than one preposition can be correct: depending on the position of the speaker, the location of the floor lamp can be interpreted as **vor, neben,** or **hinter dem Sessel** (# 7), and the mouse is scurrying **unter** or **hinter die Couch** (# 8). In # 13, however, speakers of German would consistently say **neben den Schreibtisch.** Ask what preposition would have to be used if the response contained **Couch** as well as **Schreibtisch.**

Contractions

The prepositions **an** and **in** normally contract with the articles **das** and **dem**.

an + das = **ans**	Hast du unseren Poster **ans** Schwarze Brett gehängt?	*Did you hang our poster on the bulletin board?*
an + dem = **am**	Hängt unser Poster schon **am** Schwarzen Brett?	*Is our poster hanging on the bulletin board yet?*
in + das = **ins**	Heute abend gehen wir **ins** Konzert.	*Tonight we're going to a concert.*
in + dem = **im**	Gestern abend waren wir **im** Kino.	*Last night we were at the movies.*

In colloquial German the article **das** also contracts with other two-case prepositions: **aufs, hinters, übers, unters, vors.**

8-11 *Am, ans, im* oder *ins?* Beginnen Sie die Fragen mit **wo, wohin**!

_____ geht diese Tür?   Sie geht _____ Schlafzimmer.
S1: Wohin geht diese Tür?   *S2:* Sie geht ins Schlafzimmer.

1. _____ soll ich die Zimmerpflanze stellen? — Stell sie _____ Fenster.
2. _____ ist Claudia? — Sie ist _____ Telefon.
3. _____ wart ihr gestern abend? — Wir waren _____ Kino.
4. _____ gehst du heute abend? — Heute abend gehe ich mal ganz früh _____ Bett.
5. _____ soll ich dieses Poster hängen? — Häng es bitte gleich _____ Schwarze Brett.
6. _____ ist Andrea? — Sie sitzt _____ Klavier und übt.
7. _____ essen wir heute, bei dir? — Nein, heute gehen wir mal _____ Gasthaus.
8. _____ ist Peter? — Ich glaube, er liegt noch _____ Bett.

German *an, auf, in,* and English *to*

In **Kapitel 6** you learned that both **zu** and **nach** can mean *to.* The prepositions **an, auf,** and **in** can also mean *to* if they answer the question **wohin.**

- **An** is used to indicate that your point of destination is next to something, such as a door, a telephone, or a body of water.

Geh bitte **an** die Tür.	*Go to the door, please.*
Warum gehst du denn nicht **ans** Telefon?	*Why don't you go to the phone?*
Wir fahren jeden Sommer **ans** Meer.	*We go to the ocean every summer.*

- **In** is generally used if your point of destination is within a place, such as a room, a concert hall, or a mountain range.

Geht doch bitte **ins** Wohnzimmer.	*Go to the living room, please.*
Heute abend gehen wir **in** die Oper.	*Tonight we're going to the opera.*
Warum fahren wir nicht mal **in** die Berge?	*Why don't we go to the mountains for a change?*

- **In** is used instead of **nach** to express that you are going to a country if the name of the country is masculine, feminine, or plural.

  Morgen fliegen wir **in** die USA.   *Tomorrow we're flying **to** the USA.*

- **Auf** is often used instead of **zu** to express that you are going to a building or an institution like the bank, the post office, the city hall, especially to do business.

  Ich muß heute nachmittag **aufs**   *I have to go to the city hall this*
  Rathaus.   *afternoon.*

8-12 Was paßt zusammen? Beginnen Sie Ihre Fragen mit **Wohin geht man, wenn...** und die Antworten mit **an**, **auf** oder **in**.

> Man will Schwyzerdütsch hören.   die Schweiz
>
> *S1:* Wohin geht man, wenn man   *S2:* Da geht man in die Schweiz.
> Schwyzerdütsch hören will?

1. Man braucht Geld.
2. Man braucht Briefmarken.
3. Man will ein Symphonieorchester hören.
4. Man will in Salzwasser schwimmen.
5. Man will schlafen.
6. Man will Shakespeares Hamlet sehen.

---
das Bett / die Bank / das Theater /
die Post / das Konzert / das Meer

---

7. Man möchte Mozarts Don Giovanni sehen.
8. Man möchte aus dem Zimmer auf die Straße hinunterschauen.
9. Man will mal nicht kochen.
10. Man will ganz frisches Gemüse kaufen.
11. Man will eine Flasche Wein holen.
12. Man möchte amerikanisches Englisch hören.

---
das Gasthaus / die USA / das Fenster /
der Keller / die Oper / der Wochenmarkt

The verbs *stellen, legen, hängen*

In English the verb *to put* can mean *to put something in a vertical, a horizontal, or a hanging position.*

> *Put* the wine glasses on the table.
> *Put* your coats on the bed.
> *Put* your jacket in the closet.

German uses three different verbs to describe the different actions conveyed by the English *to put.*

stellen	*to put in an upright position, to stand*	**Stell** die Weingläser auf **den** Tisch!
legen	*to put in a horizontal position, to lay (down)*	**Legt** eure Mäntel aufs Bett!
hängen	*to hang (up)*	**Häng** deine Jacke in **die** Garderobe!

When these verbs are followed by a two-case preposition, the object of the preposition appears in the *accusative case*.

Sometimes the use of **stellen** seems puzzling to a speaker of English, e.g., **Stell bitte die Teller auf den Tisch!** Explain that the speaker of German does not think of the obviously horizontal position of the plate, but of the rim on the bottom of the plate that positions it firmly on the table.

8-13 Wohin soll ich diese Sachen stellen, legen oder hängen?

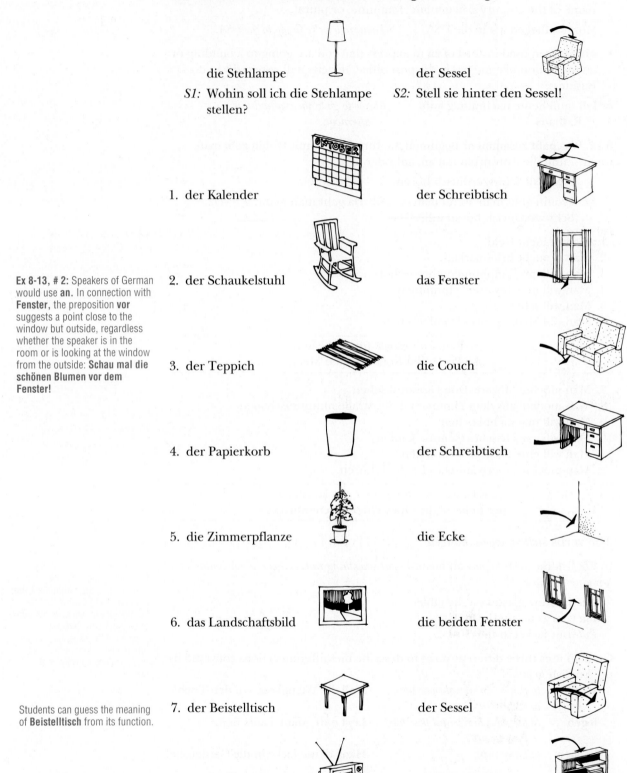

die Stehlampe

der Sessel

S1: Wohin soll ich die Stehlampe stellen?

S2: Stell sie hinter den Sessel!

1. der Kalender

der Schreibtisch

2. der Schaukelstuhl

das Fenster

Ex 8-13, # 2: Speakers of German would use **an.** In connection with **Fenster,** the preposition **vor** suggests a point close to the window but outside, regardless whether the speaker is in the room or is looking at the window from the outside: **Schau mal die schönen Blumen vor dem Fenster!**

3. der Teppich

die Couch

4. der Papierkorb

der Schreibtisch

5. die Zimmerpflanze

die Ecke

6. das Landschaftsbild

die beiden Fenster

Students can guess the meaning of **Beistelltisch** from its function.

7. der Beistelltisch

der Sessel

8. der Fernseher

das Bücherregal

The verbs *stehen, liegen, hängen*

German tends to be more exact than English when describing the position of objects:

stehen	*to be standing*	Die Weingläser **stehen** auf **dem** Tisch.
liegen	*to be lying*	Eure Mäntel **liegen** auf **dem** Bett.
hängen	*to be hanging*	Deine Jacke **hängt** in **der** Garderobe.

When these verbs are followed by one of the two-case prepositions, the object of the preposition appears in the *dative case*.

English normally uses the verb *to be* to describe the position of an object.

Your coats are *on* the bed.

Your jacket is *in* the closet.

8-14 Wo *stehen, liegen* oder *hängen* diese Sachen?

die Stehlampe   der Sessel

S1: Wo steht die Stehlampe?   *S2:* Sie steht hinter dem Sessel.

1. der Kalender   der Schreibtisch

2. der Schaukelstuhl   das Fenster

Ex 8-14, # 2: See annotation to the previous exercise.

3. der Teppich   die Couch

4. der Papierkorb   der Schreibtisch

5. die Zimmerpflanze   die Ecke

6. das Landschaftsbild   die beiden Fenster

7. der Beistelltisch   der Sessel

8. der Fernseher   das Bücherregal

● 2 Saying when something occurs

The two-case prepositions *an, in, vor,* and *zwischen* in time phrases

Phrases with the prepositions **an**, **in**, **vor**, and **zwischen** often answer the question **wann**. The objects of these prepositions are then always in the dative case. Note that in time expressions **vor** can mean *before* or *ago*.

Wann sind Sie geboren?	**When** *were you born?*
Am ersten April 1969.	**(On)** *April first 1969.*
Wann fliegst du nach Deutschland?	**When** *are you flying to Germany?*
Im September.	**In** *September.*
Wann sprichst du mit Professor Kurz?	**When** *are you going to talk to Professor Kurz?*
Vor der Vorlesung.	**Before** *the lecture.*
Wann hast du mit Monika gesprochen?	**When** *did you talk to Monika?*
Vor einer Viertelstunde.	*Fifteen minutes* **ago**.
Wann kommt Tante Esther?	**When** *is Aunt Esther coming?*
Zwischen dem ersten und dem fünften Mai.	**Between** *the first and fifth of May.*

Ex. 8-15: Point out that the choice for S1 is between **wann** and **wohin** *(where, to what place).* If S1 keeps this in mind, she/he will not have to skim the response before choosing the correct question word. Including two different question words in the exercise forces students to understand what they are saying.

8-15 *Wann* oder *wohin?*

_____ warst du in Berlin?	Vor ein__ Jahr.
S1: Wann warst du in Berlin?	*S2:* Vor einem Jahr.

1. _____ beginnt das Wintersemester? I__ Oktober.
2. _____ geht ihr nach dem Abendessen? In__ Kino.
3. _____ soll ich das Poster hängen? An__ Schwarze Brett.
4. _____ besuchst du deine Eltern? A__ Wochenende.
5. _____ hast du Lisa zum letztenmal gesehen? An ihr___ neunzehnten Geburtstag.
6. _____ soll ich mein Fahrrad stellen? Vor d__ Garage.
7. _____ hast du das Fahrrad gekauft? Vor ein__ Woche.
8. _____ gehst du auf die Post? Vor d__ Mittagessen.
9. _____ stellen wir den Schreibtisch? Zwischen d__ Tür und d__ Fenster.
10. _____ gehst du in die Bibliothek? Zwischen d__ Mathevorlesung und d__ Mittagessen.

8-16 Wo warst du vor dieser Deutschstunde? Fragen Sie Ihre Partnerin/Ihren Partner,
- wo sie/er vor dieser Deutschstunde war.
- wohin sie/er nach der Deutschstunde geht.

Berichten Sie der Klasse, was Sie herausgefunden haben.

ZWISCHENSPIEL

 ## ZUM HÖREN

Zimmersuche

Stephanie wohnt sehr gern im Studentenheim. Sie weiß aber auch, daß sie hier nie genug Zeit zum Lernen findet, und sie sucht deshalb für das Sommersemester ein Zimmer in einem Privathaus. Beim Studentenwerk hat sie eine Adresse in der Keplerstraße bekommen, und sie steht jetzt dort vor der Haustür und hat gerade geklingelt. Hören Sie was Stephanie und Frau Kuhn miteinander sprechen.

NEUE VOKABELN

vermieten	*to rent (out)*
hoch	*up*
da unten	*down there*
benutzen	*to use*
ruhig	*quiet*
stören	*to disturb*
die Kochplatte	*hot plate*

8-17 Globalverstehen. Was ist die richtige Antwort?

1. Was ist groß und hell? — die Treppe / <u>das Zimmer</u>
2. Was findet Stephanie wunderbar? — <u>den Balkon</u> / die Möbel
3. Was benutzt Frau Kuhn nicht? — die Badewanne / <u>die Dusche</u>
4. Wie viele Personen wohnen in diesem Haus? — <u>eine</u> / zwei
5. Was darf Stephanie nicht benutzen? — die Kochplatte / <u>die Küche</u>
6. Wo ist die Kochplatte? — in der Küche / <u>in dem freien Zimmer</u>
7. Nimmt Stephanie das Zimmer? — ja / <u>vielleicht</u>

8-18 Detailverstehen. Hören Sie das Gespräch noch einmal an, und schreiben Sie die Antworten zu den folgenden Fragen!

1. Warum geht Stephanie zu Frau Kuhn?
2. Warum gefällt Stephanie das Zimmer so gut?
3. Von wo schaut Stephanie in den Garten?
4. Für wen ist die Badewanne, und für wen ist die Dusche?
5. Was kostet das Zimmer, und was sagt Stephanie zu diesem Preis?
6. Warum fragt Stephanie, ob es hier auch wirklich ruhig ist?
7. Was darf Stephanie bei Frau Kuhn nicht?
8. Wie kann Stephanie hier Wasser für Kaffee oder Tee heiß machen?
9. Bis wann möchte Frau Kuhn wissen, ob Stephanie das Zimmer nimmt?

Zwischenspiel. (Characters: Stephanie, Frau Kuhn)

STEPHANIE: Guten Tag. FRAU KUHN: Guten Tag. STEPHANIE: Sind Sie Frau Kuhn? FRAU KUHN: Ja. STEPHANIE: Sie haben doch ein Zimmer zu vermieten. Ist es noch frei? FRAU KUHN: Ja, es ist noch frei. Möchten Sie es sehen? STEPHANIE: Ja, gern. FRAU KUHN: Dann kommen Sie doch bitte herein. Hier, bitte die Treppe hoch und gleich die erste Tür rechts.—Sehen Sie, das ist das Zimmer. STEPHANIE: Oh, das ist aber groß, und so schön hell, und die Möbel sind auch sehr schön. FRAU KUHN: Und hier, diese Tür hier, die geht auf den Balkon. STEPHANIE: Was? Sogar ein Balkon? Das ist ja wunderbar. Ich gehe mal hinaus, ja? FRAU KUHN: Ja, bitte. STEPHANIE: Und der Garten ist so schön da unten! FRAU KUHN: Oh, danke. Wenn es warm ist, dürfen Sie auch gern im Garten sitzen.—Darf ich Ihnen jetzt noch das Bad zeigen? STEPHANIE: Ja, gern. FRAU KUHN: Also, ich benutze nur die Badewanne, und die Dusche hier ist ganz für Sie. STEPHANIE: Toll.— Darf ich fragen, was das Zimmer kostet? FRAU KUHN: Vierhundert Mark im Monat. STEPHANIE: Vierhundert Mark, das ist viel.— Ist es hier auch wirklich ruhig? Ich muß dieses Semester sehr viel lernen. FRAU KUHN: Bei mir stört Sie niemand. Sie können hier lernen, so viel Sie wollen. Ich wohne hier ganz allein, wissen Sie. STEPHANIE: Darf ich die Küche benutzen? FRAU KUHN: Nein, das möchte ich lieber nicht. Aber Sie haben ja die Kochplatte hier im Zimmer. Da können Sie immer Wasser heiß machen, wenn Sie Kaffee oder Tee trinken wollen. STEPHANIE: Das Zimmer gefällt mir sehr, aber…. FRAU KUHN: Sie brauchen nicht gleich ja zu sagen. Ich halte das Zimmer gern bis Mittag für Sie frei. Sie müssen nur versprechen, mich bis Mittag wissen zu lassen, ob Sie es wollen oder nicht. STEPHANIE: Das verspreche ich Ihnen gern, Frau Kuhn.

8-19 Zimmer zu vermieten.

Read through the two roles with students before pair work begins. Remind students that clauses beginning with **ob** will be yes/no questions in conversation.

ROLLE 1: STUDENTIN/STUDENT

Sie wohnen im Studentenheim. Weil sie dort nicht viel Zeit zum Lernen finden und weil es oft sehr laut ist, suchen Sie ein ruhiges Zimmer in einem Privathaus. Sie haben beim Studentenwerk eine Adresse in der Hebbelstraße und die Telefonnummer 88 68 54 bekommen, und Sie rufen jetzt dort an. Sie möchten wissen,

• ob das Zimmer ruhig ist
• ob es groß, klein, hell, dunkel ist
• wie es möbliert ist
• wie weit es von der Hebbelstraße zur Uni ist
• ob Sie Küchenbenutzung haben
• bis wieviel Uhr Sie Besuch haben dürfen
• wieviel das Zimmer kostet
• …

ROLLE 2: HAUSWIRTIN/HAUSWIRT

Sie haben ein Zimmer zu vermieten und haben dem Studentenwerk Ihre Adresse und Telefonnummer gegeben. Sie wohnen in einer sehr ruhigen Straße, und Sie haben es auch selbst gern ruhig. Weil Sie letztes Jahr mit einem Mieter ziemliche Probleme hatten, möchten Sie wissen,

• wie alt die Studentin/der Student ist
• woher sie/er ist
• was sie/er studiert
• in welchem Semester sie/er ist
• was für Musik sie/er hört und wie laut
• ob sie/er viele Freunde hat
• ob sie/er raucht
• …

8-20 Mein Zimmer. Zeichnen Sie einen Plan von Ihrem Zimmer, ohne Möbel, aber mit allen Türen und Fenstern. Vergessen Sie nicht zu zeigen, wo Norden, Süden, Osten und Westen sind. Geben Sie diesen Plan Ihrer Partnerin/Ihrem Partner, und beschreiben Sie, wo Ihre Sachen stehen, liegen oder hängen. Ihre Partnerin/Ihr Partner zeichnet dann alles ein.

Ask students to communicate the location of their furniture verbally only, not by pointing.

An der Nordwand (der Südwand, der Ostwand, der Westwand)
   steht (hängt) …
Links neben…steht…
Rechts neben… steht…
Zwischen…und…steht…
…

8-21 Ich und mein Zimmer. Beschreiben Sie Ihr Zimmer! Was gefällt Ihnen dort besonders gut? Warum?

Point out that the title *Ich und mein Zimmer* and the questions **Was gefällt Ihnen dort besonders gut? Warum?** suggest a description that includes more than the location of furniture and possessions.

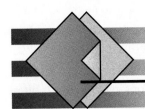

FUNKTIONEN UND FORMEN 2

● 3 Indicating possession or relationships

Be sure to point out that the genitive is the last of the four German cases.

The genitive case

The genitive case is used to express the idea of possession or the idea of belonging in a more general sense. You are already familiar with one form of the genitive.

Claudia**s** Fahrrad	*Claudia's bicycle*
Frau Meyer**s** Wagen	*Ms. Meyer's car*

In German this form of the genitive is used only with proper names. Note that the ending **-s** is not preceded by an apostrophe.

For nouns other than proper names a different form of the genitive must be used. Note that this form of the genitive follows the noun it modifies.

der Wagen **des** Lehrers	*the teacher's car*
das Fahrrad mein**er** Schwester	*my sister's bicycle*
der IQ dies**es** Kindes	*this child's IQ*
die Freunde mein**er** Kinder	*my children's friends*

English generally uses the possessive *'s* only for persons and shows that things belong together with the preposition *of.* German uses the genitive for persons and things.

das Dach dies**es** Haus**es**	the roof **of** this house
die Fenster unser**er** Küche	the windows **of** our kitchen

Point out that the chart shows the whole German case system.

	MASCULINE	NEUTER	FEMININE	PLURAL
NOMINATIVE	der mein } Vater	das mein } Kind	die meine } Mutter	die meine } Kinder
ACCUSATIVE	den meinen } Vater	das mein } Kind	die meine } Mutter	die meine } Kinder
DATIVE	dem meinem } Vater	dem meinem } Kind	der meiner } Mutter	den meinen } Kindern
genitive	**des** **meines** } Vaters	**des** **meines** } Kindes	**der** **meiner** } Mutter	**der** **meiner** } Kinder

Most one-syllable masculine and neuter nouns add **-es** in the genitive singular. Masculine and neuter nouns with more than one syllable add **-s** in the genitive singular. Feminine nouns and the plural forms of all nouns have no genitive ending.

The genitive form of the interrogative pronoun **wer** is **wessen.**

Have students give the accusative and dative forms of **wer**.

Wessen Jacke ist das? *Whose jacket is that?*

> **Sprachnotiz:** Expressing possession or belonging together in colloquial German

In colloquial German the idea of possession or of belonging together is often expressed by **von** with a dative object instead of the genitive case.

Ist das der neue Wagen **von** dein**em** Bruder?	=	Ist das der neue Wagen deines Bruders?
Herr Koch ist ein Kollege **von** mein**em** Vater.	=	Herr Koch ist ein Kollege meines Vaters.

8-22 Wessen Handschuhe sind das?

Handschuhe (pl) Monika__

S1: Wessen Handschuhe sind das? *S2:* Das sind Monikas Handschuhe.

Frau María Moser
Mariahilferstr. 52
A- 1070 Wien

1. mein__ Tante in Österreich

2. Manfred__

3. mein__ Bruder__

Michael
Tel: 782 7778

4. Michael__

Bücher (pl) / Adresse (f) / Telefonnummer (f) / Fahrrad (n)

5. unser__ Professor__

6. Brigitte__

7. mein__ Onkel__

8. mein__ Eltern

Schal (m) / Wagen (m) / Brille (f) / Koffer (pl)

8-23 Das Familienalbum. Sie sind Frau Kuhn und Ihre Partnerin/Ihr Partner ist Frau Stolz. Zeigen Sie Frau Stolz Ihr Familienalbum.

mein Großvater   der Vater Ihr__ Mutter?
mein__ Vater__

FRAU KUHN: Das ist mein Großvater.   FRAU STOLZ: Der Vater Ihrer Mutter?
Nein, der Vater meines
Vaters.

1. meine Tante   die Schwester Ihr__ Vater_?
   mein__ Mutter

2. mein Neffe   der Sohn Ihr__ Schwester?
   mein__ Bruder__

3. mein Onkel   der Bruder Ihr__ Mutter?
   mein__ Vater__

4. meine Nichte   die Tochter Ihr__ Bruder__?
   mein__ Schwester

5. meine Enkelkinder   die Kinder Ihr__ Tochter?
   mein__ Sohn__

8-24 Beruf und Wohnung. Erzählen Sie Ihren Mitstudenten, was zwei oder drei von Ihren Verwandten oder Bekannten tun und wie sie wohnen.

Die Schwester meines Vaters ist Krankenschwester und wohnt in einem Einfamilienhaus.

Der Bruder meiner Freundin ist Student und wohnt im Studentenheim.

Give students a few minutes to think about the occupations and living accommodation of relatives and acquaintances. As the examples show, they must use the genitive to describe whom they are talking about.

N-nouns

N-nouns are a group of masculine nouns that take the ending **-n** or **-en** in all cases except the nominative singular. The following chart shows an n-noun in all four cases.

	SINGULAR		PLURAL	
NOMINATIVE	der	Student	die	Studenten
ACCUSATIVE	den	Studenten	die	Studenten
DATIVE	dem	Studenten	den	Studenten
GENITIVE	des	Studenten	der	Studenten

Most dictionaries show the nominative singular of a noun followed by the changes (if any) that occur in the genitive singular and in the plural:

NOMINATIVE SINGULAR	GENITIVE SINGULAR	PLURAL
der Mann	-es	⁼er
die Frau	-	-en

This convention clearly identifies **n**-nouns:

der Student	-en	-en
der Kunde	-n	-n

Some common **n**-nouns:

der Affe, -n, -n	**der Kunde,** -n, -n
der Bär, -en, -en	**der Mensch,** -en, -en
der Elefant, -en, -en	**der Nachbar,** -n, -n
der Hase, -n, -n	**der Patient,** -en, -en
der Athlet, -en, -en	**der Pilot,** -en, -en
der Herr, -n, -en	**der Polizist,** -en, -en
der Junge, -n -n	**der Präsident,** -en, -en
der Kollege, -n, -n	**der Tourist,** -en, -en

Note that the singular forms of **Herr** end in **-n** (except for the nominative). The plural forms end in **-en**.

8-25 *Student* oder *Studenten?*

1. Wo wohnt dieser _____?

2. Kennen Sie diesen _____?

3. Was wissen Sie von diesem _____?

4. Ich glaube, dieser _____ kommt aus den USA.

5. Das Deutsch dieses _____ ist sehr gut.

6. Das Deutsch der _____ aus den USA ist meistens sehr gut.

8-26 Was paßt wo?

The nouns given are in random order so that students must understand what they are saying.

Studienkollege / Herr

Woher kennen Sie _____ Vogel?   Er war ein _____ von mir.

S1: Woher kennen Sie Herrn   *S2:* Er war ein Studienkollege von mir.
Vogel?

1. Junge / Nachbar
   Wie viele Kinder haben Ihre _____?   Zwei Mädchen und einen _____.

2. Affe / Junge / Elefant
   Wie war's im Zoo, mein _____?   Echt toll! Ich habe viele _____ und
   einen großen grauen _____ gesehen.

3. Junge / Pilot
   Wie sind die beiden _____ denn ins   Ihr Vater ist ein Freund des _____.
   Cockpit gekommen?

4. Affe / Mensch / Affe
   Hat Darwin wirklich gesagt, daß   Nein, er hat gesagt, daß die _____
   der _____ vom _____ abstammt?   unsere nächsten Verwandten sind.

8-27 Was ist das? Bevor Sie herausfinden können, was diese Zeichnungen
zeigen, müssen Sie wissen,

Ex. 8-27: In German this type of humorous puzzle is called a **Prudel** (*m* or *n*). The exercise practices the genitive with regular nouns as well as **n**-nouns.

- daß ein Elefant keine Nase hat, sondern einen Rüssel,
- daß ein Bär keine Füße hat, sondern Pfoten,
- und daß ein Kamel zwei Höcker auf dem Rücken hat.

die Ohren / ein Hase
Das sind die Ohren eines Hasen.

1.

2.

3.

4.

| das Dach / ein Haus | der Henkel / eine Tasse |
| der Rüssel / ein Elefant | die Pfoten / ein Bär |

5.

6.

7.

8.

| der Hals / eine Giraffe | der Bizeps / ein Athlet |
| der Hals / eine Flasche | die Höcker / ein Kamel |

● 4 Expressing cause, opposition, alternatives, and simultaneity

Point out that in colloquial German these four prepositions tend to take the dative case. You might show the difference in the following examples: Newspaper report: **Wegen des Schneesturms waren gestern keine Vorlesungen. Colloquial German: Bist du wegen dem Schneesturm zu Hause geblieben?**

Genitive prepositions

The following prepositions are used in more formal German. They take an object in the genitive case.

wegen	*because of*	**Wegen des Schneesturms** waren gestern keine Vorlesungen.
trotz	*in spite of*	Lisa ist **trotz des Schneesturms** in die Bibliothek gegangen.
statt	*instead of*	Sie hat aber **statt einer Jacke** einen dicken Wintermantel angezogen.
während	*during*	Lisa hat **während des ganzen Sturms** in der Bibliothek gesessen.

8-28 *Wegen, trotz, statt* **oder** *während?* Ergänzen Sie auch die Genitivendungen!

_____ mein__ schlechten Zensuren.

S1: Warum mußt du denn so viel lernen?

S2: Wegen meiner schlechten Zensuren.

1. Warum rufst du Bernd nicht an?

Weil er _____ d__ Tag__ nicht zu Hause ist.

2. Warum war Eva heute nicht in der Vorlesung?

Weil sie _____ ein__ schweren Erkältung im Bett bleiben mußte.

3. Warum ist Laura im Krankenhaus?

Weil sie _____ ihr__ Erkältung schwimmen gegangen ist.

4. Fährt Ralf immer noch seinen alten VW?

Nein, er hat jetzt ein Motorrad _____ ein__ Wagen__.

5. Warum spielst du dienstags nie mit uns Tennis?

Weil ich _____ d__ Woche zu viel zu tun habe.

6. Möchtest du auch einen Teller Suppe?

Nein, ich nehme lieber Salat _____ d__ Suppe.

7. Warum kaufst du deine Milch nie in Tetrapacks?

_____ d__ Umwelt.

8. Warum seid ihr denn so naß?

Weil wir _____ d__ Regen__ zu Fuß zur Uni gegangen sind.

● 5 Describing people, places, and things

Students may ask why unpreceded adjectives are not discussed in connection with the genitive case. Point out that these are so rare that they need not be introduced.

Genitive endings of preceded adjectives

Adjectives that are preceded by a **der**-word or an **ein**-word in the genitive case always take the ending **-en**.

	MASCULINE	NEUTER	FEMININE	PLURAL
GEN.	des eines } jung**en** Mannes	des eines } klein**en** Kindes	der einer } jung**en** Frau	der meiner } klein**en** Kinder

8-29 Was ist das?

die Klapper einer nordamerikanisch__ Klapperschlange
Das ist die Klapper einer nordamerikanischen Klapperschlange.

Ex 8-29: Have students repeat after you the names of the animals in the nominative case: **das Känguruh, der Elefant, die Katze, der Waschbär, der Tiger, der Wasserbüffel.** Ask which two nouns are **n**-nouns. The drawing will give students the meaning of **Schwanz.**

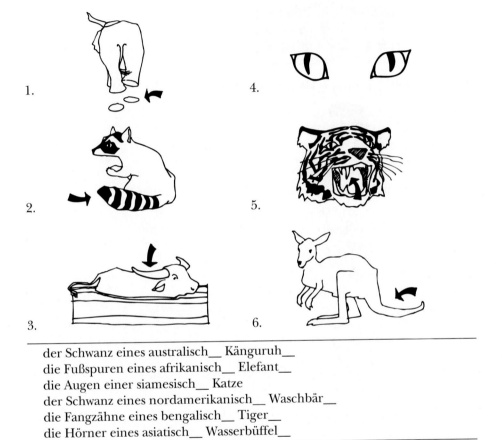

der Schwanz eines australisch__ Känguruh__
die Fußspuren eines afrikanisch__ Elefant__
die Augen einer siamesisch__ Katze
der Schwanz eines nordamerikanisch__ Waschbär__
die Fangzähne eines bengalisch__ Tiger__
die Hörner eines asiatisch__ Wasserbüffel__

● 6   A review of adjective endings

Adjectives preceded by der-words

Adjectives preceded by **der**-words (such as **der, dieser, jeder, welcher**) take one
of two endings: **-e** or **-en**.

	MASCULINE	NEUTER	FEMININE	PLURAL
NOMINATIVE	der junge Mann	das kleine Kind	die junge Frau	die kleinen Kinder
ACCUSATIVE	den jungen Mann	das kleine Kind	die junge Frau	die kleinen Kinder
DATIVE	dem jungen Mann	dem kleinen Kind	der jungen Frau	den kleinen Kindern
GENITIVE	des jungen Mannes	des kleinen Kindes	der jungen Frau	der kleinen Kinder

Ex. 8-30: Point out that the drawings depict the subjects of the sentences and that they show whether these subjects are singular or plural. Ask which of these subjects will follow adjectives with the ending **-e** and which with the ending **-en?** Point out that there are no accusative objects in these sentences. Ask what the endings of all other adjectives will be.

8-30 Die reichen Müllers. Ergänzen Sie die Adjektivendungen!

1. Dieser reich__, alt__ Mann heißt Müller.

2. Dieses groß__, protzig__ Haus gehört dem reich__, alt__ Müller.

3. Das ist die einzig__ Tochter dieses reich__, alt__ Mannes.

4. Diese beid__ weiß__ Pudel gehören der einzig__ Tochter des reich__, alt__ Müller.

5. Das ist der klein__ Sohn der einzig__ Tochter dieses reich__, alt__ Mannes.

6. Diese beid__ süß__ Hamster gehören dem klein__ Sohn der einzig__ Tochter des reich__, alt__ Müller.

7. Das ist der schön__, neu__ Käfig der beid__ süß__ Hamster des klein__ Sohnes der einzig__ Tochter dieses reich__, alt__ Mannes.

8-31 Was?! Du kennst die reichen Müllers nicht? Ergänzen Sie die Adjektivendungen!

Ex. 8-31: This exercise practices adjective endings after **der**-words in all four cases. In most cases it is not the adjective endings that give students difficulties, it is the concept of case itself.

1. *S1:* Kennst du den alt__ Mann dort? *S2:* Welchen alt__ Mann?
   Den alt__ Mann mit der groß__ Nase und der dick__ Zigarre. Ja klar, das ist doch der reich__, alt__ Müller.

2. Wem gehört denn das groß__ Haus dort? Welches groß__ Haus?
   Das groß__ Haus mit der protzig__ Fassade. Das gehört dem reich__, alt__ Müller.

3. Wer ist denn die jung__ Frau dort? Welche jung__ Frau?
   Die jung__ Frau mit der lang__ Nase und den kurz__ Haaren. Ja klar, das ist doch die einzig__ Tochter des reich__ alt__ Müller.

4. Wem gehören denn die beid__ weiß__ Pudel dort? Welche beid__ Pudel?
   Die beid__ weiß__ Pudel vor dem groß__ Haus mit der protzig__ Fassade. Das sind die beid__ Pudel der einzig__ Tochter des reich__, alt__ Müller.

Adjectives preceded by *ein*-words

Adjectives preceded by **ein**-words without endings take the endings of the corresponding **der**-words.

Review all **ein**-words with students.

	MASCULINE	NEUTER
NOM.	ein jung**er** Mann	ein klein**es** Kind
ACC.		ein klein**es** Kind

All other adjectives after **ein**-words are identical to those after **der**-words.

	MASCULINE	NEUTER	FEMININE	PLURAL
NOM.	ein junger Mann	ein kleines Kind	eine junge Frau	meine kleinen Kinder
ACC.	einen jungen Mann	ein kleines Kind	eine junge Frau	meine kleinen Kinder
DAT.	einem jungen Mann	einem kleinen Kind	einer jungen Frau	meinen kleinen Kindern
GEN.	eines jungen Mannes	eines kleinen Kindes	einer jungen Frau	meiner kleinen Kinder

8-32 Lieschen Maiers Hund. Ergänzen Sie!

Ex. 8-32, 8-33, 8-34: The exercises are about a **Hund** *(m)*, **Katze** *(f)*, and **Krokodil** *(n)* respectively, and each exercise practices adjective endings after **ein**-words.

Es ist ein sehr … Hund, *Es* ist eine sehr … Katze: In spite of what students have learned about replacing nouns with pronouns, **es** is correct in this context.

Lieschen Maier hat einen klein__, weiß__ Hund. Es ist ein sehr schön__, weiß__ Hund, und Lieschen liebt ihn sehr.

Wegen ihres klein__, weiß__ Hundes steht Lieschen jeden Morgen schon um sieben auf. Sie gibt ihm eine klein__ Dose Hundefutter und geht dann in die Schule. Wenn Lieschen nach der Schule mit ihrem klein__, weiß__ Hund im Park spazierengeht, hat sie ihn immer an einer lang__ Leine. Und in Lieschens Schlafzimmer steht neben ihrem eigen__ Bett das Bettchen ihres klein__, weiß__ Hundes.

8-33 Fritzchen Müllers Katze

Fritzchen Müller hat eine groß__, schwarz__ Katze. Es ist eine sehr schön__, schwarz__ Katze, und Fritzchen liebt sie sehr.

Wegen seiner groß__, schwarz__ Katze steht Fritzchen jeden Morgen schon um sieben auf. Er gibt ihr eine groß__ Dose Katzenfutter und geht dann in die Schule. Wenn Fritzchen nach der Schule mit seiner groß__, schwarz__ Katze im Park spazierengeht, hat er sie immer an einer lang__ Leine. Und in Fritzchens Schlafzimmer steht neben seinem eigen__ Bett das Bettchen seiner groß__, schwarz__ Katze.

8-34 Unser Krokodil

Wir haben ein riesig__, grün__ Krokodil. Es ist ein sehr schön__, grün__ Krokodil, und wir lieben es sehr.

Wegen unseres riesig__, grün__ Krokodils stehen wir jeden Morgen schon um sieben auf. Wir geben ihm eine riesig__ Dose Krokodilfutter und gehen dann in die Schule. Wenn wir nach der Schule mit unserem riesig__, grün__ Krokodil im Park spazierengehen, haben wir es immer an einer lang__ Leine. Und in unserem Schlafzimmer steht neben unserem eigen__ Bett das Bettchen unseres riesig__, grün__ Krokodils.

Ex. 8-35: In this activity all the items of food and drink are in the accusative case. Elicit from students the adjective endings after **einen, ein,** and **eine.** Have students repeat any new words, e.g., **Schwarzwälder Kirschtorte.** Give students a few minutes to think about their choices.

8-35 Auf was hast du Lust? Beschreiben Sie mit ein oder zwei passenden Adjektiven, auf was Sie Lust haben!

LISA: Auf was hast du Lust, David?

DAVID: Ich habe Lust auf einen großen, saftigen Apfel.

DAVID: Und du, Tanja, auf was hast du Lust?

TANJA: Ich habe Lust auf ein riesiges Glas Orangensaft.

TANJA: Und du, …

groß / riesig / eiskalt / heiß / superlang / saftig /…

ZUM TRINKEN	ZUM ESSEN	ZUM NACHTISCH
ein _____ Glas Orangensaft	einen _____ Teller Spaghetti	eine _____ Tafel Schokolade
ein _____ Glas Mineralwasser	eine _____ Portion Pommes frites	einen _____ Becher Fruchtjoghurt
eine _____ Cola	einen _____ Hamburger	einen _____ Becher Schokoladeneis
ein _____ Bier	ein _____ Steak	ein _____ Stück Apfelkuchen
…	ein _____ Schnitzel	ein _____ Stück Schwarzwälder Kirschtorte
	ein _____ Stück Pizza	einen _____ Becher Softeis
	…	…

Unpreceded adjectives

Adjectives that are not preceded by a **der**-word or an **ein**-word take **der**-word endings. In modern German, unpreceded adjectives appear so rarely in the genitive case that they are not listed here.

	MASCULINE	NEUTER	FEMININE	PLURAL
NOMINATIVE	guter Kaffee	gutes Bier	gute Salami	gute Äpfel
ACCUSATIVE	guten Kaffee	gutes Bier	gute Salami	gute Äpfel
DATIVE	gutem Kaffee	gutem Bier	guter Salami	guten Äpfeln

8-36 Essen und Trinken. Ohne **der**-Wörter oder **ein**-Wörter, bitte!

Dieser französische Käse ist sehr gut.
Französischer Käse ist sehr gut.

1. Mögen Sie **dieses** deutsche Bier?
2. Mit **einer** echten italienischen Peperoni schmeckt die Pizza viel besser.
3. So **eine** gute Leberwurst habe ich noch nie gegessen.
4. Möchten Sie **den** kalifornischen Wein oder **den** französischen?
5. Mit **einem** trockenen Wein schmeckt **dieser** französische Camembert besonders gut.
6. **Diese** spanischen Mandarinen sind sehr süß.

Ex. 8-36: By omitting the demonstrative **dies-**, the statements become more general. Omitting the definite and indefinite articles in these examples does not change the meaning.

8-37 Internationaler Geschmack. Erzählen Sie einander, was für ausländische Produkte Sie besonders gern haben.

amerikanisch
deutsch
französisch
italienisch
japanisch
kanadisch
polnisch
russisch
schweizerisch
...

Bier (n)
Wein (m)
Brot (n)
Käse (m)
Wurst (f)
Autos (pl)
Motorräder (pl)
Filme (pl)
Literatur (f)
...

1. Ich trinke gern...
2. Ich esse gern...
3. Ich fahre gern...
4. Ich sehe gern...
5. Ich lese gern...

This works best as a class activity. Have students repeat the adjectives referring to the countries (**schweizerisch** causes problems for some students) and give students a few minutes to think about their choices. Expect full sentence responses.

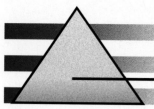

ZUSAMMENSCHAU

Zusammenschau. (Characters: Stephanie, Claudia)

STEPHANIE: Was ist denn los? Du bist ja ganz aufgeregt. CLAUDIA: Ich habe zwei Zimmer, eins für dich und eins für mich! STEPHANIE: Wirklich? CLAUDIA: Ja, und ganz in der Nähe der Uni, in einer WG. STEPHANIE: In einer WG? Du bist ja verrückt. CLAUDIA: Warum denn? Was hast du gegen WGs? STEPHANIE: Ich finde, daß man in einer WG auch nicht besser lernen kann als im Studentenheim. CLAUDIA: Also, meiner Meinung nach kann ich dort sehr gut lernen. Ich habe da mein eigenes Zimmer, und…. STEPHANIE: Und wenn du lernen willst, denkst du, dann machst du einfach die Tür zu. CLAUDIA: Ja. Und denk mal, wir haben dort eine große Küche mit Herd und Kühlschrank, und im Flur steht sogar eine Waschmaschine. Und für all das bezahlen wir nur 200 Mark im Monat. Ist das nicht toll? STEPHANIE: Ja, sicher. Aber ich glaube, ich nehme doch lieber das Zimmer. CLAUDIA: Das Zimmer? Von was für ein Zimmer sprichst du denn? STEPHANIE: Von einem Zimmer in einem Privathaus in der Keplerstraße. Ich muß noch heute abend dort anrufen und sagen, ob ich es nehme oder nicht. CLAUDIA: Was zahlst du dort? STEPHANIE: Vierhundert Mark. CLAUDIA: Hast du Küchenbenutzung? STEPHANIE: Nein, das habe ich leider nicht. CLAUDIA: Und da willst du einziehen?! STEPHANIE: Ich denke, ja. CLAUDIA: Also, meiner Meinung nach sind vierhundert Mark viel zu teuer für ein Zimmer ohne Küchenbenutzung! STEPHANIE: Es ist teuer, das finde ich auch. Aber es ist sehr ruhig dort, und ich kann nicht riskieren, daß ich in Amerika das ganze Jahr wiederholen muß! CLAUDIA: Nein, das kannst du nicht, da hast du recht. Aber vierhundert Mark und keine Küchenbenutzung! Da kommst du doch lieber zu uns. STEPHANIE: Wie viele seid ihr denn? CLAUDIA: Mit dir nur fünf. STEPHANIE: Nur fünf. Ja, das geht ja noch. Wer sind denn die anderen drei? CLAUDIA: Na, da ist erst mal Bernd…. STEPHANIE: Bernd Neuner, der ist in Ordnung. CLAUDIA: Siehst du! Und dann sind da noch Monika und Stefan. STEPHANIE: Monika und Stefan?! Du bist verrückt! CLAUDIA: Warum denn? STEPHANIE: Du weißt doch, daß die beiden nichts als Partys im Kopf haben! CLAUDIA: Ich weiß auch, daß sie ihr Studium dieses Semester viel ernster nehmen wollen. STEPHANIE: Wollen, ja. Aber glaubst du, daß sie es auch tun? CLAUDIA: Ich denke, ja. Wenn du und Bernd und ich viel lernen, dann können sie ja gar nicht anders, oder? STEPHANIE: Ich weiß nicht. Aber vielleicht hast du recht. CLAUDIA: Also, kommst du? STEPHANIE: Ich weiß nicht, Claudia. Ich muß es mir erst mal richtig gut überlegen.

ZUM HÖREN

Privathaus oder WG?

Stephanie sucht für das Sommersemester ein Zimmer in einem Privathaus. Bernd Neuner und zwei andere Studenten aus dem Studentenheim haben eine große Wohnung gemietet, und sie möchten, daß Claudia und Stephanie zwei von den fünf Zimmern nehmen. Claudia ist sehr interessiert, und als Stephanie zurückkommt, spricht sie mit ihr über diese Möglichkeit.

Hören Sie was Stephanie und Claudia miteinander sprechen.

NEUE VOKABELN

aufgeregt	*excited*
in der Nähe der Uni	*near the university*
meiner Meinung nach	*in my opinion*
ernst	*serious*
sich etwas überlegen	*to think about something*

8-38 Globalverstehen. In welcher Reihenfolge hören Sie die folgenden Aussagen und Fragen?

6 Bernd Neuner, der ist in Ordnung.

4 Das Zimmer? Von was für einem Zimmer sprichst du denn?

8 Also, kommst du?

7 Ich weiß auch, daß sie ihr Studium dieses Semester viel ernster nehmen wollen.

3 Und wenn du lernen willst, denkst du, machst du einfach die Tür zu.

5 Also, meiner Meinung nach sind vierhundert Mark viel zu teuer für ein Zimmer ohne Küchenbenutzung!

2 Also, meiner Meinung nach kann ich dort sehr gut lernen.

1 Ja, und ganz in der Nähe der Uni, in einer WG.

8-39 Detailverstehen.

1. Warum ist Claudia so aufgeregt?
2. Was hat Stephanie gegen WGs?
3. Was findet Claudia in der WG so toll?
4. Warum muß Stephanie heute abend in der Keplerstraße anrufen?
5. Wie heißen die drei anderen Studenten, die in der WG wohnen werden?
6. Mit welchen zwei möchte Stephanie lieber nicht mehr zusammen sein, und warum nicht?
7. Warum denkt Claudia, daß Monika und Stefan kein Problem mehr sein werden?
8. Was will Stephanie tun, bevor sie sagt, ob sie das Zimmer in der WG nimmt oder nicht?

8-40 Eine kleine Diskussion. Diskutieren Sie in kleinen Gruppen die Vorteile und Nachteile der verschiedenen Wohnmöglichkeiten.

This activity will be more successful if exercise 8-41 is assigned beforehand. New words: **Vorteil, Nachteil.**

WOHNMÖGLICHKEIT	STUDENTENHEIM	WG	WOHNUNG	ZIMMER	BEI DEN ELTERN
VORTEILE	———	———	———	———	———
	———	———	———	———	———
NACHTEILE	———	———	———	———	———
	———	———	———	———	———
	———	———	———	———	———

8-41 Vorteile und Nachteile meiner Unterkunft. Wie und wo wohnen Sie? Was finden Sie dort gut und nicht so gut?

8-42 Aus der Zeitung. Berlin hat drei Universitäten: die Humboldt-Universität in der Stadtmitte, die Freie Universität in Zehlendorf und die Technische Universität in Charlottenburg. Finden Sie diese Berliner Bezirke auf der Karte, und suchen Sie dann in den Anzeigen die beste Wohnmöglichkeit für die folgenden drei Studenten. Arbeiten Sie mit einer Partnerin/einem Partner.

Have each student pair find appropriate accommodation for only one of the three students. Be sure that they look at the map before they read the ads.

Biete Wohnung in Friedrichshain, 38 qm, 1 Zimmer und Küche, AWC, kein Bad, Gasheizung, DM 250,- kalt. Chiffre 11/236

Zimmer (20 qm) in FU-Nähe, Tel., Kabel, Garten, eig. WC, bei F (35) + K (7) + Katze. 500,- warm.

1 Zimmer Prenzl.Berg, 30 qm, Kü-Bad-Benutzung, hell u. ruhig, nur DM 150,- Aber: suche Amerikaner/in, von der/dem ich die Sprache aktiv lernen kann. Anna 279 20 43

WG in Wilmersdorf 3 Stud.(1 F, 2 M) + 1 K (2 J.) sucht nette Studentin für helles Zi., 12 qm, 450,- warm. Chiffre 11/377

F (30) ernst, depressiv, bietet ruhiger Studentin gr. Zimmer (ca. 20 qm), hell, m. Balkon, Kü-Benutz., Nähe TU, 400.- DM warm. Chiffre 11/79

WG Charlottenbg 4 nette TU-Stud. (2 F, 2 M) bieten Student/in kl, aber schönes Zi. + Benutzung von groß. gemeinschaftl. Arbeitsraum. DM 450.- warm. Tel. 788 34 09

BERLINER BEZIRKE

Reinickendorf 253.641 E.
Pankow 106.615 E.
Weißensee 51.746 E.
Hohenschönhausen 119.549 E.
Marzahn 164.907 E.
Spandau 218.896 E.
Wedding 167.095 E.
Tiergarten 95.539 E.
Prenzlauer Berg 145.082 E.
Charlottenburg 183.989 E.
Mitte 81.988 E.
Friedrichshain 105.781 E.
Hellersdorf 133.091 E.
Wilmersdorf 145.502 E.
Kreuzberg 156.178 E.
Lichtenberg 166.412 E.
Schöneberg 155.966 E.
Treptow 105.154 E.
Zehlendorf 99.503 E.
Steglitz 189.418 E.
Tempelhof 189.604 E.
Neukölln 312.977 E.
Köpenick 108.258 E.

1. Studentin an der Freien Universität, mag Kinder und Garten, aber ist allergisch gegen Katzen. Preis bis DM 500,- warm.
2. Amerikanischer Student an der Humboldt-Universität, muß sehr viel lernen, weil er gute Zensuren braucht, hat nicht viel Geld, kann aber auch mit wenig Luxus leben.
3. Architekturstudentin an der Technischen Universität, Individualistin, braucht großes, helles Zimmer. Preis maximal DM 450.- warm.

You might bring to class some pictures of Bauhaus art and design, e.g., paintings by Kandinsky, Klee, Feininger, etc. and some examples of the tea services, chairs, and lamps produced by Bauhaus designers.

LEUTE

Walter Gropius und das Bauhaus

Im Jahr 1919 gründet[1] der Architekt Walter Gropius in Weimar das Bauhaus, eine Institution, wo Künstler, Architekten, Handwerksmeister und Studenten zusammen leben und lernen und zusammen versuchen, für eine industrialisierte Welt neue Formen zu finden. Auf dem Lehrplan stehen Malerei, Skulptur, Architektur, Theater, Fotografie und das Design von Handwerks- und Industrieprodukten. Auf der großen Bauhaus-Ausstellung[2] von 1923 charakterisiert Gropius die Bauhaus-Idee mit den folgenden Worten: Kunst und Technik eine neue Einheit.[3]

1925 zieht das Bauhaus von Weimar nach Dessau in ein Gebäude, das Gropius selbst entworfen[4] hat: das berühmte[5] Dessauer Bauhaus. Dieses Gebäude mit seiner Stahl- und Glasfassade ist zur Ikone der Architektur des 20. Jahrhunderts geworden. Schon 1933 kommt mit Adolf Hitler das Ende des Bauhauses, und Gropius' Ideen, die für Hitlers extremen Nationalismus viel zu international sind, müssen sich in anderen Ländern eine neue Heimat suchen. Von 1934 ab arbeitet Gropius als Architekt und Designer in England, und 1937 emigriert er in die USA und wird dort an der Harvard Universität *Chairman* des *Department of Architecture*. Seine größten Projekte in den USA sind das Harvard Graduate Center, das Pan Am Building in New York und das John F. Kennedy Federal Building in Boston.

Das Bauhaus in Dessau

Walter Gropius

Der enorme Einfluß[6] des Bauhauses auf nordamerikanische Architekten und Designers geht aber nicht nur auf Walter Gropius zurück, denn auch viele andere Bauhauslehrer und -schüler verlassen damals Hitler-Deutschland und finden in den USA eine neue Heimat: László Moholy-Nagy gründet 1937 das New Bauhaus in Chicago, Josef Albers lehrt am Black Mountain College in North Carolina und später in Yale, und Ludwig Mies van der Rohe am Institute of Technology in Illinois.

Das Ziel des Pädagogen Walter Gropius war die Entwicklung[7] der individuellen Kreativität seiner Studenten, und nicht die Entwicklung eines uniformen Stils, den alle imitieren mußten. Trotzdem spricht man heute oft vom Bauhausstil, und man meint damit alles – von Tassen, Teekannen, Möbeln und Lampen bis zum größten Gebäude –, was durch klare geometrische Linien funktionalistisch und modern zu sein scheint.[8]

[1]founds   [2]exhibition   [3]A new unity of art and technology   [4]designed   [5]famous
[6]influence   [7]development   [8]seems

8-43 Was sind die richtigen Antworten? Sie hören fünf Fragen zu Walter Gropius und das Bauhaus. Haken Sie die richtigen Antworten ab!

1. _____ Industrie und Technik.
   ✓ Kunst und Technik.
2. ✓ Für Adolf Hitler.
   _____ Für Walter Gropius.
3. _____ In Amerika.
   ✓ In England.
4. _____ Die Entwicklung eines uniformen Stils.
   ✓ Die Entwicklung der individuellen Kreativität.
5. ✓ Alles, was klare geometrische Linien hat und funktionalistisch und modern aussieht.
   _____ Tassen, Teekannen, Möbel, Lampen und große Gebäude.

Questions: 1. Was versucht Walter Gropius im Bauhausstil zusammenzubringen? 2. Für wen ist die Bauhaus-Idee viel zu international? 3. In welchem Land arbeitet Walter Gropius von 1934 bis 1937? 4. Was war das pädagogische Ziel von Walter Gropius? 5. Was meint man, wenn man heutzutage vom Bauhausstil spricht?

Wörter im Kontext 2

Nomen

die Ausstellung, -en	exhibition
die Kunst	art
die Landschaft, -en	landscape
die Malerei	painting (as an activity)
die Eigentumswohnung, -en	condominium
das Einfamilienhaus, ̈er	single family dwelling
das Gebäude, -	building
der Hauswirt, -e	landlord
die Hauswirtin, -nen	landlady
die Heimat	home (country)
die Küchenbenutzung	kitchen privileges
die Mensa	university cafeteria (for full meals)
der Mieter, -	tenant
der Nachbar, -n, -n	neighbor
die Wohngemeinschaft, -en	shared housing
die WG, -s	shared housing
die Polizei	police
der Polizist, -en, -en	police officer
die Polizistin, -nen	police officer
die Post	post office; mail
das Rathaus, ̈er	city hall
der Wochenmarkt, ̈e	open air market
die Aktentasche, -n	briefcase
der/die Bekannte, -n	acquaintance
die Brille, -n	(eye) glasses
der Einfluß, Einflüsse	influence
die Entwicklung, -en	development
der Nachteil, -e	disadvantage
der Vorteil, -e	advantage

Point out the similarity between **Aktentasche** and *briefcase*: **Akten** and *briefs* = documents, **Tasche** = bag.

Stress that **Brille** is used in the plural only when it refers to more than one pair.

Verben

benutzen	to use
klingeln	to ring
scheinen, hat geschienen	to seem
stören	to disturb
sich (etwas) überlegen	to think (something) over
vermieten	to rent out
versuchen	to try

Andere Wörter

aufgeregt	excited
berühmt	famous
enorm	enormous
ernst	serious
extrem	extreme
protzig	swanky, showy
reich	rich
ruhig	calm, quiet
schwierig	difficult
an	at; to (*the side of*); on (*a vertical surface*)
auf	to; on (*a horizontal surface*)
hinter	behind
in	in, into; to
neben	beside, next to
über	over, above
unter	under, below
vor	in front of; before; ago
zwischen	between
statt	instead of
trotz	in spite of
während	during
wegen	because of

Ausdrücke

das Schwarze Brett	bulletin board
Ich habe Lust auf einen Apfel.	I feel like having an apple.
meiner Meinung nach	in my opinion
in der Nähe der Uni	near the university
eine Tafel Schokolade	a chocolate bar

Leicht zu verstehen

die Funktion, -en
der Hamburger, -
das Hotdog, -s
der Karton, -s
die Kreativität
die Literatur
das Orchester
der Patient, -en, -en
das Poster, -
der Sturm, ̈e
die Symphonie, -n

8-44 Definitionen. Was paßt zusammen?

1. Eine Eigentumswohnung ist eine Wohnung,

   die zusammen eine Wohnung mieten.

2. Eine Wohngemeinschaft sind ein paar Studenten,

   wo ich geboren bin oder wo ich mich am meisten zu Hause fühle.

3. Ein protziges Haus ist ein Haus,

   die man nicht mietet, sondern kauft.

4. Meine Heimat ist das Land, die Stadt oder der Ort,

   das sehr teuer aussieht, aber nicht sehr schön ist.

8-45 Leute. Was paßt zusammen?

1. Meine Nachbarn sind die Leute,

   der nicht viel spricht.

2. Meine Bekannten sind alle Leute,

   der viele schöne Gebäude gebaut hat.

3. Ein ruhiger Mensch ist ein Mensch,

   die im Haus, in der Wohnung oder im Zimmer neben mir wohnen.

4. Eine Hauswirtin ist eine Frau,

   die ich gut kenne und trotzdem nicht zu meinen Freunden zähle.

5. Ein Patient ist ein Mensch,

   die in ihrer Wohnung oder in ihrem Haus Zimmer vermietet.

6. Ein berühmter Architekt ist ein Architekt,

   der sich krank fühlt und deshalb beim Arzt oder sogar im Krankenhaus ist.

8-46 Was sind die richtigen Antworten?

1. Warum gehst du auf den Wochenmarkt?

   Weil ich Briefmarken brauche.

2. Warum schaust du dir das Schwarze Brett an?

   Weil ich Lust auf etwas Süßes habe.

3. Warum gehst du auf die Post?

   Weil ich Lust auf frisches Gemüse habe.

4. Warum ißt du immer in der Mensa?

   Weil ich ein größeres Zimmer suche.

5. Warum kaufst du dir denn eine Tafel Schokolade?

   Weil ich keine Küchenbenutzung habe.

8-47 Was paßt zusammen?

1. Wenn man nicht mehr gut sehen kann,

   geht man auf eine Kunstausstellung.

2. Wenn man in der Bibliothek viele Bücher holen will,

   kann man zu Fuß in die Vorlesungen gehen.

3. Wenn man gute Zensuren bekommen will,

   braucht man eine Aktentasche.

4. Wenn man Bilder und Skulpturen sehen will,

   braucht man eine Brille.

5. Wenn man in der Nähe der Uni wohnt,

   muß man sein Studium ernst nehmen.

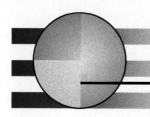

WORT, SINN UND KLANG

Mention that agent nouns can also refer to things, e.g. **der Korkenzieher, der Flaschenöffner, der Dosenöffner.**

Predicting gender

In German and in English the suffix **-er** is used to form agent nouns, that is, nouns that show who does the action described by the verb. An agent noun with the suffix **-er** is always masculine. Some of these nouns take an umlaut.

| arbeiten | *to work* | **der** Arbeit**er** | *worker* |
| tanzen | *to dance* | **der** Tänz**er** | *dancer* |

If an agent noun refers to a woman, the suffix **-in** is added to the masculine suffix **-er**.

| der Arbeiter | *(male) worker* | **die** Arbeiter**in** | *(female) worker* |
| der Tänzer | *(male) dancer* | **die** Tänzer**in** | *(female) dancer* |

8-48 Was paßt? Choosing appropriate infinitives, create German equivalents of the English nouns listed below. The articles indicate whether the nouns are to refer to a female or a male.

---

fahren / backen (Umlaut!) / können / lesen / erzählen

anfangen (Umlaut!) / besuchen / kennen / lehren / malen

---

1. baker	der _____		6. visitor	die _____
2. narrator	die _____		7. beginner	der _____
3. expert	der _____		8. driver	die _____
4. painter	die _____		9. connoisseur	der _____
5. teacher	der _____		10. reader	die _____

Giving language color

In this chapter you have learned vocabulary for housing and furnishings. The names of house parts and pieces of furniture are the source of many idiomatic expressions. The expression marked with an asterisk is very colloquial and should not be used in a more formal setting.

Lisa ist ganz aus dem Häuschen.	*Lisa is all excited.*
Du hast wohl nicht alle Tassen im Schrank.*	*You must be crazy!*
Setz ihm doch den Stuhl vor die Tür!	*Throw him out!*
Mal den Teufel nicht an die Wand!	*Don't speak of the devil!*
Horst hat vom Chef eins aufs Dach gekriegt.	*Horst was bawled out by his boss.*
Auf Robert kannst du Häuser bauen.	*Robert is absolutely dependable.*

8-49 Was paßt zusammen?

1. Mein Sohn will einfach keinen Job suchen.
2. Hat Eva wirklich eine Reise nach Hawaii gewonnen?
3. Onkel Alfred hat uns schon lang nicht mehr besucht.
4. Warum ist Kurt plötzlich so fleißig?
5. Wissen Sie einen guten Babysitter für mich?
6. Ich habe mir gestern einen Porsche gekauft.

a. Er hat vom Chef eins aufs Dach gekriegt.
b. Rufen Sie Sven Koch an. Auf Sven kann man Häuser bauen.
c. Ja, dann setzen Sie ihm doch den Stuhl vor die Tür!
d. Ja, und sie ist ganz aus dem Häuschen.
e. Du hast wohl nicht alle Tassen im Schrank!
f. Mal bitte den Teufel nicht an die Wand!

Zur Aussprache

German *r*

A good pronunciation of the German **r** will go a long way to making you sound like a native speaker. Don't let the tip of the tongue curl upward and backward as it does when pronouncing an English *r*, but keep it down behind the lower teeth. When followed by a vowel, the German **r** is not unlike the sound of **ch** in **auch**. When it is not followed by a vowel, the German **r** takes on a vowel-like quality.

Stress that the curling up of the tip of the tongue gives the *r* its typically North American quality. If students can succeed in keeping down the tip of the tongue, they will very likely produce an authentic sounding German **r**.

8-50 Hören Sie gut zu, und wiederholen Sie!

1. **R**ita und **R**ichard sitzen imme**r** im Zimme**r**.
   Rita und **R**ichard sehen ge**r**n fe**r**n.

2. **R**obert und **R**osi spielen Ka**r**ten im Ga**r**ten.
   Robert und **R**osi t**r**inken Bie**r** fü**r** vie**r**.

3. Geste**r**n wa**r** **R**alf hie**r** und do**r**t,
   mo**r**gen fäh**r**t e**r** wiede**r** fo**r**t.

4. Horst ist hier,
   Horst will Wurst,
   Horst will Bier
   für seinen Durst.

KAPITEL 9

Aus Büchern und Zeitungen

● **Kommunikationsziele**

Narrating stories
Persuading through advertising
Talking about the past

● **Strukturen**

Simple past tense
Past perfect tense
Principal parts of verbs
Wann, wenn, als
More on relative pronouns

● **Kultur**

The beginning of the Information Age
Newspapers and magazines in Germany

Leute: Die Brüder Grimm

Der schlaue Student vom Paradies
nach Hans Sachs

Im sechzehnten Jahrhundert studierte einmal ein deutscher
Student in Paris. Im Juli war das Sommersemester zu Ende, und
der Student wollte in den Ferien zu seinen Eltern nach
Deutschland zurück. Weil er aber sehr arm war, konnte er kein
5 Pferd kaufen, sondern mußte zu Fuß nach Deutschland
wandern. (Busse und Züge gab es damals natürlich noch nicht.)

Als der Student nach einer Woche zum ersten deutschen Dorf
kam, war es gerade Mittag, und weil er heute noch nichts
gegessen hatte, war er sehr hungrig. Er blieb deshalb bei einer
10 Bäuerin stehen, die vor ihrem Haus im Garten arbeitete, und
sagte: »Guten Tag, liebe Frau. Haben Sie vielleicht etwas zu
essen für mich? Ich bin heute schon weit gewandert und habe
noch nicht mal gefrühstückt.«

Die Bäuerin schaute von ihrer Arbeit auf und fragte: »Wer sind
15 Sie denn, und woher kommen Sie?«

»Ich bin ein armer Student,« antwortete er, »und ich komme
von Paris.«

Nun war die gute Frau zwar sehr fromm, aber nicht sehr
intelligent. Sie ging jeden Sonntag in die Kirche, und sie hörte
20 dort viel vom Paradies, aber von Paris hatte sie noch nie etwas
gehört. Und so verstand sie nicht Paris, sondern Paradies, und
rief: »Was, Sie kommen vom Paradies?! Ja, dann kennen Sie
doch sicher meinen ersten Mann. Er war gut und fromm und
ist jetzt sicher im Paradies.«

25 »Wie heißt er denn?« fragte der schlaue Student.

»Hans,« antwortete die Bäuerin, »Hans Krüger.«

»Oh, der Hans!« rief der Student. »Aber natürlich kenne ich
ihn. Er ist sogar ein guter Freund von mir.«

»Wie geht es ihm im Paradies?« fragte die Frau.

30 »Leider nicht sehr gut,« antwortete der Student. »Hans ist sehr
arm. Er hat kein Geld, ist in Lumpen gekleidet und hat oft
nicht mal genug zu essen.«

»Oh, du mein armer Hans,« weinte da die gute Frau, »du hast
kein Geld und keine Kleider und mußt oft hungern und
35 frieren. Aber vielleicht kann ich dir helfen. Mein zweiter Mann
ist reich und gut.« Dann fragte sie den Studenten: »Wann
gehen Sie denn wieder ins Paradies zurück, lieber Mann?«

Hans Sachs (1494-1576)
apprenticed as a cobbler and
became a master shoemaker in
1520. Like many of the craftsmen
of his day, he also became a
"master poet" (**Meistersinger**). In
the 15th century, the craftsmen in
the emerging cities tried to imitate
the great courtly poets of the
Middle Ages and believed that by
"serving an apprenticeship" in the
art of writing poetry they could
learn how to compose verse just
as they had learned how to bake
bread, make shoes, or tailor
clothes. Of the hundreds of
Meistersinger Hans Sachs was
the most famous, with a literary
output of almost 6000 pieces of
poetry. **Der schlaue Student vom
Paradies**, originally entitled **Der
farend Schüler im Paradeiß**, is
one of his most famous
Fastnachtspiele, plays performed
just before the beginning of the
Lenten season. Hans Sachs has
been immortalized by Richard
Wagner in his opera **Die
Meistersinger von Nürnberg**.

New words: **Pferd; Bäuerin;
fromm; Kirche; schlau; Lumpen;
frieren; Geschichte** (= story);
**Stall; verstecken; anhalten;
lügen** (≠ die Wahrheit sagen);
fangen; steigen

⁴⁰ »Meine Ferien sind übermorgen zu Ende,« antwortete er, »und ich wandere schon morgen wieder ins Paradies zurück.«

»Können Sie vielleicht für meinen armen Hans ein bißchen Geld und ein paar gute Kleider mitnehmen?« fragte die Frau.

»Aber natürlich,« antwortete der Student, »das mache ich gern.
⁴⁵ Holen Sie nur das Geld und die Kleider, dann muß Ihr Hans bald nicht mehr hungern und frieren.«

Da war die gute Frau sehr glücklich. Sie lief ins Haus, und bald kam sie mit einem Bündel Kleider, mit zehn Goldstücken und mit einem großen Stück Brot wieder zurück. Das Brot gab sie
⁵⁰ dem Studenten, und die Goldstücke steckte sie in das Bündel.

»Bitte, geben Sie meinem Hans dieses Bündel,« sagte sie, »und grüßen Sie ihn von mir. Ich habe zwar wieder geheiratet, aber meinen Hans werde ich nie vergessen.«

Der Student dankte der Bäuerin für das Brot, nahm das
⁵⁵ Bündel, sagte auf Wiedersehen und wanderte so schnell wie möglich weiter.

Nach einer halben Stunde kam der Bauer vom Feld, und die glückliche Frau erzählte ihm die ganze Geschichte. Da rief er nur: »Oh, Frau!«, lief schnell in den Stall, sattelte sein Pferd
⁶⁰ und galoppierte dem Studenten nach.

Der Student war mit seinem Bündel schon weit gewandert, und als er plötzlich ein Pferd galoppieren hörte, nahm er das Bündel schnell vom Rücken und versteckte es in einem Busch.

Der Bauer kam, hielt sein Pferd an, und fragte: »Haben Sie
⁶⁵ vielleicht einen Studenten mit einem Bündel auf dem Rücken gesehen?«

»Ja,« log der schlaue Student, »wir sind hier zusammen gewandert. Aber als er Ihr Pferd hörte, hat er Angst gekriegt und ist schnell in den Wald gerannt.«

⁷⁰ »Halten Sie doch bitte mein Pferd!« rief da der Bauer. »Ich muß diesen Studenten fangen.« Und er stieg schnell vom Pferd und lief in den Wald. Der Student aber holte das Bündel aus dem Busch, stieg auf das Pferd und ritt schnell weg.

Der Bauer fand niemand im Wald, und als er wieder
⁷⁵ zurückkam, fand er auch den Studenten und das Pferd nicht mehr. Da wurde ihm alles klar, und er ging langsam zu Fuß nach Hause zurück.

Zu Hause fragte ihn seine Frau: »Warum kommst du zu Fuß zurück? Wo ist denn dein Pferd?«

⁸⁰ »Ich habe es dem Studenten gegeben,« antwortete der Bauer. »Mit dem Pferd kommt er viel schneller ins Paradies.«

9-1 Wahrheit oder Lüge? Sie hören neun Aussagen aus *Der schlaue Student vom Paradies*. Haken Sie nach jeder Aussage ab,

a. wer das sagt (der Student, die Bäuerin, der Bauer)
b. ob diese Leute glauben, was sie sagen (Wahrheit) oder ob sie lügen (Lüge).

	A. DER STUDENT	DIE BÄUERIN	DER BAUER	B. WAHRHEIT	LÜGE
1.			✓		✓
2.	✓			✓	
3.		✓		✓	
4.	✓				✓
5.			✓	✓	
6.		✓		✓	
7.	✓				✓
8.	✓				✓
9.		✓		✓	

9-2 Was paßt wo?

_____
arbeitete / kam / sah
_____

1. Als der Student durch das erste deutsche Dorf _____, _____ er dort eine Bäuerin, die vor ihrem Haus im Garten _____.

_____
hatte / fragte / war / sagte
_____

2. Weil es gerade Mittag _____ und weil er einen Bärenhunger _____, _____ er guten Tag und _____: »Haben Sie vielleicht etwas zu essen für mich?«

_____
antwortete / hörte / fragte / verstand
_____

3. Die Frau _____: »Woher kommen Sie?« und der Student _____: »Von Paris.« Weil sie aber jeden Sonntag so viel vom Paradies _____, _____ sie *Paradies* statt *Paris*.

_____
hörte / holte / zurückging / war
_____

4. Als die Frau _____, daß der Student schon morgen wieder ins Paradies _____, _____ sie ganz glücklich und _____ Geld, Kleider und ein Stück Brot.

_____
galoppierte / sattelte / erzählte / lief
_____

5. Als die Frau ihrem Mann die Geschichte von dem Studenten und dem Bündel _____, _____ er schnell in den Stall, _____ sein Pferd und _____ dem Studenten nach.

_____
fragte / hörte / schickte / versteckte
_____

6. Als der Student ein Pferd galoppieren _____, _____ er das Bündel schnell in einem Busch. Und als der Bauer dann nach dem Studenten _____, _____ er ihn in den Wald.

_____
stieg / fand / ritt / holte
_____

7. Der Bauer _____ natürlich niemand. Der Student aber _____ das Bündel aus dem Busch, _____ auf das Pferd und _____ schnell weg.

After groups have
ordered sentences
correctly, give them
some time to practice
their scenes.

9-3 Der schlaue Student vom Paradies. Bilden Sie Dreiergruppen. Jede Gruppe bringt die Fragen und Aussagen in einer Szene in die richtige Reihenfolge und übt die Szene. Dann spielt die Klasse den ganzen Sketch.

Szene 1: Erzähler(in), Bäuerin, Student

Ein deutscher Student wanderte einmal in den Ferien von Paris nach Deutschland zurück. Als er durch das erste deutsche Dorf kam, sah er vor einem großen Bauernhaus eine Frau im Garten arbeiten. Weil er heute noch nichts gegessen hatte, blieb er stehen und sagte:

__1__ Guten Tag, liebe Frau. Haben Sie vielleicht etwas zu essen für mich?

____ Hans heißt er, Hans Krüger.

____ Ich bin ein armer Student, und ich komme von Paris.

____ Etwas zu essen? Ja, wer sind Sie denn, und woher kommen Sie?

____ Was?! Vom Paradies?! Ja, dann kennen Sie doch sicher meinen ersten Mann!

____ Oh, der Hans! Ja, natürlich kenne ich ihn. Er ist sogar ein guter Freund von mir.

____ Wie heißt er denn, Ihr erster Mann?

Szene 2: Erzähler(in), Bäuerin, Student

Als die Frau hörte, daß der Student ihren ersten Mann so gut kannte, war sie ganz glücklich und fragte:

__1__ Wie geht es meinem Hans im Paradies?

____ Meine Ferien sind übermorgen zu Ende.

____ Das mache ich sogar sehr gern.

____ Leider nicht sehr gut. Er hat kein Geld und keine Kleider.

____ Können Sie meinem Hans vielleicht ein bißchen Geld und ein paar Kleider bringen?

____ Ach, du armer Hans! Aber vielleicht kann ich dir helfen. Wann gehen Sie denn ins Paradies zurück, junger Mann?

Szene 3: Erzähler(in), Bäuerin, Student

Die Bäuerin lief ins Haus, und der Student wartete solange im Garten. Als sie wieder herauskam, sagte sie:

__1__ Also hier ist erst mal ein großes Stück Brot für Sie.

____ Grüßen Sie ihn auch bitte von mir, und sagen Sie ihm, daß ich ihn nie vergessen werde.

____ Oh, vielen Dank, liebe Frau.

____ Und das hier sind die Sachen für meinen Hans.

____ Das mache ich gern. Und nochmals vielen Dank für das Brot, liebe Frau. Auf Wiedersehen!

____ Mm, was für ein großes Bündel! Was schicken Sie ihm denn alles?

____ Zehn Goldstücke! Da wird er ja glücklich sein, der gute Hans!

____ Eine schöne warme Jacke, ein paar Hemden, eine neue Hose, Socken und Schuhe, und in die Hosentaschen habe ich zehn Goldstücke gesteckt.

Szene 4: Erzähler(in), Bäuerin, Bauer

Nach einer halben Stunde kam der Bauer vom Feld, und weil die Frau so glücklich war, fing sie gleich an zu erzählen:

__1__ Oh, Hermann, ich bin ja so glücklich!

____ Ja, weißt du, da war dieser Student vom Paradies . . .

____ Warum? Warum geht es ihm schlecht im Paradies?

____ Was, ein Student vom Paradies?!

____ Er hat kein Geld und keine Kleider. Aber der Student geht übermorgen ins Paradies zurück, und ich habe ihm für Hans ein großes Bündel Kleider und zehn Goldstücke mitgegeben.

____ Ja, und denk dir nur, er kennt den Hans, und er hat mir erzählt, wie schlecht es ihm geht.

____ Was?! Du hast diesem Studenten Kleider und zehn Goldstücke gegeben! Oh, Frau!

____ Glücklich? Warum?

Szene 5: Erzähler(in), Bauer, Student

Der Student war mit seinem Bündel schon weit gewandert. Da hörte er plötzlich ein Pferd galoppieren und rief:

__1__ Das ist bestimmt der Bauer! Also weg mit dem Bündel! Hier, hinter den großen Busch!

____ Ja, wir sind hier zusammen gewandert. Aber als er Ihr Pferd hörte, hat er Angst gekriegt und ist schnell in den Wald gerannt.

____ Haben Sie vielleicht einen Studenten mit einem Bündel auf dem Rücken gesehen?

____ Aber gern. Und viel Glück im Wald!

____ Ich muß diesen Studenten fangen. Können Sie vielleicht solange mein Pferd halten?

Szene 6: Erzähler(in), Bäuerin, Bauer

Der Bauer fand niemand im Wald, und als er wieder zurückkam, fand er auch den Studenten und das Pferd nicht mehr. Als er dann am Abend nach Hause kam, fragte seine Frau:

__1__ Warum bist du so schnell weggeritten, Hermann?

____ Ich habe es dem Studenten gegeben. Mit dem Pferd kommt er schneller ins Paradies.

____ Ja, das habe ich.

____ Hast du ihn gefunden, und hast du mein schönes Bündel gesehen?

____ Aber sag mal, warum kommst du zu Fuß zurück? Wo ist denn dein Pferd?

____ Ich wollte mit dem Studenten sprechen.

Because of space considerations, the placement of scenes 5 and 6 are reversed.

KULTUR — Der Beginn des Informationszeitalters

Wenn wir heute vom Informationszeitalter sprechen, denken wir an Fernsehen, Computer, Faxgeräte, Satelliten usw., und wir vergessen ganz, daß dieses Zeitalter eigentlich vor etwa 550 Jahren mit Johannes Gutenberg und der Erfindung[1] des Buchdrucks[2] begonnen hat. Vor Gutenberg brauchte ein Schreiber zwei volle Jahre, um eine einzige Bibel zu kopieren. Nach Gutenberg übernahmen Schriftsetzer[3] die Arbeit der Schreiber, und schon um 1500 gab es über 1100 Druckereien in Europa, die Millionen von gedruckten Schriften produzierten.

Die Seltenheit und der hohe Preis schriftlicher Information waren aber nicht der einzige Grund,[4] warum vor Gutenberg fast nur Priester und Gelehrte[5] lesen konnten. In den deutschsprachigen Ländern waren die Dialekte so verschieden, daß Menschen aus dem Norden ihre Nachbarn im Süden nicht verstehen konnten. Die einzige überregionale Sprache war Latein, und erst als Martin Luther im Jahr 1521 begann, die Bibel in ein Deutsch zu übersetzen, das die Menschen in allen deutschsprachigen Ländern verstehen konnten, begann die Entwicklung einer einheitlichen[6] deutschen Sprache. Und weil Luther die Bibel in ein Deutsch übersetzte, das auch einfache Menschen verstehen konnten, kann man die Wirkung[7] seiner Bibelübersetzung mit der Wirkung moderner Massenmedien vergleichen.[8] Hören wir Luther selbst zu seiner Übersetzungstechnik: »Man muß nicht die Buchstaben in der lateinischen Sprache fragen, wie man deutsch reden[9] soll, ... sondern man muß die Mutter im Haus, die Kinder auf der Straße und den gemeinen[10] Mann auf dem Markt fragen und ihnen auf den Mund sehen, wie sie reden, und danach übersetzen, so verstehen sie es denn und merken,[11] daß man deutsch mit ihnen redet.

Durch Gutenbergs Erfindung des Buchdrucks und Luthers Bibelübersetzung konnten bald auch die Kaufleute und Handwerker in den Städten lesen, was in der Bibel und in vielen anderen Schriften stand, und viele von ihnen versuchten sich sogar als Autoren. Der berühmteste dieser bürgerlichen Autoren war der Schuhmacher Hans Sachs aus Nürnberg, der in seiner Freizeit viele Bände[12] mit Dramen und Gedichten[13] füllte. In *Der farend Schüler im Paradeiß*, seinem bekanntesten Stück, zeigte er mit viel Humor, was passieren kann, wenn man so schlecht informiert ist, daß man noch nie etwas von Paris gehört hat und deshalb Paradies versteht.

[1]invention [2]printing [3]typesetters [4]reason [5]scholars [6]common [7]effect [8]compare [9]speak [10]common [11]realize [12]volumes [13]poems

9-4 Was sind die richtigen Antworten? Sie hören fünf Fragen zu *Der Beginn des Informationszeitalters*. Haken Sie die richtigen Antworten ab!

1. _____ Im 20. Jahrhundert.
   ✓ Im 15. Jahrhundert.

2. ✓ Ein Schreiber.
   _____ Ein Schriftsetzer.

3. _____ Deutsch.
   ✓ Latein.

4. ✓ Mit Martin Luther.
   _____ Mit Johannes Gutenberg.

5. _____ Kaufmann
   ✓ Schuhmacher

Aus Luthers Sendbrief vom Dolmetschen: den man mus nicht die buchstaben inn der lateinischen sprachen fragen, wie man sol Deutsch reden, wie diese esel thun, sondern man mus die mutter jhm hause, die kinder auff der gassen, den gemeinen mann auff dem marckt drumb fragen, und den selbigen auff das maul sehen, wie sie reden, und darnach dolmetzschen, so verstehen sie es den, und mercken, das man Deutsch mit jn redet.

Questions: 1. Wann hat das Informationszeitalter begonnen? 2. Wer brauchte zwei volle Jahre, um eine einzige Bibel zu kopieren? 3. Was war vor Luther die einzige überregionale Sprache? 4. Mit wem hat die Entwicklung einer einheitlichen deutschen Sprache begonnen? 5. Was war Hans Sachs von Beruf?

Wörter im Kontext 1

● Nomen

der Bauer, -n, -n/	
die Bäuerin, -nen	farmer
das Dorf, ̈er	village
die Erfindung, -en	invention
der Erzähler, -/	
die Erzählerin, -nen	narrator
das Feld, -er	field
das Gedicht, -e	poem
der Grund, ̈e	reason
das Informationszeitalter	information age
die Kirche, -en	church
die Lüge, -n	lie
der Lumpen, -	rag
das Pferd, -e	horse
die Rolle, -n	role
der Sketch, -es	skit
der Stall, ̈e	stable
der Wald, ̈er	forest, woods
die Wirkung, -en	effect

*Ask students what identifies **Bauer** as an n-noun.*

● Verben

an•halten (hält an),	
hielt an,	
hat angehalten	to stop
drucken	to print
fangen (fängt), fing,	
hat gefangen	to catch
frieren, fror,	
hat gefroren	to be cold
grüßen	to greet, to say hello
heiraten	to marry
holen	to get, to fetch
lügen, log, hat gelogen	to lie
merken	to realize; to notice
reden	to speak
reiten, ritt, ist geritten	to ride (a horse)
rufen, rief, hat gerufen	to call
stecken	to put, to stick
stehen•bleiben,	
blieb stehen,	
ist stehengeblieben	to stop (walking)
steigen, stieg,	
ist gestiegen	to climb
übersetzen	to translate
vergleichen, verglich,	
hat verglichen	to compare
verstecken	to hide
weinen	to cry

● Andere Wörter

arm	poor
bekannt	well-known
fromm	pious
gekleidet	dressed
schlau	crafty
schriftlich	in writing

● Ausdrücke

Angst haben vor	
(+ *dat*)	to be afraid of
Angst kriegen	to get scared
so schnell wie möglich	as quickly as possible
viel Glück!	lots of luck!

*Point out that in the expression **Angst haben vor**, the two-case preposition **vor** always takes the dative.*

● Leicht zu verstehen

der Autor, -en	der Humor
die Bibel, -n	die Massenmedien (pl)
das Bündel, -	die Szene, -n
der Busch, ̈e	galoppieren
das Drama, Dramen	hungern
der Dialekt, -e	satteln

Re: Verben
Point out that like **legen, stellen** and **hängen, stecken** often means *to put*. When **stecken** is followed by a two-case preposition, the case is determined by the same criteria as for the other verbs. *Wohin?:* Ich habe den Brief in meine Jackentasche gesteckt. *Wo?:* Der Brief steckt in meiner Jackentasche.

Ask why **stehenbleiben** forms the perfect tense with **sein**.

The prefix **ver-** often means something like *away*. Ask students to explain why **verstecken** means *to hide*.

Zeitungen und Zeitschriften

Die Deutschen lesen viel. Im Durchschnitt[1] liest jeder Deutsche täglich eine halbe Stunde die Zeitung. *Bild* ist mit täglich 4,7 Millionen Exemplaren[2] die meistgelesene Zeitung in Deutschland. Weniger gelesen, aber mit enormem Einfluß sind überregionale Zeitungen wie die *Frankfurter Allgemeine* und die *Süddeutsche Zeitung*. Weitere wichtige Meinungsträger sind Wochenzeitungen wie *Die Zeit*. International bekannt sind das Nachrichtenmagazin *Der Spiegel* (wöchentlich 1 Million Exemplare), das *Time Magazine* Deutschlands, und die Illustrierte *Stern*.

[1]average   [2]copies

9-5 Mit anderen Worten. Welche zwei Sätze in jeder Gruppe bedeuten dasselbe?

1. Mir ist kalt.
   Ich friere.
   Es ist kalt.

2. Warum bleibst du denn stehen?
   Warum gehst du denn nicht weiter?
   Warum bleibst du denn nicht stehen?

3. Er sagt immer die Wahrheit.
   Er sagt nie die Wahrheit.
   Er lügt immer.

4. Eva ist immer sehr gut gekleidet.
   Eva trägt nur selten schöne Kleider.
   Eva trägt immer sehr schöne Kleider.

9-6 Was paßt?

Dorf / Bauer / Wald / Sketch / Autorin / Stall / Lumpen
---

1. Viele Bäume sind ein _____.
2. Viele Häuser sind ein _____.
3. Alte, kaputte Kleider sind _____.
4. Ein Gebäude für Tiere ist ein _____.
5. Ein Mann, der auf dem Feld arbeitet, ist ein _____.
6. Ein kurzes, humorvolles Drama ist ein _____.
7. Eine Frau, die Bücher schreibt, ist eine _____.

9-7 Assoziationen. Was paßt wo?

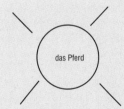

---
die Kirche / die Szene / reiten / der Autor /
satteln / die Bibel / der Sketch / der Stall /
das Paradies / die Rolle / fromm / galoppieren

9-8 Was paßt zusammen?

1. Leute, _____, grüßen einander.
2. Katzen, _____, fangen keine Mäuse.
3. Mäuse, _____, verstecken sich.
4. Ein Mensch, _____, ist arm.
5. Ein Mensch, _____, hat keinen Humor.
6. Menschen, _____, hungern.

a. die sich kennen
b. die nichts zu essen haben
c. der nie lacht
d. die Angst haben
e. der kein Geld hat
f. die keinen Hunger haben

● 1 Narrating past events

The simple past tense

The simple past is used mainly in written German to describe a series of connected events in the past. It is found mostly in narratives, novels, newspaper reports and newscasts, and is therefore sometimes called *the narrative past*.

In German the simple past is formed in a similar way to the simple past in English.

For regular verbs, a past tense marker is added to the verb stem.

GERMAN		ENGLISH	
lernen:	ich lernte	to learn:	*I learned*

For irregular verbs, the simple past is signaled by a stem change.

GERMAN		ENGLISH	
kommen:	ich kam	to come:	*I came*

The simple past of regular verbs

In German the simple past of regular verbs is formed by inserting the past tense marker **-t-** between the verb stem and the personal endings:

	SINGULAR		PLURAL
ich	lernte	wir	lernten
du	lerntest	ihr	lerntet
er/es/sie	lernte	sie	lernten
	Sie lernten		

> Point out that the simple past endings of the regular verbs are identical to those of **hatte** and **möchte**.

The German simple past has more than one English equivalent.

ich lernte $\begin{cases} \textit{I learned} \\ \textit{I did learn} \\ \textit{I was learning} \end{cases}$

Verb stems that end in **d, t,** (**land-en, arbeit-en**), or certain consonant combinations (**öffn-en**) add an **e** before the past tense marker **-t-**:

	SINGULAR		PLURAL
ich	arbeitete	wir	arbeiteten
du	arbeitetest	ihr	arbeitetet
er/es/sie	arbeitete	sie	arbeiteten
	Sie arbeiteten		

> Point out that without the added **e** before the past tense marker **-t-** the simple past of verbs like **arbeiten** would not sound like the simple past.
>
> Point out that without the added **e** before the past tense marker **-t-** it would be virtually impossible to pronounce the simple past forms of verbs like **öffnen, regnen, rechnen, ordnen, zeichnen.**

The simple past of irregular verbs

The simple past of German irregular verbs is always signaled by a stem change. Note that there is no personal ending in the 1st and 3rd person singular:

Remind students that they already know the personal endings for the simple past of irregular verbs: **ich war, du warst**, etc.

SINGULAR		PLURAL	
ich	kam	wir	kamen
du	kamst	ihr	kamt
er/es/sie	kam	sie	kamen
	Sie	kamen	

The simple past of separable verbs

In the simple past, the prefix of separable verbs functions just as it does in the present tense.

In a main clause, the prefix is separated and appears at the end of the clause.

Der Bauer sattelte sein Pferd und **galoppierte** dem Studenten **nach.**

The farmer saddled his horse and galloped after the student.

In a subordinate clause, the unseparated verb appears at the end of the clause.

Als der Bauer wieder **zurückkam,** war der Student weg.

When the farmer returned, the student was gone.

9-9 Warum Staatskassen immer leer sind. Lesen Sie diese Geschichte, und setzen Sie alle kursiven Verben ins Präteritum. Das Präteritum der unregelmäßigen Verben ist unten gegeben.

Ex. 9-9: So that students understand the story, begin by having them read it in the present tense. Then have students repeat the irregular verb forms after you and reread the story in the simple past tense. New words: **schütteln; Narr** (n-noun!); **Klumpen; kleben.**

geben – gab	haben – hatte	lassen – ließ	sein – war
gehen – ging	kommen – kam	rufen – rief	sitzen – saß

Obwohl der gute König Otto ein großes, reiches Land mit vielen, fleißigen Menschen hat, ist seine Staatskasse immer leer. Deshalb ruft er eines Tages seine Generäle und Minister zusammen, und als sie dann alle um den Tisch herumsitzen, fragt er sie: »Wo bleibt denn nur das ganze Geld?« Er bekommt aber keine Antwort. Die Generäle schütteln nur den Kopf, und die Minister machen ein dummes Gesicht.

Da sagt der König: »Wenn ihr alle so dumm seid, dann muß ich meinen Narren rufen und ihn fragen.«

Der Narr kommt, und der König fragt: »Narr, wo bleibt denn nur das ganze Geld?« »Wenn du das wirklich wissen willst«, sagt da der Narr, »dann gib mir einen Klumpen Butter.«

Der Narr bekommt die Butter, und es ist ein großer Klumpen. Er gibt ihn dem Ministerpräsidenten in die Hand und sagt: »Geben Sie den Klumpen doch bitte weiter, Exzellenz!« Und so geht nun der Butterklumpen von Minister zu Minister und von General zu General rings um den großen Tisch herum. Als der Klumpen dann endlich wieder beim Narren ankommt, da ist das kein großer Klumpen mehr, sondern nur noch ein ganz miserables Klümpchen. Fast die ganze Butter klebt an den großen, warmen Händen der Minister und der Generäle!

Da sagt der Narr zum guten König Otto: »Siehst du jetzt, wo dein Geld ist? —- Es ist dort, wo auch die Butter ist.«

The principal parts of the mixed verbs are found in the **Anhang**.

Exercise 9-11 on page 303 practices the simple past of mixed verbs.

The simple past of mixed verbs

In **Kapitel 5** you learned that the past participles of a small group of verbs have characteristics of both the regular and the irregular verbs. They have a stem change like an irregular verb and the ending **-t** like a regular verb, e.g., bringen - **geb*ra*cht**, kennen - **gek*ann*t**, wissen - **ge*wuß*t**.

The simple past of mixed verbs shows the same stem change plus the personal endings of the regular verbs:

SINGULAR		PLURAL	
ich	brachte	wir	brachten
du	brachtest	ihr	brachtet
er/es/sie	brachte	sie	brachten
	Sie brachten		

 9-10 Manchmal sollte man gar nicht erst aufstehen. Suchen Sie die passenden Sätze zu diesen Bildern, und lesen Sie dann die Geschichte laut vor!

Ex. 9-10: New words: **kaum; schließlich; weder ... noch; verschieben; verflixt.** Have students answer the following ten questions about the drawings. Note that the questions are posed in the present tense, since students will not yet have mastered the simple past, particularly of irregular verbs.

Bild 1: Warum wacht Martin auf? Bild 3: Was hat Martin um zehn und wieviel Uhr ist es jetzt? Bild 5: Was denkt Martin, als er auf seine Armbanduhr schaut? Bild 7: Warum fährt Martin nicht mit dem Bus zur Uni?

_1_   Als Martin gestern morgen aufwachte, schien ihm die Sonne ins Gesicht.
_____ Wie verrückt rannte er zur Bushaltestelle.
_____ Er sprang aus dem Bett und zog schnell Hemd und Hose an.
_____ Es war schon halb zehn, und um zehn hatte er eine wichtige Prüfung!
_____ Und als er auf seinen Wecker schaute, konnte er kaum glauben, was er da sah.
_____ Er versuchte, ein Auto anzuhalten, aber niemand hielt.
_____ Aber er kam zu spät: der Bus fuhr gerade um die Ecke.
_____ Schließlich stoppte er ein Taxi.
_____ Da blieb zu nichts Zeit, weder zum Duschen noch zum Frühstück.
_____ »Was jetzt?« dachte Martin.

(Activity 9-10 continues on next page)

11 »Schnell zur Uni, bitte!« rief er, als er in das Taxi stieg.

____ Schnell steckte er den Kopf durchs Fenster und rief: »Claudia!«

____ Aber obwohl es schon fünf nach zehn war, war der Hörsaal leer!

____ Punkt zehn hielt das Taxi vor der Uni, und der Fahrer sagte: »Zehn Mark, bitte.«

____ Aber da sah Martin auch schon die Lösung seines Problems: das war doch Claudia dort vor der Eingangstür!

____ Und als das Taxi dann zur Uni raste, wollte Martin schon seine Geldtasche aus der Jacke holen.

____ Und Gott sei Dank hörte sie ihn und hatte auch zehn Mark bei sich.

____ Und an der Tafel stand: Mikrobiologie II: Prüfung auf nächste Woche verschoben.

____ Dann rannten sie zusammen die Treppe zum Hörsaal hinauf.

____ »Verflixt! Sie steckt zu Hause in meiner anderen Jacke!«

9-11 Die mysteriösen Rosen. Lesen Sie diese Geschichte, und setzen Sie alle kursiven Verben ins Präteritum. Das Präteritum der gemischten und der unregelmäßigen Verben ist unten gegeben.

bringen–brachte	kennen–kannte	rennen–rannte	kommen–kam
denken–dachte	nennen–nannte	wissen–wußte	sitzen–saß

Als ich an meinem zwanzigsten Geburtstag beim Frühstück *sitze*, klingelt es, und ein Mann vom Blumengeschäft an der nächsten Ecke *bringt* mir ein Dutzend rote Rosen. »Sie können nur von Florian sein«, *denke* ich. Aber die Glückwunschkarte, die in den Rosen *steckt*, *nennt* keinen Namen, und ich *kenne* auch die Handschrift nicht. »Von wem sind denn diese Rosen?« *frage* ich den Mann, aber er *weiß* es auch nicht. Als ich dann später die Treppe *hinunterrenne*, *kommt* Florian zur Haustür herein, und *bringt* mir ein Dutzend rote Rosen. Von wem das erste Dutzend war, habe ich bis heute noch nicht herausgefunden.

Bild 11: Wie kommt Martin zur Uni? Bilder 12 + 13: Martin sucht seine Geldtasche. Wo ist seine Geldtasche? Bild 14: Wieviel kostet das Taxi? Bilder 15 + 16: Wen sieht Martin beim Eingang zur Uni? Bild 17: Von wem bekommt der Taxifahrer seine zehn Mark? Bild 19: Warum sind Martin und Claudia so schockiert, als sie in den Hörsaal kommen?

Have students work in pairs to match the statements to the drawings. Note that the story is divided into two parts, so that students have less difficulty matching and reading the story.

Ex. 9-11: Review the difference in meaning between **kennen** and **wissen** before doing the exercise. Have students repeat after you the verbs listed at the beginning of the exercise.

● 2 Talking about events that precede other events in the past

Point out that in colloquial speech speakers of English frequently use the simple past for events that precede other events in the past: *After I **took** an aspirin, I felt much better.* Speakers of German consistently use the past perfect for this purpose: **Nachdem ich ein Aspirin** *genommen hatte,* **ging es mir viel besser.**

The past perfect tense

Like the English past perfect, the German past perfect is used to refer to an event that precedes another event in the past. It is formed with the simple past of the auxiliaries **haben** or **sein** and the past participle.

> Der Student war sehr hungrig, denn er **war** schon weit **gewandert** und **hatte** noch nicht mal **gefrühstückt.**
>
> *The student was very hungry, because he **had** already **walked** a long way and **had** not even **had breakfast** yet.*

	SINGULAR			PURAL	
ich	war	gewandert	wir	waren	gewandert
du	warst	gewandert	ihr	wart	gewandert
er/es/sie	war	gewandert	sie	waren	gewandert
	Sie waren gewandert				

ich	hatte	gefrühstückt	wir	hatten	gefrühstückt
du	hattest	gefrühstückt	ihr	hattet	gefrühstückt
er/es/sie	hatte	gefrühstückt	sie	hatten	gefrühstückt
	Sie hatten gefrühstückt				

The past perfect tense is often used in subordinate clauses that are introduced by the conjunction **nachdem** (*after*).

> **Nachdem** Frau Schneider den ganzen Tag im Büro **gearbeitet hatte**, mußte sie noch das Abendessen kochen und den Kindern bei den Hausaufgaben helfen.
>
> ***After** Mrs. Schneider **had worked** at the office all day, she had to make supper, and help the children with their homework.*

Ex. 9-12: Although principal parts are not formally introduced until page 307, they are given here to be repeated so that students become familiar with those parts of each verb that they will be using in the exercise. The exercise practices the concept of one event preceding another. Stress that in each instance the verb in the main clause is in the simple past tense.

6. Nachdem die beiden Kaffee _____, _____ sie Tennis spielen. (trinken, gehen)

7. Nachdem sie zwei Stunden lang Tennis _____, _____ sie mit dem Bus zu Claudias WG. (spielen, fahren)

8. Nachdem sie sich dort ein paar CDs _____, _____ sie sich etwas zu essen. (anhören, machen)

9. Nachdem sie zu Abend _____, _____ ins Kino. (essen, gehen)

10. Nachdem sie sich dort einen guten Film _____, _____ nach Hause. (anschauen, fahren)

9-12 Was Martin gestern alles machte.

essen	aß	hat gegessen	kommen	kam	ist gekommen
fahren	fuhr	ist gefahren	sitzen	saß	hat gesessen
gehen	ging	ist gegangen	trinken	trank	hat getrunken

Nachdem sich Martin _____, _____ er. (duschen, frühstücken)
Nachdem sich Martin geduscht hatte, frühstückte er.

1. Nachdem er _____, _____ er zur Uni. (frühstücken, fahren)
2. Nachdem er dort _____, _____ er schnell in die Vorlesung. (ankommen, gehen)
3. Nachdem er zwei Stunden in der Vorlesung _____, _____ er in der Mensa zu Mittag. (sitzen, essen)
4. Nachdem er zu Mittag _____, _____ er in der Bibliothek an seinem Referat. (essen, arbeiten)
5. Nachdem er ein paar Stunden an seinem Referat _____, _____ er mit Claudia eine Tasse Kaffee. (arbeiten, trinken)

Ex. 9-13: Restrict each student to one or two statements.

9-13 Was ich gestern nachmittag machte. Erzählen Sie!

Nachdem ich zu Mittag gegessen hatte,...

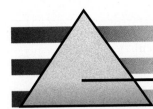

ZWISCHENSPIEL

Phantastische Angebote

Hören Sie eine Durchsage im Kaufhaus Karstadt.

NEUE VOKABELN

das Angebot	*offer*
der Stock, die Stockwerke	*floor, story*
die Auswahl	*choice*
pflegeleicht	*easy-care*
etwas Passendes	*something suitable*
der Wühltisch	*bargain table*
modisch	*fashionable*
sich aus•rüsten	*to equip*
günstig	*reasonable*
empfehlen (empfiehlt)	*to recommend*
die Bohne	*bean*

9-14 Globalverstehen. Haken Sie in jeder Kategorie ab, was Sie in der Durchsage hören!

1. Stockwerke
   - _____ im ersten Stock
   - __✓__ im dritten Stock
   - __✓__ im zweiten Stock
   - __✓__ im vierten Stock

2. Abteilungen
   - __✓__ Damenabteilung
   - _____ Kinderabteilung
   - _____ Herrenabteilung
   - __✓__ Sportabteilung

3. Kleidungsstücke
   - __✓__ Hemden
   - __✓__ Blusen
   - _____ Jacke
   - __✓__ Hose
   - _____ Mäntel
   - _____ Handschuhe
   - __✓__ Rock
   - _____ Gürtel

4. Kombinationen mit dem Wort Tennis
   - __✓__ Tennisbälle
   - __✓__ Tennisschläger
   - _____ Tennismatch
   - __✓__ Tennisspieler
   - _____ Tennisplatz
   - __✓__ Tennissaison
   - __✓__ Tennisschuhe
   - _____ Tennisklub

5. Gemüse
   - _____ Spinat
   - __✓__ Karotten
   - __✓__ Bohnen
   - _____ Brokkoli

9-15 Detailverstehen. Hören Sie die Durchsage noch einmal, und schreiben Sie die Antworten zu den folgenden Fragen!

1. In welchem Stock ist die Damenabteilung?
2. Welche Kleidungsstücke für Damen gibt es heute zu stark reduzierten Preisen?
3. In welchem Stock bekommt man Tennisausrüstung?
4. Was gibt es auf den Wühltischen in der Sportabteilung?
5. In welchem Stock kann man etwas zu essen bekommen?
6. Von wann ab kann man in der Feinschmeckerstube zu Mittag essen?
7. Was ist heute das Tagesmenü?
8. Wieviel kostet ein Seniorenteller?

Ex. 9-16, #9: New word: der Pfeil. This can also be assigned as written homework.

9-16 Warum man mit TWA nach Deutschland fliegen soll. Schauen Sie mit Ihrer Partnerin/Ihrem Partner die Anzeige von TWA an, und beantworten Sie die folgenden Fragen.

1. Wann beginnt der neue Sommer-Service von TWA?
2. Von welchen drei deutschen Städten fliegt TWA in die USA?
3. Von welcher deutschen Stadt hat TWA Direktflüge in die USA?
4. Von welchen beiden Städten hat TWA Flüge mit Zwischenlandungen? Wo sind diese Zwischenlandungen?
5. Wie oft fliegt TWA von Deutschland in die USA?
6. Wie nennt TWA ihre Business Class, und wie nennt sie ihre Economy Class?
7. Wie kommen die Passagiere der Business Class in New York vom JFK nach Manhattan, und wieviel kostet sie das?
8. Wie kann man sich bei TWA sehr schnell freie Flüge verdienen?
9. Ein paar von den Streifen in der amerikanischen Flagge sind hier Pfeile. Warum paßt das zum Titel dieser Anzeige?

TWA FLIEGT JETZT TÄGLICH NACH NEW YORK UND ZURÜCK

TWA freut sich, Ihnen einen neuen Sommer-Service anbieten zu können.

Ab 1. Juni fliegen wir täglich von München nach New York, Boston oder Washington (via Paris); dazu kommen noch tägliche Flüge von Berlin nach New York (via Brüssel) und weiter zu über 100 Zielen in den USA.

Selbstverständlich bieten wir weiterhin tägliche Flüge von Frankfurt nach New York – es gibt also kaum einen einfacheren Weg, um zum Big Apple zu reisen.

Wenn Sie TWAs Ambassador (Business) Class wählen, kommen Sie in den Genuß eines geräumigen Fußraums von 117 cm und eines ausgewählten Gourmet-Menüs. Und wir garantieren Ihnen auf jeden Fall entweder einen Gang- oder Fensterplatz. Außerdem können Sie kostenlos einen Platz im Helikopter vom JFK nach Manhattan reservieren.

Oder Sie strecken sich in TWAs neuer Comfort Class aus – keine andere Transatlantik-Airline bietet Ihnen in der Economy mehr Platz. Und wir haben sogar noch für Fußstützen an jedem Platz gesorgt.

Sie werden auch feststellen, daß das TWA FFB-Programm einer der schnellsten Wege ist, sich freie Flüge und Upgrades zu verdienen.

Für weitere Informationen über TWAs Flüge in die USA oder über unser FFB-Programm wenden Sie sich an Ihr Reisebüro, oder rufen Sie TWA an unter: Berlin 030/8827096, München 089/553311, Frankfurt 069/770601.

 The most comfortable way to fly.

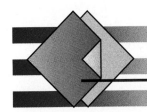

FUNKTIONEN UND FORMEN 2

● 3 Expressing action in different time frames

The principal parts of irregular verbs

In German and in English all tenses of regular verbs are derived from the stem of the infinitive. They are completely predictable.

Point out that the formal aspects of the principal parts are very similar in English and German. It is in tense usage that these languages sometimes differ.

infinitive	tenses			
	PRESENT	SIMPLE PAST	PERFECT	PAST PERFECT
lernen	er *lernt*	er *lernte*	er hat ge*lernt*	er hatte ge*lernt*
to learn	he **learns**	he **learned**	he has **learned**	he had **learned**

In both German and English all tenses of irregular and mixed verbs are derived from a set of *principal parts*. These principal parts are not derived from the infinitive and sometimes look quite different from the infinitive. Below are the principal parts of **gehen** (*to go*) and the tenses derived from them.

	INFINITIVE	SIMPLE PAST	PAST PARTICIPLE
PRINCIPAL PARTS	**gehen**	**ging**	**gegangen**
	to go	*went*	*gone*

	PRESENT	SIMPLE PAST	PERFECT	PAST PERFECT
TENSES	**er geht**	**er ging**	**er ist gegangen**	**er war gegangen**
	he goes	*he went*	*he has gone*	*he had gone*

German verbs that are irregular in the present tense have an additional principal part that reflects this irregularity.

INFINITIVE	PRESENT TENSE IRREGULARITY	SIMPLE PAST	PAST PARTICIPLE
geben	**er gibt**	**gab**	**gegeben**
fahren	**er fährt**	**fuhr**	**gefahren**

The verb **werden** (*to become*) has characteristics of a mixed verb and an irregular verb:

INFINITIVE	PRESENT TENSE IRREGULARITY	SIMPLE PAST	PAST PARTICIPLE
werden	**er wird**	**wurde**	**geworden**

The simple past is very similar to that of mixed verbs: **ich wurde**, **du wurdest**, **er wurde**, etc. The past participle is that of an irregular verb: **geworden**.

You will find a list of the principal parts of the irregular and mixed verbs used in this book in the **Anhang**.

Encourage students to memorize the principal parts of the irregular and mixed verbs.

● 4 Expressing *when* in German

Wann, *wenn*, and *als*

Although **wann**, **wenn**, and **als** all correspond to English *when*, they are not interchangeable.

Wann (*when? at what time?*) is a question word that introduces direct and indirect questions.

Wann kommen Müllers aus Portugal zurück?	*When are the Müllers coming back from Portugal?*
Ich weiß nicht, **wann** Müllers aus Portugal zurückkommen.	*I don't know **when** the Müllers are coming back from Portugal.*

Wenn (*when, at the time when*) introduces dependent clauses referring to events in the present or future.

Ruf uns bitte gleich an, **wenn** du in Frankfurt ankommst.	*Please call us right away **when** you arrive in Frankfurt.*
Wie kannst du lernen, **wenn** du so müde bist?	*How can you study **when** you're so tired?*

Wenn (*when, whenever*) introduces dependent clauses referring to repeated events.

Wenn Tante Emma uns besucht, bringt sie immer einen Kuchen mit.	*When Aunt Emma visits us, she always brings a cake.*
Wenn Tante Emma uns besuchte, brachte sie immer einen Kuchen mit.	*When Aunt Emma visited us, she always brought a cake.*

Als Gott den Mann schuf hat sie bloß geübt

Als (*when, at the time when*) introduces dependent clauses referring to a single event or a block of time in the past. The verb in an **als**-clause is often in the simple past tense, even in conversation.

Als ich zur Tür hereinkam, klingelte das Telefon.	*When I walked in the door, the phone rang.*
Als ich siebzehn war, machten wir eine Reise nach Australien.	*When I was seventeen, we went on a trip to Australia.*

9-17 Wann, wenn oder als?

S1:

S2:

1. _____ fliegen deine Eltern nach Portugal?

_____ es ihnen hier zu kalt wird.

2. _____ sind deine Eltern nach Portugal geflogen?

_____ es ihnen hier zu kalt wurde.

3. Was machen deine Eltern, _____ sie in Portugal sind?

_____ es warm genug ist, gehen sie jeden Morgen schwimmen.

4. Was haben deine Eltern gemacht, _____ sie in Portugal waren?

_____ es warm genug war, sind sie jeden Morgen schwimmen gegangen.

5. Weißt du, _____ Monika bei IBM anfängt?

_____ sie aus Kanada zurückkommt.

6. Weißt du, _____ Monika bei IBM angefangen hat?

_____ sie aus Kanada zurückkam.

7. Warum wart ihr nicht auf dem Flughafen, _____ Monika aus Kanada zurückkam?

Weil wir nicht wußten, _____ sie ankommt.

8. _____ gibst du mir die hundert Mark zurück, Tina?

_____ ich den Scheck von meinen Eltern bekomme.

9. _____ hat Tina dir die hundert Mark zurückgegeben?

_____ sie mich gestern nachmittag besuchte.

10. _____ hast du Tina kennengelernt?

_____ wir fünf Jahre alt waren und zusammen in den Kindergarten gingen.

Ex. 9-17, #3, 4, 7: Caution students not to assume that **wann** must be used simply because they see a question mark at the end of the sentence.

9-18 Ein toller Reiter. Ergänzen Sie als oder wenn!

_____ ich klein war, lebten wir in Berlin. Im Sommer 1974 besuchten wir meinen Großvater in Schleswig-Holstein. Er war Bauer und hatte ein wunderschönes Pferd. Jeden Morgen, _____ wir im Stall fertig waren, durfte ich auf diesem Pferd reiten. Mein kleiner Bruder hatte Angst vor Pferden. Jedesmal _____ Großvater das Pferd aus dem Stall holte, rannte Uli ins Haus. Aber _____ wir wieder in Berlin waren, sagte er zu seinen Freunden: »_____ ich bei meinem Opa in Schleswig-Holstein war, bin ich jeden Morgen reiten gegangen.«

Ex. 9-18: Schleswig-Holstein is the most northerly state in Germany, bordering on Denmark. The world's most famous milking cow, the Holstein, originates from here.

If students should ask, point out that it is only in introducing *direct speech* that **sagen** is followed by **zu** + the dative case: **Er sagte *zu seinen Freunden*: »Ich fahre jeden Sommer nach Deutschland«** but **Können Sie *mir* bitten sagen, wann das Konzert beginnt?**

● 5 Giving information about people, places and things

The relative pronoun in the genitive case

In **Kapitel 7** you learned that relative clauses are used to give information about people, places and things. Because they are dependent clauses, they are marked off by commas, and the conjugated verb appears at the end of the clause.

Der Wagen, *den ich für so viel Geld gekauft habe*, ist ein Benzinfresser.

The car that I bought for so much money is a gas guzzler.

The example shows that the relative pronoun **den** agrees with its antecedent **der Wagen** in gender (masculine) and number (singular). Its case (accusative) is determined by its function in the relative clause, i.e., it is the direct object.

Additional activity

Als ich klein war, … Was machten Sie in den Sommerferien, als Sie klein waren? Was spielten Sie mit den Nachbarskindern? Wohin reisten Sie mit Ihren Eltern? Schreiben Sie eine kleine Geschichte zu diesem Thema.

A relative pronoun in the genitive case expresses a relationship of possession or belonging together between the antecedent and the noun following the relative pronoun. Its English equivalent is *whose*.

Die Studentin, **deren** Wagen ich gekauft habe, studiert jetzt in den USA.

*The student **whose** car I bought is studying in the USA now.*

Ein Wagen, **dessen** Auspufftopf defekt ist, ist sehr laut.
*A car **whose** muffler is defective is very noisy.*

Note that the relative pronoun has the same forms as the definite article except in the dative plural and the genitive.

Forms of the Relative Pronoun				
	MASCULINE	NEUTER	FEMININE	PLURAL
NOMINATIVE	der	das	die	die
ACCUSATIVE	den	das	die	die
DATIVE	dem	dem	der	denen
GENITIVE	**dessen**	**dessen**	**deren**	**deren**

9-19 Definitionen. Ergänzen Sie **dessen** oder **deren**!

1. Eine Ärztin ist eine Frau, _____ Beruf es ist, kranke Menschen wieder gesund zu machen.
2. Ein Zahnarzt ist ein Mann, _____ Beruf es ist, Zähne zu reparieren.
3. Eine Witwe ist eine Frau, _____ Mann gestorben ist.
4. Ein Witwer ist ein Mann, _____ Frau gestorben ist.
5. Waisenkinder sind Kinder, _____ Eltern gestorben sind.
6. Ein Zebra ist ein afrikanisches Wildpferd, _____ Fell schwarzweiß gestreift ist.
7. Giraffen sind Tiere, _____ Hals etwa drei Meter lang ist.
8. Hühner sind Vögel, _____ Eier wir essen.
9. Ein Kabriolett ist ein Auto, _____ Dach man aufmachen kann.
10. Eine Polaroid-Kamera ist eine Kamera, _____ Bilder schon wenige Sekunden nach der Aufnahme fertig sind.

The relative pronoun as object of a preposition

If a relative pronoun is the object of a preposition, its case is determined by that preposition.

Kennst du den Typ, **mit dem** Sabine am Sonntag zum Starnberger See fährt?

*Do you know the guy **with whom** Sabine is going to Lake Starnberg on Sunday?*

Ist das der CD-Spieler, **für den** du nur 250 Mark bezahlt hast?

*Is that the CD player **for which** you paid only 250 marks?*

Relative pronouns never contract with prepositions.

Preposition + definite article:

Meine Großmutter wohnt **im** Seniorenheim in der Panoramastraße.

*My grandmother lives **in the** senior citizens' home on Panorama Street.*

Preposition + relative pronoun:

Das Seniorenheim, **in dem** meine Großmutter wohnt, ist in der Panoramastraße.

*The senior citizens' home **in which** my grandmother lives is on Panorama Street.*

9-20 Definitionen. Ergänzen Sie die Relativpronomen!

vor _____ alle Schwimmer große
Angst haben

S1: Was ist ein Hai?   *S2:* Ein Hai ist ein Fisch, vor dem alle
Schwimmer große Angst haben.

1. Was ist ein Lastwagen?   3. Was sind Bienen?

Ein Lastwagen ist ein Fahrzeug, …   Bienen sind Insekten, …

2. Was ist ein Bücherregal?   4. Was ist ein Spiegel?

Ein Bücherregal ist ein Möbelstück, …   Ein Spiegel ist ein Stück Glas, …

---

in _____ man sich selbst sehen kann. /
mit _____ man große, schwere Sachen transportiert. /
von _____ wir Honig bekommen. / in _____ man seine Bücher stellt.

---

5. Was ist eine Waage?   7. Was sind Schafe?

Eine Waage ist ein Apparat, …   Schafe sind Tiere, …

6. Was ist eine Untertasse?   8. Was ist eine Säge?

Eine Untertasse ist ein kleiner Teller, …   Eine Säge ist ein Werkzeug, …

---

auf _____ man seine Tasse stellt. / von _____ wir Wolle bekommen.
mit _____ man Bäume fällen kann. /
mit _____ man herausfindet, wie schwer etwas ist.

Ex. 9-21: Point out that **Apparat** and **Gerät** are almost synonymous. However, very simple **Geräte,** as for example, a corkscrew, cannot be called an **Apparat,** but a very complicated **Apparat** can also be called a **Gerät.**

9-21 Was ist das? Beschreiben Sie mit einem Relativsatz irgendein Gebäude oder einen Apparat/ein Gerät! Ihre Partnerin/Ihr Partner sagt dann, was für ein Gebäude oder was für ein Apparat oder Gerät das ist.

> In diesem Gebäude kann man fast alles kaufen.

S1: Was ist das? Ein Gebäude, in dem man fast alles kaufen kann. *S2:* Das ist ein Kaufhaus.

> Mit diesem Apparat macht man Fotos.

S1: Was ist das? Ein Apparat, mit dem man Fotos macht. *S2:* Das ist eine Kamera.

GEBÄUDE

1. In diesem Gebäude sind Tausende von Büchern.
2. In dieses Gebäude geht man, wenn man tanzen will.
3. In diesem Gebäude kauft man Lebensmittel.
4. In dieses Gebäude geht man, wenn man Geld braucht.
5. In diesem Gebäude kauft man Briefmarken.
6. In dieses Gebäude geht man, wenn man sich einen Film anschauen will.
7. In diesem Gebäude sind viele Ärzte, Krankenschwestern und Patienten.

a. eine Bank
b. eine Bibliothek
c. ein Kino
d. eine Disco
e. ein Supermarket
f. ein Krankenhaus
g. ein Postamt

Ex. 9-21: In **Kapitel 8** students learned that the preposition **auf** is used with **Bank: Ich gehe auf die Bank.** That preposition cannot be transferred to **Gebäude** because **auf das Gebäude** would mean *on top of the building.*

APPARATE UND GERÄTE

1. Mit diesem Gerät macht man Dosen auf.
2. Mit diesem Apparat kann man sehr kleine Dinge sehr viel größer sehen.
3. Mit diesem Gerät kann man sich sehr schnell etwas zu essen kochen.
4. Mit diesem Apparat schaut man sich Filme an.
5. Mit diesem Gerät öffnet man Weinflaschen.
6. Mit diesem Apparat spricht man mit Menschen, die weit weg sind.
7. Mit diesem Gerät hält man Lebensmittel frisch.
8. Mit diesem Apparat kann man Filme machen.
9. Mit diesem Gerät kann man sich zu Hause die schönsten Konzerte anhören.

a. eine Mikrowelle
b. ein Korkenzieher
c. ein Dosenöffner
d. eine Video-Kamera
e. ein Mikroskop
f. ein CD-Spieler
g. ein Videorecorder
h. ein Kühlschrank
i. ein Telefon

> **Sprachnotiz:** *Irgend*
>
> To express *some . . . or other,* German affixes **irgend** to the beginning of many words:
>
> | | | | |
> |---|---|---|---|
> | **irgendwo** | *somewhere or other* | **irgendein Mann** | *some man or other* |
> | **irgendwann** | *sometime or other* | **irgendeine Frau** | *some woman or other* |
> | **irgendwie** | *somehow or other* | | |
>
> With **etwas** and **jemand**, **irgend** is written as a separate word:
>
> **irgend etwas** *something or other*
> **irgend jemand** *someone or other*

ZUSAMMENSCHAU

Beginning in this chapter, the *Zusammenschau* features a longer reading selection. Reading strategies and processing of the reading are presented in *Vor dem Lesen* and *Nach dem Lesen*.

Der Hase und der Igel
Nach einem Märchen der Brüder Grimm

Vor dem Lesen

9-22 Kindergeschichten. Denken Sie an Ihre Kindheit zurück!

• Welche Geschichten haben Sie als Kind gehört oder gelesen?

• Welche von diesen Geschichten haben Ihnen besonders gut gefallen, und welche haben Ihnen nicht gefallen?

• In welchen von diesen Geschichten haben Tiere eine Rolle gespielt? Was für Tiere waren das?

9-23 Wir spekulieren. Viele Kinder in der englischsprachigen Welt kennen das Märchen *The hare and the tortoise*, in dem eine Schildkröte mit einem Hasen um die Wette läuft und gewinnt. Der Hase weiß natürlich, daß er viel schneller ist. Er macht deshalb zuerst einmal ein Schläfchen, und als er endlich aufwacht, ist die Schildkröte schon fast am Ziel. In den deutschsprachigen Ländern kennt man die Grimmsche Version dieses Märchens, in der das langsame Tier ein Igel ist.

Spekulieren Sie mit Ihrer Partnerin/Ihrem Partner, wie der langsame Igel den Wettlauf mit dem schnellen Hasen gewinnen kann. Vergleichen Sie dann Ihre Version mit den Versionen Ihrer Mitstudenten.

ZWEI TIPS: • Der Hase macht in der Grimmschen Version kein Schläfchen.
• Auch die Frau des Igels spielt hier eine wichtige Rolle.

From the outset of this text, students have been exposed to various types of reading activities. They range from extracting specific pieces of information from realia items (usually coupled with visuals to help in understanding) to more in-depth readings in the *Leute* sections of each chapter. **Kapitel 9,** which introduces the simple past tense, features narratives and stories. Reading in real-life situations is quite different from reading in the foreign language classroom. In real life one reads only those items that one needs for survival or in which one is particularly interested. The *Vor dem Lesen* activities for **Der Hase und der Igel** are therefore intended to pique interest in the story by personalizing the topic and by asking students to anticipate what will happen in the story.

Ex. 9-23: New words: **Schildkröte** (meaning can be guessed from context); **um die Wette laufen;** **Igel** (have students look at illustration).

Der Hase und der Igel
Nach einem Märchen der Brüder Grimm

Es war an einem Sonntagmorgen zur Sommerzeit. Die Sonne schien hell vom blauen Himmel, der Morgenwind ging warm über die Felder, die Bienen summten in den Blumen, und die Leute gingen in ihren Sonntagskleidern zur Kirche.

5 Der Igel aber stand vor seiner Tür und schaute in den schönen Morgen hinaus. Als er so stand, da fiel ihm ein, daß er Zeit hatte, schnell aufs Feld zu gehen und seine Rüben[1] anzuschauen, solange seine Frau die Kinder wusch und das Frühstück machte.

Als der Igel zum Rübenfeld kam, traf er dort seinen Nachbarn, den Hasen, der
10 auch einen Spaziergang machte. Der Igel sagte freundlich guten Morgen.

t de Wett?" „En Branwien", seggt spröök de Haas, los gahn." „Nä, een de Swinegel, eerst will ick to öhstücken; inner op'n Platz." denn de Haas reges dachte de verlett sick up

The illustration shows a bit of the Grimms' original Low-German version.

Aber der Hase grüßte nicht zurück, sondern sagte: »Wie kommt es denn, daß du hier am frühen Morgen auf dem Feld herumläufst?« »Ich gehe spazieren«, sagte der Igel. »Spazieren?« lachte der Hase, »du, mit deinen kurzen, krummen² Beinen?«

¹⁵Diese Antwort ärgerte den Igel sehr, denn für einen Igel hatte er sehr schöne Beine, auch wenn sie von Natur kurz und krumm waren. »Denkst du vielleicht«, sagte er zum Hasen, »daß du mit deinen langen, dünnen Beinen schneller laufen kannst als ich?« »Das denke ich wohl«, lachte der Hase, »willst du wetten³?« »Ja, ein Goldstück und eine Flasche Schnaps«, sagte der Igel. ²⁰»Gut«, rief der Hase, »fangen wir an!« »Nein, so große Eile⁴ hat es nicht«, meinte der Igel, »ich will erst noch nach Hause gehen und ein bißchen frühstücken. In einer halben Stunde bin ich wieder zurück.«

Auf dem Heimweg dachte der Igel: »Der Hase kann zwar schneller laufen, aber die Wette gewinne ich, denn er hat die langen Beine, aber ich habe den ²⁵klugen Kopf.« Als er zu Hause ankam, sagte er zu seiner Frau: »Frau, zieh schnell eine von meinen Hosen an, du mußt mit mir aufs Feld.« »Eine von deinen Hosen? Ja was ist denn los?« fragte seine Frau. »Ich habe mit dem Hasen um ein Goldstück und eine Flasche Schnaps gewettet. Ich will mit ihm um die Wette laufen, und da brauche ich dich.« »Oh mein Gott, Mann«, rief ³⁰da die Frau ganz aufgeregt, »bist du nicht ganz recht im Kopf? Wie kannst du mit dem Hasen um die Wette laufen wollen?« »Laß das mal meine Sache sein«, sagte der Igel. »Zieh jetzt die Hose an, und komm mit.«

Unterwegs sagte der Igel zu seiner Frau: »Nun paß mal auf, was ich dir sage. Siehst du, auf dem langen Feld dort wollen wir unseren Wettlauf machen. Der ³⁵Hase läuft in der einen Furche⁵ und ich in der anderen, und dort oben fangen wir an. Du aber sitzt hier unten in meiner Furche, und wenn der Hase hier ankommt, springst du auf und rufst: »Ich bin schon da.«

Als der Igel am oberen Ende des Feldes ankam, wartete der Hase dort schon. »Können wir endlich anfangen?« fragte er. »Jawohl«, sagte der Igel. Dann ging ⁴⁰jeder zu seiner Furche. Der Hase zählte: »Eins, zwei,drei« und rannte wie ein Sturmwind über das Feld. Der Igel aber blieb ruhig auf seinem Platz.

Als der Hase am unteren Ende des Feldes ankam, sprang die Frau des Igels auf und rief: »Ich bin schon da!« Der Hase wunderte sich nicht wenig, denn die Frau des Igels sah genauso aus wie ihr Mann. Er dachte: »Das kann doch ⁴⁵nicht sein!« Aber dann rief er: »Einmal ist nicht genug!«Und zurück raste er wie ein Sturmwind, daß ihm die Ohren am Kopf flogen. Die Frau des Igels aber blieb ruhig auf ihrem Platz. Als der Hase am oberen Ende des Feldes ankam, sprang der Igel auf und rief: »Ich bin schon da!« Der Hase war ganz außer sich⁶ und schrie: »Noch einmal!« »Sooft du Lust hast«, lachte der Igel. ⁵⁰So lief der Hase noch dreiundsiebzigmal, und jedesmal, wenn er oben oder unten ankam, riefen der Igel oder seine Frau: »Ich bin schon da!«

Das letzte Mal aber kam der Hase nicht mehr bis zum Ende, sondern stürzte⁷ mitten auf dem Feld tot⁸ zur Erde. Der Igel aber nahm das Goldstück und die Schnapsflasche, rief seine Frau, und beide gingen vergnügt⁹ nach Hause, und ⁵⁵wenn sie nicht gestorben sind, so leben sie noch heute.

¹turnips ²crooked ³bet ⁴hurry ⁵furrow ⁶beside himself ⁷dropped ⁸dead ⁹happily

Nach dem Lesen

9-24 Wer war das? Die zwölf Fragen zu *Der Hase und der Igel*, die Sie hören, beginnen alle mit »Wer«. Haken Sie nach jeder Frage die richtige »Person« oder die richtigen »Personen« ab!

	IGEL	FRAU IGEL	IGEL UND FRAU	HASE	HASE UND IGEL
1.		✓			
2.					✓
3.			✓		
4.	✓				
5.				✓	
6.	✓				
7.		✓			
8.			✓		
9.				✓	
10.			✓		
11.				✓	
12.	✓				

Questions: 1. Wer machte bei Familie Igel das Frühstück und wusch die Kinder? 2. Wer machte an diesem Sonntagmorgen einen Spaziergang? 3. Wer war sehr unfreundlich und grüßte seinen Nachbarn nicht? 4. Wer hatte kurze, krumme Beine? 5. Wer wollte einen Wettlauf machen? 6. Wer wollte vor dem Wettlauf noch schnell nach Hause? 7. Wer mußte Hosen anziehen? 8. Wer saß an den beiden Enden des Feldes? 9. Wer rannte immer hin und her? 10. Wer ging mit dem Goldstück und der Schnapsflasche vergnügt nach Hause? 11. Wer konnte schneller laufen? 12. Wer hatte den klügeren Kopf?

Erzählen

9-25 Sterntaler. Schauen Sie sich die Briefmarken und die folgenden Paragraphen an. Wenn Sie diese Paragraphen in die richtige Reihenfolge bringen, haben Sie das Grimmsche Märchen **Sterntaler.**

Point out that the **Taler** was a German silver coin used from the end of the 15th century until well into the 19th century. Ask students for the English cognate of this word.

You might comment on the fact that the stamps on the illustration are **Wohlfahrtsmarken.** The buyer pays for the face value of the stamp plus the additional printed amount. This lesser amount goes to charities.

Point out the demonstrative pronouns in this story (**dem waren Vater und Mutter gestorben; der sagte; der hatte nur ein dünnes Hemdchen an**). They are typical of Grimms' fairy tale style.

___1___ Es war einmal ein kleines Mädchen, dem waren Vater und Mutter gestorben, und es war so arm, daß es nur noch ein dünnes Kleidchen, ein Jäckchen und ein Stückchen Brot hatte.

_____ Da kam ein kleiner Junge, der hatte nur ein dünnes Hemdchen an. Und weil er so fror in der kalten Nacht, gab das Mädchen ihm sein Jäckchen.

_____ Als das Mädchen sich am Abend einen Platz zum Schlafen suchte, traf es einen alten Mann, der sagte: »Ach, gib mir etwas zu essen, ich bin so hungrig.« Da gab es ihm sein letztes Stückchen Brot.

_____ Als das Mädchen nun in seinem dünnen Kleidchen in den klaren Himmel hinaufschaute, fielen plötzlich die Sterne vom Himmel und wurden harte Silbertaler. Die sammelte das Mädchen auf und war sein ganzes Leben lang reich.

Vor vielen Jahren ritt einmal ein Mann auf seinem Esel aus der Stadt in sein Dorf zurück, und sein kleiner Sohn ging zu Fuß neben dem Esel.

Unterwegs trafen sie den Bäcker aus ihrem Dorf. Als der Bäcker sie sah, blieb er stehen und sagte zum Vater: »Ich finde es nicht recht, daß du reitest und daß dein kleiner Sohn zu Fuß geht. Du bist doch viel stärker als er.« Da stieg der Vater vom Esel und ließ seinen Sohn reiten.

Ein bißchen später trafen die beiden den Fleischer aus ihrem Dorf. Der Fleischer blieb auch stehen, schaute den Jungen an und rief: »Was, Junge, du reitest, und läßt deinen Vater zu Fuß gehen? Das ist nicht recht!« Da stieg auch der Vater wieder auf den Esel, und Vater und Sohn ritten beide.

Kurz danach trafen sie den Schneider aus dem Dorf. Als der Schneider den Vater und den Sohn auf dem armen Esel sah, rief er: »Zwei Menschen auf einem kleinen Esel! Das ist nicht recht!« Da stiegen Vater und Sohn vom Esel und gingen beide zu Fuß, der Vater rechts, der Sohn links, und der Esel ging in der Mitte.

Als der Vater und der Sohn dann fast zu Hause waren, trafen sie einen Bauern aus dem Dorf. Der Bauer blieb verwundert stehen und sagte: »Warum reitet denn nicht einer von euch?«Weil nun aber nur der Esel noch nicht geritten hatte, banden Vater und Sohn ihm die Beine zusammen, steckten einen dicken Stock hindurch und trugen ihn auf den Schultern nach Hause.

Es allen recht machen

Die neun Bilder illustrieren eine Fabel von Äsop.
Die Personen in dieser Fabel sind ein Vater, sein Sohn, ein Esel, ein Bäcker, ein Fleischer, ein Schneider und ein Bauer

9-26 Wer macht das? Schauen Sie die Bilder an, und ergänzen Sie!

9-27 Hören Sie gut zu! Schauen Sie die Bilder an, und hören Sie die Fabel!

	wer reitet?	wer geht zu Fuß?			wer spricht?
BILD 1:	der Vater			BILD 2:	
BILD 3:				BILD 4:	
BILD 5:				BILD 6:	
BILD 7:				BILD 8:	

9-28 Reaktionen. Wie reagierten Vater und Sohn auf das, was die vier Männer aus ihrem Dorf sagten? Ergänzen Sie!

1. Der Bäcker sagte: »Ich finde es nicht recht, daß du reitest und daß dein kleiner Sohn zu Fuß geht.« Da stieg…

2. Der Fleischer sagte: »Was, Junge, du reitest, und läßt deinen Vater zu Fuß gehen? Das ist nicht recht!« Da stiegen …

3. Der Schneider sagte: »Zwei Menschen auf einem kleinen Esel! Das ist nicht recht!« Da stiegen…

4. Der Bauer sagte: »Warum reitet denn nicht einer von euch?« Da banden …

9-29 Wir erzählen. Schauen Sie sich die Bilder noch einmal an, und erzählen Sie, was auf jedem Bild passiert.

Die Brüder Grimm

Der Hase und der Igel, Schneewittchen, Rotkäppchen und *Hänsel und Gretel* gehören zu der bekanntesten Märchensammlung der Weltliteratur, den *Kinder- und Hausmärchen* von Jakob und Wilhelm Grimm.

Als die beiden Brüder im Jahr 1807 mit ihrer Märchensammlung begannen, hatten sie gerade ihr Studium beendet. Ihr Ziel war, die wunderbaren alten Geschichten aufzuschreiben, die einfache Leute einander erzählten, bevor diese Geschichten für immer verloren gingen.

Die Brüder merkten bald, daß Frauen mehr Geschichten kannten als Männer und daß sie sie auch besser erzählten. Den Idealtyp einer Märchenfrau fanden sie in der 55jährigen Schneidersfrau Dorothea Viehmann. Diese Frau brachte den Brüdern regelmäßig Lebensmittel ins Haus, und sie erzählte ihnen viele von den schönsten Märchen. Den bezaubernden[1] Märchenstil haben wir aber weniger den Erzählerinnen zu verdanken als dem poetischen Talent von Wilhelm Grimm.

Wenn wir heute von Märchen sprechen, denken wir an wunderbare Erzählungen für Kinder. Manche[2] Ausdrücke und Situationen in diesen Geschichten waren aber für Kinder nicht geeignet.[3] »Deshalb haben wir«, so schreibt Wilhelm Grimm, »jeden für das Kindesalter nicht passenden Ausdruck sorgfältig gelöscht.«[4] Trotzdem gibt es Kritiker, denen manche Situationen in diesen Märchen immer noch zu grausam[5] sind. Aber sind die Märchen der Brüder Grimm wirklich so grausam, wenn wir sie mit den Grausamkeiten vergleichen, die wir heutzutage täglich auf dem Bildschirm[6] sehen?

Die *Kinder- und Hausmärchen* der Brüder Grimm sind heute in über 140 Sprachen übersetzt, und die Grimmschen Märchen sind nach der Bibel das meistgedruckte Buch in der Geschichte der Menschheit. Ein Grund, warum diese Märchensammlung in aller Welt so beliebt geworden ist, ist wohl, daß ihre Themen auch in den Geschichten von vielen anderen Ländern und Kulturen erscheinen.[7]

Auch heute noch stehen frische Blumen auf den Gräbern der Brüder Grimm

Ein zweites großes Werk, das Jacob und Wilhelm Grimm aber nur beginnen konnten, war ihr *Deutsches Wörterbuch.* Die Brüder selbst sind in diesem monumentalen Werk nur bis zum Buchstaben F gekommen, und nach ihrem Tod brauchte es die Arbeit von Generationen von Linguisten, bis der letzte von den 32 Bänden[8] im Jahr 1960 endlich fertig wurde.

[1]enchanting   [2]some   [3]suitable
[4]deleted   [5]cruel   [6]TV screen
[7]appear   [8]volumes

Schneewittchen und die sieben Zwerge in Bengali

▣ Wörter im Kontext 2

● Nomen

die Biene, -n	bee
der Bildschirm, -e	TV screen
der Durchschnitt, -e	average
das Dutzend, -e	dozen
der Eingang, ¨e	entrance
die Erde	earth, ground
das Gerät, -e	device, instrument, tool
das Hallenbad, ¨er	indoor swimming pool
der Hörsaal, Hörsäle	lecture hall
das Kabriolett, -s	convertible (car)
der Lastwagen, -	truck
die Menschheit	humanity
das Postamt, ¨er	post office
die Rübe, -n	turnip
die Sammlung, -en	collection
der Schneider, -	tailor
der Spiegel, -	mirror
der Stern, -e	star
der Streifen, -	stripe
die Untertasse, -n	saucer
der Wecker, -	alarm clock
die Werbung	advertising
das Werkzeug, -e	tool

Give word for outdoor swimming pool: das Freibad.

● Verben

auf•wachen	to wake up
empfehlen (empfiehlt), empfahl, hat empfohlen	to recommend
erscheinen, erschien, ist erschienen	to appear
rasen	to race
schreien, schrie, hat geschrieen	to scream, to shout
verschieben, verschob, hat verschoben	to postpone
verwechseln	to get mixed up
wetten	to bet
zählen	to count

● Andere Wörter

beliebt	popular, beloved
danach	afterwards
durchschnittlich	average
günstig	reasonable, inexpensive
kaum	scarcely, hardly
mancher, manches, manche	some
modisch	fashionable
nachdem *(conj.)*	after
regelmäßig	regular
schließlich	finally
tot	dead
unterwegs	on the way
vergnügt	happy, in a good mood
weder ... noch	neither ... nor

Point out that mancher is a der-word.

Ask students for the opposite of nachdem. Point out the difference between the conjunctions bevor and nachdem and the prepositions vor and nach: Bevor ich in die Vorlesung ging, trank ich eine Tasse Kaffee. — Vor der Vorlesung trank ich eine Tasse Kaffee.

Contained in the word vergnügt is genug. Ask how the two words are related in meaning.

● Ausdrücke

Gott sei Dank!	Thank God!
den Kopf schütteln	to shake one's head
im Erdgeschoß	on the first (ground) floor
im ersten Stock	on the second floor
Verflixt!	Darn it!

● Leicht zu verstehen

die Fabel, -n	die Natur
die Flagge, -n	das Programm, -e
der General, ¨e	der Scheck, -s
die Generation, -en	das Seniorenheim, -e
das Insekt, -en	das Talent, -e
der Kritiker, -	das Thema, themen
der Linguist, -en	miserabel
der Minister, –	mysteriös

Point out that Germans frequently use the abbreviation **LKW** for **Lastwagen**. The **K** stands for **Kraft**. Similarly **PKW** stands for **Personenkraftwagen (Personenwagen)**.

Remind students that the German equivalent of *Time* magazine is called **Der Spiegel**.

Ask what **eine fliegende Untertasse** is.

Tell students that the noun **das Zeug** means something like *thing* and that it often appears as the last component of a compound noun. Students have learned **Flugzeug** and **Fahrzeug**. Ask them to guess the meaning of **Feuerzeug, Spielzeug, Schreibzeug, Nähzeug, Strickzeug, Badezeug, Waschzeug, Bettzeug, Schlagzeug, Grünzeug.**

9-30 Was paßt zusammen?

1. Eine Schneider ist ein Mann,
2. Ein Lastwagen ist ein Fahrzeug,

3. Die Erde ist der Planet,

4. Die Menschheit sind alle Menschen,
5. Ein Stern ist ein Himmelskörper,

6. Die Eingangstür ist die Tür,

7. Eine Biene ist ein Insekt,

a. auf dem wir leben.
b. dessen Licht man nur bei Nacht sehen kann.
c. das von Blume zu Blume fliegt und Nektar sammelt.
d. der Jacken, Hosen und Anzüge macht.
e. durch die man in ein Gebäude hineingeht.
f. mit dem man große, schwere Dinge transportieren kann.
g. die auf unserer Erde leben.

9-31 Was paßt wo?

---
regelmäßige / beliebter / durchschnittlicher / mysteriöse / modisches
---

1. Ein Professor, den alle Studenten gern haben, ist ein _____ Professor.
2. Ein Kleidungsstück, das vielen Leuten gefällt, ist ein _____ Kleidungsstück.
3. Eine Situation, die kein Mensch erklären kann, ist eine _____ Situation.
4. Verben, die in allen Zeitformen den gleichen Stammvokal haben, sind _____ Verben.
5. Ein Student, der nicht gut, aber auch nicht schlecht ist, ist ein _____ Student.

9-32 Assoziationen. Finden Sie vier Gruppen von je drei Wörtern, die besonders gut zusammenpassen!

---
aufwachen / der Hörsaal / gewinnen / der Wecker /
die Vorlesung / das Paket / verlieren / klingeln /
die Briefmarke / wetten / das Postamt / die Studenten

9-33 Synonyme. Was paßt in jeder Gruppe zusammen?

1. ein Gerät
   ein Dutzend
   ein Seniorenheim
   eine Erzählung

   ein Altenheim
   eine Geschichte
   ein Apparat
   zwölf Stück

2. etwas günstig bekommen
   etwas verschieben
   den Kopf schütteln
   etwas empfehlen

   sagen, daß etwas gut ist
   nein sagen
   etwas nicht sofort tun
   etwas billig kaufen

3. kaum
   vergnügt
   schließlich
   miserabel

   lustig
   fast nicht
   schlecht
   endlich

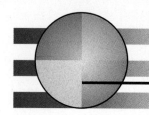

WORT, SINN UND KLANG

Words as chameleons: *als*

You have learned that **als** has a variety of meanings.

- *than*   after the comparative form of an adjective or adverb

  Herr Fischer ist acht Jahre älter **als** seine Frau.
  *Mr. Fischer is eight years older **than** his wife.*

- *when*   as a conjunction

  Bernd war noch im Bett, **als** ich kam.
  *Bernd was still in bed **when** I came.*

- *as*   in expressions like **als Kind**

  Als Kind bin ich hier oft schwimmen gegangen.
  ***As** a child I often went swimming here.*

- *but*   after **nichts**

  Wir hatten nichts **als** Ärger mit diesem Wagen.
  *We had nothing **but** trouble with this car.*

9-34 Was bedeutet *als* hier: *than, when, as,* oder *but?*

1. Als Mensch ist Professor Huber sehr nett.
2. Professor Huber ist viel netter, als ich dachte.
3. Gestern habe ich den ganzen Tag nichts als gelesen.
4. Als Kathrin nach Hause kam, hatte ich das Buch gerade fertiggelesen.
5. In Hamburg hatten wir leider nichts als Regenwetter.
6. Frau Fischer war schon als kleines Mädchen oft in Hamburg.
7. Als wir in Hamburg waren, regnete es fast jeden Tag.
8. Diesen Juni hat es in Hamburg mehr geregnet als letztes Jahr im ganzen Sommer.

Predicting gender

All nouns with the suffix **-ung** are feminine. Like most English nouns with the suffix *-ing*, most of these nouns are derived from verbs.

| warnen | *to warn* | **die** Warn**ung** | *warning* |
| landen | *to land* | **die** Land**ung** | *landing* |

However, many English equivalents of German nouns with the suffix **-ung** do not have the suffix *-ing*.

prüfen	*to examine*	**die** Prüf**ung**	*examination*
lösen	*to solve*	**die** Lös**ung**	*solution*
üben	*to practice*	**die** Üb**ung**	*exercise*
wohnen	*to live*	**die** Wohn**ung**	*apartment*
erzählen	*to tell*	**die** Erzähl**ung**	*story*

9-35 Was ist das? Form nouns from the following verbs and give their English equivalents.

1. mischen   *to mix*
2. erklären   *to explain*
3. vorlesen   *to read to*
4. beschreiben   *to describe*
5. ordnen   *to put in order*
6. öffnen   *to open*
7. übersetzen   *to translate*
8. bedeuten   *to mean*
9. verbessern   *to correct*
10. heizen   *to heat*

Zur Aussprache

German *s*-sounds: *st* and *sp*

At the beginning of a word or word stem, **s** in the combinations **st** and **sp** is pronounced like English *sh*. Otherwise it is pronounced like English *s* in *list* and *lisp*.

1. **St**efan ist **St**udent. **St**efan **st**udiert in **St**uttgart.
   Stefan findet das **St**udentenleben **st**ressig.
2. Ha**st** du Lu**st** auf eine Wur**st**, und auf Mo**st** für deinen Dur**st**?
3. Herr **Sp**ielberg **sp**richt gut **Sp**anisch.
4. Auf was **sp**art Frau **Sp**ohn? Auf einen **Sp**ortwagen. Die **sp**innt ja!
5. Unser Ka**sp**ar li**sp**elt ein bißchen.

German *s*-sounds: voiced *s* and voiceless *s*

Before vowels the sound represented by the letter **s** is voiced, i.e., it is pronounced like English *z* in *zip*.

1. Wohin reisen **S**use und **S**abine? Auf eine **s**onnige **S**üdseeinsel.
2. **S**o ein **S**auwetter! **S**eit **S**onntag keine **S**onne!

Before consonants and at the end of a word, the sound represented by the letter **s** is voiceless, i.e., it is pronounced like English *s* in *sip*. The sounds represented by **ss** and **ß** (Eszett) are also *voiceless*.

1. Der Mensch ist, was er ißt.
2. Ist das alles, was du weißt?
3. Wo ist hier das beste Restaurant?

The sound represented by the letter **z** is pronounced like English *ts* in *hits*.

1. Der **Z**ug nach **Z**ürich fährt um **z**ehn.
2. Wann kommt Hein**z** aus Main**z** zurück?
3. **Z**ahnärzte **z**iehen **Z**ähne.

Contrasting German *s*-sounds

so	**Z**oo	Gras	Graz
seit	**Z**eit	Schweiß	Schweiz
Saal	**Z**ahl	Kurs	kurz
selten	**z**elten	heißen	heizen
Sieh!	**Z**ieh!	beißen	beizen

Capital of the province of **Steiermark** in Austria.

> **Sprachnotiz:** A note on the use of **ss** and **ß**

Between two vowels, **ss** indicates that the preceding vowel is short, and **ß** indicates that the preceding vowel is long.

SHORT VOWELS		LONG VOWELS	
mü**ss**en	e**ss**en	grü**ß**en	gie**ß**en
ru**ss**isch	Ka**ss**el	hei**ß**en	Stra**ß**e

At the end of a word or before a consonant, **ss** changes to **ß**.

müssen:	ich mu**ß**	russisch:	Ru**ß**land
essen:	er i**ß**t	Kassel:	Ka**ß**ler

Point out that in contrast to the **ß** and the **ss** between vowels, an **ß** at the end of a word or before a consonant does not indicate whether the preceding vowel is long or short. However, other grammatical forms of words ending in **ß**, **ßt**, etc. often show whether the preceding vowel is to be pronounced long or short: e.g., **der Fuß, die Füße; der Fluß, die Flüsse; du mußt, wir müssen.**

KAPITEL 10

Geschichte und Gegenwart

Kommunikationsziele

Recent German history
Current events
Focusing on actions
Making resolutions
Hypothetical events

Strukturen

Passive voice
The verb **lassen**
Present-time subjunctive
Participles used as adjectives

Kultur

Division and reunification of Germany
Die neuen Bundesländer

Leute: Hans and Sophie Scholl

VORSCHAU

Wie Kinder die deutsche Wiedervereinigung erlebten

Die folgenden drei Briefe stammen aus einem Schreibwettbewerb für Kinder aus dem Jahr 1991, also kurz nach der Wiedervereinigung. Das Thema des Wettbewerbs hieß »Plötzlich ist alles ganz anders – in Deutschland, in der Welt, in mir.« Alle drei Briefe wurden von Kindern aus der ehemaligen DDR geschrieben, und sie spiegeln sowohl die anfängliche Euphorie wider als auch die Probleme, die die Wiedervereinigung den Menschen in den neuen Bundesländern gebracht hat.

Ask students what world event took place in Berlin on November 9, 1989. Ask whether they know what **DDR** stands for. Point out the irony of **demokratisch** in the name **Deutsche Demokratische Republik**.

Three letters appear on the next page.

Ein Traum geht in Erfüllung: New words: **Wiedervereinigung; erleben; stammen aus** (= kommen aus); **Wettbewerb; ehemalig** (= früher); **sowohl...als auch; in Erfüllung gehen; bekanntgeben; Grenze; Grenzübergang; bereits** (= schon); **Stau; Lichthupe; entgegenkommen; Stacheldraht; zuwinken; in Bewegung setzen** (= anfangen zu fahren); **Sperrgebiet; Richtung; Erlebnis**

Wartet nur, bis ich groß bin! New words: **Ossi; Wessi** (see annotation); **locken; beweisen**

Interview mit dem Bundeskanzler: New words: **Bundeskanzler; prächtig** (= fabelhaft); **sich freuen; Freude; Mülleimer; (hübsch ≠ häßlich); bunt** (≠ farblos); **Verkehrsunfall**

Many skilled workers left the former GDR as soon as the borders to the FRG were opened in 1989 and many others are still leaving to take jobs in the former FRG.

Reference is here made to the peaceful **Montagsdemonstrationen** which began in Leipzig (Sachsen) in September 1989 and continued on a weekly basis until the East German Regime capitulated. One of the slogans that the demonstrators chanted was **Deutschland, einig Vaterland**.

The terms **Ossi** (referring to a person from the former East Germany) and **Wessi** (referring to a person from the former West Germany) have pejorative connotations. Former East Germans often make reference to the **Besser-Wessi** (a play on the word **Besserwisser**), because of the perception in the new federal states that the people in the west think they know more, and are somehow superior. That feeling is expressed in Toni Thiele's letter.

Helmut Kohl was first elected Chancellor of the FRG in 1982. In the election year 1990 he campaigned vigorously in the east, promising rapid economic recovery for the East Germans, as well as no increase in taxes. The reality of reunification has proved to be much more difficult.

Rostock has suffered massive unemployment since reunification. During GDR times the wharfs of Rostock built many ships for the Soviet Union.

doll: North German dialect for **toll.**

Far fewer items were pre-packaged in the former GDR, resulting in much less garbage.

Wartet nur, bis ich groß bin!

Am meisten ärgert es mich, daß man uns Ossis nennt. Aber wir werden es den Wessis schon zeigen, daß wir nicht Menschen zweiter Klasse sind. Wenn es nämlich so wäre, dann frage ich, warum sie unsere guten Arbeiter zu sich rüber locken? Wartet nur ab, bis ich groß bin. Dann werde ich es beweisen. Ich will nämlich in meiner Heimat bleiben, und das ist nun mal Sachsen. Und ohne die Sachsen gäbe es kein einig Vaterland!

Toni **T**hiele, 9 Jahre
Hermsdorf (Sachsen)

Ein Traum ging in Erfüllung

Niemals werde ich den Tag vergessen, an dem wir alle zum erstenmal in die BRD reisen durften. Am Sonntag, dem 12. November 1989, bin ich mit Vati zur Polizei gefahren, um das Visum für meine Eltern abzuholen. Um 11 Uhr gab der RSH bekannt, daß ab 13 Uhr ein neuer Grenzübergang in Mustin in der Nähe von Ratzeburg geöffnet wird. Ratzeburg kannte ich überhaupt nicht. Nach dem Mittag fuhren wir mit unserem Trabi los. Wir wollten pünktlich zur Grenzöffnung dort sein.

Aber bereits einen Kilometer vor Roggendorf begann der Stau. Zwei Armeefahrzeuge kamen uns mit Lichthupe entgegen. Sie waren mit Stacheldraht von der Grenze beladen. Alle winkten den Fahrzeugen zu.

Dann setzten sich die Fahrzeuge vor uns in Bewegung, und so fuhren wir Stück für Stück durch das ehemalige Sperrgebiet in Richtung Grenze. Gegen 17 Uhr wurden wir herzlich am Übergang empfangen. Das war ein unvergeßliches Erlebnis, wie wir durch die Grenze fuhren! Ein Traum ging in Erfüllung.

Manuela Ide, 13 Jahre
Schwerin (Mecklenburg-Vorpommern)

Interview mit dem Bundeskanzler

Tilo: Werter Herr Kohl, wie geht es Ihnen?
Kohl: Mir geht's prächtig.
Tilo: Was meinen Sie, wie es uns in Rostock geht?
Kohl: Sicher sehr schlecht, aber ich bin optimistisch.
Tilo: Freuen Sie sich, daß Sie uns jetzt auch haben?
Kohl: Ja, ich kann vor Freude manchmal nicht schlafen.
Tilo: Was sagen Sie zu den vielen Arbeitslosen?
Kohl: Das ist nicht schön, aber ich bin optimistisch.
Tilo: Ich muß jetzt viel öfter den Mülleimer runter bringen. Muß denn alles so doll verpackt sein? Kauft das sonst keiner?
Kohl: Es ist doch schön, wenn alles hübsch bunt ist.
Tilo: Ich habe einen schweren Verkehrsunfall, darum frage ich Sie: Warum gibt es immer mehr Autos und immer weniger Platz zum Spielen?
Kohl: Man kann auch im Auto schön spielen.

Tilo Elgeti, 9 Jahre
Rostock (Mecklenburg-Vorpommern)

The **Trabant** was a car produced in the former GDR. With its two-cycle engine it was noisy and smelly. There was a waiting period of many years to take possession of a **Trabi,** as it was lovingly called

ZUM HÖREN

10-1 Sie hören die drei Briefe auf Seite 324 und nach jedem Brief ein paar Aussagen. Entscheiden Sie, ob diese Aussagen **richtig** oder **falsch** sind.

	Ein Traum ging in Erfüllung		**Wartet nur, bis ich groß bin!**		**Interview mit dem Bundeskanzler**	
	RICHTIG	FALSCH	RICHTIG	FALSCH	RICHTIG	FALSCH
1.	✓		✓			✓
2.	✓		✓			✓
3.		✓		✓	✓	
4.		✓				
5.		✓				

10-2 Ein Brief an die Präsidentin/den Präsidenten! Denken Sie an ein paar aktuelle Probleme an Ihrer Universität/Ihrem College. Informieren Sie die Präsidentin/den Präsidenten darüber, und präsentieren Sie Vorschläge, wie man diese Probleme lösen könnte.

EINE HÖFLICHE ANREDE:
Sehr geehrte Frau Präsidentin/Sehr geehrter Herr Präsident!

MÖGLICHE PROBLEME:
Das Essen in der Mensa ist schlecht und teuer.
Mein Studium kostet zu viel.
Die Hörsäle und die Bibliothek sind zu heiß/zu kalt.
Im Studentenheim ist es viel zu laut.
…

EIN HÖFLICHER GRUSS:
Hochachtungsvoll,
Ihre/Ihr…

10-3 Deutschland in Europa. Schauen Sie eine Karte von Deutschland an, und sagen Sie, an welche europäischen Nachbarländer die folgenden zehn deutschen Bundesländer grenzen!

Baden-Württemberg grenzt an Frankreich und an die Schweiz.

BUNDESLÄNDER	NACHBARLÄNDER
1. Baden-Württemberg	Belgien
2. Bayern	Dänemark
3. Brandenburg	Frankreich
4. Mecklenburg-Vorpommern	Luxemburg
5. Niedersachsen	die Niederlande
6. Nordrhein-Westfalen	Österreich
7. Rheinland-Pfalz	Polen
8. Saarland	die Schweiz
9. Sachsen	Tschechien
10. Schleswig-Holstein	

Statements: Ein Traum ging in Erfüllung: 1. Am 12. November 1989 brauchten die Leute aus der DDR noch ein Visum, um in die BRD reisen zu dürfen. (Richtig) 2. Am 12. November 1989 wurde in Mustin bei Ratzeburg ein neuer Grenzübergang geöffnet. (Richtig) 3. Manuelas Eltern hatten einen Volkswagen. (Falsch. Sie hatten einen Trabi.) 4. Nach einer problemlosen Fahrt kamen Manuela und ihre Eltern noch vor dem Mittagessen zum Grenzübergang in Mustin. (Falsch. Sie kamen bald in einen Stau und waren erst gegen 17 Uhr in Mustin.) 5. Die Westdeutschen am Grenzübergang waren sehr freundlich und herzlich zu den Leuten aus der DDR. (Richtig.)

Wartet nur, bis ich groß bin! 1. Viele Wessis denken, daß die Ossis Menschen zweiter Klasse sind. (Richtig.) 2. Die guten Arbeiter aus Ostdeutschland sind im Westen sehr willkommen. (Richtig.) 3. Wenn Toni groß ist, will er in Westdeutschland arbeiten. (Falsch. Er will in seiner Heimat bleiben.)

Interview mit dem Bundeskanzler: 1. Der Bundeskanzler weiß nicht, daß es den Menschen in Rostock so schlecht geht. (Falsch. Er weiß das sehr gut, aber er ist optimistisch.) 2. Tilo findet es schön, daß jetzt alles so hübsch bunt verpackt ist. (Falsch. Er ärgert sich, daß er wegen der vielen Verpackung den Mülleimer öfter runterbringen muß.) 3. Tilo findet es gar nicht schön, daß es jetzt immer mehr Autos und immer weniger Platz zum Spielen gibt. (Richtig.)

1915

1925

1935

▲ 1939
Die deutsche Armee marschiert in Polen ein. Beginn des zweiten Weltkriegs.

1945

▲ 1948/49
Die Sowjetunion blockiert elf Monate lang alle Land- und Wasserwege nach Westberlin. Die westlichen Alliierten versorgen die Stadt über die Luftbrücke mit allen lebenswichtigen Gütern.

1933 ▲
Adolf Hitler wird Kanzler. Deutschland wird eine Diktatur.

▲ 1945
Mit Hitlers Selbstmord enden die Nazidiktatur und der zweite Weltkrieg. In diesem Krieg kamen 55 Millionen Menschen ums Leben, darunter im Holocaust ungefähr 6 Millionen Juden. Deutschland und Berlin werden in je vier Besatzungszonen aufgeteilt, eine amerikanische, eine britische, eine französische und eine russische.

▲ 1918
Deutschland verliert den ersten Weltkrieg. Ende der Monarchie. Deutschland wird eine Demokratie.

▲ 1938
In der Nacht vom 9. zum 10. November, der sogenannten Kristallnacht, werden viele jüdische Geschäfte und fast alle Synagogen zerstört. Viele jüdische Deutsche werden ermordet.

▲ 1949
Aus den vier Zonen werden die Bundesrepublik Deutschland und die Deutsche Demokratische Republik. Berlin bleibt eine geteilte Stadt.

For background information on the blockade, refer to the annotation at he bottom of the Wörter im Kontext on page 328.

Deutsche Chronik (new words) zerstört, Besatzungszonen, Luftbrücke, Mauer, Bevölkerung.

10-4 Die Berliner Luftbrücke. Schauen Sie sich das Schaubild genau an, und beantworten Sie dann die folgenden Fragen!

1. Wie heißen die drei Flugplätze, auf denen die alliierten Transportmaschinen landeten?
2. In welchem Monat landeten die meisten Transportmaschinen in Berlin?
3. In welchem Monat wurden die meisten Lebensmittel und in welchem die meiste Kohle nach Berlin geflogen?
4. Ungefähr wie viele Tonnen Kohle wurden im Januar 1949 nach Berlin geflogen?
5. Wieviel Prozent aller Luftbrückengüter waren Kohle?
6. Was bedeutet vH? *Von Hamburg, von Hannover* oder *vom Hundert*?

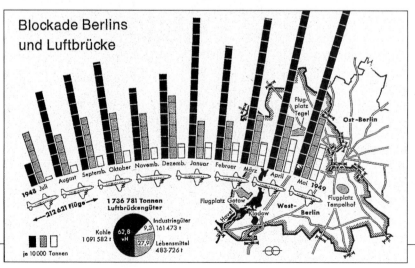

Blockade Berlins und Luftbrücke

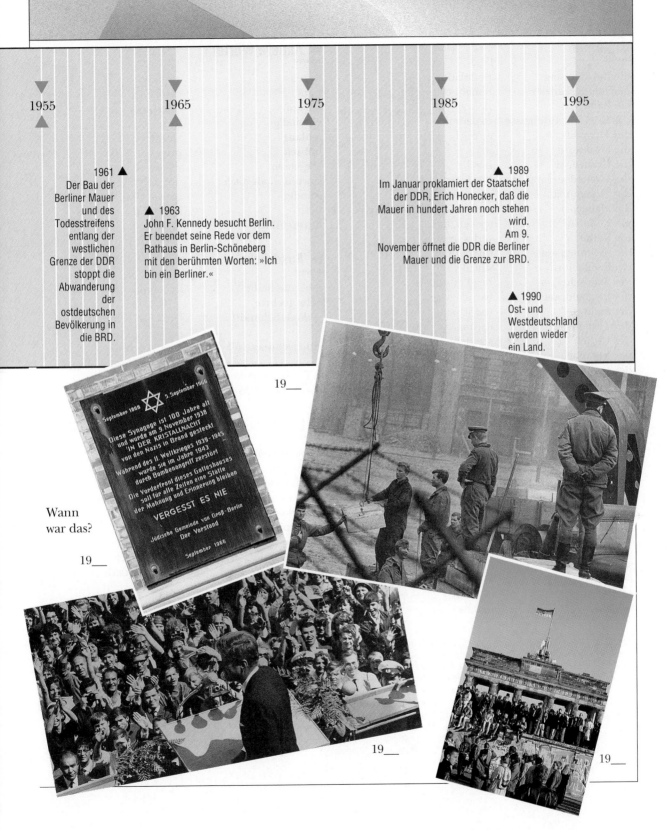

1955   1965   1975   1985   1995

1961 ▲
Der Bau der
Berliner Mauer
und des
Todesstreifens
entlang der
westlichen
Grenze der DDR
stoppt die
Abwanderung
der
ostdeutschen
Bevölkerung in
die BRD.

▲ 1963
John F. Kennedy besucht Berlin.
Er beendet seine Rede vor dem
Rathaus in Berlin-Schöneberg
mit den berühmten Worten: »Ich
bin ein Berliner.«

▲ 1989
Im Januar proklamiert der Staatschef
der DDR, Erich Honecker, daß die
Mauer in hundert Jahren noch stehen
wird.
Am 9.
November öffnet die DDR die Berliner
Mauer und die Grenze zur BRD.

▲ 1990
Ost- und
Westdeutschland
werden wieder
ein Land.

19___

Wann
war das?

19___

19___

19___

▣ Wörter im Kontext 1

● Nomen

die Bevölkerung	population
der Bundeskanzler	federal chancellor
die Bahn, -en	railway
das Erlebnis, Erlebnisse	experience
der Flugplatz, ⸚e	airport
die Freude, -n	joy
die Grenze, -n	border
der Grenzübergang, ⸚e	border crossing
der Höhepunkt, -e	climax
die Mauer, -n	wall
die Rede, -n	speech, talk
die Reihe	series; row
die Richtung, -en	direction
der Selbstmord, -e	suicide
der Staatschef, -s	head of state
der Stacheldraht	barbed wire
der Stau, -s	traffic jam
der Traum, ⸚e	dream
der Unfall, ⸚e	accident
der Verkehr	traffic
der Verkehrsunfall, ⸚e	traffic accident
der Vorschlag, ⸚e	suggestion
der Wettbewerb, -e	contest
die Wiedervereinigung	reunification

A **Stau** (from **stauen** = *to dam up the flow of a river*) can bring **Autobahn** traffic to a stand-still for hours and every German driver has a favorite story about her/his experiences in a **Stau**.

Ask students which three verbs in this section are not inseparable prefix verbs.

● Verben

beenden	to end
beweisen, bewies, hat bewiesen	to prove
erleben	to experience
ermorden	to murder
erreichen	to reach
stammen aus	to originate from
teilen	to divide
zerstören	to destroy
winken	to wave

● Andere Wörter

bereits	already
bunt	colorful
darum	that's why
ehemalig	former
entlang	along
hübsch	pretty
sogenannt	so-called
sowohl … als auch	not only… but also
ständig	constantly
tief	deep
unvergeßlich	unforgettable

● Ausdrücke

d.h., das heißt	i.e., that is
Sehr geehrte Frau Schmidt!	Dear Ms. Schmidt! *(in formal letters)*
Hochachtungsvoll	Yours faithfully *(in formal letters)*
in Erfüllung gehen	to be fulfilled
überhaupt nicht	not at all

Review salutations and endings of informal letters.

● Leicht zu verstehen

die Alliierten *(pl)*	die Summe, -n
die Armee, -n	die Synagoge, -n
die Blockade, -n	die Tonne, -n
die Demokratie, -n	das Visum, Visen
die Diktatur, -en	blockieren
die Euphorie	informieren
die Kontrolle, -n	präsentieren
die Monarchie, -n	astronomisch
die Rebellion, -en	kommunistisch

Point out that all nouns ending in **-ie** and **-ion** are feminine.

Ex.: 10-4: Some background information: **Die Berliner Blockade.** Im Jahr 1945 wurde Berlin in vier alliierte Besatzungszonen geteilt. Weil die Stadt aber tief in der sowjetischen Zone lag, versuchte die Sowjetunion ständig, die Kontrolle über ganz Berlin zu bekommen. Ende Juni 1948 erreichte der Kampf um Berlin seinen Höhepunkt: die Sowjets blockierten alle Straßen, Bahnlinien und Wasserwege, die durch die sowjetische Zone vom Westen nach Berlin führten, um die 2,2 Millionen Westberliner auszuhungern und die Amerikaner, Briten und Franzosen zu vertreiben. Aber schon 24 Stunden nach Beginn der Blockade landeten die ersten amerikanischen Transportflugzeuge in Berlin, und die größte Lufttransportaktion aller Zeiten, die Luftbrücke oder *Operation Vittles,* wie die Amerikaner sie nannten, hatte begonnen. Sie endete erst im Mai 1949, als die Sowjets die Landwege nach Berlin endlich wieder öffneten, und sie kostete nicht nur astronomische Summen, sondern in einer Reihe von Unglücksfällen auch das Leben von 40 Briten, 31 Amerikanern und 5 Deutschen.

10-5 Was paßt wo?

Stacheldraht / Erlebnis / Höhepunkt / Freude / Grenze

Die Europareise, die Tom letzten Sommer machte, war ein unvergeßliches
_____ für ihn, und die vielen Postkarten, die er nach Hause schickte, machten
seinen Eltern viel _____. Der _____ seiner Reise war die Fahrt über die
ehemalige _____ zwischen der DDR und der BRD. Den Todesstreifen konnte
man dort noch erkennen, aber von _____ war natürlich nichts mehr zu sehen.

10-6 Synonyme. Was paßt in jeder Gruppe zusammen?

1. ständig	a. vielfarbig	5. die Rede	e. die Einwohner
2. darum	b schon	6. die Bevölkerung	f. der Flughafen
3. bunt	c. immer	7. der Flugplatz	g. die Serie
4. bereits	d. deshalb	8. die Reihe	h. der Vortrag

10-7 Was paßt zusammen?

1. Wenn ich ganz klar zeigen kann,   dann sollte man sich informieren.
   daß etwas richtig oder wahr ist,
2. Wenn jemand sich das Leben   dann habe ich es bewiesen.
   genommen hat, sagt man:
3. Wenn ich mir etwas wünsche und   dann gibt es einen Stau.
   es bekomme,
4. Wenn man etwas nicht weiß,   Sie/er hat Selbstmord begangen.
5. Wenn ein Verkehrsunfall die   dann ist mein Wunsch in Erfüllung
   Autobahn blockiert,   gegangen.

10-8 Was paßt wo?

---
sowohl...als auch / Fotowettbewerb / hübsch / zerstört /
Wiedervereinigung / ermordet / geteiltes / tief / überhaupt nichts
---

1. In der Kristallnacht wurden in Deutschland alle Synagogen _____ und viele
   jüdische Deutsche _____.
2. Von 1945 bis zur _____ im Jahr 1990 war Deutschland ein _____ Land.
3. Ende Juni 1948 blockierten die Sowjets _____ alle Straßen und Bahnlinien
   _____ alle Wasserwege nach Westberlin.
4. Ein Staat, in dem die Bevölkerung _____ zu sagen hat, ist eine Diktatur.
5. In einem _____ versucht man herauszufinden, wer am besten fotografieren
   kann.
6. Eine junge Frau, die gut aussieht, nennt man _____.
7. Das Gegenteil von »hoch« ist _____.

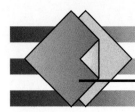

FUNKTIONEN UND FORMEN 1

● 1 Focusing on the receiver of an action

Since this is a first introduction to the passive voice, only the present and simple past tenses are presented. The other tenses are best left for an intermediate course.

The passive voice

In grammatical terms, the doer of an action is usually the subject of the sentence.

> *Peter* holt mich um sieben ab.
> *Peter is picking me up at seven.*

A sentence in which the doer of an action functions as the subject of the sentence is said to be in the active voice.

If, however, you find it unnecessary to mention the doer of the action, you can make the receiver of the action the subject of the sentence.

> **Ich** werde um sieben abgeholt.   *I'm being picked up at seven.*

A sentence in which the receiver of the action functions as subject is said to be in the passive voice. In such a sentence the receiver of the action does not appear in the accusative case but in the nominative case. Note also that in the passive voice the verb appears as a past participle with a form of **werden** as auxiliary.

In **Kapitel 9** students learned that the simple past is used for narration. This does not hold true for the passive voice, where the simple past is also used in conversation.

In the passive voice, the attention is focused on the receiver of the action and on the action itself because what happens to the receiver of the action is more interesting than who does it. The passive voice is therefore the more natural mode of expression.

PASSIVE	ACTIVE
Warum **wurde** der Mann **verhaftet?**	Warum **hat** der Polizist den Mann **verhaftet?**
*Why **was** the man **arrested?***	*Why **did** the police officer **arrest** that man?*

The most commonly used tenses in the passive voice are the present and the simple past. Note that tense is indicated by the auxiliary **werden.**

PRESENT	ich **werde** abgeholt	*I'm being picked up*
SIMPLE PAST	ich **wurde** abgeholt	*I was picked up*

10-9 Was wird hier gemacht?

Ex.: 10-9: Review past participles of the verbs that are used before students do the exercise.

ein Haus / bauen
Hier wird ein Haus gebaut.

1.

5.

2.

6.

3.

7.

4.

8.

Blumen / gießen	Tennis / spielen
der Rasen / mähen	Kleides / anprobieren
ein Auto / reparieren	Eis / verkaufen
Bier / trinken	Ski / laufen

10-10 Was wurde hier gemacht?

ein Zaun / streichen
Hier wurde ein Zaun gestrichen.

1.

5.

2.

6.

3.

7.

4.

8.

Äpfel / pflücken	Brot / backen
ein Feld / pflügen	Holz / spalten
Schnee / schaufeln	ein Baum / fällen
Fenster (*pl*) / putzen	Bier / trinken

The impersonal passive

In German the passive voice is sometimes used to focus attention on an activity as such. This construction is called the impersonal passive. It does not exist in English. Note that in these sentences there is no subject, and the verb is always in the 3rd person singular.

Warum **wird** hier **gestreikt?**   *Why are they on strike here?*

10-11 Was wird hier gemacht?

laut lachen
Hier wird laut gelacht.

1.

2.

3.

4.

5.

6.

7.

8.

baden / kochen / singen / zu viel rauchen /
fernsehen / essen und trinken / putzen / tanzen

10-12 Gute Vorsätze fürs neue Jahr. Sie sind auf einer Neujahrsparty und es ist drei Minuten vor Mitternacht. Schreiben Sie in diesen drei Minuten drei gute Vorsätze auf, d.h. drei Dinge, die Sie im neuen Jahr besser oder anders machen wollen als im alten. Lesen Sie Ihren Mitstudenten vor, was Sie aufgeschrieben haben.

> Von heute ab wird kein Tropfen Bier mehr getrunken.

Von heute ab wird

1. regelmäßig Sport
2. jeden Morgen rechtzeitig
3. keine Schokolade mehr
4. jeden Abend rechtzeitig ins Bett
5. viel mehr Obst und Gemüse
6. jeden Tag eine Stunde Deutsch
7. täglich nur noch eine Stunde
8. viel weniger Kaffee
9. keine einzige Zigarette mehr

---

gegessen / gelernt / gegangen / getrunken
ferngesehen / aufgestanden / geraucht / getrieben

Ex.:10-13: Contrasts active and passive voice. Point out that in her/his answers, S2 focuses on the receiver of the action and/or on the action itself and therefore uses the passive voice.

10-13 Kleine Gespräche.

> Warum _____ du jeden Sommer für dieselbe Firma? (arbeiten)
>
> Weil ich dort gut _____. (bezahlen)
>
> *S1:* Warum arbeitest du jeden Sommer für dieselbe Firma?
>
> *S2:* Weil ich dort gut bezahlt werde.

1. haben
   Warum _____ Frau Wagner plötzlich so viel Geld?

   kaufen
   Weil ihr Buch viel _____.

2. wohnen
   Warum _____ Schneiders zur Zeit im Hotel?

   renovieren
   Weil ihr Haus _____.

3. streiken
   Warum _____ diese Arbeiter?

   bezahlen
   Weil sie so schlecht _____.

4. fahren
   Warum _____ du mit dem Bus zur Uni?

   reparieren
   Weil mein Wagen gerade _____.

The passive with a modal verb

In **Kapitel 3** you learned that a verb modified by a modal verb appears in the infinitive form. In the passive voice this infinitive is a *passive infinitive*.

ACTIVE
Du **mußt** heute den Rasen **mähen.**   *You **have to mow** the lawn today.*

PASSIVE
Heute **muß** der Rasen **gemäht werden.**   *Today the lawn **has to be mowed.***

The passive infinitive consists of a past participle plus the infinitive **werden.**

ACTIVE INFINITIVE	**fragen**	*to ask*
PASSIVE INFINITIVE	**gefragt werden**	*to be asked*

10-14 Was für Wünsche gehören in die Sprechblasen?

Ich möchte schnellstens _____.
gegossen werden

Ich möchte schnellstens gegossen werden!

1. Ich möchte so gern _____.

2. Ich möchte sofort _____.

3. Wir möchten heute noch _____.

4. Ich möchte bald mal _____.

5. Ich möchte so bald wie möglich _____.

6. Ich möchte endlich mal wieder _____.

---

gelesen werden / gefüttert werden / gegessen werden /
gespielt werden / gewaschen werden / repariert werden

10-15 Was alles noch getan werden muß. Sie haben auf heute abend ein paar Freunde zu sich eingeladen und haben noch nichts vorbereitet. Machen Sie eine Liste von allem, was noch getan werden muß, und lesen Sie die Liste dann Ihren Mitstudenten vor!

>   Der Teppich muß staubgesaugt werden.

1. Mein Bett	muß	aufgehängt werden.
2. Meine Kleider	müssen	gekauft werden.
3. Mein Zimmer		gemacht werden.
4. Mein Schreibtisch		geputzt werden.
5. Das Badezimmer		aufgeräumt werden.
6. Bier und Limonade		bestellt werden.
7. Pizza		…
…		

Mentioning the agent in a passive sentence

In most passive sentences the agent (the doer of the action) is omitted. However if the agent is mentioned, it almost always appears in the dative case after the preposition **von**.

> Dieses Buch wurde mir **von einem Freund** empfohlen.

> *This book was recommended to me **by a friend**.*

Ex.: 10-16: The only words that cannot be easily guessed: **Täter** (point out that it comes from **tun**); **entlassen; böse** (but the context of Little Red Ridinghood should help here). Point out that by using the passive voice in her/his responses, S2 expresses more concern for the "victim" than the "perpetrator". **#1:** Ask students why the pronoun for **Rotkäppchen** is **es**.

10-16 Wer sind die Täter?

>   Weißt du, warum sich Tina diesen miserablen Film anschauen will?
>   Er wurde ihr…empfohlen.
>   von einem Freund

> *S1:* Weißt du, warum sich Tina diesen miserablen Film anschauen will?
> *S2:* Er wurde ihr von einem Freund empfohlen.

1. Weißt du, was mit Rotkäppchen passiert ist?
   Es wurde …gefressen.
2. Weißt du, was mit Müllers Hund passiert ist?
   Er wurde …überfahren.
3. Weißt du, warum Frau Pleike keinen Kanarienvogel mehr hat?
   Er wurde … gefressen.
4. Weißt du, warum Herr Metzger so deprimiert ist?
   Er wurde … entlassen.
5. Weißt du, wie die Polizei den Bankräuber so schnell kriegen konnte?
   Er wurde … fotografiert.
6. Weißt du, wie dieser Diplomat ums Leben gekommen ist?
   Er wurde … ermordet.

---

von einer versteckten Kamera / von einem Terroristen / von Frau Wilds Katze / von einem Lastwagen / von einem bösen Wolf / von seiner Firma

---

● 2 Describing people, places, and things

The past participle used as an adjective

In your reading you have frequently seen past participles used as adjectives. Before a noun the past participle takes the same endings as other adjectives.

Von 1945 bis 1989 war Berlin
eine **geteilte** Stadt.

*From 1945 to 1989 Berlin was a **divided** city.*

10-17 Was ist das?

Ex.: 10-17: Alert students that in some instances they have to use **Das sind …**(#1, 6). Remind students that adverbs don't take endings. Review the adjective endings after **ein** (-er, -es), **eine** (-e) and the unpreceded nominative plural (-e).

gekleidet
eine elegant _____ Dame
Das ist eine elegant gekleidete Dame.

1. frisch _____ Hemden

5. ein _____ Brief *(m)*

2. ein _____ Pferd *(n)*

6. frisch _____ Äpfel

3. ein gut _____ junger Mann

7. ein schlecht _____ Mann

4. ein frisch _____ Brot *(n)*

8. eine _____ Jacke

gebaut / gesattelt / gebacken / gepflückt / rasiert /
gewaschen / vergessen / angefangen

Have students repeat the lists of adjectives in the first and third columns after you before they do this class activity. Each student should then describe in writing what two of her/his classmates are wearing and read her/his description to the class.

10-18 Modenschau in der Deutschklasse. Beschreiben Sie, was Ihre Mitstudentinnen und Mitstudenten tragen.

> Lisa trägt eine hochelegante, gestreifte Bluse.
> David trägt einen blauen, handgestrickten Pullover.

hochelegant	braun	geblümt	*flowered*
hochmodern	blau	gestreift	*striped*
supermodern	gelb	handgestrickt	*hand-knit*
phantastisch	grün	kariert	*plaid*
wunderbar	rot	abgetragen	*worn (clothes)*
wunderschön	rosarot	abgelaufen	*worn (shoes)*
ganz toll	schwarz	zerrissen	*ripped*
…	…	…	

Present participles are mostly used as adjectives preceding nouns.

The present participle used as an adjective

In English the present participle has the ending *-ing: flying.* The German present participle is formed by adding **-d** to the infinitive: fliegen**d**. Before a noun, the present participle takes the same endings as other adjectives.

> Hast du schon mal eine **fliegende**   *Have you ever seen a **flying** saucer?*
> Untertasse gesehen?

Ex.: **10-19:** The only unknown word is **bellen.** #2: To show students how different languages imitate animal sounds, ask for the English equivalents of **Wau Wau** *(bow wow, arf arf)* and have them guess the English equivalent of **kikeriki.**

Alert students that in some instances they have to use **Das sind …** (#1, 5, 9). Review the adjective endings after **ein (-er, -es), eine (-e)** and the unpreceded nominative plural.

10-19 Was ist das?

singen
ein _____ Kanarienvogel
Das ist ein singender Kanarienvogel.

1. _____ Studenten   4. ein _____ Mensch *(m)*   7. eine _____ Katze

2. ein _____ Hund *(m)*   5. _____ Kinder   8. ein _____ Baum *(m)*

3. ein _____ Fisch *(m)*   6. ein _____ Auto *(n)*   9. _____ Arbeiter

---
bellen / denken / streiken / fliegen /
fahren / spielen / lernen / sterben / schlafen

ZWISCHENSPIEL

 ZUM HÖREN

Eine Radwanderung in den neuen Bundesländern

Es ist Mitte Juli, und Stephanie, Claudia, Martin und Peter sitzen bei einem Glas Bier im Englischen Garten. Hören Sie was die vier Freunde miteinander sprechen!

NEUE VOKABELN

traurig	*sad*
die Gegend	*area*
dünn besiedelt	*sparsely populated*
der Buchenwald, ¨er	*beech forest*
großartig	*great, wonderful*
sich verabschieden von	*to say good-bye to*
einverstanden	*agreed*
der Radwanderführer	*cycling tour guidebook*
das Fremdenverkehrsamt, ¨er	*tourist office*

10-20 Globalverstehen. Haken Sie die richtigen Antworten ab!

1. Welche Verkehrsmittel werden genannt?

✓	Fahrrad	_____	Bus
_____	Motorrad	_____	Flugzeug
✓	Zug		

2. Welche Bundesländer werden genannt?

_____	Baden-Württemberg	_____	Sachsen
✓	Mecklenburg-Vorpommern	✓	Brandenburg
✓	Bayern		

10-21 Detailverstehen.

1. Was für eine Unternehmung schlägt Peter vor?
2. Warum denkt Peter an die Gegend nördlich von Berlin?
3. Warum ist Mecklenburg-Vorpommern nach Peters Meinung für Radwanderungen geradezu ideal?
4. Auch Martin hat etwas Positives zu Peters Vorschlag zu sagen. Was ist das?
5. Wer bekommt die folgenden Aufgaben?
   a. Sich nach Zelten umschauen.
   b. Eine günstige Gruppenreise nach Berlin buchen.
   c. Einen Radwanderführer und eine gute Karte kaufen.
   d. An die wichtigsten Fremdenverkehrsämter schreiben.

Cycling is very popular in the German-speaking countries and there are **Radwanderführer** for every region in Germany, Austria, and Switzerland. The railway has special cars for transporting bicycles.

Zwischenspiel. (Characters: Claudia, Stephanie, Martin, Peter)

CLAUDIA: Du, Stephanie, weißt du eigentlich, daß du in sechs Wochen schon wieder in Chicago bist? STEPHANIE: Ja, und ich bin schon jetzt ganz traurig, daß ich euch bald verlassen muß. MARTIN: Ich denke, wir sollten alle vier noch was ganz Tolles unternehmen, bevor wir dich dann Ende August zum Flughafen bringen. PETER: Das habe ich auch schon gedacht, und ich hätte da auch gleich einen Vorschlag. MARTIN: Und der wäre? PETER: Wir machen eine große Radwanderung. CLAUDIA: Gute Idee. Aber wohin denn? PETER: Ich finde, daß Stephanie viel zu wenig von Norddeutschland gesehen hat. Und die Gegend nördlich von Berlin, also die Bundesländer Brandenburg und Mecklenburg-Vorpommern, kennt sie überhaupt noch nicht. STEPHANIE: Stimmt! PETER: Außerdem ist Mecklenburg-Vorpommern sehr dünn besiedelt und deshalb für Radwanderungen geradezu ideal. CLAUDIA: Ja, und Berge gibt es auch keine wie hier in Bayern, wo's ständig bergauf und bergab geht. MARTIN: Und wenn's uns mal zu heiß wird, können wir jederzeit schwimmen gehen, denn in Mecklenburg ist ja ein See am andern. STEPHANIE: Da ist doch auch die Ostsee mit ihren langen Sandstränden und den Buchenwäldern, die oft bis direkt an den Strand herankommen. Ich hab' da schon so schöne Bilder gesehen. PETER: Also, dann fahren wir doch zuerst mal mit dem Zug zu meinen Eltern nach Berlin. Sie möchten Stephanie sowieso noch mal sehen und sich von ihr verabschieden. Meine Eltern haben viel Platz, wir übernachten da ein paar Tage, schauen uns Berlin an und planen unsere Radtour. Einverstanden? CLAUDIA: Klar! Aber planen müssen wir schon jetzt. Fahrräder und Schlafsäcke haben wir, aber wir brauchen zwei kleine Zelte. Martin, schau dich doch bitte gleich mal nach zwei Zelten um. Und du, Peter, kannst deine Eltern anrufen und sie fragen, wann wir kommen dürfen. Dann solltest du gleich zum Bahnhof gehen und eine günstige Gruppenreise nach Berlin buchen. Stephanie könnte einen Radwanderführer und eine gute Karte kaufen, und ich schreibe gleich morgen an die wichtigsten Fremdenverkehrsämter in Mecklenburg-Vorpommern und lasse mir Broschüren schicken. Sobald sie ankommen, setzen wir uns wieder zusammen und finden heraus, was es dort oben alles zu tun und zu sehen gibt.

10-22 Aus dem Radwanderführer für Mecklenburg-Vorpommern. Schauen Sie die Karte und die Information unter *Sehenswertes* an, und ergänzen Sie zu jedem Ortsnamen (auf der nächsten Seite) die passende Lage und Attraktion! Kurze Formulierungen finden Sie in den folgenden Listen.

LAGE: bei Heiligendamm / an der Ostseeküste / etwa 3 km südlich von Kühlungsborn / etwa 3 km südlich vom Conventer See

ATTRAKTION: 600 Jahre alte Klosterkirche / Zugvögel / wunderbare Aussicht / Kleinbahn Molli / weiße Stadt am Meer / herrlicher Buchenwald

Sehenswertes

1 Kühlungsborn mit seinem vier Kilometer langen Sandstrand ist der größte Badeort an der mecklenburgischen Ostseeküste. Drei Kilometer südlich davon liegt der Diedrichshäger Berg, von dem man eine wunderbare Aussicht über die Küste und die mecklenburgische Landschaft hat.

2 Heiligendamm mit seinen weißen Häusern und Gebäuden wird oft »die weiße Stadt am Meer« genannt. Das Hinterland liegt hier tiefer als die Ostsee, und ein hoher Damm verhindert, daß es überflutet wird.

3 Am Conventer See machen Tausende von Zugvögeln Rast, wenn sie im Herbst nach Süden fliegen und im Frühjahr wieder nach Skandinavien zurückkehren.
Vom Conventer See ist man in wenigen Minuten beim Nienhägener Holz, einem herrlichen Buchenwald, der bis direkt an den Strand heranreicht.

4 In Bad Doberan ist die Kleinbahn »Molli« mit ihrer Dampflokomotive die Hauptattraktion. Eine Fahrt mit dieser hundert Jahre alten Bahn ist ein Muß für jeden Touristen. Die Fahrt von Bad Doberan nach Kühlungsborn dauert nur 40 Minuten. Für ein paar Mark transportiert die Bahn auch Fahrräder.
Sehenswert ist auch die Doberaner Klosterkirche. Sie stammt aus dem 14. Jahrhundert und ist eines der schönsten Beispiele der norddeutschen Backsteinarchitektur.

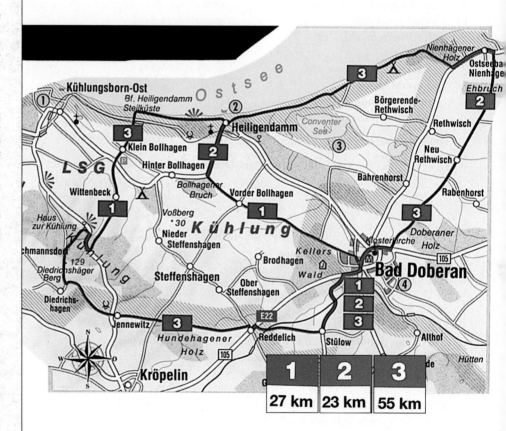

	LAGE	ATTRAKTIONEN
Kühlungsborn	*an der Ostseeküste*	*4 km langer Sandstrand*
Diedrichshäger Berg		
Heiligendamm		
Conventer See		
Nienhägener Holz		
Bad Doberan		

10-23 Ein paar Fragen zur Information im Radwanderführer. Lesen Sie die Information unter *Sehenswertes,* und schreiben Sie die Antworten zu den folgenden Fragen!

1. Wo kann man hier am besten schwimmen gehen?
2. Von wo aus hat man die beste Aussicht über die Ostseeküste?
3. Warum wird Heiligendamm oft »die weiße Stadt am Meer« genannt?
4. Warum ist bei Heiligendamm ein hoher Damm?
5. Wie nennt man Vögel, die den Sommer im Norden verbringen und im Winter nach Süden fliegen?
6. Wo reicht der Buchenwald bis direkt an den Ostseestrand heran?
7. Was für eine Lokomotive hat die Kleinbahn »Molli«?
8. Was machen Radfahrer, die ein Stück mit Molli fahren, aber dann mit ihren Rädern weiterfahren wollen?
9. Warum ist die Klosterkirche in Bad Doberan so sehenswert?

10-24 Ein Tag in und um Bad Doberan. Es ist Dienstag abend, Sie sind mit Ihrem Fahrrad gerade in der Jugendherberge in Kellers Wald bei Bad Doberan angekommen und müssen am Donnerstag früh in Richtung Rostock weiterfahren. Sie haben also nur einen Tag, um in und um Bad Doberan möglichst viel zu sehen und zu erleben. Schauen Sie sich mit Ihrer Partnerin/Ihrem Partner zusammen die Karte aus dem Radwanderführer an und auch, was unter »Sehenswertes« aufgelistet ist. Machen Sie dann einen genauen Zeitplan für den morgigen Tag.

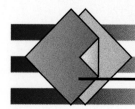

FUNKTIONEN UND FORMEN 2

• 3 Expressing the hypothetical

Our treatment of the subjunctive deals only with **Konjunktiv II** in present time and in past time, thus the title *Present-time subjunctive* here. Past-time subjunctive is introduced in **Kapitel 11.** Since the subjunctive of indirect discourse *(Special Subjunctive)* is not introduced in this text, the use of the term *General Subjunctive* will have no meaning for students at this point.

Present-time subjunctive

To express wishful thinking you use different verb forms than when you are talking about facts.

WISHFUL THINKING:	*If only I **had** a million dollars!*
FACT:	*I **have** only fifty dollars.*

The form *had* in the first example is not the simple past and does not refer to past time. It is a subjunctive form of the verb *to have* and it refers to the present. By using subjunctive forms the speaker indicates that what she/he says is contrary-to-fact or hypothetical.

FACTUAL
*I don't **have** a car.*
*Peter **isn't** here.*
*Martin **has** to work and*
 *he **can't** help us.*
*Günter doesn't **know** much.*

HYPOTHETICAL
*If only I **had** a car!*
*If only Peter **were** here!*
*If Martin **didn't** have to work tomorrow,*
 *he **could** help us.*
*Günter acts as if he **knew** everything.*

The subjunctive forms that German uses to express hypothetical situations are very similar to the simple past. As in English, they do not refer to the past, but to present time.

FACTUAL	HYPOTHETICAL
Ich **habe** keinen Wagen.	Wenn ich nur einen Wagen **hätte!**
Peter **ist** nicht hier.	Wenn Peter nur hier **wäre!**
Martin **muß** arbeiten und **kann** uns nicht helfen.	Wenn Martin nicht arbeiten **müßte, könnte** er uns helfen.
Günter **weiß** nicht viel.	Günter tut, als **wüßte** er alles.

The forms of the present-tense subjunctive are derived from the second principal part, i.e., the simple past. The subjunctive forms of the auxiliaries **haben, sein, werden,** of the modals and of **wissen** are:

The subjunctive forms of **haben, sein, werden, wissen,** and the modals are introduced here for active mastery. Subjunctive forms of the irregular verbs **kommen** and **gehen** are briefly mentioned in the *Sprachnotiz.*

INFINITIVE	SIMPLE PAST	SUBJUNCTIVE
haben	hatte	**hätte**
sein	war	**wäre**
werden	wurde	**würde**
dürfen	durfte	**dürfte**
können	konnte	**könnte**
mögen	mochte	**möchte**
müssen	mußte	**müßte**
sollen	sollte	**sollte**
wollen	wollte	**wollte**
wissen	wußte	**wüßte**

Note that except for **sollte** and **wollte,** the subjunctive forms above are all umlauted.

In the subjunctive all verbs have the following set of personal endings:

	SINGULAR		PLURAL
ich	hätte	wir	hätten
du	hättest	ihr	hättet
er/es/sie	hätte	sie	hätten
	Sie hätten		

NOTE: The **e** in the personal ending of the **du-** and **ihr-**forms of **sein** is frequently omitted: **du wärst, ihr wärt.**

Ex.: 10-25: Point out that the introductory paragraph presents the facts upon which the subsequent three wishes are based. The verbs to be used occur in sequence in the introductory paragraph.

10-25 Wenn das Leben nur nicht so kompliziert wäre! Ergänzen Sie die Konjunktivformen der passenden Verben!

1. Holger hat kein Fahrrad und will deshalb immer mein Fahrrad leihen. Ich mag das gar nicht, aber ich kann nicht nein sagen.

   Wenn Holger nur ein Fahrrad _____!
   Wenn Holger nur nicht immer mein Fahrrad leihen _____!
   Wenn ich nur nein sagen _____!

2. Es ist Winter, und es wird schon um fünf dunkel. Ich habe bis halb sechs Vorlesungen, und muß zu Fuß nach Hause.

   Wenn es nur nicht so früh dunkel _____!
   Wenn ich nur nicht bis halb sechs Vorlesungen _____!
   Wenn ich nur nicht zu Fuß nach Hause _____!

3. Es ist sehr heiß, aber weil ich erkältet bin, darf ich nicht schwimmen gehen.

   Wenn es nur nicht so heiß _____!
   Wenn ich nur nicht erkältet _____!
   Wenn ich nur schwimmen gehen _____!

Ex.: 10-25, #4: Only if students ask: Point out that just as the present *indicative* is used to express future events, the present-time *subjunctive* can also be used to express wishes for the future (**Wenn ich nur morgen keine Prüfung hätte!** usw.).

4. Ich ärgere mich, daß ich morgen eine Prüfung habe, daß ich den ganzen Abend lernen muß und daß ich deshalb nicht auf Davids Party gehen kann.

   Wenn ich nur morgen keine Prüfung _____!
   Wenn ich nur nicht den ganzen Abend lernen _____!
   Wenn ich nur auf Davids Party gehen _____!

5. Es ist sehr kalt, ich habe keinen warmen Wintermantel, muß aber trotzdem in die Vorlesung.

   Wenn es nur nicht so kalt _____!
   Wenn ich nur einen warmen Wintermantel _____!
   Wenn ich nur nicht in die Vorlesung _____!

6. Ich werde immer so schnell müde. Ich möchte gern wissen, was mit mir los ist, aber ich habe keine Zeit, zum Arzt zu gehen.

   Wenn ich nur nicht immer so schnell müde _____!
   Wenn ich nur _____, was mit mir los ist!
   Wenn ich nur Zeit _____, zum Arzt zu gehen!

7. Ich bin mit meinem Freund Paul im Kino und wir schauen uns einen deutschen Film an. Weil der Film keine englischen Untertitel hat und weil Paul kein Deutsch kann, muß ich ihm immer alles übersetzen.

   Wenn der Film nur englische Untertitel _____!
   Wenn Paul nur Deutsch _____!
   Wenn ich ihm nur nicht immer alles übersetzen _____!

10-26 Unglückliche Liebe! Ergänzen Sie die Konjunktivformen der gegebenen Verben!

Ex.: 10-26: Point out that the first sentence in each of the two sections expresses a fact. The thoughts that follow are contrary to these facts.

1. TILMANN DENKT: Schade, daß ich Nicoles Telefonnummer nicht weiß!
   Wenn ich ihre Nummer _____, _____ ich sie anrufen. (wissen / können)
   Wenn sie zuviel Hausaufgaben _____, _____ ich ihr helfen.
   (haben / können)
   Wenn wir die Hausaufgaben fertig _____, _____ wir dann zusammen fernsehen und eine Pizza essen. (haben / können)

2. NICOLE DENKT: Gut, daß Tilmann meine Telefonnummer nicht weiß!
   Wenn er meine Nummer _____, _____ er mich anrufen. (wissen / können)
   Wenn er dann kommen _____, _____ ich lügen und sagen, ich _____ zuviel Hausaufgaben. (wollen / müssen / haben)
   Und was _____ ich sagen, wenn er mir bei den Hausaufgaben helfen _____?
   (können / wollen)

Würde + infinitive

To express a hypothetical or contrary-to-fact situation, colloquial German commonly uses the subjunctive forms for **haben, sein, werden,** the modals, and **wissen.** All other verbs tend to appear in a construction that is parallel to English *would* + *infinitive*: **würde** + *infinitive*.

Was **würdest** du **tun,** wenn du so schreckliche Kopfschmerzen hättest?	*What **would** you **do** if you had such a terrible headache?*
Ich **würde** sofort den Arzt **anrufen.**	*I **would call** the doctor immediately.*

SINGULAR	PLURAL
ich **würde** anrufen	wir **würden** anrufen
du **würdest** anrufen	ihr **würdet** anrufen
er/es/sie **würde** anrufen	sie **würden** anrufen
Sie **würden** anrufen	

10-27 Wenn es nur wahr wäre!

du	mir einen Porsche kaufen
S1: Was würdest du tun, wenn du reich wärst?	S2: Ich würde mir einen Porsche kaufen.

1. Martin — sein Geld gut investieren und noch reicher werden
2. Stephanie und Peter — heiraten und sich ein schönes Haus kaufen
3. Herr und Frau Ziegler — eine Weltreise machen
4. Robert Ziegler — Umweltaktionen finanzieren
5. Nina Ziegler — ihren Eltern eine Villa an der Riviera kaufen
6. Claudia — versuchen, den Menschen in der Dritten Welt zu helfen

10-28 Um Rat fragen.

Ich bin immer so müde.   zum Arzt gehen

S1: Was würdest du tun, wenn   *S2:* Ich würde zum Arzt gehen.
du immer so müde wärst?

1. Ich kann nachts nicht schlafen
2. Ich weiß Anitas Telefonnummer nicht.
3. Ich habe kein Geld mehr.
4. Ich will nicht auf Davids Party gehen.

---

mir einen Job suchen / ihm sagen, daß ich ein Referat fertigschreiben muß /
eine Schlaftablette nehmen / die Auskunft anrufen

---

5. Ich darf in meinem Zimmer keine laute Musik spielen.
6. Ich bin immer so nervös.
7. Ich kann kein Zimmer finden.
8. Ich habe Halsschmerzen.

---

mit Salzwasser gurgeln / eine Anzeige in die Zeitung setzen /
weniger Kaffee trinken / mir ein Paar Kopfhörer kaufen

Ex.: 10-29: This can be done as a class activity or in small groups with each group reporting its most original responses to the class.

10-29 Was würdest du tun, wenn du eine Million Dollar hättest?

S1: Was würdest du tun, wenn du eine Million Dollar hättest?

S2: Ich würde das Geld auf die Bank legen und von den Zinsen leben.

S2: Und du? Was würdest du tun?

S3: Ich würde …

> **Sprachnotiz**
>
> Instead of **würde** + infinitive you will also commonly read and hear present-time subjunctive forms of verbs other than **haben, sein, werden, wissen,** and the modals. The most frequent are:
>
> ich käme (= ich würde kommen)
> ich ginge (= ich würde gehen)

The subjunctive with *als ob* or *als*

The conjunction **als ob** *(as if, like)* and its variant **als** frequently introduce clauses expressing the opinion that someone is pretending. Since pretending is contrary to fact, the verb in these clauses must be in the subjunctive.

Warum tut Nina, **als ob** sie schreckliche Kopfschmerzen **hätte?**

*Why does Nina act **as if** she had a terrible headache?*

When **ob** is omitted, the verb form in the subjunctive follows directly after **als.**

Robert tut, **als müßte** er das ganze Wochenende lernen.

*Robert acts **as if** he had to study all weekend.*

10-30 Was ist denn bei Zieglers los? Ergänzen Sie in den Fragen die Verbformen **hätte, wäre, könnte, müßte** oder **wüßte**.

NINA: Warum tut Robert, als _____ er keinen Hunger?

MUTTER: Weil … Er mag keine Brokkoli.

NINA: Warum tut Robert, als hätte er keinen Hunger?

MUTTER: Weil er keine Brokkoli mag.

1. NINA: Warum tut Robert, als ob er die halbe Nacht lernen _____?
   MUTTER: Weil …

2. ROBERT: Warum tut Nina, als _____ sie schwer krank?
   MUTTER: Weil …

3. ROBERT: Warum tut Nina, als _____ sie plötzlich wieder ganz gesund?
   VATER: Weil . . .

4. MUTTER: Warum tut Robert, als ob er von dem kaputten Fenster bei Beckers nichts _____?
   VATER: Weil …

5. NINA: Warum tut Vati, als ob er schreckliche Kopfschmerzen _____?
   MUTTER: Weil…

6. NINA: Warum tut Mutti, als ob sie plötzlich keine Zahnschmerzen mehr _____?
   VATER: Weil …

7. NINA: Warum tut Robert, als _____ er kaum gehen?
   MUTTER: Weil …

Ex.: 10-30, #5: Two answers are possible: **Wir sind heute abend bei Beckers eingeladen.** and **Er will nicht beim Abwaschen helfen.**

Sie will mit ihrem Freund in ein Rockkonzert. / Sie will nicht in die Schule. / Wir sind heute abend bei Beckers eingeladen. / Er will das Fenster nicht bezahlen. / Er will nicht beim Abwaschen helfen. / Sie will nicht zum Zahnarzt. / Er will Vati nicht im Garten helfen.

The subjunctive in polite requests

In **Kapitel 3** you learned that **ich möchte** expresses wishes or requests more politely than **ich will,** and you have since used the **möchte**-forms without realizing that they are subjunctive forms.

Ich **will** ein Glas Bier.	*I want a glass of beer.*
Ich **möchte** ein Glas Bier.	*I would like a glass of beer.*

Another frequently used way of expressing wishes or requests is **hätte + gern.**

Was **hätten** Sie **gern** zu trinken?	*What would you like to drink?*
Ich **hätte gern** ein Glas Bier.	*I would like a glass of beer.*

Other verbs are also used in the subjunctive to express requests more politely.

Könnten Sie mir bitte sagen, wo die Apotheke ist?	*Could you please tell me where the pharmacy is?*
Wäre es möglich, statt der Suppe Salat zu bekommen?	*Would it be possible to get salad instead of soup?*

Ex.: 10-31, #1: This is the only example in the exercise where the verb must be exchanged outright (Was *möchten* Sie trinken?).

10-31 Höflichkeitsformen. Drücken Sie die folgenden Fragen höflicher aus. Ihr Partner gibt dann eine passende Antwort.

S1:

1. Was wollen Sie trinken?
2. Darf ich Ihnen noch ein Stück Kuchen anbieten?
3. Hast du Lust, mit uns nach Schwerin zu fahren?
4. Bis wann muß ich dir sagen, ob ich mitkomme?
5. Mußt du nicht deine Eltern anrufen?
6. Kannst du mir fünf Mark leihen?
7. Ist es möglich, mit Professor Kuhn zu sprechen?
8. Haben Sie vielleicht ein gutes Buch über Berlin?

S2:

Klar! Wann fahrt ihr denn?
Bis Montag.

Ich hätte gern ein Glas Rotwein.

Ja, gleich nach seiner letzten Vorlesung.
Danke, nein. Ich kann wirklich nichts mehr essen.
Über Berlin haben wir viele gute Bücher.

Ja, aber sie sind erst nach fünf zu Hause.
Leider nicht. Ich habe selbst fast kein Geld mehr.

● 4 Expressing *to have something done*

The verb *lassen*

You have learned that the verb **lassen** means *to leave* or *to let*.

> **Laß** die Schlüssel nicht im Wagen!   *Don't **leave** the keys in the car!*
> **Laß** mich doch auch mal was sagen!   ***Let** me say something too!*

When used with the infinitive of another verb, **lassen** can also mean *to have something done.*

> Wo **läßt** du deinen Wagen reparieren?   *Where do you **have** your car **repaired**?*

10-32 Was machst du selbst? Was läßt du machen? Finden Sie heraus, was Ihre Partnerin/Ihr Partner selbst macht und was sie/er machen läßt. Haken Sie ab, was Sie herausfinden, und berichten Sie dann Ihren Mitstudenten!

S1: Tippst du deine Referate selbst oder läßt du sie tippen?

S2: Ich tippe sie selbst.
Ich lasse sie tippen.

	macht es selbst	läßt es machen
deinen Wagen waschen		
deinen Wagen reparieren		
dein Fahrrad reparieren		
deine Wohnung putzen		
deine Wohnung streichen		
dir die Haare schneiden		
dir die Haare färben		
dir die Schuhe putzen		
…		

10-33 Können diese Leute denn gar nichts selbst machen?

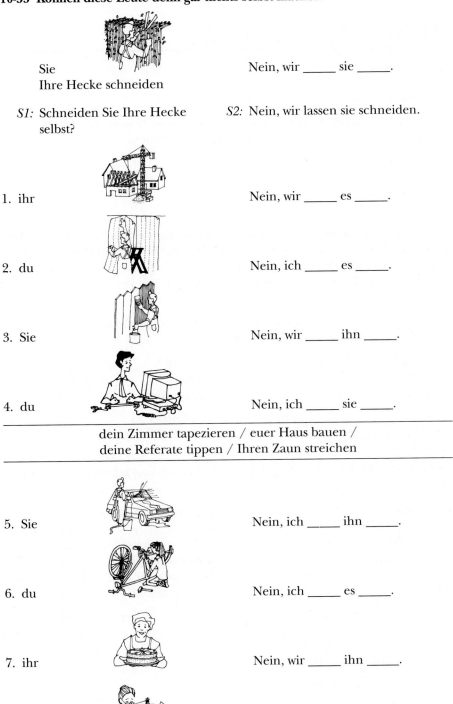

Sie
Ihre Hecke schneiden

Nein, wir _____ sie _____.

S1: Schneiden Sie Ihre Hecke selbst?

S2: Nein, wir lassen sie schneiden.

1. ihr

Nein, wir _____ es _____.

2. du

Nein, ich _____ es _____.

3. Sie

Nein, wir _____ ihn _____.

4. du

Nein, ich _____ sie _____.

dein Zimmer tapezieren / euer Haus bauen /
deine Referate tippen / Ihren Zaun streichen

5. Sie

Nein, ich _____ ihn _____.

6. du

Nein, ich _____ es _____.

7. ihr

Nein, wir _____ ihn _____.

8. Sie

Nein, ich _____ sie _____.

Ihre Kleider nähen / den Kuchen für Lisas Geburtstag /
Ihren Wagen waschen / dein Fahrrad reparieren

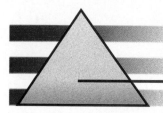

ZUSAMMENSCHAU

Vor dem Lesen

10-34 Ich habe grüne Haare. Wie würde Ihre Familie reagieren, wenn Sie plötzlich mit grün gefärbten Haaren nach Hause kämen?

Meine Mutter/mein Vater würde…
Meine Oma/mein Opa würde …
Meine Schwester/mein Bruder würde …

10-35 Wir spekulieren. In *Mein Bruder hat grüne Haare* sitzen Vater, Mutter, ihre 13jährige Tochter und eine ältliche, wahrscheinlich unverheiratete Tante am Kaffeetisch, als plötzlich der 15jährige Sohn Johannes mit grün gefärbten Haaren zur Tür hereinkommt. Was denken Sie, wie die Leute am Kaffeetisch reagieren?

10-36 Was macht Lisa, wenn sie wütend wird? Lesen Sie die folgenden Vokabeln, und setzen Sie sie dann richtig ein.

an•funkeln	*to light into*	**wütend**	*furious*
brüllen	*to yell*	**zittern**	*to tremble*
kreischen	*to screech*	**zu•pfeffern**	*to slam shut*

Wenn Lisa _____ wird, beginnt sie, am ganzen Körper zu _____. Dann _____ sie die Person _____, die sie wütend gemacht hat. Sie _____ und _____, und schließlich rennt sie hinaus und _____ die Tür hinter sich _____.

10-37 Was paßt? Lesen Sie die folgenden Vokabeln, und setzen Sie sie dann richtig ein!

betteln	*to beg*	**der Luftschutzkeller, -**	*air-raid shelter*
das Bürschchen	*little boy*	**peinlich**	*embarrassing*
dröhnen	*to boom*	**der Rotzlümmel**	*snotty-nosed brat*
der Frieden	*time of peace; peacetime*	**übergeschnappt**	*crazy*
		Das hängt mir zum Hals heraus!	*I'm totally sick of it!*

1. In der Dritten Welt sind viele Leute so arm, daß ihre Kinder _____ gehen müssen.
2. Mein Bruder spielt seine Rockmusik oft so laut, daß es durch das ganze Haus _____.
3. Wenn Krieg ist und Bomben fallen, sollte man im _____ sitzen.
4. Das Gegenteil von »Krieg« ist _____.
5. _____ ist ein Synonym von »verrückt«.
6. Wenn mir jemand jeden Tag dieselbe Geschichte erzählt, denke ich schließlich: »Diese Geschichte _____.«
7. Wenn ich einen guten Schulfreund treffe und seinen Namen nicht mehr weiß, dann ist mir das _____.
8. Ein grünes _____ ist ein Junge, der noch nicht viel erlebt hat.
9. Ein _____ ist ein Junge, der sehr frech ist.

Mein Bruder hat grüne Haare

von Monika Seck-Agthe

Gestern hat sich mein Bruder Johannes eine Haarsträhne grün färben lassen. Die restlichen Haare hat er mit Baby-Öl eingeschmiert, dann hat er sich ganz schwarz angezogen und sich an den Kaffeetisch gesetzt. Mein Bruder ist fünfzehn, und ich bin dreizehn. Er sagt, er sei jetzt *ein Punk*. Wenn ich ihn frage, was das ist, weiß er das selber nicht genau.

Jedenfalls[1] gab's einen ziemlichen Krach,° als er vor der versammelten° Familie erschienen ist. Meine Eltern haben sich noch nicht mal aufgeregt, aber dann war da noch meine Tante Vera. Und die ist fast vom Stuhl gefallen, als der Johannes in dem Aufzug° reingekommen ist.

»Bist du eigentlich übergeschnappt? Ihr seid ja wohl heute alle total verrückt geworden!« hat sie sich aufgeregt. Der Johannes ist ganz ruhig geblieben, hat einfach nichts gesagt und angefangen, Kuchen zu essen. Das hat meine Tante natürlich nur noch wütender gemacht. Sie fing richtig an zu kreischen: »Kannst du nicht wenigstens deinen Schnabel° aufmachen, wenn man dich was fragt? — Ich versteh euch aber auch nicht!« Sie funkelte meine Eltern an. »Laßt ihr die Kinder denn alles machen, was ihnen in den Kopf kommt?« Mein Vater sagte bloß: »Der Junge ist doch alt genug! Der muß schon wissen, was er tut.« — »Alt genug? Fünfzehn Jahre ist der alt! Ein ganz grünes Bürschchen!« Als Tante Vera das Wort *grün* sagte, mußten wir alle auf die grüne Haarsträhne gucken° und lachen. Nur eben Tante Vera, die mußte nicht lachen. Sie hat auch gar nicht kapiert,° daß wir über die Haare gelacht haben, sondern dachte natürlich, wir lachen über sie und ärgerte sich schrecklich. »Die wissen doch vor lauter Wohlstand[2] nicht mehr, was sie noch machen sollen! Wißt ihr eigentlich, was wir mit fünfzehn gemacht haben? Mitten im Krieg! Wir sind bei Bauern betteln gegangen! Um ein paar Rüben! Weil wir gehungert haben!«

»Laß das doch, Vera! Die Kinder leben doch heute in einer ganz anderen Welt als wir damals.« Meine Mutter stand auf und räumte die Kaffeetassen weg.

Aber Tante Vera war in Fahrt.[3] »Im Luftschutzkeller haben wir gesessen! Und wußten nicht, ob wir da je wieder lebendig rauskommen! Und ihr färbt euch die Haare grün! Und schmiert euch Öl auf den Kopf! Guckt mal lieber in eure Schulbücher!«

»Hör doch bloß auf mit deinen blöden Kriegsgeschichten. Die hängen mir absolut zum Hals heraus, Mensch!« Johannes tat, als müßte er auf seinen Teller kotzen.[4] Dann sagte er noch: »Versuch doch einfach mal einigermaßen° cool zu bleiben, Vera.«

Das war zuviel für meine Tante. »Seit wann nennst du mich Vera? Bin ich irgendein Pipimädchen,° das neben dir die Schulbank drückt?° Das ist doch unerhört!° Blöde Kriegsgeschichten hat er gesagt! Euch geht's doch einfach zu gut! Euch ist das doch gar nicht bewußt,° was das heißt, im Frieden zu leben! Begreift° ihr überhaupt, was das ist?«

Johannes tat weiter ganz cool. Aber ich hab gesehen, daß seine Hände ganz

Monika Seck-Agthe wurde 1954 geboren. Sie studierte in Frankfurt am Main Heilpädagogik und Kunsterziehung. Seit 1979 arbeitet sie als freie Autorin und Journalistin. Sie schreibt Jugendbücher und arbeitet auch für das deutsche Kinderfernsehen.

New words: **Heilpädagogik** (*Education of the Developmentally Handicapped*); **Kunsterziehung** (= *Art and Art*

Szene / ganzen

Kostüm

Mund

schauen
verstanden

Be sure to mention that **kotzen** ist just as crude a word as *to puke*. More socially acceptable forms of this verb are **sich übergeben** and **sich erbrechen**.

ein bißchen

dummes kleines Mädchen
in der Schule sitzt
unglaublich
ihr wißt doch gar nicht
versteht

schön zitterten. Dann ist er aufgestanden und hat gesagt: »Vom Frieden hast du wohl selber nicht allzuviel kapiert. Sonst würdest du hier nämlich nicht einen Tanz machen.« Dann ging er einfach raus.

Tante Vera kriegte einen knallroten° Kopf und fing an zu heulen.° Mein Vater holte die Kognakflasche aus dem Schrank. Meine Mutter sagte zu mir: »Du, geh mal für 'n Moment in dein Zimmer, ja?« Mir war alles plötzlich richtig peinlich. Im Flur hab ich Tante Vera noch weiter heulen gehört. Die konnte kaum noch reden. »Wie wir damals gelitten[5] haben! Was wir durchgemacht[6] haben! Und da sagt dieser Rotzlümmel >blöde Kriegsgeschichten<!«

Ich bin raufgegangen. Aus Johannes' Zimmer dröhnte knallaute Musik. Mit einemmal° hab' ich eine Riesenwut[7] gekriegt auf den, bin in sein Zimmer gerannt und hab gebrüllt: »Setz dir wenigstens deine Kopfhörer auf, wenn du schon so 'ne Scheißmusik[8] hörst!«

Johannes hat mich groß angeguckt und gesagt: »Jetzt fängst du auch noch an auszurasten!° Was ist hier überhaupt los? Der totale Krieg, oder was?«

Mir war's zu blöd, ich hab die Tür zugepfeffert und mich in mein Zimmer verzogen.°

Abends im Bett mußte ich nochmal über alles nachdenken. Auch über das, was Tante Vera gesagt hatte. Über die Luftschutzkeller und daß sie Angst gehabt hat und so. Und daß sie meint, wir würden nicht begreifen, was das ist: Frieden. So richtig im Frieden leben wir, glaub ich, auch gar nicht. Aber natürlich auch nicht richtig im Krieg. Wir können schon eine Menge° machen, was die damals nicht konnten. Und vieles, was die machen und aushalten[9] mußten, das passiert uns eben nicht, daß wir zum Beispiel hungern müssen oder Angst haben, ob wir den nächsten Tag noch erleben. Da bin ich eigentlich auch unheimlich° froh° drüber. Aber trotzdem: bloß weil kein Krieg ist, ist noch lange kein richtiger Frieden. Dazu gehört, glaub ich, noch eine Menge mehr.

[1]at any rate	[2]for all their affluence	[3]in full swing	[4]puke	[5]suffered
[6]went through	[7]rage	[8]shitty music	[9]endure	

Nach dem Lesen

New word: **Gesellschaft**= *society.*

10-38 Ist bei uns richtiger Frieden? Die Erzählung von Monika Seck-Agthe schließt mit den Worten: »…bloß weil kein Krieg ist, ist noch lange kein richtiger Frieden. Dazu gehört, glaub ich, noch eine Menge mehr.«

Schreiben Sie zu Hause zwei Dinge auf, die anders werden müßten, damit in unserer Gesellschaft richtiger Frieden ist, und machen Sie Vorschläge, wie man diese Probleme lösen könnte.

10-39 Zur Diskussion. Machen Sie gemeinsam eine Liste von den Problemen, die Sie zu Hause aufgeschrieben haben, und besprechen Sie die verschiedenen Lösungsvorschläge.

Margin notes (left column):

sehr roten
laut zu weinen

Point out that **knallaut** is not a typographical error (cf. **knallrot** above). If three of the same consonant appear side by side, one is dropped.
plötzlich

überzuschnappen

bin in mein Zimmer gegangen

sehr viel

sehr/glücklich

To test comprehension, we suggest you ask students the following questions.

1. Wie reagierte Tante Vera, als Johannes in seinem Punk-Aufzug zur Tür hereinkam?

2. Wie reagierte die ganze Familie, als Tante Vera den Johannes ein grünes Bürschchen nannte?

3. Wie reagierte die Mutter, als Tante Vera erzählte, wie sie mit fünfzehn betteln ging und hungerte.

4. Wie reagierte Johannes, als Tante Vera vom Krieg erzählte und sagte, die Kinder sollten lieber in ihre Schulbücher gucken, statt sich die Haare grün zu färben?

5. Wie reagierte der Vater, als Tante Vera einen knallroten Kopf kriegte und anfing zu heulen?

6. Wie reagierte die Schwester von Johannes, als Johannes sagte: »Jetzt fängst du auch noch an auszurasten!«?

Die Geschwister Scholl und die Weiße Rose

.EUTE

Hans und Sophie Scholl gehörten zur Weißen Rose, einer studentischen Widerstandsgruppe[1] in München, die seit 1942 versuchte, mit anonymen Flugblättern[2] zum Widerstand gegen das Hitler-Regime aufzurufen.

Am Donnerstag, den 18. Februar 1943 hatten Hans und Sophie wieder einmal einen Koffer mit Flugblättern gefüllt und waren damit früh morgens zur Universität gegangen. Noch bevor die Vorlesungen begannen, legten sie die Blätter dort in den Gängen[3] aus und leerten den Rest vom zweiten Stock in die Eingangshalle hinunter. Aber ein Hausmeister[4] hatte gesehen, was sie machten. Sofort wurden alle Türen der Universität geschlossen, und kurz danach wurden die Geschwister von der Gestapo verhaftet. Dann begannen die Verhöre,[5] Tag und Nacht, Stunde um Stunde. Um ihre Freunde zu schützen,[6] taten Hans und Sophie, als hätten sie alles ganz allein getan. Trotzdem mußten sie hören, daß die Gestapo auch ihren Freund Christoph Probst verhaftet hatte. Schon am folgenden Montag wurden Hans, Sophie und Christoph zum Tod verurteilt.[7] Am späten Nachmittag durften sie kurz mit ihren Eltern sprechen, und noch am selben Abend wurden sie hingerichtet.[8] Der Scharfrichter[9] sagte später, er hätte noch nie jemand so ruhig sterben sehen wie Sophie Scholl. Und bevor Hans seinen Kopf auf den Block legte, rief er laut: »Es lebe die Freiheit.«

Noch im selben Jahr wurden drei weitere Mitglieder der Weißen Rose verhaftet und hingerichtet: der Philosophieprofessor Kurt Huber und zwei Medizinstudenten. In den folgenden beiden Jahren fand die Gestapo heraus, daß auch in Hamburg ein Zweig[10] der Weißen Rose existierte, und weitere acht Studenten und Intellektuelle folgten den Münchnern in den Tod.

[1]resistance group [2]leaflets [3]corridors [4]janitor [5]interrogations [6]protect
[7]condemned [8]executed [9]executioner [10]branch

10-41 Was sind die richtigen Antworten? Sie hören sechs Aussagen zu *Die Geschwister Scholl und die Weiße Rose*. Entscheiden Sie, ob diese Aussagen **richtig** oder **falsch** sind.

	RICHTIG	FALSCH			RICHTIG	FALSCH
1.		✓		4.		✓
2.	✓			5.	✓	
3.		✓		6.	✓	

Gestapo = *Geheime Staatspolizei* (Hitler's secret police)

Am selben: Point out that the forms of *derselbe* are written as one word unless the definite article is contracted with a preposition.

If students ask, point out that in wishes like **Es lebe die Freiheit!**, the subjunctive is formed from the present tense stem (cf. *God bless America!* or *Long live the Queen!*).

You might also mention other acts of resistance against Hitler and the Nazi regime. The most famous: the minutely planned army plot to topple the Nazi regime which was to include the assassination of Hitler. The assassination attempt on July 20, 1944 failed, and Hitler had approximately 5000 men and women connected with the plot rounded up and executed. He had the hanging of the eight most prominent generals and officers filmed, and according to Albert Speer, his War Minister, Hitler viewed the film again and again.

Statements: 1. Weil Hans und Sophie so früh zur Uni gingen, sah kein Mensch, was sie dort machten. (Falsch. Ein Hausmeister war auch so früh dort und sah, was sie machten.) 2. Hans und Sophie wurden noch am selben Morgen von der Gestapo verhaftet. (Richtig) 3. Christoph Probst wurde verhaftet, weil die Gestapo von Hans und und Sophie herausgefunden hatte, daß auch er zur Weißen Rose gehörte. (Falsch. Hans und Sophie taten, als hätten sie alles allein getan.) 4. Wenige Monate später wurden Hans, Sophie und Christoph zum Tod verurteilt. (Falsch. Sie wurden schon am folgenden Montag zum Tod verurteilt.) 5. Im Jahr 1943 wurden später auch noch der Philosophieprofessor Kurt Huber und zwei Medizinstudenten, zum Tod verurteilt. (Richtig) 6. Nachdem die Gestapo herausgefunden hatte, daß es auch in Hamburg einen Zweig der Weißen Rose gab, wurden dort weitere acht Studenten und Intellektuelle zum Tod verurteilt und hingerichtet. (Richtig)

Wörter im Kontext 2

Nomen

die Auskunft	(telephone) information
die Aussicht, -en	view
die Fahrt, -en	trip
das Fremdenverkehrsamt, ¨er	tourist office
der Frieden	peace
die Gegend, -en	area
die Gesellschaft, -en	society
die Jugendherberge, -n	youth hostel
die Kopfhörer (pl)	headphones
die Kopfschmerzen (pl)	headache
der Radwanderführer, -	cycling tour guidebook
der Schlafsack, ¨e	sleeping bag
die Unterhaltung, -en	conversation
der Vogel, ¨	bird

Verben

auf•setzen	to put on (one's head)
begreifen, begriff, hat begriffen	to understand
bellen	to bark
buchen	to book
färben	to color
heulen	to cry; to howl
kapieren	to understand
schaufeln	to shovel
streiken	to strike, to go on strike
tapezieren	to wallpaper
übernachten	to stay overnight
unter•nehmen (unternimmt), unternahm, hat unternommen	to undertake, to do
sich verabschieden von	to say good-bye to
vor•bereiten	to prepare
vor•schlagen (schlägt vor), schlug vor, hat vorgeschlagen	to suggest

Leicht zu verstehen

die Attraktion, -en	existieren
die Bombe, -n	finanzieren
der Punk, -s	renovieren
die Tablette, -n	banal
der Untertitel, -	ideal
	kompliziert

Andere Wörter

abgelaufen	worn (of shoes)
abgetragen	worn (of clothes)
bergab	downhill
bergauf	uphill
besiedelt	populated
bloß	only
böse	bad, evil, mean
deprimiert	depressed
einverstanden	agreed
frech	fresh, impertinent
froh	happy
großartig	great, wonderful
herrlich	wonderful
jedenfalls	at any rate
peinlich	embarrassing
sehenswert	worth seeing
traurig	sad
übergeschnappt	crazy
wütend	furious

Ausdrücke

einverstanden sein	to agree
erkältet sein	to have a cold
Das hängt mir zum Hals heraus!	I'm totally sick of it!
Was ist mit mir dir los?	What's the matter with you?
eine Menge	a lot
Schade!	Too bad!
zur Zeit	at the moment

Students have learned various expressions meaning *You're crazy!* [Du spinnst! Du bist verrückt (übergeschnappt) Du hast nicht alle Tassen im Schrank! Du spinnst!] Here is another: Du hast einen Vogel!

Point out that the suffix -artig means something like *of a kind* or *of a type*. Have students guess the meanings of andersartig, einzigartig, ein gutartiger Tumor, ein bösartiger Tumor.

Ask students for the meanings of wissenswert, wünschenswert, preiswert, lesenswert.

10-42 Was paßt in jeder Gruppe zusammen?

1. Die Auskunft   bucht man.
   Eine Reise   ruft man an.
   Eine Aussicht   färbt man.
   Ostereier   schaut man an.

2. Ein Haus   setzt man auf.
   Eine Wand   schaufelt man.
   Kopfhörer   renoviert man.
   Schnee   tapeziert man.

3. In der Jugendherberge   nimmt man Tabletten.
   Vom Fremdenverkehrsamt   verabschiedet man sich von Familie und Freunden.
   Vor einer Reise   bekommt man Broschüren und Information.
   Gegen Kopfschmerzen   kann man billig übernachten.

10-43 Was paßt?

___

erkältet / böse / abgelaufen / einverstanden / abgetragen

___

1. Wenn der Hund nur nicht so _____ wäre!
2. Wenn meine Kleider nur nicht so _____ wären!
3. Wenn ich nur nicht so _____ wäre!
4. Wenn meine Schuhe nur nicht so _____ wären!
5. Wenn Florian nur mit unseren Plänen _____ wäre!

10-44 Was paßt zusammen?

1. Wenn wir einen guten Radwanderführer hätten,
2. Wenn wir ein Zelt und Schlafsäcke hätten,
3. Wenn Mecklenburg nicht so dünn besiedelt wäre,
4. Wenn die Straßen hier nicht ständig bergauf und bergab gehen würden,

a. könnte man dort keine so schönen Radwanderungen machen.
b. wären wir nicht jeden Abend so todmüde.
c. wüßten wir, was in dieser Gegend sehenswert ist.
d. könnten wir campen gehen.

10-45 Synonyme. Was paßt wo?

___

im Moment / übergeschnappt / eine Menge / bloß / kapieren /
die Unterhaltung / deprimiert / heulen / herrlich

___

großartig   _____   begreifen   _____
verrückt   _____   viel   _____
traurig   _____   weinen   _____
zur Zeit   _____   das Gespräch   _____
nur   _____

10-46 Das Gegenteil. Was paßt wo?

___

der Frieden / froh / besiedelt / bergab /
miserabel / kompliziert / eine Menge / frech

___

großartig   _____   der Krieg   _____
traurig   _____   ein bißchen   _____
höflich   _____   bergauf   _____
einfach   _____   menschenleer   _____

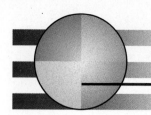

WORT, SINN UND KLANG

Words as chameleons: *gleich*

Gleich has a variety of meanings:

- As an adjective, **gleich** means *same*.

  Monika und ich sind im **gleichen** Jahr geboren.
  *Monika and I were born in the **same** year.*

- As an adverb, **gleich** has three meanings:

  a. Expressing the idea of sameness, **gleich** means *equally*.

  Monika und ich sind beide **gleich** intelligent.
  *Monika and I are both **equally** intelligent.*

  b. Expressing time, **gleich** means *right (away)*, *immediately*.

  Ich komme **gleich** nach dem Essen.
  *I'm coming **right** after lunch.*
  Ich komme **gleich**.
  *I'm coming **right away (immediately)**.*

  c. Expressing location, **gleich** means *right, directly*.

  Die Bank ist **gleich** neben dem Postamt.
  *The bank is **right** beside the post office.*

10-47 Was bedeutet »gleich« hier? *Same, equally, right (right away)* or *right (directly)*?

1. Wo ist der Tennisplatz? – Gleich hinter dem Studentenheim.
2. Die Jeans waren so billig, daß ich gleich zwei Paar gekauft habe.
3. Du hast ja genau das gleiche Kleid an wie ich!
4. Ich wohne gleich neben der Bäckerei Biehlmaier.
5. Steh gleich auf, Holger! Es ist schon zehn nach zehn.
6. Wer spielt besser Klavier, du oder deine Schwester?
   Wir spielen beide etwa gleich gut.
7. Meine Freundin hat für den gleichen Pulli zwanzig Mark mehr bezahlt als ich.
8. Wann wollen Sie das Geld? – Gleich jetzt!
9. Sind die beiden Hotels gleich teuer?
10. Mach doch nicht immer die gleichen Fehler!

Predicting gender

Remind students that at the end of a word and before the suffix **-keit**, **-ig** is pronounced like **-ich**.

All nouns with the suffixes **-heit** and **-keit** are feminine and most are derived from adjectives. The suffix **-keit** is used whenever an adjective ends in **-lich** or **-ig**. Both suffixes frequently correspond to the English suffix *-ness*.

krank	*ill, sick*	**die** Krank**heit**	*illness, sickness*
freundlich	*friendly*	**die** Freundlich**keit**	*friendliness*
richtig	*right, correct*	**die** Richtig**keit**	*rightness, correctness*

Note that the German suffixes **-heit** and **-keit** do not always correspond to the English suffix *-ness.*

wichtig	*important*	**die** Wichtig**keit**	*importance*
schön	*beautiful*	**die** Schön**heit**	*beauty*

Some adjectives are extended with **-ig** before the suffix **-keit** is added.

arbeitslos	*unemployed*	**die** Arbeitslos**ig**keit	*unemployment*

10-48 Was ist das? Form nouns from the adjectives and give their English meanings. The adjectives marked with an asterisk must be extended with **-ig** before adding the suffix **-keit.**

1. dunkel	*dark*		6. klug	*intelligent*
2. hell*	*light, bright*		7. dumm	*stupid*
3. gesund	*healthy*		8. schnell*	*fast*
4. klar	*clear*		9. wirklich	*real*
5. frei	*free*		10. genau*	*exact, accurate*

Zur Aussprache

German *f*, *v*, and *w*

In German the sound represented by the letter **f** is pronounced like English *f* and the sound represented by the letter **v** is generally also pronounced like English *f.*

10-49 Hören Sie gut zu und wiederholen Sie!

für	vier
Form	vor
folgen	Volk

Familie **F**eldmann **f**ährt in den **F**erien nach **F**innland.
Volkmars **V**orlesung ist um **V**iertel **v**or **v**ier **v**orbei.
Volker ist **V**erkäufer **f**ür **F**arb**f**ernseher.

However, when the letter **v** appears in a word of foreign origin, it is pronounced like English *v.* **V**ase, **V**entilator, **V**ariation.

In German the sounds represented by the letter **w** is always pronounced like English *v:* **w**ann, **w**ie, **w**o.

10-50 Hören Sie gut zu und wiederholen Sie!

Wolfgang und **V**eronika **w**ohnen in einer **V**illa am **W**annsee.
Walter und **D**avid **w**aren im **N**ovember in **V**enedig.
Oliver ist **V**egetarier und **w**ill keine **W**urst.

In the following word pairs, distinguish clearly between German **f** and **w** sounds.

Vetter	**W**etter	**F**arm	**w**arm
vier	**w**ir	**f**ein	**W**ein
Viel	**w**ill	**F**est	**W**est
voll	**W**olle	**F**elder	**W**älder

KAPITEL 11

So ist das Leben

● **Kommunikationsziele**

Talking about youth and old age
Discussing equal rights for women and
men
Juggling careers and family obligations
Expressing feelings, emotions, and regret

● **Strukturen**

Past-time subjunctive
Verb-preposition combinations
Wo-compounds and **da**-compounds

● **Kultur**

Women in the workplace
Language and culture: Austrian and
German

Leute: Doris Zieger

VORSCHAU

»Die hat's gut«

Susanne Kilian

Susanne Kilian wurde 1940 in Berlin geboren. Sie schreibt Kinderbücher und Erzählungen. »Die hat's gut« stammt aus dem Sammelband »Die Stadt ist groß«.

Die hat's gut. New words: **zerren; widerspenstig; stolpern; Bank; geschehen (= passieren); sich weh tun; sich etwas ansehen (= sich etwas anschauen); Augenblick (= Moment); Zeit in Hülle und Fülle (= sehr viel Zeit); fehlen; ich habe es eilig (= ich habe nicht viel Zeit); beinahe (= fast); ungerecht; verteilen; sich die Zeit vertreiben; flink (= schnell); tauschen; randvoll; erledigen; Betrieb; Geschäftigkeit; mittendrin (= mitten im Leben); Rand; schieben**

The opening story and the *Zum Hören* review present-time subjunctive. The story also presents an example of past-time subjunctive (**Hätte ich beinahe vergessen.**).

Die junge Frau ist auf dem Weg zum Kindergarten. Sie zerrt ein kleines, widerspenstiges Mädchen neben sich her. Das stolpert und fällt hin, genau vor der alten Frau, die auf einer Bank an der Bushaltestelle sitzt. »Entschuldigung«, murmelt die junge Frau. »Mir ist nichts geschehn. Hat das Kleine sich weh getan?« sagt die alte Frau. Dabei sehen sie sich an, einen Augenblick lang...

Und

Die junge Frau denkt: Die hat's gut! Sitzt auf der Bank da, hat Zeit in Hülle und Fülle. Genau das, was mir fehlt. Hat auch keine widerspenstige Tochter in den Kindergarten zu zerren. Dabei hab ich's so eilig. Was ich heute noch alles machen muß! Wenn ich einmal so viel Zeit hätte wie die! Und heute abend kommt Besuch, da muß ich etwas kochen. Hätte ich beinahe vergessen. Das wird dann sicher wieder spät. Dabei bin ich jetzt schon müde. Die alte Frau kann so früh schlafen gehen, wie sie will. Und ausschlafen kann sie auch. Ist ungerecht verteilt manchmal, wirklich.

Die alte Frau denkt: Die hat's gut! Hat wenigstens etwas zu tun den lieben langen Tag. Ich vertreibe mir ja bloß noch die Zeit. Wenn ich noch einmal so jung wäre . . . Wie flink die laufen kann! Und das süße kleine Mädchen. Mit der jungen Frau würde ich gerne tauschen. Sie sicher nicht mit mir, kann ich verstehen. Ich hätte gern wieder einmal einen Tag vor mir, randvoll mit Sachen, die zu erledigen sind. Betrieb, Geschäftigkeit, Leben! Mittendrin möchte ich nochmal sein. Nicht so an den Rand geschoben, auf der Bank hier, immer bloß zusehn.

New word: **der Gedanke**

Statements 1. Wenn ich nur nicht immer auf dieser Bank sitzen und und mir bloß die Zeit vertreiben müßte! (die alte Frau) 2. Wenn ich's nur nicht immer so eilig hätte! (die junge Frau) 3. Wenn ich nur auch mal auf einer Bank sitzen und nichts tun dürfte. (die junge Frau) 4. Wenn ich nur auch so ein süßes kleines Mädchen hätte. (die alte Frau) 5. Wenn meine Tochter nur nicht so widerspenstig wäre! (die junge Frau) 6. Wenn ich nur auch so flink laufen könnte! (die alte Frau) 7. Wenn ich nur mal richtig ausschlafen dürfte! (die junge Frau) 8. Wenn ich nur nochmal so jung sein könnte! (die alte Frau) 9. Wenn ich nur nochmal mittendrin im Leben sein dürfte! (die alte Frau) 10. Wenn ich nur nicht immer so müde wäre! (die junge Frau)

Have students brainstorm words and expressions that they associate with **Jugend** and **Alter** and write them on the board.

Have student pairs do either *Situation A* or *Situation B*. They should use the words and expressions that have been brainstormed in the previous activity.

 ZUM HÖREN

11-1 Die hat's gut. Sie hören zuerst Susanne Kilians Erzählung *Die hat's gut* und dann ein paar Gedanken der jungen Frau und der alten Frau. Entscheiden Sie, ob **die junge Frau** oder **die alte Frau** das denkt!

DIE JUNGE FRAU	DIE ALTE FRAU
1.___	✓
2. ✓	___
3. ✓	___
4.___	✓
5. ✓	___
6.___	✓
7. ✓	___
8.___	✓
9.___	✓
10. ✓	___

11-2 Assoziationen. Was für Wörter und Ausdrücke assoziieren Sie mit den Begriffen *Jugend* und *Alter*? Machen Sie eine Liste!

JUGEND

zu viel zu tun

…

ALTER

Zeit in Hülle und Fülle

…

11-3 Wenn wir's nur auch so gut hätten! Lesen Sie mit Ihrer Partnerin/Ihrem Partner eine der beiden folgenden Situationen. Was würden Sie zueinander sagen, wenn Sie die beiden Studenten oder die beiden alten Leute wären?

New word: **vorbeigehen an**

SITUATION A
DIE BEIDEN STUDENTEN

Das Semester ist fast zu Ende. Sie sind sehr gestreßt, weil Sie noch mehrere Referate fertigschreiben müssen und weil nächste Woche die Schlußprüfungen beginnen. Auf Ihrem Weg zur Bibliothek sehen Sie auf einer Bank eine alte Frau und einen alten Mann, die gemütlich in der Sonne sitzen und sich unterhalten.

SITUATION b
DIE BEIDEN ALTEN LEUTE

Sie sitzen auf dem Campus auf einer Bank in der warmen Frühjahrssonne und unterhalten sich. Die Studenten, die an Ihnen vorbeigehen, haben es alle sehr eilig, ganz besonders die beiden netten jungen Leute, die gerade an Ihnen vorbei zur Bibliothek gerannt sind.

11-4 Meine Großeltern. Stellen Sie einander die folgenden Fragen über Ihre Großeltern. Berichten Sie dann, was Sie herausgefunden haben!

Students with no living grandparents can talk about a favorite uncle or aunt.

	Mütterlicherseits Großmutter Großvater	Väterlicherseits Großmutter Großvater
• Welche von deinen Großeltern leben noch?		
• Wie alt sind sie?		
• Wie oft siehst du sie?		
• Wo wohnen deine Großeltern? Im eigenen Haus? In einer Wohnung? In einem Seniorenheim? In einem Pflegeheim? …		New word: **das Pflegeheim**
• Sind deine Großeltern fit? Wie halten sie sich fit?		
• Was für Hobbys haben sie? Reisen sie? Wohin? Sehen sie viel fern? Welche Programme? …		
• Hast du eine Lieblingsoma/ einen Lieblingsopa? Warum hast du sie/ihn besonders gern?		

Zu Beginn des 20. Jahrhunderts hatten Arbeit und Beruf für die meisten Frauen eine ganz andere Bedeutung als heute. Damals arbeiteten vor allem Frauen aus der Arbeiterklasse, und sie *mußten* arbeiten, weil ihre Männer nicht genug verdienten, um die Familie zu ernähren.[1] Heute arbeiten immer mehr Frauen, weil sie arbeiten *wollen,* und als Motive für die Berufstätigkeit[2] werden außer finanzieller Unabhängigkeit[3] auch oft Spaß am Beruf, Selbstverwirklichung und Kontaktmöglichkeiten außerhalb der Familie genannt.

Das Grundgesetz[4] der BRD verbietet, daß Frauen, nur weil sie Frauen sind, schlechter bezahlt werden als Männer. Trotzdem zeigt die Statistik auch heute noch einen ziemlichen Unterschied[5] in der Bezahlung von Männern und Frauen. Ein Grund dafür ist, daß vor allem ältere Frauen oft keine so gute Ausbildung haben wie Männer und daß sie deshalb für besser bezahlte Berufe nicht qualifiziert sind. Aber auch jüngere und besser ausgebildete Frauen, die verheiratet sind und Kinder haben, bekommen selten höhere Positionen. Die Geburt und die Betreuung[6] der Kinder unterbricht[7] ihre Karriere, und wenn sie nach ein paar Jahren wieder an den Arbeitsplatz zurückkehren, beginnen sie dort, wo sie aufgehört haben. Daß sie in den stressigen Jahren, in denen sie Familie und Kinder betreuten, vieles gelernt haben, was in höheren Positionen oft wichtiger ist als die eigentliche Berufserfahrung,[8] spielt keine Rolle.

Genau wie viele Männer möchten viele Frauen beides, Beruf und Familie. Solange Frauen aber die meisten Aufgaben in Haushalt und Familie übernehmen, wird Gleichberechtigung im Berufsleben Utopie bleiben. Nur wirkliche Partnerschaft in Ehe und Familie kann Frauen die gleichen Chancen im Berufsleben bringen.

[1]feed	[2]working	[3]independence	[4]constitution
[5]difference	[6]care	[7]interrupts	[8]job experience

11-5 Der »kleine Unterschied« Das folgende Schaubild zeigt, daß die Bezahlung von Männern und Frauen in vielen Ländern immer noch sehr verschieden ist. Sehen Sie sich das Schaubild an, und beantworten Sie die Fragen!

1. Welche drei von diesen vier Wörtern sind Synonyme: Bezahlung, Unterschied, Lohn, Verdienst?
2. In welchem Land ist der Unterschied in der Bezahlung von Männern und Frauen am größten, und in welchem Land ist er am kleinsten?
3. Wo ist der Unterschied beim Lohn von Frauen und Männern größer, in den USA oder in Deutschland?
4. Von welchem Teil von Deutschland wird in dieser Statistik nichts gesagt, von den alten Bundesländern oder von den neuen Bundesländern?

11-6 Wer macht in Deutschland den Haushalt? Das Schaubild zeigt, wieviel Prozent der Arbeit im Haushalt von Frauen oder Männern gemacht wird, und wieviel Prozent Frauen und Männer zusammen machen.

1. In wieviel Prozent der Haushalte übernimmt der Vater alle Kontakte mit den Lehrern seiner Kinder?
2. In wieviel Prozent der Haushalte machen Mann und Frau alles, was mit Finanzen zu tun hat, zusammen?
3. In wieviel Prozent der Haushalte kocht der Mann alle Mahlzeiten?
4. In wieviel Prozent der Haushalte tun Mann und Frau gleich viel für Großeltern oder andere Verwandte, die Hilfe brauchen?
5. In wieviel Prozent der Haushalte repariert die Frau alles, was man selbst reparieren kann?

Re **der kleine Unterschied:** This term refers to the *small* anatomical difference between males and females, i.e., the penis. The term is usually used ironically to point to the *large* difference in the advantages that males have in society as compared to females.

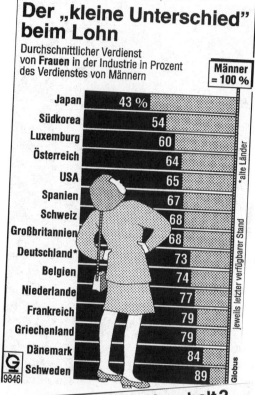

Der „kleine Unterschied" beim Lohn

Durchschnittlicher Verdienst von **Frauen** in der Industrie in Prozent des Verdienstes von Männern

Männer = 100 %

Land	%
Japan	43 %
Südkorea	54
Luxemburg	60
Österreich	64
USA	65
Spanien	67
Schweiz	68
Großbritannien	68
Deutschland*	73
Belgien	74
Niederlande	77
Frankreich	79
Griechenland	79
Dänemark	84
Schweden	89

*alte Länder — jeweils letzter verfügbarer Stand — Globus 9846

Students know **Bezahlung** and the verb **verdienen**, and should be able to figure out the meaning of **Lohn** from the context of the graph.

Wer macht den Haushalt?

Aufgabenverteilung im Haushalt in %

	FRAU	beide	MANN
		18%	1%
Putzen	81%	19	2
Kochen	79	33	3
Schulkontakte	64	32	5
Einkaufen	63	37	2
Kinderbetreuung	61	37	3
Verwandte pflegen	60	41	22
Behördengänge	37	59	9
Haushaltskasse	32		41
Renovierung	16	43	66
Reparaturen	11	23	

© Globus 8673

Quelle: DJI

▣ Wörter im Kontext 1

● Nomen

das Alter	age; old age
die Aufgabe, -n	task
die Bank, ⸚e	bench
die Bedeutung, -en	meaning
die Berufserfahrung	job experience
die Berufstätigkeit	employment, working
die Ehe, -n	marriage
die Erfahrung, -en	experience
der Gedanke, -n	thought
die Geburt, -en	birth
die Gleichberechtigung	equal rights, equality
der Lohn, ⸚e	wages, pay
die Mahlzeit, -en	meal
die Möglichkeit, -en	possibility
das Pflegeheim, -e	nursing home
der Teil, -e	part, area
die Unabhängigkeit	independence
der Unterschied, -e	difference
der Verdienst, -e	wages, pay

*Point out that the only difference between the German equivalents for bench and bank is in the plural: **die Bänke, die Banken.***

● Verben

an•sehen (sieht an), sah an, hat angesehen	to look at
fehlen	to be lacking
geschehen (geschieht), geschah, ist geschehen	to happen
hin•fallen (fällt hin), fiel hin, ist hingefallen	to fall down
murmeln	to mutter
stolpern	to stumble
tauschen	to exchange, to swap
übernehmen (übernimmt), übernahm, hat übernommen	to take on, to assume
unterbrechen, unterbrach, hat unterbrochen	to interrupt
verbieten, verbot, hat verboten	to forbid
verteilen	to distribute
sich weh tun	to hurt oneself

*Point out that most verbs with the prefixes **über-** and **unter-** are inseparable.*

● Andere Wörter

außerhalb (+ *gen*)	outside of
beinahe	almost
mittendrin	in the middle of it
unabhängig	independent
ungerecht	unjust
widerspenstig	obstinate, stubborn

● Ausdrücke

Sie ist berufstätig.	She works (outside the home).
Ich habe es eilig.	I'm in a hurry.
Es fehlt mir an Erfahrung.	I'm lacking in experience.
Ich vertreibe mir die Zeit.	I while away my time.
in Hülle und Fülle	in abundance

● Leicht zu verstehen

die Arbeiterklasse	das Prozent, -e
die Chance, -n	das Seniorenheim, -e
der Haushalt, -e	die Statistik, -en
die Karriere, -n	die Utopie, -n
das Motiv, -e	finanziell
die Partnerschaft, -en	qualifiziert
die Position, -en	

11-7 Was paßt wo?

Geburt / Verdienst / Ehe / Lohn / Lohn / Partnerschaft / Berufserfahrung /
Kontaktmöglichkeiten / unabhängig / außerhalb / berufstätig

---

1. Die Bezahlung, die man für seine Arbeit bekommt, nennt man auch _____
   oder _____.
2. Um einen gutbezahlten Job zu bekommen, braucht man oft nicht nur eine
   gute Ausbildung, sondern auch _____.
3. Viele Frauen arbeiten nicht nur, weil sie finanziell _____ sein wollen,
   sondern auch wegen der _____ außerhalb der Familie.
4. In der BRD dürfen Frauen nach der _____ eines Kindes acht Wochen lang
   nicht arbeiten, bekommen aber trotzdem ihren vollen _____.
5. Obwohl Hausfrau ein Beruf ist, nennt man nur die Frauen _____, die _____
   des Hauses arbeiten.
6. Eine _____, in der die Frau tagsüber berufstätig ist und abends den ganzen
   Haushalt allein machen muß, ist keine wirkliche _____.

11-8 Mit anderen Worten. Ergänzen Sie die Sätze in der rechten Spalte so, daß sie ungefähr dasselbe bedeuten wie die Sätze in der linken Spalte!

New word: **Spalte**

---

fehlt / hochqualifiziert / beinahe / in Hülle und Fülle /
berufstätig / passiert / Mahlzeiten / eilig / verboten

---

1. Ich habe viel Zeit.   Ich habe Zeit _____.
2. Ich habe nicht viel Zeit.   Ich habe es _____.
3. Lisa hat eine gute Ausbildung   Lisa ist _____.
   und viel Berufserfahrung.
4. Laura ist gut ausgebildet, aber   Laura ist gut ausgebildet, aber
   sie hat keine Berufserfahrung.   es _____ ihr an Berufserfahrung.
5. Das darf man nicht!   Das ist _____!
6. Was ist denn geschehen?   Was ist denn _____?
7. Ich habe fast kein Geld mehr.   Ich habe _____ kein Geld mehr.
8. Arbeitet Frau Jablonski?   Ist Frau Jablonski _____?
9. Nehmen Sie diese Tabletten bitte   Nehmen Sie diese Tabletten bitte
   vor dem Essen!   vor den _____!

11-9 In welcher Reihenfolge geschieht das? Numerieren Sie!

1. __ hinfallen __ laufen __ sich weh tun __ stolpern
2. __ sich auf eine Bank setzen __ müde werden __ spazierengehen
3. __ die Karriere __ die Schule __ die Pensionierung __ der Kindergarten
   __ die Ausbildung
4. __ das Alter __ die Jugend __ die Geburt __ die Kindheit

FUNKTIONEN UND FORMEN 1

● 1 Expressing hypothetical situations

Past-time subjunctive

EXPRESSING FACTUAL SITUATIONS

Ich **bin** zu schnell **gefahren.**

I was driving too fast.

Ich **habe** einen Strafzettel **bekommen.**

I got a ticket.

EXPRESSING HYPOTHETICAL SITUATIONS

Wenn ich nur nicht zu schnell **gefahren wäre.**

If only I hadn't been driving too fast!

Wenn ich nur keinen Strafzettel **bekommen hätte!**

If only I hadn't gotten a ticket!

In past-time hypothetical situations, the verb appears as a past participle with the auxiliary in the subjunctive.

Ex. 11-10: Point out that the introductory sentences present past actions as facts. The three **wenn**-clauses that follow express regret about these actions and are therefore contrary-to-fact.

11-10 Warum war ich denn so dumm? Ergänzen Sie die passenden Partizipien und **hätte** oder **wäre!**

1. Statt schnell meine Hausaufgaben zu machen und rechtzeitig ins Bett zu gehen, habe ich bis ein Uhr nachts vor dem Fernseher gesessen.
   Wenn ich nur meine Hausaufgaben _____ _____!
   Wenn ich nur rechtzeitig ins Bett _____ _____
   Wenn ich nur nicht bis ein Uhr nachts vor dem Fernseher _____ _____!

2. Statt meiner Schwester einen Geburtstagsbrief zu schreiben, bin ich zu Stefan gegangen und habe die halbe Nacht Karten gespielt.
   Wenn ich nur meiner Schwester _____ _____!
   Wenn ich nur nicht zu Stefan _____ _____!
   Wenn ich nur nicht die halbe Nacht Karten _____ _____!

3. Statt in meine Vorlesungen zu gehen, habe ich Günter angerufen und dann den ganzen Nachmittag mit ihm Billard gespielt.
   Wenn ich nur in meine Vorlesungen _____ _____ !
   Wenn ich nur Günter nicht _____ _____!
   Wenn ich nur nicht den ganzen Nachmittag mit Günter Billard _____ _____!

4. Statt mein Referat fertigzuschreiben, habe ich mich auf die Couch gelegt und bin eingeschlafen.
   Wenn ich nur mein Referat _____ _____!
   Wenn ich mich nur nicht auf die Couch _____ _____!
   Wenn ich nur nicht _____ _____!

5. Statt um sieben aufzustehen und joggen zu gehen, bin ich bis zehn im Bett geblieben.
   Wenn ich nur um sieben _____ _____!
   Wenn ich nur joggen _____ _____!
   Wenn ich nur nicht bis zehn im Bett _____ _____!

11-11 Was hättest du getan, wenn …?

Jemand hat deinen Wagen
gestohlen.

…sofort zur Polizei gegangen.

S1: Was hättest du getan, wenn
jemand deinen Wagen
gestohlen hätte?

S2: Ich wäre sofort zur Polizei
gegangen.

1. Du hast eine Geldtasche mit 500 Mark gefunden.
2. Professor Huber hat dir eine viel zu schlechte Zensur gegeben.
3. Die Verkäuferin hat dir zehn Mark zu viel herausgegeben.
4. Deine Heidelberger Freunde haben dich in Frankfurt nicht abgeholt.
5. Dir ist in Europa das Geld ausgegangen.
6. Du hast in Europa deinen Paß verloren.

… mit dem Zug nach Heidelberg
gefahren.

… damit zur Polizei gegangen.

… sofort zum nächsten Konsulat
gegangen.

… mich beschwert.

… meine Eltern angerufen.

… sie ihr sofort zurückgegeben.

11-12 Wenn ich das nur (nicht) getan hätte! Jeder Mensch tut manchmal
Dinge, die er später bereut. Erzählen Sie Ihren Mitstudenten etwas, was Sie
bereuen!

S1: Wenn ich nur meine Hausaufgaben gemacht hätte!
S2: Wenn ich nur gestern nacht nicht so lange aufgeblieben wäre!
S3: …

Give students a few minutes to jot
down some things that they
regret before they share them
with their classmates. New word:
bereuen

Haben and *sein* in past-time subjunctive

EXPRESSING FACTUAL SITUATIONS	EXPRESSING HYPOTHETICAL SITUATIONS
Ich **war** so müde.	Wenn ich nur nicht so müde **gewesen wäre!**
*I **was** so tired.*	*If only I **hadn't been** so tired!*
Ich **hatte** keine Energie.	Wenn ich nur mehr Energie **gehabt hätte!**
*I **didn't have** any energy.*	*If only I **had had** more energy!*

We suggest that you complete
Exercise 11-13 on page 368
before moving on to modal verbs
in past-time subjunctive.

With **sein** and **haben,** the simple past tense is used to express past-time factual
situations. In past-time hypothetical situations, **sein** and **haben** appear as past
participles with their auxiliaries in the subjunctive.

Modal verbs in past-time subjunctive

Compare the verb forms in the following German and English examples.

Ich **hätte** das nicht **bezahlen wollen.** *I wouldn't have wanted to pay for that.*
Ich **hätte** das nicht **bezahlen können.** *I wouldn't have been able to pay for that.*

Modal verbs in past-time
subjunctive are practiced in
Exercises 11-14, 11-15, 11-16,
and 11-17 on page 369.

In German, the verb forms in past-time hypothetical sentences with a modal
follow a simple pattern: **hätte** + *double infinitive*. Note that the infinitive of the
modal follows the infinitive of the main verb.

11-13 Was hättest du gemacht, wenn …? Ergänzen Sie die Fragen mit **gewesen wäre** oder **gehabt hätte (hättest)** und die Antworten mit **wäre** oder **hätte**!

…, wenn es gestern nicht so   Ich _____ Tennis gespielt.
heiß _____ _____?

S1: Was hättest du gemacht,   *S2:* Ich hätte Tennis gespielt.
wenn es gestern nicht so heiß
gewesen wäre?

1. …, wenn es letzten Winter mehr Schnee _____ _____?

2. …, wenn du mehr Geld _____ _____?

3. …, wenn es letzten Sonntag nicht so kalt _____ _____?

4. …, wenn du keinen Computer _____ _____?

5. …, wenn das Konzert nicht gut _____ _____?

6. …, wenn du keinen Wagen _____ _____?

Ich _____ in einem teuren Restaurant gegessen.	Ich _____ den Bus genommen.
Ich _____ mein Referat von Hand geschrieben.	Ich _____ Ski laufen gegangen.
Ich _____ aufgestanden und rausgegangen.	Ich _____ baden gegangen.

11-14 Was ist das auf Englisch?

1. Julia hätte diesen Typ nicht heiraten sollen.
2. Ich hätte diesen Typ nicht heiraten wollen.
3. Ich hätte diese Suppe nicht essen mögen.
4. Ich hätte nicht so viel essen können.
5. Wenn du kein Fieber gehabt hättest, hättest du nicht im Bett bleiben müssen.
6. Wenn du kein Fieber gehabt hättest, hättest du aufstehen dürfen.

Ex.: **11-14**: Having students give English equivalents for this simple but unfamiliar construction will help students understand what they are saying in the exercises that follow.

11-15 Was paßt zusammen?

1. Wenn mein Freund zu Hause gewesen wäre,
2. Wenn du nicht so spät aufgestanden wärst,
3. Wenn ich nicht so erkältet gewesen wäre,
4. Wenn ich deine Nummer gewußt hätte,
5. Wenn ich das Fahrrad gebraucht gekauft hätte,
6. Wenn Heike bessere Zensuren gehabt hätte,

a. hätte ich dich anrufen können.
b. hätte sie ein Jahr in den USA studieren dürfen.
c. hätte ich nur halb so viel bezahlen müssen.
d. hätten wir bei ihm übernachten können.
e. hätte ich nicht zu Hause bleiben müssen.
f. hättest du nicht ohne Frühstück aus dem Haus gehen müssen.

11-16 Reaktionen. Lesen Sie die folgenden Situationen, und ergänzen Sie dann hätt- und passende doppelte Infinitive!

Ex.: **11-16**: In some of the examples in this exercise more than one modal makes sense for a native speaker of German. The following are the most probable choices: 1. **dürfen** 2. **wollen** 3. **sollen** 4. **können** 5. **sollen** 6. **müssen**.

1. Nicole ist siebzehn, und wenn sie manchmal erst nach Mitternacht nach Hause kommt, sagen ihre Eltern kein Wort.
   Nicoles neunzehnjährige Schwester Silke denkt: Ich _____ mit siebzehn nicht so spät nach Hause _____ _____.
2. Christa zeigt ihren Eltern Fotos von ihrer Reise durch Südamerika. Eines der Fotos zeigt ein ziemlich primitives Hotel, in dem sie übernachtet hat.
   Christas Mutter denkt: Hier _____ ich nicht _____ _____.
3. Anna hat eine Kamera gekauft und, ohne sie vorher auszuprobieren, in Amerika Hunderte von Fotos damit gemacht. Zu Hause findet sie heraus, daß die Fotos alle total unterbelichtet sind.
   Ihr Vater sagt: Oh Anna, du _____ die Kamera natürlich vor deiner Amerikareise _____ _____.
4. Heute abend haben Claudia und Martin mal in einem teuren Restaurant zu Abend gegessen. Das Essen war aber leider nicht besonders gut.
   Auf dem Heimweg sagt Martin: Zu Hause _____ wir viel besser und viel billiger _____ _____.
5. Laura war sehr krank, ist aber gestern aufgestanden, um eine wichtige Prüfung zu schreiben. Das Resultat ist, daß es ihr heute wieder viel schlechter geht.
   Ihre Zimmerkollegin sagt: Ich glaube, du _____ noch ein paar Tage länger im Bett _____ _____.
6. Frau Vogel ist heute morgen zu spät aufgestanden und mußte mit dem Taxi zur Arbeit fahren.
   Als sie am Abend nach Hause kommt, sagt ihr Mann: Wenn du früher aufgestanden wärst, _____ du nicht mit dem Taxi zur Arbeit _____ _____.

11-17 Niemand ist perfekt! Was hätten Sie heute oder in den vergangenen Tagen alles tun oder nicht tun sollen? Seien Sie ehrlich!

S1: Ich hätte heute morgen früher aufstehen sollen!
S2: Ich hätte gestern abend nicht so lange vor dem Fernseher hocken sollen!
S3: Ich hätte ...sollen!

Give students a few minutes to jot down some things that they should or should not have done before they share them with their classmates. New words: **vergangen; ehrlich; hocken**

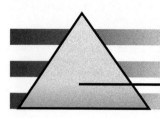

ZWISCHENSPIEL

Zwischenspiel. (Characters: Dieter, Tanja)

TANJA: 'n Abend, Dieter. Mmmmm, das riecht ja fein hier. DIETER: Ja, das Essen ist gleich fertig, Liebling. Komm, gib mir deinen Mantel. TANJA: Ich bin ja so froh, Dieter, daß wir endlich so eine gemütliche Wohnung haben. Und wenn du freitags vor mir zu Hause bist und das ganze Abendessen gekocht hast, dann fühle ich mich wie im siebten Himmel. DIETER: Das hast du auch verdient freitags, wenn du die ganze Woche von morgens bis abends unterwegs warst. Komm, setz dich noch einen Moment zu mir in die Küche und trink ein Glas Wein. Das wird dir gut tun nach dem stressigen Tag. TANJA: Da hast du recht. Mmmmm, toller Wein ist das. Und Filetsteak mit Champignons, das ist doch mein Lieblingsessen! Du, sag mal, was ist denn los? Ich habe doch erst nächste Woche Geburtstag! DIETER: Ich weiß, aber schwer gearbeitet hast du auch heute. TANJA: Ja, schwer gearbeitet, aber auch gut verkauft. Für über 20 000 Mark! Nicht schlecht, was? DIETER: Phantastisch ist das, Liebling. Aber jetzt komm zu Tisch. Ich habe alles fertig. TANJA: Oh, wie romantisch! Sogar Kerzen auf dem Tisch! Oh, Dieter, das ist ja so lieb von dir! - Übrigens, wie war's heute im Büro? DIETER: Soso. Aber einen Brief aus Stuttgart habe ich bekommen. TANJA: Aus Stuttgart? Von wem denn? Dort kennen wir doch gar niemand. DIETER: Von Porsche. TANJA: Von Porsche? DIETER: Ja, sie haben gehört, wie gut ich bin, und bieten mir eine Stellung an. Ist das nicht toll? TANJA: Phantastisch ist das, Liebling, aber was.... DIETER: Motorenkonstrukteur bei Porsche! Davon habe ich mein Leben lang geträumt! TANJA: Ich weiß, Dieter, aber was ist.... DIETER: So eine Chance kommt nur einmal im Leben, Tanja. TANJA: Aber was ist mit mir? DIETER: So gut wie du bist, hast du auch in Stuttgart gleich wieder eine Stellung.

ZUM HÖREN

Karrieren

Tanja und Dieter sind seit drei Jahren verheiratet, und sie wohnen und arbeiten in Köln. Tanja arbeitet bei einer großen pharmazeutischen Firma und hat die Chance, dort bald eine viel bessere Position zu bekommen. Dieter ist Motorenkonstrukteur bei Ford. Sein Traum ist jedoch, eines Tages bei Porsche in Stuttgart zu arbeiten.

Es ist Freitag abend, und weil Dieter freitags immer vor Tanja zu Hause ist, kocht er das Abendessen allein. Hören Sie was Dieter und Tanja miteinander sprechen.

NEUE VOKABELN

riechen	*to smell*
gemütlich	*comfortable, cozy*
Champignons	*mushrooms*
die Kerze, -n	*candle*
an•bieten	*to offer*
die Stellung	*job, position*
von unten	*from the bottom*
die Abteilungsleiterin	*department manager*

11-18 Globalverstehen. Haken Sie die richtigen Antworten ab!

	IN KÖLN	IN STUTTGART
1. Wo ist die neue Wohnung von Tanja und Dieter?	✓	
2. Wo würde Dieter ein Haus kaufen?		✓
3. Wo möchte Dieter arbeiten?		✓
4. Wo könnte Tanja bald Abteilungsleiterin werden?	✓	
5. Wo leben die Eltern von Tanja und Dieter?	✓	

	TANJA	DIETER
6. Wer hat heute das Abendessen gekocht?		✓
7. Wer hat nächste Woche Geburtstag?	✓	
8. Wer hat einen Brief aus Stuttgart bekommen?		✓
9. Wer ist die ganze Woche von morgend bis abends unterwegs?	✓	
10. Wer hat Kerzen auf den Tisch gestellt?		✓

11-19 Detailverstehen. Hören Sie das Gespräch zwischen Tanja und Dieter noch einmal an, und schreiben Sie dann die Antworten zu den folgenden Fragen!

1. Warum fühlt sich Tanja am Freitag abend wie im siebten Himmel? *Weil …*
2. Warum meint Dieter, daß Tanja es verdient hat, freitags zu einem fertigen Abendessen nach Hause zu kommen? *Weil . . .*
3. Warum sagt Tanja, daß sie erst nächste Woche Geburtstag hat? *Weil …*
4. Was findet Tanja so romantisch? *Daß . . .*
5. Warum bietet Porsche Dieter eine Stellung an? *Weil …*
6. Warum meint Tanja, daß ihre Stellung hier in Köln so viel besser ist als eine neue Stellung in Stuttgart? *Weil …*
7. Was denkt Dieter, was Tanja tun könnte, bevor sie in Stuttgart eine neue Stellung sucht? *Er denkt, daß …*
8. Warum glaubt Dieter, daß sie in Stuttgart nicht wieder zwei Jahre lang eine Wohnung suchen müßten? *Weil…*
9. Warum findet Dieter es nicht so schlimm, wenn sie in Stuttgart und ihre Eltern in Köln wohnen würden? *Weil …*
10. Warum will Tanja jetzt nicht mehr über Dieters Pläne sprechen? *Weil …*

11-20 Ein ernster Konflikt. Übernehmen Sie mit Ihrer Partnerin/Ihrem Partner die Rollen von Tanja und Dieter. Tanja ist gerade von der Arbeit nach Hause gekommen und weiß noch nichts von dem Brief aus Stuttgart. Dieter ist in der Küche und macht das Abendessen fertig.

Finden Sie beim Abendessen eine Lösung für Tanjas und Dieters Problem, und präsentieren Sie dann Ihren Mitstudenten Ihr Gespräch und Ihre Lösung!

11-21 Gleichberechtigung. Sind Frauen und Männer in Ihrem Land gleichberechtigt? Was sind Ihre Gedanken zu dieser Frage?

TANJA: Aber ich will doch nicht wieder ganz von unten anfangen, wo ich hier bald Abteilungsleiterin werden kann. DIETER: Ich weiß, das ist ein Problem. Aber vergiß nicht, daß wir ja auch Kinder haben wollen. Vielleicht wäre das eine gute Zeit, an ein Kind zu denken. TANJA: Aber Dieter, ich mag doch meine Arbeit, und ich bin in meinem Beruf so gut wie du in deinem. Und da soll ich jetzt zu Hause bleiben und ein Kind kriegen, nur damit du zu Porsche kannst? DIETER: Das ist nicht fair, Tanja, das weißt du selbst. TANJA: Und was ist mit unserer Wohnung? Wir mußten zwei Jahre suchen und leben jetzt gerade zwei Monate hier. DIETER: Die Wohnung müssen wir natürlich verkaufen. TANJA: Und in Stuttgart wieder zwei Jahre lang suchen! DIETER: Wie ich dort verdiene, können wir uns bald ein Haus kaufen. TANJA: Und unsere Eltern und all die anderen Verwandten und Freunde sind hier in Köln! DIETER: Freunde finden wir auch in Stuttgart wieder, und die Eltern können wir alle paar Wochen mal besuchen. Mit dem Flugzeug sind wir in einer dreiviertel Stunde in Köln. Und natürlich können sie auch uns besuchen. Was meinst du, wie gern sie kommen, wenn wir erst mal ein Kind haben. TANJA: Ach du mit deinem Kind! Komm, laß uns essen, Dieter. Wir sind beide hungrig und müde. Nach dem Essen können wir bestimmt viel klarer denken.

FUNKTIONEN UND FORMEN 2

● 2 Expanding the meaning of some verbs

Special verb-preposition combinations

Many English and German verbs are used in combination with prepositions. In the examples below, the prepositions used in both languages are direct equivalents.

Kurt kocht oft **für** die ganze Familie. *Kurt often cooks **for** the whole family.*
Wie lange hast du **an** diesem Projekt gearbeitet? *How long did you work **on** this project?*

In most instances, however, the prepositions used in German verb-preposition combinations do not correspond to those used in English.

Interessierst du dich **für** diese Stellung? *Are you interested **in** this position?*
Ich warte **auf** einen Scheck von meinen Eltern. *I'm waiting **for** a check from my parents.*

Below are some commonly used verb-preposition combinations. Note that for the two-case prepositions, the test of **wo**/**wohin** that you learned in **Kapitel 8** does not apply, and the correct case is therefore given in parentheses. You will find that it is usually the accusative.

Angst haben vor *(+ dative)* — to be afraid of
arbeiten an *(+ dative)* — to work on
sich ärgern über *(+ accusative)* — to be annoyed with
denken an *(+ accusative)* — to think of, about
erzählen von — to tell about
sich freuen auf *(+ accusative)* — to look forward to
sich freuen über *(+ accusative)* — to be happy about; to be pleased with
sich interessieren für — to be interested in
lachen über *(+ accusative)* — to laugh at, about
sich verlieben in *(+ accusative)* — to fall in love with
warten auf *(+ accusative)* — to wait for
wissen von — to know about

Ask students why the case is not given for **erzählen von, sich interessieren für, wissen von.** Encourage students to memorize this important group of verbs.

11-22 Was paßt zusammen? Ergänzen Sie die passenden Präpositionen.

S1:

1. Wo soll ich _____ dich warten, Peter?
2. Denkst du auch manchmal _____ mich?
3. Was weißt du _____ Einsteins Relativitätstheorie?
4. Wann erzählst du uns _____ deiner Europareise?
5. Seit wann interessierst du dich _____ Briefmarken?
6. Wie lange hast du _____ diesem Projekt gearbeitet?

S2:

a. Gar nichts.
b. Seit vielen Jahren.
c. Eine ganze Woche.
d. Klar.
e. Vor der Bibliothek.
f. Morgen abend.

11-23 Was paßt zusammen? Ergänzen Sie die passenden Präpositionen.

New word: **komisch**

S1:

1. Warum hast du denn so Angst _____ Müllers Hund?
2. Warum ärgerst du dich denn so _____ diesen Hund?
3. Warum freut sich David nicht _____ seine gute Zensur?
4. Warum freust du dich denn nicht _____ Pauls Besuch?
5. Warum lacht Stefan _____ Lauras neue Frisur?
6. Warum hat sich Tom _____ so eine komische Frau verliebt?

S2:

a. Weil er so viel raucht.
b. Weil er sie komisch findet.
c. Weil er beißt.
d. Weil er die ganze Nacht bellt.
e. Weil er sie nett findet.
f. Weil er eine bessere wollte.

11-24 Was machen diese Leute? Ergänzen Sie die passenden Präpositionalphrasen!

In the previous two exercises students had to supply the preposition only. In this exercise they are required to supply the preposition and the appropriate case.

1. Tanja hat Angst _____ _____

2. Kevin wartet _____ _____ von seiner Freundin.

3. Frau Kemp denkt oft _____ _____.

4. Frau Klein ärgert sich _____ _____.

HERZLICHEN GLÜCKWUNSCH

5. Matthias weiß noch nichts _____ _____.

ITALIEN

6. Anna freut sich _____ _____.

seine Geburtstagsparty / ihre Reise nach Italien / Mäuse / ihr widerspenstiger Sohn / ihr alter Vater / ein Anruf (m)

7. Maria freut sich _____ _____.

8. Nicole arbeitet _____ _____.

9. Holger erzählt _____ _____

10. Heike lacht _____ _____.

11. Martin interessiert sich _____ _____.

12. Peter hat sich _____ _____ verliebt.

New word: **der Autounfall**

---

sein Autounfall / ihr neues Fahrrad / alte Maschinen /
ihr Referat / Stephanie / Toms lustiger Haarschnitt

● 3 Asking questions about people or things

You might mention that a small number of *where*-compounds are still in general use in English, e.g., *whereby, wherein, whereupon, wherewith.*

Wo-compounds

The question words **wem** and **wen** refer to persons. If a preposition is involved, it precedes the question word.

Vor wem hast du Angst?	*Who are you afraid of?*
An wen denkst du?	*Who are you thinking of?*

The question word **was** refers to things or ideas. If a preposition is involved, speakers of German use **wo**-compounds:

Wovor hast du Angst?	*What are you afraid of?*
Woran denkst du?	*What are you thinking of?*

Note that an **r** is added to **wo** if the preposition begins with a vowel: **wor**an, **wor**auf, **wor**über, etc.

11-25 Person oder Sache? Beginnen Sie die Fragen mit Präpositionen oder mit **wo**-Formen!

> warten auf *(+ acc.)*
> _____ wartest du?   _____ mein__ Bruder.
>
> *S1:* Auf wen wartest du?   *S2:* Auf meinen Bruder.
>
> warten auf *(+ acc.)*
> _____ wartest du?   __ ein__ Anruf von Thomas.
>
> *S1:* Worauf wartest du?   *S2:* Auf einen Anruf von Thomas.

Ex.: 11-25: Point out that S1 will have to skim the information given for S2 before she/he knows whether to use a **wo**-compound or not. Students may wonder how this works in a real-life situation, where the questioner cannot skim an answer. Point out that real-life conversations are embedded in larger contexts that make it clear whether people or things are being referred to.

1. lachen über *(+ acc.)*
   _____ lacht ihr denn?   _____ dein__ Haarschnitt.
2. Angst haben vor *(+ dat.)*
   _____ hast du am meisten Angst?   _____ d_____ Prüfung in Physik.
3. sich ärgern über *(+ acc.)*
   _____ hat sich Andrea so geärgert?   _____ d__ Anruf von Günter.
4. denken an *(+ acc.)*
   _____ denkst du denn?   _____ mein__ Freund.
5. sich interessieren für *(+ acc.)*
   _____ interessierst du dich am meisten? _____ mein__ Briefmarkensammlung.
6. sich verlieben in *(+ acc.)*
   _____ hat sich Tom diesmal verliebt?   _____ mein__ Zimmerkollegin.
7. denken an *(+ acc.)*
   _____ denkst du denn?   _____ d__ Party morgen abend.

11-26 Klatsch. Erzählen Sie Ihrer Partnerin/Ihrem Partner den neuesten Klatsch über einen Mitstudenten!

> Günter wartet auf einen Brief
> von seiner Freundin in Berlin.
>
> Weißt du, _____ Günter wartet?   _____ denn?
> Auf _____.
>
> *S1:* Weißt du, worauf Günter wartet?   *S2:* Worauf denn?
> Auf einen Brief von seiner Freundin in Berlin.

Ex.: 11-26: New word: **Klatsch.** In this exercise the statement preceding the question represents the information in the mind of the questioner. She/he therefore knows whether or not to use a **wo**-compound.

1. Günter war gestern abend mit deiner Freundin im Kino.
   Weißt du, _____ Günter gestern abend im Kino war?   _____ denn?

   Mit _____.

2. Gestern hat Günter wieder mal den ganzen Tag an seinem
   Motorrad gearbeitet.
   Weißt du, _____ Günter den ganzen Tag gearbeitet hat?   _____ denn?

   An _____.

3. Für sein Studium interessiert sich Günter am wenigsten.
   Weißt du, _____ sich Günter am wenigsten interessiert?   _____ denn?

   Für _____.

4. Auf seine Zensuren freut sich Günter gar nicht.
   Weißt du, _____ sich Günter gar nicht freut?   _____ denn?

   Auf _____.

(Exercise 11-26 continues on the next page)

5. Die schlechteste Zensur wird Günter von Professor Witt bekommen.

   Weißt du, _____ Günter die schlechteste Zensur bekommen wird?   _____ denn?

   Von _____.

6. Vor der mündlichen Prüfung hat Günter am meisten Angst.

   Weißt du, _____ Günter am meisten Angst hat?   _____ denn?

   Vor _____.

7. Ich weiß das alles von Anita.

   Weißt du, _____ ich das alles weiß?   _____ denn?

   Von _____.

 11-27 Ein paar persönliche Fragen. Stellen Sie Ihrer Partnerin/Ihrem Partner die folgenden Fragen, und berichten Sie dann, was Sie herausgefunden haben!

1. Wofür interessierst du dich?
2. Hast du manchmal Angst? Wovor oder vor wem? Warum?
3. Ärgerst du dich manchmal? Worüber oder über wen? Warum?
4. Worauf freust du dich im Moment am meisten? Warum?

● 4 Talking about things without naming them

Da-compounds

You might mention that a small number of *there*-compounds are still in general use in English, especially in legal terminology, e.g., *thereafter, thereby, therefore, thereof, therein.*

You may want to complete exercise 11-28 on the next page before proceeding to *daß*-clauses below

In German, personal pronouns that are objects of prepositions can refer only to people. For things or ideas, **da**-compounds must be used. As with the **wo**-compounds, an **r** is added if the preposition begins with a vowel: **daran, darauf, darüber.**

Was hast du denn **gegen Klaus?**	*What do you have **against Klaus?***
Ich habe überhaupt nichts **gegen ihn.**	*I have nothing at all **against him.***
Was hast du denn **gegen meinen Vorschlag?**	*What do you have **against my suggestion?***
Ich habe überhaupt nichts **dagegen.**	*I have nothing at all **against it.***

Da-compounds and *daß*-clauses

Sometimes the object of a preposition is a **daß**-clause. The preposition will then appear as a **da**-compound followed by a comma.

Ich bin **dafür, daß die Abtreibung legalisiert wird.**	*I'm in favor of abortion being legalized.*
Ich bin **dagegen, daß die Abtreibung legalisiert wird.**	*I'm against abortion being legalized.*

11-28 Person oder Sache? Verwenden Sie in den Antworten **da**-Formen oder Präpositionen mit Personalpronomen!

S1:

S2:

1. Wo ist denn mein Fahrrad?

Ich glaube, Maria ist _____ zur Uni gefahren.

2. Kommt ihr zu unserer Party?

Ja, wir freuen uns schon sehr _____.

3. Schreibst du deinen Eltern oft?

Nein, aber ich denke oft _____.

4. Hast du meine Postkarte bekommen?

Ja, ich habe mich sehr _____ gefreut.

5. Wollt ihr wirklich ohne Ralf wegfahren?

Ja, wir haben lange genug _____ gewartet.

6. Warum fliegt deine Mutter denn nie?

Sie hat Angst _____.

7. Warum rufst du Tobias nicht an?

Weil ich mich _____ geärgert habe.

8. Warum warst du nicht auf Jennifers Party?

Weil ich nichts _____ wußte.

9. Läuft dein Wagen jetzt wieder?

Nein, ich arbeite immer noch _____.

10. Weißt du, daß wir in der Schweiz waren?

Ja, Brigitte hat mir _____ erzählt.

11-29 Eine Umfrage. Was ist die Meinung Ihrer Mitstudenten zu den folgenden Streitfragen? Tragen Sie das Resultat Ihrer Umfrage in die Tabelle ein!

Sollte die Abtreibung legalisiert werden?

Wer ist dafür, daß die Abtreibung legalisiert wird?
Wer ist dagegen, daß die Abtreibung legalisiert wird?
Wer hat keine Meinung dazu?

Ex.: 11-29: New words: **die Streitfrage; eintragen; Waffen.**

The exercise can be done in small groups but will probably work better as a whole class activity. Have individual students rephrase the questions with **dafür, daß** and **dagegen, daß** and **keine Meinung.** As they poll their classmates, you can tabulate the results on the board. Be sure that students give you the result of their poll in sentence form, e.g., **4 Studenten sind dafür, daß . . ., 7 Studenten sind dagegen, daß . . .**, etc.

	DAFÜR	DAGEGEN	KEINE MEINUNG
1. Sollte die Abtreibung legalisiert werden?			
2. Sollte Marihuana legalisiert werden?			
3. Sollten Frauen in der Armee Waffen tragen?			
4. Sollten homosexuelle Partner heiraten dürfen?			
5. Sollten alte Leute bei ihren Kindern leben?			
6. Sollten Autos im Stadtzentrum verboten werden?			
7. Sollten Eltern mit kleinen Kindern beide berufstätig sein?			

Ex. 11-29: Encourage students to say why they are for or against a given issue.

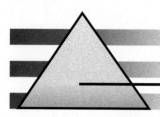

ZUSAMMENSCHAU

Point out that the recording of this **Hörspiel** is on the student cassettes. It was produced by the **Österreichischer Rundfunk** in Vienna. If students listen carefully, they should be able to detect the slight Austrian accent of the actors.

Sie haben ihn sehr lieb
Ein Hörspiel von Georg Kövary

Georg Kövary wurde 1922 in Budapest geboren, wo er viele Jahre lang für Radio, Film und Theater arbeitete. Er emigrierte 1956 nach Österreich und lebt jetzt in Wien. Georg Kövary wurde vor allem als Humorist und Satiriker bekannt.

Vor dem Lesen

New words: **sich etwas vorstellen; für jemand sorgen**

11-30 Kind und Beruf. Stellen Sie sich vor, Sie wären berufstätig und hätten ein neunjähriges Kind, das nachmittags um vier von der Schule kommt. Was würden Sie tun, damit für das Kind gesorgt ist, bis Sie am Abend nach Hause kommen?

New word: **Hörspiel**

11-31 Wir spekulieren. Die Hauptperson in Georg Kövarys Hörspiel *Sie haben ihn sehr lieb* ist ein kleiner Junge namens Thomas, der zu Beginn des Hörspiels gerade von der Schule nach Hause kommt.

1. Wer sind die anderen Personen in diesem Hörspiel? Schauen Sie am Anfang des Hörspiels unter »Personen« nach!
2. Wer ist mit »sie« und »ihn« im Titel des Hörspiels gemeint?
3. Schauen Sie nach, wer in diesem Hörspiel die ersten Worte spricht! Wer ist mit »sie« in diesen ersten Worten gemeint?
4. Welches von Thomas' ersten Worten zeigt, daß seine Eltern oft nicht da sind, wenn er nach Hause kommt?
5. Warum passen der Titel und Thomas' erste Worte nicht zusammen?
6. Die letzten Worte in diesem Hörspiel werden dreimal wiederholt. Schauen Sie nach, was diese Worte sind!
7. Womit passen diese letzten Worte zusammen, mit dem Titel oder mit den ersten Worten von Thomas?
8. Denken Sie, daß die Eltern in diesem Hörspiel gute oder schlechte Eltern sind?

11-32 Was paßt? Lesen Sie die folgenden Vokabeln und setzen Sie sie dann richtig ein!

das Geschirr	*dishes*	das Tonbandgerät, -e	*tape recorder*
der Knopf, ⁻e	*button*	die Wasserspülung	*flushing (of a toilet)*
die Platte, -n	*record*	drücken	*to press*
der Schlüssel, -	*key*		

1. Wenn man ein Auto starten will, braucht man einen Auto_____.
2. Wenn man ein Essen servieren will, braucht man _____.
3. Wenn man ein Hemd anzieht, sollte man nicht vergessen, die _____ zuzumachen.
4. In der dritten Welt gibt es noch viele Klos, die keine _____ haben.
5. Wenn man eine Kassette anhören will, steckt man sie in den Kassettenrecorder und _____ dann einen Knopf.
6. Als es noch keine Kassettenrecorder gab, benutzte man _____.
7. Als es noch keine CDs gab, hatte man _____.

11-33 Geräusche. Alles, was man hören kann, nennt man ein Geräusch. Weil man bei einem Hörspiel nichts sehen kann, sind Geräusche viel wichtiger als bei einem Video. Lesen Sie die folgenden Vokabeln, und setzen Sie sie dann richtig ein!

Ex.: 11-33: New words: Geräusch; Hörer; Nadel

das Getöse	*loud noise, racket*	klirren	*to clink, to jingle*
brutzeln	*to sizzle*	rauschen	*to make a rushing sound*
klingeln	*to ring*	zischen	*to hiss*

1. Wenn in Deutschland das Telefon _____, nimmt man den Hörer ab und sagt seinen Namen.
2. Wenn man Schlüssel aus der Tasche holt, _____ sie.
3. Wenn man Wasser schnell in die Badewanne laufen läßt, _____ es.
4. Wenn man eine Platte spielt, hört man zuerst kurz die Nadel _____, und erst dann hört man die Musik.
5. Fleisch in einer Pfanne auf kleiner Flamme _____.
6. Wenn man Geschirr fallen läßt, gibt es ein _____.

11-34 Gegenteile. Lesen Sie die folgenden Verben, und setzen Sie sie dann richtig ein!

an•stellen — ab•stellen	*to switch on — to switch off*
auf•machen — zu•schlagen	*to open — to slam shut*
auf•schließen — zu•schließen	*to unlock — to lock*
ein•schalten — aus•schalten	*to switch on — to switch off*

1. Wenn man einen Apparat oder ein Gerät benutzen will, muß man meistens einen Knopf drücken. Dieser Knopfdruck _____ den Apparat _____ (_____ den Apparat _____). Wenn man fertig ist und den Apparat nicht mehr braucht, _____ (_____) man ihn mit einem zweiten Knopfdruck wieder _____ (_____).
2. Wenn man abends nach Hause kommt, holt man seine Schlüssel aus der Tasche und _____ damit die Haustür oder die Wohnungstür _____. Wenn man dann am nächsten Morgen weggeht, sollte man nicht vergessen, die Tür gut _____.
3. Wenn man in ein Zimmer will, muß man oft zuerst die Tür _____.
4. Wenn man sehr wütend ist, rennt man aus dem Zimmer und _____ die Tür hinter sich _____.

Draw attention to the italicized comments and ask why they all refer to sounds. Point out that in a radio play these are called **Geräuschkulissen**.

mit Echo / *on the stairs*

kenn'...aus: hab' ich heute

= muß ich aufs Klo
sehr

Schwierigkeiten

von weit weg

Point out that in most homes in the German-speaking countries, **das Klo** (which houses the toilet and usually a small wash basin) and **das Badezimmer** (which houses the bathtub, shower, and a wash basin) are two separate rooms. Be sure that students understand that Thomas is **im Klo** and that his mother's voice is coming **aus dem Badezimmer**.

Point out that **brav** does not mean *brave*.

ist schlecht für

asked

pee
warum

dich...ausreden: nicht sagen

Abendessen / vor ein paar Tagen
Liebling
You might mention the literal meaning of **Schatz**. Ask what **Wortschatz** actually means.
Mach schnell!

flows

Türen werden aufgemacht . . .: Ask students what the verb construction is and why the passive is used here. The passive is used extensively for staging directions in this play.

darauf: Da-compounds were introduced in this chapter. Ask students to what **da** refers.

PERSONEN: Thomas
Mutters Stimme,
Vaters Stimme

Türklingel. Pause. Türklingel, länger.

5 THOMAS: *(ein kleiner Junge, unter Hall°, im Treppenhaus°)* Sie sind wieder nicht da —— na, das hätt' ich mir denken können.

(Schlüsselklirren.)

THOMAS: Hoffentlich kenn' ich braucht's heute besser aus° mit den Schlüsseln, sonst dauert's wieder eine halbe
10 Stunde, bis ich in die Wohnung komme …Dabei muß° ich schon so notwendig° …

Türaufschließen mit Hindernissen°. Tür geht auf.

THOMAS: Na endlich!

Ein paar Türen werden aufgemacht und zugeschlagen.

15 MUTTERS STIMME: *(entfernt)°* Thomas!

THOMAS: Na sowas —— du bist zu Hause, Mutti?

MUTTERS STIMME: *(entfernt)* Thomas! Komm her, Thomas! Ich spreche zu dir aus dem Badezimmer

THOMAS: Ja, ja, ich komm' ja schon …

20 MUTTERS STIMME: *(erst jetzt merken wir, daß die Stimme vom Tonband kommt)* So ist's brav, mein Kind.

THOMAS: Ach so, der alte Trick mit dem Tonband. Und ich hab' geglaubt, du bist wirklich da.

MUTTERS STIMME: Du bist also gleich aufs Klo gegangen, wie du nach
25 Hause gekommen bist. Das hast du richtig gemacht, denn es schadet° der Gesundheit, wenn man muß und es zurückhält. Ich wußte, daß ich einen klugen Sohn habe, und deshalb bat° ich Vati, das Tonbandgerät mit der Wasserspülung zu koppeln, so daß es sich
30 automatisch einschaltet, nachdem du Lulu° gemacht hast. Weshalb° haben wir denn einen genialen Techniker im Haus ——wie Vati?

So kannst du dich nicht darauf ausreden°, daß du vergessen hattest, das Gerät einzuschalten und ohne
35 Nachtmahl° schlafen gehen mußtest wie neulich° … Du mußt niemals hungrig schlafen gehen, mein Schatz°. Mutti ist immer da und sorgt° für dich! …Nun hör mir zu, Thomas … Ach nein, zuerst mußt du dir die Hände waschen! Na wird's bald°? Ich warte!

40 THOMAS: Aber ja, ich mach' ja schon …

Wasser fließt°, wird abgestellt.

MUTTERS STIMME: Schön abtrocknen, sonst werden deine Hände rot. Wir sind heute abend zum Abendessen eingeladen, du mußt allein zu Bett. Aber du bist ja ein großer Junge,
45 nicht wahr, mein Schatz? Und du weißt, daß Mutti und Vati dich sehr lieb haben und immer nur an dich denken, wie es dir dieser Text auch beweist. Jetzt geh schön in die Küche. Wenn du die Tür aufmachst, geht der Kassettenrecorder los, darauf spricht Vati zu dir …

50 THOMAS: In die Küche, jawohl …

MUTTERS STIMME: Warte, nicht so hastig°! Zuerst mußt du dieses Gerät abstellen. Siehst du, wie vergeßlich du bist? Zum Glück hast du eine Mutter, die sich um alles kümmert° und die dich sehr lie . . .

schnell

an alles denkt

und die dich sehr lie . . .: Have students complete this sentence.

55 *Gerät wird mitten im Wort abgestellt. Tür zu, Tür auf. Küche.*

MUTTERS STIMME: Willkommen in der Küche, mein Kind! Mutti spricht weiter zu dir, Vati hat keine Zeit mehr, er muß sich noch rasieren und umziehen, und wir sind sowieso schon spät dran. Wie du siehst, steht dein Essen auf 60 dem Herd, du mußt es nur aufwärmen. Paß auf Liebling, daß du nicht auf den falschen Knopf drückst, sonst strömt Gas aus°, und du stirbst. Und das wollen wir doch nicht, nicht wahr? Also, drück schon auf den Knopf, du wirst es nicht verfehlen°, du bist ja ein großer 65 Junge! . . . Bis dein Essen warm wird, kannst du mir kurz erzählen, wenn du in der Schule irgendein Problem hast, du weißt, Thomas, deine Mutter ist immer für dich da. Ich höre, mein Schatz, stell auf Aufnahme um°, du hast dreißig Sekunden Zeit!

gas will escape

falsch machen

switch to record

70 *Das Essen brutzelt.*

THOMAS: Huh, ist das heiß — das kann ich doch nicht anfassen°!

touch

Geschirr mit Essen fällt mit Getöse vom Herd.

THOMAS: Das Essen ist im Kübel°. Jetzt bleib' ich wieder hungrig wie neulich.

weg, kaputt

75 MUTTERS STIMME: Laß es dir schmecken°, mein Junge, Vati wünscht dir auch guten Appetit. Er ist gleich fertig zum Ausgehen, aber er hat stets ein Auge auf dich gerichtet und leiht dir immer ein Ohr°! Apropos Vati: er hat eine Überraschung° für dich — wenn du in dein Zimmer 80 gehst, findest du eine neue Platte auf dem Plattenspieler. Hör dir das an . . .

guten Appetit

aber...Ohr = but he's always watching over you and is always ready to listen to you
surprise

THOMAS: Eine neue Platte?

Türen, Zimmer, Plattenspieler wird angestellt.

VATTERS STIMME: *(von der Platte, mit Zischgeräusch)* Hallo, junger Mann, hier 85 spricht dein Vati! Höchstens komm' ich ein bißchen spät zur Party, aber du kommst für mich zuerst, mein Sohn! Ich hab' für dich eine neue Platte gekauft, damit du sie dir vorspielst vor dem Einschlafen, aber ich kann sie momentan nicht finden, und wir haben es schon so eilig. Na, macht nichts, hier ein paar Abschiedsworte° von mir, Thomas! 90 Ich hab' dich sehr lieb, und es tut mir so leid, daß ich das nächste Wochenende wieder verreisen muß und nichts aus unserem Ausflug° wird. Wir werden es nachholen°, das Leben ist lang! Und wenn ich dir bei deinen 95 Schularbeiten helfen kann, dann sag's mir, und ich spreche es dir heute nacht, wenn wir nach Hause kommen, auf Tonband. Denn du mußt wissen, deine Mutter und ich sind nicht nur pflichtbewußte° Eltern, sondern arbeiten nur für ihr Kind, für dich, Thomas! Du bist für uns das 100 Wichtigste, der Mittelpunkt in unserem Leben! Wir haben kein Verständnis für Eltern, die keine Zeit für ihre Kinder haben — . . . keine Zeit für ihre Kinder haben — . . . keine Zeit für ihre Kinder haben . . .

words of farewell

outing / ein anderes Mal machen

conscientious

Other Austrian words: **die Marille (die Aprikose); die Fisole (die Bohne).**

Nach dem Lesen (*below*)
Additional questions:

6. Wo hört Thomas die Stimme der Mutter das zweite Mal?

_____ im Badezimmer
_____ in der Küche
_____ in seinem Schlafzimmer

7. Welche drei elektronischen Geräte spielen in diesem Hörspiel eine Rolle?

_____ ein Tonbandgerät
_____ ein Kassettenrecorder
_____ ein CD-Spieler
_____ ein Plattenspieler

8. Womit hat Thomas' Vater das zweite Gerät gekoppelt?

_____ mit der Türklingel
_____ mit der Küchentür
_____ mit der Wasserspülung

9. Wieviel Zeit bekommt Thomas, um seiner Mutter von Schulproblemen zu erzählen?

_____ dreißig Minuten
_____ eine Minute
_____ dreißig Sekunden

10. Was wünscht die Mutter ihrem Sohn, nachdem sein Abendessen auf dem Fußboden gelandet ist?

_____ eine gute Nacht
_____ einen guten Appetit
_____ ein schönes Wochenende

Österreichisch und Deutsch

In *Sie haben ihn sehr lieb* you come across two typically Austrian words, **Nachtmahl** and **Kübel.** A German author would have written **Abendessen** and **Eimer.** Here are some other common Austrian words and expressions:

österreichisch	DEUTSCH
eine Schale Kaffee	eine Tasse Kaffee
der Paradeiser	die Tomate
der Erdapfel	die Kartoffel
das Beisel	die Kneipe
die Restauration	das Restaurant
die Nächtigung	die Übernachtung

Nach dem Lesen

Activity 35b in the margin of p.383 can be reproduced and administered as a quiz.

11-35 Was sind die richtigen Antworten?

1. Wohin geht Thomas zuerst, als er nach Hause kommt?
   _____ ins Badezimmer   _____ in die Küche
   _____ aufs Klo

2. Woher kommt die Stimme von Thomas' Mutter das erstemal?
   _____ aus dem Badezimmer   _____ aus der Küche
   _____ aus Thomas' Schlafzimmer

3. Womit hat Thomas' Vater das erste Gerät gekoppelt?
   _____ mit der Türklingel   _____ mit der Küchentür
   _____ mit der Wasserspülung

4. Was beschreibt der Titel des Hörspiels?
   _____ Was Thomas' Eltern sagen.   _____ Was Thomas' Eltern tun.

5. Was beschreiben die Worte, die wir am Ende des Hörspiels dreimal hintereinander hören?
   _____ Was Thomas' Eltern sagen.   _____ Was Thomas' Eltern tun.

Be sure that students understand what a **Schlüsselkind** is. Some students do not know the term *latchkey child.*

11-36 Schlüsselkinder. Kinder, deren Eltern nicht zu Hause sind, wenn sie von der Schule kommen, nennt man Schlüsselkinder. Sprechen Sie in kleinen Gruppen über die folgenden Fragen!

- Schlüsselkinder müssen nach der Schule ein paar Stunden für sich selbst sorgen. Was findet ihr daran gut oder nicht so gut?
- Wer von euch kennt ein Schlüsselkind?
- Wie alt ist sie/er?
- Warum sind die Eltern nicht da, wenn das Kind nach Hause kommt?
- Was macht dieses Kind, solange es allein zu Hause ist?

11-37 Die Familie. Ist die traditionelle Familie heute noch relevant? Was ist für Sie die ideale Familie? Schreiben Sie ein paar Gedanken zu dieser Frage!

Eine Frau für Frauenfragen

Optional activity 11-35b.

In vielen deutschen Städten gibt es offizielle Beauftragte[1] für Frauenfragen. Ihre Aufgabe ist, den Frauen zu der Gleichberechtigung zu verhelfen, die das Grundgesetz ihnen schwarz auf weiß garantiert. Eine von diesen Frauenbeauftragten ist die 45jährige Doris Zieger. Im folgenden ein Fall[2] aus ihrer Praxis:

Eine junge Frau, geschieden,[3] mit zwei kleinen Kindern und ohne Ausbildung und Einkommen lebt von der Sozialhilfe. Um eigenes Geld zu verdienen, müßte sie in der nächsten größeren Stadt eine Ausbildung machen. Weil die Stadt von ihrem Dorf aus mit dem Bus nur schwer zu erreichen ist, fährt sie mit dem Auto. Aber das Auto soll sie verkaufen, argumentiert das Sozialamt,[4] denn wer ein Auto hat, bekommt keine Sozialhilfe. Die junge Frau weiß nicht, was sie tun soll, und geht zur Frauenbeauftragten. »Ohne Auto komme ich nicht zur Ausbildung, und ohne Ausbildung bleibe ich ewig[5] ein Sozialfall«, erzählt sie dort. Doris Zieger hört sich die Probleme der jungen Frau an, macht Notizen, telefoniert mit dem Sozialamt und findet eine Lösung.

Die Frauenbeauftragte Doris Zieger

In solchen Fällen zu helfen ist Doris Ziegers liebste Aufgabe. Aber bei weitem nicht alle Frauen, die Hilfe brauchen, erscheinen in ihren Spechstunden. Sie fährt deshalb oft von Ort zu Ort, besucht Frauengruppen und versucht, diese Gruppen zu aktivieren und zu Kontakt und Zusammenarbeit zu bringen. »Frauenprobleme«, sagt Doris Zieger, »sind vielen Männern noch immer suspekt, und auch beruflich sind wir Frauen noch immer diskriminiert. Daß es aber in immer mehr deutschen Städten offizielle Frauenbeauftragte gibt, sollte uns Frauen Hoffnung geben.«

[1]advocates [2]case [3]divorced [4]welfare office [5]forever

11-38 Was sind die richtigen Antworten?

1. _____ Das Sozialamt.
   __✓__ Das Grundgesetz.

2. __✓__ Sie hat keine Ausbildung und kein Einkommen.
   _____ Sie ist geschieden.

3. __✓__ Weil sie Sozialhilfe bekommt.
   _____ Weil sie keine Sozialhilfe bekommt.

4. __✓__ Ohne Auto kommt sie nicht zur Ausbildung.
   _____ Ohne Auto bekommt sie keine Sozialhilfe.

5. __✓__ Weil Frauen noch immer diskriminiert sind.
   _____ Weil viel zu wenig Frauen Hilfe brauchen.

Was ist die richtige Reihenfolge? Die folgenden Sätze erzählen ganz kurz, was in Georg Kövarys Hörspiel passiert.

_____ Weil das Geschirr mit dem Abendessen so heiß ist, läßt Thomas es fallen und hat deshalb wieder mal nichts zu essen.

_____ Statt der neuen Platte hört er die Stimme seines Vaters, die ihm erklärt, daß er die Platte momentan nicht finden kann und daß aus dem geplanten Wochenendausflug leider auch nichts wird.

_____ In der Küche erklärt ihm die Stimme der Mutter, wie er sein Abendessen aufwärmen soll.

_____ Thomas kommt von der Schule nach Hause, schließt die Wohnungstür auf und geht aufs Klo.

_____ Thomas geht in sein Zimmer, um die neue Platte anzuhören, die die Stimme der Mutter ihm versprochen hat.

_____ Die Stimme der Mutter ruft Thomas ins Badezimmer und sagt ihm, daß er sich die Hände waschen und dann in die Küche gehen soll.

_____ Die Mutter wünscht Thomas einen guten Appetit.

Questions: 1. Wer garantiert den Frauen in der BRD die Gleichberechtigung? 2. Warum lebt die junge Frau von der Sozialhilfe? 3. Warum soll die junge Frau ihr Auto verkaufen? 4. Wozu braucht die junge Frau das Auto? 5. Warum gibt es immer mehr Frauenbeauftragte?

▣ Wörter im Kontext 2

● Nomen

der Anruf, -e	(telephone) call
das Einkommen	income
der Fall, ⁼e	case
das Geräusch, -e	noise
das Geschirr	dishes, china
die Hoffnung, -en	hope
der Hörer, -	receiver (of a telephone)
der Knopf, ⁼e	button
der Schatz, ⁼e	treasure; darling
der Schlüssel, -	key
das Schlüsselkind, -er	latchkey child
der Sozialfall, ⁼e	welfare case
die Stellung, -en	job, position
die Stimme, -n	voice
das Treppenhaus, ⁼er	stairwell
die Türklingel, -n	doorbell
die Überraschung, -en	surprise

● Verben

an•bieten, bot an, hat angeboten	to offer
arbeiten an (+ dat)	to work on
sich ärgern über (+ acc)	to be annoyed with
auf•passen	to be careful
auf•schließen, schloß auf, hat aufgeschlossen	to unlock
beschreiben, beschrieb, hat beschrieben	to describe
bitten, bat, hat gebeten	to ask
dauern	to take (time), last
denken an (+ acc)	to think of, about
drücken	to press
erzählen von	to tell about
sich freuen auf (+ acc)	to look forward to
sich freuen über (+ acc)	to be happy about; to be pleased with
sich interessieren für	to be interested in
klingeln	to ring
lachen über (+ acc)	to laugh at, about
riechen, roch, hat gerochen	to smell
schaden (+ dat)	to be bad for
stehlen (stiehlt), stahl, hat gestohlen	to steal
sich verlieben in (+ acc)	to fall in love with
warten auf (+ acc)	to wait for
wissen von	to know about

● Andere Wörter

brav	good
ehrlich	honest
ewig	forever
gemütlich	cozy, comfortable; easygoing
genial	brilliant
geschieden	divorced
hastig	hasty, fast
irgendein	some … or other
rechtzeitig	on time
sowieso	anyway
weshalb	why

● Ausdrücke

Es wird nichts draus.	Nothing will come of it.
Ich bin spät dran.	I'm running late.
Ich habe dich lieb.	I love you.
überhaupt nichts	nothing at all
Wird's bald?	Get a move on!

Point out that **ich bin spät** without the word **dran** is not correct German.

Point out that **ich habe dich lieb** is less dramatic than **ich liebe dich**.

● Leicht zu verstehen

die Chance, -n	der Titel, -
die Flamme, -n	automatisch
der Konflikt, -e	offiziell
die Pause, -n	
das Resultat, -e	

bitten: Point out that **bitten** cannot be used interchangeably with **fragen**. It implies asking a favor and can never be used in the sense of asking a question.

riechen: Ask students for cognate (reek).

11-39 Was paßt in jeder Gruppe zusammen?

1. Geräusche
2. Die Haustür
3. Knöpfe
4. Auf die Ferien

5. Über etwas Lustiges
6. Über schlechte Zensuren
7. Über gute Zensuren
8. An Rosen

a. schließt man auf.
b. hört man.
c. freut man sich.
d. drückt man.

e. riecht man gern.
f. freut man sich.
g. ärgert man sich.
h. lacht man.

11-40 Mit anderen Worten. Ergänzen Sie die Sätze in der rechten Spalte so, daß sie ungefähr dasselbe bedeuten wie die Sätze in der linken Spalte!

New word: **Spalte**

---
geschieden / schadet / weshalb / dauert /
hastig / rechtzeitig / Einkommen / beschreiben
---

1. Das ist nicht gut für deine Gesundheit.

   Das _____ deiner Gesundheit.

2. Wieviel verdienen Sie?

   Wie hoch ist Ihr _____?

3. Wie lange fliegt man von Wien nach Köln?

   Wie lange _____ der Flug von Wien nach Köln?

4. Wie sieht der Mann aus?

   Können Sie den Mann _____?

5. Wir sind nicht mehr verheiratet.

   Wir sind _____.

6. Steh bitte nicht so spät auf!

   Steh bitte _____ auf!

7. Iß doch nicht so schnell!

   Iß doch nicht so _____!

8. Warum schaltest du das Radio nicht ein?

   _____ schaltest du das Radio nicht ein?

11-41 Was paßt?

Sozialfall / Schatz / brav / ehrlich
Schlüsselkind / genial / gemütlich
---

1. Ein Kind, dessen Eltern nie zu Hause sind, wenn es von der Schule kommt, ist ein _____.
2. Ein Kind, das tut, was es soll, ist _____.
3. Ein Kind, das schon mit sieben Jahren Symphonien komponiert, ist _____.
4. Ein Mensch, der stiehlt, ist nicht _____.
5. Zu einem Menschen, den man sehr lieb hat, sagt man _____.
6. Ein Mensch, der keine Arbeit findet oder nicht arbeiten kann, ist ein _____.
7. Einen Menschen, der gern lebt, der sich nicht aufregt und der immer freundlich und nett ist, nennt man _____.

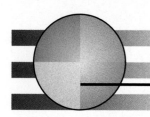

WORT, SINN UND KLANG

Giving language color

You may want to review the parts of the body before discussing these metaphors.

Parts of the body are the basis for many interesting expressions that give color and flavor to a language. Below is a sampling.

Mir raucht der Kopf.	*I can't think straight anymore.*
ein Haar in der Suppe finden	*to find fault with something*
unter vier Augen	*in private*
jemand auf der Nase herumtanzen	*to walk all over someone*
den Mund voll nehmen	*to talk big*
weder Hand noch Fuß haben	*to make no sense*

11-42 Was paßt zusammen?

1. Warum soll ich weggehen, wenn Kurt kommt?
2. Warum haben Sie mir denn so eine schlechte Zensur gegeben, Frau Professor?
3. Warum magst du Jennifer nicht?
4. Warum hörst du denn schon auf zu lernen?
5. Warum soll ich denn nicht Lehrerin werden?
6. Warum hat Silke den Kontrakt nicht unterschrieben?

a. Weil sie immer den Mund so voll nimmt.
b. Weil sie wieder mal im letzten Moment ein Haar in der Suppe gefunden hat.
c. Weil mir der Kopf raucht.
d. Weil ich unter vier Augen mit ihm reden muß.
e. Weil Ihre Argumente weder Hand noch Fuß haben.
f. Weil die Schüler dir alle auf der Nase herumtanzen werden.

Zur Aussprache

New words: **impfen; Schnupfen; Dampf; Topf; Strumpf**

Klöße heißen in Österreich Knödel.

The consonant cluster *pf* and *kn*

In the German consonant clusters **pf** and **kn**, both consonants are pronounced.

11-43 Hören Sie gut zu und wiederholen Sie!

Pfanne	A**pf**el	Dam**pf**
Pfennig	im**pf**en	Ko**pf**
Pfeffer	klo**pf**en	To**pf**
Pflaume	tro**pf**en	Kno**pf**
Pfund	Schnu**pf**en	Strum**pf**

Nimm diese Tro**pf**en für deinen Schnu**pf**en.
A**pf**el**pf**annkuchen mit **Pf**efferminztee?
Pfui!

Knast   **kn**abbern   **Kn**äckebrot
Kneipe   **kn**ipsen   **Kn**oblauch
Knödel   **kn**utschen   **Kn**ackwurst

Herr **Kn**opf sitzt im **Kn**ast und **kn**abbert **Kn**äckebrot.

The glottal stop

In order to distinguish *an ice boat* from *a nice boat* in pronunciation, you use a glottal stop, i.e., you momentarily close and then reopen the vocal chords before saying the word *ice*. The glottal stop is much more frequent in German than in English. It occurs before words and syllables that begin with a vowel.

11-45 Hören Sie gut zu und wiederholen Sie!

1. Onkel _Alfred _ist _ein _alter _Esel!
2. Tante _Emma will _uns _alle _ent_erben!
3. Be_eilt _euch! _Eßt _euer _Eis _auf!
4. Lebt _ihr _in _Ober_ammergau _oder _in _Unter_ammergau?

New words: **der Knast** (= jail); **knabbern** (= to nibble); **knipsen**; **knutschen** (= to smooch); **Knäckebrot** (= crisp bread); **Knoblauch**

Another English example that demonstrates the importance of the glottal stop: *an ocean* and *a notion.*

New word: **enterben**

KAPITEL 12

Ausklang

- Writing a resumé

- Reminiscing about friends and friendship

- Talking about your plans for the future

- The verb: tense, voice, mood

- Word order: position of the verb

- The case system

- Relative pronouns

Eine Bewerbung

Es ist Mitte Juli. Silke Ullmann hat sich im *Tagesspiegel* die Anzeige einer Berliner Marketingfirma angestrichen und hat dann gleich einen Bewerbungsbrief und einen Lebenslauf geschrieben.

Zenit-Marketing
Helmstr. 48
10827 Berlin

Silke Ullmann
Wrangelstr. 78
10274 Berlin

Ihre Anzeige im Tagesspiegel vom 14. 7. 1994

Sehr geehrte Damen und Herren,

ich habe eben das vierte Semester meines Informatik-Studiums an der Humboldt Universität abgeschlossen, und ich möchte mich um eine Ferienarbeit bei Ihrer Firma bewerben.

Letzten Sommer habe ich in meiner Heimatstadt in einem Computergeschäft gearbeitet. Weil ich mein Zimmer hier nicht aufgeben möchte, würde ich diesen Sommer aber lieber in Berlin bleiben.

Über eine baldige Antwort würde ich mich sehr freuen.

Mit freundlichen Grüßen

Silke Ullmann

Silke Ullmann

Anlagen:
Lebenslauf
Lichtbild

Lebenslauf

Persönliche Daten

Name	Silke Ullmann
Geburtstag	27. März 1973
Geburtsort	Hannover
Eltern	Gerhard Ullmann, Fahrlehrer Ruth Ullmann, Verkäuferin

Schulbildung

1979-1983	Grundschule in Hannover
1983-1992	Johannes-Kepler-Gymnasium in Hannover

Studium

seit 1992	Informatik, Humboldt Universität, Berlin

Arbeitserfahrung

Sommer 1992	Reisebegleiterin für englische und amerikanische Touristen, Busreisen Sutter, Hannover
Sommer 1993	Verkäuferin, CompuShop, Hannover

Hobbys	Dramaklub Fotografieren Volleyball

Fremdsprachen	Englisch (Austauschschülerin in Seattle, USA, 1990-1991) Französisch

12-1 Drei Fragen. Schauen Sie Silkes Bewerbungsbrief und ihren Lebenslauf an, und beantworten Sie die folgenden drei Fragen!

1. Wie viele Jahre ihres Informatik-Studiums hat Silke schon hinter sich?
2. In welcher deutschen Stadt hat sie letzten Sommer gearbeitet?
3. Warum möchte sie diesen Sommer nicht in ihrer Heimatstadt arbeiten?

12-2 Erwartungen und Qualifikationen. Füllen Sie anhand der Anzeige von Zenit-Marketing zuerst die erste Spalte der folgenden Tabelle aus. Suchen Sie dann in Silkes Lebenslauf die Qualifikationen oder Hobbys, die zu jeder von den fünf Erwartungen passen.

ZENIT-MARKETINGS ERWARTUNGEN	SILKES QUALIFIKATIONEN
1.	
2.	
3.	
4.	
5.	

12-4: New words: **EDV (= Elektronische Datenverarbeitung); Betriebswirt** (= management expert); **Volkswirt** (= economist); **Naturwissenschaftler** (= natural scientist) **Jurist** (= lawyer); **Heil-, Pflegeberufe** (= nursing professions); **Dozentin** (= professor); **Kauffrau** (= business woman)

12-3 Mein Lebenslauf. Schreiben Sie Ihren eigenen Lebenslauf! Verwenden Sie Silkes Lebenslauf als Modell!

12-4 Traumberufe der deutschen Jugend. Studieren Sie das Schaubild, und beantworten Sie die Fragen! Tragen Sie die Antworten zu Fragen drei bis sechs in die Tabelle ein, und vergleichen Sie dann die Zahlen in Ihrer Tabelle mit den Zahlen in den Tabellen Ihrer Mitstudenten!

Traumberufe der Jugend
Von je 1000 Jugendlichen (16 bis 24 Jahre) in Deutschland nannten als Wunschberuf

Männer
- 72 Sportler
- 71 EDV-Berufe
- 67 Ingenieur-Architekt
- 54 Pilot
- 49 Handwerker
- 48 Technische Berufe
- 41 Betriebswirt, Volkswirt
- 41 Naturwissenschaftler
- 39 Jurist

165 Künstler

236 Künstlerin

Frauen
- 60 Heil-, Pflegeberufe, Lehrerin, Dozentin
- 58 Ingenieurin, Architektin
- 53
- 45 Ärztin
- 45 Sozialberufe
- 45 Kauffrau
- 44 Psychologin
- 42 Tourismusberufe
- 34 Journalistin

© Globus 1114

1. Welche Altersgruppe wurde hier befragt?
2. Was wollen die meisten deutschen Frauen und Männer werden?
3. Bei wie vielen Wunschberufen von Frauen spielt Kontaktfreudigkeit eine besonders wichtige Rolle?
4. Bei wie vielen Wunschberufen von Männern spielt Kontaktfreudigkeit eine besonders wichtige Rolle?
5. Wie viele Wunschberufe von Frauen sind technisch orientiert?
6. Wie viele Wunschberufe von Männern sind technisch orientiert?

	FRAUEN	MÄNNER
Zahl der kontaktorientierten Wunschberufe		
Zahl der technisch orientierten Wunschberufe		

12-5: New word: **ähnlich**

12-5 Unsere Traumberufe. Finden Sie die Wunschberufe der Studenten in Ihrer Klasse heraus, und machen Sie ein ähnliches Schaubild! Finden Sie auch heraus, wie viele von den Frauen und Männern in Ihrer Klasse mehr kontaktorientiert oder mehr technisch orientiert sind!

The verb: tense, voice, mood

Tense

The tense of a verb indicates whether an action or event occurs in present, past, or future time.

To describe actions or events in present time, use the present tense.

> Silke **schreibt** gerade ihren Lebenslauf und einen Bewerbungsbrief.
>
> *Silke **is** just **writing** her resumé and a letter of application.*

To describe actions or events in past time, use the simple past tense, the perfect tense, and the past perfect tense.

- For narratives and reports, use the simple past tense.

> Letzten Sommer **arbeitete** Silke bei CompuShop in Hannover. Sie **bekam** diesen Job, weil sie als Informatik-Studentin viel PC-Erfahrung **hatte**.
>
> *Last summer Silke **worked** for CompuShop in Hannover. She got this job because as a computer science student she **had** a lot of experience with PCs.*

- For conversational situations, use the simple past of **haben**, **sein**, and the modal verbs and the perfect tense of all other verbs.

> TOM: Was **hast** du letzten Sommer **gemacht**, Silke?
> *What **did** you **do** last summer, Silke?*
>
> SILKE: Da **habe** ich bei CompuShop **gearbeitet**.
> *I **worked** for CompuShop.*
>
> TOM: Was **mußtest** du da alles tun?
> *What all **did** you **have to do** there?*
>
> SILKE: Tagsüber **war** ich Verkäuferin, und am Abend **habe** ich oft noch bei der Buchhaltung **geholfen**.
> *During the day I **was** a salesperson and in the evening I often **helped** with the bookkeeping.*

- Use the past perfect tense to describe an action that precedes another action in past time.

> Nachdem Silke die Anzeige von Zenit-Marketing **gefunden hatte**, **setzte** sie sich gleich hin und **schrieb** einen Bewerbungsbrief.
>
> *After Silke **had found** the ad from Zenit-Marketing, she immediately **sat down** and **wrote** an application letter.*

To describe actions or events in future time, use the present tense or the future tense.

- If the context clearly refers to future time, use the present tense.

> **Fährst** du in den Sommerferien nach Hause oder **bleibst** du in Berlin?
> *Are you **going** home for the summer vacation or **are** you **staying** in Berlin?*

Kapitel 12 reviews features of German grammar that tend to give students the most difficulty. The beginning of this chapter reviews the verb and describes the concepts of tense, voice, and mood. It continues with a review of the position of the verb in simple and compound sentences. Finally we review the basic functions of the four German cases, verbs with dative objects, verbs with predicate nominatives, prepositional phrases, and relative pronouns.

- If the context does not clearly refer to future time or if you wish to emphasize that you are referring to future time, use the future tense.

Silke **wird** bei Zenit-Marketing gut **verdienen**.	*Silke **will make** good money at Zenit-Marketing.*
Von morgen ab **werde** ich jeden Morgen um sieben **aufstehen**.	*From tomorrow on **I'm** going to get up at seven every morning.*

12-6: New word: **Eignungstest** (= aptitude test). Ask why the simple past is used in this exercise.

12-6 Beim Personalchef. Ergänzen Sie! Verwenden Sie immer das Präteritum!

Gestern _____ Silke schon um sieben _____ (aufstehen), _____ (machen) sich schnell eine Tasse Kaffee und _____ (fahren) dann zu Zenit-Marketing nach Berlin-Schöneberg. Dort _____ (schreiben) sie zuerst einen kurzen Eignungstest, und danach _____ (stellen) ihr der Personalchef ein paar Fragen. Er _____ auch schnell ihren Lebenslauf _____ (durchschauen), und weil ihm das, was er dort _____ (sehen), sehr _____ (gefallen), _____ er ihr einen sehr gut bezahlten Ferienjob _____ (anbieten).

12-7: New word: **fließend**. Students should get a sense of tense sequence as they work through this exercise. Paying attention to the context as well as rules of grammar will help them decide which tenses to use. . . . **bei der ich seit Montag arbeite:** Stress the difference in tense after the preposition **seit** in German and English.

12-7 Silke schreibt nach Hause. Ergänzen Sie! Der Kontext zeigt, ob Sie das Präsens, das Präteritum, das Perfekt oder das Futur brauchen.

Liebe Eltern,

warum ich euch statt eines Telefonanrufs einen Brief_____ (schreiben)? Ich _____ mir gestern einen Computer und einen Drucker _____ (kaufen), und weil ich mein neues Spielzeug auch ausprobieren _____ (möcht-), _____ (bekommen) jetzt alle meine Verwandten und Bekannten Briefe von mir.

Was ich Euch zu erzählen _____ (haben), _____ Ihr bestimmt nicht gern _____ (hören). Ich _____ nämlich in den Semesterferien hier in Berlin _____ (bleiben). Ihr _____ (wissen) ja, wie schwierig es _____ (sein), dieses Zimmer zu finden, und ich _____ (möcht-) es um alles in der Welt nicht aufgeben.

Ich _____ mir deshalb letzte Woche hier in Berlin eine Ferienarbeit _____ (suchen). Der Personalchef der Marketingfirma, bei der ich seit Montag _____ (arbeiten), _____ (wollen) mir übrigens zuerst nur 18 Mark die Stunde bezahlen. Dann _____ er aber meinen Lebenslauf _____ (durchlesen), _____ alle meine Qualifikationen _____ (sehen) und _____ auf 25 Mark _____ (hochgehen).

Vor dem Bewerbungsgespräch _____ (müssen) ich übrigens noch einen kurzen Eignungstest schreiben, aber damit _____ (haben) ich keine Schwierigkeiten. Daß ich ein ganzes Jahr in Seattle _____ (sein) und fließend Englisch _____ (sprechen), _____ mir bei meiner Arbeit viel _____ (helfen),

denn Zenit-Marketing _____ (hat) in Nordamerika viele Kunden.

Bis zum nächstenmal

Eure Silke

Voice

The voice of a verb is either active or passive.

Use the active voice to indicate that the subject of the sentence is doing the action expressed by the verb.

Wie viele Studenten **stellt** diese Firma **ein**?	*How many students* ***is*** *this company* ***hiring****?*

Use the passive voice to indicate that the subject of the sentence is the receiver of the action expressed by the verb.

Wie viele Studenten **werden** von dieser Firma **eingestellt**?	*How many students* ***are being hired*** *by this company?*

12-8 Semesterende. Die Aktivversion von *Semesterende* ist stilistisch schlecht, weil das Subjekt »die Studenten« siebenmal wiederholt wird. Lassen Sie dieses Subjekt deshalb weg, und lesen Sie den Text im Passiv!

AKTIV	PASSIV
Die Studenten fotokopieren Artikel, die Studenten lesen Bücher, die Studenten geben Referate ab, die Studenten trinken viel Kaffee, die Studenten schreiben Prüfungen, die Studenten suchen Ferienjobs, die Studenten planen Reisen.	Artikel werden fotokopiert, . . .

12-8: When students have completed the exercise have them compare the active and passive versions. Point out that the passive version concentrates on the actions expressed by the verbs and in this way conjures up a stressful end-of-semester atmosphere that is missing in the active version.

Have students do the exercise again, this time using the simple past.

Mood

The mood of a verb is indicative, subjunctive, or imperative.

- Use the indicative mood to express facts.

Silke **hat** einen Job **gefunden** und **bleibt** diesen Sommer in Berlin.	*Silke* ***has found*** *a job and* ***is staying*** *in Berlin this summer.*

- Use the subjunctive mood to express hypothetical or contrary-to-fact situations, and polite requests.

Wenn Silke keinen Job **gefunden hätte**, **würde** sie diesen Sommer nicht in Berlin **bleiben**.	*If Silke* ***hadn't found*** *a job, she* ***wouldn't be staying*** *in Berlin this summer.*
Könnten Sie mir bitte sagen, ob die Stelle noch frei ist?	***Could*** *you please tell me whether the job is still available?*

- Use the imperative mood to express commands. Because there are three forms of address in German, there are three imperative forms.

Schreib eine Bewerbung mit Lebenslauf!
Schreibt eine Bewerbung mit Lebenslauf!
Schreiben Sie eine Bewerbung mit Lebenslauf!

12-9: New word: **Führerschein.**
#2, 3, 7: These examples combine present-time subjunctive with past-time subjunctive.

12-9 Fakten und Spekulationen. Ergänzen Sie die Spekulationen mit passenden Konjunktivformen!

FAKTEN

SPEKULATIONEN

1. Paul hat nicht viel Geld und muß in den Semesterferien arbeiten.

Wenn Paul viel Geld _____, _____ er in den Semesterferien nicht arbeiten.

2. Paul hat Informatikkurse genommen und hat viel PC-Erfahrung.

Wenn Paul keine Informatikkurse _____ _____, _____ er nicht so viel PC-Erfahrung.

3. Paul ist zwei Jahre in England in die Schule gegangen und spricht fließend Englisch.

Wenn Paul nicht zwei Jahre in England in die Schule _____ _____, _____ er nicht fließend Englisch _____.

4. Paul schaut jeden Tag die Stellenanzeigen durch und findet viele interessante Angebote.

Wenn Paul nicht jeden Tag die Stellenanzeigen _____ _____, _____ er nicht so viele interessante Angebote _____.

5. Paul hat keinen Führerschein und kann nicht als Taxifahrer arbeiten.

Wenn Paul einen Führerschein _____, _____ er als Taxifahrer arbeiten.

6. Paul schreibt viele Bewerbungsbriefe und wird oft zu Bewerbungsgesprächen eingeladen.

Wenn Paul nicht so viel Bewerbungsbriefe _____ _____, _____ er nicht so oft zu Bewerbungsgesprächen _____.

7. Pauls Qualifikationen sind sehr interessant, und er hat eine gut bezahlte Ferienarbeit gefunden.

Wenn Pauls Qualifikationen nicht so interessant _____, _____ er keine so gut bezahlte Ferienarbeit _____.

12-10 Imperative. Sagen Sie den Leuten in den folgen drei Situationen, daß sie hereinkommen, Platz nehmen und ein bißchen von sich erzählen sollen. Verwenden Sie Imperativformen!

SITUATION 1: Ein Freund kommt zu Ihnen zu Besuch.
SITUATION 2: Ein paar Freunde kommen zu Ihnen zu Besuch.
SITUATION 3: Sie sind Personalchef/in und ein Student kommt zum Bewerbungsgespräch.

	SITUATION 1	SITUATION 2	SITUATION 3
hereinkommen			
Platz nehmen			
ein bißchen von sich erzählen			

Word order: position of the verb

Simple sentences

In statements, the conjugated verb is the second element. Other parts of the verb and infinitives appear at the end of the statement.

SIMPLE VERB FORM:	Heute abend **schreibe** ich meinen Lebenslauf.
COMPOUND VERB FORM:	Letzten Sommer **hat** Silke in Hannover **gearbeitet**.
	Sie **wurde** dort sehr gut **bezahlt**.
SEPARABLE VERB:	Paul **schaut** jeden Tag die Stellenanzeigen **durch**.
MODAL + INFINITIVE:	Diesen Sommer **möchte** Silke in Berlin **bleiben**.

12-11 Warum Laura keine Ferienarbeit sucht. Setzen Sie die gegebenen Verbformen richtig ein!

1. Durch eine gute Freundin Laura letzten Sommer bei Sutter-Reisen eine tolle Stelle. (hat bekommen)
2. Nach einer kurzen aber intensiven Ausbildung sie dort sofort sehr gut. (wurde bezahlt)
3. In weniger als drei Monaten sie fast dreizehntausend Mark auf die Bank. (konnte tragen)
4. Für so viel Geld sie allerdings auch oft abends und an den Wochenenden. (mußte arbeiten)
5. Auf Lauras Bankkonto jetzt noch über sechstausend Mark. (sind)
6. Gleich nach ihrer letzten Vorlesung sich Laura heute bei Sutter-Reisen eine Menge Reisebroschüren. (hat geholt)
7. Durch Sutter-Reisen sie nämlich sehr billige Flüge. (kann bekommen)
8. Jetzt Laura schon stundenlang in ihrem Zimmer. (sitzt)
9. Sie dort die ganzen Broschüren genau. (schaut durch)
10. Die Reise nämlich sehr bald. (muß gebucht werden)

12-11: New word: **allerdings** (= mind you). Students must recognize where the second element begins in each sentence. Have students compare to English. Ask where the conjugated verb always appears in an English sentence.

In yes/no questions the conjugated verb is the first element. Other parts of the verb and infinitives again appear at the end of the sentence.

Hast du schon eine Ferienarbeit?
Mußtest du lange **suchen**?
Wirst du gut **bezahlt**?

In information questions the conjugated verb is the second element.

Wie **hast** du diesen Job **gefunden**?
Wie lange **mußtest** du **suchen**?
Wie viele Stunden **arbeitest** du pro Woche?

Compound sentences

Most compound sentences consist of two or more clauses. These clauses can be connected in one of two ways:

- with a coordinating conjunction

MAIN CLAUSE   MAIN CLAUSE

Paul **sucht** einen Ferienjob, **denn** er **hat** fast kein Geld mehr.

The five coordinating conjunctions (**und**, **aber**, **oder**, **denn**, **sondern**) connect main clauses. A coordinating conjunction is not considered part of the clause that follows. The conjugated verb is therefore still the second element in that clause.

- with a subordinating conjunction

MAIN CLAUSE   DEPENDENT CLAUSE

Paul **sucht** einen Ferienjob, **weil** er fast kein Geld mehr **hat**.

Subordinating conjunctions connect a dependent clause with a main clause. In a dependent clause, the conjugated verb stands at the end of the clause.
When a dependent clause precedes the main clause, the entire dependent clause is the first element in the sentence, and the main clause begins with the conjugated verb.

DEPENDENT CLAUSE   MAIN CLAUSE

Weil Paul fast kein Geld mehr **hat**, **sucht** er einen Ferienjob.

Some common subordinating conjunctions:

als	*when*	**obwohl**	*although*
bevor	*before*	**seit, seitdem**	*since*
bis	*until*	**sobald**	*as soon as*
damit	*so that*	**solange**	*as long as*
daß	*that*	**während**	*while*
nachdem	*after*	**weil**	*because*
ob	*whether; if*	**wenn**	*when, whenever; if*

12-12 Sie brauchen alle Geld. Verbinden Sie die folgenden Satzpaare mit den gegebenen Konjunktionen! Der Kontext zeigt, ob der erste oder der zweite Satz mit der Konjunktion beginnt.

1. Tobias möchte eine Amerikareise machen. Er hat leider nicht genug Geld. (aber)
2. Tobias hat nicht genug Geld. Er kann keine Amerikareise machen. (weil)
3. Tobias kann keine Amerikareise machen. Er hat nicht genug Geld. (denn)
4. Paul bekommt seinen Führerschein. Er kann als Taxifahrer arbeiten. (sobald)
5. Paul hat keinen Führerschein. Er kann nicht als Taxifahrer arbeiten. (solange)
6. Paul kann nicht als Taxifahrer arbeiten. Er hat keinen Führerschein. (denn)
7. Maria sucht eine Ferienarbeit. Sie kann im Oktober weiterstudieren. (damit)
8. Maria findet keine Ferienarbeit. Sie kann im Oktober nicht weiterstudieren. (wenn)
9. Maria will im Oktober weiterstudieren. Sie sucht eine Ferienarbeit. (weil)
10. Tom schreibt viele Bewerbungsbriefe. Er hat noch keine Arbeit gefunden. (aber)
11. Tom schreibt viele Bewerbungsbriefe. Er hat noch keine Arbeit gefunden. (obwohl)
12. Tom schreibt viele Bewerbungsbriefe. Er hat immer noch keine Arbeit gefunden. (denn)

In some compound sentences certain verbs and expressions are completed by infinitive phrases. In an infinitive phrase the verb appears as a **zu**-infinitive and it appears at the end of the phrase. Infinitive phrases can also be introduced by **um** (*in order to*), **ohne** (*without*), or **(an)statt** (*instead of*).

Vergiß nicht, dich so bald wie möglich **zu bewerben.**
Ich habe keine Lust, jeden Morgen die Stellenanzeigen **durchzuschauen.**
Statt immer nur vor dem Fernseher **zu sitzen,** solltest du lieber mal deinen Lebenslauf fertigschreiben.

12-13 Reisen statt arbeiten. Setzen Sie die folgenden Infinitive als **zu**-Infinitive richtig ein!

---
finanzieren / nachdenken / bewerben / zurückzahlen / arbeiten / leihen
---

1. TOM: Hast du wirklich nicht vor, dich um einen Ferienjob _____?
2. LISA: Nein, ich möchte endlich mal eine Reise machen, statt immer nur

    _____.
3. TOM: Und wie gedenkst du, dein Studium _____?
4. LISA: Ich werde meine Eltern bitten, mir zehntausend Mark _____.
5. TOM: Wie und wann planst du, so viel Geld wieder _____?
6. LISA: Darüber _____, habe ich jetzt absolut keine Lust.

12-13: New word: **gedenken** (= propose)

SZENE 1: IM HÖRSAAL

PETER: Du, kennen wir uns nicht?
STEPHANIE: Ich glaube nicht.
Gesehen haben wir uns schon,
aber nicht kennengelernt. PETER:
Dann wird's ja höchste Zeit.
STEPHANIE: Da hast du recht. Ich
heiße Stephanie. PETER: Und ich
bin Peter. Hast du Lust auf eine
Tasse Kaffee? STEPHANIE: Lust
schon, aber ich habe jetzt gleich
eine Vorlesung. PETER: Schade.
Wann hast du Zeit? STEPHANIE: Um
zwölf. PETER: Da habe ich ein
Seminar. STEPHANIE: Bis wann, bis
eins? PETER: Bis Viertel nach.
STEPHANIE: Dann treffen wir uns
doch um halb zwei. PETER: Gut,
Punkt halb zwei.—Vor der
Cafeteria? STEPHANIE: Ja. Also bis
dann, Peter. Tschüs! PETER:
Tschüs, Stephanie.

SZENE 2: IN DER WOHNUNG VON PETER
UND MARTIN

PETER: Martin! Was machst du
denn in der Dusche? MARTIN: Mich
duschen natürlich.—Ich dachte,
du hast ein Seminar. PETER: Habe
ich auch, aber ich muß mich
duschen. MARTIN: Das hast du
doch heute morgen schon
gemacht. PETER: Ich muß mich
umziehen. MARTIN: Dich
umziehen? Wozu? PETER: Ich
treffe mich mit Stephanie. MARTIN:
Ach so. Habt ihr euch endlich
kennengelernt. PETER: Haben wir.
Ja.—Jetzt raus mit dir, schnell!
MARTIN: Wo trefft ihr euch denn?
PETER: In der Cafeteria. MARTIN:
Wie romantisch! PETER: Idiot!
MARTIN: So hier! Dusch dich,
mach dich schön.—Willst du
meinen neuen Pullover? Dann
mag sie dich lieber, deine
Amerikanerin. PETER: Gute Idee!
Und jetzt hau ab! MARTIN: Na,
dann tschüs, Peter. Viel Glück in
der Liebe!

SZENE 3: IN DER CAFETERIA

PETER: Hallo, Stephanie.
STEPHANIE: Oh Peter, ich dachte
schon, du kommst nicht mehr.
PETER: Was, schon Viertel vor
zwei! Tut mir echt leid,
Stephanie! STEPHANIE: Läßt der
Professor euch immer so spät
gehen? PETER: Nein, aber wir
hatten noch ein paar Fragen.—
Du, dort in der Ecke ist ein
ruhiger Platz. Da können wir uns
gut unterhalten. STEPHANIE: Toller
Pullover! Den hast du doch heute
morgen nicht angehabt. PETER:
Nein, heute morgen nicht.—So,
setz dich schon. Ich hole uns was
zu trinken. STEPHANIE: Sieht echt

 ## ZUM HÖREN

Wie sich Stephanie und Peter kennenlernten
Ein Sketch in drei Szenen

In den vergangenen zehn Monaten sind Stephanie und Peter sehr gute
Freunde geworden. In diesem Sketch hören Sie, wie sich die beiden am
Anfang des Wintersemesters kennenlernten.

NEUE VOKABELN

wozu?   *what for?*
Raus mit dir!   *Get out!*   Point out that **Raus mit dir!** and
Hau ab!   *Get lost!*   **Hau ab!** are just as colloquial as
                                         their English equivalents.

12-14 Globalverstehen.

1. Die drei Szenen spielen an drei verschiedenen Orten. Geben Sie jeder
   Szene den passenden Ort als Titel: *In der Wohnung von Peter und Martin
   / In der Cafeteria / Im Hörsaal.*

   SZENE I: _____

   SZENE II: _____

   SZENE III: _____

2. Wer sind die Sprecher?

   SZENE I: _____

   SZENE II: _____

   SZENE III: _____

3. Wer sagt das? In welcher Szene?

		SPRECHER(IN)	SZENE
1.	Sag mal, willst du meinen neuen Pullover?	_____	____
2.	Hast du Lust auf eine Tasse Kaffee?	_____	____
3.	Sieht echt gut aus, der Pulli.	_____	____
4.	Viel Glück in der Liebe!	_____	____
5.	Ich muß mich umziehen.	_____	____
6.	Dann treffen wir uns doch um halb zwei.	_____	____

12-15 Detailverstehen. Hören Sie die drei Szenen noch einmal an, und schreiben Sie die Antworten zu den folgenden Fragen!

SZENE I

1. Warum kann Stephanie jetzt nicht Kaffee trinken gehen?
2. Wann ist Peters Seminar zu Ende?
3. Wann und wo wollen sich Stephanie und Peter treffen?

SZENE II

1. Was macht Martin gerade, als Peter zur Tür hereinkommt?
2. Warum wundert sich Martin darüber, daß sich Peter jetzt duschen will?
3. Warum soll Peter Martins neuen Pullover anziehen?

SZENE III

1. Warum hat sich Peter verspätet? Was sagt er? Was ist der wirkliche Grund?
2. Warum schlägt Peter vor, daß sie sich auf den Platz in der Ecke setzen?
3. Warum sieht Peters Pullover so aus wie der Pullover von Martin? Was sagt Peter? Was ist der wirkliche Grund?

gut aus, der Pulli. Martin hat auch so einen. PETER: Martin?— Ja natürlich, wir haben die beiden Pullis doch zusammen gekauft.—Sag mal, was hättest du gern? Kaffee, Tee, Limonade? STEPHANIE: Bring mir eine Tasse Kaffee.

Point out that **sich wundern** does not mean *to wonder* but *to be surprised.*

12-16 Wie habt ihr euch kennengelernt? Stellen Sie einander die folgenden Fragen!

Wie heißt deine beste Freundin/dein bester Freund?
Wie lange kennt ihr euch schon?
Wie und wo habt ihr euch kennengelernt?
Warum seid ihr so gute Freunde?

Wie habt ihr euch kennengelernt?

Principles of case

Basic functions of the cases

In German there are four cases:

- The nominative case signals the subject of a verb, i.e., the person or thing that does the action described by the verb or is in the situation described by the verb. The nominative case answers the question **wer?** or **was?**

  Mein Freund lebt in Berlin.   (**Wer** wohnt in Berlin?)
  Mein Wagen steht in der Garage.   (**Was** steht in der Garage?)

- The accusative case signals the direct object of a verb, i.e., the person or thing that is the target of the action described by the verb. It answers the question **wen?** or **was?**

  Ich möchte **meinen Freund**   (**Wen** besuche ich?)
  besuchen.

  Ich hole **meinen Wagen** aus der   (**Was** hole ich aus der Garage?)
  Garage.

- The dative case signals the indirect object of a verb, i.e., the person to whom or for whom the action described by the verb is done. It answers the question **wem?**

  Ich kaufe **meinem Freund** ein   (**Wem** kaufe ich ein Geschenk?)
  Geschenk.

- The genitive case signals possession or the idea of belonging together. It answers the question **wessen?**

  Die Wohnung **meines Freundes**   (**Wessen** Wohnung ist sehr schön?)
  ist sehr schön.

12-17: New word: **nötig.** # 4, 6, 8: Students have learned the genders of these nouns. However, we have given genders, since this exercise deals with the principles of case, and not with gender.

12-17 Fragen und Antworten. Ergänzen Sie die Fragewörter und– wo nötig– die Endungen!

S1:	S2:
1. _____ Telefonnummer ist das?	Das ist die Telefonnummer mein__ Freund__.
2. _____ hast du angerufen?	Mein__ Freund.
3. _____ hat angerufen?	Mein__ Freund.
4. _____ machst du denn da?	Ich mache ein__ Paket (n).
5. _____ schickst du das Paket?	Mein__ Schwester.
6. _____ liegt denn da?	Ein__ Brille (f).
7. _____ Brille ist das?	Das ist die Brille mein__ Zimmerkollegin.
8. _____ hast du da in der Hand?	Ein__ Brief (m).
9. _____ hat den Brief geschrieben?	Mein__ Eltern.
10. _____ besuchst du am Wochenende?	Mein__ Freundin.
11. _____ schenkst du diese Pralinen?	Mein__ Freundin.

Verbs with dative objects

Some verbs require objects in the dative case. You have met the following in **Treffpunkt Deutsch.**

antworten	*to answer*	**passen**	*to fit*
danken	*to thank*	**schaden**	*to be harmful to*
gefallen	*to like (be pleasing to)*	**schmecken**	*to taste good to*
gehören	*to belong to*	**stehen**	*to suit (look good on)*
gratulieren	*to congratulate*	**zuhören**	*to listen to*
helfen	*to help*		

Morgen helfe ich **meinem** Freund beim Umziehen.	*Tomorrow I'm going to help my friend move.*
Seine neue Wohnung gefällt **mir** sehr gut.	*I like his apartment a lot.*

Verbs with noun completions in the nominative

The verbs **sein**, **werden**, and **bleiben** often take noun completions that describe the subject more closely. These noun completions are always in the same case as the subject, i.e., the nominative case.

Mein Bruder ist und bleibt **ein** Arbeitstier.	*My brother is and always will be a workaholic.*
Mein Bruder wird sicher mal **ein** guter Arzt.	*I'm sure that my brother is going to be a good doctor some day.*

12-18 Ungleiche Freunde. Ergänzen Sie – wo nötig – die Endungen!

Michael ist ein__ guter Freund von Patrick, vielleicht sogar sein__ bester Freund. Warum die beiden so gute Freunde sind, kann allerdings kein__ Mensch verstehen.

Michael und Patrick studieren beide Physik, und weil Michael sehr klug und ein__ richtiges Arbeitstier ist, ist er ein__ sehr guter Student und wird sicher mal ein__ berühmter Physiker. Patrick dagegen ist und bleibt ein__ Faulpelz. Wenn Michael mal ein__ freien Tag hat, hilft er sein__ Freund, soviel er kann. Trotzdem bekommt Patrick nur selten ein__ gute Zensur.

D__ beiden sind übrigens auch sonst sehr verschieden. Was d__ eine Freund gern ißt, schmeckt d__ anderen gar nicht, und wenn d__ einen etwas gefällt, findet d__ andere es häßlich oder langweilig.

12-18: New words: **dagegen** (= on the other hand); **Faulpelz.** Because this exercise practices the nominative case both as subject and as subjective completion, no ending is required in several instances.

Prepositions and case

A preposition is followed by a noun or pronoun in the accusative, dative, or genitive case. Together with its noun or pronoun object, the preposition forms a prepositional phrase.

ACCUSATIVE	DATIVE	DATIVE/ACCUSATIVE	GENITIVE
durch	aus	an	statt
für	außer	auf	trotz
gegen	bei	in	während
ohne	mit	hinter	wegen
um	nach	vor	
	seit	unter	
	von	über	
	zu	neben	
		zwischen	

- Normally, the following contractions are used:

bei dem	=	**beim**	an das	=	**ans**
von dem	=	**vom**	an dem	=	**am**
zu dem	=	**zum**	in das	=	**ins**
zu der	=	**zur**	in dem	=	**im**

- When a two-case preposition signals *location*, it answers the question **wo?** and is followed by the dative case. When it signals *destination*, it answers the question **wohin?** and is followed by the accusative case.

  Wo ist Stephanie?   In **der** Cafeteria.
  Wohin geht Peter?   In **die** Cafeteria.

- When a two-case preposition answers the question **wann?**, it is always followed by the dative case.

  Wann gehst du in die Cafeteria?   In **einer** halben Stunde.

12-19 Gute Freundinnen. Ergänzen Sie!

12-19: New words:
Beisammensein; Abenteuer; Langlaufskier (= cross country skis); **Loipe** (= cross country ski run); **Tannenzweig; Ferne; winzig; Suchmannschaft**

Annette und Karin kennen sich seit ein__ Jahr. Sie haben sich während d__ Weihnachtsferien bei__ Skilaufen in d__ österreichischen Alpen kennengelernt. Sie wohnten dort i__ selben Hotel und fuhren jeden Morgen mit d__selben Bus zu ihr__ Skikurs (m). Nach d_____ Skistunden gingen sie zusammen zu__ Mittagessen, und abends saßen sie zusammen in d__ Kneipe. Annette und Karin sind aber nicht wegen ihr__ täglichen Beisammensein__ (n) so gute Freundinnen geworden, sondern wegen ein__ großen Abenteuer__(n), das sie a__ vorletzten Tag ihres Urlaubs erlebten.

An dies__ Tag fuhren die beiden gleich nach d__ Mittagessen auf ihr__ Langlaufskier__ durch ein__ kleinen Wald zu d__ großen Loipe, (f) von der sie schon so viel gehört hatten. Das Wetter war optimal: kein Wind, und die Sonne schien warm vo__ blauen Himmel. Plötzlich zogen aber i__ Westen blauschwarze Schneewolken herauf, und bald fing es an, so heftig zu schneien, daß sie kaum die Hand vor d__ Augen sehen konnten und nicht mehr wußten, wo sie waren. Sie waren wegen d__ schönen Wetters ohne ihr__ warmen Winterjacken weggefahren, und bald begannen sie schrecklich zu frieren. Als es dunkel wurde, kamen sie in ein__ Wald. Dort bauten sie sich neben ein__ gefallenen Baum (m) aus Tannenzweige__ ein kleines Häuschen. Und weil sie wußten, daß einschlafen den Tod bedeutete, sangen sie Lieder und erzählten einander lange Geschichten aus ihr__ Leben. Außer ein__ Tafel Schokolade hatten sie nichts gegen d__ Hunger, aber die winzigen Stückchen, die sie die ganze Nacht über davon aßen, gaben ihnen wenigstens ein bißchen Energie.

Als es endlich wieder hell wurde, hörten sie aus d__ Ferne (f) die Stimmen der Suchmannschaft, die man nach d__ beiden Vermißten ausgeschickt hatte. Sie riefen und schrieen, sie wurden gefunden, und seit dies__ Nacht sind sie Freundinnen auf Lebenszeit.

Österreich: ein Paradies für Skiläufer

Relative pronouns

A relative pronoun introduces a clause that gives information about the noun that precedes it. This noun is called the antecedent.

RELATIVE CLAUSE

ANTECEDENT   RELATIVE PRONOUN

Ich habe **einen Freund,** **der** gern große Radtouren macht.

- Since the relative pronoun agrees with the antecedent in gender and number, the relative pronoun **der** is masculine and singular.

- The case of the relative pronoun is determined by its function within the relative clause. The relative pronoun **der** is the subject of the verb **macht** and is therefore in the nominative case.

- Relative clauses are dependent clauses and the conjugated verb **macht** therefore appears at the end of the clause.

When a relative pronoun is the object of a preposition, its case is determined by that preposition.

Wie heißt der Freund, **mit dem** du die Radtour gemacht hast?

12-20: New word: **Kloster** (cf. cloister)

Forms of the Relative Pronoun

	MASCULINE	NEUTER	FEMININE	PLURAL
NOMINATIVE	der	das	die	die
ACCUSATIVE	den	das	die	die
DATIVE	dem	dem	der	**denen**
GENITIVE	**dessen**	**dessen**	**deren**	**deren**

Except for the dative plural and the genitive, the forms of the relative pronoun are identical to those of the definite article.

12-20 Eine Radtour durch die Schweiz. Ergänzen Sie die Relativpronomen!
1. Der Ferienjob, d__ ich durch den Freund meines Vaters bekam, war sehr gut bezahlt.
2. In den Zeitungsanzeigen fand ich ein Fahrrad, d__ mich nur dreihundert Franken kostete, und auf d__ ich dann im August mit meinem Freund Moritz zusammen eine Radtour durch die ganze Schweiz machte.
3. Die Landschaften, durch d__ wir fuhren, waren noch viel schöner als die schönsten Bilder, _____ ich davon gesehen hatte.
4. In den Hochalpen lag auf manchen Pässen, über _____ wir fuhren, noch tiefer Schnee.
5. Der höchste Paß, über _____ wir kamen, war der Sankt Bernhard.
6. Natürlich besuchten wir hier auch das berühmte Kloster, aus d_____ die Bernhardinerhunde stammen.
7. In den Jugendherbergen, in _____ wir übernachteten, trafen wir Leute aus aller Welt.
8. Diese Radtour war ein Erlebnis, _____ ich nie vergessen werde.

Meine Zukunft

Nina Achminow

Vor dem Lesen

Die Autorin dieses Gedichts ist 1964 geboren und war etwa 16 Jahre alt, als sie dieses Gedicht schrieb.

12-21 Mein Leben in zehn Jahren. Fragen Sie einander, wie Sie sich ihr Leben in zehn Jahren vorstellen!

12-21: New word: **sich etwas vorstellen**

- Wie alt wirst du in zehn Jahren sein?
- Was für einen Beruf wirst du haben?
- Wo und wie wirst du wohnen?
- Wirst du Kinder haben? Wie viele?
- Wirst du verheiratet sein oder mit jemand zusammenleben?
- Wie stellst du dir deine Partnerin/deinen Partner vor?

12-22 Versicherungen. Lesen Sie die folgenden Vokabeln, und setzen Sie sie dann richtig ein!

die Lebensversicherung die Zusatz-Krankenversicherung
die Rentenversicherung die Vollkaskoversicherung

Students will probably need the vocabulary translated before beginning this activity.

1. Wenn ich will, daß ich genug Geld habe, um im Krankenhaus für ein Privatzimmer bezahlen zu können, brauche ich eine _____.
2. Wenn ich will, daß meine Familie genug Geld hat, wenn ich sterbe, brauche ich eine _____.
3. Wenn ich will, daß die Versicherung auch dann die Reparaturen bezahlt, wenn ich meinen Wagen selbst kaputt fahre, brauche ich eine _____.
4. Wenn ich will, daß ich im Alter genug Geld habe, um ordentlich leben zu können, brauche ich eine _____.

die Lebensversicherung
life insurance
die Rentenversicherung
pension plan
die Zusatz-Krankenversicherung
supplementary health insurance
die Vollkaskoversicherung
comprehensive auto insurance

Ein Schulabschluß°
ein paar wilde Jahre
ein Haufen° Idealismus
ein Beruf
eine Hochzeit°
eine Wohnung
ein paar Jahre weiterarbeiten
eine Wohnzimmergarnitur°
ein Kind
eine wunderbare komfortable Einbauküche
noch'n Kind
ein Mittelklassewagen
ein Bausparvertrag°
ein Farbfernseher
noch'n Kind
ein eigenes Haus
eine Lebensversicherung
eine Rentenversicherung
eine Zusatz-Krankenversicherung
einen Zweitwagen mit Vollkaskoversicherung
und so weiter . . .
und so weiter . . .
Hoffentlich bin ich stark° genug,
meiner Zukunft zu entgehen°!

high school diploma

viel

Heirat

Couch und Sessel

home savings plan

strong
escape

Nach dem Lesen

12-23: Have students work from the poem to the scrambled sentences, not the reverse.

12-23 Wovor Nina Angst hat. Schauen Sie sich Nina Achminows Gedicht noch einmal an, und bringen Sie die folgenden Sätze in die richtige Reihenfolge!

___ Man macht das Abitur.

___ Man hört auf zu arbeiten.

___ Man bekommt das dritte Kind.

___ Man denkt, daß man plötzlich sterben könnte.

___ Man verbringt seine Zeit in Kneipen, in Discos und auf Demos.

___ Man beginnt, auf ein Haus zu sparen.

___ Man macht es sich schön in der Wohnung.

___ Man sucht eine Stelle.

___ Man beginnt, ans Alter zu denken.

___ Man bekommt das erste Kind.

___ Man kauft einen Wagen, in dem auch die beiden Kinder Platz haben.

___ Man heiratet und zieht in eine Wohnung.

___ Man bekommt das zweite Kind.

___ Man kauft Haus und Garten.

12-24 Zum Diskutieren. Nina Achminow sagt in ihrem Gedicht ganz klar, was für ein Leben sie nicht will, aber was sie will, sagt sie nicht.

- Spekulieren Sie, was für eine Alternative sich Nina vorstellen könnte.

- Diskutieren Sie die Vor- und Nachteile der traditionellen Lebensform, die Nina Achminow in ihrem Gedicht so negativ beschreibt.

12-25 Meine Zukunft. Schreiben Sie im Stil von Nina Achminows Gedicht *Meine Zukunft* ein Gedicht über Ihre Zukunft.

Anhang

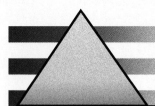

TRANSLATION OF VORSCHAU LANGUAGE MODELS, CHAPTERS 1 - 8

Note that these are not literal, word-for-word translations, but idiomatic English equivalents.

Erste Kontakte

Beim Studentenwerk (*At the student center*)

Christian Lohner and Asha Singh meet at the student center. They are checking the bulletin board for rooms.

Hi, my name is Christian, Christian Lohner.
And I'm Asha Singh. Where do you come from, Christian?
I come from Freiburg. And where are you from?
I'm from Bombay.

Im Studentenheim (*In the dormitory*)

Heike Fischer has already settled into her room in the dorm. Yvonne Harris, her new roommate, has just arrived.

Excuse me, are you Heike Fischer?
Yes. And what's your name?
I'm Yvonne Harris from Pittsburgh.
Oh, my roommate! Hi, Yvonne! How are you?
Fine, thanks.

Bei Zieglers (*At the Zieglers*)

Nina and Robert Ziegler are running late and have no time for breakfast.

MOTHER:	Good morning, you two.
NINA:	Good morning, Mom.
MOTHER:	Hurry up! Breakfast is ready.
ROBERT:	There's no time! The bus is coming in a minute.
FATHER:	Oh, you two! Well then, so long!
NINA:	Bye, Dad!
ROBERT:	Bye, Mom!

Im Büro (In the office)

Brigitte Ziegler is an executive in an electronics firm. She has been expecting Jürgen Meyer, a sales representative from Bonn.

Hello. My name is Meyer.
Pardon? What is your name?
My name is Meyer.
Oh, you are Mr. Meyer from Bonn. I'm Brigitte Ziegler. How are you, Mr. Meyer?
Fine, thanks.

Kapitel 1

Badewetter (*Weather for swimming*)

Claudia and Martin are good friends, and Stephanie and Peter also do a lot of things together.

MARTIN: Wow, is it ever hot!

PETER: Yes, almost thirty degrees (Celsius)! — Say, are you going swimming?

MARTIN: Of course, right after Claudia's lecture.

PETER: When's that? At one?

MARTIN: Yes. Are you coming along?

PETER: We're going right now. Stephanie is coming in five minutes.

MARTIN: Well then, see you this afternoon.

Herbstwetter (*Fall weather*)

Klaus Ziegler is still lying in bed. Brigitte Ziegler is standing at the window and looking out.

KLAUS: What's the weather like?

BRIGITTE: Not at all nice. The sky is gray and it's raining.

KLAUS: Is it cold?

BRIGITTE: The thermometer reads ten degrees (Celsius).

KLAUS: Only ten degrees! What rotten weather!

Semesteranfang (*Beginning of semester*)

Stephanie and Claudia are sitting together at breakfast.

CLAUDIA: Are you going to your lecture now, Stephanie?

STEPHANIE: Yes, and after that to the foreign students' office.

CLAUDIA: My lectures don't start until tomorrow.

STEPHANIE: What are you doing today?

CLAUDIA: Not much. First I'll write a few postcards, and this afternoon I'm going to the bookstore and buy my books.

STEPHANIE: Well then, see you later.

CLAUDIA: So long, Stephanie.

Kapitel 2

Meinungen (*Opinions*)

Grandma Ziegler says: This is my daughter Bettina. She isn't married and doesn't have any children, but she's a very good physiotherapist. Bettina likes to buy expensive clothes, has a much too expensive car, and she often drives too fast too. And why does Bettina travel so much all the time?

Nina says: Aunt Bettina is my favorite aunt. She has a fantastic life: she has lots of money and chic clothes, she goes on big trips (also to North America, because she speaks English really well), and she drives a red sport coupe.

Mrs. Ziegler says: This is Beverly Harper. She's a journalist and my best friend. She works for American newspapers and writes articles about the political scene in Europe. Beverly is not only very intelligent, but also very athletic, and we often play tennis together.

Mr. Ziegler says: Beverly writes very interesting articles, and we often have long discussions together. But I don't like to play tennis with Beverly because she plays a lot better than I do.

Nina says: This is my boyfriend Alexander. He's tall and slim, dances really well and drives a fantastic motorcycle. Alex has lots of hobbies: he likes to swim, skis well, plays the guitar really well, and he also likes to cook and bake, and he's good at it.

Robert says: I think Alexander is stupid. He often talks on the phone with Nina for hours, and he's also over at our place far too often and plays his stupid guitar. Why does my sister think this guy is so great? I just think his motorcycle is great.

Mr. Ziegler says: This is my brother Alfred. He's a bank manager, earns a lot of money and drives a big gray Mercedes. He likes to eat well, drinks expensive wines, and wears very expensive gray suits.

Robert says: Uncle Alfred is not my favorite uncle. He almost never laughs, and his suits are as gray and boring as his big gray Mercedes. And why does he always read those stupid stock market reports?

Kapitel 3

So bin ich eben (*That's just the way I am*)

MARTIN:	(gets up and yawns) What?! You're up already? What time is it?
PETER:	Almost eight o'clock. I have to finish writing my report for Professor Weber. The seminar begins at eleven.
MARTIN:	(laughs) Right, you and your reports: lots of stress, lots of coffee, no breakfast. At least eat a piece of bread. And here's some butter, cold cuts and cheese.
PETER:	I can't, I have to write.
MARTIN:	You're really stupid, Peter. Why do you always start so late?
PETER:	I need the stress, Martin. That's just the way I am. Morgen, morgen, nur nicht heute… (Why do today what you can put off until tomorrow…)
STEPHANIE:	Our room looks like a pigsty! Can't you tidy up a bit for a change, Claudia?
CLAUDIA:	Of course! But not today. Today I have far too much to do.
STEPHANIE:	That's what you always say, and then I have to tidy up.
CLAUDIA:	You don't have to do that at all. Tomorrow I'll have lots of time.
STEPHANIE:	You always say that too.
CLAUDIA:	Yes, but this time it's true. Tomorrow I'll be home all morning, I'll get up early, and by twelve everything will be in tiptop shape here.
STEPHANIE:	Well, we'll see.

Stephanie schreibt nach Hause (*Stephanie writes home*)

Dear Mom and Dad:

I've been here in Munich for almost two months now and everything is still really great: the university, the city, and above all, my new friends. Claudia is still my best friend. By the way, she likes to cook, and with lots of imagination, and she makes really great dishes with lots of vegetables and salad and not much meat (meat is very expensive here). But she also likes my good tomato sauce with noodles or spaghetti. By the way, they often eat cold cuts and cheese for breakfast here. But I usually eat a bowl of cornflakes, just like at home, and sometimes I also make my favorite breakfast, my pancakes. Peter, a friend of Claudia's boyfriend, Martin, thinks they're really great. By the way, Peter is really nice. He comes over a lot and also calls often…

Kapitel 4

Ein freier Tag (*A free day*)

Claudia and Martin are good friends, but they don't always have the same interests.

STEPHANIE: What are you doing tomorrow, Claudia?

CLAUDIA: First I'm going to sleep in until eleven or eleven thirty, and then I'll call Martin.

STEPHANIE: And then he'll pick you up and drag you to the Deutsche Museum again.

CLAUDIA: That's what you think! We've been there often enough. Today we're doing what I want.

STEPHANIE: And what's that?

CLAUDIA: First we'll go eat veal sausages at the Donisl at St. Mary's Square…

STEPHANIE: Mmm, they're really good there.

CLAUDIA: Then we'll go to the Old Pinakothek and look at paintings by Rembrandt.

STEPHANIE: Poor Martin!

CLAUDIA: And then we'll take the bus to the English Garden.

STEPHANIE: Are you going to go swimming there?

CLAUDIA: No, we're going for a walk. The Eisbach is still way too cold.

STEPHANIE: And where are you going to have dinner?

CLAUDIA: Tomorrow we're going to spend a lot of money and go to Mövenpick.

Ferienpläne (*Vacation plans*)

Mrs. Ziegler doesn't want to do what her children want to do, but Mr. Ziegler finds a good solution.

NINA: Summer vacation begins in mid-July, Dad. Are we going to Grundl Lake again? The campground there was really great.

FATHER: But you know that Mom doesn't want to go camping anymore. She didn't even want to go anymore last year.

ROBERT: But it was so nice last year.

MOTHER: Nice? With rain almost every day and everything wet in the tent.

And that primitive cooking! You know, Robert, that's no vacation for me.

NINA: But Robert and I had such good friends. They're sure to be there again this year.

MOTHER: I know, I know, but I finally need a vacation too. That's why I want to go to a hotel this summer for a change, and please, not to the cheapest one, Klaus.

FATHER: Even if it's at Grundl Lake?

MOTHER: If it's nice, even at Grundl Lake.

FATHER: You see, I know a small but very nice hotel there, not at all far from the campground. Then the kids will have their friends, I can go to the lake to fish…

MOTHER: And I'll finally get a rest too.

Kapitel 5

Ein bißchen Familiengeschichte (*A bit of family history*)

It's the beginning of October, Stephanie arrived in Munich yesterday, and Claudia wants to know why her American roommate has a German name.

CLAUDIA: (is writing and reads) "…letter to follow soon. Love, Claudia" — There! The postcard is done! —Say, Stephanie, have you written home yet?

STEPHANIE: But Claudia, I haven't even unpacked my suitcases yet!

CLAUDIA: A postcard with "Have arrived safely, letter to follow soon" won't even take five minutes.

STEPHANIE: My parents don't want a postcard, but a long letter. They want to know where and how I'm living, my roommate's name, and how old she is, where she's from, and what she's like. And I don't even know all of that yet.

CLAUDIA: No problem, Stephanie. You know my name is Claudia, Claudia Maria Berger. I'm from Hamburg and I'm very, very nice. — You know, you're actually much more interesting, Stephanie: an American from Chicago, young, pretty, slim…

STEPHANIE: Oh, nonsense!

CLAUDIA: And then that name, "Stephanie Braun!" So exotic, so typically American! — Tell me, is your father German? Did he emigrate?

STEPHANIE: No, my father was born in America. But my grandfather is from Germany and emigrated to America in 1930. As you know, there were many millions of unemployed people in Germany at that time. My grandfather was also unemployed, and that's why he came to America.

Kapitel 6

Das Geburtstagsgeschenk (*The birthday present*)

NICOLE: Hey, Maria, what can you buy a thirteen-year-old boy for his birthday?

MARIA: Aha, your mother wrote you that it's your brother's birthday. — Give him a watch. Or a CD. What does he like to listen to anyhow? Or buy him a computer game. Yes, nowadays you buy computer games for thirteen-year-olds!

NICOLE: David already has all of that, and besides, a good computer game is much too expensive for me.

MARIA: Then let's go to the KaDeWe! When we see everything that they've got, I'm sure we'll think of something.

Beim KaDeWe (*At the KaDeWe*)

When Maria and Nicole get to the KaDeWe, the winter sale has just begun and over the loudspeakers they hear that prices in all departments have been drastically reduced.

The two friends quickly go to the women's department, and an hour later Maria has a chic warm winter jacket, and Nicole has spent almost all of her money on an elegant black sweater.

"How am I supposed to buy my brother something for his birthday with these few marks?" she says, and is a bit ashamed as she looks into her wallet.

But Maria has a solution now too. "Buy him a funny birthday card", she says, "and enclosed with the card send him an IOU with the words: Dear David, I owe you a birthday present. You'll get it in a few weeks when I have money again."

Kapitel 7

Im Gasthaus (*At the Restaurant*)

Nina Ziegler and Shauna Harper are standing in front of a restaurant and studying the menu that's hanging outside in a small display case.

SHAUNA: I feel like having fish. Let's see if they have any here. Yes, here: baked haddock with potato salad. That's what I'm having.

NINA: Good, let's go inside!

SHAUNA: Hey, it's full. There isn't a single table free.

NINA: There are still two empty seats there by that elderly couple.

SHAUNA: But we don't even know those people.

NINA: That doesn't matter. Come on, or else someone else will sit there. — Excuse me, are these two places still free?

MAN: Yes, please, have a seat here beside us.

WOMAN: Here's the menu too. You can pick out something good by the time the waiter comes.

Aktion im Supermarkt (*Protesting at the supermarket*)

Because so many people live so close together in Germany, Austria and Switzerland, people there do a lot for the environment. Robert Ziegler belongs to the Alliance for the Environment and the Preservation of Nature in Germany, and he has just come home from a protest campaign.

MRS. ZIEGLER: Hi, Robert! How was the protest campaign at the supermarket?

ROBERT: Really great! Bernd, Oliver and I bought almost two hundred marks' worth of stuff. Then we went to the checkout, paid, and immediately started to unpack everything and to transfer it into our own tupperware containers and glass bottles. When we were finished, there was a whole mountain of boxes, tetrapacks, plastic wrap, and aluminum foil.

MRS. ZIEGLER: What did the woman at the checkout say?

ROBERT: She talked about recycling, but we explained to her that recycling also uses up energy and that all of this packaging is completely superfluous.

MRS. ZIEGLER: And the other people? How did they react?

ROBERT: A few were annoyed that they had to wait a bit, but most of them laughed and a few even applauded.

Kapitel 8

Die möblierte Wohnung (*The furnished apartment*)

Martin and Peter have just moved and Claudia has come for a visit to admire her two friends' new apartment. Mrs. Wild, who owns the apartment, is flying to her son's place in Texas for a year, and yesterday she gave Peter last minute instructions.

MARTIN: Well, Claudia, how do you like our new apartment? Completely furnished for only 800 marks a month!

CLAUDIA: Not bad, only — the furniture is all in the wrong place.

MARTIN: Sorry, but we promised not to move a single piece of furniture.

CLAUDIA: Hasn't Mrs. Wild's flight left already?

PETER: Yes, this morning at seven thirty.

CLAUDIA: Well, then we can get started. You just mustn't forget where everything was.

PETER: No problem, I never forget anything.

CLAUDIA: Then take the floor lamp, Peter, and put it beside the couch. And Martin, you take the rug here, and put it in front of the couch! There, that looks a lot better already. And that ugly old clock there on the buffet . . .

PETER: Mrs. Wild loves that clock because she got it from her parents for her wedding. We also mustn't forget to wind it every morning. Otherwise it'll be ruined.

CLAUDIA: Then take it into the kitchen, Peter, and put it on the fridge. Then you'll see it at breakfast and can't forget.

PETER: There was something else that we mustn't forget. Oh yeah, the house plants. We're supposed to water them regularly, the huge old cactus here every two days and the orchids every two weeks.

CLAUDIA: Does the cat there on the balcony also come with the apartment?

PETER: Yes, that's old Maunz. In the morning she gets a can of cat food and in the evening she gets a bit of warm milk. Mrs. Wild says she'll get sick otherwise.

MARTIN: Go out onto our balcony, Claudia!

CLAUDIA: Hey, these are gorgeous geraniums next door.

PETER: They belong to the Pleikes. Mrs. Wild says they're really nice neighbors, and if we have any problems, we should only go to the Pleikes.

MARTIN: Hey, Peter, who is that woman down there? She looks just like Mrs. Wild.

PETER: That can't be! That is Mrs. Wild and she's coming up here! Quick, put the clock back on the buffet and the floor lamp in the corner! In the meantime I'll put the rug back…

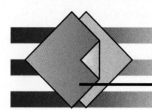

TRANSLATION EXERCISES

The English-German vocabulary and the supplementary word list contain all items needed for the following translation exercises.

Erste Kontakte

1. ROBERT: Hi! I'm Robert and this is Tina.
    LORI: Where are you two from?
    ROBERT: I'm from Hamburg and Tina is from Innsbruck.

2. FRAU STOLZ: Excuse me, are you Ms. Meyer?
    FRAU BERG: No, my name is Berg.

Kapitel 1

Jahreszeiten

Note: For the names of seasons and months, use **im** to translate *in*.

1. In spring it often rains and the wind is still cool. My girl friend and I play tennis.
2. In summer it's hot. The thermometer often reads thirty degrees. Then I don't play Tennis, but go swimming.
3. In fall it's very beautiful. The fall colors (one word!) are red, yellow and brown. My friends and I play soccer.
4. In winter it snows and often it's very cold. The sun doesn't shine so brightly. In January and in February we ski.

Zukunftspläne

Note: For the names of seasons and months use **im** to translate *in*, for the names of cities use **in**.

TINA: What will you be doing in the summer?
TOM: I'm going to fly to Germany.
TINA: What will you be doing there?
TOM: In July and August I'll be working in Munich.
TINA: And then?
TOM: Then I'll be traveling to Spain.
TINA: And what will you be doing in the fall?
TOM: In the fall I'm going to be studying in Austria, in Salzburg.
TINA: What will you be studying there?
TOM: Music.

Kapitel 2

Mein Freund Kurt

My boyfriend's name is Kurt. He is from Regensburg and he is very nice. He is studying chemistry and biology and he's going to be a teacher. Kurt is very athletic: in summer he swims and plays tennis and in winter he skis. He likes to eat, he cooks well and he bakes fantastic cakes.

Kurt is very intelligent. He reads a lot and he speaks English like an American. Kurt is also very musical and plays percussion and guitar.

But Kurt is not perfect. He has a big motorcycle and he drives much too fast. He always sleeps too long, and he often wears really crazy clothes. But nobody is as interesting as my Kurt.

Kleine Gespräche

1. TOBIAS: What's Nina doing?
   ROBERT: She's talking on the phone with Alexander.
   TOBIAS: Who's Alexander?
   ROBERT: That's her dumb boyfriend.

2. HERR KAUL: Is that your car (use **Wagen**), Herr Bürgli?
   HERR BÜRGLI: No, that's not my car. I don't have a car. I only have an old bicycle.

3. SYLVIA: How much does this red coat cost?
   VERKÄUFERIN: The red coat? It costs only three hundred marks.

4. JENNIFER: How many brothers and sisters (siblings) do you have?
   MARIA: I have one brother and two sisters.

Kapitel 3

Kleine Gespräche

1. MARTIN: Should we go dancing tonight?
   CLAUDIA: I can't. I have to write a report.

2. TOM: Why do you want to sell your car, Ralf?
   RALF: I don't want to. I have to. I need money.

3. KATHRIN: What are you eating for dessert? Ice cream or a piece of cake?
   MARTINA: I prefer to eat fruit. I'd like to stay slim.

4. PAUL: Why don't you take any sausage?
   DAVID: Because my doctor says that I'm not allowed to eat meat.

5. ANNE: Will you be home tonight?
   KEVIN: Not until eight. I have a lecture from six-thirty to seven-thirty.

6. FLORIAN: Do you always watch so much TV?
   TINA: No, only on the weekend.

Lebensgewohnheiten

Dennis is fit, and because he wants to stay fit, he always gets up early and goes jogging, even if it's raining. When he has time, he also likes to go cycling. But he's not just active in sports. He eats very little meat and a lot of fruit and fresh vegetables. For breakfast he doesn't eat cheese, sausage and eggs, but a big bowl of muesli. Because Dennis lives healthy, he also looks healthy.

Kapitel 4

Kleine Gespräche

1.   SABINE: Do you need the car every Saturday?
      HOLGER: No, next Saturday you can have it.

2.   HELGA: Ingrid goes (use **fahren**) to Mannheim every weekend.
      SILKE: Whom does she visit there?
      HELGA: Her boyfriend.

3.   TINA: Robert is working in Austria next summer.
      OLIVER: Whom is he working for there?
      TINA: For his uncle.

4. FRAU BLUM: Do you know the film *Himmel über Berlin*?
    HERR ROTH: No, I don't know it. Is it good?

5.   VANESSA: How much do you want to spend for your new computer?
      JESSICA: That I don't know yet. I just know that I need a faster computer.

Reiseziele

For my friend Sebastian a mountain hike (one word) through the Rockies isn't adventurous enough. His travel destinations always have to be the most interesting and the most adventurous. Last year he was in Nepal, and this year he's planning a trip through Tibet.

My friend Moritz has less adventurous travel destinations. He likes to go on bicycle trips, but only in Europe. He stays (use **übernachten**) only in hotels.

I find my friend Moritz a bit boring. I find a youth hostel or a campsite more interesting than a hotel because one gets to know more people there.

Kapitel 5

Kleine Gespräche

1.   LISA: Why haven't you packed your suitcase yet?
      SARAH: Because I don't know how much I should take along.

2. FRAU SMITH: Where are you from?
    FRAU JONES: I'm from Linz.
    FRAU SMITH: Why did you emigrate to America?
    FRAU JONES: My husband is an American.

3.   OLIVER: What's the date today?
        PAUL: Today's the nineteenth.

4.   LEHRER: When did the First World War begin?
      SCHÜLER: On the 28th of July 1914.

5.   OLIVIA: What kind of a summer job did you have last year?
          SAM: I worked as a gardener and earned a lot of money.

Aus Stefans Tagebuch

21.6.95 Today was a bad day. It already started in the morning. Because I
didn't hear my alarm, I slept until eleven. My first lecture started at
half-past nine and at half-past ten I was supposed to hand in my report
for philosophy.

At twelve I had an interview for a vacation job (one word!) as a
salesperson at Computer World. I ran like crazy and arrived at
Computer World one minute after twelve. Unfortunately the interview
didn't go well at all, and I don't think that I'll get the job. The
personnel manager is going to call me tomorrow morning.

22.6.95 I can hardly believe it! I got the job and the pay isn't bad at all. I can
start the day after tomorrow.

Kapitel 6

Eine Postkarte aus Berlin

Note: In German a letter writer signs off with **Dein(e)**, **Euer (Eure)**, or **Ihr(e)**
before his/her name.

Dear Cindy:

Greetings from the new (and old) capital city of Germany. We have been
(present tense!) here for a week and have already seen a lot. Berlin has a lot to
offer. The museums are wonderful and the night life (neuter, one word) is
really fantastic! The city center actually never sleeps. Next time I'll write you
from Dresden.

Love,

Yvonne

Ein Geburtstagsbrief

Note: In German a letter writer signs off with **Dein(e)**, **Euer (Eure)**, or **Ihr(e)**
before his/her name.

Dear Tom:

I have been wanting to write you for months, but at the moment my life is so
stressful that I simply haven't had time. But I haven't forgotten that you're
going to be twenty-two tomorrow. Happy birthday! Yesterday I sent you a CD of
my favorite group. I hope you like it.

How and where are you celebrating your twenty-second birthday? Whom have you invited to your party? I'm sorry I can't celebrate with you and your friends, but the flight from Hamburg to Seattle is too long and too expensive! Perhaps we'll see each other in spring. My company is going to send me to Vancouver after Easter. From there it's (plural verb) only a few kilometers to your house.

See you then!

Helene

Kapitel 7

Kleine Gespräche

1. PROFESSOR: What do you do to avoid garbage?
   STUDENT 1: I never use the plastic bags that one gets in the (**im**) supermarket. I always bring along shopping bags from home.
   STUDENT 2: I only go into stores that sell beverages in returnable bottles.

2. ROBERT: Do you have time to go to our protest campaign against superfluous packaging?
   OLIVER: Of course! For the environment I always have time.

3. FATMA: I never go into a restaurant without first looking at the menu.
   OMER: You're right. Then you at least know how much the meal is going to cost.

4. MUTTI: Why don't you write us for a change instead of always calling?
   ANJA: Because I don't have time to write long letters.

5. VATI: Why didn't you tell me that you have such bad grades?
   ANNE: So that you don't get upset.

Kleine Gespräche

1. OLIVER: May I make myself a sandwich, Mom?
   MUTTI: Yes, but first you have to wash your hands.

2. TOBIAS: Why are you changing? Are you going dancing with Maria?
   FLORIAN: No, we're going to see (use **sich anschauen**) the new Spielberg film.

3. BERND: Why don't you get dressed, Stefan?
   STEFAN: Because I have to wash and shave first.

4. ALEX: How did your brother and his wife get to know each other?
   EVA: David was a salesman in a computer store, and Lisa bought her first computer there.

5. TOBIAS: This meal doesn't taste good at all. Should we complain?
   ANDREA: Wait until the dessert comes. If it also tastes so bad, we can say something.

Kapitel 8

Holgers Zimmer

Mother comes into Holgers room. Holger is sitting in front of his TV. Mother says: »Holger, I don't understand you. How can you live in such a pigsty? Your clothes are lying on the floor. Why can't you hang them in the closet? Your books are lying on the bed. Please put them on your desk. And on the dresser are five cola cans. Didn't I tell you you're not supposed to put your cola cans on the dresser?!«

Kleine Gespräche

1. PROFESSOR MÜLLER: What does your assistant do all day, Mr. Seidler?
   PROFESSOR SEIDLER: He works in the lab, he reads my students' reports, and sometimes he helps the assistant of a colleague.

2. POLIZIST: Do you know this boy, Mrs. Koch?
   FRAU KOCH: Yes, he's the son of our new neighbors.

3. DAVID: How big is your new apartment, Silke?
   SILKE: I have a big, bright livingroom with a balcony, a small bedroom and a tiny kitchen.

4. MARIA: What should I wear? My gray sweater or my blue jacket?
   VANESSA: I like (use **gefallen**) your gray sweater better.

5. HEIKE: How much did you pay for this ugly, old chair, Dieter?
   DIETER: That's not an ugly, old chair, but a valuable, antique piece of furniture.

Kapitel 9

Stau

Last year I was in Germany the whole summer. I lived with an uncle who has a bakery, and for whom I also worked. It was hard work, because (use **denn**) I had to get up at four o'clock, so that the people in the village could eat fresh rolls for breakfast. But the pay was good and after a few weeks I bought myself an old, but good car. On the weekends I then went on (use **machen**) many interesting trips.

Once when I was driving to Munich in the middle of July, I experienced my first traffic jam. It was on the freeway between Ulm and Munich. OK, I thought, in a few minutes we'll surely continue driving. But we didn't continue driving. It was a hot, sunny day. The other people opened their doors, the car drivers began to get out and soon whole families got out. They got camping tables and camping chairs out of their cars and soon it was like a big street party. Everybody ate and drank, the children played, and everybody told their favorite story about (**von**) the worst traffic jam that they had ever experienced.

Kapitel 10

Ein bißchen Geschichte

In 1961 (don't translate *in*) the Berlin Wall was built, which divided the city into East Berlin and West Berlin. After twenty-eight years, on the 9th of November 1989, the Wall was opened again. For the Berliners and for all Germans that was an unforgettable experience.

If I had more money, I would travel to Berlin. I would go to Check Point Charlie, where the Wall stood a few years ago. I would think about (**an**) Erich Honecker, the (accusative!) head of state of the former GDR. Shortly before the reunification of Germany he said: »This Wall will still be standing in a hundred years.« I would also think of President Kennedy, who in a speech in front of the city hall in Schöneberg said: »I am a Berliner.«

Kleine Gespräche

1.   UWE: Why does your sister always wear such (**so**) worn clothes?
   STEFAN: Because she's crazy.

2.   MARIA: In Mecklenburg-Vorpommern there are still thinly populated areas.
   TOM: That's why it would be nice to go on (use **machen**) our bicycle trip there.

3. HERR SCHMIDT: What do these striking workers want?
   HERR SCHULZ: More money of course.

4.   TOBIAS: If I didn't have a cold, I would like to go hiking with you on the weekend.
   PAUL: Perhaps you'll feel better on the weekend.

5.   MELANIE: Why are you so furious?
   JENNIFER: Because your loud rock music is driving me crazy. If you'd put on your headphones, I wouldn't hear it.

Kapitel 11

Kleine Gespräche

1.   MELANIE: Are you interested in modern music?
   DAVID: No, I prefer to listen to classical music. Bach is my favorite composer.

2.   ANNE: What are you doing in the holidays?
   EVA: My boyfriend and I are planning a cycling tour to Austria. We're really (**sehr**) looking forward to it.

3.   PAUL: I'm afraid of your dog, Annette.
   ANNETTE: You needn't be afraid. Felix doesn't bite.

4.   DORIS: Why were you so annoyed with your boss?
     SIMONE: Because he always talks about (**über**) equal rights for women and does (use **tun**) nothing for it.

5.   NICOLE: Who is the guy that Maria has fallen in love with?
     YVONNE: He's a Canadian exchange student from Ontario.

Wessen Schuld ist es?

If you hadn't drunk all the milk, I wouldn't have driven to the supermarket. If I hadn't driven to the supermarket, I wouldn't have had an accident. If I hadn't had an accident, I wouldn't be lying in here in the hospital now. So (**also**) everything's your fault.

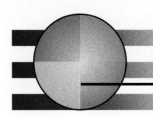

SUPPLEMENTARY WORD SETS

Fächer

art history	**Kunstgeschichte**
biology	**Biologie**
biochemistry	**Biochemie**
business	**Betriebswirtschaft**
chemistry	**Chemie**
chemical engineering	**Chemotechnik**
computer science	**Informatik**
economics	**Volkswirtschaft**
electrical engineering	**Elektrotechnik**
English language and literature	**Anglistik**
finance	**Finanzwirtschaft**
genetics	**Genetik**
geography	**Geographie**
geology	**Geologie**
history	**Geschichte**
humanities	**Geisteswissenschaften**
law	**Jura**
linguistics	**Linguistik**
mathematics	**Mathematik**
mechanical engineering	**Maschinenbau**
medicine	**Medizin**
nursing	**Krankenpflege**
philosophy	**Philosophie**
physical education	**Sport**
physics	**Physik**
political science	**Politikwissenschaft**
psychology	**Psychologie**
religious studies	**Religionswissenschaft**
Romance languages and literatures	**Romanistik**
sociology	**Soziologie**

Berufe

accountant	**Wirtschaftsprüfer/Wirtschaftsprüferin**
architect	**Architekt/Architektin**
artist	**Künstler/Künstlerin**
bookkeeper	**Buchhalter/Buchhalterin**
bus driver	**Busfahrer/Busfahrerin**
business man/business woman	**Kaufmann (Kaufleute)/** **Kauffrau (Kauffrauen)**
chemist	**Chemiker/Chemikerin**
computer programmer	**Programmierer/Programmiererin**
doctor	**Arzt/Ärztin**

electrician	**Elektriker/Elektrikerin**
engineer	**Ingenieur/Ingenieurin**
factory worker	**Fabrikarbeiter/Fabrikarbeiterin**
teacher	**Lehrer/Lehrerin**
housewife/house husband	**Hausfrau/Hausmann**
journalist	**Journalist/Journalistin**
lawyer	**Rechtsanwalt /Rechtsanwältin**
mechanic	**Mechaniker/Mechanikerin**
musician	**Musiker/Musikerin**
nurse	**Krankenpfleger/Krankenschwester**
pharmacist	**Apotheker/Apothekerin**
plumber	**Flaschner/Flaschnerin; Klempner/ Klempnerin**
police officer	**Polizist/Polizistin**
politician	**Politiker/Politikerin**
professor	**Professor/Professorin**
salesperson	**Verkäufer/Verkäuferin**
scientist	**Wissenschaftler/Wissenschaftlerin**
secretary	**Sekretär/Sekretärin**
social worker	**Sozialarbeiter/Sozialarbeiterin**
veterinarian	**Tierarzt/Tierärztin**

Hobbys

to cook	**kochen**
(I like to cook.)	**(Ich koche gern.)**
to ski	**Ski laufen**
(I like to ski.)	**(Ich laufe gern Ski.)**
to go dancing	**tanzen gehen**
(I like to go dancing.)	**(Ich gehe gern tanzen.)**
to play cards	**Karten spielen**
(I like to play cards.)	**(Ich spiele gern Karten.)**
to bake	**backen**
to read	**lesen**
to sing	**singen**
to travel	**reisen**
to take photos	**fotografieren**
to go swimming	**schwimmen gehen**
to go hiking	**wandern gehen**
to go windsurfing	**Windsurfing gehen**
to go to concerts	**ins Konzert gehen**
to go to movies	**ins Kino gehen**
to go to the theater	**ins Theater gehen**
to play chess	**Schach spielen**
to play soccer	**Fußball spielen**
to play hockey	**Hockey spielen**
to play tennis	**Tennis spielen**
to play table tennis	**Tischtennis spielen**
to play the flute	**Flöte spielen**
to play the guitar	**Gitarre spielen**
to play the piano	**Klavier spielen**

Essen und Trinken

I drink....	Ich trinke…
a glass of apple juice	**ein Glas Apfelsaft**
a glass of tomato juice	**ein Glas Tomatensaft**
a cup of coffee	**eine Tasse Kaffee**
a cup of tea	**eine Tasse Tee**
a can of cola	**eine Dose Cola**
a can of soda pop	**eine Dose Limonade**
a bottle of beer	**eine Flasche Bier**

I eat:	Ich esse:
muesli	**Müsli**
Cornflakes	**Cornflakes**
toast	**Toast**
with butter	**mit Butter**
with jam	**mit Marmelade**
with honey	**mit Honig**
with peanut butter	**mit Erdnußbutter**

a hamburger	**einen Hamburger**
a hotdog	**ein Hotdog**
a cheese sandwich	**ein Käsebrot**
a liverwurst sandwich	**ein Leberwurstbrot**
a ham sandwich	**ein Schinkenbrot**

a cutlet	**ein Schnitzel**
a steak	**ein Steak**
rice	**Reis**
noodles	**Nudeln**
fried potatoes	**Bratkartoffeln**
potato salad	**Kartoffelsalat**
coleslaw	**Krautsalat**
vegetables	**Gemüse**
carrots	**Karotten**
peas	**Erbsen**
beans	**Bohnen**
corn	**Mais**

a piece of apple pie or cake	**ein Stück Apfelkuchen**
a piece of cheese cake	**ein Stück Käsekuchen**
a piece of (layer) cake	**ein Stück Torte**
a cup of yogurt with fruit	**einen Becher Fruchtjoghurt**
(a dish of) ice cream	**ein Eis**
fruit	**Obst**
an apple	**einen Apfel**
a pear	**eine Birne**
a banana	**eine Banane**
an orange	**eine Apfelsine**

Länder

The names of most countries are neuter and are not preceded by an article. However, when the name of a country is masculine, feminine, or plural, the article must be used.

Argentinien
Australien
Belgien
Brasilien
die Bundesrepublik Deutschland
    (die BRD)
Chile
China
Dänemark
Deutschland
England
Estland
Finnland
Frankreich
Griechenland
Indien
der Iran
Irland
Israel
Italien
Japan
Kanada
Kroatien
Kolumbien
Korea

Kuba
Lettland
Litauen
Mexiko
Neuseeland
die Niederlande (pl)
Norwegen
Österreich
Pakistan
Peru
Polen
Portugal
Rumänien
Rußland
Schottland
Schweden
die Schweiz
Serbien
die Slowakische Republik
Spanien
die Tschechische Republik
die Türkei
die Ukraine
Ungarn
die Vereinigten Staaten, die USA (pl)

Sprachen

Sie/er spricht

Arabisch
Chinesisch
Dänisch
Deutsch
Englisch
Estnisch
Finnisch
Französisch
Griechisch
Hebräisch
Hindi
Holländisch
Italienisch
Japanisch
Koreanisch
Kroatisch

Lettisch
Litauisch
Norwegisch
Polnisch
Portugiesisch
Rumänisch
Russisch
Schwedisch
Serbisch
Slovakisch
Spanisch
Tschechisch
Türkisch
Ukrainisch
Ungarisch
Urdu

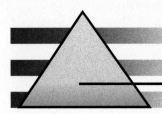

GRAMMATICAL TABLES

● 1 *Der*-words

The der-words are der, das, die (*the*), dieser (*this*), jeder (*each, every*), welcher (*which*).

	MASCULINE	NEUTER	FEMININE	PLURAL
NOMINATIVE	der	das	die	die
	dieser	dieses	diese	diese
ACCUSATIVE	den	das	die	die
	diesen	dieses	diese	diese
DATIVE	dem	dem	der	den
	diesem	diesem	dieser	diesen
GENITIVE	des	des	der	der
	dieses	dieses	dieser	dieser

● 2 *Ein*-words

The **ein**-words are **ein** (*a, an*), **kein** (*not a, not any, no*), and the possessive adjective **mein** (*my*), **dein** (*your*), **sein** (*his*), **sein** (*its*), **ihr** (*her*), **unser** (*our*), euer (*your*), **ihr** (*their*), **Ihr** (*your*).

	MASCULINE	NEUTER	FEMININE	PLURAL
NOMINATIVE	ein	ein	eine	—
	mein	mein	meine	meine
ACCUSATIVE	einen	ein	eine	—
	meinen	mein	meine	meine
DATIVE	einem	einem	einer	—
	meinem	meinem	meiner	meinen
GENITIVE	eines	eines	einer	—
	meines	meines	meiner	meiner

● 3 Pronouns

a. Personal pronouns

NOM.	SUBJ.	ACC.	DIR. OBJ.	DAT.	IND. OBJ.
ich	*I*	mich	*me*	mir	*me*
du	*you*	dich	*you*	dir	*you*
er	*he, it*	ihn	*him, it*	ihm	*him, it*
es	*it*	es	*it*	ihm	*it*
sie	*she, it*	sie	*her, it*	ihr	*her, it*
wir	*we*	uns	*us*	uns	*us*
ihr	*you*	euch	*you*	euch	*you*
sie	*they*	sie	*them*	ihnen	*them*
Sie	*you*	Sie	*you*	Ihnen	*you*

b. Reflexive pronouns

	ACC.	DAT.	DIR. OBJ./IND. OBJ.
ich	mich	mir	*myself*
du	dich	dir	*yourself*
er	sich	sich	*himself, itself*
es	sich	sich	*itself*
sie	sich	sich	*herself, itself*
wir	uns	uns	*ourselves*
ihr	euch	euch	*yourselves*
sie	sich	sich	*themselves*
Sie	sich	sich	*yourself* *yourselves*

c. Interrogative pronouns

	FOR PERSONS	FOR THINGS
NOMINATIVE	wer	was
ACCUSATIVE	wen	was
DATIVE	wem	—
GENITIVE	wessen	—

d. Relative pronouns

	MASCULINE	NEUTER	FEMININE	PLURAL
NOMINATIVE	der	das	die	die
ACCUSATIVE	den	das	die	die
DATIVE	dem	dem	der	den**en**
GENITIVE	des**sen**	des**sen**	der**en**	der**en**

● 4 Adjective endings

a. After *der*-words

	MASCULINE	NEUTER	FEMININE	PLURAL
NOM.	der junge Mann	das liebe Kind	die junge Frau	die lieben Kinder
ACC.	den jungen Mann	das liebe Kind	die junge Frau	die lieben Kinder
DAT.	dem jungen Mann	dem lieben Kind	der jungen Frau	den lieben Kindern
GEN.	des jungen Mannes	des lieben Kindes	der jungen Frau	der lieben Kinder

b. After *ein*-words

	MASCULINE	NEUTER	FEMININE	PLURAL
NOM.	ein junger Mann	ein liebes Kind	eine junge Frau	keine lieben Kinder
ACC.	einen jungen Mann	ein liebes Kind	eine junge Frau	keine lieben Kinder
DAT.	einem jungen Mann	einem lieben Kind	einer jungen Frau	keinen lieben Kindern
GEN.	eines jungen Mannes	eines lieben Kindes	einer jungen Frau	keiner lieben Kinder

c. For unpreceded adjectives

	MASCULINE	NEUTER	FEMININE	PLURAL
NOM.	guter Käse	gutes Brot	gute Wurst	gute Würste
ACC.	guten Käse	gutes Brot	gute Wurst	gute Würste
DAT.	gutem Käse	gutem Brot	guter Wurst	guten Würsten

● 5 *N*-nouns

All **n**-nouns are masculine. They are listed in dictionaries as follows: **der Student**, **-en**, **-en**.

	SINGULAR	PLURAL
NOMINATIVE	der Student	die Studenten
ACCUSATIVE	den Studenten	die Studenten
DATIVE	dem Studenten	den Studenten
GENITIVE	des Studenten	der Studenten

● 6 Prepositions

WITH ACC.	WITH DAT.	WITH ACC. OR DAT.	WITH GEN.
durch	aus	an	statt
für	außer	auf	trotz
gegen	bei	hinter	während
ohne	mit	in	wegen
um	nach	neben	
	seit	über	
	von	unter	
	zu	vor	
	zwischen		

● 7 Adjectives and adverbs with irregular comparatives and superlatives

BASE FORM	COMPARATIVE	SUPERLATIVE
gern	lieber	liebst-
gut	besser	best-
hoch	höher	höchst-
nah	näher	nächst-
viel	mehr	meist-

● 8 Verbs

a. Indicative mood

Present tense

	lernen[1]	arbeiten[2]	reisen[3]	geben[4]	backen[5]	laufen[6]
ich	lerne	arbeite	reise	gebe	backe	laufe
du	lernst	arbeit**est**	reist	g**i**bst	b**ä**ckst	l**äu**fst
er/es/sie	lernt	arbeit**et**	reist	g**i**bt	b**ä**ckt	l**äu**ft
wir	lernen	arbeiten	reisen	geben	backen	laufen
ihr	lernt	arbeit**et**	reist	gebt	backt	lauft
sie	lernen	arbeiten	reisen	geben	backen	laufen
Sie	lernen	arbeiten	reisen	geben	backen	laufen

---

[1] Regular verbs
[2] Verbs with expanded endings
[3] Verbs with contracted endings
[4] Irregular verbs with stem vowel change **e** to **i** (**ie**)
[5] Irregular verbs with stem vowel change **a** to **ä**
[6] Irregular verbs with stem vowel change **au** to **äu**

Present tense of the auxiliaries *haben, sein, werden*

	haben	sein	werden
ich	habe	bin	werde
du	hast	bist	wirst
er/es/sie	hat	ist	wird
wir	haben	sind	werden
ihr	habt	seid	werdet
sie	haben	sind	werden
Sie	haben	sind	werden

Present tense of the modal verbs

	dürfen	können	mögen	(möcht-)	müssen	sollen	wollen
ich	darf	kann	mag	(möchte)	muß	soll	will
du	darfst	kannst	magst	(möchtest)	mußt	sollst	willst
er/es/sie	darf	kann	mag	(möchte)	muß	soll	will
wir	dürfen	können	mögen	(möchten)	müssen	sollen	wollen
ihr	dürft	könnt	mögt	(möchtet)	müßt	sollt	wollt
sie	dürfen	können	mögen	(möchten)	müssen	sollen	wollen
Sie	dürfen	können	mögen	(möchten)	müssen	sollen	wollen

Simple past tense

	Regular verbs		Irregular verbs
ich	lernte	arbeitete	ging
du	lerntest	arbeitetest	gingst
er/es/sie	lernte	arbeitete	ging
wir	lernten	arbeiteten	gingen
ihr	lerntet	arbeitetet	gingt
sie	lernten	arbeiteten	gingen
Sie	lernten	arbeiteten	gingen

Perfect tense

	Regular verbs				Irregular verbs			
ich	habe	gelernt	bin	gereist	habe	gesungen	bin	gegangen
du	hast	gelernt	bist	gereist	hast	gesungen	bist	gegangen
er/es/sie	hat	gelernt	ist	gereist	hat	gesungen	ist	gegangen
wir	haben	gelernt	sind	gereist	haben	gesungen	sind	gegangen
ihr	habt	gelernt	seid	gereist	habt	gesungen	seid	gegangen
sie	haben	gelernt	sind	gereist	haben	gesungen	sind	gegangen
Sie	haben	gelernt	sind	gereist	haben	gesungen	sind	gegangen

Past perfect tense

	Regular verbs				Irregular verbs			
ich	hatte	gelernt	war	gereist	hatte	gesungen	war	gegangen
du	hattest	gelernt	warst	gereist	hattest	gesungen	warst	gegangen
er/es/sie	hatte	gelernt	war	gereist	hatte	gesungen	war	gegangen
wir	hatten	gelernt	waren	gereist	hatten	gesungen	waren	gegangen
ihr	hattet	gelernt	wart	gereist	hattet	gesungen	wart	gegangen
sie	hatten	gelernt	waren	gereist	hatten	gesungen	waren	gegangen
Sie	hatten	gelernt	waren	gereist	hatten	gesungen	waren	gegangen

Future tense

ich	werde	lernen
du	wirst	lernen
er/es/sie	wird	lernen
wir	werden	lernen
ihr	werdet	lernen
sie	werden	lernen
Sie	werden	lernen

b. Imperative mood

FAMILIAR SINGULAR	Lern(e)!	Gib!	Sei!
FAMILIAR PLURAL	Lernt!	Gebt!	Seid!
FORMAL	Lernen Sie!	Geben Sie!	Seien Sie!

c. Subjunctive mood

Present-time subjunctive

	haben	sein	können	wissen
ich	hätte	wäre	könnte	wüßte
du	hättest	wär(e)st	könntest	wüßtest
er/es/sie	hätte	wäre	könnte	wüßte
wir	hätten	wären	könnten	wüßten
ihr	hättet	wär(e)t	könntet	wüßtet
sie	hätten	wären	könnten	wüßten
Sie	hätten	wären	könnten	wüßten

For verbs other than **haben**, **sein**, **werden**, **wissen** and the modals use **würde** + infinitive

ich	würde	lernen
du	würdest	lernen
er/es/sie	würde	lernen
wir	würden	lernen
ihr	würdet	lernen
sie	würden	lernen
Sie	würden	lernen

Past-time subjunctive

ich	hätte	gelernt	wäre	gegangen
du	hättest	gelernt	wär(e)st	gegangen
er/es/sie	hätte	gelernt	wäre	gegangen
wir	hätten	gelernt	wären	gegangen
ihr	hättet	gelernt	wär(e)t	gegangen
sie	hätten	gelernt	wären	gegangen
Sie	hätten	gelernt	wären	gegangen

Past time subjunctive of modal verbs

ich	hätte	lernen sollen
du	hättest	lernen sollen
er/es/sie	hätte	lernen sollen
wir	hätten	lernen sollen
ihr	hättet	lernen sollen
sie	hätten	lernen sollen
Sie	hätten	lernen sollen

Passive voice

	Present tense		Simple past tense	
ich	werde	abgeholt	wurde	abgeholt
du	wirst	abgeholt	wurdest	abgeholt
er/es/sie	wird	abgeholt	wurde	abgeholt
wir	werden	abgeholt	wurden	abgeholt
ihr	werdet	abgeholt	wurdet	abgeholt
sie	werden	abgeholt	wurden	abgeholt
Sie	werden	abgeholt	wurden	abgeholt

PRINCIPAL PARTS OF IRREGULAR AND MIXED VERBS

The following list contains the principal parts of the irregular and mixed verbs in **Treffpunkt Deutsch**. With a few exceptions, compound verbs are not listed.

Infinitive	Irr. Present	Simple Past	Perfect Tense	
anfangen	(fängt an)	fing an	hat angefangen	*to begin*
backen	(bäckt)	backte	hat gebacken	*to bake*
beißen		biß	hat gebissen	*to bite*
beginnen		begann	hat begonnen	*to begin*
bekommen		bekam	hat bekommen	*to get; to receive*
beweisen		bewies	hat bewiesen	*to prove*
bieten		bot	hat geboten	*to offer*
bitten		bat	hat gebeten	*to ask*
bleiben		blieb	ist geblieben	*to stay; to remain*
bringen		brachte	hat gebracht	*to bring*
denken		dachte	hat gedacht	*to think*
einladen	(lädt ein)	lud ein	hat eingeladen	*to invite*
empfangen	(empfängt)	empfing	hat empfangen	*to welcome; to greet*
empfehlen	(empfiehlt)	empfohl	hat empfohlen	*to recommend*
entscheiden		entschied	hat entschieden	*to decide*
essen	(ißt)	aß	hat gegessen	*to eat*
fahren	(fährt)	fuhr	ist gefahren	*to drive*
fallen	(fällt)	fiel	ist gefallen	*to fall*
fangen	(fängt)	fing	hat gefangen	*to catch*
finden		fand	hat gefunden	*to find*
fliegen		flog	ist geflogen	*to fly*
fliehen		floh	ist geflohen	*to flee*
fließen		floß	ist geflossen	*to flow*
fressen	(frißt)	fraß	hat gefressen	*to eat (of animals)*
frieren		fror	hat gefroren	*to be cold*
geben	(gibt)	gab	hat gegeben	*to give*
gehen		ging	ist gegangen	*to go*
gelten	(gilt)	galt	hat gegolten	*to be regarded*
geschehen	(geschieht)	geschah	ist geschehen	*to happen*
gewinnen		gewann	hat gewonnen	*to win*
gießen		goß	hat gegossen	*to water*
haben	(hat)	hatte	hat gehabt	*to have*
halten	(hält)	hielt	hat gehalten	*to hold; to stop*
hängen		hing	hat gehangen	*to be hanging*
heißen		hieß	hat geheißen	*to be called*
helfen	(hilft)	half	hat geholfen	*to help*
kennen		kannte	hat gekannt	*to know (be acquainted with)*
kommen		kam	ist gekommen	*to come*
laden	(lädt)	lud	hat geladen	*to load*
lassen	(läßt)	ließ	hat gelassen	*to let; to leave*

laufen	(läuft)	lief	ist gelaufen	*to run*
leihen		lieh	hat geliehen	*to lend*
lesen	(liest)	las	hat gelesen	*to read*
liegen		lag	hat gelegen	*to lie, to be situated*
lügen		log	hat gelogen	*to tell a lie*
nehmen	(nimmt)	nahm	hat genommen	*to take*
nennen		nannte	hat genannt	*to call, to name*
reiten		ritt	ist geritten	*to ride*
rennen		rannte	ist gerannt	*to run*
riechen		roch	hat gerochen	*to smell*
rufen		rief	hat gerufen	*to call*
saufen	(säuft)	soff	hat gesoffen	*to drink heavily*
scheinen		schien	hat geschienen	*to shine; to seem*
schieben		schob	hat geschoben	*to push*
schlafen	(schläft)	schlief	hat geschlafen	*to sleep*
schließen		schloß	hat geschlossen	*to close*
schneiden		schnitt	hat geschnitten	*to cut*
schreiben		schrieb	hat geschrieben	*to write*
schreien		schrie	hat geschrieen	*to shout*
schwimmen		schwamm	ist geschwommen	*to swim*
sehen	(sieht)	sah	hat gesehen	*to see*
sein (ist)		war	ist gewesen	*to be*
singen		sang	hat gesungen	*to sing*
sinken		sank	ist gesunken	*to sink*
sitzen		saß	hat gesessen	*to sit*
spinnen		spann	hat gesponnen	*to spin; to be crazy*
sprechen	(spricht)	sprach	hat gesprochen	*to speak*
springen		sprang	ist gesprungen	*to jump*
stehen		stand	hat gestanden	*to stand*
stehlen	(stiehlt)	stahl	hat gestohlen	*to steal*
steigen		stieg	ist gestiegen	*to climb*
sterben	(stirbt)	starb	ist gestorben	*to die*
stinken		stank	hat gestunken	*to stink*
streichen		strich	hat gestrichen	*to paint*
tragen	(trägt)	trug	hat getragen	*to carry; to wear*
treffen	(trifft)	traf	hat getroffen	*to meet*
trinken		trank	hat getrunken	*to drink*
tun tat			hat getan	*to do*
verbieten		verbot	hat verboten	*to forbid*
verbinden		verband	hat verbunden	*to link*
vergessen	(vergißt)	vergaß	hat vergessen	*to forget*
vergleichen		verglich	hat verglichen	*to compare*
verlieren		verlor	hat verloren	*to lose*
vermeiden		vermied	hat vermieden	*to avoid*
vorschlagen	(schlägt vor)	schlug vor	hat vorgeschlagen	*to suggest*
waschen	(wäscht)	wusch	hat gewaschen	*to wash*
werden	(wird)	wurde	ist geworden	*to become*
werfen	(wirft)	warf	hat geworfen	*to throw*
wissen	(weiß)	wußte	hat gewußt	*to know (a fact)*
ziehen		zog	hat gezogen	*to pull*

Modal verbs

dürfen	(darf)	durfte	hat gedurft	*to be allowed to*
könnenn	(kann)	konnte	hat gekonnt	*to be able to*
mögen	(mag)	mochte	hat gemocht	*to like*
müssen	(muß)	mußte	hat gemußt	*to have to*
sollen	(soll)	sollte	hat gesollt	*to be supposed to*
wollen	(will)	wollte	hat gewollt	*to want to*

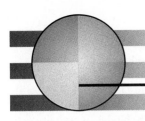

GERMAN-ENGLISH VOCABULARY

This German-English vocabulary includes all the words and expressions used in *Treffpunkt Deutsch* except numbers. Each item is followed by the number of the chapter (and E for *Erste Kontakte*) in which it first occurs. Chapter numbers followed by -1 or -2 (e.g., 1-1 or 1-2) refer to items listed in the first or second vocabulary list in each chapter *(Wörter im Kontext 1* or *Wörter im Kontext 2).*

Nouns are listed with their plural forms: **die Studentin, -nen.** If no plural entry is given, the plural is rarely used or non-existent. When two entries follow a noun, the first one indicates the genitive and the second the plural: **der Student, -en, -en.**

Irregular and mixed verbs are listed with their principal parts. Vowel changes in the present tense are noted in parentheses and auxiliaries for the perfect tense are given: **lesen (liest), las, hat gelesen.** Separable prefixes are indicated by a raised dot between the prefix and the verb stem: **an•fangen.**

The following abbreviations are used:

acc	accusative	gen	genitive
adj	adjective	pl	plural
adv	adverb	prep	preposition
conj	conjunction	sing	singular
dat	dative		

A

abend: heute abend this evening (1-1)

der **Abend, -e** evening

 Guten Abend! 'n Abend! Good evening! (E-1)

 zu Abend essen to have supper (3-1)

abends in the evening (3)

das **Abendessen** supper (3-1)

 zum Abendessen for supper (3-1)

das **Abenteuer, -** adventure (12)

aber but (1-1)

ab•fahren (fährt ab), fuhr ab, ist abgefahren to leave, to depart (3-2)

ab•fliegen (flog ab), ist abgeflogen to take off (8)

ab•geben (gibt ab), gab ab, hat abgegeben to hand in (7)

abgelaufen worn *(of shoes)* (10-2)

abgetragen worn *(of clothes)* (10-2)

ab•haken to check off (4)

ab•holen to pick up (4-1)

das **Abitur** high school diploma (E)

ab•lehnen to refuse (6)

ab•sägen to saw off (7)

der **Abschied** farewell (11)

ab•schießen, schoß ab, hat abgeschossen to shoot (6)

ab•schließen, schloß ab, hat abgeschlossen to lock

 eine Versicherung abschließen to buy insurance (12)

absolut absolute (5)

ab•stammen von to be descended from (8)

ab•stellen to switch off (11)

absurd absurd (6)

das **Abteil, -e** compartment (6)

die **Abteilung, -en** department (6-1)

der **Abteilungsleiter, -/die Abteilungsleiterin, -nen** department manager (6)

die **Abtreibung, -en** abortion (11)

ab•trocknen to dry (off) (11)

die **Abwanderung** moving away; migration (10)

der **Abwasch** dirty dishes (6)

 den Abwasch machen to do the dishes (6-1)

die **Adresse, -n** address (E, 4-2)

der **Adventskalender, -** Advent calendar (6)

der **Affe, -n, -n** ape, monkey (2)

afrikanisch *(adj)* African (8)

der **Agent, -en, -en**/die **Agentin, -nen** agent (5)

ähnlich similar (12)

die **Aktentasche, -n** briefcase (8-2)

die **Aktion, -en** protest campaign (7-1)

aktiv active (7)

das **Album, -s** album (3)

der **Alkohol** alcohol (2)

alle all; everyone; everybody (4)

 alle vierzehn Tage every two weeks (8-1)

allein alone (2, 7-1)

allerdings mind you (12)

alles everything (2)

 nicht um alles in der Welt not for anything (12)

 vor allem above all (3-1)

die **Alliierten** the Allies (10-1)

die **Alpen** Alps (1)

als than (2); as (3); when *(conj)* (7)

also well then (1)

alt old (1-1)

das **Alter** age (2, 11-1); old age (11-1)

altmodisch old-fashioned (6)

die **Alufolie, -n** aluminum foil (7-1)

die **Aluminumdose, -n** aluminum can (7)

(das) **Amerika** America (5)

der **Amerikaner, -/**die **Amerikanerin, -nen** American (*person*) (1-1)

amerikanisch American (2)

an at (1, 8-2); to (*the side of*); on (*a vertical surface*) (8-2)

an Bord on board (*a ship*) (5)

an•bieten, bot an, hat angeboten to offer (10, 11-2)

ander different, other (4)

ändern to change (3)

anders different, differently (2, 3-1)

der **Anfang, ⁻e** beginning (1-2)

Anfang Dezember the beginning of December (1-2)

an•fangen (fängt an), fing an, hat angefangen to begin (3-1)

anfänglich initial (10)

an•fassen to touch (11)

an•funkeln to light into (10)

das **Angebot, -e** offer (9)

angeln to fish (4-1)

der **Angler, -** fisherman (4)

die **Angst, ⁻e** fear (7)

Angst haben vor (+ *dat*) to be afraid of (9-1)

Angst kriegen to get scared (9-1)

Keine Angst! Don't worry! (5)

an•halten (hält an), hielt an, hat angehalten to stop (9-1)

anhand by means of, using (12)

an•hören to listen to (3-2)

an•kommen, kam an, ist angekommen to arrive (3-2)

die **Ankunft, ⁻e** arrival (7)

die **Anlage, -n** enclosure (*in a letter*) (12)

an•legen to lay out, to establish (8)

anonym anonymous (10)

an•probieren to try on (3-2)

die **Anrede, -n** salutation (10)

der **Anruf, -e** (telephone) call (11-2)

an•rufen, rief an, hat angerufen to call (on the telephone) (3-1)

an•schauen to look at (2, 4-1)

an•sehen (sieht an), sah an, hat angesehen to look at (11-1)

an•starren to stare at (7)

an•stellen to switch on (11)

an•streichen, strich an, hat angestrichen to mark (12)

der **Anteil, -e** share

antisemitisch antisemitic (5)

die **Antwort, -en** answer (4-2)

antworten to answer (3, 4-2)

die **Anzeige, -n** newspaper ad (6-2)

an•ziehen, zog an, hat angezogen to put on, to wear (6-2)

sich **an•ziehen** to dress (7-2)

der **Anzug, ⁻e** (*men's*) suit (2-2)

der **Apfel, ⁻** apple (1)

der **Apfelstrudel** apple strudel (8)

die **Apotheke, -n** pharmacy (7-2)

der **Apotheker, -/**die **Apothekerin, -nen** pharmacist (7)

der **Apparat, -e** apparatus, appliance (7)

das **Appartement, -s** apartment (4)

applaudieren to applaud (7)

der **April** April (1)

die **Arbeit** work (4)

arbeiten to work (1-2)

arbeiten an (+ *dat*) to work on (11-2)

der **Arbeiter, -/**die **Arbeiterin, -nen** worker (2)

die **Arbeiterklasse** working class (11-1)

das **Arbeiterviertel, -** blue collar district (8)

der **Arbeitgeber, -/**die **Arbeitgeberin, -nen** employer (5-2)

die **Arbeitserfahrung, -en** work experience (5-2)

der **Arbeitskollege, -n, -n/**die **Arbeitskollegin, -nen** colleague from work (2)

arbeitslos unemployed (5-1)

der/die **Arbeitslose, -n** unemployed person (5-1)

die **Arbeitslosigkeit** unemployment (10)

der **Arbeitsplatz** place of work (6)

der **Arbeitstag** working day (5)

das **Arbeitstier, -e** workaholic (12)

der **Architekt, -en/**die **Architektin, -nen** architect (5-1)

die **Architektur** architecture (1)

der **Ärger** annoyance, trouble (9)

ärgern to annoy (9)

sich **ärgern** to get annoyed (7-2)

sich **ärgern über** (+ *acc*) to be annoyed with (11-2)

argumentieren to argue (11)

arm poor (4, 7-2)

der **Arm, -e** arm (1)

das **Armband, ⁻er** bracelet (4, 6-2)

die **Armbanduhr, -en** wristwatch (6-1)

die **Armee, -n** army (7, 10-1)

arrogant arrogant (4)

der **Artikel, -** article (3-1)

das **Arzneimittel** medication (7)

der **Arzt, ⁻e/**die **Ärztin, -nen** physician (1, 3-2)

asiatisch (*adj*) Asian, Asiatic (8)

die **Asphaltschindel, -n** asphalt shingle (8)

der **Assistent, -en, -en/**die **Assistentin, -nen** assistant (5)

der **Astronom, -en, -en/**die **Astronomin, -nen** astronomer (5)

astronomisch astronomical (10)

der **Athlet, -en, -en/**die **Athletin, -nen** athlete (8)

der **Atlantik** Atlantic (*ocean*) (5-1)

auch also (E, 1-1); even (4)

der **Audi, -s** Audi (*car*) (2)

auf up (3); on, onto (5); to; on (*a horizontal surface*) (8-2)

auf•essen (ißt auf), aß auf, hat aufgegessen to eat up (11)

die **Aufgabe, -n** task (10, 11-1)

aufgeregt excited (8-2)

auf•listen to list (10)

auf•machen to open (5, 7-1)

die **Aufnahme, -n** recording (11)

auf Aufnahme um•stellen to switch to record (11)

auf•passen to pay attention (3); to be careful (11-2)

auf•räumen to tidy up (3-1)

sich **auf•regen** to get excited; to get upset (7-2)

auf•rufen, rief auf, hat aufgerufen to call upon (10)

auf•runden to round up (7)

auf•schließen, schloß auf, hat aufgeschlossen to unlock (11-2)

auf•setzen to put on (one's head) (10-2)

auf•stehen, stand auf, ist aufgestanden to get up; to stand up (3-1)

auf•teilen to divide up (10)

der **Auftrag, ⁻e** orders (5)

auf•wachen to wake up (3, 9-2)

auf•wärmen to warm up (11)

auf•wecken to wake (*someone*) up (4-1)

auf•ziehen, zog auf, hat aufgezogen to wind (a clock) (8)

der **Aufzug** costume, get-up (10)

das **Auge, -n** eye (5-1)

unter vier Augen in private (11)

der **Augenblick** moment

im letzten Augenblick at the last moment (7-2)

der **August** August (1)

aus from, out of (E-1); over (4)

aus•bilden to train, to educate (5-2)

die **Ausbildung, -en** job training; education (5-2)

der **Ausflug, ⁻e** outing (11)

aus•füllen to fill out (4)

aus•geben (gibt aus), gab aus, hat ausgegeben to spend *(money)* (4-1)

aus•gehen, ging aus, ist ausgegangen to go out (3-2)

aus•halten (hält aus), hielt aus, hat ausgehalten to endure (10)

aus•helfen (hilft aus), half aus, hat ausgeholfen to help out (7)

aus•hungern to starve (10)

die **Auskunft** *(telephone)* information (10-2)

der **Ausländer, -** foreigner (2, 7-2)

ausländisch foreign (4)

das **Auslandsamt** foreign students' office (E)

aus•legen to spread out (10)

aus•machen to turn off *(light, etc.)* (7)

aus•packen to unpack (5-1)

aus•probieren to try out (3-2)

der **Auspufftopf, ⁻e** muffler (9)

aus•rasten to go off the deep end (10)

die **Ausrede, -n** excuse (4)

sich auf etwas **aus•reden** to make excuses (11)

die **Ausreise**

  die **Erlaubnis zur Ausreise** permission to leave the country (7)

sich **aus•rüsten** to equip (9)

die **Aussage, -n** statement (6)

aus•schalten to switch off (11)

aus•schlafen (schläft aus), schlief aus, hat ausgeschlafen to sleep in (11)

der **Ausschnitt, -e** excerpt (9)

aus•sehen (sieht aus), sah aus, hat ausgesehen to look, to appear (3-1)

  aus•sehen wie to look like (3-1)

außen outside (7-1)

außer except for (6)

außerdem besides (6-1)

außerhalb *(+ gen)* outside of (8, 11-1)

die **Aussicht, -en** view (4, 10-2)

der **Ausschnitt, -e** excerpt (9)

die **Ausstellung, -en** display, show (2); exhibition (8-2)

aus•strömen to escape *(of gases)* (11)

sich etwas **aus•suchen** to pick something out (7)

der **Austauschschüler, -/die Austauschschülerin, -nen** exchange student *(high school)* (12)

aus•tragen (trägt aus), trug aus, hat ausgetragen to deliver (mail) (7)

australisch Australian (8)

die **Auswahl** choice (2)

der **Auswanderer, -** emigrant (5-1)

das **Auswandererheim, -e** hostel for emigrants (5)

aus•wandern to emigrate (5-1)

aus•ziehen, zog aus, ist ausgezogen to move out (8-1)

 sich **aus•ziehen** to undress (7-2)

der/die **Auszubildende, -n** apprentice (5-2)

der **Auszug, ⁻e** excerpt (5)

das **Auto, -s** car (1, 2-1)

automatisch automatic (11-2)

der **Automechaniker, -/die Automechanikerin, -nen** auto mechanic (1)

der **Autor, -en/die Autorin, -nen** author (5-1)

die **Axt, ⁻e** ax (5)

der/die **Azubi, -s** *(abbr of)* **Auszubildende** (5-2)

B

das **Baby, -s** baby (2)

backen (bäckt), backte, hat gebacken to bake (2-2)

der **Bäcker, -** baker (1, 5-2)

die **Bäckerei -en** bakery (6-2)

der **Backofen, ⁻** oven (6)

die **Backsteinarchitektur** brick architecture (10)

das **Bad, ⁻er** bath; bathroom (2)

der **Badeanzug, ⁻e** bathing suit (3)

baden to swim (1)

(sich) **baden** to bathe, to have a bath (7)

die **Badewanne, -n** bathtub (8-1)

das **Badezimmer, -** bathroom (2, 8-1)

die **Bahnfahrt, -en** train trip (5)

der **Bahnhof, ⁻e** train station (3-2)

bald soon (3-1)

 so bald wie möglich as soon as possible (3)

Wird's bald? Get a move on! (11-2)

der **Balkon, -e** balcony (8-1)

der **Ball, ⁻e** ball (1)

der **Ballettänzer, -/die Ballettänzerin, -nen** ballet dancer (2)

banal banal (10-2)

die **Banane, -n** banana (1)

der **Band, ⁻e** volume (9)

die **Bank, ⁻e** bench (11-1)

die **Bank, -en** bank (2-1)

der **Bankdirektor, -en** bank manager (2)

das **Bankkonto, Bankkonten** bank account (12)

der **Bankräuber, -** bank robber (10)

bankrott bankrupt (6)

der **Bär, -en, -en** bear (2)

 einen Bärenhunger haben to be famished (6)

das **Barometer, -** barometer (1)

der **Bart, ⁻e** beard (4)

der **Bauer, -n, -n** farmer (9-1)

die **Bauarbeiten** *(pl)* construction work (4)

der **Bauch, ⁻e** stomach, belly (7-2)

bauen to build (4-2)

der **Bauer, -n, -n/die Bäuerin, -nen** farmer (7)

das **Baugrundstück, -e** building lot (8)

der **Baum, ⁻e** tree (7)

der **Bausparvertrag, ⁻e** home savings plan (12)

bayerisch Bavarian (4)

(das) **Bayern** Bavaria (4)

beantworten to answer (3)

der/die **Beauftragte, -n** advocate (11)

der **Becher, -** beaker, cup (3-1)

 ein Becher Jogurt a carton of yogurt (3-1)

bedeckt cloudy (1)

bedeuten to mean (2)

die **Bedeutung, -en** meaning (11-1)

das **Bedienungsgeld** service charge (7)

sich **beeilen** to hurry (7-2)

beenden to end (9, 10-1)

der **Beginn** beginning (11)

 zu Beginn at the beginning (11)

beginnen, begann, hat begonnen to begin (1-1)

begreifen, begriff, hat begriffen to understand (10-2)

bei at (E)

bei Telekom at Telekom (6)

bei uns, bei Zieglers at our house, at the Zieglers (2-1)

beide both, two (2-2)

das **Bein, -e** leg (6, 7-2)

beinahe almost (11-1)

die **Biene, -n** bee (9-2)

das **Beisammensein** being together (12)

das **Beisel, -n** *(Austrian)* pub (2)

das **Beispiel, -e** example (5-2)

zum Beispiel (z.B.) for example (e.g.) (5-2)

beißen, biß, hat gebissen to bite (6)

der **Beistelltisch, -e** occasional table (8)

beizen to stain wood (9)

bekannt well-known (9-1)

der/die **Bekannte, -n** acquaintance (8-2)

bekannt•geben (gibt bekannt), gab bekannt, hat bekanntgegeben to announce (10)

bekommen, bekam, hat bekommen to get, to receive (3-2)

beladen loaded (10)

belgisch Belgian (6)

beliebt favorite (4); popular, well-loved (9-2)

bellen to bark (2, 10-2)

sich **benehmen (benimmt sich), benahm sich, hat sich benommen** to behave (7-2)

bengalisch *(adj)* Bengali (8)

benutzen to use (8-2)

das **Benzin** gas (2)

der **Benzinfresser, -** gas guzzler (7)

bereits already (10-1)

die **Bereitschaft** willingness (12)

bereuen to regret (11)

der **Berg, -e** mountain (4-2)

bergab downhill (10-2)

bergauf uphill (10-2)

die **Bergwelt** alpine world (4)

berichten to report (8)

der **Beruf, -e** profession, occupation (1, 5-2)

Er ist Koch von Beruf. He's a cook by trade. (2)

Was sind Sie von Beruf? What's your occupation? (2-2)

beruflich professionally (11)

die **Berufserfahrung** job experience (11-1)

die **Berufsschule, -n** vocational school (5)

der **Berufsschulkurs, -e** vocational school course (5)

berufstätig working

Sie ist berufstätig. She works (outside the home). (11-1)

die **Berufstätigkeit** employment, working (11-1)

berühmt famous (4, 8-2)

die **Besatzungszone, -n** occupation zone (10)

beschäftigen to employ (6)

beschämt embarrassed (5)

die **Bescherung** gift giving (at Christmas) (6-1)

beschreiben, beschrieb, hat beschrieben to describe (8, 11-2)

die **Beschreibung, -en** description (2)

sich **beschweren** to complain (7-2)

besiedelt populated (10-2)

dünn besiedelt sparsely populated (10)

besonders especially (4-2), particularly (6)

besser better (1)

best best (2)

bestehen aus, bestand, hat bestanden to consist of (7-1)

bestellen to order (7-2)

bestimmt definitely, for sure (3-2)

der **Besuch, -e** visit (2-2)

zu Besuch kommen to come to visit (2, 8-1)

besuchen to visit (2-2)

der **Besucher, -** visitor (5)

betreuen to care for (11)

die **Betreuung** care (11)

der **Betrieb** bustle (11)

der **Betriebswirt, -e**/ die **Betriebswirtin, -nen** management expert (12)

das **Bett, -en** bed (1, 8-1)

ins Bett to bed (1-2)

betteln to beg (10)

die **Bevölkerung** population (10-1)

bevor before *(conj)* (5)

beweglich movable (6)

die **Bewegung, -en** movement

in Bewegung setzen to begin moving (10)

der **Beweis, -e** proof (7)

beweisen, bewies, hat bewiesen to prove (10-1)

die **Bewerbung, -en** application (12)

das **Bewerbungsgespräch, -e** job interview (12)

bewölkt cloudy (1)

bewundern to admire (8)

bewußt conscious

euch ist nicht bewußt you don't realize (10)

bezahlen to pay (1-2)

die **Bezahlung** pay, wages (5-2)

bezaubernd enchanting (9)

die **Bibel, -n** bible (9-1)

die **Bibliothek, -en** library (1)

in die Bibliothek to the library (1-2)

das **Bier** beer (1, 2-1)

der **Bierbauch, ̈-e** beer belly (6)

der **Biergarten, ̈-** beer garden (4)

der **Bierstein, -e** beer stein (6-2)

bieten, bot, hat geboten to offer (5)

das **Bild, -er** picture (4-1)

die **Bildgeschichte, -n** picture story (5)

der **Bildschirm, -e** TV screen (9-2)

das **Billard** billiard (11)

billig cheap (4-1)

die **Biochemie** biochemistry (2)

die **Biologie** biology (1)

bis until (1)

Bis heute nachmittag! See you this afternoon! (1)

Bis später! See you later! (1)

von . . . bis from . . . to (1-2)

bißchen: ein bißchen a bit (1-2)

bitte please (E, 1-1)

Wie bitte? I beg your pardon? (E-1)

Bitte schön? May I help you? (5-2)

Bitte schön! You're welcome. (5-2)

bitten, bat, hat gebeten to ask (11-2)

der **Bizeps** biceps (8)

das **Blatt, ̈-er** sheet of paper (4)

blau blue (1-1)

bleiben, blieb, ist geblieben to stay (3-2)

blind blind (1)

der **Block, ̈-e** block (10)

die **Blockade, -n** blockade (10-1)

blockieren to block (10)

blöd stupid (2-1)

blond blond (2)

bloß just, only (10)

die **Blume, -n** flower (1, 5-2)

das **Blumengeschäft, -e** flower shop (5)

die **Bluse, -n** blouse (1, 2-2)

das **Blusenhemd, -en** blousy shirt (2)

das **Blut** blood (1)
der **Bodensee** Lake Constance (4)
die **Bohne, -n** bean (9)
die **Bombe, -n** bomb (10-2)
das **Boot, -e** boot (1)
der **Börsenbericht, -e** stockmarket report (2)
böse bad, evil (10-2)
brandneu brand new (2)
(das) **Brasilien** Brazil (4)
der **Braten, -** roast meat (7)
die **Bratkartoffeln** fried potatoes (7)
die **Bratwurst, ̈e** *(frying)* sausage (7)
brauchen to need (2-2); to take (of time) (7)
braun brown (1-1)
brav good (11-2)
das **Brett, -er** board
 das schwarze Brett bulletin board (8-2)
die **Brezel, -n** pretzel (7)
der **Brief, -e** letter (E, 3-1)
der **Brieffreund, -e** pen-pal (6)
die **Briefmarke, -n** stamp (4)
die **Briefmarkenindustrie** stamp industry (4)
der **Briefträger, -** mailman (6-2)
die **Brille, -n** (eye)glasses (4, 8-2)
bringen, brachte, hat gebracht to bring (5-2)
der **Brite, -n, -n**/die **Britin, -nen** Briton (10)
britisch British (10)
die **Brokkoli** *(pl)* broccoli (3)
die **Broschüre, -n** brochure (4-1)
das **Brot, -e** bread, sandwich (1, 3-1)
das **Brötchen, -** roll (3-1)
der **Bruder, ̈** brother (1, 2-1)
brüllen to yell (10)
brünett brunette (2)
die **Brust, ̈e** breast, chest (7-2)
brutzeln to sizzle (11)
das **Buch, ̈er** book (1-1)
der **Buchdruck** printing (9)
die **Buche, -n** beech tree (10)
buchen to book (10-2)
das **Bücherregal, -e** bookcase (8-1)
der **Bücherwurm, ̈er** bookworm (6)
der **Buchhalter, -**/die **Buchhalterin, -nen** bookkeeper (1)
die **Buchhaltung** bookkeeping (12)
die **Buchhandlung, -en** bookstore (1)
der **Buchstabe, -n, -n** letter (6)
buchstabieren to spell (E)
das **Büffet, -s** buffet (8-1)

das **Bügeleisen, -** iron (7)
bügeln to iron (7)
der **Bulle, -n** bull (1)
bummeln to stroll (3)
der **Bund, ̈e** association (7)
das **Bündel, -** bundle (9-1)
der **Bundeskanzler** federal chancellor (10-1)
das **Bundesland, ̈er** German state (5)
die **Bundesrepublik Deutschland (die BRD)** the Federal Republic of Germany (the FRG) (1-1)
bunt colorful (10-1)
bürgerlich middle-class (9)
das **Büro, -s** office (E)
die **Bürohilfe** office help (5)
der **Bursche, -n** boy (10)
bürsten to brush (7)
der **Bus, -se** bus (E, 3-2)
der **Busch, ̈e** bush (9-1)
buschig bushy (4)
die **Bushaltestelle, -n** bus stop (5-2)
die **Butter** butter (1, 3-1)

C

die **Cafeteria, -s** university cafeteria *(for light meals and snacks)* (1)
 in die Cafeteria to the cafeteria (1-2)
campen to camp (4-1)
 campen gehen to go camping (4)
der **Campingplatz, ̈e** campsite (4-1)
der **Campus** campus (2)
die **CD, -s** compact disc (6)
der **CD-Spieler, -** CD-player (2, 6-2)
der **Cent, -** cent (5)
der **Champagner** champagne (6)
der **Champignon, -s** mushroom (7)
die **Chance, -n** chance (11-1)
der **Cheddar** cheddar (cheese) (6)
der **Chef, -s**/die **Chefin, -nen** boss (6)
die **Chemie** chemistry (7)
der **Chemiker, -**/die **Chemikerin, -nen** chemist (5)
chinesisch Chinese (3)
das **Christkind** baby Jesus (6)
die **Chronik** chronicle (10)
das **Cockpit** cockpit (8)
die **Cola, -s** cola (2-1)
das **College, -s** college (5)
die **Comics** comics (3)
der **Computer, -** computer (1)

das **Computerspiel, -e** computer game (6)
der **Container, -** container (7-1)
die **Couch, -es** couch (8-1)
der **Couchtisch, -e** coffee table (8-1)

D

d.h., das heißt i.e., that is (10-1)
da there (E); then (4)
das **Dach, ̈er** roof (8-1)
die **Dachplatte, -n** roof tiles (8)
dagegen on the other hand (12)
damals then, at that time (5-1)
die **Dame, -n** lady (2)
 Dame spielen to play checkers (2)
die **Damenabteilung, -en** women's department (6-1)
damit so that (4-2)
der **Damm, ̈e** dam (10)
der **Dampf, ̈e** steam (11)
die **Dampflokomotive, -n** steam engine (10)
danach afterwards (9-2)
dänisch Danish (4)
dankbar thankful (5)
dann then (E, 1-1)
danke thank you (E, 1-1)
 Danke, gut. Fine, thanks. (E-1)
danken *(+ dat)* to thank (2, 6-2)
das **Darlehen, -** loan (7)
darum that's why (10-1)
das this, that (1)
daß that *(conj)* (4-2)
das **Datum, die Daten** date (5)
dauern to last (10); to take time (11-2)
der **Daumen, -** thumb (7-2)
die **Decke, -n** ceiling (8-1)
 unter einer Decke stecken to be in cahoots with (7)
decken to cover (8)
defekt defective (6)
dein, dein, deine your (2)
die **Delegation, -en** delegation (4)
das **Delikatessengeschäft, -e** deli (2)
die **Demo, -s** demonstration (12)
die **Demokratie** democracy (2, 10-1)
demonstrieren to demonstrate (3)
denken, dachte, hat gedacht to think (2, 3-1)
 denken an *(+ acc)* to think of, about (4, 11-2)
das **Denkmal, ̈er** monument (9)
denn because, for (1-1)

deprimiert depressed (10-2)

derselbe, dasselbe, dieselbe the same (7-2)

deshalb therefore (2-2)

der **Designer, -s** designer (3)

deutsch German (1)

 auf deutsch in German (1)

das **Deutsch** German (language) (2)

der (die) **Deutsche, -n** German (person) (1-1)

(das) **Deutschland** Germany (4)

deutschsprachig German-speaking (4)

die **Deutschstunde, -n** German class (5)

der **Dezember** December (1)

der **Dialekt, -e** dialect (9-1)

der **Diamant, -en, -en** diamond (2)

dick fat; thick (2-2)

der **Dienstag** Tuesday (1-2)

dieser, dieses, diese this (2)

diesmal this time (3-1)

die **Diktatur, -en** dictatorship (10-1)

diktieren to dictate (5)

das **Ding, -e** thing (2)

das **Diplom** diploma (1)

 das Diplom machen to do or take one's diploma (1)

der **Diplomat, -en, -en** diplomat (10)

direkt directly (4)

der **Direktor, -en/die Direktorin, -nen** director (5)

die **Disco, -s** disco (1)

 in die Disco to the disco (1-2)

die **Diskette, -n** disc (1)

diskriminiert werden to be discriminated against (11)

die **Diskussion, -en** discussion (2)

diskutieren to discuss (3)

doch but; anyway (4)

das **Dokument, -e** document (5)

der **Dollar, -s** dollar (4)

 fünfzig Dollar fifty dollars

die **Donau** Danube (*river*) (4)

der **Donnerstag** Thursday (1-2)

doof stupid (2-1)

das **Doppelhaus, ̈-er** semi-detached house (8)

doppelt double (2)

das **Doppelzimmer, -** double room (7)

das **Dorf, ̈-er** village (3, 9-1)

dort there (1-2)

die **Dose, -n** can (7-1)

der **Dosenöffner, -** can opener (7)

der **Dozent, -e/die Dozentin, -nen** professor (12)

das **Drama, Dramen** drama (9)

dran *(adv)*

 Jetzt bist du dran. Now it's your turn. (7-2)

dritt third (4)

die **Droge, -n** drug (7)

die **Drogerie, -n** drugstore (7-2)

dröhnen to boom (10)

drucken to print (9-1)

drücken to press (11-2)

 die Schulbank drücken to sit in school (10)

der **Drucker, -** printer (12)

die **Druckerei** printing works (pl) (9)

dual dual (7)

dumm stupid (1, 2-1)

der **Dummkopf, ̈-e** dimwit (2)

dunkel dark (1-2)

dünn thin (2-1)

durch through (3, 4-2)

durch•lesen (liest durch), las durch, hat durchgelesen to read through (7)

durch•machen to go through (10)

die **Durchsage, -n** announcement (9)

durch•schauen to look through (12)

der **Durchschnitt, -e** average (9-2)

durchschnittlich average (9-2)

dürfen (darf), durfte, hat gedurft to be allowed to, be permitted to, may (3)

der **Durst** thirst (4)

die **Dusche, -n** shower (3, 8-1)

duschen to shower (5)

das **Dutzend, -e** dozen (9-2)

E

eben: So bin ich eben. That's just the way I am. (3-1)

echt real, really (2, 6-1)

die **Ecke, -n** corner (4-2)

EDV = Elektronische Datenverarbeitung data processing (12)

egal: Das ist mir egal. I don't care. (6-2)

die **Ehe, -n** marriage (11-1)

ehemalig former (10-1)

das **Ehepaar, -e** married couple (7-1)

ehrlich honest (11-2)

das **Ei, -er** egg (3-1)

eigen own (6-2)

eigentlich actually (4-2)

die **Eigentumswohnung, -en** condominium (8-2)

der **Eignungstest, -s** aptitude test (12)

eilig: Ich habe es eilig. I'm in a hurry. (11-1)

der **Eimer, -** pail (11)

ein, ein, eine a; an; one (1)

einander each other, one another (E, 5-2)

eineinhalb one and a half (3)

einfach simple, simply (4-2)

ein•fallen (fällt ein), fiel ein, ist eingefallen

 Fällt dir etwas ein? Can you think of anything? (6-1)

das **Einfamilienhaus, ̈-er** single family dwelling (8-2)

der **Einfluß, Einflüsse** influence (8-2)

die **Einführung, -en** introduction (3)

der **Eingang, ̈-e** entrance (9-2)

die **Einheit, -en** unity, whole (9)

einheitlich common (9)

einig united (10)

einigermaßen somewhat (10)

ein•kaufen to shop, to go shopping (4-2)

die **Einkaufsliste, -n** shopping list (7)

die **Einkaufstasche, -n** shopping bag (7-1)

das **Einkommen** income (11-2)

ein•laden (lädt ein), lud ein, hat eingeladen to invite (4, 6-2)

sich **ein•leben** to adjust (to a way of life) (7)

einemmal: mit einemmal suddenly (10)

einmal once (3)

 noch einmal again (3)

ein•marschieren to march in (7)

ein•packen to pack (3)

die **Einraumwohnung** one-room apartment (4)

ein•schalten to switch on (11)

ein•schlafen (schläft ein), schlief ein, ist eingeschlafen to fall asleep (3)

ein•schlagen (schlägt ein), schlug ein, hat eingeschlagen to wrap (6); to drive in (7)

ein•schmieren to rub in (10)

ein•stellen to hire (12)

die **Einstellung, -en** attitude (8)

ein•tragen (trägt ein), trug ein, hat eingetragen to enter (11)

einverstanden agreed (10-2)

 einverstanden sein to agree (10-2)

der **Einwanderer, -** immigrant (5-1)

ein•wandern to immigrate (5-1)

die **Einwanderung** immigration (5)

der **Einwanderungsrekord, -e** record immigration numbers (5)

die **Einwegflasche, -n** non-returnable bottle (7-1)

ein•ziehen, zog ein, ist eingezogen to move in (8-1)

einzig single; only (7-1)

das **Eis** ice; ice cream (3-1)

die **Eisenbahnlinie, -n** railway lines (10)

das **Eishockey** hockey (1)

eisig icy (4)

das **Eiswasser** ice water (7)

der **Elefant, -en, -en** elephant (2)

elegant elegant (4)

elektrisch electric (6)

das **Element, -e** element (5)

der **Ellbogen, -** elbow (1)

die **Eltern** parents (2-1)

emigrieren to emigrate (11)

empfangen (empfängt), empfing, hat empfangen to welcome (5); to greet, to receive (10)

empfehlen (empfiehlt), empfahl, hat empfohlen to recommend (9-2)

das **Ende, -n** end (1-2)

 Ende Oktober (at) the end of October (1-2)

 zu Ende sein to be over (3-2)

enden to end (10)

endlich finally (3-2)

die **Energie** energy (7-1)

eng: eng zusammen close together (7)

sich **engagieren** to be committed (7)

engagiert committed (7)

der **Engel, -** angel (1)

(das) **England** England (5)

englisch english (1)

 auf englisch in English (1)

das **Enkelkind, -er** grandchild (2-1)

enorm enormous (7, 8-2)

enterben to disinherit (11)

entfernt from a distance (11)

entgegen•kommen, kam entgegen, ist entgegengekommen to approach (10)

entgehen, entging, ist entgangen to escape (12)

enthalten (enthält), enthielt, hat enthalten to contain (7)

entlang along (10-1)

entlassen (entläßt), entließ, hat entlassen to fire (10)

entscheiden, entschied, hat entschieden to decide (7)

die **Entscheidung, -en** decision (3)

sich **entschuldigen** to apologize (7-2)

Entschuldigung! Excuse me! (E-1)

entwerfen (entwirft), entwarf, hat entworfen to design (8)

die **Entwicklung, -en** development (8-2)

die **Erde** earth, ground (9-2)

die **Erdnuß, Erdnüsse** peanut (4)

die **Erfahrung, -en** experience (11-1)

 Es fehlt mir an Erfahrung. I'm lacking experience. (11-1)

erfassen to seize (6)

die **Erfindung, -en** invention (9-1)

der **Erfolg, -e** success (6)

die **Erfüllung** fulfilment

 in Erfüllung gehen to be fulfilled (10-1)

ergänzen to complete (1)

erhalten (erhält), erhielt, hat erhalten to preserve (8)

erinnern an *(+ acc)* to remind of (6-1)

sich **erkälten** to catch a cold (7-2)

erkältet sein to have a cold (10-2)

die **Erkältung, -en** cold (4-2)

erkennen, erkannte, hat erkannt to recognize (2)

erklären to explain; to declare (4, 5-2)

die **Erlaubnis** permission (7)

erleben to experience (10-1)

das **Erlebnis, Erlebnisse** experience (10-1)

erledigen to deal with (11)

ermorden to murder (10-1)

ernähren to feed (11)

ernst serious (6, 8-1)

ernten to harvest (8)

erobern to conquer (6)

erreichen to reach (10-1)

erscheinen, erschien, ist erschienen to appear (9)

erst not until (1-1); first; only (1, 3-2)

 zum erstenmal for the first time (6-2)

ertrinken, ertrank, ist ertrunken to drown (4)

erwarten to expect (12)

die **Erwartung, -en** expectation (12)

erzählen to tell *(a story)* (2, 2-1)

 erzählen von to tell about (11-2)

der **Erzähler, -/die Erzählerin, -nen** narrator (9-1)

die **Erzählung, -en** story, narrative (9)

das **Erzgebirge** Erz Mountains (4)

der **Esel, -** donkey (2)

essen (ißt), aß, hat gegessen to eat (2-2)

das **Essen** meal, food (3)

das **Eßzimmer, -** dining room (8)

etwa approximately (5, 7-2)

etwas something (4-1)

euer, euer, eure your (2)

die **Euphorie** euphoria (10-1)

(das) **Europa** Europe (2)

ewig forever (3, 11-1)

das **Examen, -** exam (5)

das **Exemplar, -e** copy *(of a book, etc.)* (9)

existieren to exist (10-2)

exotisch exotic (5)

der **Experte, -n** expert (4)

exportieren to export (3)

extravagant extravagant (4)

extrem extreme (8-2)

F

die **Fabel, -n** fable (9-2)

fabelhaft fabulous (4-2)

die **Fabrik, -en** factory (6-2)

das **Fach, ¨er** field of study, subject (4-2)

die **Fähre, -n** ferry (4)

fahren (fährt), fuhr, ist gefahren to drive, to go (2-2)

der **Fahrer, -** driver (5)

der **Fahrplan- ¨e** train schedule (3-2)

das **Fahrrad, ¨er** bicycle (2-1)

der **Fahrradhelm, -e** cycling helmet (6-1)

der **Fahrradverleih, -e** bike rental (4)

die **Fahrt, -en** ride (10-2)

 in Fahrt sein to be in full swing (10)

das **Fahrzeug, -e** vehicle (2-1)

fair fair (1)

der **Fall, ¨e** case (11-2)

fallen (fällt), fiel, ist gefallen to fall (4)

fällen to fell (9)

falsch wrong (E, 4-1)

die **Familie, -n** family (E, 2-1)

das **Familienbrunch** family brunch (6)

die **Familientradition, -en** family tradition (5)

fangen (fängt), fing, hat gefangen to catch (9-1)

der **Fangzahn, -̈e** canine tooth (8)

die **Farbe, -n** color (1-1)

färben to color (10-2)

der **Farbfernseher, -** color TV (10)

das **Farbfoto, -s** color photo (6-2)

farbig colored (6)

die **Farm, -en** farm (5)

der **Farmarbeiter, -/die Farmarbeiterin, -nen** farm hand (5)

der **Farmer, -** farmer (5)

das **Faß, Fässer** barrel (7)

Bier vom Faß draft beer (7)

die **Fassade** façade (8)

fast almost (1-1)

faul lazy (3-2)

der **Faulpelz, -e** lazy bones (12)

das **Faxgerät, -e** fax machine (9)

der **Februar** February (1)

die **Feder, -n** feather (2)

der **Federball** badminton (1)

fehlen to be lacking (11-1)

Es fehlt mir an Erfahrung. I'm lacking in experience. (11-1)

der **Fehler, -** mistake (10)

feiern to celebrate (1, 6-1)

der **Feiertag, -e** holiday (6-1)

der **Feinschmecker, -/die Feinschmeckerin, -nen** gourmet (6)

das **Feld, -er** field (9-1)

das **Fell, -e** fur (9)

der **Feminist, -en, en/die Feministin, -nen** feminist (2)

das **Fenster, -** window (1, 8-1)

die **Ferien** (pl) vacation (*generally of students*) (4-1)

der **Ferienjob, -s** summer job (4, 5-2)

das **Ferienhaus, -̈er** summer house (6)

die **Ferienzeit** holiday time (4)

die **Ferne, -n** distance (12)

fern•sehen (sieht fern), sah fern, hat ferngesehen to watch TV (3-2)

der **Fernseher, -** television set (3-2)

fertig ready; finished (1-1) (as verb prefix) finish (3)

fertig•lesen (liest fertig), las fertig, hat fertiggelesen to finish reading (6)

fertig•machen to finish, complete (4)

fertig•schreiben, schrieb fertig, hat fertiggeschrieben to finish writing (3)

das **Fest, -e** special day, holiday (6-1)

das **Festessen** feast (6)

festlich festive (6-1)

der **Festtag, -e** holiday (7)

fettig fatty (4)

fettgedruckt in bold type (6)

das **Fieber** fever (2)

der **Film, -e** film (2)

der **Filmstar, -s** filmstar (5)

der **Filz, -e** felt (6)

das **Finanzamt** tax office (6)

die **Finanzen** finances (4)

finanziell financial (11-1)

finanzieren to finance (10-2)

finden, fand, hat gefunden to find (1-2)

der **Finger, -** finger (1, 7-2)

der **Fingernagel, -̈** finger nail (1)

(das) **Finnland** Finland (10)

die **Firma, Firmen** business, company (1)

der **Fisch, -e** fish (1, 3-1)

fit fit (3)

das **Fitneßcenter, -** fitness center (4)

der **Fitneßfreak, -s** fitness freak (4)

die **Flagge, -n** flag (9-2)

die **Flamme, -n** flame (11-2)

die **Flasche, -n** bottle (6-2)

der **Flaschenöffner, -** bottle opener (7-2)

der **Flaschner, -** plumber (7)

das **Fleisch** meat (2, 3-1)

der **Fleischer, -** butcher (5-2)

die **Fleischerei, -en** butcher shop (6)

fleißig hard-working (3-2)

fliegen, flog, ist geflogen to fly (1-2)

fliehen, floh, ist geflohen to flee (5-1)

fliehen vor (+ *dat*) to flee from (5)

fließen, floß, ist geflossen to flow (11)

fließend fluent (12)

flicken to mend (6-2)

die **Flickwolle** mending yarn (6)

flink quick (11)

die **Flötenstunde, -n** flute lesson (6)

flott stylish (6-2)

der **Flug, -̈e** flight (9)

das **Flugblatt, -̈er** leaflet (10)

der **Flughafen** (*international*) airport (2)

die **Flugnummer, -n** flight number (2)

der **Flugplatz, -̈e** airport (10-1)

das **Flugzeug, -e** airplane (3-2)

der **Flur, -e** hall (8-1)

die **Flut, -en** flood (10)

folgen to follow (3, 5-1)

folgend following (4)

fönen to dry one's hair (7)

die **Form, -en** shape (5-1)

das **Foto, -s** photo (3)

fotografieren to photograph (2-1)

fotokopieren to photocopy (12)

das **Fotomodell, -e** model (2)

die **Frage, -n** question (1, 4-2)

eine Frage stellen to ask a question (4-1)

Das kommt gar nicht in Frage! That's out of the question! (7-2)

fragen to ask (*a question*) (4-2)

der **Franken, -** (*Swiss*) franc (6)

der **Franzose, -n, -n/die Französin, -nen** Frenchman/French woman (10)

französisch French (6)

Frau Mrs., Ms. (E-1)

die **Frau, -en** woman, wife (1-1)

das **Fräulein, -** Miss (5)

frech fresh, impertinent (2, 10-2)

frei free (3, 4-1)

Heute haben wir frei. Today we have a day off. (4)

die **Freiheit** freedom (5-1)

das **Freilichtkino, -s** outdoor movie theater (4)

der **Freitag** Friday (1-2)

die **Freizeit** leisure time (4-1)

das **Fremdenverkehrsamt, -̈er** tourist office (10-2)

fressen (frißt), fraß, hat gefressen to eat (of animals) (3)

die **Freude, -n** joy (10-1)

sich **freuen** to be happy (10)

sich **freuen auf** (+ *acc*) to look forward to (11-2)

sich **freuen über** (+ *acc*) to be happy about; to be pleased with (11-2)

der **Freund, -e** (*male*) friend, boyfriend (1-1)

der **Freundeskreis** circle of friends (6)

die **Freundin, -nen** *(female)* friend, girlfriend (1-1)

freundlich friendly (4)

die **Freundlichkeit** friendliness (10)

der **Frieden** peace (10-2)

frieren, fror, hat gefroren to be cold (9-1)

frisch fresh (1)

der **Friseur, -e** barber; *(male)* hairdresser (4, 6-2)

die **Friseuse, -n** *(female)* hairdresser (6-2)

die **Frisur, -en** hairdo (4, 6-2)

froh happy (10-1)

fröhlich cheerful (3)

fromm pious (9-1)

die **Frucht, ⁻e** fruit (7)

fruchtbar fertile (7)

früh early (3-1)

morgen früh tomorrow morning (3)

das **Frühjahr** spring (5)

der **Frühling** spring (1)

das **Frühstück** breakfast (E, 3-1)

zum Frühstück for breakfast (3-1)

frühstücken to have breakfast (3-1)

der **Fuchs, ⁻e** fox (1)

schlauer Fuchs cunning fox (6)

der **Führer, -** leader (5)

der **Führerschein, -e** driver's license (12)

füllen to fill (6, 7-1)

die **Funktion, -en** funtion (8-2)

funktionieren to function (6)

für for (1, 4-2)

die **Furche, -n** furrow (9)

das **Fürstentum, ⁻er** principality (4)

der **Fuß, ⁻e** foot (1, 7-2)

weder Hand noch Fuß haben to make no sense (11)

zu Fuß gehen to go on foot, to walk (7-2)

der **Fußball, ⁻e** soccer ball (1)

Fußball spielen to play soccer (1)

das **Fußball-Lotto** football pools (6)

das **Fußballmatch, -es** soccer game (3)

das **Fußballspiel, -e** soccer game (4)

der **Fußboden, ⁻** floor (8-1)

die **Fußgängerzone, -n** pedestrian area (7)

die **Fußspur, -en** footprint (8)

füttern to feed (5-2)

G

die **Gabel, -n** fork (7-2)

gähnen to yawn (3)

galoppieren to gallop (9-1)

der **Gang, ⁻e** corridor (10)

die **Gans, ⁻e** goose (6)

ganz quite, very, all, whole (2); absolutely, completely (9)

ganz kurz very short (2-2)

ganz in Schwarz all in black (2-2)

gar tender (7)

gar nicht not at all (1-1)

gar nichts nothing at all (5)

die **Garage, -n** garage (6)

garantieren to guarantee (7)

die **Garderobe, -n** front hall closet (8-1)

der **Garten, ⁻** garden (1)

die **Gartenterrasse, -n** garden terrace (8)

der **Gärtner, -** gardener (1, 5-2)

das **Gas, -e** gas (11)

der **Gast, ⁻e** guest, customer *(in a restaurant)* (6)

der **Gastgeber, -/**die **Gastgeberin, -nen** host/hostess (6)

das **Gasthaus, ⁻er** restaurant (7-1)

die **Gastronomie** gastronomy (7-2)

das **Gebäude, -** building (4-2)

geben (gibt), gab, hat gegeben to give (2-2)

es gibt *(+ acc)* there is, there are (2-2)

Das gibt's doch nicht! That's impossible! (8-1)

geblümt flowered (10)

geboren born (2)

die **Geburt, -en** birth (11-1)

der **Geburtsort, -e** birthplace (5-1)

der **Geburtstag, -e** birthday (3, 5-1)

zum Geburtstag for one's birthday (3, 6-1)

Herzlichen Glückwunsch zum Geburtstag! Happy birthday! (6-1)

das **Geburtstagsgeschenk, -e** birthday present (6)

die **Geburtstagskarte, -n** birthday card (6)

der **Gedanke, -n** thought (11-1)

gedenken, gedachte, hat gedacht to propose (12)

das **Gedicht, -e** poem (9-1)

geehrt honoured, esteemed

Sehr geehrte Frau Schmidt! Dear Ms. Schmidt! *(in formal letters)* (10-1)

geeignet suitable (9)

gefallen (gefällt), gefiel, hat gefallen *(+ dat)* to like (6)

Wie gefällt dir mein Mantel? How do you like my coat? (6-2)

gegen against; around (4-2)

die **Gegend, -en** area (10-2)

gehen, ging, ist gegangen to go (1-1); to walk (6)

Wie geht es Ihnen?/Wie geht's? How are you? (E-1)

gehören *(+ dat)* to belong to (6-2)

der **Geiger, -/**die **Geigerin, -nen** violinist (4)

gekleidet dressed (9-1)

gelb yellow (1-1)

das **Geld** money (1, 2-1)

Mir ist das Geld ausgegangen. I ran out of money. (11)

die **Geldtasche, -n** wallet (6-1)

der/die **Gelehrte, -n** scholar (9)

gelten (gilt), galt, hat gegolten to be regarded (7)

gemein in common (7)

das **Gemüse** *(sing)* vegetables (3-1)

gemütlich cozy, comfortable; easy-going (11-2)

genau exact, exactly (3-1)

genauso gut just as good (7-2)

der **General, ⁻e** general (9-2)

die **Generation, -en** generation (6, 9-2)

die **Genetik** genetics (3)

genial brilliant (11-2)

genug enough (3, 4-1)

die **Geographie** geography (2)

die **Geologie** geology (2)

geometrisch geometric (8)

gerade just, just now (2, 6-1)

geradezu really (10)

die **Geranie, -n** geranium (8-1)

das **Gerät, -e** device (9-2)

das **Geräusch, -e** noise (11-2)

das **Gericht, -e** dish (3)

gern (lieber, am liebsten) gladly (2)

Was für Musik hörst du gern? What type of music do you like to listen to? (2-1)

die **Gesamtkosten** *(pl)* total costs (10)

das **Geschäft, -e** business, store (2, 5-2)

die **Geschäftigkeit** bustle (11)

der **Geschäftspartner, -**/die **Geschäftspartnerin, -nen** business partner (3)

geschehen (geschieht), geschah, ist geschehen to happen (11-1)

das **Geschenk, -e** present (6-1)

die **Geschichte, -n** history (5-1); story (5)

geschieden divorced (11-2)

das **Geschirr** dishes, china (11-2)

der **Geschmack, (no pl.)** taste (4, 6-2)

geschmacklos tasteless (4-1)

geschmackvoll tasteful (4-1)

die **Geschwister** sisters and brothers, siblings (2-1)

die **Gesellenprüfung, -en** journeyman's examination (5)

die **Gesellschaft, -en** company (4); society (10-2)

das **Gesicht, -er** face (5-1)

das **Gespräch, -e** conversation (1)

die **Gestapo (Geheime Staatspolizei)** Gestapo (*Hitler's secret police*) (10)

die **Geste, -n** gesture (7)

gestern yesterday (3)

gestreift striped (9)

gestrig yesterday's (9)

gesund healthy (3-2)

die **Gesundheit** health (11)

das **Getöse** loud noise, racket (11)

das **Getränk, -e** beverage (2-1)

getrennt separate (7)

gewinnen, gewann, hat gewonnen to win (6)

gießen, goß, hat gegossen to water (5-2)

die **Gießkanne, -n** watering can (6-2)

die **Giraffe, -n** giraffe (7)

die **Gitarre, -n** guitar (2)

der **Gitarrist, -en, -en**/die **Gitarristin, -nen** guitarist (5)

das **Glas, -er** glass (1, 3-1)

ein Glas Orangensaft a glass of orange juice (3-1)

glatt straight, smooth (2)

glauben to believe, to think (1)

gleich right away, in a minute (E, 1-1); right, directly (4); same (4-1); equally (10)

gleich um die Ecke right around the corner (4)

die **Gleichberechtigung** equal rights, equality (11-1)

das **Gleis, -e** (*train*) track (4)

glitzern to glitter (3)

das **Glück** luck

Sie haben Glück! You're lucky! (6-2)

viel Glück! lots of luck! (9-1)

zum Glück luckily (5-2)

glücklich happy (4-1)

der **Glückwunsch, -e** congratulations, best wishes (pl) (6)

das **Gold** gold (2)

der **Goldschmied** goldsmith (5)

(der) **Gott** God (5)

Gott sei Dank! Thank God! (9-2)

das **Grab, -er** grave (2)

der **Grad, -** degree (E)

das **Gramm** gram (7)

die **Grapefruit, -s** grapefruit (4)

das **Gras, -er** grass (1)

gratulieren (*+ dat*) to congratulate (5, 6-2)

grau gray (1-1)

grausam cruel, gruesome (9)

die **Grenze, -n** border (10-1)

die **Grenzöffnung** border opening (10)

der **Grenzübergang, -e** border crossing (10-1)

der **Grieche, -n, -n**/die **Griechin, -nen** Greek person (7)

griechisch (*adj*) greek (6)

groß big, tall (2-1)

großartig great, wonderful (10-2)

die **Größe, -n** size (6-2)

die **Großeltern** (pl) grandparents (2-1)

die **Großmutter, -** grandmother (2-1)

der **Großvater, -** grandfather (2-1)

Grüezi! Hello! (*Swiss dialect*) (E)

grün green (1-1)

ein grünes Bürschchen a greenhorn (10)

der **Grund, -e** reason (9-1)

gründen to found (5)

das **Grundgesetz** constitution (11)

die **Grundschule, -n** elementary school (12)

das **Grundstück** plot of land (8)

grunzen to grunt (3)

die **Gruppe, -n** group (4, 5-1)

der **Gruß, -e** greeting (5)

Herzliche Grüße; Liebe Grüße "Love" (*closing of letter*) (5-2)

grüßen to greet, to say hello (9-1)

Grüß dich! Hello! Hi! (E-1)

Grüß Gott! Hello! (*in Southern Germany and Austria*) (E)

die **Grußformel, -n** greeting (E)

gucken to look (10)

günstig reasonable, inexpensive (9-2)

gurgeln to gargle (10)

die **Gurke, -n** cucumber (7)

der **Gürtel, -** belt (2-2)

gut good, well (E, 1-2)

Guten Appetit! Enjoy your meal! (11)

die **Güter** (*pl*) goods (10)

der **Gutschein, -e** voucher (6-1)

das **Gymnasium, Gymnasien** college preparatory high school (E)

H

das **Haar, -e** hair (1, 5-1)

ein Haar in der Suppe finden to find fault with something (11)

haarig hairy (4)

der **Haarschnitt, -e** haircut (4)

die **Haarsträhne, -n** strand of hair (10)

haben (hat), hatte, hat gehabt to have (E, 2-1)

der **Hai, -e** shark (9)

halb half (2)

der **Hall** echo (11)

das **Hallenbad, -er** indoor swimming pool (9-2)

Hallo! Hello! Hi! (E-1)

der **Hals, -e** neck (7-2)

Das hängt mir zum Hals heraus! I'm totally sick of it! (10-2)

die **Halskette, -n** necklace (4, 6-2)

die **Halsschmerzen** (*pl*) sore throat (10)

halten (hält), hielt, hat gehalten to hold; to keep (7-1); to stop (9)

die **Haltestelle, -n** bus stop, street car stop (3-2)

der **Hamburger, -** hamburger (8-2)

der **Hammer, -** hammer (1)

der **Hamster, -** hamster (8)

die **Hand, -e** hand (1, 7-2)

weder Hand noch Fuß haben to make no sense (11)

handgestrickt hand-knit (10)

die **Handschrift, -en** handwriting (6-1)

der **Handschuh, -e** glove (2-2)

das **Handwerk** trade (5-2)

der **Handwerker** craftsman, tradesman (5)

der **Handwerksberuf** skilled trade (5)

hängen, hing, hat gehangen to hang (3)

Das hängt mir zum Hals heraus! I'm totally sick of it! (10-2)

die **Harfe, -n** harp (2)

hart hard (1)

der **Harz** Harz Mountains (pl) (5)

der **Hase, -n, -n** rabbit (7)

hassen to hate (3)

häßlich ugly (8-1)

hastig hasty, fast (11-2)

Hau ab! Get lost! (12)

der **Haufen, -** pile, a lot of (12)

die **Hauptattraktion, -en** main attraction (10)

der **Hauptbahnhof, -̈e** main railway station (3-2)

das **Hauptfach, -̈er** major field of study (2, 4-2)

das **Hauptgericht, -e** main course (7)

die **Hauptrolle, -n** main part (6)

der **Hauptsatz, -̈e** main clause

die **Hauptschule, -n** junior high school (7)

die **Hauptstadt, -̈e** capital city (1)

das **Haus, -̈er** house (1, 2-2)

zu Hause sein to be at home (2, 3-1)

nach Hause gehen to go home (3-1)

der **Hausarzt, -̈e**/die **Hausärztin, -nen** family doctor (7)

die **Hausaufgabe, -n** homework assignment (3-1)

die **Hausfrau, -en** housewife (2-1)

der **Haushalt, -e** household (11-1)

der **Hausmann, -̈er** house husband (2-1)

der **Hausmeister, -** superintendent (of a building) (7); janitor (10)

der **Hausmüll** household garbage (7)

die **Hausnummer, -n** house number (E)

der **Hausputz** house cleaning (6)

der **Hausschuh, -e** slipper (6-2)

die **Haustür, -en** front door (11)

der **Hauswirt, -e**/die **Hauswirtin, -nen** landlord/landlady (8-2)

die **Hecke, -n** hedge (5-2)

die Hecke schneiden clipping the hedge (5)

heftig violently; heavily (12)

der **Heilberuf, -e** nursing profession (12)

Heiliger Abend Christmas Eve (6)

die **Heimat, - en** home (country) (4, 8-2)

heim•kommen, kam heim, ist heimgekommen to come home (3-2)

der **Heimtrainer, -** exercise bike (6-1)

das **Heimweh** homesickness (2)

Ich habe Heimweh. I'm homesick. (2)

heiraten to marry (2, 9-1)

heiß hot (1-1)

heißen, hieß, hat geheißen to be called (E); to mean (10)

Ich heiße . . . My name is . . . (E-1)

Wie heißen Sie?/Wie heißt du? What's your name? (E-1)

heizen to heat (9)

helfen (hilft), half, hat geholfen (+ *dat*) to help (2, 6-2)

der **Helfer, -** helper (10)

hell light; bright (1-2)

das **Hemd, -en** shirt (2-2)

der **Henkel, -** handle (8)

heran•reichen to reach to, to come to (10)

herauf•ziehen, zog herauf, hat heraufgezogen to pull up (5)

heraus•finden, fand heraus, hat herausgefunden to find out (4)

heraus•kommen, kam heraus, ist herausgekommen to come out (5)

heraus•ziehen, zog heraus, hat herausgezogen to pull out (4)

der **Herbst** fall, autumn (1)

der **Herd, -e** stove (8-1)

Herein! Come in! (5)

herein•kommen, kam herein, ist hereingekommen to come in (6)

her•fahren (fährt her), fuhr her, ist hergefahren to come here, to get here (5)

Herr Mr. (E-1)

der **Herr, -n, -en** gentleman (8)

die **Herrenabteilung, -en** men's department (6-1)

herrlich wonderful (10-2)

herüber•springen, sprang herüber, ist herübergesprungen to jump across (5)

herunter•fallen (fällt herunter), fiel herunter, ist heruntergefallen to fall down (5)

herzlich warm, hearty (10)

heulen to cry, to howl (10-2)

heute today (1-1)

heute abend tonight (4)

heute morgen this morning (1-1)

heute nachmittag this afternoon (1-1)

von heute ab from today on (3)

heutzutage nowadays (5-2)

hier here (E, 1-2)

die **Hilfe** help (5, 6-2)

der **Himmel** sky (1-1)

hinauf•schauen to look up (8)

hinaus•gehen, ging hinaus, ist hinausgegangen to go out (5)

hinaus•schauen to look out (1)

das **Hindernis, -se** difficulty (11)

hinein•gehen, ging hinein, ist hineingegangen to go in (5)

hin•fahren (fährt hin), fuhr hin, ist hingefahren to drive there (5)

hin•fallen (fällt hin), fiel hin, ist hingefallen to fall down (11-1)

hin•richten to execute (10)

sich hin•setzen to sit down (7)

hinter behind (6, 8-2)

das **Hinterland** hinterland (10)

hinter•lassen (läßt hinter), ließ hinter, hat hintergelassen to leave behind (6)

hinüber•springen, sprang hinüber, ist hinübergesprungen to jump across (5)

hinunter•fallen (fällt hinunter), fiel hinunter, ist hinuntergefallen to fall down (5)

hinunter•schauen to look down (8)

die **Hitze** heat (3)

das **Hobby, -s** hobby (2)

hoch (hoh-) high (4-2)

Hochachtungsvoll Yours faithfully (in formal letters) (10-1)

hoch•gehen, ging hoch, ist hochgegangen go up (in price) (12)

das **Hochhaus, -̈er** high-rise (7)

hochindustrialisiert highly industrialized (7)

der **Hochverrat** high treason (10)

die **Hochzeit, -en** wedding (8)

hocken to sit; squat (11)

der **Hocker, -** stool (7)

der **Höcker, -** hump (of a camel) (8)

der **Hockeyschläger, -** hockey stick (6-2)

hoffen to hope (2)

hoffentlich hopefully, I hope (5-2)

die **Hoffnung** hope (11-2)

höflich polite (4-2)

die Höflichkeitsform, -en polite form (9)

der Höhepunkt, -e climax (10-1)

holen to get, to fetch (9-1)

höllisch hellish (4)

das Holz wood (10)

der Holzfäller, - lumberjack (5)

homosexuell homosexual (11)

der Honig honey (3-1)

hören to hear (1); to listen to (5)

der Hörer, - receiver (of a telephone) (11-2)

das Horn, ̈er horn (animal) (7)

der Hörsaal, Hörsäle lecture hall (9-2)

das Hörspiel, -e radio play (11)

die Hose, -n pant s(2-2)

das Hotdog, -s hotdog (8-2)

das Hotel, -s hotel (1)

hübsch pretty (10-1)

das Huhn, ̈er hen (9)

Hülle: in Hülle und Fülle in abundance (11-1)

human humane (6)

der Humor humor (9-1)

der Humorist, -en humorist, comedian (11)

der Hund, -e dog (2-1)

das Hundefutter dog food (5)

das Hundewetter rotten weather (1)

der Hunger hunger (1)

Ich habe Hunger. I'm hungry. (7-2)

hungern to go hungry (5, 9-1)

hungrig hungry (3)

huschen to scurry (8)

der Hut, ̈e hat (6)

I

ideal ideal (4, 10-2)

der Idealismus (12)

die Idee, -n idea (2)

identisch identical (5)

idyllisch idyllic (4)

der Igel, - hedgehog (9)

ihr, ihr, ihre her (1), their (2)

Ihr, Ihr, Ihre your (2)

die Ikone, -n icon (8)

die Illustration, -en illustration (5)

imitieren to imitate (8)

immer always (2-1)

immer noch still (1-1)

immer mehr more and more (10)

impfen to vaccinate (11)

der Import, -e import (6)

in in (E, 8-2), into; to (8-2)

individuell individual (8)

die Industrie, -n industry (3, 7-1)

die Industriestadt, ̈e industrial town (8)

die Informatik computer science (12)

die Information information (9)

das Informationszeitalter information age (9-1)

informieren to inform (10)

informiert informed (9)

der Ingenieur, -e engineer (2)

inklusive inclusive of (7)

das Insekt, -en insect (9-2)

die Insel, -n island (9)

der Inspektor, -en/die Inspektorin, -nen inspector (5)

die Instruktion, -en instruction (8)

das Instrument, -e instrument (2)

der/die Intellektuelle, -n intellectual (5-1)

intelligent intelligent (1)

interessant interesting (1-2)

das Interesse, -n interest (4-1)

interessieren to interest (4)

sich **interessieren für** to be interested in (11-2)

international international (6)

interpretieren to interpret (7)

das Interview, -s interview (1)

investieren to invest (1)

irgendein, irgendein, irgendeine some . . . or other (11-2)

irisch Irish (4)

(das) Irland Ireland (5)

(das) Israel Israel (6)

der Israeli, -s Israeli (6)

israelisch *(adj)* Israeli (6)

(das) Italien Italy (4)

der Italiener, -/die Italienerin, -nen Italian person (7)

italienisch *(adj)* Italian (3)

J

ja yes (E-1)

die Jacke, -n jacket (1, 2-2)

der Jäger, - hunter (6)

das Jahr, -e year (1-2)

in den achtziger Jahren in the eighties (5)

letztes Jahr last year (4-1)

Jahr für Jahr every year (4)

jährlich yearly (4)

die Jahreszeit, -en season (1-2)

das Jahrhundert, -e century (5-1)

das Jahrzehnt, -e decade (5-1)

der Januar January (1)

japanisch *(adj)* Japanese (3)

der Jazz jazz (2)

die Jeans, - *(f or pl)* jeans (2-2)

jedenfalls at any rate (10-2)

jeder, jedes, jede each, every (1)

jederzeit at any time (10)

jedesmal every time (4)

jedoch however (11)

jemand somebody, someone (2-2)

jetzt now (1-1)

von jetzt ab from now on (7)

der Job, -s job (3)

jobben to work *(part-time or in vacation)* (1)

die Jobliste, -n list of jobs (5)

der Jockey, -s jockey (2)

joggen to jog (3)

der Jogging-Anzug, ̈e jogging suit (2)

der Jogurt yogurt (3-1)

der Journalist, -en, -en/die Journalistin, -nen journalist (2)

der Jude, -n, -n/die Jüdin, -nen Jew (10)

jüdisch Jewish (10)

die Jugend youth (4-2)

die Jugendherberge, -n youth hostel (4, 10-2)

jugendlich youthful (3)

die Jugendzeit time *or* days of youth (4)

der Juli July (1)

jung young (1-1)

der Junge, -n, -n boy (4, 6-1)

der Juni June (1)

das Junk-food junk food (3)

der Jurist, -en/die Juristin, -nen lawyer (12)

K

das Kabriolett, -s convertible *(car)* (9-2)

der Kaffee coffee (2-1)

die Kaffeekanne, -n coffee pot (1)

die Kaffeemaschine, -n coffee maker (6-1)

der Käfig, -e cage (8)

der Kaktus, die Kakteen cactus (8-1)

das Kalb, ̈er calf (2)

der **Kalender, -** calendar (4-2)

(das) **Kalifornien** California (7)

kalt cold (1-1)

das **Kamel, -e** camel (8)

die **Kamera, -s** camera (1)

sich **kämmen** to comb one's hair (7-2)

der **Kampf, ̈e** battle (10)

(das) **Kanada** Canada (1-1)

der **Kanadier, -**/die **Kanadierin, -nen** Canadian (*person*) (1-1)

kanadisch Canadian (5)

der **Kanal, ̈e** channel (5)

der **Kanarienvogel, ̈** canary (10)

das **Känguruh, -s** kangaroo (8)

das **Kännchen, -** little pot (7)

der **Kanton, -e** canton (6)

kapieren to understand (10-2)

der **Kapitalismus** capitalism (4)

kaputt broken (7)

kaputt•machen to break; to ruin (6)

der **Karfreitag** Good Friday (6)

kariert plaid (10)

die **Karikatur, -en** caricature (6)

der **Karikaturist, -en, -en**/die **Karikaturistin, -nen** cartoonist (6)

der **Karneval** Mardi Gras (1)

die **Karotte, -n** carrot (1)

die **Karriere, -n** career (11-1)

die **Karte, -n** card (1, 4-2); ticket; map (4-2)

die **Kartoffel, -n** potato (3-1)

die **Kartoffelchips** (pl) potato chips (6)

der **Karton, -s** box, carton (7, 8-2)

der **Käse,** cheese (1, 3-1)

die **Kasse, -n** checkout (7-1)

die **Kassette, -n** cassette (1)

der **Kassettenrecorder, -** cassette recorder (2)

das **Kaßler Rippchen, -** (das **Kaßler**) smoked pork chop (7)

der **Kasten, ̈** box; case (7-1)

katastrophal disastrous (5)

der **Kater, -** tomcat (3)

 Ich habe einen Kater. I have a hangover (3)

die **Katze, -n** cat (1, 2-1)

das **Katzenfutter, -** cat food (8)

kaufen to buy (1-1)

die **Kauffrau, -en** business woman (5)

das **Kaufhaus, ̈er** department store (6-2)

der **Kaufmann, Kaufleute** businessman (5)

kaum scarcely, hardly (7, 9-2)

der **Kaviar** caviar (2)

kein, kein, keine not a, not any, no (E)

der **Keller, -** cellar, basement (2, 8-1)

der **Kellner, -**/die **Kellnerin, -nen** server, waiter/waitress (7-1)

kennen, kannte, hat gekannt to know (2-2); to be acquainted with (6)

kennen•lernen to get to know (E, 3-2)

die **Kenntnisse** (*pl*) experience; knowledge (5)

der **Kerl, -e** guy (6)

die **Kerze, -n** candle (6-2)

der **Kessel, -** kettle (3)

das **Keyboard, -s** keyboard (2)

der **Kilometer, -** kilometer (5)

das **Kind, -er** child (E, 2-1)

 als Kind as a child (4-2)

der **Kindergarten, ̈** kindergarten (1)

die **Kinderlähmung** polio (6)

die **Kindheit** childhood (4-2)

kindisch childish (4)

das **Kinn, -e** chin (7-2)

das **Kino, -s** movies (1)

 ins Kino to the movies (1-2)

die **Kirche, -n** church (4, 9-1)

die **Klapperschlange** rattlesnake (8)

klar clear (3)

 Klar! Of course! (1-1)

die **Klarinette, -n** clarinet (2)

die **Klasse, -n** class, classroom (3)

klassisch classical (2)

der **Klatsch** gossip (11)

klatschen to applaud (7-1)

das **Klavier**

 Klavier spielen to play the piano (2)

der **Klavierlehrer, -**/die **Klavierlehrerin, -nen** piano teacher (6)

die **Klavierstunde, -n** piano lesson (7)

kleben to stick (9)

das **Kleid, -er** dress; (*pl*) clothes (2-2)

kleiden to dress (10)

das **Kleidungsstück, -e** article of clothing (6)

klein little, small; short (2-1)

die **Kleinbahn, -en** narrow-gauge railway (10)

klingeln to ring (8-2)

klirren to clink, jingle (11)

das **Klischee, -s** cliché (1)

das **Klo, -s** toilet, bathroom (7-1)

klopfen to knock (5)

das **Kloster, -** monastery (10)

der **Klub, -s** club (7-1)

klug smart, intelligent (6-1)

der **Klumpen, -** lump (9)

knabbern to nibble (11)

das **Knäckebrot** crispbread (11)

die **Knackwurst, ̈e** knackwurst (4)

knallig loud (*of clothes*), flashy (6-2)

knallrot beet red (10)

der **Knast** jail (11)

die **Kneipe, -n** pub (1)

 in die Kneipe to a pub (1-2)

das **Knie, -e** knee (1, 7-2)

knipsen to click (11)

der **Knoblauch** garlic (11)

der **Knödel, -** dumpling (7)

der **Knopf, ̈e** button (11-2)

knutschen to smooch (11)

der **Koch, ̈e** cook (2)

das **Kochbuch, ̈er** cookbook (6-1)

kochen to cook (2-1)

die **Kocherei,** (*constant*) cooking (4)

der **Kochkurs, -e** cooking lessons (4)

die **Kochplatte, -n** hot plate (8)

das **Koffein** caffein (2)

der **Koffer, -** suitcase (2, 5-1)

der **Kognak** cognac (1)

die **Kohle, -n** coal (1)

das **Kolchos, -en** collective farm (7)

der **Kollege, -en, -en**/die **Kollegin, -nen** colleague (2)

(das) **Köln** Cologne (11)

die **Kolonie, -n** colony (5)

der **Kolonist, -en, -en**/die **Kolonistin, -nen** colonist; settler (7)

der **Komfort** comfort (4)

komfortabel comfortable (4)

komisch strange (7-1)

kommen, kam, ist gekommen to come (E, 1-1)

 Das kommt gar nicht in Frage! That's out of the question! (7-2)

kommend (*adj*) future (8)

kommerziell commercial (5)

die **Kommode, -n** dresser (8-1)

kommunistisch communist (10)

der **Komparativ, -e** comparative (4)

das **Kompliment, -e** compliment (5)

kompliziert complicated (10-2)

der **Komponist, -en, -en** composer (4, 5-1)

der **Konflikt, -e** conflict (11-2)

die **Konföderation** confederacy (6)

der **König, -e** king (4-2)

können (kann), konnte, hat gekonnt to be able to, can (3)

konservativ conservative (4)

das Konservierungsmittel, - preservative (7)

die Konstruktion construction (8)

der Kontakt, -e contact (2)

die Kontaktfreudigkeit willingness to work with people (12)

der Kontext, -e context (1)

der Kontinent, -e continent (5)

kontra against (5)

der Kontrakt, -e contract (11)

die Kontrolle, -n control (10-1)

das Konzert, -e concert (1)

ins Konzert to a concert, to concerts (1-2)

der Konzertpianist, -en, en/die Konzertpianistin, -nen concert pianist (3)

der Kopf, ⁼e head (7-2)

den Kopf schütteln to shake one's head (9-2)

Mir raucht der Kopf. I can't think straight anymore. (11)

die Kopfhörer headphones (10-2)

die Kopfschmerzen *(pl)* headache (10-2)

kopieren to copy (9)

koppeln to couple, to link (11)

der Korb, ⁼e basket (7)

der Kork, -en cork (7)

der Korkenzieher, - corkscrew (7-2)

der Körper, - body (7)

korrekt correct (5)

kosten to cost (1-2)

kotzen to puke, to throw up (10)

krabbeln to crawl (8)

der Krach row, scene (10)

der Krampf, ⁼e cramp (3)

der Kran, ⁼e crane (8)

krank sick (3-2)

das Krankenhaus, ⁼er hospital (3, 6-2)

die Krankenschwester, -n nurse (8)

die Krankenversicherung, -en health insurance (12)

die Krankheit, -en illness, sickness (10)

kränklich sickly (4)

die Krawatte, -n tie (6-2)

die Kreativität creativity (8-2)

die Kreditkarte, -n credit card (6)

kreischen to screech (10)

der Krieg, -e war (5-1)

kriegen to get, to receive (8-1)

die Krise, -n crisis (3, 5-1)

der Kritiker, - critic (9-2)

kritisch critical (4)

krumm crooked, bent (9)

der Kübel, - pail (11)

Es ist im Kübel. It's done for. (11)

die Küche, -n kitchen (8-1)

der Kuchen, - cake (2, 3-1)

die Küchenbenutzung kitchen privileges (8-2)

der Kugelschreiber, - ballpoint pen (6-2)

die Kuh, ⁼e cow (1)

kühl cool (4)

kühlen to cool (7)

der Kühlschrank, ⁼e refrigerator (7-2)

sich um etwas kümmern to take care of something (11)

der Kunde, -n, -n/die Kundin, -nen customer (6-1)

die Kunst, ⁼e art (4, 8-2)

der Künstler, -/die Künstlerin, -nen artist (5-1)

der Kurs, -e course (9)

kurz short (2-2)

kuschelig snuggly (6)

die Kusine, -n (female) cousin (2-1)

die Küste, -n coast (10)

L

lachen to laugh (2-1)

lachen über *(+ acc)* to laugh at, about (11-2)

der Lachs smoked salmon, lox (2)

laden (lädt), lud, hat geladen to load (5)

die Lage, -n location (2)

das Lager, - camp (7)

lahm lame (3)

das Lamm, ⁼er lamb (1)

die Lampe, -n lamp (1, 8-1)

das Land, ⁼er country (1, 4-2); countryside (4)

landen to land (3)

die Landessprache, -n national language (4)

die Landschaft, -en landscape (4-2)

die Landung, -en landing (9)

der Landwirt, -e farmer (5)

lang long (1, 2-2)

schon längst a long time ago (7)

die Langlaufskier cross country skis

(12)

langsam slow (3-2)

der Langschläfer, - late riser (4)

langweilig boring (2-1)

lassen (läßt), ließ, hat gelassen to let (3); to leave (4)

Laß es dir schmecken! Enjoy your meal! (11)

der Lastwagen, - truck (9-2)

(das) Latein Latin *(language)* (7)

lateinisch *(adj)* Latin (9)

laufen (läuft), lief, ist gelaufen to run (2-2)

die Laus, ⁼e louse (1)

lausig lousy (4)

laut loud (1); aloud (5)

der Lautsprecher, - loudspeaker (5)

die Lautsprecheranlage, -n PA system (6)

leben to live *(in a country or a city)* (2-2)

das Leben, - life (2-1)

ums Leben kommen to lose one's life (10)

das Lebensjahr year of *(one's)* life (6)

der Lebenslauf, ⁼e resumé (12)

die Lebensmittel *(pl)* food (2, 7-2)

der Lebensstandard, -s standard of living (4)

der Lebensstil, -e lifestyle (2)

die Lebensversicherung, -en life insurance (12)

das Lebenswerk life-work (4)

die Lebenszeit: auf Lebenszeit for the rest of one's life (12)

die Leberwurst, ⁼e liver sausage (8)

das Leder leather (2)

leer empty (6-1)

leeren to empty (10)

legalisieren to legalize (11)

legen to lay *(down)*, to put *(in a horizontal position)* (8-1)

die Lehne, -n back *(of a chair)* (7)

die Lehre, -n apprenticeship (5-2)

lehren to teach (8)

der Lehrer, -/die Lehrerin, -nen teacher, instructor (1)

der Lehrling, -e apprentice (5-2)

der Lehrplan curriculum (8)

leicht easy, light (4-1)

leid: Es tut mir leid. I'm sorry. (6-2)

leider unfortunately (2-2)

leihen, lieh, hat geliehen to lend (6-2)

die Leine, -n line (3); leash (8)

leisten to achieve (6)

das **Leitungswasser** tap water (7-1)

lernen to learn; to study (1-2)

die **Lesehilfe, -n** reading aid (2)

lesen (liest), las, hat gelesen to read (E, 2-2)

der **Leser, -/**die **Leserin, -nen** reader (6)

die **Leseratte, -n** bookworm (6)

letzt last (4)

die **Leute** people (1)

der **Libanese, -n, -n/**die **Libanesin, -nen** Lebanese (*person*) (3)

das **Licht, -er** light (6)

das **Lichtbild, -er** photo (12)

die **Lichthupe, -n** flashing headlights (10)

lieb dear (3)

Ich habe dich lieb. I love you. (11-2)

die **Liebe** love (3, 4-1)

lieben to love (4-1)

lieber rather (2)

der **Liebling, -e** darling, favorite (2)

die **Lieblings-CD** favorite CD (4)

die **Lieblingskassette** favorite cassette (4)

der **Lieblingsonkel**, die **Lieblingstante** favorite uncle, favorite aunt (2)

das **Lieblingsprogramm** favorite program (4)

der **Lieblingssport** favorite sport (4)

liegen, lag, hat gelegen to lie, to be lying (1, 4-2)

liegen•lassen, (läßt liegen), ließ liegen, hat liegengelassen to leave (*behind*) (7)

die **Lilie, -n** lily (1)

die **Limonade** soft drink (7-2)

der **Linguist, -en, -en** linguist (9-2)

die **Linie, -n** line (2)

links left, to the left (7-2)

die **Lippe, -n** lip (1)

der **Lippenstift, -e** lipstick (2)

lispeln to lisp (9)

die **Liste, -n** list (5)

der **Liter, -** liter (7)

die **Literatur, -en** literature (4, 8-2)

das **Loch, ̈er** hole (6-2)

locken to entice (10)

lockig curly (2)

der **Löffel, -** spoon (7-2)

der **Lohn, ̈e** wages, pay (3, 11-1)

die **Loipe, -n** cross country ski run (12)

los

Nichts wie los! Let's go! (6-1)

Was ist los? What's happening? (2)

Was ist mit dir los? What's the matter with you? (10-2)

löschen to delete; to extinguish (9)

lösen to solve (7)

los•gehen, ging los, ist losgegangen to start (11)

die **Lösung, -en** solution (4-1)

der **Löwe, -n** lion (1)

die **Lücke, -n** blank (4)

die **Luft** air (8)

die **Luftbrücke** airlift (10)

der **Luftschutzkeller, -** air-raid shelter (10)

die **Lüge, -n** lie (9-1)

lügen, log, hat gelogen to lie (9-1)

(das) **Lulu** pee (11)

der **Lumpen, -** rag (9-1)

die **Lust** enjoyment (4)

Hast du Lust? Do you feel like *(coming, going, etc.)*? (4-2)

Ich habe Lust auf ein Glas Bier. I feel like having a glass of beer. (7-1)

Ich habe Lust auf einen Apfel. I feel like having an apple. (8-2)

lustig funny, humorous; happy (6-1)

der **Lutheraner, -/**die **Lutheranerin, -nen** Lutheran (person) (5)

M

machen to make, do (1-1)

Das macht doch nichts! That doesn't matter! (7-1)

Mach schnell! Hurry up! (E)

die **Macht, ̈e** power (9)

das **Mädchen, -** girl (6-1)

mähen to mow (5-2)

die **Mahlzeit, -en** meal (3, 11-1)

der **Mai** May (1)

die **Makkaroni** *(pl)* macaroni (4)

das **Mal, -e** *(occurrence)* time

das letzte Mal the last time (9)

zum erstenmal for the first time (6)

mal, einmal once; for a change (4)

malen to paint *(a picture)* (8)

der **Maler, -** painter, artist (2, 5-2)

die **Malerei** painting *(as an activity)* (8-2)

man one, you (3-1)

Wie macht man das? How does one do that? How do you do that? (3-1)

mancher, manches, manche some (9-2)

manchmal sometimes (3-1)

die **Mandarine, -n** mandarin (orange) (6)

der **Mann, ̈er** man, husband (1-1)

der **Mantel, ̈** coat (2-2)

das **Märchen, -** fairy tale (4-2)

der **Märchenkönig, -e** fairy-tale king (4)

das **Märchenschloß, Märchenschlösser** fairy-tale castle (4)

die **Märchenstadt, ̈e** fairy-tale city (4)

die **Märchenwelt** wonderland (4)

das **Marihuana** marijuana (11)

die **Mark, -** mark *(German currency)* (4, 6-1)

der **Markt, ̈e** market (2)

die **Marmelade, -n** jam (3-1)

marschieren to march (4)

der **März** March (1)

die **Maschine, -n** machine (3-2)

die **Massenmedien** *(pl)* mass media (9-1)

das **Material, -ien** material (7-1)

die **Mathematik** mathematics (7)

die **Mauer, -n** wall (10-1)

die **Maus, ̈e** mouse (1)

das **Medikament, -e** medicine (7)

das **Meer, -e** ocean, sea (4-2)

mehr more (2)

nicht mehr no longer, not any more (3-2)

kein Geld mehr no more money (5)

mehrere several (6)

die **Mehrwegflasche, -n** returnable bottle (7-1)

die **Mehrzahl** majority (5)

mein, mein, meine my (E)

meinen to think, to mean (7-1)

die **Meinung, -en** opinion (2)

meiner Meinung nach in my opinion (8-2)

meist most (4)

meistens mostly, usually (3-1)

der **Meister, -** master; master craftsman (5-2)

der **Meisterbrief, -e** master craftsman's diploma or certificate (5) die **Meisterprüfung, -en** exam for master craftsman's diploma or certificate (5)

das **Mekka, -s** mecca (4)

die **Menge, -n** lot, great deal (10)

 eine Menge a lot (10-2)

der **Mennonit, -en, -en**/die **Mennonitin, -nen** Mennonite (5)

die **Mensa** university cafeteria *(for full meals)* (E)

der **Mensch, -en, -en** human being, person; *(pl)* people (3-2)

 Mensch! Wow! Boy! (1-1)

die **Menschheit** humanity (9-2)

die **Mentalität, -en** mentality (7-1)

der **Mercedes** Mercedes (2)

merken to realize; to notice (9-1)

die **Messe, -n** trade fair (1)

das **Messer, -** knife (4, 7-2)

die **Metalldose, -n** metal can (7)

der **Meter, -** meter (4)

der **Methodist, -en, -en**/die **Methodistin, -nen** Methodist (2)

die **Miete, -n** rent (3)

mieten to rent (5-2)

der **Mieter, -** tenant (8-2)

das **Mietshaus, ⁻er** apartment building (2)

das **Mikroskop, -e** microscope (1)

die **Milch** milk (1, 2-1)

mild mild (1)

die **Million, -en** million (4)

das **Mineralwasser** mineral water (2)

der **Minister, -** minister *(in government)* (4, 9-2)

der **Ministerpräsident, -en, -en** prime minister (9)

die **Minute, -n** minute (1)

mischen to mix (9)

miserabel miserable (6, 9-2)

die **Mißernte, -n** crop failure (5)

der **Mist** manure (5)

mit with (2); *(as verb prefix)* along (3)

mit•bringen, brachte mit, hat mitgebracht to bring along (6-2)

das **Mitbringsel, -** small gift (6)

der **Mitbürger, -** fellow citizen (7)

miteinander with each other (2)

mit•fahren (fährt mit), fuhr mit, ist mitgefahren to go along (4)

mit•gehen, ging mit, ist mitgegangen to go along (4)

das **Mitglied, -er** member (10)

mit•kommen, kam mit, ist mitgekommen to come along (1)

mit•machen bei to participate in (7)

mit•nehmen (nimmt mit), nahm mit, hat mitgenommen to take along (3)

mit•singen, sang mit, hat mitgesungen to sing along (5)

mit•spielen to play (in) (5)

der **Mitstudent, -en, -en**/die **Mitstudentin, -nen** classmate (6-2)

der **Mittag** noon

 zu Mittag essen to have lunch (3-1)

das **Mittagessen** lunch, noon meal (3-1)

 zum Mittagessen for lunch (3-1)

mittags at noon (3)

der **Mittagstisch, -e** dinner-table (6)

die **Mitte, -n** middle (1-2)

 Mitte Januar (in) the middle of January (1-2)

mittelgroß average height (5)

der **Mittelklassewagen, -** medium-sized car (12)

das **Mittelmeerland, ⁻er** Mediterranean country (4)

der **Mittelpunkt** focal point (11)

mitten middle of (4)

mittendrin in the middle of it (11-1)

die **Mitternacht** midnight (3)

der **Mittwoch** Wednesday (1-2)

die **Möbel** *(pl)* furniture (8-1)

das **Möbelstück** piece of furniture (8)

möbliert furnished (8-1)

das **Modell, -e** model (2)

die **Modenschau** fashion show (10)

modern modern (4)

modisch fashionable (2, 9-2)

mögen (mag), mochte, hat gemocht to like (3)

 ich möchte I would like (3)

möglich possible (3)

 so bald wie möglich as soon as possible (3)

 so schnell wie möglich as quickly as possible (5, 9-2)

 so viel wie möglich as much as possible (7)

die **Möglichkeit** possibility (7, 11-1)

mollig plump (2-1)

der **Moment, -e** moment (6)

 im letzten Moment at the last minute (11)

 im Moment at the moment (5)

momentan at the moment (11)

die **Monarchie, -n** monarchy (10-1)

der **Monat, -e** month (1-2)

monatlich monthly (4)

der **Mond** moon (1)

der **Montag** Monday (1-2)

morgen tomorrow (1-1)

 heute morgen this morning (1-1)

 morgen früh tomorrow morning (3)

 morgen nachmittag tomorrow afternoon (2)

der **Morgen, -** morning

 Guten Morgen! Morgen! Good morning! (E-1)

morgens in the morning (1)

die **Morgentoilette** morning rituals (7)

morgig tomorrow's (10)

der **Most** cider (9)

das **Motiv, -e** motive (11-1)

der **Motor, -en** motor (5)

das **Motorboot, -e** motorboat (3)

der **Motorenkonstrukteur, -e** engine designer (11)

das **Motorrad, ⁻er** motorcycle (2-1)

das **Mountainbike, -s** mountain bike (2)

müde tired (2-2)

der **Müll** garbage (7-1)

die **Mülldeponie, -n** garbage dump (7-1)

der **Mülleimer, -** garbage pail (10)

multikulturell multicultural (6)

(das) **München** Munich (4)

der **Mund, ⁻er** mouth (5-1)

 den Mund voll nehmen to talk big (11)

murmeln to mutter (11-1)

das **Museum, Museen** museum (4)

die **Musik** music (4)

musikalisch musical (2-1)

die **Musikschule, -n** conservatory (4)

das **Müsli** muesli (3-1)

 eine Schüssel Müsli (3-1)

das **Muß** must (10)

müssen (muß), mußte, hat gemußt to have to, must (3)

die **Mutter, ⁻** mother (E, 2-1)

mütterlich motherly (4)

mütterlicherseits on one's mother's side (2, 5-1)

der **Muttertag, -e** Mother's Day (6-1)

die **Mutti** mom (E)

mysteriös mysterious (4, 9-2)

N

na well (E)

nach after; to (1-2); according to (8)

nach Claudias Vorlesung after Claudias lecture (1-2)

nach Hamburg to Hamburg (1-2)

der **Nachbar, -n, -n** neighbor (2, 8-2)

nachdem after *(conj)* (7, 9-2)

nach•denken, dachte nach, hat nachgedacht to think, ponder (7)

nach•füllen to refill (7)

nachher afterwards (1)

etwas **nach•holen** to make up for something (11)

der **Nachmittag, -e** afternoon

heute nachmittag this afternoon (1-1)

nachmittags in the afternoon (3)

das **Nachrichtenmagazin, -e** news magazine (9)

nach•schauen to look up (11)

nächst next (1)

nächsten Herbst next fall (1)

die **Nacht, -̈e** night

bei Nacht at night (2)

Gute Nacht! Good night! (E)

der **Nachteil, -e** disadvantage (8-2)

der **Nachtisch, -e** dessert (2, 3-1)

zum Nachtisch for dessert (3-1)

das **Nachtmahl, -e** *(Austrian)* evening meal (11)

nachts at night (3)

der **Nachttisch, -e** night table (8-1)

die **Nadel, -n** needle (11)

der **Nagel, -̈** nail (7)

die **Nähe** vicinity (2)

in der Nähe der Uni near the university (8-2)

nähen to sew (6)

die **Nähmaschine, -n** sewing machine (7)

der **Name, -ens, en** name (E)

namens by the name of (11)

nämlich you see (4)

der **Narr, -en, -en** jester (9)

die **Nase, -n** nose (1, 5-1)

jemand auf der Nase herumtanzen to walk all over someone (11)

das **Nashorn** rhinoceros, rhino (7)

naß wet (4-1)

der **Nationalfeiertag, -e** national holiday (6)

die **Nationalität, -en** nationality (1)

die **Natur** nature (4, 9-2)

natürlich of course (1-2); natural (6)

der **Naturschutz** conservation (7)

der **Naturwissenschaftler, -e**/die **Naturwissenschaftlerin, -nen** natural scientist (12)

neben beside, next to (8-2)

nebenan next door (8-1)

der **Nebensatz, -̈e** dependent clause

der **Neffe, -n** nephew (6-2)

negativ negative (1)

nehmen (nimmt), nahm, genommen to take (2-2)

nein no (E-1)

nennen, nannte, hat genannt to call, to name (5-1)

nerven to get on one's nerves (3)

nervös nervous, on edge (3-2)

nett nice; pleasant (1-2)

das **Netz, -e** net (3)

neu new (1, 3-1)

das **Neujahr** New Year (5)

Einen guten Rutsch ins Neue Jahr! Happy New Year! (6-1)

neulich recently, the other day (11)

neuseeländisch *(adj)* New Zealand (6)

nicht not (1-1)

gar nicht not at all (1-1)

nicht mehr no longer, not any more (3-2)

noch nicht not yet (5)

die **Nichte, -n** niece (6-2)

nichts nothing (1-2)

Nichts wie los! Let's go! (6-1)

nie never (2-1)

nieder down (10)

Nieder mit dem Faschismus! Down with Faschism! (10)

niedrig low (4)

niemand nobody, no one (2-2)

noch still (1-1)

immer noch still (1-1)

noch ein another (3)

noch einmal (over) again, once more (3, 5-2)

nochmal (over) again, once more (5-2)

(das) **Nordamerika** North America (2)

der **Norden** north (4)

nötig necessary (12)

die **Notiz, -en** note (E)

der **November** November (1)

die **Nudel, -n** noodle (3-1)

die **Nummer, -n** number (E)

nur only (1-1)

die **Nuß, Nüsse** nut (3)

O

ob whether *(conj)* (4-2)

oben at the top (4)

ober upper (9)

der **Ober, -** waiter (7)

Herr Ober! Waiter! (7)

obige above (5)

das **Obst** (sing) fruit (3-1)

obwohl although *(conj)* (6)

der **Ochse, -n** ox (1)

oder or (1-1)

der **Ofen, -̈** stove (3)

offen open (2)

offiziell official (4, 11-2)

öffnen to open (3, 5-2)

oft often (1-1)

ohne without (E, 4-2)

das **Ohr, -en** ear (5-1)

der **Ohrring, -e** earring (4, 6-2)

ökologisch environmental, ecological (7)

der **Oktober** October (1)

das **Öl, -e** oil (10)

die **Olive, -n** olive (2)

das **Olivenöl** olive oil (2)

die **Oma, -s** grandma (1, 2-1)

der **Opa, -s** grandpa (2-1)

die **Oper, -n** opera (4)

das **Opernhaus, -̈er** opera-house (4)

der **Onkel, -** uncle (2-1)

die **Orange, -n** orange (4)

der **Orangensaft** orange juice (3-1)

das **Orchester, -** orchestra (8-2)

die **Orchidee, -n** orchid (8-1)

ordentlich decent (2), neat (3-2)

ordnen to put in order (9)

die **Ordnung** order

Es ist alles in Ordnung. Everything's O.K. (6-1)

die **Organisation, -en** organization (7)

organisieren to organize (6)

orientiert oriented (12)

das **Ornament, -e** ornament (5)

der **Ort, -e** place (5-1)

der **Ossi, -s** citizen of the former East Germany (10)

der **Osten** east (4)

der **Osterhase, -n** Easter bunny (6-1)

der **Ostermontag** Easter Monday (6)

das **Ostern** Easter (6-1)
Österreich Austria (1-1)
der **Österreicher, -**/die
    Österreicherin, -nen Austrian
    (person) (1-1)
der **Ostersonntag** Easter Sunday (6)
oval oval (5)

P

das **Paar** pair, couple (4, 6-2)
paar: ein paar a couple of, a few
    (1, 6-2)
packen to pack (5-1)
der **Pädagoge, -n, -n**/ die **Pädagogin,**
    -nen educationalist, pedagogue
    (8)
das **Paket, -e** parcel (6-2)
der **Papierkorb, ¨e** wastepaper basket
    (8-1)
das **Paradies** paradise (9)
der **Paragraph, -en, -en** paragraph
    (3)
das **Parfüm, -s** perfume (6-2)
der **Park, -s** park (3)
der **Partner, -**/die **Partnerin, -nen**
    partner (2)
die **Partnerschaft, -en** partnership
    (11-1)
die **Party, -s** party (4)
der **Paß, die Pässe** passport (5-1);
    mountain pass (12)
das **Passagierschiff, -e** passenger ship
    (4)
passen to fit (1)
  Der Mantel paßt dir nicht. That coat
    doesn't fit you. (6-2)
passieren, passierte, ist passiert to
    happen (5-2)
passioniert ardent (4)
der **Patient, -en, en**/die **Patientin, -**
    nen patient (1, 8-2)
die **Pause, -n** break (11)
peinlich embarrassing (10-2)
die **Person, -en** person, individual
    (5)
das **Personalbüro, -s** personnel office
    (5)
der **Personalchef, -s**/die
    Personalchefin, -nen personnel
    manager (5-2)
das **Personalpronomen, -** personal
    pronoun (4)
persönlich personal (4)
der **Pfad, -e** path (3)

die **Pfanne, -n** pan (3)
der **Pfeffer** pepper (1)
der **Pfefferminztee** peppermint tea
    (11)
die **Pfeife, -n** pipe (3)
der **Pfennig, -e** penny (3)
das **Pferd, -e** horse (9-1)
das **Pfingsten, -** Pentecost (6)
der **Pfingstmontag** Whit Monday (6)
der **Pfingstsonntag** Whit Sunday (6)
die **Pflanze, -n** plant (3)
pflanzen to plant (4)
das **Pflaster, -** band-aid (7)
die **Pflaume, -n** plum (11)
der **Pflegeberuf, -e** nursing
    profession (12)
das **Pflegeheim, -e** nursing home
    (11-1)
pflegeleicht easy-care (9)
pflichtbewußt conscientious (11)
pflücken to pick (3)
pflügen to plough (10)
der **Pfosten, -** post (3)
die **Pfote, -n** paw (8)
das **Pfund, -e** pound (3)
Pfui! Yuck! (11)
die **Phantasie, -n** fantasy (3)
phantastisch fantastic (4)
pharmazeutisch pharmaceutical (11)
die **Philosophie** philosophy (2)
die **Physik** physics (1)
der **Physiker, -**/die **Physikerin, -nen**
    physicist (5)
der **Physiotherapeut, -en, -en**/die
    Physiotherapeutin, -nen
    physiotherapist (2)
der **Pianist, -en, -en**/die **Pianistin, -**
    nen pianist (5)
das **Picknick, -s** picnic (3)
der **Pilot, -en, -en**/die **Pilotin, -nen**
    pilot (8)
das **Pipimädchen, -** stupid little girl
    (10)
die **Pistazie, -n** pistachio (2)
das **Plakat, -e** placard (10)
der **Plan, ¨e** plan (4-1)
planen to plan (6)
das **Plastik, -s** plastic (7)
die **Plastikfolie, -n** plastic wrap (7-1)
die **Plastiktasche, -n** plastic bag (7-1)
die **Plastiktüte, -n** plastic bag (7)
die **Platte, -n** *(phonograph)* record
    (11)
der **Platz, ¨e** place, seat, room
    (6, 7-1)

das **Plätzchen, -** cookie (6-1)
die **Platzkarte, -n** seat reservation
    (6-2)
die **Platzreservierung, -en** seat
    reservation (6)
plötzlich suddenly, all of a sudden
    (5-2)
der **Plüsch, -e** plush (6)
(das) Polen Poland (5)
die **Politik** politics (4)
die **Polizei** police (3, 8-2)
der **Polizist, -en, -en**/die **Polizistin, -**
    nen police officer (2, 8-2)
polnisch Polish (4)
die **Pommes frites** French fries (3-1)
populär popular (6)
die **Position, -en** position (11-1)
positiv positively (6)
die **Post** post office (4, 8-2); mail (5,
    8-2)
das **Postamt, ¨er** post office (9-2)
das **Poster, -** poster (8-2)
die **Postkarte, -n** postcard (5-1)
die **Postleitzahl, -en** zip code, postal
    code (E)
prächtig splendid (10)
praktisch practical (2-1)
die **Praline, -n** chocolate praline (2)
präsentieren to present (10)
der **Präsident, -en, -en**/die
    Präsidentin, -nen president (5)
das **Präteritum** simple past (9)
die **Praxis** practice, work experience
    (11)
die **Präzision** precision (3)
der **Preis, -e** price (6-1)
das **Prestige** prestige (5)
der **Priester, -** priest (9)
primitiv primitive (4)
das **Privileg, -ien** privilege (7)
pro per (5)
probieren to try (7)
das **Problem, -e** problem (4, 5-1)
das **Produkt, -e** product (7-1)
die **Produktion, -en** production (7-1)
produzieren to produce (2)
der **Professor, -en**/die **Professorin, -**
    nen professor (4)
das **Programm, -e** program (9-2)
der **Programmierer, -**/die
    Programmiererin, -nen
    programmer (1)
progressiv progressive (4)
das **Projekt, -e** project (4)
der **Projektor, -en** projector (5)

protestieren to prostest (7)
protzig swanky, showy (8-2)
die **Provinz, -en** province (4, 7-1)
das **Prozent, -e** percent (1, 11-1)
prüfen to examine (9)
die **Prüfung, -en** exam (5-2)
der **Psychiater, -** psychiatrist (4)
die **Psychologie** psychology (3)
der **Pudel, -n** poodle (8)
der **Pulli, -s** sweater (4)
der **Pullover, -** sweater (1, 2-2)
der **Puls, -e** pulse (8)
der **Pumpernickel, -** pumpernickel (6)
der **Punk, -s** punk (10-2)
der **Punkt, -e** dot (7); period
 Punkt elf at eleven on the dot (3-2)
pünktlich punctual, on time (4-2)
putzen to clean (3-2)

Q

der **Quadratfuß, ̈e** square foot (8)
der **Quadratkilometer, -** square kilometer (4)
die **Qualifikation, -en** qualification (12)
qualifiziert qualified (11-1)
die **Qualität, -en** quality (3)
die **Qualitätsware, -n** quality goods (9)
Quatsch! nonsense (5-1)
das **Quiz,** quiz (4)
die **Quote, -n** quota (5-1)

R

das **Rad, ̈er** bike (4)
rad•fahren (fährt Rad), fuhr Rad, ist radgefahren to ride a bike, to go cycling (3-2)
radikal radical (2)
das **Radio, -s** radio (5)
die **Radtour, -en** bicycle trip (4-1)
der **Radwanderführer, -** cycling tour guidebook (10-2)
die **Radwanderung, -en** bicycle trip (4-1), cycling tour (10-2)
der **Rand, ̈er** margin, edge (11)
randvoll full to the brim (11)
rasch quickly (4)
rasen to race (9-2)
der **Rasen, -** lawn (5-2)
der **Rasenmäher, -** lawnmower (5-2)
(sich) **rasieren** to shave (7-2)

rasseln to rattle (3)
Rast machen to stop over (10)
das **Rathaus, ̈er** city hall (8-2)
die **Ratte, -n** rat (1)
 die **Schlafratte** sleepyhead (6)
 die **Wasserratte** water rat (6)
rational rational (8)
rauchen to smoke (3-2)
Raus mit dir! Get lost! (12)
rauschen to make a rushing sound (11)
raus•gehen, ging raus, ist rausgegangen to go out (8)
reagieren (auf) *(+ acc)* to react (to) (6, 7-1)
die **Reaktion, -en** reaction (6)
die **Rebellion, -en** rebellion (10-1)
die **Rechnung, -en** bill (7-2)
recht quite (4)
 Du hast recht. You're right. (3-2)
 es allen recht machen trying to please everybody (9)
 Es ist nicht recht, ... It's not right ... (7)
rechts right, to the right (7-2)
rechtzeitig on time (7, 11-2)
das **Recycling** recycling (7-1)
die **Rede, -n** speech, talk (10-1)
reden to speak (9-1)
reduziert reduced (6-1)
das **Referat, -e** report, paper (3-1)
das **Reformhaus, ̈er** health food store (7)
regelmäßig regular (8-1)
der **Regen** rain (4-1)
die **Regierung, -en** government (4)
die **Regierungsgeschäfte** (pl) business of government (4)
das **Regime, -s** regime (5)
regnen to rain (1-1)
 Es regnet. It's raining. (1)
reich rich (1)
 noch reicher even richer (10)
reif ripe (2)
die **Reihe, -n** series, row (10-1)
die **Reihenfolge** sequence (3)
rein°gehen, ging rein, ist reingegangen to go in (4)
die **Reise, -n** trip (2-1)
 eine Reise machen to go on a trip (2)
der **Reisebegleiter, -/die Reisebegleiterin, -nen** travel guide (12)
der **Reisekatalog, -e** travel brochure (4)

reisen to travel (1-2)
die **Reisepläne** travel plans (6)
das **Reiseziel, -e** travel destination (4-2)
reiten, ritt, ist geritten to ride (a horse) (9-1)
der **Reiter, -** horseback rider (9)
die **Reklametafel, -n** billboard (8)
riesig huge (8-1)
die **Religion, -en** religion (4, 5-1)
religiös religious (5)
rennen, rannte, ist gerannt to run (5-2)
renovieren to renovate (10)
die **Rentenversicherung, -en** pension plan (12)
reparieren to repair (4)
reservieren to reserve (6)
das **Restaurant, -s** restaurant (2)
restlich rest of the, remaining (4)
das **Resultat, -e** result (11-2)
rezeptpflichtig prescription *(drug)* (7)
der **Rhein** Rhine *(river)* (4)
richten auf *(+ acc)* to focus on (11)
richtig right, true (2, 4-1); properly (4)
die **Richtigkeit** rightness, correctness (10)
die **Richtung, -en** direction (10-1)
riechen, roch, hat gerochen to smell (2, 11-2)
der **Ring, -e** ring (1, 6-2)
der **Ringfinger, -** ring finger (6)
rings herum all around (9)
der **Rock** rock music (2)
der **Rock, ̈e** skirt (2-2)
das **Rockfest, -e** rock festival (1)
die **Rockgruppe, -n** rock group (1)
der **Rockstar, -s** rock star (5)
roh raw (7)
die **Rolle, -n** role (5, 9-1)
das **Rollenspiel** role play (5)
der **Rollstuhl, ̈e** wheel chair (6-2)
der **Roman, -e** novel (4-1)
romantisch romantic (4)
rosarot pink (1-1)
die **Rose, -n** rose (1, 6-2)
rostig rusty (4)
rot red (1-1)
(das) **Rotkäppchen** Little Red Riding Hood (10)
das **Rotkraut** red cabbage (7)
der **Rotwein, -e** red wine (2)
der **Rotzlümmel, -** snotty-nosed brat (10)

die **Rübe, -n** turnip (9-2)
der **Rücken, -** back (7)
der **Rucksack, ⁻e** backpack (6-1)
rufen, rief, hat gerufen to call (4, 9-1)
ruhig calm, quiet (8-2)
ruinieren to ruin (6)
rund round (5)
rund um around (4)
der **Rüssel, -** trunk (*of an elephant*) (8)
russisch (*adj*) Russian (6)
(das) **Rußland** Russia (7)

S

der **Saal, Säle** hall (9)
die **Sache, -n** thing (7-2)
der **Sachse, -n, -n**/die **Sächsin, -nen** Saxon (*person*) (5)
säen to sow (4)
der **Saft, ⁻e** juice (3)
die **Sage, -n** legend (4)
die **Säge, -n** saw (*tool*) (7)
sagen to say, to tell (2, 3-1)
 Sag mal say, tell me (1)
die **Salami, -s** salami (2)
der **Salat, -e** salad (3-1)
das **Salz** salt (1)
salzig salty (4)
sammeln to collect (7-1)
die **Sammlung, -en** collection (9-2)
der **Samstag** Saturday (1-2)
der **Sand** sand (4)
sandig sandy (4)
der **Sandstrand, ⁻e** sandy beach (4)
der **Sänger, -**/die **Sängerin, -nen** singer (4)
der **Sankt Nikolaus** (6)
der **Satellit, -en, -en** satellite (9)
der **Satiriker, -** satirist (11)
satteln to saddle (9-1)
der **Satz, ⁻e** statement (3)
sauer sour (1-2)
das **Sauerkraut** sauerkraut (2)
saufen (säuft), soff, hat gesoffen to drink heavily (5)
die **Sauna, -s** sauna (4)
das **Sauwetter** rotten weather (9)
das **Saxophon, -e** saxophone (2)
das **Schach** chess (2)
 Schach spielen to play chess (2)
die **Schachtel, -n** (*cardboard*) box (6, 7-1)
Schade! Too bad! (10-2)
schaden (*+ dat*) to be bad for (7, 11-2)

das **Schaf, -e** sheep (6)
 das schwarze Schaf the black sheep (6)
der **Schafskopf, ⁻e** dimwit, blockhead (6)
der **Schal, -e** scarf (8)
scharf sharp (4); spicy (7-2)
der **Scharfrichter, -** executioner (10)
schattig shady (4)
der **Schatz, ⁻e** treasure; darling (11-2)
das **Schaubild, -er** diagram; graph (5)
schauen to look (6-1)
schaufeln to shovel (10-2)
der **Scheck, -e** check (9-2)
die **Scheibe, -n** slice (3-1)
 eine Scheibe Brot a slice of bread (3-1)
scheinen, schien, hat geschienen to shine (1-1); to seem (8-2)
die **Scheiße** shit (10)
der **Schellfisch, -e** cod (7)
schenken to give (*a gift*) (6-1)
schick chic (2-1)
schicken to send (5-2)
schieben, schob, hat geschoben to push (11)
schief crooked (3)
das **Schiff, -e** ship (2)
die **Schildkröte, -n** tortoise (9)
der **Schilling, -** shilling (*Austrian currency*) (6)
der **Schlaf** sleep (4)
schlafen (schläft), schlief, hat geschlafen to sleep (2-2)
schläfrig sleepy (4)
der **Schlafsack, ⁻e** sleeping bag (10-2)
die **Schlaftablette, -n** sleeping pill (10)
das **Schlafzimmer, -** bedroom (8-1)
das **Schlagzeug** percussion (2)
schlank slim (2-1)
schlau crafty (9-1)
schlecht bad (6, 7-2)
schleimig slimy (4)
schleppen to drag (4-1)
schließen, schloß, hat geschlossen to close (6-1)
schließlich finally (9-2)
schlimm bad (5-1)
Schlittschuh laufen to skate (1)
das **Schloß, Schlösser** castle (4-2)
der **Schlosser, -** toolmaker (5)

schlüpfrig slippery (4)
der **Schlüssel, -** key (11-2)
das **Schlüsselkind, -er** latchkey child (11-2)
schmal slim, narrow (5)
schmecken to taste (7-2)
 Laß es dir schmecken! Enjoy your meal! (11)
sich **schminken** to put on make-up (7-2)
der **Schmuck** jewelry (6-2)
schmücken to decorate (6-1)
der **Schnabel, ⁻** beak; mouth (*slang*) (10)
der **Schnaps, ⁻e** schnapps, hard liquor (9)
schnarchen to snore (3)
die **Schnecke, -n** snail (7)
der **Schnee** snow (3)
die **Schneewolke, -n** snow cloud (12)
schneiden, schnitt, hat geschnitten to cut (5)
der **Schneider, -** tailor (9-2)
die **Schneiderin, -nen** seamstress (9)
schneien to snow (1-2)
schnell fast quick (E, 2-1)
 Mach schnell! Hurry up! (E)
der **Schnellimbiß, -** fast food stand (4-2)
das **Schnitzel, -** cutlet (7)
 das Wiener Schnitzel breaded veal cutlet (7)
der **Schnupfen** cold (11)
der **Schnurrbart, ⁻e** moustache (4)
der **Schock** shock (7)
schockieren to shock (7)
die **Schokolade** chocolate (1, 6-1)
das **Schokoladenhäschen, -** chocolate bunny (6)
schon already (2, 3-1)
schön nice; beautiful (1-1)
die **Schönheit** beauty (10)
der **Schornstein, -e** chimney, smoke stack (9)
der **Schoß, ⁻e** lap (7)
schottisch Scottish (4)
der **Schrank, ⁻e** closet (8-1)
schrecklich awful, terrible (2-2)
schreiben, schrieb, hat geschrieben to write (1, 3-1)
der **Schreiber, -** scribe (9)
die **Schreibmaschine, -n** typewriter (6-1)
der **Schreibtisch, -e** desk (8-1)

schreien, schrie, hat geschrieen to scream (2, 9-2)

die **Schrift, -en** writing (9)

schriftlich in writing (3, 9-1)

der **Schriftsetzer, -** typesetter (9)

der **Schuh, -e** shoe (1, 2-2)

der **Schuhmacher, -** shoemaker (9)

der **Schulabschluß** high school graduation (12)

die **Schularbeit, -en** homework (11)

die **Schulbank**

 die Schulbank drücken to go to school (10)

der **Schulbeginn** beginning of school (1)

der **Schulbus, -se** school bus (7)

schulden to owe (6-2)

der **Schuldschein, -e** I.O.U. (6-1)

die **Schule, -n** school (1, 2-1)

der **Schüler, -/**die **Schülerin, -nen** pupil, student in a high school (1)

schulfrei no school (6)

die **Schulter, -n** shoulder (1, 7-2)

die **Schulzeit** schooldays (pl) (6)

die **Schüssel, -n** bowl (3-1)

schütteln to shake (9)

 den Kopf schütteln to shake one's head (9-2)

schützen to protect (10)

schwäbisch (adj) Swabian (8)

der **Schwan, -e** swan (1)

der **Schwanz, -e** tail (8)

schwarz black (1-1)

das **Schwarzbrot** rye bread (6)

der **Schwarzwald** Black Forest (6)

die **Schwarzwälder Kirschtorte** Black Forest cake (7)

(das) **Schweden** Sweden (4)

schwedisch Swedish (4)

das **Schwein, -e** pig (7)

der **Schweinebraten** pork roast (7)

der **Schweinestall, -e** pigsty

 Was für ein Schweinestall! What a pigsty! (3-1)

der **Schweiß** sweat (9)

die **Schweiz** Switzerland (1-1)

der **Schweizer, -/**die **Schweizerin, -nen** Swiss (person) (1-1)

schwer heavy (4-1); hard (8); serious (10)

die **Schwester, -n** sister (1, 2-1)

schwierig difficult (8-2)

die **Schwierigkeit, -en** difficulty (12)

schwimmen, schwamm, ist geschwommen to swim (1, 2-1)

 schwimmen gehen to go swimming (1)

das **Schwyzerdütsch** Swiss German (8)

der **See, -n** lake (4-2)

seekrank seasick (5)

die **Seele, -n** soul (7)

segeln to sail (1, 2-1)

sehen (sieht), sah, hat gesehen to see (2-2)

sehenswert worth seeing (10-2)

sehr very (1-1)

die **Seifenoper, -n** soap opera (4)

sein, sein, seine his, its (2)

sein, (ist), war ist gewesen to be (E)

seit since (2); for (6)

seitdem since then (7)

der **Sekretär, -e/**die **Sekretärin, -nen** secretary (4)

der **Sekt** sparkling wine (6-1)

die **Sekunde, -n** second (1)

selbst myself, yourself, herself, etc. (2, 5-2)

 von selbst to do something by one's self (6)

selbstgebaut home-made, self-made (8)

der **Selbstmord, -e** suicide (10-1)

die **Selbstverwirklichung** self realization (11)

der **Sellerie** celery (3)

selten seldom, rarely (3-2)

die **Seltenheit, -en** rarity (9)

das **Semester, -** semester (1-1)

die **Semesterferien** (pl) vacation (6)

das **Seminar, -e** seminar (3)

der **Senf, -e** mustard (6)

das **Seniorenheim, -e** senior citizens' home (9-2)

sentimental sentimental (4)

der **September** September (1)

servieren to serve (7)

Servus! Hello! Hi! Good-bye! So long! (Austrian) (E)

der **Sessel, -** armchair (4, 8-1)

setzen to set (3)

 in Bewegung setzen to begin moving (10)

 sich **setzen** to sit down (7-2)

das **Shampoo** shampoo (7-2)

siamesisch (adj) Siamese (8)

sicher sure, certainly; probably (4, 5-2)

das **Silber** silver (4)

der **Silvesterabend, -e** New Year's Eve (6-1)

die **Silvesternacht, -e** night of New Year's Eve (6)

die **Silvesterparty, -s** New Year's Eve party (6)

singen, sang, hat gesungen to sing (1)

sinken, sank, ist gesunken to sink (3)

die **Sitte, -n** custom (7)

die **Situation, -en** situation (6)

der **Sitz, -e** seat (3)

sitzen, saß, hat gesessen to sit (1-2)

der **Sitzplatz, -e** seat (6)

(das) **Skandinavien** Scandinavia (10)

das **Sketch, -es** skit (9-1)

Ski laufen (läuft Ski), lief Ski, ist Ski gelaufen to ski (1, 2-1)

die **Skipiste, -n** (downhill) ski run (7)

so so, such (1)

 so . . . wie as . . . as (2)

sobald (conj) as soon as (7)

die **Socke, -n** sock (2-2)

sofort immediately (5-2)

sogar even (6)

sogenannt so-called (10-1)

der **Sohn, -e** son (1, 2-1)

solange as long as; for that period (1); in the meantime (8)

solcher, solches, solche such (6)

solid solid (8)

sollen, sollte, hat gesollt to be supposed to, should (3)

der **Sommer, -** summer (1)

die **Sommerferien** (pl) summer holidays (4)

der **Sommermantel, -** summer-coat (4)

der **Sommerschlußverkauf, -e** summer sale (6-1)

sondern but, but rather (1-1)

die **Sonne** sun (1-1)

die **Sonnenbrille** sunglasses (6-1)

die **Sonnencreme, -s** sun cream (3)

sonnig sunny (4)

der **Sonntag, -e** Sunday (1-2)

sonst apart from that (5); otherwise, or else (7-1)

sooft as often as (9)

sorgen für to look after, to care for (11)

sorgfältig careful (9)

sortieren to sort (7)

die **Soße, -n** sauce (3)

das **Souvenir, -s** souvenir (4)

sowieso anyway (3, 11-2)

sowjetisch Soviet (10)

die **Sowjetrepublik** Soviet Republic (7)

die **Sowjetunion** Soviet Union (7)

sowohl . . . als auch not only . . . but also (10-1)

das **Sozialamt, ¨er** welfare office (11)

der **Sozialarbeiter, -/die Sozialarbeiterin, -nen** social worker (2)

der **Sozialfall, ¨e** welfare case (11-2)

die **Sozialhilfe** welfare (11)

die **Sozialwohnung, -en** subsidized apartment (11)

die **Spaghetti** *(pl)* spaghetti (3)

die **Spalte, -n** column (11)

spalten to split (10)

(das) **Spanien** Spain (5)

(das) **Spanisch** Spanish *(language)* (3)

spanisch *(adj)* Spanish (4)

sparen to save (7-2)

sparsam thrifty (4)

der **Spaß** fun, enjoyment (1)

Das macht Spaß. That's fun. (7-1)

spät late (3-1)

Ich bin spät dran. I'm running late. (11-2)

Wie spät ist es? What time is it? (3-2)

der **Spätsommer** late summer (5)

der **Spaziergang, ¨e** walk (3-2)

einen Spaziergang machen to go for a walk (3-2)

spazieren•gehen, ging spazieren, ist spazierengengen to go for a walk (3-2)

die **Speise, -n** dish *(food)* (2)

die **Speisekarte, -n** menu (7-1)

spektakulär spectacular (3)

spekulieren to speculate (10)

das **Sperrgebiet -e** prohibited area (10)

die **Spezialität, -en** specialty (2)

der **Spiegel, -** mirror (9-2)

spielen to play (1-2)

der **Spielplatz, ¨e** playground (8)

die **Spielwarenfabrik, -en** toy factory (6)

das **Spielwarengeschäft, -e** toy store (6)

das **Spielzeug, -e** toy (12)

der **Spinat** spinach (3)

spinnen, spann, hat gesponnen to be crazy (9)

der **Spitzname, -n** nickname (6)

der **Sport** sport(s), athletics (1, 2-1)

Sport treiben to be active in sports (3-2)

das **Sportcoupé, -s** sport coupe (2)

sportlich athletic (1-2)

die **Sprache, -n** language (4)

das **Sprachlabor, -e** language lab (7)

sprechen (spricht), sprach, hat gesprochen to speak (2-2)

das **Sprichwort, ¨er** proverb (9)

springen, sprang, ist gesprungen to jump (8)

der **Spruch, ¨e** saying (8)

das **Spülbecken, -** sink (8-1)

das **Squash** squash *(sport)* (4)

der **Staat, -en** state (4, 7-1)

der **Staatschef, -s** head of state (10-1)

die **Staatskasse, -n** state treasury (9)

der **Stacheldraht** barbed wire (10-1)

die **Stadt, ¨e** city (2-2)

der **Stadtbummel** stroll through town (4)

einen Stadtbummel machen to stroll through town (4-2)

der **Stadtpark** city park (4)

das **Stadtzentrum** city center (7)

der **Stahl** steel (8-2)

der **Stall, ¨e** stable (9-1)

der **Stamm, ¨e** tree trunk (7)

der **Stammbaum, ¨e** family tree (5-1)

stammen aus to originate from (10-1)

ständig constant (10-1)

stark strong (12)

stark reduziert sharply reduced (6)

starten to start (11)

die **Statistik, -en** statistic (1, 11-1)

statt instead of (6, 8-2)

statt•finden, fand statt, hat stattgefunden to take place (4)

der **Stau, -s** traffic jam (10-1)

staub•saugen to vacuum (10)

der **Staubsauger, -** vacuum cleaner (7-2)

das **Steak, -s** steak (7)

stecken to put, to stick (7-1)

stehen, stand, hat gestanden to stand (1)

Der Mantel steht dir nicht. That coat doesn't suit you. (6-2)

stehen•bleiben, blieb stehen, ist stehengeblieben to stop (walking)

(9-1)

die **Stehlampe, -n** floor lamp (8-1)

stehlen (stiehlt), stahl, hat gestohlen to steal (3, 11-2)

steigen, stieg, ist gestiegen to climb (9-1)

stellen to put *(in an upright position)*, to stand (8-1)

die **Stelle, -n** job, position (11)

die **Stellung, -en** job, position (11-2)

sterben (stirbt), starb, ist gestorben to die (4, 5-2)

die **Stereoanlage, -n** stereo (8-1)

der **Stern, -e** star (9-2)

stets always (11)

die **Steuer, -n** tax (4)

der **Stiefel, -** boot (2-2)

die **Stiefmutter, ¨** stepmother (2-1)

der **Stiefvater, ¨** stepfather (2-1)

der **Stil, -e** style (8)

stilistisch stylistically (12)

die **Stimme, -n** voice (11-2)

stimmen to be right

Das stimmt. That's right. (3-1)

stinken, stank, hat gestunken to stink (2)

stinkig stinky (4)

stinklangweilig deadly boring (2)

die **Stirn, -en** forehead (7-2)

der **Stock, Stockwerke** floor, story (9)

im ersten Stock on the second floor (9-2)

der **Stock, ¨e** stick (9)

der **Stoffbär, -en, -en** stuffed toy bear (6)

das **Stofftier, -e** stuffed toy animal (6)

stolpern to stumble (11-1)

stoppen to stop (9)

stören to disturb (8-2)

der **Strafzettel, -** ticket (11)

der **Strand, ¨e** beach (1, 4-2)

die **Straße, -n** street (E, 4-1)

die **Straßenbahn, -en** streetcar (3-2)

streichen, strich, hat gestrichen to paint (5)

der **Streifen, -** stripe (9-2)

der **Streik, -s** strike (6)

streiken to strike, to go on strike (10-2)

die **Streitfrage, -n** issue (11)

der **Streß** stress (3)

stressig stressful (3)

strikt strict (8)

der **Strumpf, ⁻e** stocking (11)

das **Stück, -e** piece (2, 3-1); play (9)

ein Stück Kuchen a piece of cake (2, 3-1)

Stück für Stück bit by bit (10)

der **Stückpreis, -e** unit price (6)

der **Student, -en, -en**/die **Studentin, -nen** student (1-1)

der **Studentenchor, ⁻e** student choir (5)

das **Studentenheim, -e** dormitory, student residence (E, 2-2)

das **Studentenleben** student life (5)

das **Studentenwerk** student centre (E, 5-2)

studieren to study (*i.e., to attend college or university*) (1-1)

das **Studium** studies (2)

der **Stuhl, ⁻e** chair (3, 8-1)

die **Stunde, -n** hour (3-2)

eine Stunde lang for an hour (3)

stundenlang for hours (2-1)

der **Stundenplan, ⁻e** timetable (3)

der **Sturm, ⁻e** storm (8-2)

stürmisch stormy (5)

stürzen to fall; to plunge (9)

suchen to look for (4-1)

die **Suchmannschaft, -en** search party (12)

süddeutsch South German (6)

der **Süden** south (4)

die **Summe, -n** sum (10-1)

summen to buzz (9)

super super (3)

der **Superlativ** superlative (4)

der **Supermarkt, ⁻e** supermarket (4)

die **Suppe, -n** soup (3)

das **Surfbrett, -er** surfboard (3)

surfen gehen to go surfing (1)

suspekt suspicious (11)

süß sweet (1-2)

das **Sweatshirt, -s** sweatshirt (1, 2-2)

der **Swimmingpool, -s** swimming pool (6)

das **Symbol, -e** symbol (2, 7-1)

die **Symphonie, -n** symphony (8-2)

die **Synagoge, -n** synagogue (10-1)

das **Synonym, -e** synonym (3)

das **System, -e** system (7)

die **Szene, -n** scene (2, 9-1)

T

der **Tabak** tobacco (4)

die **Tabelle, -n** chart, table (4)

die **Tafel, -n** blackboard (3-2)

eine Tafel Schokolade a chocolate bar (8-2)

der **Tag, -e** day (E, 1-2)

Guten Tag! Tag! Hello! (E-1)

Tag der Arbeit Labor Day (6)

Tag der Deutschen Einheit (6)

Tag der Fahne Flag Day (6)

vierzehn Tage two weeks (1)

das **Tagebuch, ⁻er** diary (5)

der **Tagesjob, -s** job for a day (5-2)

der **Tageslauf** daily routine (3)

das **Tagesmenü, -s** special of the day (7)

tageweise by the day (5-2)

täglich daily (4)

das **Talent, -e** talent (9-2)

der **Tango, -s** tango (3)

der **Tannenzweig, -e** spruce branch (12)

die **Tante, -n** aunt (2-1)

tanzen to dance (1-2)

tapezieren to wallpaper (10-2)

der **Taschenrechner, -** calculator (E)

die **Tasse, -n** cup (5)

der **Täter, -** culprit (10)

tauschen to exchange, swap (11-1)

der **Tausendfüßler, -** millipede (7)

der **Taxi, -s** taxi (5)

die **Technik** technology (8)

der **Techniker, -** technician (11)

technisch technical (4)

technologisch technological (5)

der **Teddybär, -en, -en** teddy bear (6)

der **Tee** tea (2-1)

der **Teil, -e** part, area (11-1)

die **Teekanne, -n** teapot (1)

der **Teekessel, -** tea kettle (1, 6-2)

der **Teenager, -** teenager (3)

teilen to divide (10-1)

das **Telefon, -e** telephone (E)

das **Telefonbuch, ⁻er** telephone book (E)

das **Telefongespräch, -e** telephone conversation (4)

telefonieren (mit) to talk on the phone (with) (2-1)

die **Telefonnummer, -n** telephone number (4-2)

das **Teleskop, -e** telescope (1)

der **Teller, -** plate (6)

der **Tempel, -** temple (8)

das **Tennis** tennis (1)

Tennis spielen to play tennis (2-1)

der **Tennisplatz, ⁻e** tennis court (10)

der **Tennisschläger, -** tennis racquet (6-2)

der **Tennisschuh, -e** tennis shoe (2)

der **Teppich, -e** carpet, rug (4, 8-1)

der **Terrorist, -en, -en** terrorist (10)

der **Test, -s** test (7)

testen to test (11)

teuer expensive (2-1)

der **Teufel, -** devil (8)

der **Text, -e** text (6)

das **Theater, -** theater (1)

ins Theater to the theater (1-2)

Theaternähe close to the theater (2)

die **Theaterkarte, -n** theater ticket (4)

das **Thema, Themen** topic (9-2)

der **Thunfisch, -e** tuna fish (7)

tief deep (10-1)

das **Tier, -e** animal (3)

der **Tiger, -** tiger (8)

tippen to type (5)

tipptopp spotless (3)

der **Tisch, -e** table (8-1)

den Tisch decken to set the table (6-1)

der **Titel, -** title (5, 11-2)

der **Toast** toast (3-1)

der **Toaster, -** toaster (5)

die **Tochter, ⁻** daughter (1, 2-1)

der **Tod** death (4)

zum Tode verurteilt sentenced to death (10)

der **Todesstreifen** death strip (10)

todmüde dead tired (5)

todschick very stylish, snazzy (4)

die **Toilette, -n** lavatory (8-1)

toll fantastic (1-1)

Das ist echt toll. That's really fantastic. (4-1)

die **Tomate, -n** tomato (3)

die **Tomatensoße** tomato sauce (4)

der **Ton, ⁻e** tone, sound, note (4)

die **Tonne, -n** bin, container (7); ton (10-1)

der **Topf, ⁻e** pot (11)

tot dead (9-2)

total completely (1)

totalitär totalitarian (5)

der **Tourist, -en, -en**/die **Touristin, -nen** tourist (4)

die **Touristenattraktion, -en** tourist attraction (4)

das **Thermometer, -** thermometer (1)

das **Tischtennis** table tennis, ping pong (2)

das **Tonbandgerät, -e** tape recorder (11)

die **Tracht, -en** traditional costume (7)

die **Tradition, -en** tradition (8)

traditionell traditional (5)

tragen (trägt), trug, hat getragen to wear; to carry (2-2)

trampen to hitchhike (5)

transportieren to transport (8)

der **Traum, ̈e** dream (7, 10-1)

träumen to dream (4-2)

der **Träumer, -** dreamer (4)

das **Traumland** dreamland (4)

traurig sad (10-2)

(sich) treffen (trifft), traf, hat getroffen to meet (7-2)

treiben, trieb, hat getrieben
Sport treiben to be active in sports (3-2)

die **Treppe, -n** staircase (8-1)

das **Treppenhaus, ̈er** stairwell (11-2)

trinken, trank, hat getrunken to drink (2-1)

trocken dry (4-1)

die **Trompete, -n** trumpet (2)

der **Tropfen, -** drop (7-1)

tropfen to drip (7-1)

trotz in spite of (8-2)

trotzdem anyway, nevertheless (4-2)

das **T-Shirt, -s** T-shirt (2)

Tschüs! Good-bye! So long! (E-1)

die **Tulpe, -n** tulip (1)

tun, tat, hat getan to do (1-2)

die **Tupperdose, -n** tupperware container (7)

die **Tür, -en** door (6, 8-1)

der **Türke, -n, -n**/die **Türkin, -nen** Turkish person (7)

die **Türkei** Turkey (2)

türkisch Turkish (2)

die **Türklingel, -n** doorbell (11-2)

die **Tüte, -n** bag (7)

der **Typ, -en** guy (2-1)

typisch typical (3)

U

die **U-Bahn, -en** subway (3-2)

üben to practice (5-2)

über across; about (5); over, above (8-2)

überall everywhere (5)

überein•stimmen to agree (6)

überfahren (überfährt), überfuhr, hat überfahren to run over (10)

überflüssig superfluous (7-1)

überfluten to flood (10)

übergeschnappt crazy (10-2)

überhaupt at all

überhaupt nicht not at all (10)

überhaupt nichts nothing at all (11-2)

sich etwas **überlegen** to think something over (8-2)

übermorgen the day after tomorrow (2, 5-2)

übernachten to stay overnight (10-2)

die **Übernachtung, -en** overnight accommodation (4)

übernehmen (übernimmt), übernahm, hat übernommen to take on (9, 11-1)

die **Überraschung, -en** surprise (11-2)

überreden to persuade (4)

überregional national, nationwide (9)

über•schnappen, ist übergeschnappt to go crazy (10)

Übersee (*no article*) overseas (2)

übersetzen to translate (9-1)

die **Übersetzung, -en** translation (9)

übrigens by the way (1-2)

die **Übung, -en** exercise; seminar (3)

das **Ufer, -** shore (4)

die **Uhr, -en** clock (3-2)

Es ist acht Uhr. It 's eight o'clock. (3-1)

um wieviel Uhr (at) what time (6)

Wieviel Uhr ist es? What time is it? (3-2)

die **Uhrzeit** time of day (6)

die **Ukraine** the Ukraine (7)

um at (1); around (4-2)

um eins at one o'clock (1, 3-2)

um . . . zu in order to (7)

die **Umfrage, -n** survey, poll (11)

um•füllen to transfer liquids from one container to another (7)

sich **um•schauen (nach)** to look around (for) (10)

um•siedeln to resettle (7)

um•stellen to rearrange (8-1)

auf Aufnahme um•stellen to switch to record (11)

die **Umwelt** environment (7-1)

umweltfreundlich environmentally friendly (7-1)

um•ziehen, zog um, ist umgezogen to move (8-1)

sich **um•ziehen** to change (*one's clothes*) (7-2)

unabhängig independent (11-1)

die **Unabhängigkeit** independence (11-1)

unbedingt really (3)

und and (E, 1-1)

uneben uneven (2)

unerhört outrageous (10)

der **Unfall, ̈e** accident (10-1)

unfreundlich unfriendly (7)

ungefähr approximately (E)

ungerade odd (6)

ungerecht unjust (11-1)

ungesund unhealthy (3-2)

ungleich dissimilar, unalike (12)

unglücklich unhappy (4-1)

der **Unglücksfall, ̈e** accident (10)

unheimlich tremendously, immensely (10)

unhöflich impolite (4-2)

die **Uniform, -en** uniform (4)

die **Universität, -en** university (1-1)

zur Uni to the university (1-2)

die **Universitätsausbildung** university education (5)

die **Universitätsstadt, ̈e** university town (6)

unkultiviert uncultivated (7)

unmöglich impossible (6)

unordentlich messy (3-2)

unpraktisch impractical (6)

unregelmäßig irregular (9)

unser, unser, unsere our (2)

unten below (8)

von unten from the bottom (11)

unter among (6); under, below (8-2)

unterbelichtet underexposed (11)

unterbrechen (unterbricht), unterbrach, hat unterbrochen to interrupt (11-1)

sich **unterhalten (unterhält sich)
unterhielt sich, hat sich
unterhalten** to talk; to converse
(7-2)

die **Unterhaltung, -en** conversation
(10-2)

die **Unterkunft** living accomodation
(8)

**unternehmen (unternimmt),
unternahm, hat unternommen** to
do, to undertake (1, 10-2)

die **Unternehmung, -en** undertaking
(10)

der **Unterschied, -e** difference (11-1)

**unterschreiben, unterschrieb, hat
unterschrieben** to sign (11)

die **Untertasse, -n** saucer (9-2)

der **Untertitel, -** subtitle (10-1)

unterwegs on the way (6-2)

unvergeßlich unforgettable (10-1)

die **Unwahrheit, -en** untruth (4)

der **Urenkel, -** great-grandchild (6)

die **Urgroßmutter, ⁻** great-
grandmother (5)

der **Urgroßvater, ⁻** great-grandfather
(5)

der **Urlaub** vacation (*generally of
people in the work force*) (4-1)

der **Urlauber, -** vacationer (4-1)

das **Urteil** sentence (*in a court of law*)
(10)

usw. (und so weiter) etc. (et cetera,
and so on) (1-1)

die **Utopie, -n** utopia (11-1)

die **UV-Strahlen** UV-rays (6)

V

die **Vase, -n** vase (1)

der **Vater, -** father (E, 2-1)

das **Vaterland** native country,
Fatherland (10)

väterlich fatherly (4)

väterlicherseits paternal (5-1)

der **Vati** dad (E)

der **Vegetarier, -** vegetarian (3)

(das) **Venedig** Venice (10)

sich **verabschieden von** to say good-
bye to (10-2)

verbessern to improve; to correct
(6-1)

verbieten, verbot, hat verboten to
forbid (11-1)

verbinden, verband, hat verbunden
to link (4)

verbittert bitter, embittered (4)

verbrauchen to use up, to consume
(7)

verbringen, verbrachte, hat verbracht
to spend (time) (4-2)

verdanken to thank (9)

verdienen to earn (2-1)

der **Verdienst, -e** wages, pay (11-1)

die **Vereinigten Staaten (die USA)**
the United States (the USA) (1-1)

etwas **verfehlen** to do the wrong
thing (11)

Verflixt! Darn it! (9-2)

vergangen past (11)

**vergessen (vergißt), vergaß, hat
vergessen** to forget (3-2)

vergeßlich forgetful (3)

die **Vergeßlichkeit** forgetfulness (5)

vergleichen, verglich, hat verglichen
to compare (9-1)

vergnügt happy, in a good mood
(9-2)

verhaften to arrest (10)

verheiratet married (2)

jemandem zu etwas **verhelfen
(verhilft), verhalf, hat verholfen**
to help somebody to get
something (11)

verhindern to prevent (10)

das **Verhör, -e** interrogation (10)

verkaufen to sell (2, 5-2)

der **Verkäufer, -/**die **Verkäuferin, -
nen** sales clerk,
salesman/saleslady (5, 6-1)

der **Verkehr** traffic (10-1)

die **Verkehrsampel, -n** traffic light
(7)

der **Verkehrsunfall, ⁻e** traffic
accident (10-1)

**verlassen (verläßt), verließ, hat
verlassen** to leave (4)

sich **verlieben in** (*+ acc*) to fall in love
with (11-2)

verlieren, verlor, hat verloren to lose
(7-2)

vermeidbar avoidable (7)

vermeiden, vermied, hat vermieden
to avoid (7-1)

vermieten to rent out (8-2)

vermissen to miss (12)

verpacken to package (10)

die **Verpackung, -en** packaging (7-1)

verrecken to croak, to die (8)

verreisen to go away (on a trip) (11)

verrückt crazy, mad (1-2)

versalzen oversalted (7-2)

versammeln to gather (10)

**verschieben, verschob, hat
verschoben** to postpone (9-2)

verschieden different (4-1)

verschuldet in debt (4)

versorgen to supply (10)

sich **verspäten** to be late (7-2)

**versprechen (verspricht), versprach,
hat versprochen** to promise (7-2)

das **Verständnis** understanding,
sympathy (11)

verstecken to hide (8-2)

verstehen, verstand, hat verstanden
to understand (5-2)

verstreut scattered (8)

verstümmelt crippled (5)

versuchen to try (4, 7-1)

verteilen to distribute (11-1)

vertreiben, vertrieb, hat vertrieben to
drive out (10)

vertreten to represent (5)

verurteilen to sentence (10)

der/die **Verwandte, -en** relative (2-1)

verwechseln to get mixed up (9-2)

verwenden to use (4)

verwundert amazed (5)

sich **verziehen, verzog sich, hat sich
verzogen** to withdraw (10)

verzweifelt in despair (9-2)

der **Vetter, -n** (*male*) cousin (2-1)

das **Video, -s** video (2)

viel much (1-2)

viel zu viel far too much (2-1)

vielleicht perhaps (2, 4-1)

das **Vierteljahr** three months (6)

violett purple (1-1)

das **Visum, Visen** visa (10-1)

das **Vitamin, -e** vitamin (3)

der **Vogel, ⁻** bird (10-2)

die **Vokabeln** (*pl*) vocabulary (2)

das **Volk, ⁻er** nation, people (10)

das **Volkslied, -er** folk song (7)

der **Volkstanz, ⁻e** folk dance (7)

der **Volkswirt, -e/**die **Volkswirtin, -
nen** economist (12)

voll full (1)

das **Volleyballmatch, -es** volleyball
match (7-1)

die **Vollkaskoversicherung, -en**
comprehensive auto insurance
(12)

vollständig complete (8)

vollstrecken to carry out (*a sentence*)
(10)

von from (E); of (6)

  von . . . bis from . . . to (1-2)

  von heute ab from today on (3)

  von jetzt ab from now on (5)

vor in front of; before; ago (8-2)

  Viertel vor elf quarter to eleven (3-2)

  vor dem Fernseher in front of the TV (3-2)

  vor allem above all (3-1)

vorbei•gehen, ging vorbei, ist vorbeigegangen to go past (11)

  Er ist an mir vorbeigegangen. He went past me. (11)

  vorbei sein to be over (10)

vor•bereiten to prepare (10-2)

der **Vorfahr, -en, -en** ancestor (5-1)

vorgestern the day before yesterday (5-2)

vor•haben (hat vor), hatte vor, hat vorgehabt to plan, to have planned (3-2)

vorher before (5-1)

vor•lesen (liest vor), las vor, hat vorgelesen to read to (9)

die **Vorlesung, -en** lecture (1-1)

  in die Vorlesung to lectures (1-2)

vorletzt second last (12)

der **Vormittag, -e** morning (3)

vormittags in the morning (3)

der **Vorname, -ens, -en** first name (7)

der **Vorsatz, ⁻e** resolution (10)

der **Vorschlag, ⁻e** suggestion (10-1)

vor•schlagen (schlägt vor), schlug vor, hat vorgeschlagen to suggest (10-2)

die **Vorschrift, -en** law (8)

die **Vorspeise, -n** hors d'oeuvre (7)

sich (etwas) **vor•stellen** to imagine (11)

der **Vorteil, -e** advantage (8-2)

der **Vortrag, ⁻e** talk; lecture

  einen Vortrag halten to give a talk (7-1)

die **Vorwahl** area code (E)

W

die **Waage, -n** weigh scales (9)

das **Wachs** wax (6)

die **Waffe, -n** weapons (11)

der **Wagen, -** car (2-1)

wahr true (4-2)

während during (8-2)

die **Wahrheit, -en** truth (4-2)

das **Waisenkind, -er** orphan (9)

der **Wald, ⁻er** forest, woods (9-1)

der **Walzer, -** waltz (1)

die **Wand, ⁻e** wall (8-1)

wandern to hike (2-1); to wander, roam (5)

  wandern gehen to go hiking (1)

die **Wanderstiefel** (pl) hiking boots (4)

wann when (1)

die **Ware, -n** merchandise (7)

warm warm (1-1)

warnen to warn (9)

die **Warnung, -en** warning (9)

warten to wait (5)

  warten auf (+ acc) to wait for (5-2)

warum why (1)

die **Warze, -n** wart (3)

was what (E)

  Was für ein Hundewetter! What rotten weather! (1)

  Was für Musik hörst du gern? What type of music do you like to listen to? (2-1)

  Was für ein Hund ist das? What kind of a dog is that? (2-1)

der **Waschbär** raccoon (8)

das **Waschbecken, -** wash basin (8-1)

die **Wäsche** wash, laundry (3)

waschen (wäscht), wusch, hat gewaschen to wash (2-2)

die **Waschmaschine, -n** washer (3)

das **Waschmittel, -** detergent (7-1)

der **Waschsalon, -s** laundromat (7-2)

das **Wasser** water (1, 2-1)

der **Wasserbüffel** water buffalo (8)

der **Wasserhahn, ⁻e** tap, faucet (7-1)

wässerig watery (4)

die **Wasserspülung** flushing (of a toilet) (11)

wecken to wake (someone) up (5-2)

der **Wecker, -** alarm clock (5, 9-2)

weder . . . noch neither . . . nor (9-2)

weg away; gone (5)

der **Weg, -e** way (11)

wegen because of (8-2)

weg•gehen, ging weg, ist weggegangen to go away (3-2)

sich **weh tun** to hurt oneself (11-1)

das **Weihnachten** Christmas (6-1)

  Frohe Weihnachten! Merry Christmas! (6-1)

  zu Weihnachten at, for Christmas (6-1)

der **Weihnachtsbaum, ⁻e** Christmas tree (6-1)

der **Weihnachtsfeiertag** Christmas Day (6)

die **Weihnachtsferien** Christmas vacation (6)

die **Weihnachtsgans, ⁻e** Christmas goose (6)

das **Weihnachtsgeschenk, -e** Christmas present (6)

die **Weihnachtsmesse, -n** Christmas mass (6)

weil because (3)

der **Wein, -e** wine (1, 2-1)

weinen to cry (9-1)

das **Weinglas, ⁻er** wine glass (1)

die **Weise, -n** manner, way (4)

  auf mysteriöse Weise in a mysterious way (4)

weiß white (1-1)

der **Weißwein, -e** white wine (2)

die **Weißwurst, ⁻e** veal sausage (4)

weit far (1-2)

weiter (as verb prefix) to continue to (3); additional (10)

weiter•fahren (fährt weiter), fuhr weiter, ist weitergefahren to keep on driving (5)

weiter•geben (gibt weiter), gab weiter, hat weitergegeben to pass on (9)

weiter•studieren to continue studying (12)

welcher, welches, welche which (1)

die **Welt, -en** world (3, 4-2)

  die Dritte Welt Third World (10)

  nicht um alles in der Welt not for anything (12)

die **Weltfirma, -en** worldwide company (6)

der **Weltkrieg, -e** world war (10)

weltlich worldly (4)

wenig little (1-2)

wenigstens at least (3-1)

wenn when; if (3)

wer who (1)

die **Werbung, -en** advertising (9-2)

werden (wird), wurde, ist geworden to become, to be (2, 3-2)

  Es wird nichts daraus. Nothing will come of it. (11-2)

  Wird's bald? Get a move on! (11-2)

das **Werk, -e** work (2)

die **Werkstatt, ⁻e** workshop (5)

das **Werkzeug, -e** tool (9-2)

wert dear (in formal address) (10)

weshalb why (11-2)

der **Wessi, -s** citizen of the former West Germany (10)

der **Westen** west (4)

der **Wettbewerb, -e** contest (10-1)

die **Wette, -n** bet (9)

um die Wette laufen to run a race (with someone) (9)

wetten to bet (9-2)

das **Wetter** weather (1-1)

die **Wetterkarte, -n** weather map (1)

wichtig important (4-2)

die **Wichtigkeit** importance (10)

widerspenstig obstinate (11-1)

der **Widerstand** resistance (10)

wider•spiegeln to mirror (10)

wie how (E)

Wie bitte? I beg your pardon? (E-1)

Wie geht es Ihnen?/Wie geht's? How are you? (E)

Wie heißen Sie?/Wie heißt du? What's your name? (E)

Wie ist das Wetter? What's the weather like? (1)

Wie spät ist es? What time is it? (3-2)

wie like (1-2)

Es schneit wie verrückt! It's snowing like mad! (1-2)

so . . . wie as . . . as (2)

wieder again (E, 3-1)

wiederholen to repeat (E)

das **Wiederhören**

Auf Wiederhören! Good-bye (on the telephone) (E-1)

wieder•sehen (sieht wieder), sah wieder, hat wiedergesehen to see again

Auf Wiedersehen! Wiedersehen! Good-bye! (E-1)

die **Wiedervereinigung** reunification (10-1)

wiederverwertbar recyclable (7-1)

(das) **Wien** Vienna (4)

wieviel how much (E)

Den wievielten haben wir heute? What's the date today? (5)

Der wievielte ist heute? What's the date today? (5)

Wieviel Uhr ist es? What time is it? (3-2)

wie viele how many (1)

willkommen welcome (10)

der **Wind, -e** wind (1)

windig windy (1-1)

Windsurfing gehen to go windsurfing (2-1)

windstill windless, calm (1-1)

der **Winter, -** winter (1)

die **Winterjacke, -n** winter jacket (6)

der **Wintermantel, ⸚** winter-coat (4)

der **Winterschlußverkauf, ⸚e** winter sale (6-1)

winzig tiny (12)

wirklich really (3-2)

die **Wirklichkeit** reality (7)

die **Wirkung, -en** effect (9-1)

die **Wirtschaft, -en** economy (5-1)

die **Wirtschaftskrise** economic crisis (5)

das **Wirtschaftswunder** economic miracle (5)

wissen (weiß), wußte, hat gewußt to know (1, 4-2)

wissen von to know about (11-2)

der **Wissenschaftler, -/die Wissenschaftlerin, -nen** scientist (5-1)

die **Witwe, -n** widow (9)

der **Witwer, -** widower (9)

der **Witz, -e** joke (4)

wo where (in what place) (1)

die **Woche, -n** week (1-2)

die **Wochentage** days of the week (1-2)

wöchentlich weekly (4)

das **Wochenende, -n** weekend (1, 2-2)

das **Wochenendhaus, ⸚er** cottage (7)

der **Wochenmarkt, ⸚e** open air market (8-2)

der **Wohlstand** affluence (10)

vor lauter Wohlstand for all their affluence (10)

die **Wohngemeinschaft, -en/ die WG, -s** shared housing (8-2)

das **Wohnhaus, ⸚er** residential building (8)

woher where (from what place) (E-1)

der **Wohnort, -e** place of residence (5-1)

die **Wohnung, -en** apartment (8-1)

das **Wohnzimmer, -** living room (8-1)

die **Wohnzimmergarnitur, -en** living room set (12)

wohin where (to what place) (1)

wohl probably (2)

sich **wohl fühlen** to feel well (7-2)

wohnen to live (in a building or a street) (2-2)

der **Wohnort, -e** place of residence (1)

die **Wohnung, -en** apartment (2-2)

wollen (will), wollte, hat gewollt to want to (3)

der **Wolf, ⸚e** wolf (6)

ein Wolf im Schafspelz a wolf in sheep's clothing (6)

die **Wolke, -n** cloud (12)

die **Wolle** wool (6)

das **Wort, ⸚er** word (1, 3-1)

das **Wörterbuch, ⸚er** dictionary (6-1)

wozu what for (12)

der **Wühltisch, -e** bargain table (9)

wunderbar wonderful (2)

sich **wundern** to be surprised about (7)

wundervoll marvelous (4)

der **Wunsch, ⸚e** wish (12)

wünschen to wish (6-1)

Sie wünschen? May I help you? (6-2)

der **Wurm, ⸚er** worm (1)

wurmig wormy (4)

die **Wurst, ⸚e** sausage (3-1)

die **Wut** rage (10)

wütend furious (10-2)

X

Y

Z

zäh tough (7)

die **Zahl, -en** number (6)

zahlen to pay (6)

zählen to count (9-2)

der **Zahn, ⸚e** tooth (7-2)

der **Zahnarzt, ⸚e/die Zahnärztin, -nen** dentist (3-2)

die **Zahnbürste, -n** toothbrush (9)

die **Zahnpasta** toothpaste (7-2)

die **Zahnschmerzen** (pl) toothache (6-2)

der **Zar, -en, -en/die Zarin, -nen** tsar (7)

der **Zaun, ⸚e** fence (5-2)

den Zaun streichen to paint the fence (5)

die **Zehe, -n** toe (7-2)

zeichnen to draw, to draft (5-1)

zeigen to show (4-2)

Das Thermometer zeigt zehn Grad. The thermometer reads ten degrees. (1)

die **Zeit, -en** time (E, 3-2)

Ich vertreibe mir die Zeit. I while away my time. (11-1)

zur Zeit at the moment (10-2)

das **Zeitalter** age (9)

die **Zeitung, -en** newspaper (3-1)

das **Zelt, -e** tent (4-1)

zelten to camp (9)

die **Zensur, -en** grade (4-2)

das **Zentrum, Zentren** center (4, 7-1)

zerkratzt scratched (6-2)

zerren to pull, to drag (11)

zerrissen ripped (10)

zerstören to destroy (10-1)

ziehen, zog, hat gezogen to pull (4)

das **Ziel, -e** goal; destination (4-2)

ziemlich quite, rather (4-2)

die **Zigarre, -n** cigar (2)

die **Zigarette, -n** cigarette (3)

das **Zimmer, -** room (1-2)

der **Zimmerkollege, -n, -n**/die **Zimmerkollegin, -nen** roommate (E, 1-2)

die **Zimmerpflanze, -n** house plant (5-2)

die **Zinsen** *(pl)* interest (10)

zischen to hiss (11)

zittern to tremble (10)

der **Zoo, -s** zoo (9)

zu to; too (1); for (6)

zu Hause (at) home (5)

zur Uni to the university (1-2)

zu viel too much (2-1)

der **Zucker** sugar (3-1)

zu•drehen to turn off (7)

zueinander to each other, to one another (5)

zuerst first (1, 3-2)

der **Zug, ⁻e** train (3-2)

die **Zugfahrt, -en** train trip (5)

zu•hören to listen (E)

die **Zukunft** future (12)

der **Zukunftsplan, ⁻e** plan for the future (1)

zu•machen to close (7-1)

zunächst first (of all) (6)

die **Zunge, -n** tongue (3)

der **Zungenbrecher, -** tongue twister (3)

zu•pfeffern to slam shut (10)

zurück back (2)

zurück•bekommen, bekam zurück, hat zurückbekommen to get back (7)

zurück•bringen, brachte zurück, hat zurückgebracht to bring back (6)

zurück•fahren (fährt zurück), fuhr zurück, ist zurückgefahren to drive back (6)

zurück•geben (gibt zurück), gab zurück, hat zurückgegeben to give back (6)

zurück•gehen (geht zurück), ging zurück, ist zurückgegangen to go back (6)

zurück•halten (hält zurück), hielt zurück, hat zurückgehalten to hold back (11)

zurück•kehren to return (10)

zurück•kommen, kam zurück, ist zurückgekommen to come back (3-2)

zusammen together (1, 6-1)

die **Zusammenarbeit** cooperation (11)

zusammen•binden, band zusammen, hat zusammengebunden to tie together (9)

zusammen•passen to go together (1)

zusammen•rufen, rief zusammen, hat zusammengerufen to call together (4)

zusammen•sparen to save up (5)

der **Zusatz** addition (7); supplement (12)

zu•schlagen (schlägt zu), schlug zu, hat zugeschlagen to slam shut (11)

zu•schließen, schloß zu, hat zugeschlossen to lock (11)

zu•sehen (sieht zu), sah zu, hat zugesehen to watch, to look on (11)

zuviel too much (4)

der **Zugvogel, ⁻** migratory bird (10)

zu•winken to wave to (10)

der **Zweig, -e** branch (10)

zweimal twice (4)

zweit second (4)

zwischen between (4, 8-2)

die **Zwischenlandung, -en** stopover (9)

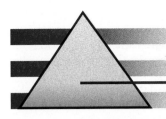

ENGLISH-GERMAN VOCABULARY

This English-German vocabulary does not include words referring to fields of study, occupations, countries, and nationalities. You will find these items in the supplementary word sets in the Appendix.

A

a lot (of) viel; eine Menge; ein Haufen
able: to be able to können (kann), konnte, hat gekonnt
about über *(+ acc or dat)*
above über *(+ acc or dat)*
 above all vor allem
absolute absolut
absurd absurd
accident der Unfall, ⁻e
to **achieve** leisten
acquaintance der/die Bekannte, -n
active aktiv
 to **be active in sports** Sport treiben, trieb, hat getrieben
actually eigentlich
ad die Anzeige, -en
address die Adresse, -n
to **adjust** *(to a way of life)* sich ein•leben
to **admire** bewundern
advantage der Vorteil, -e
adventure das Abenteuer, -
adventurous abenteuerlich
advertising die Werbung, -en
afraid: to be afraid (of) Angst haben (vor + *dat*)
African-American der Afro-Amerikaner, -/die Afro-Amerikanerin, -nen
after *(prep)* nach (+ *dat*); *(conj)* nachdem
afternoon der Nachmittag, -e
 in the afternoon nachmittags
 this afternoon heute nachmittag
afterwards danach; nachher
again wieder
 (over) again noch einmal; nochmal
against gegen *(+ acc)*
age das Alter

ago vor *(+ dat)*
to **agree** einverstanden sein
air die Luft
airplane das Flugzeug, -e
airport der Flughafen, ⁻; der Flugplatz, ⁻e
alarm clock der Wecker, -
album das Album, -s
alcohol der Alkohol
all (the) alle
 at all überhaupt
allowed: to be allowed to dürfen (darf), durfte, hat gedurft
almost fast; beinahe
alone allein
along entlang
Alps die Alpen
already schon; bereits
also auch
although obwohl
aluminum can die Aluminiumdose, -n
aluminum foil die Alufolie, -n
always immer
America (das) Amerika
American *(adj)* amerikanisch
American *(person)* der Amerikaner, -/die Amerikanerin, -nen
among unter *(+ acc or dat)*
ancestor der Vorfahr, -en, -en
and und
animal das Tier, -e
to **annoy** ärgern
to be (get) **annoyed (with, about)** sich ärgern (über + *acc*)
another noch ein
answer die Antwort, -en
to **answer** antworten *(+ dat)*; beantworten *(+ acc)*
antique antik
antisemitic antisemitisch
anyway sowieso; trotzdem; doch
apart from that sonst

apartment die Wohnung, -en; das Appartement, -s
apartment building der Wohnblock, -s
to **apologize** sich entschuldigen
apparatus der Apparat, -e
to **appear** erscheinen, erschien, ist erschienen
apple der Apfel, ⁻
 apple strudel der Apfelstrudel
application die Bewerbung, -en
apprentice der/die Auszubildende, -n; *(abbr)* der/die Azubi, -s
approximately etwa; ungefähr
April der April
area die Gegend, -en; *(of a city)* der Teil, -e
area code die Vorwahl
arm der Arm, -e
armchair der Sessel, -
around *(place)* um, rund um *(+ acc)*; *(time)* gegen *(+ acc)*
 around five o'clock gegen fünf
arrival die Ankunft
to **arrive** an•kommen, kam an, ist angekommen
arrogant arrogant
art die Kunst, ⁻e
article der Artikel, -
article of clothing das Kleidungsstück, -e
artist der Künstler, -/die Künstlerin, -nen
as
 as a child als Kind
 as . . . as so . . . wie
 as long as *(conj)* solange
 as often as *(conj)* sooft
 as soon as *(conj)* sobald
to **ask** *(a person to do something)* bitten, bat, hat gebeten; *(a question)* fragen
to **ask a question** eine Frage stellen

assistant der Assistent, -en, -en/die Assistentin, -nen

at bei *(+ dat); (time)* um *(+ acc); (a vertical surface)* an *(+ acc or dat);*

at Telekom bei Telekom

at the Zieglers bei Zieglers

athlete der Athlet, -en, -en/die Athletin, -nen; der Sportler, -/die Sportlerin, -nen

athletic sportlich

athletics der Sport

attitude die Einstellung, -en

August der August

aunt die Tante, -n

Austria (das) Österreich

Austrian *(adj)* österreichisch

Austrian *(person)* Österreicher, -/die Österreicherin, -nen

author der Autor, -en/die Autorin, -nen

auto mechanic der Automechaniker, -/die Automechanikerin, -nen

automatic automatisch

autumn der Herbst

average der Durchschnitt, -e; *(adj)* durchschnittlich

of average height mittelgroß

away fort; weg

awful schrecklich

B

baby das Baby, -s

bachelor apartment die Einzimmerwohnung, -en

back der Rücken, -; *(of a chair)* die Lehne, -n

back *(adv)* zurück

backpack der Rucksack, ̈-e

bad schlecht; schlimm; böse

to be bad for schaden *(+ dat)*

Too bad! Schade!

badminton Federball

bag die Tasche, -n

to bake backen (bäckt), backte, hat gebacken

baker der Bäcker, -

bakery die Bäckerei -en

balcony der Balkon, -e

ball der Ball, ̈-e

ballpoint pen der Kugelschreiber, -

banana die Banane, -n

bank account das Bankkonto, Bankkonten

bank die Bank, -en

bankrupt bankrott

barber der Friseur, -e

to bark bellen

barometer das Barometer, -

basement der Keller, -

basket der Korb, ̈-e

bath das Bad, ̈-er

to bathe, to have a bath (sich) baden

bathing suit der Badeanzug, ̈-e

bathroom das Badezimmer, -; das Bad, ̈-er; das Klo, -s

bathtub die Badewanne, -n

to be sein (ist), war, ist gewesen

beach der Strand, ̈-e

beaker der Becher, -

bean die Bohne, -n

bear der Bär, -en, -en

beard der Bart, ̈-e

beautiful schön

beauty die Schönheit, -en

because weil; denn

because of wegen *(+ gen)*

to become werden (wird), wurde, ist geworden

bed das Bett, -en

bedroom das Schlafzimmer, -

beer das Bier

beer belly der Bierbauch, ̈-e

beer garden der Biergarten, ̈-

beer stein der Bierstein, -e

before *(prep)* vor *(+ acc or dat); (conj)* bevor; *(adv)* vorher

to begin an•fangen (fängt an), fing an, hat angefangen; beginnen, begann, hat begonnen

beginning der Anfang, ̈-e; der Beginn

beginning of school der Schulbeginn

(at) the beginning of December Anfang Dezember

to behave sich benehmen (benimmt sich), benahm sich, hat sich benommen

behind hinter *(+ acc or dat)*

to believe glauben

belly der Bauch, ̈-e

to belong to gehören *(+ dat)*

below unter *(+ acc or dat)*

belt der Gürtel, -

bench die Bank, ̈-e

beside neben *(+ acc or dat)*

besides außerdem

best best

to bet wetten

better besser

between zwischen *(+ acc or dat)*

beverage das Getränk, -e

bible die Bibel, -n

bicycle das Fahrrad, ̈-er

bicycle trip die Radtour, -en; die Radwanderung, -en

big groß

bike das Rad, ̈-er

biking: to go biking rad•fahren (fährt Rad), fuhr Rad, ist radgefahren

bill die Rechnung, -en

bird der Vogel, ̈-

birthday der Geburtstag, -e

for one's birthday zum Geburtstag

Happy birthday! Herzlichen Glückwunsch zum Geburtstag!

birthday card die Geburtstagskarte, -n

birthday present das Geburtstagsgeschenk, -e

birthplace der Geburtsort, -e

bit

a bit ein bißchen

bit by bit Stück für Stück

to bite beißen, biß, hat gebissen

black schwarz

Black Forest der Schwarzwald

Black Forest cake die Schwarzwälder Kirschtorte

blackboard die Tafel, -n

blind blind

blond blond

blouse die Bluse, -n

to blow dry one's hair sich die Haare fönen

blue blau

boat das Boot, -e

body der Körper, -

bomb die Bombe, -n

book das Buch, ̈-er

to book buchen

bookcase das Bücherregal, -e

bookstore die Buchhandlung, -en

bookworm der Bücherwurm, ̈-er; die Leseratte, -n

boot der Stiefel, -

border die Grenze, -n

boring langweilig

dead boring stinklangweilig

born geboren

boss der Chef, -s/die Chefin, -nen

both beide

bottle die Flasche, -n

bottle opener der Flaschenöffner, -
bowl die Schüssel, -n
box der Karton, -s; die Schachtel, -n
boy der Junge, -n, -n
 Boy! Mensch!
boyfriend der Freund, -e
bracelet das Armband, ¨er
brand new brandneu; nagelneu
bread das Brot, -e
 a slice of bread eine Scheibe Brot
break die Pause, -n
to **break** kaputt•machen
breakfast das Frühstück
 for breakfast zum Frühstück
 to **have breakfast** frühstücken
briefcase die Aktentasche, -n
bright hell
brilliant genial
to **bring** bringen, brachte, hat
 gebracht
to **bring along** mit•bringen, brachte
 mit, hat mitgebracht
broccoli die Brokkoli *(pl)*
brochure die Broschüre, -n
broken kaputt
brother der Bruder, ¨
brown braun
brunette brünett
to **brush** bürsten
 to **brush one's teeth** sich die Zähne
 putzen
buffet das Büffet, -s
to **build** bauen
building das Gebäude, -
bulletin board das Schwarze Brett
bus der Bus, -se
bus stop die Bushaltestelle, -n
bush der Busch, ¨e
business die Firma, Firmen; das
 Geschäft, -e
but aber; *(in the sense of* **but rather***)*
 sondern; doch
butcher der Fleischer, -
butcher shop die Fleischerei, -en
butter die Butter
button der Knopf, ¨e
to **buy** kaufen
by (near) an *(+ acc or dat)*

C

cafeteria *(for snacks and light meals)* die
 Cafeteria; *(for full meals)* die Mensa
 to the cafeteria in die Cafeteria; in
 die Mensa

caffein das Koffein
cake der Kuchen, -
calculator der Taschenrechner, -
calendar der Kalender, -
California (das) Kalifornien
call *(on the telephone)* der Anruf, -e
to **call** rufen, rief, hat gerufen; *(on the
 telephone)* an•rufen, rief an, hat
 angerufen; *(name)* nennen,
 nannte, hat genannt
called: to be called heißen, hieß, hat
 geheißen
calm ruhig; *(weather)* windstill
camera die Kamera, -s
to **camp** campen; *(in a tent)* zelten
campaign *(of protest)* die Aktion, -en
camping: to go camping campen
 gehen
campsite der Campingplatz, ¨e
campus der Campus
can *(to be able to)* können (kann),
 konnte, hat gekonnt
can die Dose, -n
can opener der Dosenöffner, -
Canada (das) Kanada
Canadian kanadisch
Canadian *(person)* der Kanadier, -/die
 Kanadierin, -nen
candle die Kerze, -n
capital city die Hauptstadt, ¨e
car das Auto, -s; der Wagen, -
card die Karte, -n
 credit card die Kreditkarte, -n
care: I don't care. Das ist mir egal.
to **care for** sorgen für *(+ acc)*
career die Karriere, -n
careful sorgfältig
 to **be careful** auf•passen
carpet der Teppich, -e
carrot die Karotte, -n
to **carry** tragen (trägt), trug, hat
 getragen
carton der Karton, -s; die Schachtel,
 -n
 a carton of yogurt ein Becher Jogurt
cassette die Kassette, -n
cassette recorder der
 Kassettenrecorder, -
castle das Schloß, Schlösser
cat die Katze, -n
to **catch** fangen (fängt), fing, hat
 gefangen
 to **catch a cold** sich erkälten
CD die CD, -s
CD player der CD-Spieler, -

ceiling die Decke, -n
to **celebrate** feiern
celery der Sellerie
cellar der Keller, -
cent der Cent, -
century das Jahrhundert, -e
certain sicher; bestimmt
chair der Stuhl, ¨e
champagne der Champagner
chance die Chance, -n
change: for a change mal
to **change** ändern; *(one's clothes)* sich
 um•ziehen, zog sich um, hat sich
 umgezogen
channel der Kanal, ¨e
cheap billig
check der Scheck, -e
cheerful fröhlich
cheese der Käse
chess das Schach
chest die Brust
chic schick
child das Kind, -er
childhood die Kindheit
childish kindisch
chin das Kinn, -e
chocolate die Schokolade
 a chocolate bar eine Tafel
 Schokolade
Christmas (das) Weihnachten
 Christmas Day der erste
 Weihnachtsfeiertag
 Christmas Eve der Heilige Abend
 Christmas present das
 Weihnachtsgeschenk, -e
 Christmas tree der
 Weihnachtsbaum, ¨e
 Christmas vacation die
 Weihnachtsferien
 at Christmas an (zu) Weihnachten
 for Christmas zu Weihnachten
 Merry Christmas! Frohe
 Weihnachten!
church die Kirche, -n
city die Stadt, ¨e
city center das Stadtzentrum
city hall das Rathaus, ¨er
city park der Stadtpark
clarinet die Klarinette, -n
class, classroom die Klasse, -n
classical klassisch
classmate der Mitstudent, -en, -
 en/die Mitstudentin, -nen
to **clean** putzen
clear klar

to **climb** steigen, stieg, ist gestiegen
clock die Uhr, -en
to **close** schließen, schloß, hat geschlossen; zu•machen
closet der Schrank, ⁻e
clothes die Kleider
cloud die Wolke, -n
cloudy bedeckt; bewölkt
club der Klub, -s
coat der Mantel, ⁻
coffee der Kaffee
coffee maker die Kaffeemaschine, -n
coffee pot die Kaffeekanne, -n
coffee table der Couchtisch, -e
cola die Cola, -s
cold kalt; *(illness)* die Erkältung, -en; der Schnupfen, -
 to **be cold** frieren, fror, hat gefroren
 to **have a cold** erkältet sein
colleague der Kollege, -n, -n/die Kollegin, -nen
 colleague from work der Arbeitskollege, -n/die Arbeitskollegin, -nen
to **collect** sammeln
collection die Sammlung, -en
college das College, -s
Cologne (das) Köln
color die Farbe, -n
color TV der Farbfernseher, -
colorful bunt; farbig
to **comb one's hair** sich kämmen
to **come** kommen, kam, ist gekommen
to **come along** mit•kommen, kam mit, ist mitgekommen
to **come back** zurück•kommen
to **come in** herein•kommen, kam herein, ist hereingekommen
 Come in! Herein!
to **come to visit** zu Besuch kommen
to **come out** heraus•kommen, kam heraus, ist herausgekommen
comfort der Komfort
comfortable komfortabel; gemütlich
company die Firma, Firmen; die Gesellschaft, -en
to **compare** vergleichen, verglich, hat verglichen
to **complain** sich beschweren
complete total; ganz
complicated kompliziert
composer der Komponist, -en, -en
computer der Computer, -
computer game das Computerspiel, -e

computer science die Informatik
concert das Konzert, -e
 to a concert, to concerts ins Konzert
condominium die Eigentumswohnung, -en
conflict der Konflikt, -e
to **congratulate** gratulieren *(+ dat)*
Congratulations! Herzliche Glückwünsche!
conservative konservativ
to **consist of** bestehen aus
constant ständig
contact der Kontakt, -e
contest der Wettbewerb, -e
to **continue studying** weiter•studieren
to **converse** sich unterhalten (unterhält sich) unterhielt sich, hat sich unterhalten
conversation das Gespräch, -e; die Unterhaltung, -en
convertible *(car)* das Kabriolett, -s
cook der Koch, ⁻e
to **cook** kochen
cookbook das Kochbuch, ⁻er
cookie das Plätzchen, -
cooking lessons der Kochkurs, -e
cool kühl
to **cooperate** zusammen•arbeiten
cooperation die Zusammenarbeit
to **copy** kopieren
corner die Ecke, -n
to **correct** verbessern
corridor der Gang, ⁻e
to **cost** kosten
cottage das Wochenendhaus, ⁻er
couch die Couch, -es
to **count** zählen
country das Land, ⁻er
couple das Paar, -e
 a couple of ein paar
 married couple das Ehepaar, -e
course der Kurs, -e
cousin *(female)* die Kusine, -n
cousin *(male)* der Vetter, -n
cozy gemütlich
craftsman der Handwerker
crafty schlau
crazy verrückt; übergeschnappt
 like crazy wie verrückt
 to **go crazy** verrückt werden; über•schnappen
 to **drive crazy** verrückt machen
critical kritisch
crooked krumm; schief

cross country ski run die Loipe, -n
cross country skis die Langlaufskier
to **cry** weinen; heulen
cucumber die Gurke, -n
cup die Tasse, -n; der Becher, -
curly lockig
custom die Sitte, -n
customer der Kunde, -n, -n/die Kundin, -nen; *(in a restaurant)* der Gast, ⁻e
to **cut** schneiden, schnitt, hat geschnitten
cycling: to go cycling rad•fahren (fährt Rad), fuhr Rad, ist radgefahren
cycling helmet der Fahrradhelm, -e
cycling trip die Radwanderung, -en; die Radtour, -en
to **go on a cycling trip** eine Radwanderung (Radtour) machen

D

dad der Vati, -s
daily täglich
 daily routine der Tageslauf
to **dance** tanzen
dark dunkel
darling der Liebling, -e; der Schatz
Darn it! Verflixt!
data processing EDV (Elektronische Datenverarbeitung)
date das Datum, Daten
 What's the date today? Den wievielten haben wir heute? Der wievielte ist heute?
daughter die Tochter, ⁻
day der Tag, -e
 by the day tageweise
 day of the week der Wochentag, -e
 the day after tomorrow übermorgen
dead tot
dear lieb
 Dear Ms. Schmidt! *(in formal letters)* Sehr geehrte Frau Schmidt!
death der Tod
December der Dezember
to **decide** entscheiden, entschied, hat entschieden
decision die Entscheidung, -en
deep tief
defective defekt
definite bestimmt
degree der Grad, -

zehn Grad Celsius ten degrees Celsius
deli das Delikatessengeschäft, -e
democracy die Demokratie
to **demonstrate** demonstrieren
demonstration die Demonstration, -en; die Demo, -s
dentist der Zahnarzt, ˉe/die Zahnärztin, -nen
department die Abteilung, -en
department store das Kaufhaus, ˉer
depressed deprimiert
descended: to be descended from ab•stammen von
to **describe** beschreiben, beschrieb, hat beschrieben
description die Beschreibung, -en
desk der Schreibtisch, -e
despair: in despair verzweifelt
dessert der Nachtisch, -e
 for dessert zum Nachtisch
destination das Ziel, -e
to **develop** entwickeln
development die Entwicklung, -en
diary das Tagebuch, ˉer
dictionary das Wörterbuch, ˉer
to **die** sterben (stirbt), starb, ist gestorben
difference der Unterschied, -e
different *(adj)* ander; verschieden *(adv)* anders
difficult schwierig
difficulty die Schwierigkeit, -en
dimwit der Dummkopf, ˉe; der Schafskopf, ˉe
dining room das Eßzimmer, -
diploma das Diplom, -e
 to **do or take one's diploma** das Diplom machen
direction die Richtung, -en
direct direkt
director der Direktor, -en/die Direktorin, -nen
disadvantage der Nachteil, -e
disc die Diskette, -n
disco die Disco, -s
 to the disco in die Disco
discriminated: to be discriminated against diskriminiert werden
to **discuss** diskutieren
discussion die Diskussion, -en
dish *(food)* das Gericht, -e; die Speise, -n
dishes das Geschirr *(sing)*

dirty dishes der Abwasch *(sing)*
to **do the dishes** den Abwasch machen
display die Ausstellung, -en
to **disturb** stören
to **divide** teilen
divorced geschieden
to **do** machen; tun, tat, hat getan; *(undertake)* unternehmen (unternimmt), unternahm, hat unternommen
doctor der Arzt, ˉe/die Ärztin, -nen
dog der Hund, -e
dollar der Dollar, -s
door die Tür, -en
dormitory das Studentenheim, -e
dot: at eleven on the dot Punkt elf
double doppelt
double room das Doppelzimmer, -
dozen das Dutzend, -e
to **draw** zeichnen
dream der Traum, ˉe
to **dream** träumen
dreamer der Träumer, -
to **dress** sich an•ziehen
dress das Kleid, -er
dressed gekleidet
dresser die Kommode, -n
to **drink** trinken, trank, hat getrunken; *(heavily)* saufen (säuft), soff, hat gesoffen
to **drive** fahren (fährt), fuhr, ist gefahren
driver der Fahrer, -
driver's license der Führerschein, -e
drug die Droge, -n
drugstore die Drogerie, -n
dry trocken
during während *(+ gen)*

E

each other einander
each jeder, jedes, jede
ear das Ohr, -en
early früh
to **earn** verdienen
earring der Ohrring, -e
earth die Erde
east der Osten
Easter das Ostern
Easter bunny der Osterhase, -n
easy leicht
easy-going gemütlich
ecological ökologisch

to **eat** essen (ißt), aß, hat gegessen; *(of animals)* fressen (frißt), fraß, hat gefressen
economy die Wirtschaft, -en
edge: on edge nervös
to **educate** aus•bilden
education die Ausbildung
effect die Wirkung, -en
egg das Ei, -er
elbow der Ellbogen, -
elegant elegant
embarrassing peinlich
emigrant der Auswanderer, -
to **emigrate** aus•wandern
employer der Arbeitgeber, -/die Arbeitgeberin, -nen
empty leer
enclosure *(in a letter)* die Anlage, -n
end das Ende, -n
 (at) the end of October Ende Oktober
end table der Beistelltisch, -e
to **end** auf•hören
energy die Energie
England (das) England
English *(adj)* englisch
English *(language)* Englisch
English *(person)* der Engländer, -/die Engländerin, -nen
enjoyment der Spaß
enormous enorm
enough genug
entrance der Eingang, ˉe
environment die Umwelt
environmentally friendly umweltfreundlich
equal gleich
equal rights die Gleichberechtigung
especially besonders
etc. (et cetera, and so on) usw. (und so weiter)
Europe (das) Europa
even sogar
 even richer noch reicher
evening der Abend, -e
 in the evening abends
 this evening heute abend
ever jemals
every jeder, jedes, jede
 every two weeks alle vierzehn Tage
 every time jedesmal
 every year Jahr für Jahr
everybody alle
everything alles
everywhere überall

exact genau
exam die Prüfung, -en
to **examine** prüfen
example das Beispiel, -e
 for example (e.g.) zum Beispiel
  (z.B.)
except for außer *(+ dat)*
exchange student der
  Austauschstudent, -en/die
  Austauschstundentin, -nen
excited aufgeregt
 to **get excited** sich auf•regen
excuse die Ausrede, -n
 Excuse me! Entschuldigung!
exhibition die Ausstellung, -en
exercise bike der Heimtrainer, -
exercise Übung, -en
to **expect** erwarten
expectation die Erwartung, -en
expensive teuer
experience die Erfahrung, -en; das
  Erlebnis, Erlebnisse; *(knowledge)*
  die Kenntnisse *(pl)*
to **experience** erleben
expert der Experte, -n
to **explain** erklären
eye das Auge, -n

F

fabulous fabelhaft
face das Gesicht, -er
factory die Fabrik, -en
fair fair
fairy tale das Märchen, -
fall *(season)* der Herbst
 in fall im Herbst
to **fall** fallen (fällt), fiel, ist gefallen
to **fall asleep** ein•schlafen (schläft
  ein), schlief ein, ist eingeschlafen
to **fall in love with** sich verlieben in
  (+ acc)
family die Familie, -n
family doctor der Hausarzt, ̈e/die
  Hausärztin, -nen
family tree der Stammbaum, ̈e
famished: to be famished einen
  Bärenhunger haben
famous berühmt
fantastic toll; phantastisch
far weit
 far too much viel zu viel
farm die Farm, -en
farmer der Bauer, -n, -n/die
  Bäuerin, -nen

fashion show die Modenschau
fashionable modisch
fast food stand der Schnellimbiß,
  -sse
fast schnell; rasch; hastig
fat dick
father der Vater, -
faucet der Wasserhahn, ̈e
fault *(blame)* die Schuld
favorite beliebt; der Liebling, -e
 favorite CD die Lieblings-CD
 favorite program das
   Lieblingsprogramm
fax machine das Faxgerät, -e
fear die Angst, ̈e
February der Februar
**Federal Republic of Germany (the
  FRG)** die Bundesrepublik
  Deutschland (die BRD)
to **feed** füttern
to **feel** fühlen
 to **feel well** sich wohl fühlen
 **Do you feel like coming (going,
   etc.)?** Hast du Lust?
fellow citizen der Mitbürger, -/die
  Mitbürgerin, -nen
fellow student der Mitstudent, -en, -
  en/die Mitstudentin, -nen
feminist der Feminist, -en/die
  Feministin, -nen
fever das Fieber
few ein paar; einige
field of study das Fach, ̈er
to **fill out** aus•füllen
film der Film, -e
finally endlich; schließlich
to **finance** finanzieren
financial finanziell
to **find** finden, fand, hat gefunden
 to **find fault with something** ein
   Haar in der Suppe finden
 to **find out** heraus•finden, fand
   heraus, hat herausgefunden
finger der Finger, -
fingernail der Fingernagel, ̈
to **finish** fertig•machen
 to **finish reading** fertig•lesen (liest
   fertig), las fertig, hat fertiggelesen
 to **finish writing** fertig•schreiben,
   schrieb fertig, hat
   fertiggeschrieben
finished fertig
to **fire** entlassen (entläßt), entließ,
  hat entlassen
first *(adj)* erst; *(adv)* zuerst; zunächst

 for the first time zum erstenmal
first name der Vorname, -ens, -en
to **fish** angeln
fish der Fisch, -e
fit fit
to **fit** passen
 That coat doesn't fit you. Der
   Mantel paßt dir nicht.
fitness center das Fitneßcenter, -
fitness freak der Fitneßfreak, -s
flashy knallig
flight der Flug, ̈e
floor der Fußboden, ̈; *(story)* der
  Stock, Stockwerke
 on the first floor im Erdgeschoß
 on the second floor im ersten Stock
floor lamp die Stehlampe, -n
flower die Blume, -n
flower shop das Blumengeschäft, -e
flowered geblümt
fluent fließend
to **fly** fliegen, flog, ist geflogen
to **follow** folgen
food das Essen; die Lebensmittel *(pl)*
foot der Fuß, ̈e
for *(prep)* für *(+ acc); (prep)* seit *(+
  dat); (coord conj)* denn
 I've known him for years. Ich kenne
   ihn seit Jahren.
to **forbid** verbieten, verbot, hat
  verboten
forehead die Stirn, -en
foreign ausländisch
foreign students' office das
  Auslandsamt
foreigner der Ausländer, -/die
  Ausländerin, -nen
forest der Wald, ̈er
forever ewig
to **forget** vergessen (vergißt), vergaß,
  hat vergessen
forgetful vergeßlich
fork die Gabel, -n
former ehemalig
franc *(Swiss)* der Franken, -
free frei
freedom die Freiheit
freeway die Autobahn, -en
French *(adj)* französisch
French *(language)* Französisch
French person der Franzose, -n/die
  Französin, -nen
French fries die Pommes frites
fresh frisch; *(impertinent)* frech
Friday der Freitag, -e

fried potatoes die Bratkartoffeln
friend der Freund, -e/die Freundin, -nen
friendly freundlich
from *(a city, country)* aus *(+ dat); (an institution)* von *(+ dat)*
 from now on von jetzt ab
 from today on von heute ab
 from . . . to von . . . bis
front: in front of vor *(+ acc or dat)*
front door die Haustür, -en
front hall closet die Garderobe, -n
fruit das Obst *(sing);* die Frucht, ⁻e
full voll
fun der Spaß
 That's fun. Das macht Spaß.
funny lustig
furious wütend
furnished möbliert
furniture die Möbel *(pl)*
future die Zukunft

G

garage die Garage, -n
garbage der Müll
garbage pail der Mülleimer, -
garbage dump die Mülldeponie, -n
garden der Garten, ⁻
gas das Benzin
gas guzzler der Benzinfresser, -
generation die Generation, -en
gentleman der Herr, -n, -en
German *(adj)* deutsch
German *(language)* Deutsch
 in German auf deutsch
German *(person)* der/die Deutsche, -n
German-speaking deutschsprachig
German class die Deutschstunde, -n
German state das Bundesland, ⁻er
Germany *(das)* Deutschland
to **get** *(fetch)* holen; *(receive)* bekommen, bekam, hat bekommen; kriegen
 Get a move on! Wird's bald?
 Get lost! Hau ab!
to **get out** *(of a vehicle)* aus•teigen, stieg aus, ist ausgestiegen
to **get up** auf•stehen, stand auf, ist aufgestanden
to **get to know** kennen•lernen
gift giving *(at Christmas)* die Bescherung
girl das Mädchen, -

girl friend die Freundin, -nen
to **give** geben (gibt), gab, hat gegeben
to **give** *(a gift)* schenken
to **give a talk** einen Vortrag halten
to **give back** zurück•geben (gibt zurück), gab zurück, hat zurückgegeben
gladly gern (lieber, am liebsten)
glass das Glas, ⁻er
 a glass of orange juice ein Glas Orangensaft
glasses *(eye)* die Brille, -n
glove der Handschuh, -e
to **go** gehen, ging, ist gegangen; *(by car, bus, train)* fahren (fährt), fuhr, ist gefahren
to **go along** mit•gehen, ging mit, ist mitgegangen; mit•fahren (fährt mit), fuhr mit, ist mitgefahren
to **go away** weg•gehen, ging weg, ist weggegangen; *(on a trip)* verreisen
to **go in** hinein•gehen, ging hinein, ist hineingegangen
to **go out** aus•gehen, ging aus, ist ausgegangen; hinaus•gehen
 Let's go! Nichts wie los!
goal das Ziel, -e
God *(der)* Gott
gold das Gold
gone weg
good gut
 Good evening! Guten Abend! 'n Abend!
 Good morning! Guten Morgen! Morgen!
 Good night! Gute Nacht!
 Good-bye! *(on the telephone)* Auf Wiederhören!
 Good-bye! Auf Wiedersehen! Wiedersehen!
 Good-bye! Tschüs!
gourmet der Feinschmecker, -/die Feinschmeckerin, -nen
government die Regierung, -en
grade die Zensur, -en
grandchild das Enkelkind, -er; der Enkel, -/die Enkelin, -nen
grandfather der Großvater, ⁻
grandma die Oma, -s
grandmother die Großmutter, ⁻
grandpa der Opa, -s
grandparents die Großeltern
grapefruit die Grapefruit, -s
grass das Gras, ⁻er

gray grau
great großartig; toll
great-grandchild der Urenkel, -/die Urenkelin, -nen
great-grandfather der Urgroßvater, ⁻
great-grandmother die Urgroßmutter, ⁻
green grün
to **greet** grüßen
greeting der Gruß, ⁻e
group die Gruppe, -n
to **guarantee** garantieren
guest der Gast, ⁻e
guitar die Gitarre, -n
guy der Typ, -en; der Kerl, -e

H

hair das Haar, -e
haircut der Haarschnitt, -e
hairdo die Frisur, -en
hairdresser der Friseur, -e/die Friseuse, -n
half halb
hallway der Flur, -e
hamburger der Hamburger, -
hamster der Hamster, -
to **hand in** ab•geben (gibt ab), gab ab, hat abgegeben
hand die Hand, ⁻e
 on the other hand dagegen
hand-knit handgestrickt
handwriting die Handschrift, -en
to **hang** *(be in a hanging position)* hängen, hing, hat gehangen; *(put in a hanging position)* hängen
hangover: I have a hangover Ich habe einen Kater.
to **happen** geschehen (geschieht), geschah, ist geschehen; passieren, passierte, ist passiert
 What's happening? Was ist los?
happy glücklich; froh; vergnügt; lustig
to **be happy (about)** sich freuen (über + *acc*)
 Happy birthday! Herzlichen Glückwunsch zum Geburtstag!
 Happy New Year! Einen guten Rutsch ins Neue Jahr!
hard hart; *(difficult)* schwer
hardly kaum
hard-working fleißig
hasty hastig
hat der Hut, ⁻e

to **hate** hassen
to **have** haben (hat), hatte, hat gehabt
to **have to** müssen (muß), mußte, hat gemußt
head der Kopf, ⁻e
head of state der Staatschef, -s
headache die Kopfschmerzen *(pl)*
headphones die Kopfhörer
health die Gesundheit
health food store das Reformhaus, ⁻er
healthy gesund
to **hear** hören
heat die Hitze
heavy schwer
height die Größe, -n
 of average height mittelgroß
Hello! Hallo! Grüß dich! Guten Tag!
help die Hilfe
to **help** helfen (hilft), half, hat geholfen *(+ dat)*
her ihr, ihr, ihre
here hier
Hi! Hallo! Guten Tag!
to **hide** verstecken
high hoch (hoh-)
high school *(college preparatory)* das Gymnasium, Gymnasien
high school diploma das Abitur
high school graduation der Schulabschluß
high-rise das Hochhaus, ⁻er
hike die Wanderung, -en
to **hike** wandern
hiking boots die Wanderstiefel
to **hire** ein•stellen
his sein, sein, seine
history die Geschichte
to **hitchhike** trampen
hobby das Hobby, -s
hockey das Eishockey
hockey stick der Hockeyschläger, -
to **hold** halten (hält), hielt, hat gehalten
holiday der Feiertag, -e; der Festtag, -e
home *(country)* die Heimat, -en
 at home zu Hause
 to **go home** nach Hause gehen; heim•gehen
 to **come home** nach Hause kommen; heim•kommen
homesick: I'm homesick. Ich habe Heimweh.

homesickness das Heimweh
homework assignment die Hausaufgabe, -n; die Schularbeit, -en
homosexual homosexuell
honest ehrlich
honey der Honig
hope die Hoffnung
to **hope** hoffen
hopefully hoffentlich
horse das Pferd, -e
hospital das Krankenhaus, ⁻er
host der Gastgeber, -
hostess die Gastgeberin, -nen
hot heiß; *(taste)* scharf
hotdog der Hotdog, -s
hotel das Hotel, -s
hour die Stunde, -n
 for an hour eine Stunde lang
 for hours stundenlang
house das Haus, ⁻er
 at our house bei uns
house husband der Hausmann, ⁻er
house cleaning der Hausputz
house number die Hausnummer, -n
house plant die Zimmerpflanze, -n
household der Haushalt, -e
household garbage der Hausmüll
housewife die Hausfrau, -en
how wie
 How are you? Wie geht's?/Wie geht es Ihnen?
 how many wie viele
 how much wieviel
however jedoch
huge riesig
human being der Mensch, -en, -en
humor der Humor
hunger der Hunger
 I'm hungry. Ich habe Hunger.
hungry hungrig
to **hurry** sich beeilen
 Hurry up! Mach schnell!
 I'm in a hurry. Ich habe es eilig.
husband der Mann, ⁻er

I

i.e., that is d.h., das heißt
ice das Eis
ice cream das Eis
icy eisig
idea die Idee, -n
ideal ideal
idealism der Idealismus

if wenn; *(whether)* ob
illness die Krankheit, -en
to **imagine** sich etwas vor•stellen
immediately gleich; sofort
immigrant der Einwanderer, -
to **immigrate** ein•wandern
impolite unhöflich
importance die Wichtigkeit
important wichtig
impossible unmöglich
impractical unpraktisch
to **improve** verbessern
in, into in *(+ dat or acc)*
income das Einkommen
individual die Person, -en; der Mensch, -en
industry die Industrie, -n
inexpensive billig; preisgünstig
influence der Einfluß, Einflüsse
to **inform** informieren
information die Information, -en;
 to **call information** die Auskunft an•rufen
information age das Informationszeitalter
instead of statt *(+ gen)*
instructor der Lehrer, -/die Lehrerin, -nen
instrument das Instrument, -e
intelligent intelligent; klug
interest das Interesse, -n; *(money)* die Zinsen *(pl)*
to **interest** interessieren
interested: to be interested in sich interessieren für *(+ acc)*
interesting interessant
to **interrupt** unterbrechen (unterbricht), unterbrach, hat unterbrochen
interview das Interview, -s; *(job)* das Bewerbungsgespräch, ⁻e
to **invest** investieren
to **invite** ein•laden (lädt ein), lud ein, hat eingeladen
to **iron** bügeln
irregular unregelmäßig
island die Insel, -n
its sein, sein, seine

J

jacket die Jacke, -n
jam die Marmelade, -n
January der Januar
jazz der Jazz

jeans die Jeans, - *(f or pl)*
Jewish *(adj)* jüdisch; *(person)* der Jude, -n, -n/die Jüdin, -nen
jewelry der Schmuck
job die Stelle, -n; die Stellung, -en; der Job, -s
job experience die Berufserfahrung
job interview das Bewerbungsgespräch, -e
job training die Ausbildung, -en
job for a day der Tagesjob, -s
to jog joggen
jogging suit der Jogging-Anzug, ̈e
joke der Witz, -e
journalist der Journalist, -en, -en/die Journalistin, -nen
juice der Saft, ̈e
July der Juli
June der Juni
junk food das Junk-food
just nur; bloß; *(time)* gerade
just as good genausogut
just now gerade

K

to keep halten (hält), hielt, hat gehalten
key der Schlüssel, -
keyboard *(instrument)* das Keyboard, -s
kind: What kind of music do you like to listen to? Was für Musik hörst du gern?
kindergarten der Kindergarten, ̈
kitchen privileges die Küchenbenutzung *(sing)*
kitchen die Küche, -n
knackwurst die Knackwurst, ̈e
knee das Knie, -e
knife das Messer, -
to knock klopfen
to know *(a fact)* wissen (weiß), wußte, hat gewußt
to know *(be acquainted with)* kennen, kannte, hat gekannt
to know about wissen von *(+ dat)*

L

lab das Labor, -s
lady die Dame, -n
lake der See, -n
lamp die Lampe, -n
to land landen

landlady die Hauswirtin, -nen
landlord der Hauswirt, -e
landscape die Landschaft, -en
language die Sprache, -n
language lab das Sprachlabor, -s
to last *(take time)* dauern
last letzt
last year letztes Jahr
latchkey child das Schlüsselkind, -er
late spät
I'm running late. Ich bin spät dran.
to be late sich verspäten
to laugh lachen
to laugh at (about) lachen über *(+ acc)*
laundromat der Waschsalon, -s
laundry die Wäsche
lawn der Rasen, -
lawnmower der Rasenmäher, -
lawyer der Rechtsanwalt, ̈e/die Rechtsanwältin, -nen
lazy faul
lazybones der Faulpelz, -e
to learn lernen
least: at least wenigstens
leather jacket die Lederjacke
to leave *(depart)* ab•fahren (fährt ab), fuhr ab, ist abgefahren; *(let)* lassen (läßt), ließ, hat gelassen
lecture die Vorlesung, -en; der Vortrag, ̈e
to a lecture, to lectures in die Vorlesung
lecture hall der Hörsaal, Hörsäle
left: to the left links
leg das Bein, -e
to legalize legalisieren
leisure time die Freizeit
to lend leihen, lieh, hat geliehen
to let lassen (läßt), ließ, hat gelassen
letter der Brief, -e; *(of the alphabet)* der Buchstabe, -n, -n
library die Bibliothek, -en
to the library in die Bibliothek
lie die Lüge, -n
to lie *(tell a lie)* lügen, log, hat gelogen; *(be situated)* liegen, lag, hat gelegen
life das Leben, -
lifestyle der Lebensstil, -e
light das Licht, -er
light hell; *(weight)* leicht
like wie
like crazy wie verrückt!
to like mögen (mag), mochte, hat gemocht; gefallen (gefällt), gefiel, hat gefallen *(+ dat)*

How do you like my coat? Wie gefällt dir mein Mantel?
lip die Lippe, -n
lipstick der Lippenstift, -e
list die Liste, -n
to listen zu•hören
to listen to hören; sich etwas an•hören
literature die Literatur, -en
little *(size)* klein; *(amount)* wenig
to live *(in a country or a city)* leben; *(in a street or building)* wohnen
living: What do you do for a living? Was sind Sie von Beruf?
living room das Wohnzimmer, -
living accomodation die Unterkunft
location die Lage, -n
to lock ab•schließen, schloß ab, hat abgeschlossen
long lang
a long time ago vor langer Zeit; schon längst
to look schauen; *(appear)* aus•sehen (sieht aus), sah aus, hat ausgesehen
to look after sorgen für *(+ acc)*
to look at an•schauen; an•sehen (sieht an), sah an, hat angesehen
to look for suchen
to look forward to sich freuen auf *(+ acc)*
to look like aus•sehen wie
to lose verlieren, verlor, hat verloren
lot die Menge, -n
a lot viel; eine Menge
loud laut; *(of colors)* knallig
loudspeaker der Lautsprecher, -
love die Liebe; *(as closing of a letter)* Herzliche Grüße, Liebe Grüße
to love lieben
luck das Glück
Lots of luck! Viel Glück!
luckily zum Glück
lucky: You're lucky! Du hast Glück! Sie haben Glück!
lunch das Mittagessen
for lunch zum Mittagessen
to have lunch zu Mittag essen

M

macaroni die Makkaroni *(pl)*
machine die Maschine, -n
magazine die Zeitschrift, -en
mail die Post

mailman der Briefträger, -/die Briefträgerin, -nen
main course das Hauptgericht, -e
major *(field of study)* das Hauptfach, ¨er
majority die Mehrzahl
to **make** machen
man der Mann, ¨er
many viele
map die Karte, -n
to **march** marschieren
March der März
marijuana das Marihuana
mark *(German currency)* die Mark, -
market der Markt, ¨e; der Wochenmarkt, ¨e
marriage die Ehe, -n
married verheiratet
 married couple das Ehepaar, -e
to **marry** heiraten
mass media die Massenmedien *(pl)*
material das Material, -ien
maternal mütterlicherseits
matter
 That doesn't matter! Das macht doch nichts!
 What's the matter? Was ist los?
May der Mai
may: to be allowed to dürfen (darf), durfte, hat gedurft
 May I help you? *(to a customer)* Bitte schön? Sie wünschen?
meal das Essen; die Mahlzeit, -en
 Enjoy your meal! Guten Appetit! Laß es dir schmecken!
to **mean** meinen; bedeuten; heißen, hieß, hat geheißen
meaning die Bedeutung, -en
means: by means of anhand
meat das Fleisch
medium-sized car der Mittelklassewagen, -
to **meet** (sich) treffen (trifft), traf, hat getroffen
member das Mitglied, -er
men's department die Herrenabteilung, -en
menu die Speisekarte, -n
messy unordentlich
middle die Mitte, -n
 in the middle of mitten in
 (in) the middle of January Mitte Januar
middle-class bürgerlich
midnight die Mitternacht

mild mild
milk die Milch
million die Million, -en
mineral water das Mineralwasser
minute die Minute, -n
 at the last minute im letzten Augenblick (Moment)
 in a minute gleich; sofort
mirror der Spiegel, -
to **miss** vermissen
Miss das Fräulein, -
mistake der Fehler, -
model das Modell, -e; *(person)* das Fotomodell, -e
modern modern
mom die Mutti, -s
moment der Moment, -e; der Augenblick, -e
 at the moment im Moment; momentan; zur Zeit
Monday der Montag, -e
money das Geld
month der Monat, -e
monthly monatlich
mood: in a good mood gut gelaunt; vergnügt
moon der Mond
more mehr
 more and more immer mehr
 not any more nicht mehr
 once more noch einmal; nochmal
morning der Morgen, -; der Vormittag, -e
 in the morning morgens; vormittags
 this morning heute morgen
most meist
mostly meistens
mother die Mutter, ¨
 on one's mother's side mütterlicherseits
Mother's Day der Muttertag, -e
motor der Motor, -en
motorboat das Motorboot, -e
motorcycle das Motorrad, ¨er
mountain der Berg, -e
mountain bike das Mountainbike, -s
moustache der Schnurrbart, ¨e
mouth der Mund, ¨er
to **move** *(change place of residence)* um•ziehen, zog um, ist umgezogen
to **move in** ein•ziehen, zog ein, ist eingezogen
to **move out** aus•ziehen, zog aus, ist ausgezogen

movies das Kino, -s
 to the movies ins Kino
to **mow** mähen
Mr. Herr
Mrs., Ms. Frau
much viel
muesli das Müsli
 a bowl of muesli eine Schüssel Müsli
multicultural multikulturell
Munich (das) München
museum das Museum, Museen
mushroom der Champignon, -s
music die Musik
musical musikalisch
must: to have to müssen (muß), mußte, hat gemußt
mustard der Senf, -e
my mein, mein, meine
myself, yourself, herself, etc. selbst, selber

N

nail der Nagel, ¨
name der Name, -ens, en
 My name is . . . Ich heiße . . .
 What's your name? Wie heißen Sie?/Wie heißt du?
to **name** nennen, nannte, hat genannt
nation das Volk, ¨er
national language die Landessprache, -n
national holiday der Nationalfeiertag, -e
nationality die Nationalität, -en
nature die Natur
natural natürlich
near: near the university in der Nähe der Uni
necessary nötig
neck der Hals, ¨e
necklace die Halskette, -n
neat ordentlich
to **need** brauchen
neighbor der Nachbar, -n, -n/die Nachbarin, -nen
neither . . . nor weder . . . noch
nephew der Neffe, -n
nervous nervös
never nie
nevertheless trotzdem; jedoch
new neu
New Year das Neujahr

Happy New Year! Einen guten Rutsch ins neue Jahr!

New Year's Eve der Silvesterabend, -e

newspaper die Zeitung, -en

newspaper ad die Anzeige, -n

next nächst; *(to)* neben *(+ acc or dat)*

next door nebenan

nice *(pleasant)* nett; *(beautiful)* schön

nickname der Spitzname, -n

niece die Nichte, -n

night die Nacht, ̈e

at night bei Nacht; nachts

night table der Nachttisch, -e

no nein

no longer nicht mehr

no one niemand

nobody niemand

noise das Geräusch, -e

non-returnable bottle die Einwegflasche, -n

Nonsense! Quatsch!

noodle die Nudel, -n

noon: at noon mittags

north der Norden

North America (das) Nordamerika

nose die Nase, -n

not nicht

not a, not any, no kein, kein, keine

not at all gar nicht; überhaupt nicht

not for anything nicht um alles in der Welt

not only . . . but also sowohl . . . als auch

not until erst

not yet noch nicht

note die Notiz, -en

nothing nichts

nothing at all gar nichts; überhaupt nichts

to notice merken

novel der Roman, -e

November der November

now jetzt

from now on von jetzt ab

nowadays heutzutage

number die Nummer, -n; die Zahl, -en

nurse der Krankenpfleger, -/ die Krankenpflegerin, -nen; die Krankenschwester, -n

nursing home das Pflegeheim, -e

nut die Nuß, Nüsse

O

ocean das Meer, -e

occupation der Beruf, -e

What's your occupation? Was sind Sie von Beruf?

o'clock: at one o'clock um ein Uhr; um eins

October der Oktober

odd komisch; seltsam

of von *(+ dat)*

of course natürlich

Of course! Klar!

offer das Angebot, -e

to offer bieten, bot, hat geboten; an•bieten

office das Büro, -s

office help die Bürohilfe

often oft

oil Öl, -e

ok in Ordnung

old alt

old age das Alter

old-fashioned altmodisch

on, onto *(a vertical surface)* an *(+ acc or dat); (a horizontal surface)* auf *(+ acc or dat)*

once einmal

one *(you)* man

I have only one brother. Ich habe nur einen Bruder.

one another einander

one and a half eineinhalb

only bloß; nur; erst; *(single)* einzig

open offen

to open auf•machen; öffnen

opinion die Meinung, -en

in my opinion meiner Meinung nach

to order bestellen

or oder

or else sonst

orange die Orange, -n

orange juice der Orangensaft

orchestra das Orchester, -

order die Ordnung

in order . . . to um . . . zu

organization die Organisation, -en

to organize organisieren

to originate from stammen aus *(+ dat)*

other ander

otherwise sonst

our unser, unser, unsere

out of aus *(+ dat)*

outside außen

outside of außerhalb *(+ gen)*

oval oval

oven der Backofen, ̈

over über *(+ acc or dat)*

to be over zu Ende sein; vorbei sein

overnight accommodation die Übernachtung, -en

oversalted versalzen

to owe schulden

own eigen

P

to pack packen; ein•packen

packaging die Verpackung, -en

to paint *(a picture)* malen; *(a house)* streichen, strich, hat gestrichen

painter der Maler, -

pair das Paar, -e

pants die Hose, -n

paper (report) das Referat, -e

parcel das Paket, -e

pardon: I beg your pardon? Wie bitte?

parents die Eltern

park der Park, -e

part der Teil, -e

to participate in mit•machen bei

particularly besonders

partner der Partner, -/die Partnerin, -nen

party die Party, -s

passport der Paß, Pässe

past vergangen

paternal väterlicherseits

to pay attention auf•passen

pay die Bezahlung; der Lohn, ̈e

to pay bezahlen; zahlen

peace der Frieden

peanut die Erdnuß, Erdnüsse

pedestrian area die Fußgängerzone, -n

penpal der Brieffreund, -e

penny der Pfennig, -e

people die Leute *(pl)*; die Menschen *(pl); (nation)* das Volk

pepper der Pfeffer

percussion das Schlagzeug

perfect perfekt

perfume das Parfüm, -s

perhaps vielleicht

permission die Erlaubnis

person die Person, -en; der Mensch, -en

personal persönlich
personnel office das Personalbüro, -s
personnel manager der Personalchef, -s/die Personalchefin, -nen
to **persuade** überreden
pharmacy die Apotheke, -n
photo das Foto, -s; das Lichtbild, -er
to **photograph** fotografieren
physician der Arzt, ¨e/die Ärztin, -nen
piano das Klavier, -e
 to **play the piano** Klavier spielen
piano lesson die Klavierstunde, -n
piano teacher der Klavierlehrer, -/die Klavierlehrerin, -nen
to **pick up** ab•holen
picnic das Picknick, -e
picture das Bild, -er
piece das Stück, -e
 a piece of cake ein Stück Kuchen
piece of furniture das Möbelstück
pig das Schwein, -e
pigsty der Schweinestall, ¨e
ping pong (das) Tischtennis
pile der Haufen, -
pink rosarot
place der Ort, -e; der Platz, ¨e
 place of residence der Wohnort, -e
 place of work der Arbeitsplatz, ¨e
plaid kariert
plan der Plan, ¨e
to **plan** planen
to **plan, to have planned** vor•haben (hat vor), hatte vor, hat vorgehabt
plant die Pflanze, -n
plastic das Plastik, -s
plastic wrap die Plastikfolie, -n
plastic bag die Plastiktasche, -n
plate der Teller, -
to **play** spielen
please bitte
pleased: to be pleased (with) sich freuen (über + *acc*)
plump mollig
poem das Gedicht, -e
police officer der Polizist, -en, -en/die Polizistin, -nen
police die Polizei (*sing*)
polite höflich
politics die Politik
poll die Umfrage, -n
poor arm
popular beliebt; populär
population die Bevölkerung

position die Position, -en
possibility die Möglichkeit
possible möglich
 as much (quickly, soon) as possible so viel (schnell, bald) wie möglich
post office die Post; das Postamt, ¨er
postal code die Postleitzahl, -en
postcard die Postkarte, -n
poster das Poster, -
to **postpone** verschieben, verschob, hat verschoben
pot der Topf, ¨e
potato die Kartoffel, -n
potato chips die Kartoffelchips
pound das Pfund, -e
practical praktisch
to **practice** üben
to **prepare** vor•bereiten
present das Geschenk, -e
president der Präsident, -en, -en/die Präsidentin, -nen
pretty hübsch
pretzel die Brezel, -n
price der Preis, -e
primitive primitiv
printer der Drucker, -
private: in private unter vier Augen
probably wahrscheinlich; wohl
problem das Problem, -e
profession der Beruf, -e
professor der Professor, -en/die Professorin, -nen
program das Programm, -e
project das Projekt, -e
to **promise** versprechen (verspricht), versprach, hat versprochen
proper richtig
to **protest** protestieren
to **prove** beweisen, bewies, hat bewiesen
province die Provinz, -en
psychology die Psychologie
pub die Kneipe, -n
 to a pub in die Kneipe
to **pull** ziehen, zog, hat gezogen
punctual pünktlich
punk der Punk, -s
purple violett
to **push** schieben, schob, hat geschoben
to **put** (*in an upright position*) stellen; (*stick*) stecken; (*in a horizontal position*) legen
to **put in order** ordnen

to **put on** an•ziehen, zog an, hat angezogen
to **put on make-up** sich schminken

Q

qualified qualifiziert
quality die Qualität, -en
quarter das Viertel, -
 quarter to eleven Viertel vor elf
question die Frage, -n
 That's out of the question! Das kommt gar nicht in Frage!
quick schnell; rasch; flink
quiet ruhig
quite ganz; (*rather*) recht, ziemlich
quiz das Quiz, -

R

to **race** rasen
radio das Radio, -s
rain der Regen
to **rain** regnen
rare selten
rate: at any rate jedenfalls
rather ziemlich; recht
raw roh
to **reach** erreichen
to **react (to)** reagieren (auf + *acc*)
reaction die Reaktion, -en
to **read** lesen (liest), las, hat gelesen
to **read through** durch•lesen (liest durch), las durch, hat durchgelesen
to **read to** vor•lesen (liest vor), las vor, hat vorgelesen
ready fertig
real echt
reality die Wirklichkeit
to **realize** merken
really wirklich; echt
 That's really fantastic. Das ist echt toll.
to **rearrange** um•stellen
reason der Grund, ¨e
reasonable preisgünstig
receiver (*of a telephone*) der Hörer, -
to **recognize** erkennen, erkannte, hat erkannt
to **recommend** empfehlen (empfiehlt), empfahl, hat empfohlen
recording die Aufnahme, -n
recyclable wiederverwertbar

recycling das Recycling
red rot
red wine der Rotwein, -e
reduced reduziert
 sharply reduced stark reduziert
refrigerator der Kühlschrank, ¨e
to **regret** bereuen
regular regelmäßig
relative der/die Verwandte, -en
religion die Religion, -en
religious religiös
to **remind of** erinnern an (+ acc)
to **renovate** renovieren
residence das Studentenheim, -e
rent die Miete, -n
to **rent** mieten
to **rent out** vermieten
to **repair** reparieren
to **repeat** wiederholen
report das Referat, -e; der Bericht, -e
to **report** berichten
restaurant das Gasthaus, ¨er; das
    Restaurant, -s
result das Resultat, -e
résumé der Lebenslauf, ¨e
returnable bottle die
    Mehrwegflasche, -n
reunification die Wiedervereinigung
Rhine (river) der Rhein
rich reich
ride die Fahrt, -en
to **ride** (a horse) reiten, ritt, ist
    geritten
to **ride** (a bike) rad•fahren (fährt
    Rad), fuhr Rad, ist radgefahren
right richtig
 right around the corner gleich um
    die Ecke
 right away gleich; sofort
to **be right** stimmen
 It's not right that . . . Es ist nicht
    recht, daß . . .
 That's right. Das stimmt.
 You're right. Du hast recht.
right, to the right rechts
ring der Ring, -e
to **ring** klingeln
ripe reif
ripped zerrissen
river der Fluß, Flüsse
roast der Braten, -
rock festival das Rockfest, -e
rock group die Rockgruppe, -n
rock music der Rock
rock star der Rockstar, -s

role die Rolle, -n
roll das Brötchen, -
romantic romantisch
roof das Dach, ¨er
room das Zimmer, -
roommate der Zimmerkollege, -n, -
    n/die Zimmerkollegin, -nen
rose die Rose, -n
round rund
rug der Teppich, -e
to **ruin** ruinieren; kaputt•machen
to **run** rennen, rannte, ist gerannt;
    laufen (läuft), lief, ist gelaufen
 I ran out of money. Mir ist das Geld
    ausgegangen.
rye bread das Schwarzbrot

S

sad traurig
to **sail** segeln
salad der Salat, -e
salami die Salami, -s
salesperson der Verkäufer, -/die
    Verkäuferin, -nen
salt das Salz
salty salzig
same gleich; derselbe, dasselbe,
    dieselbe
sand der Sand
sandwich das Brot, -e
sandy sandig
 sandy beach der Sandstrand, ¨e
satellite der Satellit, -en, -en
Saturday der Samstag, -e
sauce die Soße, -n
saucer die Untertasse, -n
sausage die Wurst, ¨e
to **save** sparen
saxophone das Saxophon, -e
to **say** sagen
 Say . . . Sag mal . . .
to **say good-bye to** sich
    verabschieden von
scarcely kaum
scarf der Schal, -e
scene die Szene, -n
schedule der Fahrplan, ¨e
school die Schule, -n
schooldays die Schulzeit
scratched zerkratzt
to **scream** schreien, schrie, hat
    geschrien
sea das Meer, -e
season die Jahreszeit, -en

seat der Sitz, -e; der (Sitz)platz, ¨e
second die Sekunde, -n
second zweit
secretary der Sekretär, -e/die
    Sekretärin, -nen
to **see** sehen (sieht), sah, hat
    gesehen
 See you later! Bis später!
to **see again** wieder•sehen (sieht
    wieder), sah wieder, hat
    wiedergesehen
to **seem** scheinen, schien, hat
    geschienen
seldom selten
to **sell** verkaufen
semester das Semester, -
seminar das Seminar, -e; die Übung,
    -en
to **send** schicken
senior citizens' home das
    Seniorenheim, -e
sense: to make no sense weder Hand
    noch Fuß haben
separate getrennt
September der September
serious ernst
to **serve** servieren
server der Kellner, -/die Kellnerin,
    -nen
service charge das Bedienungsgeld
to **set** setzen
 to **set the table** den Tisch decken
several mehrere
to **sew** nähen
to **shake** schütteln
 to **shake one's head** den Kopf
    schütteln
shampoo das Shampoo, -s
share der Anteil, -e
shared housing die
    Wohngemeinschaft, -en; die WG,
    -s
sharp scharf
to **shave** (sich) rasieren
sheet (of paper) das Blatt, ¨er
shilling (Austrian currency) der
    Schilling, -
to **shine** scheinen, schien, hat
    geschienen
ship das Schiff, -e
shirt das Hemd, -en
shit die Scheiße
shock der Schock
to **shock** schockieren
shoe der Schuh, -e

shopping: to go shopping ein•kaufen gehen

shopping bag die Einkaufstasche, -n

short kurz; *(stature)* klein

should *(to be supposed to)* sollen, sollte, hat gesollt

shoulder die Schulter, -n

show die Ausstellung, -en

to **show** zeigen

shower die Dusche, -n

to **shower** duschen

siblings die Geschwister

sick krank

I'm totally sick of it! Das hängt mir zum Hals heraus!

sickness die Krankheit, -en

to **sign** unterschreiben, unterschrieb, hat unterschrieben

silver das Silber

similar ähnlich

simple einfach

since *(prep)* seit (+ *dat*); *(conj)* seit; seitdem

since then seitdem

to **sing** singen, sang, hat gesungen

sink das Spülbecken, -

to **sink** sinken, sank, ist gesunken

sister die Schwester, -n

sisters and brothers die Geschwister

to **sit** sitzen

to **sit down** sich setzen; sich hin•setzen

situation die Situation, -en

size die Größe, -n

to **skate** Schlittschuh laufen

ski run *(downhill)* die Skipiste, -n

to **ski** Ski laufen (läuft Ski), lief Ski, ist Ski gelaufen

skirt der Rock, ⸚e

sky der Himmel

to **slam shut** zu•schlagen (schlägt zu), schlug zu, hat zugeschlagen; zu•pfeffern

sleep der Schlaf

to **sleep** schlafen (schläft), schlief, hat geschlafen

sleeping pill die Schlaftablette, -n

sleeping bag der Schlafsack, ⸚e

slice die Scheibe, -n

a slice of bread eine Scheibe Brot

slim schlank

slipper der Hausschuh, -e

slow langsam

small klein

small gift das Mitbringsel, -

smart klug; intelligent

to **smell** riechen, roch, hat gerochen

to **smoke** rauchen

snazzy todschick

to **snore** schnarchen

snow der Schnee

to **snow** schneien

so so

So long! Tschüs!

so that *(conj)* damit

so-called sogenannt

soap opera die Seifenoper, -n

soccer: to play soccer Fußball spielen

soccer game das Fußballspiel, -e; das Fußballmatch, -es

sock die Socke, -n

society die Gesellschaft, -en

soft drink die Limonade

solution die Lösung, -en

to **solve** lösen

some mancher, manches, manche

some . . . or other irgendein, irgendein, irgendeine

somebody, someone jemand

something etwas

sometimes manchmal

son der Sohn, ⸚e

soon bald

sore throat die Halsschmerzen *(pl)*

sorry: I'm sorry. Es tut mir leid.

soup die Suppe, -n

sour sauer

south der Süden

souvenir das Souvenir, -s

spaghetti die Spaghetti *(pl)*

sparkling wine der Sekt

to **speak** sprechen (spricht), sprach, hat gesprochen; reden

special: special of the day das Tagesmenü, -s

speech die Rede, -n; der Vortrag, ⸚e

to **spell** buchstabieren

to **spend** *(money)* aus•geben (gibt aus), gab aus, hat ausgegeben; *(time)* verbringen, verbrachte, hat verbracht

spicy scharf

spinach der Spinat

spite: in spite of trotz

spoon der Löffel, -

sport coupe das Sportcoupé, -s

sport(s) der Sport

spring der Frühling; das Frühjahr

in spring im Frühling (Frühjahr)

square foot der Quadratfuß, ⸚e

squash *(sport)* das Squash

staircase die Treppe, -n

stamp die Briefmarke, -n

to **stand** stehen, stand, hat gestanden; *(put in an upright position)* stellen; *(endure)* aus•halten (hält aus), hielt aus, hat ausgehalten

to **stand up** auf•stehen, stand auf, ist aufgestanden

standard of living der Lebensstandard

star der Stern, -e

to **start** an•fangen (fängt an), fing an, hat angefangen; beginnen, begann, hat begonnen; starten

state der Staat, -en

to **stay** bleiben, blieb, ist geblieben

to **stay overnight** übernachten

steak das Steak, -s

to **steal** stehlen (stiehlt), stahl, hat gestohlen

stepfather der Stiefvater, ⸚

stepmother die Stiefmutter, ⸚

stereo die Stereoanlage, -n

still noch; immer noch

to **stink** stinken, stank, hat gestunken

stocking der Strumpf, ⸚e

stomach der Bauch, ⸚e

to **stop** halten (hält), hielt, hat gehalten; an•halten (hält an), hielt an, hat angehalten; stoppen; *(walking)* stehen•bleiben, blieb stehen, ist stehengeblieben

store das Geschäft, -e; der Laden, ⸚

storm der Sturm, ⸚e

stormy stürmisch

story die Geschichte, -n; die Erzählung, -en

stove der Herd, -e

strange komisch; seltsam

street die Straße, -n

streetcar die Straßenbahn, -en

stress der Streß

stressful stressig

striped gestreift

stroll: to stroll through town einen Stadtbummel machen

strong stark

student *(university)* der Student, -en, -en/die Studentin, -nen; *elem. or high school* der Schüler, -/die Schülerin, -nen

student centre das Studentenwerk

student choir der Studentenchor, ⸚e

studies das Studium
to **study** *(i.e., to attend college or university)* studieren; *(to spend time studying)* lernen
stuffed toy animal das Stofftier, -e
stupid dumm; doof; blöd
stylish flott
subject *(of study)* das Fach, ¨-er
subtitle der Untertitel, -
subway die U-Bahn, -en
success der Erfolg, -e
such solcher, solches, solche
  such a so ein
suddenly plötzlich
sugar der Zucker
to **suggest** vor•schlagen (schlägt vor), schlug vor, hat vorgeschlagen
suggestion der Vorschlag, ¨-e
suit *(men's)* der Anzug, ¨-e
to **suit: That coat doesn't suit you.** Der Mantel steht dir nicht.
suitcase der Koffer, -
summer der Sommer, -
  in summer im Sommer
summer vacation die Sommerferien *(pl)*
summer job der Ferienjob, -s
summer sale der Sommerschlußverkauf, ¨-e
sun die Sonne
sun cream die Sonnencreme, -s
Sunday der Sonntag, -e
sunglasses die Sonnenbrille, -n
sunny sonnig
super super
supermarket der Supermarkt, ¨-e
supper das Abendessen
  for supper zum Abendessen
  to **have supper** zu Abend essen
supposed: to be supposed to sollen, sollte, hat gesollt
sure, surely sicher
  for sure bestimmt
surfboard das Surfbrett, -er
surprise die Überraschung, -en
surprised: to be surprised about sich wundern über *(+ acc)*
survey die Umfrage, -n
swanky protzig
sweater der Pulli, -s; der Pullover, -
sweatshirt das Sweatshirt, -s
sweet süß
to **swim** baden; schwimmen, schwamm, ist geschwommen

to **go swimming** baden gehen; schwimmen gehen
swimming pool der Swimmingpool, -s; *(indoor)* das Hallenbad, ¨-er; *(outdoor)* das Freibad, ¨-er
Swiss *(adj)* schweizerisch
Swiss *(person)* der Schweizer, -/die Schweizerin, -nen
to **switch off** aus•machen; ab•stellen; aus•schalten
to **switch on** an•machen; an•stellen; ein•schalten
Switzerland die Schweiz
symphony die Symphonie, -n
synagogue die Synagoge, -n
system das System, -e

T

T-shirt das T-Shirt, -s
table der Tisch, -e
table tennis (das) Tischtennis
to **take** nehmen (nimmt), nahm, genommen; *(time)* dauern
to **take along** mit•nehmen (nimmt mit), nahm mit, hat mitgenommen
to **take off** *(airplane)* ab•fliegen (flog ab), ist abgeflogen
to **take place** statt•finden, fand statt, hat stattgefunden
talk die Rede, -n; der Vortrag, ¨-e
to **talk** sprechen (spricht), sprach, hat gesprochen; reden; *(converse)* sich unterhalten (unterhält sich), unterhielt sich, hat sich unterhalten
to **talk big** den Mund voll nehmen
to **talk on the phone (with)** telefonieren (mit)
tall groß
tap der Wasserhahn, ¨-e
taste der Geschmack
to **taste** schmecken
tasteful geschmackvoll
tasteless geschmacklos
tax die Steuer, -n
taxi das Taxi, -s
tea kettle der Teekessel, -
tea der Tee
to **teach** lehren; unterrichten
teacher der Lehrer, -/die Lehrerin, -nen
teapot die Teekanne, -n
teddy bear Teddybär, -en, -en

teenager der Teenager, -
telephone das Telefon, -e
telephone number die Telefonnummer, -n
television set der Fernseher, -; der Fernsehapparat, -e
to **tell** sagen; *(a story)* erzählen
  Tell me . . . Sag mal . . .
to **tell about** erzählen von
tenant der Mieter, -/die Mieterin, -nen
tennis: to play Tennis Tennis spielen
tennis court der Tennisplatz, ¨-e
tent das Zelt, -e
terrible schrecklich
test der Test, -s
than als
Thank God! Gott sei Dank!
thank you danke; danke schön
to **thank** danken *(+ dat)*
thankful dankbar
that *(conj)* daß
theater das Theater, -
  to the theater ins Theater
their ihr, ihr, ihre
then dann; da; *(at that time)* damals
there dort; da
there is, there are es gibt
therefore deshalb; deswegen
thermometer das Thermometer, -
  The thermometer reads ten degrees. Das Thermometer zeigt zehn Grad.
thick dick
thin dünn; *(face)* schmal
thing das Ding, -e; die Sache, -n
to **think** denken, dachte, hat gedacht; glauben; meinen
  I can't think of anything. Mir fällt nichts ein.
  I can't think straight anymore. Mir raucht der Kopf.
to **think of (about)** denken an *(+ acc)*
to **think (something) over** sich (etwas) überlegen
third dritt
  Third World die Dritte Welt
thirst der Durst
  I'm thirsty. Ich habe Durst.
this dieser, dieses, diese
thought der Gedanke, -n
thrifty sparsam
through durch *(+ acc)*
thumb der Daumen, -
Thursday der Donnerstag, -e

ticket die Karte, -n; *(traffic)* der Strafzettel, -
to tidy up auf•räumen
tie die Krawatte, -n
time die Zeit, -en
at any time jederzeit
(at) what time um wieviel Uhr
for the first time zum erstenmal
next time nächstes Mal
on time rechtzeitig; pünktlich
this time diesmal
What time is it? Wie spät ist es? Wieviel Uhr ist es?
time of day die Uhrzeit
timetable der Stundenplan, -̈e
tiny winzig
tired müde
dead tired todmüde
title der Titel, -
to lay *(put in a horizontal position)* legen
to zu; *(a city or country)* nach; *(an institution)* auf *(+ acc or dat)*; *(a vertical surface)* an *(+ acc or dat)*; in *(+ acc or dat)*
toast der Toast
toaster der Toaster, -
today heute
from today on von heute ab
toe die Zehe, -n
together zusammen
to go together zusammen•passen
toilet das Klo, -s
tomato die Tomate, -n
tomorrow morgen
the day after tomorrow übermorgen
tomorrow afternoon morgen nachmittag
tomorrow morning morgen früh
tongue die Zunge, -n
tonight heute abend
too zu
tooth der Zahn, -̈e
toothache die Zahnschmerzen *(pl)*
toothbrush die Zahnbürste, -n
toothpaste die Zahnpasta
top: at the top oben
topic das Thema, Themen
to touch an•fassen
tough zäh
tourist der Tourist, -en, -en/die Touristin, -nen
tour guide der Reisebegleiter, -/die Reisebegleiterin, -nen
tourist office das

Fremdenverkehrsamt, -̈er
toy das Spielzeug, -e
tradesman der Handwerker, -
tradition die Tradition, -en
traditional traditionell
traffic jam der Stau, -s
traffic accident der Verkehrsunfall, -̈e
traffic light die Verkehrsampel, -n
train der Zug, -̈e
to train aus•bilden
train trip die Bahnfahrt, -en; die Zugfahrt, -en
train station der Bahnhof, -̈e
training die Ausbildung
to translate übersetzen
translation Übersetzung, -en
to travel reisen
travel plans die Reisepläne
travel broschure der Reisekatalog, -e; die Reisebroschüre, -n
tree der Baum, -̈e
trip die Reise, -n
to go on a trip eine Reise machen
trouble der Ärger
truck der Lastwagen, -; der LKW, -s
true wahr; richtig
trumpet die Trompete, -n
truth die Wahrheit, -en
to try probieren; versuchen
to try out aus•probieren
to try on an•probieren
Tuesday der Dienstag, -e
to turn off aus•machen
turn: It's your turn. Du bist dran.
TV der Fernseher, -; der Fernsehapparat, -e
TV screen der Bildschirm, -e
twice zweimal
two zwei; beide
to type tippen
typewriter die Schreibmaschine, -n
typical typisch

U

ugly häßlich
uncle der Onkel, -
under unter *(+ acc or dat)*
to understand verstehen, verstand, hat verstanden; begreifen, begriff, hat begriffen; kapieren
to undress sich aus•ziehen, zog sich aus, hat sich ausgezogen
unemployed arbeitslos

unemployed person der/die Arbeitslose, -n
unemployment die Arbeitslosigkeit
unforgettable unvergeßlich
unfortunately leider
unfriendly unfreundlich
unhappy unglücklich
unhealthy ungesund
United States (the USA) die Vereinigten Staaten (die USA)
university die Universität, -en
to the university zur Uni
university cafeteria die Cafeteria, -s *(for light meals and snacks)*; die Mensa *(for full meals)*
university town die Universitätsstadt, -̈e
to unpack aus•packen
until bis *(+ acc)*
usually meistens
to use benutzen; verwenden
UV-rays die UV-Strahlen

V

vacation *(generally of students)* die Ferien *(pl)*
vacation *(generally of people in the work force)* der Urlaub
to vacuum staub•saugen
vacuum cleaner der Staubsauger, -
valuable wertvoll
vase die Vase, -n
vegetables das Gemüse , -
vegetarian der Vegetarier, -
vehicle das Fahrzeug, -e
very sehr
very short ganz kurz
very stylish todschick
vicinity die Nähe
video das Video, -s
Vienna (das) Wien
view die Aussicht, -en
village das Dorf, -̈er
visa das Visum, Visen
visit der Besuch, -e
to come to visit zu Besuch kommen
to visit besuchen
visitor der Besucher, -
vitamin das Vitamin, -e
vocabulary die Vokabeln *(pl)*
voice die Stimme, -n

W

wages die Bezahlung; der Lohn, ⁻e
to **wait** warten
to **wait for** warten auf *(+ acc)*
waiter der Ober, -; der Kellner, -
 Waiter! Herr Ober! Bedienung!
waitress die Kellnerin, -nen
to **wake up** auf•wachen
to **wake up** *(someone)* wecken;
 auf•wecken
walk der Spaziergang, ⁻e
 to **go for a walk** spazieren•gehen,
 ging spazieren, ist
 spazierengegangen; einen
 Spaziergang machen
to **walk** gehen, ging, ist gegangen; zu
 Fuß gehen
to **walk all over someone** jemand auf
 der Nase herumtanzen
wall die Mauer, -n; *(of a room)* die
 Wand, ⁻e
wallet die Geldtasche, -n
to **wallpaper** tapezieren
to **want to** wollen (will), wollte, hat gewollt
war der Krieg, -e
 World War Weltkrieg
to **warm up** auf•wärmen
warm warm
to **warn** warnen
warning die Warnung, -en
wash die Wäsche
to **wash** waschen (wäscht), wusch, hat
 gewaschen
wash basin das Waschbecken, -
washer die Waschmaschine, -n
wastepaper basket der Papierkorb, ⁻e
to **watch TV** fern•sehen (sieht fern),
 sah fern, hat ferngesehen
water das Wasser
to **water** gießen, goß, hat gegossen
way der Weg, -e
 by the way übrigens
 on the way unterwegs
 That's just the way I am. So bin ich
 eben.
to **wear** tragen (trägt), trug, hat
 getragen; *(put on)* an•ziehen, zog
 an, hat angezogen
weather das Wetter
 rotten weather das Hundewetter
 What's the weather like? Wie ist das
 Wetter?
weather map die Wetterkarte, -n
wedding die Hochzeit, -en

Wednesday der Mittwoch, -e
week die Woche, -n
 day of the week der Wochentag, -e
 two weeks vierzehn Tage
weekend das Wochenende, -n
weekly wöchentlich
Welcome! Willkommen!
 You're welcome. Bitte schön!
well gut
well-known bekannt
west der Westen
wet naß
what was
 what for wozu
wheel chair der Rollstuhl, ⁻e
when *(conj)* wenn; *(conj)* als; *(question word)* wann?
where *(from what place)* where; *(to what place)* wohin; *(in what place)* wo
whether ob
which welcher, welches, welche
white wine der Weißwein, -e
white weiß
who wer
whole ganz
why warum; weshalb
 that's why deshalb
widow die Witwe, -n
widower der Witwer, -
wife die Frau, -en
to **win** gewinnen, gewann, hat
 gewonnen
wind der Wind, -e
window das Fenster, -
windsurfing: to go windsurfing
 Windsurfing gehen
windy windig
wine glass das Weinglas, ⁻er
wine der Wein, -e
winter der Winter, -
 in Winter im Winter
winter sale der Winterschlußverkauf, ⁻e
wish der Wunsch, ⁻e
to **wish** wünschen
with mit *(+ dat)*
 with each other miteinander
without ohne *(+ acc)*
woman die Frau, -en
women's department die
 Damenabteilung, -en
wonderful wunderbar; herrlich;
 großartig
wood das Holz
woods der Wald, ⁻er
wool die Wolle

word das Wort, ⁻er
work die Arbeit
 work experience die
 Arbeitserfahrung, -en
to **work** arbeiten; *(part-time or in
 vacation)* jobben
 She works. *(outside the home)* Sie ist
 berufstätig.
to **work on** arbeiten an *(+ dat)*
workaholic das Arbeitstier, -e
worker der Arbeiter, -/die
 Arbeiterin, -nen
world die Welt, -en
worn *(of clothes)* abgetragen; *(of shoes)*
 abgelaufen
worry: Don't worry! Keine Angst!
 Mach dir keine Sorgen!
worth seeing sehenswert
Wow! Mensch!
wristwatch die Armbanduhr, -en
writing die Schrift, -en
 in writing schriftlich
to **write** schreiben, schrieb, hat
 geschrieben
wrong falsch

X

Y

to **yawn** gähnen
year das Jahr, -e
yearly jährlich
to **yell** brüllen
yellow gelb
yes ja
yesterday gestern
 the day before yesterday vorgestern
yet: not yet noch nicht
yogurt der Jogurt
young jung
your dein, dein, deine; Ihr, Ihr, Ihre;
 euer, euer, eure
Yours faithfully *(in formal letters)*
 Hochachtungsvoll
youth die Jugend
youth hostel die Jugendherberge, -n
youthful jugendlich
Yuck! Pfui!

Z

zip code die Postleitzahl, -en
zoo der Zoo, -s

INDEX

Cultural information is listed under **Kultur.**

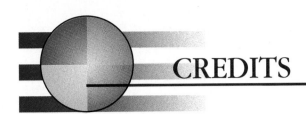

CREDITS

Text Material

p. 351: Monika Sech-Agthe. p. 359: Susanne Kilian, «Die hat's gut,» Aus: Die stadt ist groß. Beltz Verlag, Weinheimm und Basel, 1976. p. 378: Georg Kövary, Kurzhörspiel «Sie haben ihn sehr lieb», © Georg Kövary. Reprinted by kind permission of the author. Recording of «Sie haben ihn sehr lieb» aus der Hörspiel-Edition des ORF Landesstudio Niederösterreich, Band 6: Kurzhörspiele. p. 405: Nina Achminow, «Meine Zukunft», Aus: Biedermann/Böseke/Burkert (Hrsg.), Morgen, Beginnt heute. Jugenbliche schreiben über die Zukunft. Beltz Verlag, Weinheimm und Basel, 1981.

Photos

Photographs are by the authors except for the following:

page 1: Granitsas/The Image Works. page 2: Gerd Ludwig/Woodfin Camp &Assoc. page 8: Volkswagen Canada; Deutsche Zentrale für Tourismus; BMW Canada Inc. page 9: Deutsche Postreklame GmbH. page 13: Zucci/DPA. page 14 (left): Inter Nationes. page 14 (middle): Rohwedder/DPA. page 14 (right): Inter Nationes. page 15 (left): Feuhler/DPA. page 15 (right): Inter Nationes. page 37 (top): Rick Strange/Picture Cube. page 43 (top to bottom): Owen Franken/Stock Boston, Inc.; John Coletti/Picture Cube; Frank Siteman/Picture Cube; Carol Lee/Picture Cube. page 45: Inter Nationes. page 48: Bundesministerium für Familie und Senioren. page 63: Tourismus Verband Linz. page 71: Quelle. page 72: Spencer Grant/Picture Cube. page 74 (left): Granitsas/The Image Works. page 78: Jeanmougin/Viva/Woodfin Camp & Assiciates. page 84: Inter Nationes. page 86: Sports Illustrated/Life Magazine, Time Warner, Inc. page 99: Stackelberg/DPA. page 108 (top): Jon Simon/Gamma-Liaison, Inc. page 108 (bottom): Andrew Reid/Gamma-Liaison, Inc. page 109: Gilles Bassignac/ Gamma-Liaison, Inc. pages 117 and 118: Regionaler Fremdenverkehrsverband Erzgebirge e.v. page 137 (middle): Deutscher Wanderverlag–Dr. Mair u. Schnabel & Co. page 137 (bottom): Inter Nationes. page 140: DPA. page 150: Culver Pictures, Inc. page 151: Senatsverwaltung für Gesundheit und Soziales. page 166: Zeitschrift Deutschland. page 183 (top): DPA page 185: Verlag Dominique GmbH. page 186 (left): DPA. page 187 (bottom): Residence Hotel, Potsdam. pages 210 and 211: Margarete Steiff GmbH. pages 218 and 219: Bund für Umwelt und Naturschutz Deutschland. pages 221 and 222: Berliner Wasserbetriebe, Wasserversorgung und Abwasserbehandlung. page 229: Inter Nationes. page 245: Widmaier/Greenpeace. page 251: Weltbild Verlag, Augsburg 1991. page 285: Presse- und Informationsamt Berlin. page 286 (lower left): Bauhaus-Archiv/Museum fur Gestaltung. page 297: Bildarchiv Preussischer Kulturbesitz. page 298: Gruner und Jahr A.G. (Stern Magazin); Axel Springer Verlag, Hamburg; spiegel-Verlag; Frankfurter Allgemeine Zeitung. page 306: TWA. page 313: Droemersche Verlagsanstalt. Th. Knaur Nachf. München. page 323 (middle): Oeste/West. page 324: Metall Zeitung, Frankfurt. page 326: Erich Schmidt Verlag, Berlin. page 327 (top right): Deutsche Presse Agentur GmbH page 327 (bottom left): UPI/Bettmann. page 327 (bottom right): Eric Bouvet/ Gamma-Liaison, Inc. page 340: Fink, Kümmerly und Frey GmbH, Ostfildern. page 353: Bildarchiv Preussischer Kulturbesitz. page 363: Globus Kartendienst. page 371: Michel Tcherevkoff/The Image Bank. page 386: Inter Nationes. page 390: Globus Kartendienst.